Wissenschaftliche Untersuchungen
zum Neuen Testament

Herausgeber / Editor
Jörg Frey (Zürich)

Mitherausgeber / Associate Editors
Markus Bockmuehl (Oxford) · James A. Kelhoffer (Uppsala)
Hans-Josef Klauck (Chicago, IL) · Tobias Nicklas (Regensburg)
J. Ross Wagner (Durham, NC)

346

Poetik und Intertextualität der Johannesapokalypse

Herausgegeben von

Stefan Alkier, Thomas Hieke und Tobias Nicklas

in Zusammenarbeit mit

Michael Sommer

Mohr Siebeck

Stefan Alkier, geboren 1961; 1991 Promotion; 1999 Habilitation; 1999–2001 Vikariat; seit 2001 Professor für Neues Testament und Geschichte der Alten Kirche an der Goethe-Universität, Frankfurt am Main.

Thomas Hieke, geboren 1968; 1996 Promotion; 2003 Habilitation; seit 2007 Professor für Altes Testament an der Johannes Gutenberg-Universität Mainz.

Tobias Nicklas, geboren 1967; 2000 Promotion; 2004 Habilitation; seit 2007 Professor für Exegese und Hermeneutik des Neuen Testaments an der Universität Regensburg.

ISBN 978-3-16-152966-5
ISSN 0512-1604 (Wissenschaftliche Untersuchungen zum Neuen Testament)

Die Deutsche Nationalbibliothek verzeichnet diese Publikation in der Deutschen Nationalbibliographie; detaillierte bibliographische Daten sind im Internet über *http://dnb.dnb.de* abrufbar.

© 2015 Mohr Siebeck Tübingen. www.mohr.de

Das Buch wurde von Gulde Druck in Tübingen auf alterungsbeständiges Werkdruckpapier gedruckt und von der Großbuchbinderei Spinner in Ottersweier gebunden.

Vorwort

Der vorliegende Band geht zurück auf eine Tagung zur Poetik und Inter-textualität der Johannesapokalypse, die im Sommer 2012 am Fachbereich Evangelische Theologie der Goethe-Universität Frankfurt am Main in Zu-sammenarbeit mit der Fakultät für Katholische Theologie der Universität Regensburg und der Katholisch-Theologischen Fakultät der Johannes Guten-berg-Universität Mainz veranstaltet wurde. Die Idee zu dieser Konferenz wurde eineinhalb Jahre zuvor während einer anderen Tagung zur Johan-nesapokalypse geboren, die sich im Oktober 2010 unter dem Titel „Revelation and the Politics of Apocalyptic Interpretation" vor allem theologischen und politischen Aspekten der Interpretation der Johannesoffenbarung widmete.[1] Die interessanten Diskussionen dieser gemeinsam von Richard B. Hays, Duke Divinity School, Durham, North Carolina, Ehrendoktor des Fachbereichs Evangelische Theologie der Goethe-Universität Frankfurt am Main, mit Ste-fan Alkier, Fachbereich Evangelische Theologie, Goethe-Universität Frankfurt am Main, konzipierten und durchgeführten Fachkonferenz ließen schon bald erkennen, dass es fruchtbar wäre, auf einer weiteren Tagung poetologische und intertextuelle Fragestellungen in den Vordergrund zu rücken. Vor allem die zahlreichen Beobachtungen zur literarischen und auch sprachlichen Kom-petenz des Verfassers, Kontroversen zur Frage der angemessenen Übersetzung so mancher Lexeme und Syntagmen und der literarischen Kompositionstech-niken weckten Zweifel an der überkommenen Einschätzung, der Verfasser der Apokalypse verfügte über mangelnde Sprachkenntnisse und habe keine litera-rische Bildung. Aus diesem Grund haben dann Tobias Nicklas, Regensburg, Thomas Hieke, Mainz, und Stefan Alkier, Frankfurt am Main, ein Tagungs-konzept erarbeitet, das vor allem daran interessiert war, die theologische Forschung ins Gespräch mit Gräzisten und Literaturwissenschaftlern zu brin-gen.

Die in diesem Band veröffentlichten Beiträge wurden ergänzt um einige weitere Artikel, die Fragestellungen bearbeiteten, die sich auf der Tagung ergaben. Dabei kann wohl als wichtigstes Ergebnis festgehalten werden, dass die Einschätzung, „dass die Johannesapokalypse das Werk eines bilingualen Autors ist, ‚der über keine griechische literarische Bildung verfügt und in der

---

[1] Richard B. Hays, Stefan Alkier (Ed.), Revelation and the Politics of Apocalyptic Inter-pretation, Baylor UP, Waco, Texas, 2012.

vulgären griechischen Alltagssprache schreibt"',[2] nicht länger aufrecht zu
halten ist. Weitere Untersuchungen und Forschungsprojekte werden von Nöten sein, um der in diesem Band gelegten Spur der Sprach- und Bildungs-
kompetenz des Verfassers gerade auch unter philologischen und poetologischen Gesichtspunkten nachzugehen. Zu einseitig war die bisherige intertextuelle Forschung auf die Bezüge zu jüdischen Schriften fixiert, die oft ana-
chronistisch als „alttestamentliche Schriften" bezeichnet werden, und auch
damit den Forschungsblick verengen. Zu sehr hat die theologische Forschung
die Zusammenarbeit mit der Altphilologie vernachlässigt, auch zum Schaden
ihrer eigenen philologischen Schärfe.

Wir hoffen, dass der vorliegende Band zu der seit einiger Zeit wieder inten-
sivierten Forschung zur Johannesapokalypse dahingehend beitragen kann,
dass er die Aufmerksamkeit auf den Text der Johannesapokalypse unter philologischen, poetologischen und intertextuellen Fragestellungen lenkt. Dass das
nach den von uns vertretenen Exegesemodellen gerade kein Widerspruch zu
historischer Forschung ist, sondern die Erforschung des Textes und seiner
intra- wie intertextuellen Verflechtungen auch die extratextuellen Fragestellungen bereichern wird, braucht hier nicht eigens begründet zu werden. Am
Anfang, im Mittelpunkt und am Ende neutestamentlicher Wissenschaft steht
unserer Auffassung zufolge aber der Text, um dessen sach- und zeitgemäßes
Verständnis es der neutestamentlichen Wissenschaft in Zusammenarbeit mit
allen an den neutestamentlichen Texten interessierten Disziplinen gehen sollte. Wir danken den Freunden und Förderern der Goethe-Universität Frankfurt
am Main, die die Durchführung der Tagung überhaupt erst realisierbar werden
ließen. Wir danken Herrn Dr. Michael Sommer und Veronika Niederhofer, die
die Formatierung der Druckvorlage und die Bearbeitung der Register übernommen haben. Wir danken dem Verlag für die freundliche und pro-
fessionelle Zusammenarbeit. Wir danken den Herausgebern von WUNT für
die Aufnahme in diese Reihe.

Möge dieser Band bei den Leserinnen und Lesern neues Interesse am Text
der Johannesapokalypse wecken und die weitere Forschung befördern.

Frankfurt a. M., Juli 2014   Stefan Alkier
                                                    Thomas Hieke
                                                    Tobias Nicklas

---

[2] So auch noch Franz Tóth in seinem ansonsten brillanten Forschungsüberblick: Erträge
und Tendenzen der gegenwärtigen Forschung zur Johannesapokalypse, in: Jörg Frey, James
A. Kelhofer, Franz Tóth (Hg.), Die Johannesapokalypse. Kontexte – Konzepte – Rezeption,
Tübingen 2012, 1–39, hier: 7. Das Zitat im Zitat stammt von Thomas Johann Bauer, Das
tausendjährige Messiasreich der Johannesoffenbarung. Eine literarkritische Studie zur Offb
19,11–21,8, BZNW 148, Berlin / New York 2007, 97.

Inhaltsverzeichnis

III. Intertextualität und Intermedialität

I. Philologie und Textgeschichte

Zu Sprache und Stil der Johannes-Apokalypse

Thomas Paulsen

I Vorbemerkungen

Keimzelle dieses Aufsatzes war ein Hauptseminar zur Poetologie der Johannes-Apokalypse, das ich gemeinsam mit Stefan Alkier im Sommersemester 2012 für Studierende der Ev. Theologie und Klassischen Philologie an der Goethe-Universität Frankfurt veranstaltet habe. Den Teilnehmerinnen und Teilnehmern danke ich für ihre engagierte Mitarbeit und kluge Diskussionsbeiträge, denen ich manche Anregung verdanke. Den wichtigsten Impuls aus der Sekundärliteratur empfing ich durch die ausgezeichneten Analysen, die Traugott Holtz (2005) auf nur zehn Seiten zu kondensieren versteht und dem ich wesentlich die Erkenntnis verdanke, dass die Sprache des Apokalyptikers immer dann besonders extravagant wird, wenn er besonders Wesentliches auszudrücken hat.[1] Daneben habe ich mich mit Blick auf die unüberschaubare Fülle an Sekundärliteratur weitgehend auf die Nutzung der einschlägigen Kommentare beschränkt. Dies fiel um so leichter, als hier eine philologische Untersuchung zu leisten ist, in der theologische Fragestellungen weitgehend ausgeklammert bleiben können und müssen. Zugleich handelt es sich bei den folgenden Ausführungen um erste Überlegungen zu einer geplanten Monographie über die Sprache dieses ebenso faszinierenden wie sperrigen Werkes aus klassisch philologischer Sicht. Alle im Folgenden präsentierten Übersetzungen entsprangen meinem Bemühen um größtmögliche Präzision bei gleichzeitigem Verzicht auf sprachliche Eleganz, da nur so die in der gesamten griechischen Literatur singulären sprachlichen Besonderheiten des Textes vermittelbar sind. Ich gehe dabei so weit, Johannes' berühmt-berüchtigte Verstöße gegen die Regeln der griechischen Grammatik im Deutschen so weit wie möglich nachzuahmen.

Unter zwei herausragenden Aspekten zeichnet sich, wie seit jeher gesehen wurde, die Sprache der Johannes-Apokalypse durch besondere Extremität

---

[1] „Denn gerade bei einigen besonders gewichtigen Aussagen finden sich die schwersten Verstöße gegen Regeln der Grammatik, die in anderen, gleichsam normalen Zusammenhängen bei den gleichen grammatischen Fügungen nicht begegnen." (T. HOLTZ, Sprache als Metapher. Erwägungen zur Sprache der Johannesapokalypse, in: F. W. Horn/M. Wolter (Hg.), Studien zur Johannesoffenbarung und ihrer Auslegung. Festschrift Otto Böcher, Neukirchen-Vluyn 2005, 10–19 (10).

aus: die Gewalt ihrer Bilder und die Gewalt, die ihr Verfasser bisweilen der griechischen Sprache antut.[2] Nur um den zweiten Aspekt soll es in den folgenden Ausführungen gehen: Es gibt wohl wirklich keinen zweiten antiken griechischen Text, der sich dermaßen kühn über die etablierten Regeln der Syntax und Grammatik des Altgriechischen hinwegsetzt.[3] Die früher weit verbreitete These, dass Johannes als Nicht-Muttersprachler Unsicherheiten zeige oder nur über beschränktes Können in der Beherrschung der griechischen Sprache verfüge[4], wird, soweit ich sehe, nicht mehr ernsthaft vertreten und ist auch mühelos zu widerlegen. Häufiger findet sich hingegen die Position, dass Johannes ein aufgrund seiner Herkunft aramäisch oder hebräisch denkender Autor sei, dessen Griechisch man diese Herkunft ebenso anmerke wie etwa dem Latein des Griechen Ammianus Marcellinus[5]. Diese These erscheint mir ebenso wenig evident wie die Annahme, dass die Verstöße gegen grammatische Regeln Signale für die Rezeption des Alten Testaments

---

[2] HOLTZ, Sprache (s. Anm. 1), 14 spricht zu Recht von „massiven Solözismen" und „grammatischen Monstrositäten", deren Analyse die Annahme bestätigt, dass die „formale Gestalt" der Apokalypse „ein hermeneutischer Schlüssel für ihren Inhalt sein will". – Die ausführlichste und vollständigste Darstellung der sprachlichen Auffälligkeiten in neuerer Zeit bietet immer noch W. BOUSSET, Die Offenbarung Johannis, Göttingen [6]1906, 159–179. Alle im Folgenden diskutierten Stellen sind bei ihm aufgeführt. Da er sich allerdings in der Regel auf die Deskription beschränkt und keine Deutungen für die beobachteten Phänomene bietet, wird er bei der Besprechung in der Regel nicht mehr eigens genannt. Vgl. weiterhin R. H. CHARLES, A Critical and Exegetical Commentary on the Revelation of St. John, 2 Bde., Edinburgh 1920, cxlii–clvix.

[3] Ich stimme CHARLES, Commentary (s. Anm. 2), cxliii und G. K., BEALE, The Book of Revelation. A Commentary on the Greek Text, Grand Rapids 1999, 96 zu, dass die Apokalypse mehr grammatische Unregelmäßigkeiten enthält als jedes andere griechische Schriftdokument der Antike.

[4] So z.B. E. C. SELWYN, The Christian Prophets and the Prophetic Apocalypse, New York 1900, 258.

[5] So vor allem CHARLES, Commentary (s. Anm. 2), cxlii–clii; „How (…) are we to explain the unbridled licence of his Greek constructions? The reason clearly is that, *while he writes in Greek, he thinks in Hebrew* [im Original kursiv] (…) (ebda. cxliii) (ähnlich H. GIESEN, Die Offenbarung des Johannes, RNT, Regensburg 1997, 39)". Seine Hypothese krankt generell daran, dass sie nur relativ wenige der sprachlichen Unregelmäßigkeiten erklären kann. Zudem nimmt CHARLES bisweilen ein sprachliches Phänomen als Semitismus an, das auch sonst in der griechischen Prosa vorkommt. Als Beispiel hierfür sei die redundante Verwendung des Personalpronomens nach einem Relativpronomen genannt (z.B. Apk 7,2: οἷς ἐδόθη αὐτοῖς), die von BOUSSET, Offenbarung (s. Anm. 2), 160 und CHARLES, Commentary (s. Anm. 2), cxlix als Semitismus gedeutet wird. BDR (1979) 246, §297.1, Anm. 1 verweisen aber darauf, dass dieses Phänomen, wenn auch selten, schon im klassischen Griechisch vorkommt; vgl. weiterhin KG (1904) II, 433f., §561, Anm. 2, mit Belegstellen aus Herodot (IV 44), Xenophon (*Staat der Spartaner,* 10.4) und Platon (*Phaidon* 99b).

seien.[6] Vielmehr gehe ich von der vielleicht wenig originell anmutenden Prämisse aus, dass Johannes nichts dem Zufall überlässt, sondern die griechische Sprache konsequent in den Dienst seiner Darstellungsabsicht stellt, oder wie es Heinrich Kraft formuliert: „(…) seine Kenntnis des Griechischen hätte offensichtlich ausgereicht, sich flüssig und unanstößig auszudrücken, wenn er gewollt hätte. Doch die Apokalypse zeigt deutlich, daß er das nicht gewollt hat."[7] Ob der Autor aramäischer oder womöglich doch sogar griechischer Muttersprachler war, lässt sich nicht sicher beurteilen. Es spielt auch für die Analyse seiner Sprache und seines Stils keine Rolle, vielmehr genügt es zu konstatieren, dass er Griechisch beherrschte wie ein Muttersprachler, vergleichbar etwa Lukian, einem der überragenden Stilisten des 2. Jahrhunderts, der, aus dem syrischen Samosata stammend, nach eigener Aussage Griechisch erst als Erwachsener richtig lernte.[8]

In dem hier zur Verfügung stehenden Raum kann natürlich keine systematische Analyse von Sprache und Stil der Johannes-Apokalypse geboten werden.[9] Zunächst gilt es einen allgemeinen Eindruck davon zu vermitteln, was als typisch für den Autor anzusehen ist, dann sollen in allmählicher Steigerung die Abweichungen von der Norm besprochen werden, bis hin zum krönenden Schlusspunkt, dem aus gräzistischer Sicht mehr berüchtigten als berühmten Vers 1,4.

II

Den Anfang der Analysen soll etwas ‚leichtere Kost' bilden, mit der zum einen zunächst im Bereich der Tempus-Verwendung im Kleinen demonstriert werden soll, wie bewusst und präzise Johannes mit der griechischen Sprache umzugehen versteht; zum anderen gilt es zu zeigen, wie wichtig das dicht gesponnene Netz der intratextuellen Analepsen und Prolepsen in der Apokalypse ist, ohne dessen Erkenntnis eine adäquate Interpretation unmöglich ist.[10] Im ersten Kapitel spricht Christus zu Johannes, der von dessen Epiphanie, auf die später noch einzugehen sein wird, überwältigt ist:

---

[6] So BEALE, Revelation (s. Anm. 3), 100–107; hier ergibt sich dasselbe Problem wie bei CHARLES, dass diese Hypothese nur zur Erklärung einiger Stellen taugt, aber das Gesamtphänomen nicht in den Griff bekommt.

[7] H. KRAFT, Die Offenbarung des Johannes, Tübingen 1974, 15.

[8] Lukian, *Bis accusatus* 27.

[9] Hierbei beschränke ich mich auf Passagen aus der ersten Hälfte des Textes unter der stichpunktartig überprüften Prämisse, dass die hier gewonnenen Ergebnisse auf die zweite Hälfte übertragbar sind.

[10] S. ALKIER, Witness or Warrior? How the Book of Revelation Can Help Christians Live Their Political Lives, in: R. B. Hays/S. Alkier (Hg.), Revelation and the Politics of Apocalyp-

(17) μὴ φοβοῦ· Ἐγώ εἰμι ὁ πρῶτος καὶ ὁ ἔσχατος (18) καὶ ὁ ζῶν, καὶ ἐγενόμην νεκρὸς καὶ ἰδοὺ ζῶν εἰμι εἰς τοὺς αἰῶνας τῶν αἰώνων καὶ ἔχω τὰς κλεῖς τοῦ θανάτου καὶ τοῦ ᾅδου.

(17) Fürchte dich nicht! Ich bin der Erste und der Letzte (18) und der Lebendige und ich wurde ein Leichnam und, schau!, lebendig bin ich bis in die Ewigkeiten der Ewigkeiten und ich habe die Schlüssel zum Tod und zum Hades. (Apk 1,17b/18)

Das schöne, kühne Bild vom Schlüssel zum Tod und zum Hades, also dem Schlüssel, mit dem Tod und Hades gleichsam aufgeschlossen und damit ihrer Macht beraubt werden können[11], sei ebenso nur am Rande erwähnt wie die Tatsache, dass diese Passage repräsentativ für den ausgeprägt parataktischen und nominalen, mit Partizipien gesättigten und finite Formen von Vollverben recht sparsam verwendenden Stil des Autors ist. An Stelle der einfachen Formulierungen *ich lebe* und *ich starb* wählt er die nominalen Umschreibungen *<ich bin> der Lebendige* beziehungsweise *ich wurde ein Leichnam*, welche die polysyndetische Reihe nominaler Prädikationen des Sprechers, beginnend mit *ich bin der Erste und der Letzte*, harmonisch fortsetzen. Der ingressive Aspekt, dass Christus das Leben verließ und so zum Leichnam wurde, wird durch den Aorist von γίγνεσθαι, das von seiner Aktionsart her als das ingressive Verb schlechthin betrachtet werden kann, wirkungsvoller zum Ausdruck gebracht, als dies etwa ein schlichtes ἀπέθανον (*ich starb*) vermocht hätte.[12] Im Folgenden ist dann aber nicht das wieder lebendig Werden, die Auferstehung, im Fokus des Interesses, sondern das, was Johannes in seiner Vision sehen kann: *schau! Lebendig bin Ich – lebendig stehe Ich hier vor dir*; die erneute Verwendung des Partizips ζῶν in Verbindung mit der Kopula εἰμί ist erneut viel kraftvoller als ein einfaches ζῶ (*ich lebe*). Die Stelle kehrt zu Beginn des Sendschreibens an die Gemeinde in Smyrna als Referat der von ihm gehörten Christus-Worte durch Johannes wieder:

---

tic Interpretation, Waco (Texas) 2012, 125–141 (136): „A very important strategy of the book of Revelation is its use of many of those prolepses and analepses to generate a coherent text.“

[11] Ich fasse die Genitive θανάτου und ᾅδου also als Genitivi obiectivi auf. Denkbar wäre auch die possessive Deutung, dass die Schlüssel dem Tod und dem Hades gehören (die damit personifiziert erschienen), aber diese Deutung ergäbe m. E. einen viel weniger prägnanten Sinn. Vgl. dazu auch CHARLES, Commentary (s. Anm. 2), 32, BEALE, Revelation (s. Anm. 3), 214f., welche die Entscheidung offen lassen, BOUSSET, Offenbarung (s. Anm. 2), 198, der die Deutung als possessivus vorzieht, GIESEN, Offenbarung (s. Anm. 5), 89, A. SATAKE, Die Offenbarung des Johannes, KEK, Göttingen 2008, 146, die von der Auffassung als obiectivus ausgehen. – Johannes überträgt hier wie auch in 6,8 ohne Weiteres den Namen der paganen griechischen Unterwelt auf den christlichen Bereich. Daher habe ich auch auf die an sich nahe liegende Übersetzung *Hölle* verzichtet, die mir die Vorstellung zu stark auf einen bestimmten semantischen Bereich einzuengen scheint. Zum Hades-Begriff in AT und NT generell s. CHARLES, Commentary (s. Anm. 2), 32.

[12] Möglich scheint mir jedoch auch eine Deutung von ἐγενόμην als effektiver Aorist zu sein, wie sie ALKIER, Witness (s. Anm. 10), 135 vertritt.

καὶ τῷ ἀγγέλῳ τῆς ἐν Σμύρνῃ ἐκκλησίας γράψον· τάδε λέγει ὁ πρῶτος καὶ ὁ ἔσχατος, ὃς ἐγένετο νεκρὸς καὶ ἔζησεν.

Und dem Engel der Gemeinde in Smyrna schreibe: Dies spricht der Erste und der Letzte, der ein Leichnam wurde und wieder auflebte. (Apk 2,8)

Die Analepse des Textes von 1,18 ist natürlich unmittelbar evident, aber hier wird ein neuer Akzent gesetzt: An Stelle des durativen ζῶν εἰμι, *lebendig bin Ich* erscheint hier ἔζησεν, *Er lebte wieder auf*. Für die Gemeinde, die Christus im Gegensatz zu Johannes nicht leibhaftig sehen kann, ist nicht die lebendige Präsenz das zentral wichtige Ereignis, sondern *Er lebte wieder auf* als ingressives Gegenstück zu *Er wurde ein Leichnam*. Wir gewinnen hier ein erstes Indiz zur Bestätigung der These, dass Johannes seine Formulierungen auf der Basis einer exzellenten Beherrschung der griechischen Sprache sehr gezielt wählt, so dass es immer erforderlich ist, ganz genau hinzuschauen.

Einige längere Beispiele, die einen allgemeinen Eindruck von Johannes' Stil vermitteln sollen, will ich kürzer abhandeln:

(15) καὶ οἱ βασιλεῖς τῆς γῆς καὶ οἱ μεγιστᾶνες καὶ οἱ χιλίαρχοι καὶ οἱ πλούσιοι καὶ οἱ ἰσχυροὶ καὶ πᾶς δοῦλος καὶ ἐλεύθερος ἔκρυψαν ἑαυτοὺς εἰς τὰ σπήλαια καὶ εἰς τὰς πέτρας τῶν ὀρέων (16) καὶ λέγουσιν τοῖς ὄρεσιν καὶ ταῖς πέτραις· πέσετε ἐφ᾽ ἡμᾶς καὶ κρύψατε ἡμᾶς ἀπὸ προσώπου τοῦ καθημένου ἐπὶ τοῦ θρόνου καὶ ἀπὸ τῆς ὀργῆς τοῦ Ἀρνίου, (17) ὅτι ἦλθεν ἡ ἡμέρα ἡ μεγάλη τῆς ὀργῆς αὐτῶν, καὶ τίς δύναται σταθῆναι;

(15) Und die Könige der Erde und die Vornehmen und die Kommandeure und die Reichen und die Starken und jeder Sklave und Freie verbargen sich in den Höhlen und in den Felsen der Berge (16) und sagen zu den Bergen und den Felsen: Fallt auf uns und verbergt uns vor dem Antlitz dessen, der auf dem Thron sitzt, und vor dem Zorn des Böckleins[13], (17) weil gekommen ist der Tag, der große, ihres Zorns, und wer kann standhalten? (Apk 6,15–17)

Dieser Passage voran geht das großartige Bild, wie nach der Öffnung des sechsten Siegels das Himmelszelt sozusagen eingerollt wird und sich damit für die Menschen der Blick auf das Dahinter öffnet[14]: In strikter Parataxe wird eine Information an die andere gereiht. Hier ist besonders Pohls Beobachtung zu greifen, dass etwa jedes zehnte Wort der *Apokalypse* καί ist.[15] Die signifikante Dominanz dieser Konjunktion unterstützt im Rahmen des Gesamttextes den Eindruck einer unaufhaltsamen Aneinanderreihung von Ereignissen, durch welche der göttliche Plan verwirklicht wirkt: Eins folgt schlagartig und zwangsläufig auf das andere. Es wäre also ganz verfehlt, hierin eine mangelhafte Beherrschung der Feinheiten des griechischen Parti-

---

[13] Zur Übersetzung *Böcklein* statt des üblichen *Lamm* s. u. Anm. 40.

[14] Die deutsche Sprache kann hier nicht differenzieren, da es nur ein Wort für Himmel gibt. Mit englischen Vokabeln könnte man zum Ausdruck bringen, dass der *sky* weggezogen wird, um den Blick in den *heaven* freizugeben.

[15] A. POHL, Die Offenbarung des Johannes, 6. Aufl. Wuppertal 1982 (zuerst 1969), 5.

kelsystems sehen zu wollen.[16] An unserer Stelle werden zunächst alle Betroffenen hintereinander aufgeführt; hier dient das Polysyndeton des siebenmaligen καί innerhalb von etwas mehr als zwei Zeilen dazu, die Reihung zu dehnen und dadurch die riesige Zahl der Betroffenen greifbar zu machen. Primär geht das Geschehen natürlich die Herrschenden an, für die fünf verschiedene Begriffe gewählt werden, um zu verdeutlichen, dass niemand von ihnen ausgenommen wird: Sie werden ihrer Macht entkleidet, diese bedeutet nichts vor der unvergleichlich viel höheren Macht, mit der sie konfrontiert werden. Mit den beiden letzten Kategorien aller Freien und Sklaven wird aber klar, dass letztlich alle Menschen von der Manifestation der himmlischen Macht betroffen sind. Mit dem Wechsel von der Vergangenheitsform der Erzählung (*verbargen sich*) zum historischen Präsens (*sagen*) wird im Griechischen derselbe Effekt erzielt wie im Deutschen: Dadurch, dass die Erzählung auf die Zeitebene des Lesepublikums verlagert wird, wird dieses in stärkerer Weise in das Geschehen miteinbezogen. In der Rede der Angsterfüllten wird dann mit dem Aufbau eines Spannungsbogens das für die Betroffenen Wichtigste ganz nach hinten geschoben. Die attributive Wiederholungsstellung (*der Tag, der große* statt einfach *der große Tag*) betont die Bedeutung eben dieses Tages und unterstreicht zusätzlich den ohnehin schon emphatisch wiederholten Begriff *Zorn*: Der Tag ist groß, weil er ein Tag des Zorns ist. Mit einem neuen, schlichten, nur aus Subjekt, Prädikat und Objektinfinitiv bestehenden Hauptsatz wird in einer Suggestivfrage die resignierende Schlussfolgerung gezogen, dass niemand diesem Zorn wird standhalten können.

(7) καὶ τὰ ὁμοιώματα τῶν ἀκρίδων ὅμοια ἵπποις ἡτοιμασμένοις εἰς πόλεμον, καὶ ἐπὶ τὰς κεφαλὰς αὐτῶν ὡς στέφανοι ὅμοιοι χρυσῷ, καὶ τὰ πρόσωπα αὐτῶν ὡς πρόσωπα ἀνθρώπων (8) καὶ εἶχον τρίχας ὡς τρίχας γυναικῶν, καὶ οἱ ὀδόντες αὐτῶν ὡς λεόντων ἦσαν (9) καὶ εἶχον θώρακας ὡς θώρακας σιδηροῦς, καὶ ἡ φωνὴ τῶν πτερύγων αὐτῶν ὡς φωνὴ ἁρμάτων ἵππων πολλῶν τρεχόντων εἰς πόλεμον, (10) καὶ ἔχουσιν οὐρὰς ὁμοίας σκορπίοις καὶ κέντρα, καὶ ἐν ταῖς οὐραῖς αὐτῶν ἡ ἐξουσία αὐτῶν ἀδικῆσαι τοὺς ἀνθρώπους μῆνας πέντε, (11) ἔχουσιν ἐπ᾽ αὐτῶν βασιλέα τὸν ἄγγελον τῆς ἀβύσσου, ὄνομα αὐτῷ Ἑβραϊστὶ Ἀββαδών, καὶ ἐν τῇ Ἑλληνικῇ ὄνομα ἔχει Ἀπολλύων.

(7) Und die Ähnlichkeit der Heuschrecken glich Pferden, die bereit für einen Krieg sind, und auf ihren Köpfen <etwas> wie goldgleiche Kronen und ihre Gesichter wie Gesichter von Menschen (8) und sie hatten Haare wie Haare von Frauen und ihre Zähne waren wie

---

[16] Laut BOUSSET, Offenbarung (s. Anm. 2), 172 zeige, was den Partikelgebrauch angeht, „die Apk den Charakter einer außerordentlichen Dürftigkeit" und „mit erdrückender Regelmäßigkeit (…) die Partikel καί". Er selbst bringt dann allerdings die treffende Beobachtung, dass sich in den Sendschreiben „ein etwas bunteres Bild" bietet. Dies unterstützt die soeben vorgetragene Deutung: Wenn es um Darlegung, Argumentation, Ansprache geht, zeigt Johannes, dass ihm das griechische Partikelsystem sehr wohl vertraut ist. Bei der Darstellung der von Gott angestoßenen Ereignisse bedarf er dieser Differenzierung nicht.

von Löwen (9) und sie hatten Panzer wie Panzer aus Eisen und der Klang ihrer Flügel wie Klang von Wagen vieler Pferde, wenn sie in einen Krieg laufen, (10) und sie haben Schwänze ähnlich Skorpionen und Stacheln und in ihren Schwänzen ihr Vermögen zu schädigen die Menschen fünf Monate lang, (11) sie haben über sich als König den Engel des Abgrunds, sein Name auf Hebräisch Abbadon und in der griechischen <Sprache> hat er den Namen Apollyon (= Vernichter). (Apk 9,7–11)

Hier werden die Ereignisse dargestellt, die auf das Erschallen der fünften Posaune folgen, das Erscheinen eines Heeres monströser Heuschrecken. Der charakteristische parataktische Stil wird hier besonders deutlich: Ein Vergleich nach dem anderen wird aneinandergereiht, um eine möglichst lebendige Visualisierung der schrecklichen Tiere zu erreichen, gleichzeitig entsteht aber der Eindruck einer gewissen Abruptheit, weil Johannes strikte Parallelisierungen meidet, die schnell monoton würden. Beispielhaft genannt sei der Tempuswechsel in V.10, wo zur Unterstreichung der Visualisierung das historische Präsens das in V.8/9 vorherrschende Imperfekt ablöst. Besonders eindrucksvoll ist der Schluss (V.11), wo der unheimliche Heerführer in den Blick kommt, bezeichnenderweise ohne verbindendes καί, wodurch nach der langen polysyndetischen Reihung ein abrupter Effekt entsteht. Fast stammelnd wird sodann in asyndetischer, inkonzinner Fügung ohne Prädikat sein Name Abaddon eingeführt. Dass diese Art der Präsentation vermutlich die Angst zum Ausdruck bringen soll, die dieser Engel des Abgrunds erzeugt, wird sich im weiteren Verlauf der Untersuchung noch durch andere Beispiele der Ausgestaltung unheimlicher Situationen untermauern lassen. Indem Johannes ungewöhnlicherweise[17] den hebräischen Namen Abbadon ins Griechische übersetzt, vermittelt er nicht nur seinem griechischsprachigen Publikum, bei dem er keine Hebräisch-Kenntnisse voraussetzen konnte, das Unheil, das diese Gestalt schon im Namen trägt, sondern stellt zugleich auch Apollyon, den Vernichter, pointiert als letztes Wort ans Ende des ganzen Absatzes.[18]

---

[17] Dies ist auch grammatisch nicht ganz korrekt, da nach ἔχει als Apposition zu ὄνομα eigentlich der Akkusativ des Eigennamens stehen müsste; zu einer möglichen Erklärung dieses Phänomens s.u. die Behandlung von 5,6.

[18] Johannes hatte eine ganze Reihe von Möglichkeiten, Abbadon ins Griechische zu übersetzen. Dass er das Partizip Präsens von ἀπολλύειν wählt, wird häufig als Anspielung auf den griechischen Gott Apollon gesehen (Zusammenfassung der Diskussion bei BEALE, Revelation (s. Anm. 3), 503f.). Das ist ebenso unsicher wie die Ableitung des Namens Apollon von ἀπολλύειν, wenn auch schon in der klassischen griechischen Literatur entsprechende Wortspiele vorkommen (z.B. Aischylos, *Agamemnon*, V.1080f.), vgl. auch G. MUSSIES, The Morphology of Koine Greek as Used in the Apocalypse of St. John. A Study in Bilingualism, Leiden 1971, 196. Vielleicht hat der Autor gerade diese Übersetzung auch nur gewählt, weil Wortbeginn und -ende an Abbadon anklingen.

III

(1) καὶ εἶδον ἐπὶ τὴν δεξιὰν τοῦ καθημένου ἐπὶ τοῦ θρόνου βιβλίον γεγραμμένον ἔσωθεν καὶ ὄπισθεν κατεσφραγισμένον σφραγῖσιν ἑπτά. (2) καὶ εἶδον ἄγγελον ἰσχυρὸν κηρύσσοντα ἐν φωνῇ μεγάλῃ· τίς ἄξιος ἀνοῖξαι τὸ βιβλίον καὶ λῦσαι τὰς σφραγῖδας αὐτοῦ; (3) καὶ οὐδεὶς ἐδύνατο ἐν τῷ οὐρανῷ οὐδὲ ἐπὶ τῆς γῆς οὐδὲ ὑποκάτω τῆς γῆς ἀνοῖξαι τὸ βιβλίον οὔτε βλέπειν αὐτό. (4) καὶ ἔκλαιον πολύ, ὅτι οὐδεὶς ἄξιος εὑρέθη ἀνοῖξαι τὸ βιβλίον οὔτε βλέπειν αὐτό. (5) καὶ εἷς ἐκ τῶν πρεσβυτέρων λέγει μοι· μὴ κλαῖε, ἰδοὺ ἐνίκησεν ὁ λέων ὁ ἐκ τῆς φυλῆς Ἰούδα, ἡ ῥίζα Δαυίδ, ἀνοῖξαι τὸ βιβλίον καὶ λῦσαι[19] τὰς ἑπτὰ σφραγῖδας αὐτοῦ.

(1) Und ich erblickte zur Rechten dessen, der auf dem Thron sitzt, ein Buch, beschrieben von innen und von hinten, versiegelt mit sieben Siegeln. (2) Und ich erblickte einen starken Engel, der mit lauter Stimme verkündete: Wer <ist> würdig, zu öffnen das Buch und zu lösen seine Siegel? (3) Und niemand vermochte im Himmel und auf der Erde und unter der Erde zu öffnen das Buch und es anzuschauen. (4) Und ich weinte viel, weil niemand als würdig gefunden wurde zu öffnen das Buch und es anzuschauen. (5) Und einer von den Ältesten sagt zu mir: Weine nicht, schau!, gesiegt hat der Löwe aus dem Stamm Juda, der Spross Davids, zu öffnen das Buch und zu lösen seine sieben Siegel. (Apk 5,1–5)

Wir kommen hier zu einer der inhaltlich entscheidenden und von der Präsentation durch den Autor her ganz herausragenden Stellen der Apokalypse: Diese Passage ist ganz aus der Perspektive des Erzählers gegeben, wir, das Publikum, schauen mit ihm, sehen, was er sieht, und er verfügt über keine den Kenntnisstand des erlebenden Ich transzendierenden Informationen, so dass wir es in der narratologischen Terminologie von Gérard Genette mit einem intern fokalisierenden Erzähler zu tun haben.[20] Wir erblicken (wichtig ist hier der ingressive Aorist εἶδον) der Reihe nach, was auch Johannes[21] erblickt. Im Zentrum des Geschehens befindet sich unmittelbar neben Gott ein Buch mit sieben Siegeln, die sofort noch einmal in der Frage des Engels, den der Erzähler als nächstes sieht, genannt werden. Dann geraten sie zunächst im wahrsten Sinne des Wortes aus dem Blick, weil sich herausstellt, dass nicht nur niemand die Siegel lösen, sondern nicht einmal ertragen kann, das Buch auch nur anzuschauen. Das hierfür verwendete durative Präsens

---

[19] Ich folge hier gegen die Mehrzahl der Handschriften, die λῦσαι nicht bieten, dem Codex Sinaiticus. Johannes strebt in dieser Passage nach größtmöglicher Parallelität der Kola: Viermal erscheint ἀνοῖξαι τὸ βιβλίον in Verbindung mit einer weiteren Aussage, im zweiten und dritten Fall kombiniert mit οὔτε βλέπειν αὐτό, im ersten Fall mit καὶ λῦσαι τὰς σφραγῖδας αὐτοῦ. Die Siegel werden auch in der vierten Kombination erwähnt, und es ist anzunehmen, dass der Autor auch hier den Infinitiv λῦσαι gesetzt hat. Damit gewinnen wir viermal die doppelte Abfolge von Infinitiv + Akkusativobjekt nach dem Schema AB, AC, AC, AB (A = ἀνοῖξαι τὸ βιβλίον, B = λῦσαι τὰς σφραγῖδας αὐτοῦ, C = βλέπειν αὐτό), verbunden jeweils durch eine Konjunktion (καὶ bzw. οὔτε).

[20] Vgl. G. GENETTE, Die Erzählung, München 1994, 132–134.

[21] Da der Autor Johannes explizit die personale Identität mit dem Erzähler Johannes betont, ist deren Gleichsetzung im Rahmen der Analyse legitim.

βλέπειν (V.3) bringt zum Ausdruck, das es sich mit diesem Buch ähnlich verhält wie mit der Sonne: Ein kurzes Anblinzeln mag möglich sein, es länger anzuschauen ist hingegen unmöglich. Durch die ganz gemächliche Formulierung wird ein Spannungsbogen aufgebaut: Betont vorangestellt ist das Subjekt *niemand*, aber es ist nicht einfach niemand, sondern niemand in allen Bereichen des Kosmos, Himmel, Erde und Unterwelt,[22] der imstande wäre das Buch zu öffnen. Zum zweiten Mal innerhalb von zwei Versen erscheint die Formulierung ἀνοῖξαι τὸ βιβλίον, um den Vorgang, auf den es ankommt, einzuschärfen. Die negative Antwort auf die Frage *Wer ist würdig, das Buch zu öffnen? – Niemand* erzeugt eine Stimmung von Resignation. Dem entspricht Johannes' Reaktion in V.4: Zum dritten Mal erscheint auf engstem Raum (genau genommen binnen 38 Wörtern) die Formulierung ἀνοῖξαι τὸ βιβλίον, zum zweiten Mal das Verb βλέπειν, wobei es sich natürlich um keine naive Wiederholung, sondern die niederschmetternde Bestätigung handelt, dass wirklich niemand würdig ist, das Buch zu öffnen. Wie der Erzähler wissen wir nicht, was die Konsequenz wäre, wenn das Buch verschlossen bliebe, ahnen jedoch mit ihm, dass von der Öffnung ungeheuer viel abhängen muss. Doch nun kommt der Trost: Einer der 24 Ältesten an Gottes Thron verrät Johannes, dass doch jemand das Buch und seine sieben Siegel öffnen kann (V.5), eine Gestalt, deren Identität mit zwei Prädikaten aus dem Alten Testament, Löwe von Juda und Spross Davids umschrieben wird. So wird die Spannung aufrechterhalten, indem der Name nicht genannt wird; wer die alttestamentlichen Hypotexte[23] kennt, weiß jedoch, dass es sich um den Messias handeln muss.[24] Zum vierten Mal in vier Versen erscheint nun die Formulierung ἀνοῖξαι τὸ βιβλίον, jetzt aber ins Positive gewendet: Diese Gestalt kann das Buch nicht nur anschauen, sondern die jetzt gleichsam ringkompositorisch wieder genannten Siegel wirklich öffnen. Als wesentliches gestalterisches Prinzip dieser Passage erweist sich somit das Prinzip der kalkulierten, quasi leitmotivischen Wiederholung: einmal in Frageform, zweimal mit einer resigniert negativen und einmal mit einer strahlend positiven Antwort werden Problemstellung und -lösung, die Fähigkeit zur Öffnung des Buches mit den sieben Siegeln präsentiert.

---

[22] Durch die im Griechischen gegebene Möglichkeit, durch zusammengesetzte Negationen eine vorangegangene Verneinung nicht aufzuheben, sondern zu verstärken, so dass in diesem Vers insgesamt vier Negationen erscheinen, wirkt dieses *niemand* noch erheblich eindrucksvoller.

[23] Unter Hypotext verstehe ich mit Genette einen Text A, auf den ein Text B (der Hypertext, in diesem Fall die *Apokalypse*) explizit oder implizit Bezug nimmt; s. G. GENETTE, Palimpseste. Die Literatur auf zweiter Stufe, Frankfurt 1993, 14f. Zu alttestamentlichen Hypotexten der Apokalypse vgl. die Beiträge von T. Hieke und A. Yarbro Collins im vorliegenden Band.

[24] Löwe von Juda: Gen 49,9, Spross Davids: Jes 11,1–10; vgl. BEALE, Revelation (s. Anm. 3), 349.

IV

Im nächsten Beispiel aus dem Sendschreiben an die Gemeinde von Ephesos erleben wir eine Kombination aus schon vertrauten Elementen: eine lange polysyndetische Parataxe mit gezielter Begriffswiederholung, nun aber bei allmählich wachsender Inkonzinnität der Grammatik:

(2) οἶδα τὰ ἔργα σου καὶ τὸν κόπον καὶ τὴν ὑπομονήν σου καὶ ὅτι οὐ δύνῃ βαστάσαι κακούς, καὶ ἐπείρασας τοὺς λέγοντας ἑαυτοὺς ἀποστόλους καὶ οὐκ εἰσὶν καὶ εὗρες αὐτοὺς ψευδεῖς, (3) καὶ ὑπομονὴν ἔχεις καὶ ἐβάστασας διὰ τὸ ὄνομά μου καὶ οὐ κεκοπίακες.

(2) Ich kenne deine Werke und die Mühsal und deine Standhaftigkeit und, dass du nicht dulden kannst Schlechte, und du hast geprüft die, die sich selbst Apostel nennen, und sind es nicht und du hast sie als Lügner <heraus>gefunden (3) und Standhaftigkeit hast du und hast geduldet wegen meines Namens und bist der Mühsal nicht erlegen. (Apk 2,2–3)

Verschiedene Schlüsselwörter kehren in der Folge ABCBCA, also einer annähernden Ringkomposition, wieder: *Mühsal* (κόπος) beziehungsweise *der Mühsal erliegen* (κοπιᾶν), *Standhaftigkeit* (ὑπομονή), und *dulden* (βαστάζειν), das letztere allerdings mit der Bedeutungsverschiebung vom transitiven zum intransitiven Dulden bei der erneuten Verwendung. Der Sinn der Wiederholungen ist klar: Das Beharrungsvermögen der Gemeinde wird durch die Wiederkehr der dies hervorhebenden Ausdrücke besonders betont, womit natürlich auch ein impliziter Appell verbunden ist, Standhaftigkeit und Beharrungsvermögen auch künftig in den Zeiten der Bedrängnis (θλῖψις) zu bewahren. Die polysyndetische Parataxe bleibt hier nicht konzinn: *und sind es nicht* unterbricht die Konstruktion, man erwartet regulär nach τοὺς λέγοντας ἑαυτοὺς ἀποστόλους (*die, die sich selbst Apostel nennen*) etwa οὐ δ' ὄντας (*es aber nicht sind*). Der unerwartete neue Hauptsatz spiegelt auf der Ebene der Syntax die unerwartete, gleichsam schockhafte Erkenntnis wider, so dass die Konstruktion den Inhalt verdeutlicht: Man prüft etwas und es erweist sich nicht als das, was es zu sein schien.[25] Derselbe Effekt kehrt dann in Apk 2,9 und 3,9 an analogen Stellen wieder.

Bereits der Anfang des Werkes bietet eine Reihe für Johannes typischer Stilelemente:

(1) Ἀποκάλυψις Ἰησοῦ Χριστοῦ ἣν ἔδωκεν αὐτῷ ὁ Θεὸς δεῖξαι τοῖς δούλοις αὐτοῦ ἃ δεῖ γενέσθαι ἐν τάχει, καὶ ἐσήμανεν ἀποστείλας διὰ τοῦ ἀγγέλου αὐτοῦ τῷ δούλῳ αὐτοῦ Ἰωάννῃ, (2) ὃς ἐμαρτύρησεν τὸν λόγον τοῦ Θεοῦ καὶ τὴν μαρτυρίαν Ἰησοῦ Χριστοῦ ὅσα εἶδεν. (3) μακάριος ὁ ἀναγινώσκων καὶ οἱ ἀκούοντες τοὺς λόγους τῆς προφητείας καὶ τηροῦντες τὰ ἐν αὐτῇ γεγραμμένα, ὁ γὰρ καιρὸς ἐγγύς.

---

[25] Es ist also nicht erforderlich, den Konstruktionswechsel mit CHARLES, Revelation (s. Anm. 2), 50 als Hebraismus zu deuten.

(1) Offenbarung Jesu Christi[26], die ihm Gott gab, zu zeigen seinen Knechten, was geschehen muss mit Schnelligkeit, und <die> er kundtat, indem er sie durch seinen Engel sandte, seinem Knecht Johannes, (2) der bezeugt hat das Wort Gottes und das Zeugnis Jesu Christi, was immer er sah. (3) Selig der, welcher liest, und die, welche hören die Worte der Weissagung und bewahren, was in ihr geschrieben ist, denn die entscheidende Zeit: nahe. (Apk 1,1–3)

Hier ist zunächst die schon aus anderen Textbeispielen vertraute Abfolge additiver Informationen zu beobachten, in denen der abstrakte Begriff der *Enthüllung* – denn mehr bedeutet ἀποκάλυψις ja zunächst nicht – immer mehr mit Inhalt gefüllt wird, mit einer Spannung aufbauenden Hinauszögerung des Objekts zu ἐσήμανεν (*er tat kund*) durch Einschub des Engels als vermittelnder Instanz an den Adressaten der Verkündigung Johannes, der seinerseits durch einen Relativsatz mit der Beschreibung seiner Aufgabe charakterisiert wird, Zeugnis für ebendiese Enthüllung oder Offenbarung abzulegen. Die überraschende Schlusswendung *was immer er sah* (man erwartet nach dem bisher Gesagten eher *was immer er hörte*) deutet an, dass es im Folgenden eine Vision geben wird. Das auffallendste stilistische Merkmal dieser Passage ist die Vielzahl von insgesamt vier attributiven Partizipien alleine in V.3 und drei Relativsätzen, die als einzige Teilsätze Prädikate erhalten; es gibt in den drei ersten Versen kein einziges Hauptsatz-Prädikat, was zu Beginn und am Schluss besonders auffällt und den Effekt von Abruptheit und Lapidarität hervorruft: Die Worte wirken wie gemeißelt, es entsteht keine verbale Dynamik, sondern die Statik des Unveränderlichen, Unentrinnbaren, die besonders die für Johannes zentral wichtige Schlussaussage von V.3 kennzeichnet: *die entscheidende Zeit[27]: nahe.* – Diese Tendenz setzt sich in den noch zu besprechenden Versen 1,4–6 fort, in dem sich nur ein einziges Prädikat in V.6 in

---

[26] Der Genitiv Ἰησοῦ Χριστοῦ könnte theoretisch auch als Genitivus obiectivus verstanden werden, so dass Christus der Inhalt der Offenbarung, nicht der Spender wäre. Da Christus aber die Offenbarung von Gott erhält, in 1,13ff. leibhaftig erscheint und damit ihre Weitergabe einleitet, ist die Auffassung als Genitivus subiectivus eindeutig vorzuziehen; in diesem Sinne auch BOUSSET, Offenbarung (s. Anm. 2), 181, CHARLES, Commentary (s. Anm. 2), 6, KRAFT, Offenbarung (s. Anm. 7), 19 f., BEALE, Revelation (s. Anm. 3), 377 sowie GIESEN, Offenbarung (s. Anm. 5), 56 und SATAKE, Offenbarung (s. Anm. 11), 121, die den Genitiv terminologisch ungebräuchlich als Genitivus auctoris bezeichnen. J.L. MANGINA, Revelation, Grand Rapids (Michigan) 2010, 39 stellt treffend eine fünf Glieder umfassende Kette der Offenbarung fest, die vom Himmel zur Erde reicht: Gott – Christus – Engel – Johannes – Rezipienten.

[27] Ich habe für den Begriff καιρός die Übersetzung *entscheidende Zeit* gewählt, weil er im Gegensatz zu dem neutralen χρόνος in der Regel einen besonderen Zeitpunkt oder Zeitraum bezeichnet, der entweder günstig ist (entsprechend dem lateinischen *momentum*) oder in seiner Bedeutung besonders herausgehoben ist. Wie aus dem Folgenden deutlich wird, ist die Zeit des Gerichts gemeint, welche die *Bedrängnis* (θλῖψις) der gläubigen Christen beenden wird. – Ausführlicher zu Zeitmodellen in der Apokalypse vgl. den Beitrag von S. Alkier und T. Nicklas im vorliegenden Band.

einer Art Parenthese findet, so dass die ersten sechs Verse binnen 17 Textzeilen kein einziges „echtes" Hauptsatz-Prädikat enthalten.

V

Vor das tiefere Eindringen in die Welt der Inkonzinnität bei Johannes möchte ich basierend auf Beobachtungen von Holtz (2005), 15 ein kleines Zwischenspiel einfügen, das auf einer anderen Ebene zeigt, wie der Autor der Apokalypse mit Sprache zu spielen versteht. Er macht sich hierbei zunutze, dass bei der Verwendung der mit allen drei obliquen Kasus konstruierbaren Präposition ἐπί im Koine-Griechisch des Neuen Testaments nicht mehr strikt zwischen Genitiv und Dativ einerseits, die mit der Bedeutung *auf* im klassischen Griechisch auf die Frage „wo?" antworten, und dem Akkusativ andererseits, der mit der Bedeutung *auf <hinauf>* eigentlich auf die Frage „wohin?" Auskunft gibt, unterschieden wird.[28] Laut Holtz findet sich in der Apokalypse insgesamt zwölfmal die Formulierung *der, der auf dem Thron sitzt*, als Periphrase für Gott, die seine Herrschergewalt besonders betont. Betrachten wir zunächst die neun Stellen, an denen Gott selbst in einem obliquen Kasus erscheint (die drei ersten Stellen finden sich ganz kurz hintereinander):

4,9   τῷ καθημένῳ ἐπὶ τῷ θρόνῳ

4,10   τοῦ καθημένου ἐπὶ τοῦ θρόνου

5,1   τοῦ καθημένου ἐπὶ τοῦ θρόνου

5,7   τοῦ καθημένου ἐπὶ τοῦ θρόνου

5,13   τῷ καθημένῳ ἐπὶ τῷ θρόνῳ

6,16   τοῦ καθημένου ἐπὶ τοῦ θρόνου

7,10   τῷ καθημένῳ ἐπὶ τῷ θρόνῳ

19,4   τῷ καθημένῳ ἐπὶ τῷ θρόνῳ

20,11   τὸν καθήμενον ἐπ᾽ αὐτόν = τὸν θρόνον

Johannes passt also vom Kasus her jeweils den Thron dem, der darauf sitzt, an: Sitzender und Thron verschmelzen so quasi zu einer Einheit.[29] Es bleiben drei Stellen übrig, die auf den ersten Blick nicht in dieses System zu passen scheinen:

---

[28] S. hierzu BDR (1979) 186, §233.

[29] „In der Regel erscheint mithin die (…) Gottesbezeichnung in einer Form, durch die der Thronende und der Thron sprachlich wie zu einer Einheit zusammengeschlossen erscheinen." (HOLTZ, Sprache (s. Anm. 1), 15).

4,2   ἐπὶ τὸν θρόνον καθήμενος

7,15   ὁ καθήμενος ἐπὶ τοῦ θρόνου

21,5   ὁ καθήμενος ἐπὶ τῷ θρόνῳ

Während Holtz (2005), 15 zu 4,2 konstatiert, dass beim Nominativ der Akkusativ stehe, kann er mit den beiden anderen Stellen nichts anfangen, da hier einmal der Genitiv und einmal der Dativ nach dem Nominativ erscheint. Gerade hier lässt sich seine grundlegende Argumentation aber meines Erachtens sogar noch stärken: Postuliert man nicht, dass nach dem Nominativ ἐπὶ grundsätzlich den Akkusativ regieren muss, sondern dass in diesem Fall der Kasus sozusagen freigegeben ist, da ἐπί ja nicht mit dem Nominativ stehen kann, löst sich das Problem. Vielleicht ist es sogar kein Zufall (aber das ist Spekulation), dass an den drei Stellen, an denen der Sitzende im Nominativ steht, der Thron die obliquen Kasus gleichsam durchwandert: jeder der drei Kasus erscheint einmal. Insgesamt zeigt diese Demonstration virtuosen Sprachspiels „in geradezu elegant zu nennender Manier (…), dass er trotz ebenfalls von ihm in ähnlicher Absicht benutzter Solözismen die griechische Sprache beherrscht, und unterstreicht damit die semantische Relevanz der formalen Handhabung der Sprache durch ihn.“[30]

VI

Es ist nun an der Zeit, diese von Holtz angesprochenen Solözismen sowie die gröberen Anakoluthe in der Apokalypse als die auffälligsten sprachlich-stilistischen Merkmale zu untersuchen und zu interpretieren:

(14) ἡ δὲ κεφαλὴ αὐτοῦ καὶ αἱ τρίχες λευκαὶ ὡς ἔριον λευκὸν ὡς χιὼν καὶ οἱ ὀφθαλμοὶ αὐτοῦ ὡς φλὸξ πυρὸς (15) καὶ οἱ πόδες αὐτοῦ ὅμοιοι χαλκολιβάνῳ ὡς ἐν καμίνῳ πεπυρωμένης καὶ ἡ φωνὴ αὐτοῦ ὡς φωνὴ ὑδάτων πολλῶν, (16) καὶ ἔχων ἐν τῇ δεξιᾷ χειρὶ αὐτοῦ ἀστέρας ἑπτὰ καὶ ἐκ τοῦ στόματος αὐτοῦ ῥομφαία δίστομος ὀξεῖα ἐκπορευομένη καὶ ἡ ὄψις αὐτοῦ ὡς ὁ ἥλιος φαίνει ἐν τῇ δυνάμει αὐτοῦ.

(14) Sein Haupt und die Haare weiß wie weiße Wolle, wie Schnee und seine Augen wie eine Feuerflamme (15) und seine Füße gleich Erz vom Libanon, wie wenn es in einem Ofen geschmolzen ist[31], und seine Stimme wie Stimme vieler Wasser, (16) und haltend in

---

[30] HOLTZ, Sprache (s. Anm. 1), 15.

[31] Ich folge dem Text, wie ihn die Mehrzahl der Handschriften bietet, da πεπυρωμένης als *lectio difficilior* gegenüber der im Codex Sinaiticus und einigen weiteren Handschriften überlieferten Variante πεπυρωμένῳ anzusehen ist. Bezugswort ist in jedem Fall χαλκολιβάνῳ (wovon niemand genau weiß, worum es sich dabei handelt, die Übersetzung ist also *exempli gratia* zu verstehen; vgl. die Diskussion bei BOUSSET, Offenbarung (s. Anm. 2), 195f.), dessen Geschlecht nicht eindeutig zu bestimmen ist. Vgl. BDR (1979) 40, §49.1, Anm. 1; LSJ (1940) s. v. χαλκολίβανος betrachten es als Femininum. Um den Genitiv zu erklären, muss

seiner rechten Hand sieben Sterne und aus seinem Mund ein Langschwert, ein zweischnei-
diges, ein scharfes, herauskommend und sein Angesicht, wie die Sonne strahlt in ihrer
Macht. (Apk 1,14–16)

Johannes schaut eine Epiphanie von Christus und beschreibt sein Aussehen in
vielen Vergleichen[32]: Auch hier findet sich wieder in ganzen drei Versen kein
Hauptsatz-Prädikat, womit Johannes mutmaßlich das unveränderliche Sein
zum Ausdruck bringen will, das Christus zukommt und daher nicht durch
finite Verben, die in der Regel ein Geschehen kennzeichnen, charakterisiert
werden muss und kann. Bezeichnenderweise ist das einzige in dieser Passage
in einem Vergleichssatz erscheinende finite Verb nicht Christus zugeordnet,
sondern kennzeichnet das Strahlen der Sonne. Das Prinzip der additiven Parataxe, dessen sich Johannes auch hier bedient, kennen wir bereits. Besonders
deutlich ist dieses additive Element in V.16 bei der Aneinanderreihung der
drei Informationen, die über das Schwert gegeben werden, aber hier ist erstmals zu beobachten, wie sich die Konstruktion des Satzes praktisch auflöst,
fast pulverisiert: Der Vers beginnt mit einem Anakoluth, der dem bei Johannes häufigsten Typ des so genannten *Nominativus pendens* angehört:[33] Das
Partizip ἔχων hat keinen grammatischen Bezug, sondern hängt in der Luft,
lediglich orientiert am logischen Subjekt Christus, das vorher viermal im
Genitiv des Personalpronomens αὐτοῦ erschien. Die vorangehende konzinne
polysyndetische Aneinanderreihung physischer Merkmale, die jeweils durch
ein Vergleichsobjekt näher charakterisiert werden, wird nach dem jäh eingeschobenen ἔχων zunächst nicht wieder aufgenommen: Völlig unvermittelt
erscheint als neues Subjekt ein Schwert (ῥομφαία) das mit drei Epitheta bedacht wird, erst dann kehrt Johannes zur anfänglichen Konstruktion zurück,

---

mit BDR (1979) 352, §423, Anm. 3 αὐτῆς (= χαλκολιβάνου) ergänzt werden. Solche
Anakoluthe sind im NT und speziell bei Johannes nicht selten, s. BDR (1979) 352, §423.4,
Anm. 10, kommen aber auch schon im klassischen Griechisch vor, s. KG (1898–1904) II,
110f., §494. Die von BOUSSET, Offenbarung (s. Anm. 2), 196 auch erwogene, in wenigen
Handschriften gebotene Variante ὡς ἐκ καμίνου πεπυρωμένης = „so wie es aus durchglühtem
Ofen kommt" (BOUSSET a. O.) ist als klarer Versuch eines Abschreibers, das Anakoluth
aufzulösen, zu verwerfen, zumal das Objekt von πυροῦν immer etwas bezeichnet, was mit
dem Ziel, es zu verbrennen oder zu schmelzen, in Brand gesteckt wird, was also nicht von
einem Ofen gesagt werden kann. Darüber hinaus legt der klare intertextuelle Bezug auf Dan
10,6 (τὰ σκέλη ὡς ὅρασις χαλκοῦ στίλβοντος = *die Beine wie der Anblick von glänzendem
Erz*, vgl. KRAFT, Offenbarung (s. Anm. 7), 46) nahe, dass πεπυρωμένης zum geheimnisvollen
χαλκολίβανον gehört.

[32] Mir drängt sich hier die Darstellung in der um 1515 entstandenen Isenheimer
Auferstehung von Matthias Grünewald auf, in der Kopf und Oberkörper von Christus
umgeben von einer strahlend hellen kreisförmigen Gloriole erscheinen, in welcher seine
Gesichtszüge bis auf die deutlich wahrnehmbaren Augen nahezu verschwimmen. Freilich
lässt sich nicht beweisen, dass der Maler von dieser Textstelle angeregt wurde.

[33] Vgl. BDR (1979) 113, §136.4 – §136 ist speziell den grammatischen und syntaktischen
Regelverstößen in der *Apokalypse* gewidmet.

indem das Antlitz Christi mit der Sonne verglichen wird. Diese Anakoluthe unterstreichen den Eindruck von etwas Lapidarem, das man eigentlich gar nicht mehr in einen konstruktiven Zusammenhang stellen kann, von etwas, das einfach ist und nur bestaunt werden kann.

War es in diesem Beispiel die *tremenda maiestas* von Jesus Christus, die so dargestellt wird, so kommen vergleichbare Effekte auch bei Gestalten vor, die zwar weniger majestätisch, aber besonders schreckenerregend sind; betrachten wir hierzu zwei Beispiele aus dem 6. Kapitel, den ersten und vierten Apokalyptischen Reiter, die durch das Öffnen des ersten und vierten Siegels losgelassen werden:

καὶ εἶδον, καὶ ἰδοὺ ἵππος λευκός, καὶ ὁ καθήμενος ἐπ᾽ αὐτὸν ἔχων τόξον καὶ ἐδόθη αὐτῷ στέφανος καὶ ἐξῆλθεν νικῶν καὶ ἵνα νικήσῃ.

Und ich sah hin und, schau!, ein weißes Pferd, und der, der auf ihm sitzt, haltend einen Bogen und gegeben wurde ihm ein Kranz und er ging hinaus als Sieger und damit er siege.[34] (Apk 6,2)

Hier gerät die Syntax zunächst dadurch aus den Fugen, dass εἶδον nicht das erwartete Objekt bekommt, sondern dieses wiederum als prädikatsloses Subjekt im Nominativ erscheint: ein Aprosdoketon, das die schockhafte Wirkung des Auftretens des weißen Pferdes gleichsam auf der Ebene der Sprache nachzeichnet. Ebenso im Nominativ erscheint der Reiter, der auch kein Prädikat bekommt, sondern mit einem Partizip näher charakterisiert wird. Mit einer erneuten Inkonzinnität erscheint dann endlich ein finites Verb als Prädikat, aber im unpersönlichen Passiv – dem in der *Apokalypse* ungemein häufigen so genannten *passivum divinum*, mit dem zum Ausdruck gebracht wird, dass Gott die Macht verleihende Instanz ist[35] –, das den Reiter als Dativobjekt regiert, der dann in einem neuerlichen Konstruktionswechsel zum Subjekt wird. Wir haben also in weniger als drei Zeilen vier Subjekte: Pferd, Reiter, unpersönliches „es", Reiter. Da nur den beiden letzten Subjekten Prädikate zugeordnet werden, hängen durch diese Konstruktion Pferd und Reiter

---

[34] Es ist hier nicht der Ort, näher auf die schon im 2. Jahrhundert mit Irenäus von Lyon beginnende Diskussion einzugehen, was dieser Reiter symbolisiert. Während der zweite und dritte Reiter eindeutig als Allegorien von Krieg und Hunger zu verstehen sind (zum vierten Reiter s. im Folgenden), ist die Zahl der Vorschläge für den ersten Reiter Legion. Eindeutig scheint mir zu sein, dass auch er für etwas Negatives stehen muss und dass die vom weißen Reiter in 19,11 ausgehende häufig vertretene Gleichsetzung mit Christus schon deshalb abwegig ist, weil die Vier eindeutig dienende Funktion haben und jeweils von einem der vier Wesen (ζῷα) an Gottes Thron in Bewegung gesetzt werden, die ihrerseits in der Hierarchie unter Christus stehen. Dieses Rätsel harrt meines Erachtens noch einer vollständig befriedigenden Lösung. Einen guten Überblick über die verschiedenen Argumente bietet die Diskussion des Problems bei BEALE, Revelation (s. Anm. 3), 375–379. Vgl. jedoch auch den Beitrag von I. Boxall im vorliegenden Band.

[35] Vgl. BEALE, Revelation (s. Anm. 3), 377.

bei ihrem ersten Auftreten grammatisch gleichsam völlig in der Luft, was den Eindruck des Visionären, Unheimlichen erzeugt: Sie sind plötzlich da und keiner weiß, wo sie herkommen – auf der inhaltlichen genau wie auf der sprachlichen Ebene.

Der vierte Reiter auf dem fahlen[36] Pferd ist der unheimlichste und so erscheint hier derselbe Effekt, aber noch einmal gesteigert:

καὶ εἶδον, καὶ ἰδοὺ ἵππος χλωρός, καὶ ὁ καθήμενος ἐπάνω αὐτοῦ ὄνομα αὐτῷ ὁ θάνατος, καὶ ὁ ᾅδης ἠκολούθει μετ᾽ αὐτοῦ (...)

Und ich sah hin und, schau!, ein fahles Pferd, und der, der oben auf ihm sitzt, sein Name der Tod[37], und der Hades folgte mit ihm (…). (Apk 6,8)

Bis zu der Formulierung *oben auf ihm* ist die Präsentation des vierten Pferdes und seines Reiters identisch mit der des ersten, aber anstatt dass jetzt eine, wenn auch inkonzinne, Verbalaussage getroffen wird, wird unverbunden der Name des Reiters angehängt und gleichsam herausgeschleudert, dann kommt mit dem neuem Subjekt ᾅδης endlich ein vollständiger Satz.[38] Drei Effekte

---

[36] Ich habe hier die übliche Übersetzung des griechischen Wortes χλωρός, dem aufgrund seiner Farbe auch das Element Chlor seinen Namen verdankt, beibehalten, da die farblichen Assoziationen dieses Adjektivs im Deutschen kaum adäquat wiederzugeben sind. Man stelle sich das Pferd am besten in einem blassen Gelb mit einem leichten Grünstich vor – in jedem Fall handelt es sich um eine sehr ungesund wirkende Farbe.

[37] Auch hier bin ich bei der traditionellen Übersetzung des Begriffes θάνατος mit *Tod* geblieben, obwohl ich mit der Mehrzahl der Interpreten der Überzeugung bin, dass hier speziell der Seuchentod gemeint ist; so etwa CHARLES, Commentary (s. Anm. 2), 170, POHL, Offenbarung (s. Anm. 15), 200, GIESEN, Offenbarung (s. Anm. 5), 178, SATAKE, Offenbarung (s. Anm. 11), 220 (anders BOUSSET, Offenbarung (s. Anm. 2), 268, der den vierten Reiter als „Herr über alle die Todesgefahren" deutet, „die im folgenden aufgezählt werden). Für diese spezielle Konnotation lassen sich vor allem einige Parallelstellen in der *Septuaginta* anführen – beispielhaft sei hier 2 Sam 24,15f. genannt –, an welchen das hebräische Wort *däbär*, das *Seuche* bedeutet (s. S. WINKLE, Kulturgeschichte der Seuchen, Düsseldorf/Zürich 1997, 422 u. 426; ich danke Stefan Alkier für die Bestätigung dieser Auskunft), jeweils mit dem griechischen θάνατος wiedergegeben wird. Der zweite, dritte und vierte Reiter geben damit eine in der historischen Realität immer wieder zu beobachtende und damit in literarischen Texten häufig widergespiegelte Abfolge wieder, dass Krieg Hungersnot bedingt, wodurch aufgrund der damit einhergehenden Schwächung des Immunsystems der Ausbruch von Seuchen begünstigt wird. – Die Übersetzung *Tod* habe ich gleichwohl beibehalten, da auch Johannes, sicher in Anlehnung an entsprechende Stellen der *Septuaginta*, den allgemeinen Begriff wählt und nicht den Terminus λοιμός, der speziell *Seuche* bedeutet, verwendet. Er konnte davon ausgehen, dass sein Publikum verstand, welche besondere Art des Todes damit gemeint war.

[38] Es kann hier nicht näher darauf eingegangen werden, was Johannes genau mit der Formulierung *und der Hades folgte mit ihm* für Assoziationen bei seinen Leserinnen und Lesern hervorrufen wollte. Gewiss ist sie vom Autor bewusst vage gehalten, damit das Publikum seiner Phantasie freien Lauf lassen konnte, um welche entfesselten Höllenmächte es sich hier handeln mochte. Deutlich bleibt auch hier mit der im *passivum divinum*

sind es hier also, welche gegenüber der Vision des ersten Reiters Unheimlichkeit und Schrecken steigern: Neben der Farbe des Pferdes und dem höllischen Gefolge[39] ist es die nicht in die Satzkonstruktion eingefügte, inkonzinn hereinbrechende Namensnennung, die eine Auflösung des syntaktischen Gefüges bewirkt, welche zum Ausdruck bringt, dass angesichts des Schreckens der geschilderten Vision keine geordnete sprachliche Wiedergabe mehr möglich ist.

Wir können also als Zwischenergebnis festhalten, dass Johannes Inkonzinnitäten und ihre schärfste Form, das Anakoluth, einsetzt, um Überraschungsoder gar Schockeffekte zu erzeugen, sei es bei dem majestätischen Schrecken, den die Epiphanie Jesu Christi verbreitet, oder bei dem Grauen, das die Apokalyptischen Reiter hervorrufen.

VII

In der nächsten zu behandelnden Passage ist wieder von Jesus Christus die Rede, aber in einer besonderen Erscheinungsform:

καὶ εἶδον ἐν μέσῳ τοῦ θρόνου καὶ τῶν τεσσάρων ζῴων καὶ ἐν μέσῳ τῶν πρεσβυτέρων Ἀρνίον ἑστηκὸς ὡς ἐσφαγμένον ἔχων κέρατα ἑπτὰ καὶ ὀφθαλμοὺς ἑπτὰ οἵ εἰσιν τὰ ἑπτὰ πνεύματα τοῦ Θεοῦ ἀπεσταλμένοι εἰς πᾶσαν τὴν γῆν.

Und ich erblickte inmitten des Thrones und der vier Wesen und inmitten der Ältesten ein Böcklein[40], dastehend als geschlachtet, mit sieben Hörnern und sieben Augen, welche sind die sieben Geister Gottes, ausgesandt auf die ganze Erde. (Apk 5,6)

---

gehaltenen Formulierung ἐδόθη ἐξουσία, *es wurde ihnen Vollmacht verliehen,* dass auch diese fürchterliche Macht nur agieren kann, weil Gott sie dazu ermächtigt.

[39] Das Imperfekt ἠκολούθει bringt die Dauer des Geschehens und damit die Größe des Gefolges zum Ausdruck, das in einer langen Reihe hinter dem vierten Reiter einher zieht; vgl. Bousset, Offenbarung (s. Anm. 2), 169 zu dieser und vergleichbaren Stellen: „Der Gebrauch des Imperfektum ist nicht häufig in der Apk, aber wo dasselbe eingeführt wird, geschieht es mit Bedacht." Mussies, Morphology (s. Anm. 18), 309 konstatiert nur 19 Verwendungen des Indikativs Imperfekt in der *Apokalypse* gegenüber 429 Belegen für den Indikativ Aorist.

[40] Es ist die Frucht langer Diskussionen mit Stefan Alkier und den Teilnehmerinnen und Teilnehmern des eingangs erwähnten Hauptseminars, dass ich mich entschieden habe, von der vertrauten und üblichen Übersetzung *Lamm* abzuweichen. Zwar kann das griechische Wort ἀρνίον, das Johannes, und (mit Ausnahme von Joh 21,15, wo es um ‚echte' ἀρνία geht) nur er, stets (insgesamt 28-mal, vgl. Kraft, Offenbarung (s. Anm. 7), 107) anstelle des sonst im NT üblichen ἀμνός (der *locus classicus* ist Joh 1,29) verwendet, durchaus aufgrund des Diminutivs den Eindruck des Zarten, Verletzlichen, das man gemeinhin mit einem Lamm verbindet, erwecken, aber lieblich und zart sieht das Wesen, das hier mit sieben Hörnern und sieben Augen erscheint, doch nicht aus. Auch wenn es vielleicht als philologisch spitzfindig erscheinen mag, dass die Übersetzung *Lamm* unkorrekt sei, weil ein Lamm keine Hörner hat – es würde sich hier ja um ein ganz besonderes Lamm handeln –, so geht doch von diesem

Im vorangehenden Vers 5 hatte der Älteste, der Johannes Trost zusprach, als Wesen, das würdig sei, das Buch mit den sieben Siegeln zu öffnen, einen Löwen angekündigt und es erscheint stattdessen – ein Böcklein[41]; sein Erscheinen wird spannend hinausgezögert: zunächst wird wieder die intern fokalisierende Perspektive des Erzählers auf sein Publikum übertragen, das gewissermaßen seinen Blicken folgt. Was erblickt er nun? Erst werden drei Elemente der Umgebung genannt, bevor das entscheidende Objekt ἀρνίον genannt wird. Der Betrachter braucht also eine gewisse Zeit, um in dieser gestaltenreichen Szene vor dem strahlenden Throne Gottes das, worauf es wirklich ankommt, wahrzunehmen, etwas, das eben nicht auf den ersten Blick so groß und prachtvoll ist, wie man es nach der Ankündigung eines Löwen eigentlich erwarten würde. Das Böcklein wird durch zwei Partizipien näher charakterisiert: es steht da (ἑστηκός) und wirkt, als sei es geschlachtet (ἐσφαγμένον) – und gleichsam aus dem Nichts erscheint als drittes Partizip im falschen Kasus (Nominativ statt Akkusativ) und im falschen Genus (Maskulinum statt Neutrum) ἔχων, um eine weitere Aussage über das Böcklein zu treffen, das nun einen völlig anderen Charakter bekommt mit seinen sieben Hörnern, die natürlich als Attribute der Macht zu verstehen sind.[42] Das unvermittelte inkongruente Auftauchen eines maskulinen Partizips ist ein häufiges Phänomen in der Apokalypse.[43] In einer solchen durch Kasus *und* Genus bedingten Härte wie hier erscheint diese Form des Anakoluths jedoch sonst nirgends: In der scharfen Dissonanz, die das maskuline Partizip im Nominativ ἔχων gegenüber den neutralen Partizipien im Akkusativ (ἑστηκός

Wesen auch eine besondere Kraft aus und Johannes' Wahl des Wortes ἀρνίον bringt diese Ambivalenz zum Ausdruck, die dem Begriff ἀμνός nicht innewohnt, das nur ein schutzloses Opfertier kennzeichnet. Gleichwohl erschiene mir die Übersetzung *Widder* (explizit abgelehnt von POHL, Offenbarung (s. Anm. 15), 176 und SATAKE, Offenbarung (s. Anm. 11), 209 f.) als zu stark, und ich wähle daher die Übersetzung *Böcklein*, weil ich den Deminutiv ἀρνίον gegen MUSSIES, Morphology (s. Anm. 18), 108f. ernst nehme. MUSSIES verweist a. O. selbst auf Luk 10,3, wo das nicht-deminutive ἄρνας erscheint, und liefert damit einen Beleg, das, anders als etwa bei βιβλίον und θηρίον der Deminutiv die Grundform nicht vollständig verdrängt hat. Seine Begründung, dass die Form ἄρνας der Tatsache geschuldet sei, dass Lukas hier Jes 65,25 zitiere, überzeugt mich nicht: Bei Jesaja handelt es sich um die berühmte Stelle, wo der paradiesische Zustand geschildert wird, dass Wölfe und Lämmer zusammen weiden werden, bei Lukas verheißt Jesus seinen Jüngern, sie wie Lämmer unter die Wölfe aussenden zu wollen. Im Rahmen der nahe liegenden Zusammenstellung des Gegensatzpaars Wolf – Lamm sind die beiden Stellen also geradezu konträr.

[41] Vgl. MANGINA, Revelation (s. Anm. 26), 87: „What John hears is a Lion, what he sees is a Lamb. What he hears is strength, what he sees is weakness. What he hears is a conqueror, what he sees is the quintessential victim – the Lamb".

[42] Nebenbei sei als weitere Inkonzinnität vermerkt, dass das Partizip ἀπεσταλμένοι grammatisch auf die Augen bezogen wird, obwohl es vom Sinn her natürlich die πνεύματα meint.

[43] Vgl. BDR (1979) 113, §136.3f. u. Anm. 4f.

und ἐσφαγμένον) bildet, scheinen zwei ganz unterschiedliche Aspekte des Böckleins auf: es ist leidend und machtvoll zugleich, leidend im Neutrum, machtvoll im Maskulinum. Der Kasuswechsel vom Objekt zum Subjekt bringt darüber hinaus einen Rollenwechsel zum Ausdruck: Das Böcklein bricht aus seiner Opferrolle aus und nimmt die Herrscherrolle ein.

Von dieser gewaltigen und gewaltsamen Stelle komme ich nun abschließend zum heftigsten, berühmtesten und wahrscheinlich meistdiskutierten Verstoß gegen die Regeln der griechischen Grammatik bei Johannes, in einer der wichtigsten Passagen des ganzen Buches[44]:

(4) Ἰωάννης ταῖς ἑπτὰ ἐκκλησίαις ταῖς ἐν τῇ Ἀσίᾳ· χάρις ὑμῖν καὶ εἰρήνη ἀπὸ ὁ ὢν καὶ ὁ ἦν καὶ ὁ ἐρχόμενος καὶ ἀπὸ τῶν ἑπτὰ πνευμάτων ἃ ἐνώπιον τοῦ θρόνου αὐτοῦ (5) καὶ ἀπὸ Ἰησοῦ Χριστοῦ, ὁ μάρτυς, ὁ πιστός, ὁ πρωτότοκος τῶν νεκρῶν καὶ ὁ ἄρχων τῶν βασιλέων τῆς γῆς. τῷ ἀγαπῶντι ἡμᾶς καὶ λύσαντι ἡμᾶς ἐκ τῶν ἁμαρτιῶν ἡμῶν ἐν τῷ αἵματι αὐτοῦ, (6) καὶ ἐποίησεν ἡμᾶς βασιλείαν, ἱερεῖς τῷ Θεῷ καὶ Πατρὶ αὐτοῦ, αὐτῷ ἡ δόξα καῖ τὸ κράτος εἰς τοὺς αἰῶνας τῶν αἰώνων· ἀμήν.

(4) Johannes an die sieben Gemeinden in Asien: Gnade euch und Frieden von der Seiende und der ‚Er war' und der Kommende und von den sieben Geistern, die vor seinem Thron, (5) und von Jesus Christus, der Zeuge, der Treue, der Erstgeborene der Toten und der Herrscher der Könige der Erde. Dem, der uns liebt und uns erlöst hat von unseren Sünden mit seinem Blut, (6) und hat uns gemacht zum Königreich, zu Priestern für Gott und seinen Vater, ihm der Ruhm und die Macht bis in die Ewigkeiten der Ewigkeiten, Amen. (Apk 1,4–6)[45]

Insgesamt ist diese Passage dadurch, dass sie nur ein einziges finites Verb enthält[46], das sich am Einfachsten als Bestandteil einer von καὶ ἐποίησεν bis Πατρὶ αὐτοῦ reichenden Parenthese begreifen lässt, von syntaktisch sehr lockerer Fügung, bei der erst ganz zum Schluss klar wird, dass die zunächst in der Luft hängenden Dative ἀγαπῶντι und λύσαντι vom drei Verse später erscheinenden δόξα abhängig sind. Das prägende Element der Passage ist aber gewiss, dass auf den so harmlos anmutenden Beginn ein sprachlicher Schockeffekt sondergleichen folgt, indem die Präposition ἀπό mit dem Nominativ konstruiert wird. Nicht minder radikal ist der unmittelbar folgende Solözismus: Die Ewigkeit Gottes in Gegenwart, Vergangenheit und Zukunft soll in einem dreigliedrigen Kolon dargestellt werden. Johannes beginnt und endet mit einem Partizip (ὁ ὤν, ὁ ἐρχόμενος), doch im Mittelglied erscheint

---

[44] Vgl. ALKIER, Witness (s. Anm. 10), 130: „Verses 4–8 of chapter 1 (…) introduce the book's universe of discourse (…). These verses name the theological, christological, cosmological, and soteriological presuppositions of the argumentation (…)"

[45] An dieser radikalsten Stelle möchte ich noch einmal darauf hinweisen, dass ich in der Übersetzung größtmögliche Wörtlichkeit angestrebt habe, um das sprachlich Unmögliche auch im Deutschen zum Ausdruck zu bringen.

[46] Vgl. o. die Besprechung von 1,1–3.

anstelle eines grammatisch korrekten Partizips eine finite Verbform[47], die grammatisch unmöglich mit einem Artikel kombiniert wird: ὁ ἦν. Zur Verdeutlichung, wie radikal Johannes hier vorgeht, möchte ich *exempli gratia* zwei Versionen bieten, wie der Satz hätte korrekt konstruiert werden können. Möglich wäre etwa das Folgende: χάρις ὑμῖν καὶ εἰρήνη ἀπὸ τοῦ ὄντος καὶ τοῦ γενομένου καὶ τοῦ ἐρχομένου. Das klingt natürlich längst nicht so lapidar und birgt zudem das ernste Problem, dass es im Griechischen kein Partizip gibt, das eindeutig ein Sein in der Vergangenheit zum Ausdruck bringt.[48] Das Partizip γενομένου bietet diese Möglichkeit zwar prinzipiell, wenn der Aorist komplexiv aufgefasst wird, doch bringt man mit dem Verb γίγνεσθαι fast automatisch den ingressiven Aspekt des Werdens in Verbindung, und eine solche Aussage kann über den christlichen Gott (bzw. den Gott Israels) natürlich unmöglich getroffen werden.

Eine zweite Möglichkeit, einen grammatisch korrekten Satz zu bilden, hätte für Johannes durch die Verwendung von Relativsätzen bestanden, etwa analog zu dem Weg, den Hieronymus in seiner lateinischen Übersetzung wählt, in der es *ab eo, qui est et qui erat et qui venturus est* heißt.[49] Ähnlich hätte Johannes es so formulieren können: χάρις ὑμῖν καὶ εἰρήνη ἀπὸ τούτου, ὃς ἔστι καὶ ἦν καὶ ἔρχεται. Diese sprachlich korrekte Version wirkt freilich recht fad im Vergleich zu der lapidaren Wucht der johanneischen Formulierung. Es wurde schon immer gesehen[50], dass seiner Wortwahl Gottes Selbstprädikation aus Ex 3,14 Ἐγώ εἰμι ὁ ὤν (*Ich bin der Seiende*) zugrunde liegt, die von Johannes weiter ausgeführt wird. Reicht das aber aus, um die unter grammatischen Gesichtspunkten doppelte brutal anmutende Härte der Formulierung zu kennzeichnen? Meines Erachtens nein. Hätte der Apokalyptiker einfach das Alte Testament zitieren wollen, wäre die Formulierung ὁ ὤν ohne das folgende ὁ ἦν ausreichend gewesen und die Konstruktion von ἀπό mit Nom. hätte sich mühelos dadurch vermeiden lassen, dass der Autor Gott zum Subjekt gemacht hätte (zum Beispiel χάριν (…) παρέχει ὁ ὤν). Johannes wollte den Text also offensichtlich genau so haben, wie er auf uns gekommen ist, und es hilft auch nicht, wenn einige Handschriften das Problem durch Einfügung von Θεοῦ nach ἀπό zu entschärfen versuchen – das Anakoluth bliebe zwar bestehen, aber wenigstens in einer in der *Apokalypse* nicht seltenen Form und die Konstruktion wäre darüber hinaus analog zu der un-

---

[47] Vor dem Hintergrund, dass Johannes in den ersten sechs Versen der *Apokalypse* finite Verbformen nach Möglichkeit vermeidet, ist deren Erscheinen umso auffallender.

[48] Vgl. KRAFT, Offenbarung (s. Anm. 7), 31, HOLTZ, Sprache (s. Anm. 1), 14f.

[49] Hieronymus war freilich mangels geeigneter Partizipien in einer noch größeren Verlegenheit, da es im Lateinischen nicht einmal ein Partizip Präsens zu *esse* gibt. Nebenbei bemerkt schwächt er mit der Übersetzung *qui venturus est* Johannes' Pointe ab, der mit dem unerwarteten ἐρχόμενος statt des normalen ἐσόμενος zum Ausdruck bringt, dass Gott *schon unterwegs* ist, um das Jüngste Gericht abzuhalten.

[50] S. z.B. HOLTZ, Sprache (s. Anm. 1), 14.

mittelbar folgenden Formulierung in V.5: ἀπὸ Ἰησοῦ Χριστοῦ, ὁ μάρτυς, ὁ πιστός (*von Jesus Christus, der Zeuge, der Treue*). Diese Glättung ist aber natürlich nach dem textkritischen Grundprinzip des Vorrangs der *lectio difficilior* zu verwerfen. Darüber hinaus ist es einfach zu unwahrscheinlich, dass ein christlicher Abschreiber ausgerechnet Θεοῦ vergessen hätte, zumal an den 36 Stellen, an denen Gott in den Kapiteln 1–11 als Θεός bezeichnet wird, 35 mal der bestimmte Artikel dabei steht; es hätte hier also sogar τοῦ Θεοῦ ausgefallen sein müssen. Derartige Hilfskonstruktionen führen also nicht weiter, folglich ist nach einer anderen Erklärung zu suchen. Betrachten wir zunächst das Problem des unmöglichen ὁ ἦν, das in der Kombination mit ὁ ὤν immerhin fünfmal in der *Apokalypse* erscheint[51]: Zweifellos klingt die Kombination ὤν und ἦν harmonisch und passt somit als markante Formel für Gottes ewiges Sein unter diesem Aspekt hervorragend zusammen; darüber hinaus ist die Formulierung an Knappheit nicht zu unterbieten und entspricht somit dem schon häufig beobachteten Streben des Autors nach einer lapidaren Wirkung.

Wenden wir uns nun dem Problem des unmöglichen Nominativs zu: Auch Christus wird damit in den Attributen, die ihm in V.5 zugewiesen werden, bedacht, wie wir es in analoger Form unter anderem schon in 5,6 (ἔχων) beobachtet hatten. Der Nominativ als solcher dürfte hier, in 1,4 und 5 mühelos zu erklären sein: Aus christlicher Sicht sind Gott und Christus die Subjekte schlechthin, die alles Weltgeschehen lenken und daher auch als grammatische Subjekte präsentiert werden sollen. Insofern können sie auch die Regeln der Grammatik sprengen, indem die Apposition zu einem Genitiv im Nominativ erscheinen kann. Im Falle der Formulierung ἀπὸ ὁ ὤν ist das Problem freilich im Gegensatz zu ἀπὸ Ἰησοῦ Χριστοῦ ὁ μάρτυς dadurch noch verschärft, dass an der zweiten Stelle die Präposition wenigstens noch einen korrekten Genitiv erhält und nur die folgende Apposition im falschen Kasus steht[52], während hier der Nominativ unmittelbar auf die Präposition folgt. Den mutmaßlichen Grund für diese grammatische Grenzüberschreitung formuliert Holtz am deutlichsten: „Durch den Kasus hier (…) wird die Unmanipulierbarkeit Gottes (selbst durch das Gesetz der Grammatik) geradezu grell zum Ausdruck gebracht."[53] Anders formuliert: Gott steht über allen von Menschen gemachten Regeln, so dass seine Majestät nicht durch grammatische Regeln aus der

---

[51] Die anderen Stellen sind 1,8; 4,8; 11,17; 16,5. Stefan Alkier hat mich darauf hingewiesen, dass an den beiden letzten Stellen das dritte Partizip ὁ ἐρχόμενος fehlt. Gott ist also in der Vorstellung des Johannes mittlerweile angekommen.

[52] Das beweist nebenbei, dass Johannes sehr wohl weiß, wie die korrekte Konstruktion auszusehen hat, vgl. HOLTZ, Sprache (s. Anm. 1), 14.

[53] Ebd.; in dieselbe Richtung gehen BOUSSET, Offenbarung (s. Anm. 2), 184, CHARLES, Commentary (s. Anm. 2), 10; BEALE, Revelation (s. Anm. 3), 188f. verkennt hingegen das Problem und SATAKE, Offenbarung (s. Anm. 11), 129 nimmt sogar schlicht einen Schreibfehler an.

Grundform des Nominativs gedrängt werden kann. Zugleich wird hier erstmals ein Effekt erzielt, der in der ganzen *Apokalypse* immer wieder eine
Rolle spielt: „(…) human language is not able to speak adequatly about the
almighty power of God and his Son."[54] Hier könnte man den Einwand erheben, warum Johannes dieses Stilmittel dann nicht immer einsetzt, wenn Gott
in Aktion tritt. Das hätte aber wohl das Stilempfinden des Autors nicht zuge-
lassen, da dadurch der gesamte Text eine dissonante Mischung aus grammatisch Korrektem, Grenzwertigem und Unkorrektem ergeben hätte, die ihn
als literarisches Kunstwerk ziemlich ungenießbar gemacht hätte. Hinzu
kommt, dass ein solcher Effekt sich abnutzt, wenn er zu oft eingesetzt wird.
Dass Johannes ihn gerade hier präsentiert, ist kein Zufall: Es handelt sich um
die insgesamt zweite Erwähnung von Gott in der *Apokalypse* und die erste,
bei der Er unter dem Aspekt grammatischer Korrektheit nicht im Nominativ
stünde. So macht der Autor einmal beispielhaft deutlich, dass Gott als dem
Subjekt schlechthin prinzipiell der Nominativ zukommt, auch wenn das im
Folgenden meist nicht explizit durchgeführt wird. Die Formulierung ὁ ὢν καὶ
ὁ ἦν kommt, wie erwähnt, dagegen geradezu leitmotivisch immer wieder vor,
das zweite Mal gleichsam zur Einschärfung gleich in 1,8, wo die bekannte
Begriffstrias noch durch ὁ Παντοκράτωρ abgerundet wird:

Ἐγώ εἰμι τὸ ἄλφα καὶ τὸ ὦ, λέγει Κύριος ὁ Θεός, ὁ ὢν καὶ ὁ ἦν καὶ ὁ ἐρχόμενος, ὁ
Παντοκράτωρ.

Ich bin das Alpha und das Omega, spricht Gott, der Herr, der Seiende und der ‚Er war' und
der Kommende, der Allherrscher.

Majestätischer wurde Gott wahrscheinlich nie bezeichnet.[55]

VIII

Eine kurze Zusammenfassung soll diese Beobachtungen abrunden: Zu den
Hauptmerkmalen von Johannes' Sprache und Stil gehört im Bereich der Syntax die additive Parataxe, in der nur selten kausale, modale, adversative oder
konzessive Verknüpfungen zwischen aufeinander folgenden Sätzen hergestellt werden. Die signifikante Dominanz der Konjunktion καί unterstützt den

---

[54] ALKIER, Witness (s. Anm. 10), 128.
[55] Die Tilgung der ganzen Passage von Κύριος bis ὁ Παντοκράτωρ durch CHARLES,
Commentary (s. Anm. 2), cxlvii als „interpolation of an ignorant scribe" mit dem Hinweis,
dass die Prädikation ὁ Παντοκράτωρ niemals von der Gottesbezeichnung ὁ Θεός getrennt
werde, ist offenkundig unbegründet; vgl. 4,8 und 11,17, wo sich zeigt, dass Johannes die
Reihenfolge der einzelnen Elemente auch sonst bisweilen abwandelt. ὁ Παντοκράτωρ ist hier
passend an den Schluss gestellt, weil es in einem Wort die vorangegangenen Prädikationen
zusammenfasst; vgl. ALKIER, Witness (s. Anm. 10), 132.

Eindruck einer unaufhaltsamen Aneinanderreihung von Ereignissen, durch welche der göttliche Plan verwirklicht wirkt. Gerade wenn von Gott die Rede ist, verzichtet der Autor gerne auf finite Verben und gerade im Kontext göttlichen Wirkens finden sich die häufigsten und massivsten Verstöße gegen grammatische Regeln. Diese Verstöße sind fast immer als beabsichtigt zu erweisen und erscheinen meist in Zusammenhang mit Gott oder Christus, um deren über alle Regeln der Grammatik und Syntax erhobenen Majestät Ausdruck zu verleihen. Daneben können Solözismen und Inkonzinnitäten auch sonst wie im Falle der Apokalyptischen Reiter oder des schrecklichen Engels Abbadon eingesetzt werden, um das Schockierende von deren Auftritten zu unterstreichen. So bestätigt sich eindrucksvoll die Erkenntnis, dass wir es bei Johannes unabhängig von Herkunft und Muttersprache mit einem souveränen Kenner der griechischen Sprache und einem Könner zu tun haben, der mit ihr virtuos zu spielen und sie für die Präsentation seiner Inhalte zu nutzen versteht: Sprache und Stil, insbesondere die Signaleffekte der grammatischen Inkongruenzen sollen den Adressaten helfen, sein Anliegen besser zu verstehen, ihnen Gottes und Christi Macht und Größe, aber auch das nach seiner Überzeugung unmittelbar drohende Jüngste Gericht nahezubringen.

Zum Tempusgebrauch in der Offenbarung des Johannes

Dieter Zeller

1. Verortung in der Forschungsgeschichte

Um das Zeitverständnis der Johannesapokalypse[1] zu eruieren, kann man bei den Zeitbegriffen und den Aussagen, die damit gemacht werden, einsetzen (s. den Beitrag von S. Alkier und T. Nicklas). Dabei wird man z.T. auf Widersprüche stoßen: Das Lamm hat schon gesiegt (3,5; 5,5) und wird siegen (17,14); die von ihm Erkauften sind schon für Gott zu einem Königreich gemacht worden (1,6; 5,10a), andererseits liegt ihre Herrschaft erst in der Zukunft (5,10b; 20,6; 22,5c). Wie ernst kann man die Verbformen nehmen? Spiegelt sich in ihnen die „gefühlte" Nähe des Sehers zu den Endergebnissen? So mag eine Voruntersuchung über den Gebrauch der Tempora nützlich sein.

Auf den ersten Blick stellt man in den Visionsschilderungen ein wirres Durcheinander der verbalen Zeitformen fest. W. Bousset[2] nennt das Schwanken zwischen Präsens und Futur, zwischen Aorist und Präsens „regellos", ähnlich J. Schmid[3]. Wenn plötzlich auf einen Aorist ein Futur folgt, scheint der Seher „aus der Rolle zu fallen". Wirkt sich hier eine Unsicherheit des Autors im Griechischen aus, wie sie z.B. auch manchmal in der Inkongruenz der Casus (s. 1,4f. u.ö.), der Genera und Numeri in Erscheinung tritt?

---

[1] Vgl. dazu speziell M. RISSI, Zeit und Geschichte in der Offenbarung des Johannes, Zürich 1952, neu als: Was ist und was geschehen soll danach. Die Zeit- und Geschichtsauffassung der Offenbarung des Johannes, AThANT 46, Zürich/Stuttgart 1965; H. SCHLIER, Zum Verständnis der Geschichte – nach der Offenbarung, in: Ders., Die Zeit der Kirche, Freiburg ²1958, 265–274; DERS., Jesus Christus und die Geschichte nach der Offenbarung des Johannes, in: ders., Besinnung auf das Neue Testament, Freiburg 1964, 358–369, P. PRIGENT, Le temps et le Royaume dans l'Apocalypse, in: J. Lambrecht (Hg.), L'Apocalypse johannique et l'Apocalyptique dans le Nouveau Testament, BEThL 53, Leuven 1980, 231–245. Im Folgenden arbeite ich einen einleitenden Teil meiner kleinen unveröffentlichten Abhandlung „Die Zeit in der Offenbarung des Hl. Johannes", Rom 1963, aus.

[2] Vgl. W. BOUSSET, Die Offenbarung Johannis, KEK XVI, Göttingen ⁶1906, 168–171.

[3] Vgl. J. SCHMID, Studien zur Geschichte des griechischen Apokalypse-Textes. 2. Teil. Die alten Stämme, MThS.HE 1, München 1955, bes. 207–209.

Vor allem R. H. Charles[4] hatte die Einwirkung des Hebräischen geltend gemacht. Und nach der wenig bekannten Arbeit von A. Lancelotti[5] hat S. Thompson[6] den Einfluss semitischer Syntax in der Apokalypse aufgespürt. Doch ist zu bedenken, dass das Alte Testament meist in griechischer Übersetzung, wenn auch nicht unbedingt der der LXX, anklingt.[7] Wie sehr die Sprache des wohl aus Palästina stammenden Apokalyptikers noch vom Hebräischen und Aramäischen geprägt war, ist schwer zu sagen. Zunächst haben wir es mit Koine-Griechisch zu tun, dessen Morphologie in der Apokalypse des Johannes G. Mussies[8] analysiert hat. Die Papyri zeigen das unterschiedliche Sprachniveau, das sowohl mit dem Bildungsstand wie mit der Herkunft der Autoren zusammenhängen kann. Nach Mussies[9] verrät der Verfasser der Johannesapokalypse seine semitische Muttersprache nicht so sehr im Gebrauch der Zeitkategorien – die haben auch in der Johannesapokalypse ihren griechischen Wert –, sondern in ihrer Wahl. Die semitische Färbung des Verbs sei in erster Linie eine Frage des Stils.

Damit kommt Mussies auf E. B. Allo[10] zurück, der schon 1921 meinte, es handle sich beim plötzlichen Tempuswechsel nicht um eine Nachlässigkeit des Stils. „C'est le mouvement du pensée, extrèmement rapide et vivante, qui explique tout." Diese stilistische Analyse, die Nachwirkungen des semitischen Hintergrunds nicht ausschließt, soll hier noch weiter getrieben werden. Setzt Johannes die Zeitformen bewusst ein, um bestimmte Wirkungen zu erzielen?[11] Dabei ist auf die formgeschichtliche Bedingtheit des Stils zu ach-

---

[4] Vgl. R. H. CHARLES, A Critical and Exegetical Commentary on the Revelation of St. John, ICC 2 Bd., Edinburgh 1920, 1, CXXIII–CXXVI, CXLVIIIf.

[5] Vgl. A. LANCELOTTI, Sintassi Ebraica nel Greco dell'Apocalisse. I. Uso delle forme verbali, Coll.Assisiensis 1, Assisi 1964.

[6] Vgl. S. THOMPSON, The Apocalypse and Semitic Syntax, MSSNTS 52, Cambridge 1985.

[7] Zum Forschungsstand s. M. LABAHN, Die Septuaginta in der Johannesapokalypse, in: J. Frey/J. A. Kelhoffer/F. Tóth (Hg.), Die Johannesapokalypse, WUNT 287, Tübingen 2012, 149–190, der mit gelegentlichem Rückgriff auf den hebr. Text rechnet.

[8] Vgl. G. MUSSIES, The Morphology of Koine Greek as Used in the Apocalypse of St. John. A Study in Bilingualism, NT.S 27, Leiden 1971. Er bilanziert: "The great shortcoming in the study of the Apc. is the lack of a systematic description of the use of tenses" (11).

[9] MUSSIES, The Morphology (s. Anm. 8), 349.

[10] E. B. ALLO, Saint Jean. L'Apocalypse, ÉtB, Paris [2]1921, CXXXIXf., CLIIf.

[11] Die im neutestamentlichen Griechisch den Tempora zugeschriebenen „Aspekte" (früher „Aktionsarten") bzw. Funktionen etwa bei F. BLASS/A. DEBRUNNER, Grammatik des neutestamentlichen Griechisch. bearb. F. REHKOPF, Göttingen [15]1979, §§318–356; H. V. SIEBENTHAL, Griechische Grammatik zum Neuen Testament, Gießen 2011, §§192–206; MUSSIES, Morphology (s. Anm. 8), 205–277; B. M. FANNING, Verbal Aspect in New Testament Greek, Oxford 1990.

ten, die sich besonders im Vergleich mit alttestamentlichen und jüdischen Texten der Apokalyptik und Prophetie zeigt.

E. Lohmeyer[12] zog aus dem Wechsel der Tempora bei den eschatologischen Ereignissen einen gewichtigen systematischen Schluss: Das eschatologische Geschehen sei selbst „zeitlos". „Es war und ist und wird kommen". Die Zeiten sind vertauschbar. Diese offenbar aus dem Scheitern der zeitlichen Naherwartung geborene Verlegenheitsauskunft wurde zwar von niemand übernommen, zeigt aber, dass die grammatikalisch-stilistische Untersuchung schon methodisch vordringlich ist.

2. Die Visions- und Auditionsberichte

In einem großen Teil der Offenbarung berichtet Johannes in der ersten Person von dem, was er gehört und gesehen hat. Dabei kann man den narrativen Rahmen und den Inhalt unterscheiden.

2.1 Der erzählende Rahmen

Es ist nur natürlich, dass Johannes die Tatsache und die Umstände seines Hörens und Sehens im punktuellen Aorist mitteilt[13], z.B. 1,9f. ἐγενόμην … ἐγενόμην … καὶ ἤκουσα …, 1,12 καὶ ἐπέστρεψα … καὶ ἐπιστρέψας εἶδον. Im Relativsatz 1,12a steht aber das Reden der Stimme im Imperfekt, das einen längeren Vorgang bezeichnet (ἐλάλει[14], ähnlich Dan 7,11 von der Stimme des Horns). Dagegen kennt die Johannesoffenbarung nicht das das punktuelle εἶδον fortsetzende εθεώρουν von Dan 7,1ff., das die Dauer der Schau ausdrückt und im Aramäischen einem „Ich war sehend" entspricht.

2.2 Die Beschreibung des Gesehenen

Die Visionen haben statischen (Aussehen eschatologischer Agenten, Szenerien) oder dynamischen (Handlungen, Ereignisse) Inhalt.

---

[12] Vgl. E. LOHMEYER, Die Offenbarung des Johannes, HNT 16, Tübingen 1926, deutlich vor allem 106f., 193f. Seine Position ist widerspruchsvoll. Einerseits soll sich die Kirche nach der Vollendung in der Geschichte sehnen, die doch andererseits nur eine „Wiederholung", „ein Außenwerk der Gläubigkeit" geworden ist.

[13] MUSSIES, Morphology (s. Anm. 8), 333f.

[14] Vgl. dagegen den ingressiven Aorist ἐλάλησαν 10,3 nach einem Temporalsatz (weiter 10,4; 17,1; 21,9).

2.2.1 Zustandsbeschreibung im Partizipialstil[15] *oder im Präsens und Imperfekt*

Ein Beispiel für die Vorstellung eines eschatologischen Akteurs bietet gleich die Beauftragung 1,9–20. Hier sieht der Prophet zunächst den Menschensohn-ähnlichen, den V.13–16 der biblischen Vorlage Ez 10,5f. folgend mit Partizi-pien – zwei in V.13b, zwei in V.16ab – und vier verblosen Nominalsätzen beschreiben. Auch der letzte Satz ist ein Nominalsatz; nur im dazugehörigen Vergleich V.16c steht ein Verbalsatz, und zwar im Präsens: „Und sein An-blick (war) wie der der Sonne, die in ihrer Kraft scheint." Auch sonst ist bei den Nominalsätzen ein „war" zu ergänzen.

In 9,7–11 wird das Aussehen der Heuschrecken, die V.3 (im Aorist) auf die Erde gekommen waren, zunächst mit drei Nominalsätzen beschrieben, bei denen man ein Verbum wie „waren" hinzudenken muss. Es folgen Sätze mit Verben im Imperfekt (εἶχον, ἦσαν) und Präsens (ἔχουσιν, ἔχει) neben verblo-sen Nominalsätzen.

Ein Beispiel für statische Ausmalung von Örtlichkeiten haben wir in der Schau der himmlischen Welt in Kap. 4,2b–8. Sie lehnt sich zunächst an Ez 1,26–28b an. Alles ist um den Thron herum angeordnet, der schon immer da stand (Imperfekt ἔκειτο V.2b). Verblose Nominalsätze zeigen den darauf Sitzenden, sein Aussehen und den Regenbogen, der beide umgibt (V.2c.3). An sich geht es V.4 bei der Schilderung der weiteren Thronumgebung im gleichen Stil weiter, aber das Objekt des Sehens steht nicht im Nominativ, sondern im Akkusativ, wohl weil ein „ich sah" dazu gedacht ist (so auch 13,3a; 14,14b). Es folgt mit V.5a ein Verbalsatz im Präsens. Daran schließen sich wieder bis V.8 Nominalsätze an, die mit einem präsentischen oder im-perfektischen Verb aufzufüllen wären. Die Beschreibung des Anblicks der vier Wesen, die in Ez 1,5f.10 ein Vorbild hat, endet wieder mit einem Verbal-satz im Präsens (V.8a): „Rings herum und innen sind sie voll von Augen" (vgl. Ez 1,18).

Nachdem die Akteure so vorgestellt worden sind, schildern V.8b–11 die himmlische Aktivität der vier Lebewesen, und – zeitlich nachgeordnet – die der vierundzwanzig Ältesten.

---

[15] Die Partizipien verstehen sich bei visionären Schilderungen, die mit „und siehe" eingeleitet werden, nach hebräischem Vorbild von selber. Z.B. Gen 28,12; aber schon die LXX setzt sie hier mehrheitlich ins Imperfekt um. In Apk 4,1b haben wir καὶ ἰδού, mit Partizip Perfekt; in 4,2b das Imperfekt, gefolgt von einem Partizip; Partizipien nach καὶ ἰδού, noch 7,9; 14,1; 14; 19,11, anderswo Nominalsätze oder finite Verben. Zum Folgenden auch LANCELOTTI, Sintassi (s. Anm. 5), 98f. und MUSSIES, Morphology (s. Anm. 8), 325f.

2.2.2 Durativer Aspekt himmlischer Tätigkeit, durch Präsens ausgedrückt

Wenn die vier Wesen das Dreimal-Heilig singen, „haben sie Tag und Nacht keine Ruhe" (4,8b ἔχουσιν); in ihrem unablässigen Lobpreis ignorieren sie gleichsam die Zeitordnung mit ihrem Wechsel von Werk und Ruhe. Ein solches duratives Präsens für unausgesetztes Tun im Jenseits finden wir noch 7,15: „Deshalb sind sie vor dem Thron Gottes und dienen (λατρεύουσιν) ihm Tag und Nacht[16] in seinem Tempel …" Die Reaktion Gottes darauf steht allerdings im Futur. In 5,9 folgt auf das plötzliche Niederfallen (Aorist: ἔπεσαν) der himmlischen Schar ihr immerwährender Gesang (Präsens: ᾄδουσιν), vgl. 14,3a; 15,3. Auch in 7,10 ist das Präsens κράζουσι zu lesen[17], das keinesfalls – als unglückliche Übersetzung aus dem hebr. wajjiqtō l– aoristisch wiedergegeben werden muss[18]. Wie ein jammervolles Echo auf diese unendliche Liturgie klingt die Beschreibung der Qual, die auf die Tieranbeter wartet: „Und der Rauch ihrer Peinigung steigt auf (ἀναβαίνει) in die Ewigkeiten der Äonen[19], und sie haben (ἔχουσιν) nicht Ruhe Tag und Nacht" (14,11).

2.2.3 Rätselhaftes Futur in 4,9–11

Nachdem der nie verstummende Lobpreis der vier Wesen im Präsens vermerkt wurde (V.8), bereitet die Fortsetzung im Futur den Exegeten Verdruss. Die Huldigung der vierundzwanzig Ältesten ist zwar der Ehrenbezeugung der Vier mit einem ὅταν-Satz nachgeordnet – so wäre das Futur noch als logisch verständlich –, aber es befremdet, dass der Temporalsatz nicht im Konjunktiv Aorist, sondern im Indikativ Futur steht, obwohl das Die-Ehre-Geben von V.9 doch mit dem Trishagion in V.8 identisch sein dürfte. Die Verse blicken also nicht voraus auf das in 5,8ff. geschilderte gemeinsame Niederfallen der Thronassistenten vor dem Lamm.[20] Es liegt kein echtes Futur vor. Die Erklärung aus dem hebr. *jiqtōl*[21] hat ihre Schwierigkeiten, weil im Hebräischen der Hauptsatz einer temporalen Fügung mit *waw* beginnt, καί aber hier fehlt.

---

[16] „Tag und Nacht" klagt auch der Satan vor Gott die „Brüder" an: 12,10.

[17] Vgl. SCHMID, Studien (s. Anm. 3), 208.

[18] Gegen CHARLES, Commentary (s. Anm. 4), 1, CXLIX.

[19] Diese stereotype Aussage auch 19,3b nach einem Perfekt. In 14,10 gehen zwei Futura voraus. Das Präsens ließe sich zur Not auch als Surrogat für das Futur verstehen (s.u. 3.4). Mir scheint der durative Aspekt ausschlaggebend.

[20] Gegen U. B. MÜLLER, Die Offenbarung des Johannes, ÖTBK 19, Würzung 1984, 142. Auch 5,13f. kann – gegen MUSSIES, Morphology (s. Anm. 8), 345 – nicht angezielt sein. Denn hier weitet sich die Huldigung auf alle Geschöpfe aus und gilt – neben dem Thronenden – auch dem Lamm.

[21] CHARLES, Commentary (s. Anm. 4), 1, CXLVIIIf. und 2, 399 Anm. 1; LANCELOTTI, Sintassi (s. Anm. 5), 65: "future iterative nel passato"; THOMPSON, Apocalypse (s. Anm. 6), 45f.; SIEBENTHAL, Grammatik (s. Anm. 11), §202i, S. 338.

Möglich ist, dass das Futur hier den Konjunktiv Aorist ersetzt[22], obwohl Apk 9,5; 10,7; 11,7 (mit futurischer Apodosis); 12,4; 17,10; 18,9 (nach futurischem Hauptsatz); 20,7 (mit futurischem Hauptsatz) diesen durchaus kennt. Der iterative Sinn des ὅταν mit Indikativ wäre auch auf den Hauptsatz durchgeschlagen. Die Verse wären also „a statement of the regular order of divine worship"[23], das Futur entspräche dem Präsens. Das ist jedenfalls wahrscheinlicher als die Lösung von Mussies[24], der hier den jussiven Aspekt des semitischen *jiqtōl* heraushört.

2.2.4 Der Übergang zur Aktion im Aorist oder Präsens

Von dem nicht ganz zu klärenden Fall 2.2.3 abgesehen, waren die bei der verweilenden Beschreibung eingesetzten griechischen Tempora den jeweiligen Aspekten angemessen. Wenn nun die beschriebenen Akteure in Aktion treten, ist der Aorist zu erwarten. Nachdem der Seher etwa in 5,6 das Aussehen des geschauten Lammes mit Partizipialkonstruktionen gezeichnet hat, gibt er den Fortgang, den Empfang der Buchrolle, im Aorist (V.7). Oder: Bei der Schau des Tieres in 13,1–7 werden die Nominalsätze bzw. das Imperfekt in V.1–2c ab V.2d durch Aoriste fortgesetzt. Das passt zum Ereignishaften des Erzählten. Ausgenommen ist die Partizipialkonstruktion in V.3a, die einen Zug der Beschreibung nachholt. Sie steht, weil von „Ich sah" V.1 abhängig, im Akkusativ.

Wie sachgemäß die Tempora verwendet werden, sieht man beispielsweise an Passagen wie 9,17–19, wo in die Deskription der vier Reiter, ihrer Ausstattung und verheerenden Fähigkeit (in Nominalsätzen und Verbalsätzen im Präsens) ihre vernichtende Wirkung im Aorist eingeschaltet ist (V.18). Der Übergang vom Statischen zur Aktion kann auch im Präsens erfolgen. So in 12,1–6. Hier wird die 12,1–2a beschriebene Frau in V.2 mit einem anhaltenden Schreien (κράζει)[25] in den Geburtswehen aktiv. Der V.3 eingeführte Drache fegt als erste Handlung ein Drittel der Sterne vom Himmel und wirft sie auf die Erde (12,2). Das Präsens σύρει steht hier in gleicher Funktion wie der die weitere Erzählung bis V.18 dominierende Aorist ἔβαλεν, ist also wohl

---

[22] Vgl. M. ZERWICK, Graecitas Biblica, Rom [4]1960, §336; BLASS/DEBRUNNER/ REHKOPF, Grammatik (s. Anm. 11), §383, 4b mit Beispielen für Indikativ nach ὅταν (in den LXX–Beispielen mit Aorist im iterativen Sinn).

[23] So CHARLES, Commentary (s. Anm. 4), 2, 399 Anm. 1; vgl. A. SATAKE, Die Offenbarung des Johannes, KEK, Göttingen 2008, 201: „Es ist auch möglich, dass er … die ewige Dauer des Lobspruchs andeuten will."

[24] MUSSIES, Morphology (s. Anm. 8), 323.

[25] Dass hier der durative Aspekt mitbedacht ist, könnt das inmitten von Aoristen auffällige Imperfekt ἔκραζον in 18,18f. zeigen. S. auch o. 2.2.2 zu 7.10 κράζουσι.

ein lebhaft vergegenwärtigendes „historisches Präsens"[26]. Die grammatikalische Bezeichnung darf nicht als zeitgeschichtliche Anspielung missverstanden werden. Diese Erkenntnis ist wichtig für die Erklärung des Präsens in 13,12–17. Hier wird das Treiben des 13,11 im Imperfekt vorgestellten zweiten Tieres, des Lügenpropheten, im Präsens geschildert – bis auf die sachlich bedingten Aoriste im V.12fin. 14a (Nebensätze). Der Aorist in V.15 liegt zeitlich auf derselben Ebene und zeigt, dass das Präsens sich der Erlebnisnähe des Visionärs verdankt.[27] Es muss nicht bedeuten, dass die in der Schau angezeigten Ereignisse für den Leser schon Gegenwart sind.

2.2.5 Futurische Fortsetzung geschauter Handlung

Das geht auch daraus hervor, dass der Seher von der aoristisch-präsentischen Wiedergabe der geschauten Ereignisse plötzlich ins Futur verfallen kann, ein Zeichen dafür, dass das Geschaute zu dem gehört, „was sein wird". Damit dringt ein Moment prophetischer Deutung in die Visionen ein. Als Beispiel[28] diene das eben behandelte Kap. 13. V.2d–4 berichten im Aorist darüber, wie das Tier vom Drachen seine Gewalt erhält, und die darauf folgende weltweite Huldigung. V.7b wird ihm noch einmal universale Macht übergeben (ἐδόθη wie häufig), doch diesmal sagt V.8 die Reaktion der Erdbewohner darauf im Futur an[29]. Dies ist nicht zeitlich auszuwerten[30] oder als Übertragung eines hebräischen Imperfekts anzusehen[31]. Richtig Lohmeyer: Die prophetische Deutung bricht durch die Vision[32].

Ähnlich bei der Inthronisation der für die 1000jährige Herrschaft Bestimmten 20, 4–6: Hier ist zunächst der aoristische Stil am Platz, in dem der

---

[26] Vgl. MUSSIES, Morphology (s. Anm. 8), 334; D. E. AUNE, Revelation, WBC 52, Dallas 1997, 1, CLXXXIVf. Auch das ganz von Aoristen umgebene καταβαίνει in 16,21 dürfte ein historisches Präsens sein. Anders LANCELOTTI, Sintassi (s. Anm. 5), 62: „presente durativo del passato" unter dem Einfluss des Hebräischen. Aber ich sehe nicht, dass die Dauer besonders betont wäre.

[27] Dass es von einem als verbum finitum gebrauchten semitischen Partizip abhängt – so THOMPSON, Apocalypse (s. Anm. 6), 35f. – lässt sich nicht „beweisen".

[28] Vgl. auch 9,1–6: Die Geschehnisse, die durch die fünfte Posaune ausgelöst werden, stehen im Aorist. Die dadurch bewirkte unerträgliche Lage kündigt V.6 in der Art eines prophetischen Drohwortes, eingeleitet mit der Formel „in jenen Tagen", im Futur an. Das Präsens καὶ φεύγει (Q und V g haben ein Futur in Angleichung an das Vorhergehende) in V.6 kann iterativ verstanden werden.

[29] In 6,16 ist das unvermutete Präsens καὶ λέγουσι nach Aoristen der Formulierung nach Hos 10,8.

[30] Wie bei H. SCHLIER, Vom Antichrist, in: Ders., Zeit (s. Anm. 1) 16–29 (25). Er schließt darauf: „die Zukunft in der Zeit wird nicht anders sein als die Vergangenheit."

[31] Siehe wieder CHARLES, Comentary (s. Anm. 4), 1, CXLIX. Dagegen LANCELOTTI, Sintassi (s. Anm. 5), 65f: „probabilmente rende qui un Weqatalti di predizione, frequente nel linguaggio profetico."

[32] Vgl. LOHMEYER, Offenbarung (s. Anm. 12), 109.

Seher über die geschauten Ereignisse berichtet. Das Resultat ist: „und sie kamen mit dem Christus 1000 Jahre zur Herrschaft" (ἐβασίλευσαν: ingressiver Aorist). In der abschließenden Seligpreisung, die schon nicht mehr zum Bericht gehört, sondern die darin liegende Verheißung expliziert, heißt es: „Und sie werden mit ihm 1000 Jahre herrschen" (βασιλεύσουσιν). Hier besteht keinerlei Widerspruch. In der prophetischen Vorausschau auf das anschließende Geschehen hält sich zunächst das Futur durch (20,7f.), um dann V.9f. in den dem Visionsreferat gemäßen Aorist zu wechseln. Das Futur in V.10b ist dem anvisierten Ereignis nachgeordnet (Nachzeitigkeit), versteht sich aber auch in der Linie der prophetischen Futura dieses Abschnitts.

3. Prophetische Deutung

Die Visionen können in verschiedener Weise gedeutet werden: durch Auditionen, etwa himmlischer Stimmen, oder durch Erklärungen von *angeli interpretes*. Oder der Autor deutet das Geschehen selber durch identifizierende Glossen (z.B. 14,4f.; 16,14).

3.1 Das Gedeutete als die Zukunft des Lesers

In 7,13–17 übernimmt einer der geschauten Ältesten die Antwort auf die von ihm selbst provozierte Frage nach Herkunft und Identität der geschauten Schar. Dabei begründet er ihren gegenwärtigen Status (Präsens!) vor Gott durch ihr Verhalten in der für sie schon zurückliegenden großen Bedrängnis und malt dann ihre Zukunft mit prophetischen Verheißungen (vgl. zu σκηνώσει V.15c Ez 37,27; zu V.16.17b Jes 49,10; zu 17ab Ps 23,1f.; zu V.17c Jes 25,8[33]) aus. Der Leser freilich, der sich in dieser Menge wiederfinden möchte, weiß, dass für ihn diese große Bewährungsprobe noch aussteht und also auch der im Präsens beschriebene himmlische Gottesdienst noch in der Zukunft liegt (vgl. λατρεύουσιν 7,16b mit λατρεύσουσιν 22,3). Erst in dem radikalen Neuanfang, von dem der Seher Johannes 21,1–4 etwas zu sehen und zu hören bekommt, erfüllen sich für ihn die prophetischen Anspielungen von 7,15–17 (vgl. Elemente von Ez 37,27 und Jes 25,8 in V.2f.).

3.2 Prophetische Ankündigung im Futur mit Rückfall in den Aorist

Manchmal, z.B. 11,3, bricht – in der Verlängerung der Beauftragung zum prophetischen Dienst 10,1–11 – auch einfach das Wort Christi in Analogie zur alttestamentlichen Gottesrede in der 1. Person Sg. aus dem Seher. Hier

---

[33] Hier ist ein hebräisches „prophetisches Perfekt", das auch in der LXX erscheint, futurisch wiedergegeben.

geht es um das, was Christus[34] mit seinen zwei Zeugen vorhat. Insofern anfangs keine Visionsschilderung vorliegt, sondern Prophetie, sind die Tempuswechsel, die in diesem Stück 11,3–13 besonders Anstoß erregen[35], erklärbar. Das Futur von V.3 wird – unterbrochen von der präsentischen Identifikation der Zeugen V.4 und der ebenfalls präsentischen Versicherung ihrer Vollmacht V.5f. – in V.7f. wieder aufgenommen. Die Verben in V.9f. stellen den Triumph der Menschheit über die beiden lästigen Zeugen eindringlich im Präsens vor, aber im Grunde steht das noch aus, wie das Futur πέμψουσιν in V.10b verrät.[36] Wenn dann auf einmal Lebensgeist in die Zeugen kommt, kann das am besten ein ingressiver Aorist veranschaulichen. In diesem Sinn ist das Aufleben (Aorist von ζῆν) noch mehrfach in der Johannesapokalypse belegt.[37] Außerdem wirkt hier Ez 37,10 LXX ein. Wie dort handelt es sich auch hier um die Wiedergabe des in einer Vision Geschauten, das im Aorist beschrieben wird. Die Fiktion der Christusrede von V.3 ist spätestens seit V.8, wo in der 3. Person von „ihrem Herrn" gesprochen wird, aufgegeben.

In der Deutung der Vision 21,22f. gehört der im Aorist gehaltene γάρ-Satz V.23b als Begründung des geschauten Zustands noch zur Schilderung, hat also nichts Erstaunliches. Jes 60,1 ist darin schon realisiert. Erst V.24–26 ziehen im Stil prophetischer Verheißung (vgl. Jes 60,3a.5.11) die Folgerung daraus.

Während in Dan die erzählende Wiedergabe des Gesichts und seine futurische Deutung sauber geschieden sind, gehen sie also in der Johannesapokolypse gelegentlich ineinander über, meinen aber denselben Sachverhalt[37].

3.3 Zeitliche Differenzierung in apokalyptischen Geschichtsausblicken

In der Schilderung des Geschauten besagte ein Aorist oder ein Präsens nicht unbedingt etwas über die zeitliche Einstufung der Ereignisse aus der Perspektive des Propheten. Die Zeitachse, auf die sie – wie auch die Aoriste – bezogen sind, ist die seiner subjektiven Erfahrung. Anders in den eingeschobenen Deutungen. Sie haben eine zeitliche „Klimax"[38] und weisen von der

---

[34] Mit SATAKE, Offenbarung (s. Anm. 23), 262 ist dem Possessivpronomen „meine Zeugen" (vgl. 2,13; 17,6) zu entnehmen, dass Christus als Sprecher gedacht ist, in der jüdischen Vorlage war es vielleicht Gott.

[35] Vgl. CHARLES, Commentary (s. Anm. 4), 1, CXXIII Anm. 1; ALLO, Jean (s. Anm. 10), CLIIf.

[36] Vgl. 2,8b; 13,14; 20,4; BLASS/DEBRUNNER/REHKOPF, Grammatik (s. Anm. 11), §331.

[37] Vgl. ALLO, Jean (s. Anm. 10), XXIII: „Tantôt sa narration est purement descriptive; antôt la conversation qu'il a avec les Anges se prolongue en commentaire des tableaux qui lui ont étés montrés, et il écoute l'application de ces symbols aux évènements de l'avenir. Alors le temps change; le passé fait place aux future …".

[38] Vgl. etwa H. H. ROWLEY, The Relevance of Apocalyptic, London ²1947, 117ff.

Vergangenheit über das Jetzt in ein Noch-nicht der Zukunft, und zwar bezogen auf eine Zeitachse, die dem Autor und seinen zeitgenössischen Lesern anscheinend gemeinsam ist.

Bekanntlich verwenden die Apokalyptiker in ihren – dank ihrer pseudepigraphischen Identifikation mit Gestalten aus der Urzeit oder dem Alten Israel – oft in weite Ferne reichenden Geschichtsdurchblicken den Trick, dass sie schon Geschehenes als noch ausstehend erscheinen lassen. Dadurch wirkt das tatsächlich noch in der Zukunft Liegende umso glaubwürdiger. Unser Prophet Johannes ist zwar ein autonymer Zeitgenosse seiner Leser, lässt aber manchmal durchblicken, dass Einiges von dem Vorausgesagten schon eingetroffen ist. Wie weit sein Standpunkt in der Zeit fiktiv ist, lässt sich nicht immer entscheiden.

Die Vision der auf dem vielköpfigen Tier reitenden Frau 17,3–6 ist in dem Motiv der vielen Köpfe und Hörner von Dan 7,6–8 angeregt. In der Deutung 17,7–18 ordnet der Engel nun das Tier den drei Zeitdimensionen zu: „Es war, ist (gegenwärtig) nicht und wird aus dem Abgrund heraufsteigen …" (V.8). Und auch bei den durch die Häupter symbolisierten Königen unterscheidet er fünf, die schon gefallen sind, einen der (gegenwärtig) regiert, und einen, der noch nicht gekommen ist (V.10). Von ihm weiß der Engel, dass ihm nur kurz zu bleiben beschieden ist, und dass es durch das aufsteigende Tier abgelöst werden wird (vgl. V.11). Damit ist der Standpunkt des Autors am Ende der Herrschaft des sechsten Königs klar erkennbar, mag er auch tatsächlich eine Dynastie später anzusetzen sein.[39] Für unsere Problematik des Tempusgebrauchs ist daran nur wichtig, dass die Zeitformen relativ zur Koordinate sind, die nach der dichterischen Suggestion des Buches durch die himmlische Offenbarung an Johannes aufgerichtet wurde.

3.4 Gleichwertigkeit von Präsens und Futur in Zukunftsaussagen

An 17,8fin.12fin.13 jedoch kann man sehen, dass das Präsens nicht nur dieses jetzt meint, sondern auch für das Futur stehen kann, das V.14 wieder an die Stelle des Präsens tritt. Dass diese Äquivalenz durch das hebräische *jiqtōl* ermöglicht ist, wäre nur dann einleuchtend, wenn es dessen durativen Wert zum Ausdruck bringen würde[40]. Das aber ist hier nicht der Fall. Eher könnten wir es mit einem Stilmittel zu tun haben, das die Zukunft als gewiss erscheinen lässt.[41] Dass es aber tatsächlich eingesetzt wird, muss man an jeder Stelle wahrscheinlich machen, weil sich auch im Griechischen die Verwischung des

---

[39] Vgl. O. BÖCHER, Das beglaubigende *vaticinium ex eventu* als Strukturelement der Johannes-Apokalypse, in: RHPhR 79 (1999), 19–30 (28). Denn woher weiß der Verfasser, dass der siebte König nach göttlichem Willen nur kurz bleiben darf?

[40] So LANCELOTTI, Sintassi (s. Anm. 5), 67f.: „mette in risalto il carattere ‚lineare' dell'azione."

[41] Das haben wir o. 3.2 bis 11,9f. vermutet.

Unterschieds zwischen Präsens und Futur eingebürgert hat.[42] Die scheint auch hier vorzuwalten. Ebenso in 18,9.11, wo das Weinen und Klagen der Könige im Futur angesagt wird, das Weinen und Trauern der Händler jedoch im Präsens. Der futurische Gebrauch des Präsens ist auch in griechischen Orakeln belegt.[43]

Die Tempusform kann manchmal auch durch die Anleihen am Sprachschatz der Bibel begründet sein. Wenige Verse später, als der Engel das Geschick der Frau-Hure enthüllt (17,16), verschmelzen mehrere Schriftbezüge. Die Futura V.a und b könnten aus Ez 23,29 stammen; V.a mag auf die Strafe für eine sich prostituierende Priestertochter Lev 23,16 ἐπὶ πυρὸς κατακαυθήσεται anspielen. Das „Essen von Fleisch" (wohlgemerkt: Menschenfleisch) ist wahrscheinlich nach Jes 49,26 formuliert, und da steht die hellenistische Futurbildung[44] φάγονται statt des klassischen ἔδονται.

In der Beschreibung des messianischen Reiters mit dem Namen „Wort Gottes" 19,11–16, die stilgemäß (s.o. 2.2.1) in Nominal- und Partizipialsätzen erfolgt, wird seine fortwährende Tätigkeit in V.11d im Präsens angegeben: „Und in Gerechtigkeit richtet (κρίνει; vgl. dagegen Jes 11,4 κρινεῖ) er und führt Krieg". Ein Finalsatz in V.15 löst aber eine futurische Fortsetzung aus: „Und es wird es weiden (ποιμανεῖ) mit eisernem Zepter" (15b); das ist deutliche Aufnahme von Ps 2,9 (ποιμανεῖς), der schon in 11,5 (μέλλει ποιμαίνειν) anklang[45]. Der anschließende Teilvers (15c) schöpft aus Jes 63,3 das Bild vom Keltertreter, folgt aber nicht so wörtlich der Bibel; das Präsens πατεῖ hat hier offensichtlich die Funktion des Futur.

Nachdem die Deutestimme 21,3f. die Vision eines neuen Himmels und einer neuen Erde mit dem aus dem Himmel herabgestiegenen neuen Jerusalem mit biblischen Verheißungen im Futur interpretiert hatte, sagt der Thronende V.5a bestätigend: „Siehe, ich mache alles neu" (ποιῶ). Nicht nur das ἰδού, lässt die futurische Dimension dieses Präsens erkennen, sondern auch die prophetische Vorlage Jes 43,19, wo die LXX mit Ἰδοὺ ἐγὼ ποιῶ καινά, ein von konjugiertem *hinne* eingeleitetes Partizip[46] wiedergibt. Daran ändert die göttliche Versicherung „es ist eingetreten" V.6a nichts, denn sie ergeht im

---

[42] Vgl. THOMPSON, Apocalypse (s. Anm. 6), 30f.

[43] Vgl. BLASS/DEBRUNNER/REHKOPF, Grammatik (s. Anm. 11), §323, 1 mit Anm. 2. Ferner FANNING, Aspect (s. Anm. 11), 225 zum futurisch gebrauchten Präsens in Prophezeiungen.

[44] Vgl. BLASS/DEBRUNNER/REHKOPF, Grammatik (s. Anm. 11), §74,2; LANCELOTTI, Sintassi (s. Anm. 5), 69 scheint sie irrtümlich als Präsensform zu betrachten.

[45] Dass ποιμανεῖ wie παρτεῖ (V. c) ausklingt, scheint mir für die Wahl des Futur nicht so entscheidend, wie LOHMEYER, Offenbarung (s. Anm. 12), 156 meint.

[46] THOMPSON, Apocalypse (s. Anm. 69), 32–34 folgert, „that the Semitic participle of futurum instans was the prime influence behind futuristic present verbs in the Apc." Aber das Partizip bleibt nicht immer in der Übersetzung stehen (vgl. o. Anm. 15); daher ist die Beweislage nicht so klar.

Rahmen der Vision.[47] Die Gottesstimme fährt denn auch mit Zukunftsansagen
V.6c.7 fort. Dass hingegen in der Anwendung von Jes 22,22 auf den Menschensohn-ähnlichen in *3,7* einmal das Futur κλείσει, dann aber das Präsens
ἀνοίγει steht, kann nicht durch den hebräischen Text bedingt sein, der jedes
Mal ein Partizip hat; vielleicht gab es eine griechische Vorlage – wir kennen
sie nicht. Ein schlagendes Beispiel für die Gleichwertigkeit der Formen.

3.5 Präsens als intensiviertes Futur in Drohung und Verheißung

Nicht nur in den apokalyptischen Deutungen des Gesehenen wechselt Futur
mit Präsens, sondern auch in den Schreiben an die Gemeinden Kap. 2f., die
prophetische Redeformen verwenden[48]. Im Mittelstück folgt oft auf einen
Umkehrruf die Ankündigung des Kommens in drohender oder verheißender
Funktion. Dabei wird ἔρχομαι in 2,5.16 mit καί und einem futurischen Verb
fortgeführt, hat also selbst zukünftige Bedeutung[49]. Das gilt auch für das
„Siehe, er kommt mit den Wolken und sehen wird …" 1,7. Das Präsens ist
jedenfalls hier ziemlich nicht neutral, sondern intensiviert eher ein Futur, wie
man dem 2,16; 3,11; 22,7.12.20 hinzugesetzten ταχύ entnehmen kann. Es ist
nicht so, dass der Autor Futurformen von ἔρχομαι vermeidet[50]; an formal
entsprechender Stelle verwendet er zur Warnung ἥξω (3,3; vgl. 2,25fin.) und
zur Verheißung εἰσελεύσομαι (3,20). So weist das Präsens doch wohl „auf die
dringliche Nähe der Parusie hin"[51]. Der Herr steht schon vor der Tür
(3,20a)[52]. Auch im Drohwort 2,22 dürfte das Präsens βάλλω, zumal es durch
ἰδού, eingeführt wird, gefolgt von zwei Futura in V.23, die unmittelbar bevorstehende Strafe signalisieren.

Vorläufiges Ergebnis – mit G. Mussies[53] gesprochen: Die Tempuswechsel
sind durch das apokalyptische Genus verursacht. Es umfasst sowohl das Referat über die Vision wie deren prophetische Ausdeutung. In der Schilderung

---

[47] Gegen PRIGENT, temps (s. Anm. 1), 234, der das mit 2 Kor 5,17 interpretiert: „De
fait, l'existence d'hommes nouveaux est une attéstation de la réalité nouvelle". Seiner
Ansicht nach zielt die Johannesapokalypse darauf ab, die Gegenwart des „Reiches"
glaubhaft zu machen (245).

[48] Vgl. F. HAHN, Die Sendschreiben der Johannesapokalypse. Ein Beitrag zur
Bestimmung prophetischer Redeformen, in: G. Jeremias/H. W. Kuhn/H. Stegermann (Hg.),
Tradition und Glaube. Das frühe Christentum in seiner Umwelt, FS K.G. Kuhn, Göttingen
1971, 357–394.

[49] Vgl. BLASS/DEBRUNNER/REHKOPF, Grammatik (s. Anm. 11), §323,1. Das zeigt auch
das manchmal vorangestellte ἰδού: 1,7; 9,12; 11,14; 16,15; 22,7.12.

[50] So CHARLES, Commentary (s. Anm. 4), 1, CXXIII.

[51] Vgl. SATAKE, Offenbarung (s. Anm. 23), 134 Anm. 35.

[52] LOHMEYER, Offenbarung (s. Anm. 12), 37 missdeutet die Stelle, wenn er meint, das
Kommen Christi sei zeitlos geworden.

[53] MUSSIES, Morphology (s. Anm. 8), 349. Im Wesentlichen war ich schon 1963 zu
diesem Ergebnis gekommen.

entsprechen die Tempora dem statischen bzw. dynamischen Charakter des Geschauten. Das Präsens kann dabei – wie auch bei der an sich futurischen Deutung – der Aktualisierung dienen. Der Umschlag vom Aorist ins Futur und umgekehrt kommt durch Vermischung von Bericht und Deutung zustande.

4. Der Aorist als „prophetisches Perfekt"

In den Stimmen der himmlischen Wesen, die das Geschaute kommentieren, aber auch in der klagenden Reaktion von Menschen darauf (vgl. 6,17; 18,10) oder in den Lobgesängen der Vollendeten begegnen immer wieder Feststellungen im Aorist, die Gottes oder des Lammes endgültigen Triumph betreffen, das Gericht über die Welt und den Anbruch seiner Herrschaft. Es handelt sich gleichsam um theologische Zeitbestimmungen. Hier hat das Verbum im Aorist die Funktion des hebräischen *qātal*. D.h. es konstatiert den Vollzug einer Handlung bzw. den Abschluss eines Vorgangs und den daraus sich ergebenden bleibenden Effekt. Die Verben und die Endereignisse, von denen sie Aussagen machen, sind in dieser Verbindung oft vom Alten Testament her geprägt, so dass wir auch traditionsgeschichtlich berechtigt sind, hier die Nachwirkung des prophetischen Perfekt", das die LXX oft mit Aorist übersetzt[54], aufzuspüren.

4.1 Die Gerichtsansage

Schon die atl. Propheten verkünden das Jahwes Gericht als etwas, was jetzt unaufschiebbar an der Zeit ist, mit dem Stamm der Verben „kommen", „nahen" o.ä. und Subjekten wie „das Ende" (Am 8,2; Ez 7,2.6), „der Tag Jahwes" (Jes 13,6.9; Ez 7,7.10.12; 30,3; Joel 1,15; 2,1; 4,14; Obd 15; Zef 7,1.14), „die Zeit der Heimsuchung" (Jer 50,27; vgl. Ez 9,1; Mi 7,4 t.c.).

Die Apokalypse des Johannes imitiert diesen Stil, wenn sie 6,17 den Königen dieser Erde angesichts der kosmischen Katastrophe, die durch die Öffnung des sechsten Siegels ausgelöst wird, die Erkenntnis zuschreibt: „Gekommen (ἦλθεν) ist der große Tag ihres[55] Zornes, und wer kann da bestehen?"[56] Nach dem Ertönen der siebten Posaune danken die Ältesten Gott dafür, dass er die Macht ergriffen hat. „Gekommen ist dein Zorn und der Zeitpunkt (καιρός), dass die Toten gerichtet werden" (11,18). Aber bevor das Gericht vollzogen wird, ruft noch ein Engel die Menschheit auf, Gott zu fürchten und zu ehren, „weil die Stunde seines Gerichts gekommen ist"

---

[54] Vgl. THOMPSON, Apocalypse (s. Anm. 6), 38–41.

[55] Neutestamentlich nicht nur der Gottes, sondern auch der des Lammes.

[56] Der Text benutzt frei atl. Wendungen (vgl. Joel 2,11; Nah 1,6; Ps 76,7).

(14,7). Das Gekommensein bedeutet offensichtlich nicht, dass die Menschen davon überwältigt werden. Sie haben, wie meistens in der prophetischen Gerichtspredigt, noch die Chance der Umkehr. Diese Hinwendung zu Gott besingen die „Sieger" 15,4 mit den Worten von Ps 86,9 im Futur. Die Bekehrung erfolgt aufgrund der schon offenbar gewordenen Rechttaten Gottes (15,4e: ὅτι τὰ δικαιώματά σου ἐφανερώθησαν). Ein anderer Engel fordert 14,15 Gott in Erntemetaphorik (vgl. Joel 4,13) zum Gericht auf, „denn gekommen ist die Stunde, um zu ernten ..." Die Ernte steht zwar unmittelbar bevor, aber die Zeitansage soll den Hörern noch eine Stellungnahme ermöglichen. Das „prophetische Perfekt" macht die Entscheidung aber auch dringlich. Es hängt von ihnen ab, ob das unwiderrufliche Gericht sie mit in den Abgrund reißt.

Dazu kommt, dass eine Apokalypse nicht einfach das Endgeschehen protokolliert, sondern visionär vorwegnimmt. Dazu wird es in einem sich steigernden Ablauf periodisiert. Durch diese Darstellungsform wird sozusagen noch einmal ein Filter zwischen den Hörer und die prophetischen Stimmen gelegt. Einerseits erkennt er, dass die Geschichte entschieden ist, andererseits verraten Futurformen der Verben, dass sich das im prophetischen Perfekt Angesagte noch realisieren muss. Nehmen wir den Fall der Hure Babylon, die die römische Weltmacht verkörpert, als Beispiel. Schon 14,8 verkündet ein Engel im Aorist, dass sie schon gefallen ist (ἔπεσεν, ἔπεσεν Βαβυλών). Das ist wörtlich der Schluss, den der Prophet Jesaja 21,6–10 aus der Meldung eines Spähers zieht und als Gottes Entschluss dem Volk mitteilt. In 18,1–3 wiederholt ein anderer Engel diese Botschaft und malt die Verwüstung der Stadt im Aorist aus. Wenn dann V.9 eine weitere Himmelsstimme das Volk Gottes zum Auszug aus Babylon aufruft, damit es nicht von ihren Strafen betroffen wird, steht ihr Fall offensichtlich noch aus. Das kommt im Futur von V.8, der das Stichwort πληγαί, von V.4 aufnimmt, und im Futur der Verse 9f. 15[57] heraus, die die Klage der Könige und Kaufleute einleiten. Sie ist noch zukünftig, obwohl sie manchmal im Aorist auf das schon vollzogene Gericht als ihren Grund verweist (V.10fin., ὁ κρίνας αὐτήν, vgl. V.14.17a. 20c). Das bestätigt schließlich die Gleichnishandlung eines Engels V.21ab, die er V.21c–23 in futurischen Sätzen deutet: „So wird geworfen werden Babylon ...".

4.2 Das Ausrufen der Königsherrschaft Gottes

Der siebte Posaunenstoß nach dem Lösen des siebten Siegels gab nicht nur den Auftakt für das Gericht (s.o. zu 11,18), sondern auch dafür, dass Gott, den uns Kap. 4 als ewigen Herrscher im Himmel zeigte, seine königliche

---

[57] Das Präsens in V.11 ist ihm gleichwertig, wie wir 3.4 sahen.

Herrschaft[58] auch über diese Welt antritt. Dass er die Macht ergreift, bildet gar die Voraussetzung für sein Gerichtswalten (vgl. 11,17f.). Diese Wende der Geschichte wird nun von himmlischen Stimmen als bereits erfolgt im Aorist proklamiert. „Wirklichkeit geworden (ἐγένετο) ist die Königsherrschaft unseres Herrn (und seines Gesalbten), und er wird herrschen (βασιλεύσει) in die Ewigkeit der Ewigkeiten hinein" (11,15). Daraufhin huldigen die vierundzwanzig Ältesten vor Gottes Thron ihm und danken dafür, dass er die Macht ergriffen hat (εἴληφας)[59] und König geworden ist (ἐβασίλευσας, ein ingressiver Aorist) (11,16f.). Die andauernde Ausübung dieser Herrschaft war V.15 im Futur fortgeschrieben worden. Die Auskunft, es liege 11,15 ein „prophetisches Perfekt" zugrunde[60], lässt sich genauer fassen. Vergleichbar ist die Rettung verheißende Kunde des Freudenboten für Zion Jes 52,7: „Dein Gott ist König geworden". Der Bote weiß etwas, was die Hörer erst noch erfahren müssen[61], wenn Jahwe nach Zion zurückkehrt (V.8). So ist auch Apk 11,15–18 der Herrschaftsantritt für die himmlischen Wesen Realität. Sie haben aber ein kognitives Prae, das von den irdischen Hörern erst noch eingeholt werden muss.

Wie in V.16f. wird Gottes auch auf Erden verwirklichte Königsherrschaft noch an anderen Stellen von Engeln oder Menschen im Himmel hymnisch gefeiert: Auf den vom Gottesthron ausgehenden Aufruf 19,5 antwortet eine große Menge: „Halleluja, weil König geworden ist (ἐβασίλευσεν) der Herr, unser Gott, der Allherrscher ..." (19,6). Daran schließt sich, wie in den Jahwe-Königspsalmen 97,1; 99,1, ein Kohortativ an, der die Folgen des Königtums entfaltet: kosmischen Jubel (vgl. Apk 19,7 mit Ps 97,1), aber auch ein letztes Wüten der Völker (vgl. Apk 11,18a mit Ps 99,1); dies wird wie die Übernahme des Königtums im Aorist festgestellt (ὠργίσθησαν, dagegen Jussiv in Ps 98,1LXX). Diese Fortsetzung zeigt aber auch, dass das von himmlischen Wesen als Faktum Erkannte in seinen Konsequenzen in dieser Welt noch nicht evident ist. Der Lobpreis im Himmel hat sicher ein Echo im Gottesdienst der Gemeinde. Statt von einem „prophetischen Perfekt" sollten wir also vielleicht lieber von einem Perfekt der kultischen Huldigung sprechen, die immer etwas Überschwängliches an sich hat und als realisiert annimmt, was für andere nicht so sichtbar ist.

---

[58] Dazu R. SCHNACKENBURG, Gottes Herrschaft und Reich, Freiburg ²1961, speziell zur Johannesapokalypse 232–245.

[59] Die Philologen, z.B. BLASS/DEBRUNNER/REHKOPF, Grammatik (s. Anm.11), §343,1, halten das für eine Spur des späteren Gebrauchs des Perfekt im Sinn des erzählenden Aorists.

[60] Z.B. bei E. LOHSE, Die Offenbarung des Johannes, NTD XI, Göttingen 1960, 61.

[61] Ähnlich ist die Situation beim Späher Jes 21,6–10 (s.o. 4.1).

4.3 Christologische Fundierung des perfektischen Aorists

In 11,15 war die Herrschaft Gottes, des Herrn, verbunden mit der seines Gesalbten, ähnlich ist es 12,10 (dazu u. 4.4). Und in 19,6f. ist der Grund für
Jubel und Freude nicht nur, dass der Herr sein Königtum auszuüben begann,
sondern auch dass „die Hochzeit des Lammes gekommen ist" (vgl. zu diesem
Gekommensein o. 4.1). Wie verhält sich dieser ein prophetisches Perfekt
wiedergebende Aorist zu anderen aoristischen Aussagen von Jesus Christus –
in der Johannesapokalypse kann man manchmal übersetzen „dem Christus" –,
die geschichtlich Fassbares beinhalten wie seine Kreuzigung (ἐσταυρώθη
11,8fin.) und den Tod (ἐγένετο bzw. ἐγενόμην νεκρός 2,8; 1,18; vgl. 5,9
ἔζησεν) oder mindestens aus der Sicht der Gemeinde Zurückliegendes wie
seine Erlösungstat mit seinem Blut 1,5; 5,9[62], sein Zum-Leben-Kommen
(ἔζησεν 2,8 ingressiver Aorist, im Unterschied zu ζῶν εἰμι 1,18)? In 5,6f.
schaut der Seher das geschlachtete Lamm, dessen Macht die sieben Hörner
verdeutlichen. Einer der Thronassistenten interpretiert das vorweg: „Gesiegt
hat (ἐνίκησεν) der Löwe ..." (V.5). Durch seine Rolle als Opferlamm und den
Sieg über den Tod hat Christus die Verfügungsgewalt über den Ablauf der
Endgeschichte in seine Hand bekommen, was im Empfang (εἴληφεν[63]) der
versiegelten Rolle geschaut wird. Er sagt selber von sich: ἐνίκησα καὶ
ἐκάθισα μετὰ τοῦ πατρός μου ἐν τῷ θρόνῳ αὐτοῦ (3,21). Er hat bereits die
Macht über die Völker erhalten (2,26–28: εἴληφα); 1,5 heißt er schon „Herrscher über die Könige der Erde". 19,16 dagegen ist „König der Könige und
Herr der Herren" ein Titel des zur Endschlacht ausrückenden Messias. Das
lässt sich mit dem Vorblick darauf in 17,14 zusammenbringen: „Das Lamm
wird sie besiegen, denn es ist der Herr der Herren und der König der Könige." Der glaubende Autor der Johannesapokalypse und ihre Leser schauen
also im Aorist zurück nicht nur auf den historischen Tod Jesu am Kreuz,
sondern auch auf seine Erhöhung, durch die er die Königswürde empfangen
hat. Aber die faktische Ausdehnung seiner Herrschaft auf alle Völker muss
erst noch Platz greifen. Die eingangs genannten eschatologischen Feststellungen im prophetischen Perfekt erhalten also eine neue Fundierung in dem, was
für den Glaubenden schon Realität ist.

4.4 Die Zeitkoordination der Johannesapokalypse am Beispiel von Kap 12

Die mythischen Bilder von der Frau, ihrem Kind und deren Gegenspieler in
Schlangengestalt verdeutlichen am besten die Situation der Christen, die die
Offenbarung des Johannes im Auge hat. Sie ist bestimmt von drei Faktoren:

---

[62] THOMPSON, Apocalypse (s. Anm. 6), 41 spricht hier unpassend von „timeless
aorists", wohl im Anschluss an CHARLES, Commentary (s. Anm. 4), 1, CXXV.

[63] Zum aoristisch gebrauchten Perfekt s.o. Anm. 53. Speziell zu 5,7 FANNING, Aspect
(s. Anm. 11), 320f.

4.4.1 Der nah erwartete Messias

Der, „der alle Völker mit eisernem Stab zu weiden im Begriff ist (V.5: μέλλει ποιμαίνειν)", der nah erwartete Messias, ist im Gottesvolk geboren worden (ἔτεκεν) und zum Thron Gottes entrückt (ἡρπάσθη) vor den Angriffen des Drachens in Sicherheit. Die Schilderung des Visionsgeschehens im Aorist (s. 2.2.4) entspricht hier dem, was der Leser als tatsächliches Ereignis kennt – bzw. glaubt – seine Erhöhung zu Gott (s. 4.3). Dadurch wird ihm das Weitere umso glaubhafter (s. 3.3).

4.4.2 Der Machtkampf im Himmel

Der Machtkampf im Himmel, in der Sphäre des Endgültigen, ist nach V.7–10 schon entschieden: Der Teufel und seine Engel wurden auf die Erde geworfen (ἐβλήθη, ἐβλήθησαν). Die Stimme im Himmel V.10 konstatiert als Faktum: „Jetzt ist Wirklichkeit geworden (ἄρτι ἐγένετο) die Rettung und die Kraft und die Herrschaft unseres Gottes und die Gewalt seines Gesalbten". Der Satan hat dort, wo über Heil oder Unheil geurteilt wird, am Thron Gottes, keinen Platz mehr. Was wie ein prophetisches Perfekt klingt, ist im Himmel Tatsache, das verbürgt die dort vernommene Stimme (s. 4.2.f.).

4.4.3 Die Zeit der Widersacher

Auf Erden freilich verschärft sich die Verfolgung des Gottesvolkes bzw. der übrigen Nachkommenschaft der Frau. Aber seit V.6.14 steht fest, dass diese Zeit der Bedrohung befristet ist, 1260 Tage bzw. zweieinhalb Zeiten. Der Widersacher hat nur noch wenig Zeit. Und im Aorist feiert V.11 als Folge des Engelsturzes den Sieg (ἐνίκησαν) der Märtyrer über den Teufel. Weil der Krieg gegen die Christen heftiger weitergeht (V.17), ist das tatsächlich Vorwegnahme des Resultats.

    Die Geschichte des Gottesvolkes erscheint hier im Zeitraffer. Die Wendemarke, durch ἄρτι (V.10, vgl. 14,13) bezeichnet, ist der Sieg Michaels über den Bösen im Himmel. Dieser Mythos, der an sich in der Urgeschichte spielt, ist hier hinter die Erzählung von der Geburt und Bewahrung des künftigen messianischen Herrschers geschaltet. So hängt die Bevollmächtigung (ἐξουσία) des Gesalbten im Himmel letztlich eng mit dem Engelssturz zusammen. Beides zusammen bewirkt die Zeitenwende.

5. Fazit

Bei der Beurteilung des Gebrauchs der Tempora in der Johannesapokalypse sind mehrere Gesichtspunkte zu berücksichtigen. Der Einfluss einer semitischen Muttersprache des Autors oder hebräischen Urgestalt des Dokuments spielte nur am Rand eine Rolle. Wesentlich war die der apokalyptischen Gattung entsprechende Stilistik, die freilich nicht immer konsequent gehandhabt wird. In den deutschen Passagen war einige Male traditionsgeschichtlich die Nachwirkung des alttestamentlichen prophetischen Perfekts festzumachen. Insofern die Aussagen aber nicht vom Propheten, sondern von himmlischen Sprechern stammen, war die perfektische Verwendung des Aorist nicht antizipatorisch zu verstehen, sondern aus der zeitüberlegenen himmlischen Perspektive. Schließlich war dieser Aorist aber auch noch theologisch durch das heilsentscheidende Christusereignis begründet.

Textgeschichte und Demarkationsprozesse der Johannesoffenbarung

Martin Karrer

1. Einleitung

Die Textgeschichte frühchristlicher Schriften erfreut sich seit langem hoher Aufmerksamkeit. Zwar wird es mangels Autographen nie gelingen, die Ausgangstexte des Neuen Testaments eindeutig zu rekonstruieren, doch ist der Versuch unabdingbar, wenn wir ein Bild über die Anfänge des Christentums erstellen wollen. So liegt ein Fokus der Forschung zu Recht auf der Suche nach dem möglichst ursprünglichen Text.

Weniger Beachtung findet herkömmlich die gegenläufige Bewegung, d.h. die Beobachtung der Textentwicklungen bis zum Ausgang der Alten Kirche. Deren Rekonstruktion aber ergibt prägnante zusätzliche Beobachtungen, denn sie macht Änderungen in der Wahrnehmung der frühchristlichen Schriften bewusst, die sich in den ersten Jahrhunderten vollzogen. Meist erfolgten solche Änderungen ungesteuert, handelt es sich um unwillkürliche Schreibfehler, versehentliche Auslassungen oder Ergänzungen. Doch gerade dadurch zeigen sie untergründige Wandlungen in der Rezeption und gewähren Aufschlüsse über größere Strömungen der frühchristlichen Gemeinschaft wie über Spannungen in ihr.

Die Untersuchung steht noch in den Anfängen und sollte nicht zu schnell zu Drittquellen korreliert werden. Zur Apk etwa setzen erhaltene Kommentare zwar mit Victorin von Pettau (um 300 n.Chr.) ein, bieten aber immer nur punktuelle Aufnahmen der Deutungsgeschichte.[1] Wir werden daraus immerhin auch ein Beispiel einbeziehen, um die Komplexität der Aufgabe anzudeuten.

---

[1] Leider ist der Kommentar Victorins nur schlecht und in der Bearbeitung durch Hieronymus erhalten; zum Text vgl. V.d. Poetovio, Sur l'Apocalypse; suivi du fragment chronologique et de la construction du monde. Introduction, texte critique, traduction, commentaire et index, hg. v. M. Dulaey, SC 423, Paris 1997; zu seiner Deutung vgl. K. Huber, In Apocalypsin des Viktorin von Pettau – Zu Geschichte, Form und Hermeneutik frühester Apokalypsekommentierung, in: K. Huber/R. Klotz/C. Winterer P. (Hg.), Tot sacramenta quot verba. Zur Kommentierung der Apokalypse des Johannes von den Anfängen bis ins 12. Jahrhundert, Münster 2014, 99–120.

Materialiter wird die selbständige Untersuchung der Handschriften dadurch erleichtert, dass eine klar abgrenz- und bearbeitbare Quellenbasis vorliegt. Die wichtigsten Handschriften werden sukzessive in den *New Testament Transcripts* erfasst, sind mithin sogar elektronisch kontrollierbar. Im Fall der Apk sind dort alle Papyri und die beiden Haupthandschriften Alexandrinus (A) und Sinaiticus (ℵ) aufgenommen.[2] Gewiss gibt es noch Mängel; namentlich steht die Eintragung des Codex C, der dritten Leithandschrift der Apk, in die Transcripts erst für die nächsten Jahre an. Dennoch kann eine vorläufige Deutung der Entwicklung gewagt und an den vorhandenen Editionen durch Dritte geprüft werden.[3]

Erproben wir daher im vorliegenden Beitrag die Chancen dieses methodischen Ansatzes an einer exemplarischen Frage: Die Apk gilt wegen ihrer Auseinandersetzung mit Rom herkömmlich als eine der am schärfsten demarkierenden,[4] das Christentum abgrenzenden Schriften. Prüfen wir deshalb die Selbstmarkierungen und Abgrenzungen des Christentums samt etwaiger Verwerfungen innerhalb dieser Merkmale in der Textgeschichte der Apk bis zur Spätantike.

2. Zur Textgeschichte der Apk

Die Erörterung verlangt einen kurzen Hinweis auf den Textbestand: Die Apk entstand am Ende des ersten oder, was trotz der beachtlichen Argumente von J. Taeger und T. Witulski weniger wahrscheinlich ist, im frühen zweiten Jahrhundert.[5] Das älteste erhaltene Papyrusfragment (p^{98} = P.IFAO 31) stammt, wie bei den meisten neutestamentlichen Schriften, wohl vom Ende des 2. Jahrhunderts. Die wichtigsten Papyri und Pergamenthandschriften

---

[2] http://nttranscripts.uni-muenster.de/AnaServer?NTtranscripts+0+start.anv, abgerufen am 21.4.2011.

[3] Auch der erwähnte Codex C ist ediert (C. TISCHENDORF, Codex Ephraemi Syri rescriptus, sive fragmenta Novi Testamenti e codice graeco Parisiensi celeberrimo quinto saeculi, 2 Bde., Leipzig 1843–1845) und zur Apk in jüngerer Zeit vorläufig korrigiert worden, vgl. R. W. LYON, A re-examination of Codex Ephraemi Rescriptus, NTS 5, 1959, 260–272; ausführlicher Ders. in einer unveröffentlichen, aber im INTF Münster vorhandenen Diss.

[4] Der Ausdruck „Demarkation", der hier verwendet wird, kommt derzeit durch ein Forschungscluster der Universität Bochum (Ceres) verstärkt ins wissenschaftliche Gespräch; vgl. http://www.ceres.rub.de/, abgerufen am 21.4.2011.

[5] J. W. TAEGER, Johannesapokalypse und johanneischer Kreis. Versuch einer traditionsgeschichtlichen Ortsbestimmung am Paradigma der Lebenswasser-Thematik, BZNW 51, Berlin 1989; T. WITULSKI, Die Johannesoffenbarung und Kaiser Hadrian. Studien zur Datierung der neutestamentlichen Apokalypse, FRLANT 221, Göttingen 2007, sowie ders. Apk 11 und der Bar Kohba-Aufstand. Eine zeitgeschichtliche Interpretation, WUNT 2/337, Tübingen 2012.

verteilen sich nach den Untersuchungen Josef Schmids auf zwei alte Gruppen sowie jüngere Gruppen, die wir in dieser Untersuchung jedoch hintanstellen. Eine Linie, der sog. S-Text, führt nach Josef Schmid zum bereits erwähnten Sinaiticus (א), dem einzigen Codex des 4. Jh. mit der Apk, eine zweite Linie zum sog. A-Text mit dem Codex Alexandrinus (A, 5. Jh.), der oft durch den dritten Hauptzeugen, den Codex Ephraemi rescriptus unterstützt wird (C, gleichfalls 5. Jh.).[6]

Einige Lücken wie der Verlust der Apk im Codex Vaticanus wiegen schmerzlich,[7] und jüngere Untersuchungen verlangen eine Überprüfung der Textgruppen. R. Gryson[8] stellte die Erfassung des Mehrheitstextes bei Nestle-Aland[28] in Frage, und T. Nicklas[9] verlangt angesichts der nach Schmid neu gefundenen Papyri sowie wegen Unklarheiten in der Einordnung von Zitaten (bes. bei Hippolyt) und in der Entwicklung des Koinetextes, das ganze Schema nicht unbesehen fortzuführen. Gleichwohl ergibt sich in einem wichtigen Punkt ein klares Bild: Der Text der beiden bekanntesten Handschriften א und A reicht, wie Papyri beweisen, weit vor das 4. Jh. zurück. Dem Text des Sinaiticus geht besonders p^{47} voraus, dem Text des Alexandrinus etwa p^{115}. Somit ist der in diesen Codices bewahrte Text keine Schöpfung des 4. Jh. und keine Interpretation eines einzelnen Bearbeiterkreises. Die Durchsetzung der Textentwicklungen erfolgt vielmehr in einem längeren Prozess.[10] Differenzierungen, die zu erwarten stehen, wie beispielsweise eine etwaige Aufwertung der Textform von C, werden dieses Bild bereichern und modifizieren. Halten wir uns, um dem nicht vorzugreifen, hier an eine Textaufnahme über א und A nach gegenwärtigem Stand. A-Text nennen wir den Text von A und die diesen Codex an der jeweiligen Stelle begleitenden Handschriften, S-Text den Text von א und die jeweils begleitenden Handschriften; dies steht Schmid

---

[6] J. SCHMID, Studien zur Geschichte des griechischen Apokalypse-Textes. 2. Die alten Stämme, MThS.HE 1, München 1955, bes. 85–151. Die Rolle von C muss in Zukunft genauer bestimmt werden. A ist der beste Text, enthält aber auch diskussionsbedürftige Singulärlesarten, vgl. J. HERNÁNDEZ, The Apocalypse in Codex Alexandrinus. Its Singular Readings and Scribal Habits, in: P. Gray/G. R. O'Day (Hg.), Scripture and Traditions. Essays on Early Judaism and Christianity (FS C. R. Holladay), NT.S 129, Leiden 2008, 341–358.

[7] Die verlorene Apk ist im Vaticanus (B) heute durch eine Minuskel ergänzt: Min. 1957.

[8] R. GRYSON, Vetus Latina. Die Reste der altlateinischen Bibel, Bd. 26/2: Apocalypsis Johannis, Freiburg i. Br. 2003, 94 Anm. 2; Nestle-Aland[28] fasste Koine- und Andreastext gegen den Vorschlag Schmids zusammen.

[9] T. NICKLAS, The Early Text of Revelation, in: C. Hill/M. J. Kruger (Hg.), The Early Text of the New Testament, Oxford 2012, 225–238.

[10] Etwas weniger vorsichtig ist J. HERNÁNDEZ, Theological Tendencies in the Apocalypse: Starting the Conversation, in: C. A. Evans/H. D. Zacharias (Hg.), Jewish and Christian Scripture as Artifact and Canon, Studies in Scripture in Early Judaism and Christianity 13, Edinburgh 2009, 248–260.

nahe, ist aber nicht zwingend an seine Gruppierung gebunden und gewährt
somit den vor der *Editio critica maior* unabdinglichen Freiraum.

Im Folgenden beobachten wir besonders den Codex Sinaiticus, da dieser
die berühmteste Handschrift der Apk darstellt. Seine *prima manus* bündelt
Lesarten, die in mehr als zwei Jahrhunderten allmählich und oft zufällig in
den Apk-Text eindrangen. Allerdings bietet diese Hand nicht den besten Text
der Apk. Sie sticht vielmehr vom kritisch rekonstruierten Text vielfach ab,
für den der A-Text wichtiger ist, was eine seit dem 19. Jh. allgemein aner-
kannte Besonderheit im Neuen Testament darstellt.[11] Wir können daher die
Eigenheiten von ℵ gut mit dem Ausgangstext nach der führenden Textausgabe, Nestle-Aland[28], und dem A-Text vergleichen.

Auf die Frage, ob der kritisch rekonstruierte Text in Nestle-Aland[28] den Ausgangstext der
Apk wirklich erkennt, gehen wir nur ein, soweit dies für unser Thema unabdingbar ist.[12]
Die beiden jüngeren Textformen, den Andreas- und den byzantinischen Text, in Nestle-
Aland[28] Û[A] und Û[K], berücksichtigen wir dort, wo dies zum Verständnis des heutigen Apk-
Textes erforderlich ist.[13]

3. Abgrenzung und Öffnung nach außen

Die Apk wird, soweit sich erkennen lässt, bis zum 5. Jh. nur von christlichen
Gruppen kopiert: Alle Handschriftenfragmente und Handschriften verwenden
sogenannte Nomina sacra, von den Anhängern Jesu entwickelte Abkürzun-

---

[11] Den Rang von A begründeten B. F. WESTCOTT/F. J. A. HORT, The New Testament in
the Original Greek (II). Introduction and Appendix, Cambridge/London 1882, 260f. Zum
Codex ℵ s. bes. D. JONGKIND, Scribal Habits of Codex Sinaiticus, Text and Studies III.5,
Piscataway 2007 und Studien von J. HERNÁNDEZ, Scribal Habits and Theological
Influences in the Apocalypse. The Singular Readings of Sinaiticus, Alexandrinus, and
Ephraemi, WUNT 2/218, Tübingen 2006; J. HERNÁNDEZ, Codex Sinaiticus. The Earliest
Greek Christian Commentary on John's Apocalypse, Präsentation auf der Londoner
Sinaiticus Konferenz 2009, Tagungsband erscheint 2014.

[12] Eine Neuedition ist unabdingbar: s. M. KARRER, Der Text der Johannesapokalypse,
in: J. Frey/J. Kelhoffer/F. Tóth (Hg.), Die Johannesapokalypse. Kontexte – Konzepte –
Wirkungen, WUNT 287, Tübingen 2012, 43–78.

[13] Zu diesen Textformen Näheres bei SCHMID, Studien 2 (s. Anm. 6), 44–85 und ders.,
Studien zur Geschichte des griechischen Apokalypse-Textes. 1. Der Apokalypse-
Kommentar des Andreas von Kaisareia. Text, MThS.HE 1, München 1955 sowie DERS.,
Studien zur Geschichte des griechischen Apokalypse-Textes. 1. Teil Der Apokalypse-
Kommentar des Andreas von Kaisareia. Einleitung, MThS.HE 1, München 1956, zum
Forschungsfortschritt nach Schmid bes. E. S. CONSTANTINOU, Andrew of Caesarea and the
Apocalypse in the Ancient Church of the East. Studies and Translation, Québec 2008 und
J. HERNÁNDEZ, The Relevance of Andrew of Caesarea for New Testament Textual Criti-
cism, JBL 130, 2011, 184–196.

gen, die von Dritten erst gelernt werden mussten.[14] Das scheint die ‚Anderen draußen' von vornherein auszuschließen, denn wie sollen sie einen abgekürzten Text verstehen?

Überschätzen wir die Abkürzungen gleichwohl nicht. Ihre Erfassung war und ist für Dritte leicht, da sie je den ersten und letzten Buchstaben des Wortes verwenden und zudem durch einen Überstrich die Abbreviatur signalisieren. Dies bedeutet, dass die Abkürzungen als solche – diese Korrektur ist unabdingbar – keiner Arkankultur dienten. Sie bekundeten intern und extern erkennbar den Respekt vor Gott, Jesus etc. und sparten nebenbei wertvolles Schreibmaterial. Aber wie offen ist die Apk? Diese Frage entscheidet sich also nicht an den Markierungen, sondern am Text selbst. Betrachten wir darum die Leserinnen- und Leserlenkung an den rezeptionsästhetischen Schlüsselstellen der Apk, ihrem ersten und letzten Satz (vgl. Tabelle 1).

Tabelle 1: Der Rahmen der Apk in 1,1 und 22,21

Apk	Kritisch rekonstruierter Text in Nestle-Aland[28] (v.a. A)	Übersetzung	Erste Hand des Codex Sinaiticus	Übersetzung
1,1	Ἀποκάλυψις Ἰησοῦ Χριστοῦ ἣν ἔδωκεν αὐτῷ ὁ θεὸς δεῖξαι τοῖς *δούλοις* αὐτοῦ	Offenbarung Jesu Christi, die Gott ihm gab, um seinen *Knechten* zu zeigen…	Ἀποκάλυψις Ἰησοῦ Χριστοῦ (ℵ: ῙῩ ΧῩ) ἣν ἔδωκεν αὐτῷ ὁ θεὸς (ℵ: ΘΣ̅) δεῖξαι τοῖς *ἁγίοις* αὐτοῦ	Offenbarung Jesu Christi, die Gott ihm gab, um seinen *Heiligen* zu zeigen…
22,21	Ἡ χάρις τοῦ κυρίου Ἰησοῦ μετὰ πάντων.	Die Gnade des Herrn Jesus (ist/sei) mit allen.	Ἡ χάρις τοῦ κυρίου Ἰησοῦ (ℵ: ῙῩ ΧῩ) μετὰ τῶν ἁγίων ἀμήν.	Die Gnade des Herrn Jesus (ist/sei) mit den Heiligen. Amen.

Ihrem rekonstruierten Ausgangstext nach wandte unsere Schrift sich an „Knechte" des einen Gottes (Apk 1,1 δοῦλοι; A-Text und Mehrzahl der Zeu-

---

[14] Für θεός („Gott") steht ΘΣ̅, für den Genitiv Ἰησοῦ ῙῩ, für κυρίου („des Herrn") Κ̅Υ̅ usw.; vgl. auch Tabelle 1 zu Apk 1,1; 22,21.

gen[15]). Der Sinaiticus dagegen bezeugt die Fortschreibung „an Heilige" (Apk 1,1 ἅγιοι), angeregt durch die häufige Erwähnung der „Heiligen" ab Apk 5,8. Die Variante entstand somit nicht in einer absichtlichen interpretatorischen Entwicklung. Gleichfalls unabsichtlich, nämlich unter Einfluss der Überlieferung von Paulusbriefen, änderte sich der Schluss der Apk (22,21): „Die Gnade des Herrn Jesus (ist/sei) mit allen" bezeugt A; sie ist/sei „mit den Heiligen. Amen" lautet er im Sinaiticus und ähnlich in zahlreichen anderen Zeugen, nahezu identisch zu vielen Handschriften von Paulusbriefen, namentlich 2Thess 3,18.[16]

Dies nun ändert den theologischen Akzent. Nach dem Archetyp und dem A-Text von Apk 1,1 war es das vornehmste Charakteristikum der Adressaten der Apk, „Knechte" zu sein, horchend-gehorsame Mitglieder des Haushaltes Gottes und Christi.[17] Als solche Knechte horchten sie auf den universalen Wunsch „Die Gnade des Herrn Jesus sei mit allen". Da dieser Wunsch keine Kopula enthält, lässt sich in Apk 22,21 sogar übersetzen „Die Gnade des Herrn Jesus *ist* mit allen." Die Apk, die in ihrer Wirkungsgeschichte zu einem der schärfsten abgrenzenden Texte christlicher Gruppierungen wurde, öffnet den Blick der von ihr angesprochenen Gruppe in ihrem Rahmen gegen Abgrenzungen auf die anderen, nicht zur Gruppe gehörigen Menschen.

Die Pointe des S-Textes hingegen setzt beim Gedanken der Heiligkeit ein, der in der Antike die Abgrenzung vom Unreinen, nicht zum Heiligen Gehörenden und insofern Profanen evoziert.[18] Ἅγιος, „heilig" ist, wem sich der Zugang zur Gottheit öffnet, der den anderen Menschen ‚draußen' verschlossen bleibt, weil sie in antikem Sinne unrein, nicht auf die Gottesbegegnung vorbereitet sind[19]. Eine Markierung – heilig/unheilig – formt sich, die aus der zunächst offenen Binnenperspektive der Apk eine Binnensicht im engeren Sinne macht, nämlich die Bekräftigung der eigenen Identität. Bestünde an diesem Gefälle noch ein Zweifel, wird er durch das nachdrückliche „Amen", „das ist gewiss", ausgeräumt.

Der Rahmen der Apk setzt mithin ein grundlegendes und materialiter vorzüglich erkennbares Signal: Eine christliche Gruppe kann im Hören der Knechte Gottes das Wirken von Christi Gnade bei allen Menschen erkennen, so der A- und der heutige kritische Text, oder sie kann vor allem ihre eigene Identität markieren, so der S-Text. Nur in letzterem Fall deutet sich ein Inei-

---

[15] Alle jüngeren griechischen Handschriften, die Vetus Latina („servis") und der eine gute Vorlage benützende Korrektor ca des Sinaiticus (ℵ) sichern den A-Text.

[16] Mit dem Amen dort ℵ², A und viele andere.

[17] Zur Diskussion D. AUNE, Revelation 1–5, Word Biblical Commentary 52A, Dallas 1997, 14; HERNÁNDEZ, Scribal Habits (s. Anm. 11), 85f. In C ist 1,1 verloren.

[18] Die Heiligkeits-/Reinheitsterminologie wurde in jüngerer Zeit bes. von Paulus aus erschlossen: M. VAHRENHORST, Kultische Sprache in den Paulusbriefen, WUNT 230, Tübingen 2008, 334f.

[19] Vgl. hierzu auch die ἔξω-Formel in Apk 22,15.

nander von Selbstvergewisserung und scharfer Demarkation gegen Andere an; die Gruppe der Heiligen bekräftigt ihre Erfahrung der Gnade Gottes ausschließlich nach innen. Heutigen Leserinnen und Lesern ist die Demarkation vertrauter, was indirekt eine Folge des Textus receptus, des vom 16. bis 19. Jh. dominierenden Apk-Textes, darstellt; er las in Apk 22,21 ähnlich zu unserem S-Text, Gnade sei „mit Euch allen. Amen".[20] Der Ausgangstext der Apk dagegen vertrat die Öffnung.

4. Stigmatisierung und Selbstmarkierung

Springen wir vom Rahmen zur Mitte des Textes. Dort findet sich die berühmteste Markierung der Apk, die ausdrückliche Erwähnung eines χάραγμα einer markierenden Prägung. Wie passt sie zu unserer Spannung zwischen Öffnung und Abgrenzung? Interessanterweise spricht sie, wenn wir genau lesen, nicht von einer *Selbst*markierung der Trägergruppe der Apk, sondern von einem sich in aller Welt ereignenden Markierungsprozess (vgl. Tabelle 2): Ein Tier als Bild für eine ins Tierische abgesunkene menschliche Institution nötige *alle* Menschen (πάντας), seien sie reich oder arm, groß oder klein, frei oder versklavt, ein Markierungszeichen (χάραγμα) an Hand oder Stirn zu tragen.

Tabelle 2: Das Prägezeichen (χάραγμα) in Apk 13,16

Kritisch rekonstruierter Text in Nestle-Aland[28] (nach A und C)	Übersetzung	Erste Hand des Codex Sinaiticus	Übersetzung
καὶ ποιεῖ πάντας, τοὺς μικροὺς καὶ τοὺς μεγάλους [...]	Und es (das „andere" Tier von 13,11) veranlasst alle, die Kleinen und die Großen [...],	καὶ ποιεῖ πάντας, τοὺς μικροὺς καὶ τοὺς μεγάλους [...]	Und es (das „andere" Tier von 13,11) veranlasst alle, die Kleinen und die Großen [...],
ἵνα δῶσιν αὐτοῖς χάραγμα ἐπὶ τῆς χειρὸς αὐτῶν [...] ἢ ἐπὶ τὸ μέτωπον αὐτῶν	*sich* ein geprägtes Zeichen auf ihrer Hand zu geben [...] oder auf ihrer Stirn	ἵνα δῶσιν αὐτῷ χάραγμα ἐπὶ τῆς χειρὸς αὐτῶν [...] ἢ ἐπὶ τὸ μέτωπον αὐτῶν	*ihm* (dem „Tier aus dem Meer" von 13,1) ein geprägtes Zeichen auf ihrer Hand zu geben [...] oder auf ihrer Stirn

---

[20] Vgl. die Übersetzung Luthers, letzte Hand 1545, und die King James Version.

Das prominente Markierungszeichen von Apk 13,16 verweist demnach nicht auf eine isolierte, abgeschottete Gruppe in der Nachfolge Jesu, sondern auf eine Gefährdung aller Menschen. Worin immer das Zeichen besteht, das sie tragen sollen, maßgeblich ist, dass das Tier es allen aufdrängt. Erst im zweiten Schritt wirkt es sich auf die Gruppe der Leserinnen und Leser der Apk aus: Wenn sie sich dem Zeichen verweigern, wie es eigentlich alle tun sollten, werden sie aus dem Kreis aller heraus gerissen und sozio-ökonomisch stigmatisiert. Das Wirtschaftsleben – Kauf und Verkauf, wie Apk 13,17 sagt – bleibt ihnen verschlossen.

Dies legt nahe, bei χάραγμα an eine Münze oder ein anderweitig graviertes Zeichen zu denken, das die tierische Macht[21] repräsentieren soll, ohne dass wir uns auf diese Deutung festlegen müssten.[22]

Die erste Hand des Codex Sinaiticus erleichtert das Verständnis der Stelle durch einen Schreibfehler.[23] Ihr zufolge sind alle Menschen, reich oder arm, frei oder versklavt, gezwungen, dem Tier „aus dem Meer" von Apk 13,1 – eine Anspielung auf die Beherrschung des Mittelmeerraums durch die Seemacht Rom – ein geprägtes Zeichen zu geben, anstatt sich untereinander. Das χάραγμα wird zum Symbol für die Abgaben, die alle Wirtschaftsträger im Mittelmeerraum an Rom entrichten mussten, das alternative Zeichen an der Stirn eine Brandmarkung der im Vers genannten Sklaven oder eine zusätzliche, sei es religiöse, sei es politisch schmückende Signierung.

Die Erleichterung unterstreicht, dass der Codex Sinaiticus in der Textgeschichte der Apk nicht den Rang wie sonst im Neuen Testament besitzt. Inhaltlich bringt sie ein Dilemma des antiken Staates ans Licht; dessen Funktionieren verlangt bis ins 4. Jahrhundert, die Entstehungszeit des Codex, eine Fülle von Abgaben und ein starres Gesellschaftssystem mit Sklaven. Uns aber stellt sie nicht grundsätzlich anders als der A-Text die Frage: Ist eine aufgenötigte Stigmatisierung nicht von inneren Abgrenzungen zu unterscheiden?[24]

---

[21] Nach Dan 2; 7 ist dies ein Weltreich, aktuell das Weltreich Roms, repräsentiert durch die Kaiser.

[22] Was gemeint ist, ist umstritten: s. z.B. D. AUNE, Revelation 6–16, Word Biblical Commentary 52B, Dallas 1998, 767f.; A. SATAKE, Die Offenbarung des Johannes, KEK 16, Göttingen 2008, 305; WITULSKI, Johannesoffenbarung (s. Anm. 5), 166–178.

[23] Singular αὐτῷ statt Plural αὐτοῖς, berichtigt durch Korrektor ca; Der bedeutende Korrektor, in den bei Anm. 4 erwähnten New Testament Transcripts 01C2 genannt, schreibt δῶσι αὐτοῖς verwandt zu A (stilistisch allerdings unabhängig, da das Schluss-ν gegen A entfällt); vgl. http://www.codex-sinaiticus.net/de/manuscript.aspx? book=59& chapter=-13&lid=de&side=r&verse=16&zoomSlider=0, abgerufen am 22.4.2011.

[24] Zu Stigmatisierungsvorgängen in der Geschichte des ersten Christentums liegen mehrere Studien vor, vgl. beispielsweise H. MÖDRITZER, Stigma und Charisma im Neuen Testament und seiner Umwelt. Zur Soziologie des Urchristentums, NTOA 28, Freiburg (CH) 1994.

Wir müssen zu dieser Frage auf einem Umweg zurückkehren, nämlich zunächst eine selbst entwickelte Markierung suchen.

Tabelle 3: Das Halleluja in Apk 19,1 (vgl. V.3.4.6)

Kritisch rekonstruierter Text in Nestle-Aland[28] (übereinstimmend Codices ℵ, A und C)	Übersetzung
[...] ἤκουσα ὡς φωνὴν μεγάλην ὄχλου πολλοῦ ἐν τῷ οὐρανῷ λεγόντων· ἀλληλουϊά· [...]	Ich hörte etwas wie eine große Stimme einer vielfachen Schar im Himmel sprechen „Halleluja"

Eine solche Markierung bildet das „Halleluja" in Apk 19 (vgl. Tabelle 3).[25] Heute wirkt es dem Christentum vertraut, da es sich im Zuge der Rezeption der Apk verbreitete. Vor der Apk dagegen begegnet es in der uns erhalten gebliebenen Literatur christlicher Gruppen kein einziges Mal. Es ist ein Sonderwort semitischen Hintergrundes, gesprochen in der Apk von einer vielfachen Schar im Himmel (Apk 19,1). Diese ruft es den irdischen Leserinnen und Lesern zu. Als Zuruf ist es zu übersetzen, mit „bejubelt Gott, den Herrn", den einen Gott Israels; das „Ja" im „Hallelu-ja" deutet dessen Namen „Jahwe" an.

Die Apk verzichtet auf eine Übersetzung des Hallelujas und formt dadurch ein bemerkenswertes Gegenüber zum χάραγμα von Apk 13,16: Beide Male liegt ein Marker vor. Das eine Mal ist er irdisch verhängt und ein irdisch-materiales Prägezeichen, das andere Mal ergeht er aus dem nicht-irdischen Raum im Wort, dem himmlischen Ruf. Aber gerade diese Andersartigkeit gleicht die irdische Stigmatisierung aus: Auf Erden werden Menschen ausgeschlossen; im Hören gewahren sie eine himmlische Schar, der sie sich anschließen können. Auf Erden mögen sie allein sein, im wichtigeren Himmel sind sie es nicht. Kurz, irdische Markierung grenzt sie aus, himmlische Markierung fängt dies auf.

Würden wir Kap. 19 aus dem Gesamttext isolieren, dürften wir an eine christliche Sondergruppe denken, die sich auf Erden und in der Gesellschaft nicht zu beheimaten vermag und daher die Gesellschaft verlässt. Eine strikte ‚*De*markation' nach dem französischen Lehnwort *demarquer* läge vor, das die Trennung und Entfernung von anderen, angrenzenden oder umgebenden Gruppen beschreibt. Durch kritische Untersuchungen wäre diese Sicht vorbe-

---

[25] Vgl. K. P. JÖRNS, Das hymnische Evangelium. Untersuchungen zu Aufbau, Funktion und Herkunft der hymnischen Stücke in der Johannesoffenbarung, StNT 5, Gütersloh 1971, 145–147.

reitet; so pointiert L. T. Thompson, die Apk konstituiere eine kognitive, durch ihre Grenzsetzungen sektiererisch werdende Minorität.[26]

Unsere Beobachtung an Apk 13,16 jedoch mahnt, dem nicht unbesehen zu folgen. Fremd-, nicht Selbststigmatisierung bildet den Ausgangspunkt, und die durch die Apk repräsentierte christliche Gruppe ist überzeugt, von der Stigmatisierung nicht allein und nicht speziell als Christen getroffen zu werden. Sollte deshalb die Gegenexistenz einfach andere ausschließen? Die an die Textgeschichte der Apk zu stellende Frage präzisiert sich: Wie verhält sich die textgeschichtliche Entwicklung im Spannungsfeld zwischen Selbstmarkierung und Berücksichtigung anderer, nicht zur eigenen Gruppe gehörender Menschen?

5. Der Blick nach innen: Selbstbestärkung und liturgische Verdichtung

Machen wir uns die Antwort nicht leicht: Das „Amen" aus Apk 22,21 erfüllt wie das beschriebene Halleluja die Züge eines jüdisch-christlichen „identity markers". Es ist ein für Außenstehende fremdes, nach innen aussagekräftiges semitisches Wort, und es eignet sich neben dem schriftlichen für den mündlichen Gebrauch in der Gruppe, die spätere Liturgie.[27] Dies vertieft die eigene, abgrenzende Identität.

Dennoch wiederholt sich bei genauerer Betrachtung die beobachtete Spannung, denn der kritisch rekonstruierte Ausgangstext führt das „Amen", welches er an acht Stellen enthält,[28] in Apk 1,6f. mit einer Übersetzung und bemerkenswerten Erläuterungen ins Griechische ein: Eschatologisch „betrauern werden" Jesus „alle Stämme der Erde", lesen wir, „auch die, die ihn tief verletzt (durchbohrt) haben"; ναί, ἀμήν, „ja, so ist es gewiss" (Apk 1,7, A- und S-Text). Wir müssen nicht Hebräisch können, um dies zu verstehen, sondern können es auch von ‚draußen' aus lesen. Das griechische ναί hebt das Gewicht des Verses für außenstehende Leserinnen und Leser hervor und macht ihnen das Amen verständlich; א* korrigiert dies in diesem Falle nicht. Das Amen grenzt nicht nur ab; es sucht Zustimmung.

---

[26] L. THOMPSON, The Book of Revelation. Apocalypse and Empire, New York 1990, 186–197 u.ö. unter Benützung von Kriterien des Soziologen P. Berger.

[27] Diese Liturgie ist im 1. Jh. allenfalls rudimentär zu ahnen; der christliche Gottesdienst gewinnt erst vom 2.–4. Jh. klarere Gestalt. Übersicht bei J. ROHLOFF, Der Gottesdienst im Urchristentum, in: H. C. Schmidt-Lauber/M. Meyer-Blanck/K. H. Bieritz (Hg.), Handbuch der Liturgik. Liturgiewissenschaft in Theologie und Praxis der Kirche, Göttingen ³2003, 45–71.

[28] Übersicht bei JÖRNS, Evangelium (s. Anm. 25), 85–88.

Die Pointe des Verses ist für diejenigen ,draußen' denn auch relevant genug. Wenn Jesus mit den Wolken sichtbar kommt, wird es dem Vers zufolge keine Kluft zwischen denen geben, die ihm irdisch folgten, und denen, die ihn ablehnend ,durchbohrten'. Beide werden den Trauerritus, das κόπτειν, vollziehen, der durch den Tod Jesu verlangt ist.[29]

Diese Vision ist keine Heilsansage. Sie bescheidet sich mit einer gemeinsamen Klage, welche in den Schriften Israels vorgezeichnet ist.[30] Indes ist gerade dies grundlegend für das Gefälle des Textes: Die Eröffnung der Apk schärft nicht die Abgrenzung zu den ,Anderen' ein, sondern sucht eine künftige Gemeinsamkeit zwischen ,In-Group' und ,Out-Group', Nachfolgern und Verächtern Jesu. Dass die Begegnung mit Jesus Menschen spaltet, bleibt unübersehbar und wird trotzdem nicht festgeschrieben. Im Gegenteil, auf Zukunft hin hat die Aufhebung der Gruppengrenzen Vorrang. Das skizzierte Ende des kritischen Textes in Apk 22,21 kann darauf zurückgreifen und es intensivieren. Ziehen wir eine Linie von unserem Vers zu Apk 22,21, schaut der Visionär ein Ende der Stigmatisierung in gemeinsamer Klage (Apk 1,7) und wünscht, dass die Gnade des Herrn Jesus alle erreicht (Apk 22,21).

Heutige Religionstheologie muss stutzen; der Einbezug Dritter in die Binnenperspektive einer religiösen Gruppe verlangt nach heutiger Sicht mehr Reflexion, als die Apk sie zu bieten scheint. Allein, diese Bedenken wiegen gering gegenüber dem anderen Gefälle des S-Textes, dem wir uns nun zuwenden müssen: Er bewahrt die Grundaussage von Apk 1,7,[31] teilt also die Erwartung, Dritte würden wie die ,In-Group' einst um Jesus klagen, aber er nimmt dies durch den neuen Text von Apk 1,1 und 22,21 lediglich aus Perspektive der Gemeinde wahr. Die eschatologische Aussicht bettet die Klage der anderen nicht mehr in die Gnade Gottes ein, sondern bekräftigt die Identität nach innen.

---

[29] Zur Auslegung z.B. AUNE, Revelation 1–5 (s. Anm. 17), 56.

[30] Der Text greift Dan 7,13 und Sach 12,10–12 auf. Er hat demnach für den Autor die Solennität in der Schrift verwurzelten Ansage, ohne dass außenstehende Leserinnen und Leser diesen Hintergrund verstehen müssen.

[31] Die Abweichungen (Singular/Plural von ,sehen' usw.) sind für uns hier nicht relevant.

Tabelle 4: Ergänzungen des „Amen" im S-Text der Apk

Apk	Kritisch rekonstruierter Text in Nestle-Aland[28]	Übersetzung	Erste Hand des Codex Sinaiticus (bis auf 7,10 begleitet von weiteren Zeugen)	Übersetzung
4,9; 4,10; 11,15; 15,7	[...] εἰς τοὺς αἰῶνας τῶν αἰώνων,	[...] in die Ewigkeiten der Ewigkeiten,	[...] εἰς τοὺς αἰῶνας τῶν αἰώνων· ἀμήν,	[...] in die Ewigkeiten der Ewigkeiten, *Amen,*
7,10	[...] ἡ σωτηρία τῷ θεῷ ἡμῶν τῷ καθημένῳ ἐπὶ τῷ θρόνῳ καὶ τῷ ἀρνίῳ.	Die Rettung (steht) bei unserem Gott, der auf dem Thron sitzt, und dem Widder	[...] ἡ σωτηρία τῷ θεῷ ἡμῶν ἐπὶ τῷ θρόνῳ καὶ τῷ ἀρνίῳ. *εἰς τοὺς αἰῶνας τῶν αἰώνων· ἀμήν.*	Die Rettung (steht) bei unserem Gott auf dem Thron und dem Widder *in die Ewigkeiten der Ewigkeiten. Amen.*

Ist dies ein Zufall? Die Vermehrung liturgischer Anspielungen nach Apk 1,6f. im S-Text weist in eine andere Richtung, nämlich auf einen internen christlichen Gruppenprozess hin, der sich durch umfangreichere Textänderungen bekundet: Das Amen wächst der Apk gegen den heutigen kritischen Text im Sinaiticus (*prima manus*) gleich fünf weitere Male zu: Apk 4,9f.; 7,10; 11,15; 15,7 (vgl. Tabelle 4). Inhaltlich unterstreicht es stets die Ewigkeit.

Viermal provoziert die Ehrung Gottes und Christi „in die Ewigkeiten der Ewigkeiten" dieses Wachstum. Der fünfte Beleg, die singuläre Lesart der *prima manus* des Sinaiticus in Apk 7,10, vertieft die Dynamik: Der Text des Codex ergänzt hier nicht nur das Amen, sondern auch die Aussicht auf die Ewigkeiten.[32]

Wir erkennen, was unsere Gruppe bewegt: Sie findet ihre Identität in der anderen Zeit Gottes und Christi. Die „Ewigkeiten der Ewigkeiten" gewähren ihr Zuflucht und Sicherheit gegen die irdische Stigmatisierung. Komplementär freilich bedeutet dies die eigene und nicht mehr nur eine verhängte

---

[32] Zugleich reduziert er, für uns weniger wesentlich, den Anthropomorphismus im Bild, dass Gott „sitze".

Demarkation gegen die ‚Anderen'. Die irdische Zeit, die nicht ewig ist, verliert ihren Belang für die Identität der Trägergruppe des S-Textes.

Tabelle 5: Akzente des himmlischen Gottesdienstes in Apk 4 und 5

Apk	Kritisch rekonstruierter Text in Nestle-Aland[28]	Übersetzung	Erste Hand des Codex Sinaiticus (und weitere Zeugen)	Übersetzung
4,8	ἅγιος ἅγιος ἅγιος	Heilig, heilig, heilig	ἅγιος ἅγιος ἅγιος	Heilig, heilig, heilig,
			ἅγιος ἅγιος ἅγιος ἅγιος ἅγιος	*heilig, heilig, heilig, heilig, heilig*
	κύριος ὁ θεὸς	ist Kyrios, der (eine) Gott,	ΚΣ ΘΣ	ist Kyrios, Gott,
	ὁ παντοκράτωρ	der Allherrscher	παντοκράτωρ	Allherrscher
5,13	τῷ καθημένῳ ἐπὶ τῷ θρόνῳ καὶ τῷ ἀρνίῳ [...]	Dem, der auf dem Thron sitzt, und dem Widder	τῷ καθημένῳ ἐπὶ τῷ θρόνῳ καὶ τῷ ἀρνίῳ [...]	Dem, der auf dem Thron sitzt, und dem Widder
	ἡ δόξα *καὶ τὸ κράτος*	(Christus) [...] die Herrlichkeit *und die Kraft*	ἡ δόξα	(Christus) [...] die Herrlichkeit
			παντοκράτωρος	*des Allherrschers* in die
	εἰς τοὺς αἰῶνας τῶν αἰώνων.	in die Ewigkeiten der Ewigkeiten.	εἰς τοὺς αἰῶνας τῶν αἰώνων.	Ewigkeiten der Ewigkeiten.

Zwei weitere signifikante Fortschreibungen des S-Textes schließen sich nahtlos an. Die erste führt uns vom himmlischen zum irdischen Gottesdienst. Das Trishagion („heilig, heilig, heilig") von Apk 4,8, das auf Jes 6,3 zurückgriff (vgl. Tabelle 5), stand in der Alten Kirche Pate für den Trishagion-Hymnus, der sich bis zum 7. Jh. in verschiedener Gestalt verdichtete.[33] In der ersten Hand des Sinaiticus wirkt sich dies aus: Die himmlischen Wesen singen das ἅγιος in Apk 4,8 nicht mehr dreimal wie bei Jesaja, sondern achtmal, sei es, um den kirchlichen Zyklus vom ersten bis zum achten Tag, dem Auferstehungstag Jesu anzuzeigen, sei es unter Einfluss der antiken pythagoreischen

---

[33] Zu Details z.B. L. KOENEN, Der erweiterte Trishagion-Hymnus des Ms. Insinger und des P. Berl. Inv. 16389, ZPE 31, Bonn 1978, 71–76.

Wertschätzung für die Achtzahl oder schließlich in Vorbereitung eines trinita-
rischen dreimaligen Hagios-hagios-hagios-Gesangs.[34]

Korrelieren wir dies mit Apk 1,1 und 22,21 (gleichfalls in ℵ je ἅγιος, wie
beschrieben), konstituiert die Apk eine Gemeinde von Heiligen auf Erden, die
das überwältigende „Heilig, heilig, heilig, heilig, heilig, heilig, heilig, heilig"
des Himmels vernimmt und an ihm partizipiert. Auf Erden fehlt ihr Kraft und
Heimat; im Himmel mit der anderen Zeit Gottes jedoch ist alle Macht Gottes
und Christi präsent. Dort jubeln die Wesen Gott und Christus, dem Widder, in
der Gemeinschaft allumfassender Macht zu.

Unversehens gelangen wir zur zweiten Textänderung. Christus heißt in
Apk 5,13 zusammen mit Gott ausdrücklich Allherrscher; die erste Hand des
Sinaiticus überträgt das Gottesprädikat παντοκράτωρ („Allmächtiger") von
Apk 4,8 in die Christologie (vgl. weiterhin Tabelle 5).

Die Textgeschichte zwingt uns somit zu einer gewichtigen Modifizierung
geläufiger Vorstellungen über die Apk. Ihr nach heutiger Erkenntnis älterer
Text markiert das Wirken Gottes und Christi in einer potentiellen Öffnung
und Zuwendung der christlichen Trägergruppe nach außen. Der etwas jüngere
S-Text dagegen betont die eigene, zu Gott erhebende Heiligkeit und die All-
macht Christi, die sich im irdischen Gottesdienst gegenweltlich erleben lässt.
Diese Textfassung grenzt die christliche Trägergruppe scharf von der Zeitlichkeit einer unheilig-unreinen Umwelt ab.

---

[34] Letzteres favorisiert Hernández, unterstützt durch das – freilich jüngere – neunfache
Hagios des byzantinischen Mehrheitstextes von Apk 4,8. Vgl. HERNÁNDEZ, Codex
Sinaiticus (s. Anm. 11).

6. Die Skepsis nach außen: Ein Leben wie im Krieg

Tabelle 6: Das Leiden der Heiligen Apk 13,7a

Kritisch rekonstruierter Text in Nestle-Aland[28] (gemäß Sinaiticus und begleitenden jüngeren Zeugen)	Übersetzung	Text der gewichtigsten Handschriften (wiedergegeben p[47] aus dem S-Text; Auslassung von 7a ebenso in A, C u.a.) und des Andreas von Cäsarea (kritischer Text)	Übersetzung
καὶ ἐδόθη αὐτῷ	Und gegeben wurde ihm (scl. dem Tier aus dem Meer),	p[47] καὶ ἐδόθη αὐτῷ	Und gegeben wurde ihm (scl. dem Tier aus dem Meer)
ποιῆσαι πόλεμον μετὰ τῶν ἁγίων καὶ νικῆσαι αὐτούς, καὶ ἐδόθη αὐτῷ	Krieg zu führen mit den Heiligen und sie zu besiegen; und gegeben wurde ihm		
ἐξουσία ἐπὶ πᾶσαν φυλὴν	Macht über jeden Stamm,	ἐξουσία ἐπ[ὶ] [πᾶ]σαν φυλὴν	Macht über jeden Stamm,
καὶ λαὸν	(jedes) Volk,		
καὶ γλῶσσαν καὶ ἔθνος.	(jede) Sprache Und Ethnie.	καὶ γλῶσσαν καὶ ἔθ[νος.]	(jede) Sprache und Ethnie
		(in den anderen Handschriften leichte Abweichungen)	

Wie kommt es zu diesem gravierenden Unterschied? Wieder hilft die Textgeschichte, diesmal allerdings in der kritischen Textausgabe schwer erkennbar, denn deren Obertext folgt an der Schlüsselstelle Apk 13,7 bis heute der Variante des Sinaiticus. Dieser Codex bekundet, unterstützt durch den Teil des jungen Andreastextes, der den Textus receptus und die klassischen Übersetzungen der Neuzeit – Luther und King James Version – prägte, die Überzeugung, dem Tier aus dem Meer sei es „gegeben, Krieg zu führen mit den Heiligen und sie zu besiegen" (vgl. Tabelle 6). Die These, die Apk scheide ‚In-‚ und ‚Out-Group', findet hier ihre sinnenfällige Bestätigung. Nichts Geringeres als Krieg, die schärfst mögliche Scheidung, herrscht gegenüber den Heiligen. Dass moderne Lektüren der Apk unwillkürlich an eine Demarkation denken, wird begreiflich.

Die beste Lesart ist dies allerdings kaum. In den Textus receptus kam es durch Erasmus aufgrund einer einzigen, unbefriedigenden Handschrift aus dem 12. Jahrhundert, der Minuskel 2814, zusammen mit dem Kommentar des Andreas von Cäsarea.[35] Heute zählt diese Handschrift in Nestle-Aland[28] nicht mehr unter die ständigen Zeugen der Apk und die Handschriften, die ℵ in der Regel begleiten – der S-Text nach Josef Schmid –, sind gespalten: p[47] aus dem 3. Jh., nach Josef Schmid der beste und bei Abweichungen dem Sinaiticus überlegene Vertreter,[36] lässt die Zeile aus. Ebenso tun dies Hauptvertreter des A-Textes (A und andere)[37] und die Hauptlinie des Andreastextes.[38] All diese Zeugen entsagen dem Wort vom Krieg gegen die Heiligen und lesen allein die zweite Vershälfte „und gegeben wurde ihm (scl. dem Tier aus dem Meer) Macht über jeden Stamm, (jede) Sprache und Ethnie".

Der Langtext ist daher ein Beispiel für die Problematik der heutigen kritischen Apk-Edition. Der kürzere Text von Apk 13,7 wird sich wahrscheinlich bei einer Neuedition (*Editio critica maior*) durchsetzen. Folgen wir ihm, spricht die Apk von der universalen Macht des Tieres aus dem Meer, nicht von einer Christenverfolgung. Dieser universalen Macht vermag sich dem Wort zufolge kein Stamm, keine Sprache und keine Ethnie zu entziehen. Die Apk setzt eine soziale und politische Pointe wie in Apk 13,16: Eine sich wie ein Tier, inhuman gebärdende Macht erhebt Anspruch auf alle Menschen aller Völker. Eine religiöse Demarkation erfolgt nur indirekt, insofern es der Lebensgabe des einen Gottes bedarf, um dem Tier die Anerkennung versagen zu können (vgl. Apk 13,8).

Zu dieser Pointe passen die weiteren, gern auf eine Christenverfolgung gedeuteten Worte der Apk. Apk 18,24 macht in „Babylon", der städtischen Chiffre für diese tierische Macht, nicht allein das Blut von Heiligen und Propheten aus, sondern das aller (!) Menschen (πάντων), die auf Erden dahingeschlachtet wurden; die Formulierung überwindet die Unterscheidung von Kulten und damit jede religiöse Demarkation; hierbei stimmen A- und S-Text überein. Dies erinnert an die Perspektive auf alle Menschen aus Apk

---

[35] Erasmus-Text in D. ERASMUS, Testamentum Novum. Novum Testamentum Omne, 3 Bde., Basel 1519; Verbreitung durch den Stephanus-Text, der in BibleWorks enthalten ist.

[36] SCHMID, Studien 2 (s. Anm. 6), 110 u.ö.

[37] A und C ergänzen in der Völkerliste von Apk 13,7b καὶ λαόν bzw. λαούς; dies tangiert jedoch die für uns entscheidende Lücke von Apk 13,7a nicht.

[38] SCHMID, Studien 1. Text (s. Anm. 13), 139 z. St.

13,16. Apk 6,9 schließlich ignoriert zumindest die Unterscheidung jüdischer und christlicher Märtyrer; die Hingeschlachteten litten „wegen des Wortes Gottes" ohne Verweis auf Christus in A- und S-Text – eine Position, die junge Handschriften irritierte: So trägt der byzantinische Mehrheitstext einen Verweis auf den Christus-Widder nach.[39]

Machen wir uns von Apk 13,7a frei, ergibt sich damit ein überaus plausibler Zusammenhang: Der Autor der Apk und die Gruppe, der sie zugedacht war, betrachteten die dominante Macht auf Erden mit äußerster Skepsis und stellten sich auf die Seite aller, die unter dieser Macht litten. Der Stigmatisierung durch die fremde Macht widerstand unbeschadet aller Dualismen in der Apk ein Impuls religiöser Zuwendung; die – theologisch gesagt – Gnade des Herrn höhlt bedenkliche Demarkationen aus.

Zurück zum S-Text: Seine Entstehung steht womöglich im Zusammenhang mit dem Einfluss von Dan 7 auf unser Kapitel, denn die vorangehenden Verse sind von Anspielungen auf das Buch Daniel durchzogen.[40] Dan 7,21 enthielt ein düsteres Bild; eine feindliche Macht, ein „Horn", führe Krieg gegen die Heiligen und überwältige sie; ausgedrückt mit dem ungewöhnlichen Verb יכל. In der griechischen Daniel-Überlieferung gewann dieses Bild solche Kraft, dass es nicht nur in Dan 7,21 wiedergegeben wurde,[41] sondern dass Dan LXX es schon in 7,8 einfügte.[42] Diese Dynamik greift auf den Apk-Text über; wie im Danielbuch erhält die feindliche Macht kriegerische und im Krieg erschreckend siegreiche Züge.[43] Wir brauchen für die Genese nicht mehr als ein die griechische Daniel-Überlieferung kennendes und die Apk parallel zu Dan lesendes Skriptorium.[44]

Sobald der Text entstanden war, verfestigte er sich dann nicht durch Zufall in der zu א führenden Überlieferungslinie, denn Apk 13,7a passt dort sozialgeschichtlich zum Selbstverständnis der Gemeinde und ergibt einen vor-

---

[39] Apk 6,9 denkt somit an die Märtyrer mindestens seit den Makkabäern: vgl. U. KELLERMANN, Auferstanden in den Himmel. 2 Makkabäer 7 und die Auferstehung der Märtyrer, SBS 95, Stuttgart 1979.

[40] Vgl. Apk 13,1f. neben Dan 7,3.4–6.7.24; Apk 13,5 neben Dan 7,8.11.20 und Apk 13,6 neben Dan 7,25.

[41] Θ ἐποίει πόλεμον μετὰ τῶν ἁγίων καὶ ἴσχυσεν πρὸς αὐτούς; LXX hat hier τὸ κέρας ἐκεῖνο πόλεμον συνιστάμενον πρὸς τοὺς ἁγίους καὶ τροπούμενον αὐτούς.

[42] ἐποίει πόλεμον πρὸς τοὺς ἁγίους sehr nahe zu Θ 7,21. Die Ergänzung schießt über das Hebräische hinaus und ist daher in einem Teil der Handschriften obelisiert: O. MUNNICH ed., Susanna Daniel Bel et Draco, Septuaginta Gottingensis XVI/2, Göttingen 1999, 336.

[43] Vgl. AUNE, Revelation 6–16 (s. Anm. 22), 746; G. K. BEALE, The Book of Revelation, NIGTC, Grand Rapids 1998, 698.

[44] Dies ist in Anbetracht dessen, dass die sog. Antichrist-Reflexion seit Hippolyt, De Antichristo Dan und Apk miteinander kombinierte, durchaus plausibel; so beispielsweise die Parallelisierung Dan 7,8 und Apk 11,7; vgl. Hipp., antichr. 47, hg. v. G. N. Bonwetsch/H. Achelis, GCS I/2, Leipzig 1897, 30.

züglichen Sinn. Von den ἅγιοι ist die Rede; das Leitmotiv der bislang beobachteten theologischen Verdichtungen bestimmt die Ergänzung.[45] Zudem wirkt der Ausgangspunkt bei der Stigmatisierung der Gemeinde von außen nach; ausschließlich das Tier „macht" den Krieg, die ‚In-Group' ist Opfer wie bei der sozialen Stigmatisierung. Der S-Text verfestigte sich somit aller Wahrscheinlichkeit nach unter Einfluss des griechischen Daniel angesichts der Erfahrungen aus den Christenverfolgungen des 3. Jahrhunderts.

Die Träger des Textes lassen dabei selbst die Stigmatisierung und Verfolgung nicht aus Gottes Hand geraten. Im Passivum divinum von Apk 13,7a deutet der S-Text an, Gott entlasse auch die Verfolgungen nicht aus seinem Wirken, was ein theologisches Dilemma darstellt.

7. Eine notwendige Differenzierung

Auf den ersten Blick scheinen die Tendenzen in den jeweiligen Textsträngen der Apk-Überlieferung somit einfach und in einer wesentlichen Korrektur der These Thompsons zusammenfassbar. Am Ausgangspunkt steht die Erfahrung des Autors und der von ihm vertretenen Gruppe, auf Erden stigmatisiert, aber durch den „Himmel" und das Wirken Gottes und Jesu getragen und geborgen zu sein. Die Tradenten des A-Textes schließen sich daran an, ohne die Öffnung nach außen zu vergessen. Die Gemeinschaft der Leidenden und die Zuwendung des einen Gottes verlangt ihrer Christuserfahrung nach den Blick über ethnische und Religionsgrenzen hinweg, ausgehend von der umfassenden Macht des einen Gottes Israels und Christi.

Allerdings lässt sich diese Haltung in den Christenverfolgungen des 2. und 3. Jh. schwer durchhalten. Die innere Vergewisserung und Stärkung verlangt dort bei vielen Tradenten den Vorrang. Die Öffnung nach außen verebbt zugunsten ihrer Sehnsucht nach dem Ende und nach der Erhebung zum himmlischen Gottesdienst aus den Nöten der Welt heraus. Dies schlägt sich in den Schlüsselvarianten des S-Textes und einer Verstärkung der christlichen Demarkation gegen andere nieder.

---

[45] Vgl hierzu den S-Text seit Apk 1,1.

Tabelle 7: Apk 13,10b

Textus receptus (mit geringen Varianten in allen Handschriften bis auf A und in den Editionen bis Nestle-Aland[25])	Übersetzung (Luther 1545)	Text in Nestle-Aland[28] nach der singulären Lesart des Codex Alexandrinus	Übersetzung
εἴ τις ἐν μαχαίρῃ ἀποκτενεῖ δεῖ αὐτὸν ἐν μαχαίρῃ ἀποκτανθῆναι. (Stephanus 1550)	So jemand mit dem Schwert tötet, der muss mit dem Schwert getötet werden. King James: He that killeth with the sword must be killed with the sword.	εἴ τις ἐν μαχαίρῃ ἀποκτανθῆναι αὐτὸν ἐν μαχαίρῃ ἀποκτανθῆναι.	Wenn jemand (erfährt), im Schwert getötet zu werden, (ist es so,) dass er im Schwert getötet wird.

Ein zweiter Blick warnt davor, die Entwicklungslinien zu vereinfachen, denn der alte, offenere Text der Apk ging nie verloren und die Trägergruppe des S-Textes formierte keine geschlossene Einheit; p[47] integrierte den Halbvers vom Krieg gegen die Heiligen nicht. Selbst die Epoche der Christenverfolgung lässt sich somit nicht zu einer Zeit der Demarkation vereinfachen.

Umgekehrt blieb der A-Text keineswegs von Einflüssen bewahrt, die wir eher dem S-Text zuschreiben würden. Apk 13,7a findet sich bruchstückhaft in p[115], dem ansonsten wichtigsten Vorläufer des Alexandrinus-Textes, wieder,[46] und der Alexandrinus selbst erliegt in Apk 13,10 dem härtesten Pessimismus der Apk: Wenn jemand getötet werde, geschehe dies unausweichlich.[47]

Diese Variante des Alexandrinus mag sicherlich wieder durch einen biblischen Quereinfluss geprägt sein; die Forschung vermutet diesmal den Einfluss einer ungewöhnlichen Textform von Jer 15,2 und liest dann Apk 13,10b A in der Regel als Ausgangs-, nicht als sekundären Text der Apk.[48] Zudem erlauben die vorangehenden Verse, nicht nur an verfolgte Christen zu

---

[46] D. C. PARKER, A New Oxyrhynchus Papyrus of Revelation P115 (P.Oxy. 4499), NTS 46, 2000, 159–174.

[47] Diese Übertragung beruht auf der wahrscheinlichsten Deutung des grammatisch inkonsistenten Satzes in A; zur Deutung bes. AUNE, Revelation 6–16 (s. Anm. 22), 750f.

[48] Vgl. paradigmatisch AUNE, Revelation 6–16 (s. Anm. 22), 749f.

denken. Apk 13,7a fehlt im Alexandrinus, so dass sich dort der Tenor ergibt:
„7) Und es wurde ihm (dem Tier) Macht gegeben über jeden Stamm und
(jedes) Volk und (jede) Sprache und (jedes) Fremdvolk. 8) Und es werden all
die, die auf Erden wohnen, vor ihm [...] niederfallen [...]. 9) Wenn jemand ein
Ohr hat, soll er hören! 10) Wenn jemand in Gefangenschaft (soll), der geht in
Gefangenschaft, wenn jemand mit dem Schlachtmesser getötet werden soll,
der wird mit dem Schlachtmesser getötet [...]."[49] Eine fatale irdische Situation
tritt vor Augen, in der eine Macht so groß ist, dass sie beliebig Menschen in
Gefangenschaft verschleppen und in den Tod zwingen kann.

Jüngst macht W. Ameling darauf aufmerksam, dass sich Gewaltbilder der Apk nicht zuletzt
vor dem Hintergrund von Gladiatorenkämpfen erschließen, die bei den Ehrungen der
römischen Kaiser vollzogen wurden.[50] Der Schwertkampf war dort eine der Kampfformen,
die Verurteilung zum Schwert (*damnatio ad gladium*), ohne dass der Verurteilte selbst ein
Schwert haben durfte, deren Steigerung zur Hinrichtung.[51] Sollte auch dies die Textform
beeinflusst haben, dann dächte sie keinesfalls vornehmlich an die Gottverlassenheit von
Gottes eigenem Volk, woraufhin Jer 15,2 deutet, sondern an das Leid aller Menschen, die
durch fremde Macht auf Erden gefangen, so die erste Zeile, und wie in der *damnatio ad
gladium* der Gladiatoren-Arena zum Tod gezwungen werden, so die zweite Zeile.

Trotzdem bleibt die Variante eine Singulärlesart des Alexandrinus und wird
dort durch eine andere Singulärlesart vorbereitet: In Apk 13,8b A heißt es
gegen alle anderen Handschriften mit Ausnahme dreier unbedeutender Mi-
nuskeln, die ein doppeltes οὐαί führen[52] „wehe (οὐαί statt οὗ οὐ), sein (des
Niederfallenden) Name ist aufgeschrieben worden im Buch des Lebens des
geschlachteten Lammes von (der) Grundlegung (der) Welt".[53] Wahrscheinlich
ist dies eine einfache Verschreibung, und dennoch entsteht ein neuer, bedrän-
gender Zusammenhang, nun bis zum Ende von Apk 13,10: Unter denen, die
von dem Tier bedrängt werden, sind diejenigen, die im Buch des Lebens
stehen, und am schlimmsten ist es, wenn einer von ihnen vor dem Tier nie-
derfällt. Die Haltung der Heiligen ist anders. Sie haben Ohren zu hören, dass

---

[49] Übersetzung nach M. VON AMELN, Die Johannesoffenbarung nach Codex A, in: M.
Labahn/M. Karrer (Hg.), Die Johannesoffenbarung: ihr Text und ihre Auslegung, ABG 38,
Leipzig 2012, 442.

[50] W. AMELING, Der kleinasiatische Kaiserkult und die Öffentlichkeit. Überlegungen
zur Umwelt der Apokalypse, in: M. Ebner/E. Esch-Wermeling (Hg.), Kaiserkult,
Wirtschaft und spectacula. Zum politischen und gesellschaftlichen Umfeld der
Offenbarung, Göttingen 2011, 15–54 (47f.) u.ö. (ohne Behandlung unserer Stelle).

[51] Auseinandersetzungen mit den praktizierten Hinrichtungen durch Kampf finden sich
bei Seneca, vgl. SENECA, ep. 7,2, L. Annaei Senecae Opera quae supersunt 3, hg. v. O.
Hense, Leipzig 1914, 14f. Vgl. hierzu auch T. KROPPEN, Aspekte der stoischen Ethik in
Senecas Bild von Athleten und Gladiatoren, Diss. masch. Köln 2007, 33f. (http://www.
zbsport.de/ Hochschulschriften/ DissertationenInternet/2007/Thomas Kroppen/ Disser-
tation.pdf, abgerufen am 23.6.2012).

[52] Vgl. H. C. HOSKIER, Concerning the Text of the Apocalypse 2, London 1929, 344.

[53] Übersetzung nach VON AMELN, Johannesoffenbarung (s. Anm. 49), 442.

Gefangenschaft und Tod unausweichlich bestimmt sind. Die Spannung der Verse intensiviert sich, wenn wir einen Gegensatz zwischen Bekennern und Nichtbekennern in den Christenverfolgungen assoziieren.

Unversehens stehen wir somit beim Text von A in Apk 13,8.10 vor der Frage, die uns in Apk 13,7 א begegnete: Haben sich unter der Erfahrung der Christenverfolgungen Varianten in einzelnen Handschriftenlinien verfestigt, die zufällig entstanden – wie Apk 13,8b A könnte Apk 13,10b A auf einen Schreibfehler zurückgehen –, aber in der Lebenswirklichkeit der Leserinnen und Leser einen aktuellen Sinn ergaben? Tatsächlich unterstützt keine einzige weitere Handschrift der Johannesoffenbarung Apk 13,10b A und treibt damit den Fatalismus so weit wie der Text dieses ansonsten bedeutendsten Codex der Apk.[54] Alle Handschriften außer ihm bekunden die Überzeugung, unbeschadet jeder Bedrängnis werde wenigstens Mord unter den Menschen geahndet.[55]

Diese Differenzierung gebietet, die Durchlässigkeit und Kontakte christlicher Gruppen zu beachten. Die frühe Christenheit zerfiel trotz aller Gruppenbildung nicht in starre Blöcke. A sieht die Not aller Menschen unter den Verfolgungserfahrungen des späten Imperiums, die nicht nur Christen trafen, pessimistischer selbst als א. Dies verlangt eine vielschichtige Skizze.

Beschließen wir dies mit einer zusätzlichen Beobachtung: Es ist, wie unsere Besprechung andeutete, keineswegs gewiss, dass die Skepsis des Alexandrinus in Apk 13,10b den ältesten Apk-Text bildet. Textkritisch sind gegen Singulärlesarten grundsätzlich Bedenken anzumelden; in Apk 13,8 setzte sich οὐαί zu Recht nicht durch. Würden sie auch in Apk 13,10b die Oberhand gewinnen, wofür die jüngste Kommentierung spricht,[56] müssten wir uns vom Vorurteil der pessimistischen, in ihren Grenzziehungen fast sektiererischen Minderheitsschrift Apk für die Vorlage vor A- und S-Text vollends befreien. Ungeachtet der harten Beobachtung christlicher Stigmatisierung würden der Autor und die Mehrheitsüberlieferung der Apk nicht gänzlich das Vertrauen in ein irdisches Recht verloren haben.

In der Rezeptionsgeschichte der Apk dominierte diese weltfreundlichere Auffassung durch die Luther- und die King James-Bibel bis ins frühe 20. Jh. (vgl. Tabelle 7). Erst in den neuesten Auflagen des kritischen Textes setzte sich die skeptische Variante des Alexandrinus durch, die so gut zum Urteil einer dualistisch grenzziehenden Apk passt. Unser heutiges, demarkierendes

---

[54] p[115] ist zur Stelle zu schlecht erhalten, um zu entscheiden, ob er eher A oder eher א entspricht.

[55] Apk 13,10b unter leichten Varianten der Handschriften. Dass der Text die antik geläufige Todesstrafe für Mord vertritt, ist heute bedenklich; in der Sache unterstreicht es die Aussageabsicht: Wie sehr immer die Zeit sich wandelt, pflege sie bei Kapitalverbrechen ein allgemein anerkanntes Recht.

[56] SATAKE, Die Offenbarung des Johannes (s. Anm. 22), 301f.

Bild der Apk ist nicht zuletzt ein Produkt des 20. Jahrhunderts mit seinen Schreckenserfahrungen und seiner spezifischen Benutzung der Apk zum Entlarven eines widergöttlichen Staates.

8. Die Synagoge Satans und der Spielraum von Interpretationen

Tabelle 8: Die Versammlung des Satans in Apk 2,9 (vgl. Apk 3,9)

Kritisch rekonstruierter Text in Nestle-Aland[28] (nach A; ähnlich ℵ[57])	Vetus Latina C[58]	Victorin von Pettau ca. 300[59]
οἶδά σου […] τὴν βλασφημίαν ἐκ τῶν λεγόντων Ἰουδαίους εἶναι ἑαυτοὺς καὶ οὐκ εἰσὶν ἀλλὰ συναγωγὴ τοῦ σατανᾶ.	blasphemaris (S blasphemiam habes) ab eis qui se dicunt Iudaeos esse et non sunt sed sunt synagoga Satanae.	scit (scl. Christus) […] detractationem de Iudeis quos negat esse Iudeos, sed synogogam Satanae.
„Ich (Christus) kenne deine Schmähung seitens derer, die behaupten, sie seien Juden, und sind es nicht, sondern eine Versammlung des Satans."	„Du wirst von denen geschmäht, die sagen, sie seien Juden, und sind es nicht, sondern sind eine Versammlung des Satans."	Christus wisse „die Ablehnung von Seiten der Juden, denen er abstreitet, dass sie Juden seien; vielmehr seien sie eine Versammlung Satans."

Eine weitere Grenzziehung der Apk, die Verwerfung der Versammlung Satans in Apk 2,9 und 3,9, stellt unsere Beobachtungen für einen besonderen Bereich, das Verhältnis zu Israel, in Frage.[60] Folgen wir dem erst in jüngster Zeit zerbrechenden Konsens der Forschung, errichtet die Apk darin eine unüberwindbare Grenze zur Synagoge (vgl. Tabelle 8; da die Stellen fast identisch sind, gebe ich im Folgenden nur Apk 2,9 wieder). Diese Grenze überrascht freilich angesichts der vielen Gemeinsamkeiten des Textes mit Israel von den Leitmotiven des Amen und Halleluja bis hin zu den Schriftre-

---

[57] Die Varianten von ℵ betreffen den Stil, nicht die Aussage. Der Text lautet dort in der *prima manus*: οἶδά […] τὴν βλασφημίαν τὴν ἐκ τῶν λεγόντων Ἰουδαίων εἶναι ἑαυτοὺς καὶ οὐκ εἰσὶν ἀλλὰ συναγωγὴ τοῦ σατανᾶ.

[58] Wiedergabe nach GRYSON, Vetus Latina (s. Anm. 8), 164–166.

[59] Text nach V. D. POETOVIO, Sur l'Apocalypse (s. Anm. 1), Zitat: II,2;3–5 (58).

[60] Sie verlangt zudem wegen der Interessen des Forschungsprojektes am „Parting of the Ways" zwischen Christentum und Judentum besondere Beachtung; zur Diskussion vgl. M. GOODMAN, Modeling the „Parting of the Ways" und andere Beiträge in A. H. Becker/A. Y. Reed (Hg.), The Ways that Never Parted. Jews and Christians in Late antiquity and the Early Middle Ages, TSAJ 95, Tübingen 2003, (Goodman 119–129).

zeptionen. Eine geläufige Erklärung macht ein Paradox aus: Die Apk muss sich abgrenzen, um die neue Gruppe der Nachfolgerinnen und Nachfolger Jesu im Unterschied zur Synagoge zu formen.[61]

Ebenso einfach, wenn nicht einfacher, ist eine zweite, den Text unmittelbar beim Wort nehmende Deutung, die von der Forschung der letzten Jahre ins Spiel gebracht wird:[62] Der Text spricht, genau gelesen, nicht von der Synagoge, der Chiffre der Spätantike und des Mittelalters für das Judentum. Er wendet sich vielmehr gegen Menschen, die fälschlicherweise (!) behaupten, Juden zu seien, und dadurch eine συναγωγή, d.h. Versammlung des Satans werden. Συναγωγή bedeutet demnach an unserer Stelle, wie im 1. Jahrhundert generell, Versammlung,[63] und die polemische Versammlung des Satans ist von den Ἰουδαῖοι, der geläufigen mittelmeerischen und kleinasiatischen Bezeichnung der Judäer (lokal) und Juden (religiös) zu unterscheiden.[64] So gelesen, kritisiert die Apk nicht Juden, sondern Menschen aus den Völkern, die die ethnisch-religiöse Ehrbezeichnung Ἰουδαῖοι usurpieren.

Die Verschiebung der Interpretation zum heute üblichen Sinn wird diesmal nicht an einem Unterschied zwischen S- und A-Text oder kritischem Archetyp des Apk-Textes sichtbar, wohl aber in der kleinen Änderung des Textes durch die Kommentare, die uns erstmals bei Victorin von Pettau, dem erwähnten ältesten lateinischen Kommentator der Apk (vgl. I Einleitung), begegnet. Aus denen, die falsch behaupten, Ἰουδαῖοι zu sein, werden bei ihm

---

[61] Forschungsgeschichte bei P. HIRSCHBERG, Das eschatologische Israel. Untersuchungen zum Gottesvolkverständnis der Johannesoffenbarung, WMANT 84, Neukirchen-Vluyn 1999, 106–127 und P. L. MAYO, „Those Who Call Themselves Jews". The Church and Judaism in the Apocalypse of John, PTMS 60, Eugene 2006, 17–24.

[62] D. Frankfurter, Jews or Not? Reconstructing the „Other" in Rev 2:9 and 3:9, HThR 94, 2001, 403–425; M. Karrer, „Ich kenne deine Werke und deinen Glauben". Das Leben in den sieben christlichen Gemeinden der Apk in Kleinasien, Welt und Umwelt der Bibel 14, 2009, 17–21, hier insb. 18.

[63] Vgl. auch Jak 2,2 u.ö. Die Konkretisierung auf die „Synagoge"/Versammlung von Juden leitet sich von dieser allgemeinen Bedeutung ab. Im Neuen Testament ist sie bes. durch Lk/Apg vertreten, insg. 34 Mal in Lk 4.6–8.11–13.20f; Apg 6.9.13–15.17–19.22.24.26. Im Adressatenkreis der Apk genügten anscheinend Privathäuser oder Versammlungsplätze vor den Toren wie in Philippi, Apg 16,13, für solche jüdische Versammlungen. Jedenfalls ist bis zum 2. Jh. n.Chr., der spätesten Datierung der Apk, in ihrem Radius kein Synagogenbau ergraben oder inschriftlich nachgewiesen. Die bekannte, prachtvolle Synagoge von Sardes gehört ins 4. bis 6. Jh., und weiter als bis ins 3. Jh. kommen wir auch mit einem etwaigen Vorgängerbau nicht zurück; vgl. http://www.bh.org.il/database-article.aspx?48726, abgerufen am 12.6.2012.

[64] Die Inschriften IJO II 206 und IJO II 205 = CIJ 775 des 2., evtl. frühen 3. Jh. aus Hierapolis sprechen von Volk, λαός, und Siedlung, κατοικία, von Ἰουδαῖοι; erst die Inschrift IJO II 191b des 3./4. Jh. von συναγωγή; bei Ehrenbezeichnungen wie ISmyrna 295 = IJO II 43 = CIJ 741 begegnet συναγωγή etwas früher, aber auch noch nicht in unserer Zeit.

Menschen, denen Christus bestreitet, dass sie Juden seien (vgl. Tabelle 8).
Dies entspricht nicht mehr der ursprünglichen Syntax, wirkt jedoch einfacher.
Die dominante antijüdische Deutung verdankt sich möglicherweise einer
semantischen Verkürzung des vorhandenen Textes aus dem 3. Jahrhundert,
die sich in der Textgeschichte nicht unmittelbar niederschlägt.[65]

Vollziehen wir den Interpretationswandel, ergibt sich in der Apk ein ge-
schlossener und stringenter Fortgang. Der Autor rühmt den einen Gott Israels
und ruft seine Adressatengruppe auf, in dieses Rühmen Gottes einzustimmen,
ohne die in der Antike stets wichtigen Grenzen von Ethnien zu verwischen.
Die Völker sind zu dem einen Gott gerufen und die Gnade Christi gilt allen
Menschen (Apk 22,21), ohne aufzuheben, dass sie unterschiedlicher Herkunft
sind.

Bemerkenswerterweise erwächst aus diesem Gefälle ein differenzierendes
Merkmal innerhalb der Anhänger des Gottes Israels und Jesu: Menschen aus
Israel gehören zu dieser Gruppe – die Apk hebt sie im großen Lob der 12 mal
12.000 Menschen aus den Stämmen Israels hervor (Apk 7,4–8)[66] – und eine
unendliche Schar von Menschen aus den anderen Völkern (Apk 7,9f.). Diese
Differenzierung setzt sich bis zum himmlischen Jerusalem fort; die Stadt ist
die Stadt des Gottes Israels und ihre Tore tragen die Namen der zwölf Stämme Israels (Apk 21,12). Die Völker gehen so durch die offenen Tore Israels
in das Licht Gottes ein (Apk 21,24f.); eine universalisierende Israeltheologie
begründet die Zuwendung der Gnade Gottes und Christi zu allen Menschen.

---

[65] Der Horizont ist religionsgeschichtlich und historisch zu vertiefen. Die Evidenz für
eine starke jüdische Gemeinde in Philadelphia zur Zeit der Apk ist gering, was MAYO (s.
Anm. 61) konzediert, obwohl er unter Einfluss der Forschungstradition weiterhin eine
große dortige Gemeinde vermutet. In Smyrna erlebt die bekannte Ἰουδαῖοι-Inschrift von
123/124 n.Chr. derzeit eine Neuinterpretation. Dieser Inschrift nach machten „die Einst-
Judaier", οἵ ποτε Ἰουδαῖοι, Smyrnas der Stadt eine Stiftung von 10.000 Denaren, vgl.
ISmyrn 697,30/CIJ 3148. Bis vor kurzem wurde angenommen, das ποτέ verweise auf eine
frühere Religionszugehörigkeit, so dass die Stifter das Judentum verlassen hätten. Doch
warum sollten die Stifter gerade ihr Renegatentum auf der Inschrift hervorheben? Weitaus
plausibler scheint der Forschung inzwischen, im Begriff einen Hinweis auf Judäa zu lesen,
d. h. die Gruppe versteht sich als einstige Judäer. Sie ist entweder in den letzten
Jahrzehnten von Judäa-Palästina umgesiedelt (so T. WITULSKI, Johannesoffenbarung (s.
Anm. 5), 293) oder versteht sich selbst nach langer Ansässigkeit in der Asia noch dem
judäisch-jüdischen Mutterland verbunden, aus dem einst die Vorfahren kamen, was mir
wahrscheinlicher erscheint; Weiteres bei W. AMELING, Inscriptiones Iudaicae Orientis II,
TSAJ 99, Tübingen 2004, 177–179.

[66] Eine Christusnachfolge dieser Gruppe erwähnt Kap. 7 nicht, was erstmals der
Pietismus beobachtete; vgl. J. A. BENGEL, Sechzig erbauliche Reden über die Offenbarung
Johannis oder vielmehr Jesu Christi samt einer Nachlese gleichen Inhalts, Stuttgart 1788
(Neuauflage), 365–380; so steht sogar die Frage offen, ob die Apk hier an das
nichtchristliche Israel und nicht nur an Judenchristen denkt.

Wir müssen abwarten, ob sich diese Interpretation durchsetzt. Für unsere Erkenntnis von Markierung und Demarkation ist schon die Möglichkeit relevant, denn wenn sie sich bewährt, entwickelt die Gruppe, der der Apk-Autor zugehört, eine höchst aufschlussreiche Dynamik und entwickelt ihr Verständnis des Christentums nicht aus einem abgrenzenden Gottesverständnis, sondern aus der Zuwendung des einen Gottes Israels durch Christus zu allen Völkern. Behindert wird die Zuwendung freilich durch den sozialen und politischen Zustand der Welt, der die Gruppe stigmatisiert. Die Stigmatisierung führt zu den in der Apk unübersehbaren Demarkationen, nicht der Kern ihres Gottes- und Christusverständnisses.

Kehren wir trotzdem zur herkömmlichen Deutung von Apk 2,9; 3,9 zurück, ist auch sie interessant, denn sie macht die Kosten sichtbar, die sich bei der Ablösung einer Gruppe von ihrer Mutter ergeben. Die Formierung der Gruppe zur selbständigen Gestalt verlangt die Ablösung und *De*markation. Meines Erachtens ist diese *De*markation noch nicht im Ausgangstext der Apk vorgezeichnet, aber wir können sie maximal bis Victorin verschieben. Er besiegelt um 300 das ‚Parting of the Ways' zwischen Judentum und Christentum durch seine Geißelung der Synagoge.

9. Fazit

Fassen wir unsere Beobachtungen abschließend in Thesen zusammen:

1. Die Hauptquellen für die Untersuchung des ersten Christentums bilden die in diesen Gruppen entstandenen Schriften. Da diese Schriften nicht sehr zahlreich sind, beschränkt sich das Quellenmaterial. Umso willkommener ist es, wenn wir aus der Fülle der Handschriften zusätzliche Erkenntnisse schöpfen können. Hilfreich ist schon die Entdeckung, wie viele Markierungen die Niederschrift von Texten erlaubt, angefangen bei Sonderzeichen und Abbreviaturen bis hin zu Lehnwörtern, die außerhalb der eigenen Gruppe nicht oder kaum verständlich sind.

2. Ebenso hilfreich ist eine Untersuchung der Varianten in den Handschriften, gerade wenn sie nicht als bewusste Korrekturen, sondern als langfristige Veränderungen und damit als Spiegel längerer Entwicklungsprozesse gelesen werden. Die Ausgangsbasis dafür ist günstig, da die Handschriften materiell vorliegen und für die Forschung vorzüglich dokumentiert sind. Der entstehende virtuelle Handschriftenraum des INTF Münster[67] verdient nicht nur textkritisch, sondern auch interpretationsgeschichtlich Beachtung.

3. Als Beispiel verfolgten wir die Markierungs- und Demarkationsprozesse in der Überlieferung der Apk. Wir beobachteten beide mögliche Perspekti-

---

[67] www.intf.uni-muenster.de/vmr/NTVMR/IndexNTVMR.php, abgerufen am 21.4. 2011.

ven, eine Selbstmarkierung der Gruppen des frühen Christentums mit vorsichtiger Öffnung nach außen wie auch diejenige einer scharfen Abgrenzung. Die heute weniger bekannte Öffnung fand sich vor allem in Handschriften, die dem Archetyp der Apk nahe standen; die eher erwartete Abgrenzung vor allem im etwas jüngeren S-Text.

4. Die schärferen Demarkationen des S-Textes korrelierten zur erfahrenen Geschichte der Trägergruppe. Die Christenverfolgungen lösten in dieser Gruppe ein Trauma aus, vergleichbar einem zerstörerischen Krieg (vgl. Apk 13,7a). Trotzdem wäre es falsch, Demarkationen und Verfolgungszeit eins zu eins zu paaren, denn der S-Text verdrängte nicht die anderen, offeneren Textformen. Umgekehrt sind wiederum keine Handschriften der Apk bekannt, die nicht einzelne Motive der schärferen Demarkation integrierten (vgl. Apk 13,10 A). Dies beweist ebenso die Vielfalt der christlichen Gruppen wie enge Kontakte zwischen ihnen. Die Untersuchung des altkirchlichen Christentums muss diese Vielfalt integrieren.

5. Abgrenzungen des ersten Christentums gegenüber der jüdischen Mutterreligion stellen ein besonderes Problem dar. Viel spricht dafür, dass sie weitaus langsamer entstanden, als früher angenommen wurde. Auch für die Apk ist diese Diskussion eröffnet (vgl. Apk 2,9; 3,9). Der Ausgang ist abzuwarten, doch schon jetzt sicher, dass sich Antijudaismen in der Erklärung der frühen christlichen Gruppen- und Markierungsbildung an der Apk verbieten.

6. Der heutige kritische Text der Apk bevorzugt an strittigen Stellen demarkierende Lesarten und vereinseitigt damit die Textlinie gegenüber der wahrscheinlich offeneren Textform des Archetyps. Die Wahrnehmung der Unterschiede in den Handschriften stellt dies in Frage und korrigiert damit die Leseerwartung. Die methodische Öffnung durch das textgeschichtliche Forschungsinstrumentarium erleichtert, eingeschliffene Urteile zu korrigieren.[68]

---

[68] Für die Hilfe bei den Korrekturen danke ich Simon Puschke und Alexandra Peczek.

Das Corpus Johanneum und die Apokalypse des Johannes

Die Johanneslegende, die Probleme der johanneischen Verfasserschaft und die Frage der Pseudonymität der Apokalypse

Jörg Frey

1. Eine persönliche Vorbemerkung

Vor fast 20 Jahren habe ich – noch während meiner Promotionszeit – in einem ausführlichen Anhang zur deutschen Fassung der Monographie meines Lehrers Martin Hengel über „Die johanneische Frage" das Verhältnis der Johannesapokalypse zum Johannesevangelium und den drei Johannesbriefen reflektiert.[1] Anlass zu dieser Ausarbeitung war im Grunde eine kritische Diskussion mit Martin Hengel über die These, die er im Schlussteil der englischen Erstfassung seines Buches vertreten hatte: die Mutmaßung, dass die Johannes-apokalypse und das Johannesevangelium doch vielleicht von demselben Autor stammen könnten, wenn dieser aus Palästina stammende Judenchrist in den zwei bis drei Jahrzehnten zwischen der Abfassung der Apokalypse und der weitgehenden Fertigstellung des schließlich postum herausgegebenen Evangeliums seine sprachlich-stilistischen Fähigkeiten weiterentwickelt und auch theologisch weitergedacht hätte.[2]

---

[1] J. FREY, Erwägungen zum Verhältnis der Johannesapokalypse zu den übrigen Schriften im Corpus Johanneum, in: M. HENGEL, Die johanneische Frage. Ein Lösungsversuch, mit einem Beitrag von Jörg Frey, WUNT 67, Tübingen 1993, 326–429.

[2] M. HENGEL, The Johannine Question, London – Philadelphia 1989, 126f.: "I am therefore inclined to presuppose an earlier date between about 68 and 70 when eschatological expectation was very fervent – as Mark 13 shows. Is it so improbable to suppose that the Apocalypse – archaic as it is – was written in this earlier period by John 'the elder' but reworked and edited by his pupils after his death? Or was it a pseudepigraphic work by a pupil? In the former case we have to look for a further development of the author in the direction of an eschatology more strongly orientated to the present and a linguistic development towards a better knowledge of Greek *koine*. Why should this not be possible over twenty or thirty years?"

Dieser These hatte ich widersprochen, vor allem aus sprachlich-stilistischen Gründen, weil mir aufgrund meiner Arbeiten zu Sprache und Stil des Johannesevangeliums eine solche Entwicklung von der Sprache der Apokalypse hin zu der des Evangeliums für ein Individuum, auch im Fall eines sekundären Spracherwerbs, unplausibel, ja faktisch unmöglich erschien. Es war Hengels Großzügigkeit, dass er mich einlud, meine Materialien in einem – wie er sagte – „kleinen Anhang" in der deutschen Fassung seines Werks zu präsentieren und dass er den Anhang auch dann noch akzeptierte, als mit 100 Seiten schließlich fast ein Viertel des ganzen Buches ausmachte. Nicht zuletzt hat er in seinem Text seine Thesen unter Verweis auf meine Ausführungen im Anhang relativiert.[3]

Ich habe in der genannten Untersuchung durch ausführliche sprachlich-stilistische und motivische Vergleiche zwischen der Apokalypse und dem vierten Evangelium (und den Johannesbriefen) zunächst gezeigt, dass eine gemeinsame Autorschaft der Apokalypse und des Evangeliums (und ggf. auch der drei Briefe) aus sprachlichen Gründen auszuschließen ist. Auf diese sprachlichen Gründe hatte schon Dionysios von Alexandrien im 3. Jh. hingewiesen.[4] Dies ist hier nicht weiter zu erörtern, da es weithin dem Konsens der Forschung entspricht.[5]

Dass in einigen Motiven dennoch relativ enge Parallelen zwischen der Apokalypse und dem Evangelium bzw. den Briefen vorliegen,[6] wirft das schwierige Problem der näheren Verhältnisbestimmung auf: Sind diese Parallelen durch gemeinsame Traditionen oder durch den gemeinsamen kleinasiatischen Kontext zu erklären? Gibt es also eine lokale oder vielleicht sogar eine personelle Verbindung der Apokalypse zur ‚Johanneischen Schule'? Ist die Apokalypse – wie Jens Taeger vermutet hatte – als eine ‚tritojohanneische' Schrift[7] in der Fortentwicklung der Vorstellungen der anderen ‚johanneischen' Schriften zu verorten? Diese Fragen betreffen einerseits die

---

[3] M. HENGEL, Die johanneische Frage. Ein Lösungsversuch, mit einem Anhang zur Apokalypse von Jörg Frey, WUNT 67, Tübingen 1993, 312: „Gegen eine unmittelbare Abfassung spricht freilich, wie die Studie von Jörg Frey … zeigt, das sprachlich-stilistische Argument. Man müßte darum eher einen Johannes nahestehenden Verfasser annehmen."

[4] Bei Eus. *h.e.* VII,25,22f.; s. dazu FREY, Erwägungen (s. Anm. 1), 359.

[5] Zur Rezeption meiner Aufstellungen in neueren Kommentaren zur Apokalypse s. zunächst D. E. AUNE, Revelation 1–5, WBC 52, Dallas 1997 lv; P. PRIGENT, Commentary on the Apocalypse of St. John (transl. by. Wendy Pradels), Tübingen 2004, 39–44.

[6] Zur Diskussion dieser Parallelen zuletzt auch A. SATAKE, Die Offenbarung des Johannes, KEK 16, Göttingen 2008, 38–44.

[7] So J.-W. TAEGER, Johannesapokalypse und johanneischer Kreis. Versuch einer traditionsgeschichtlichen Ortsbestimmung am Paradigma der Lebenswasser-Thematik, BZNW 52, Berlin/New York 1989.

derzeit heftig diskutierte Problematik der Datierung der Apokalypse,[8] und hängen andererseits von der literarkritischen Analyse des vierten Evangeliums und der Bestimmung des Verhältnisses von Evangelium und Briefen ab. Wenn es zutrifft, dass die in den Überschriften aller fünf Werke und im Rahmen der Apokalypse genannte Person ‚Johannes' ein und dieselbe Gestalt bezeichnen soll,[9] dann ist eine Reflexion über das gegenseitige Verhältnis dieser Schriften und über die Stellung der Apokalypse im (oder am Rande des) Corpus Johanneum jedenfalls unumgänglich. Wenn man – wie zahlreiche Autoren – bei der je separaten Behandlung der Apokalypse einerseits und der anderen johanneischen Schriften andererseits bleibt, weicht man m.E. den eigentlich drängenden Fragen aus.

Meine eigenen Überlegungen liefen seinerzeit darauf hinaus, dass die Apokalypse möglicherweise doch nicht einfach als Werk eines sonst unbekannten ‚Propheten Johannes' zu lesen ist, sondern als ein Pseudepigraphon,[10] das dem im ephesinischen Raum zu lokalisierenden Schulhaupt Johannes – vermutlich dem bei Papias erwähnten ‚Presbyter' – sekundär zugeschrieben wurde. Dabei konnten in der Patmosszene möglicherweise ältere Nachrichten aufgenommen werden, nach denen dieser ephesinische Johannes vielleicht schon in früherer Zeit eine ‚Verbannung' *ad insulam* erfahren hatte.[11] Jedenfalls wollte ich mit der Möglichkeit rechnen, die Patmosszene und damit das narrative Setting der apokalyptischen Visionen als einen *literarischen* Rahmen zu verstehen, der nicht a priori als historisch zuverlässige Angabe verstanden werden darf.

Diese These hat bei einigen Autoren heftigen Widerspruch ausgelöst.[12] Da mein damaliger Beitrag allzu materialreich und – in seiner Adaption an die Grundlinien der Monographie Hengels – wohl auch nicht hinreichend vor Missverständnissen geschützt war, möchte ich die Gelegenheit nutzen, die

---

[8] Zur Diskussion s. zuletzt die beiden Beiträge von T. Witulski und S. Witetschek: T. WITULSKI, Der römische Kaiser Hadrian und die neutestamentliche Johannesapokalypse, in: J. Frey/J. A. Kelhoffer/F. Tóth (Hg.), Die Johannesapokalypse. Kontexte – Konzepte – Rezeption, WUNT 287, Tübingen 2012, 79–115; S. WITETSCHEK, Ein weit geöffnetes Zeitfenster? Überlegungen zur Datierung der Johannesapokalypse, ebd., 117–148.

[9] So u.a. HENGEL, Frage (s. Anm. 3), 312f.

[10] So FREY, Erwägungen (s. Anm. 1), 415–427, insbesondere 425–427.

[11] So FREY, Erwägungen (s. Anm. 1), 428, unter Verweis auf HENGEL, Frage (s. Anm. 3), 310f.

[12] So u.a. von U. B. MÜLLER, Die Offenbarung des Johannes, ÖTBK 19, Gütersloh/Würzburg ²1995, 387, und auch – aus einer eher konservativen Perspektive – von P. STUHLMACHER, Wie treibt man Biblische Theologie?, BThS 24, Neukirchen-Vluyn 1995, 52; DERS., Biblische Theologie des Neuen Testaments 2, Göttingen 1999, 213; A. SATAKE, Die Offenbarung des Johannes, KEK 16, Göttingen 2008, 38f.; J. DOCHHORN, Schriftgelehrte Prophetie. Der eschatologische Teufelsfall in ApcJoh 12 und seine Bedeutung für das Verständnis der Johannesoffenbarung, WUNT 268, Tübingen 2010, 50–52.

Frage von Orthonymität oder Pseudonymität und die Zuordnung der Apokalypse zum Corpus Johanneum noch einmal zu reflektieren und meine
Überlegungen im Rahmen der Probleme der johanneischen Verfasserschaft
zu präzisieren.

Dazu werde ich im Folgenden mit dem synthetischen Johannesbild der Johanneslegende einsetzen (2), dann knapp die Probleme der Autorschaft der
johanneischen Schriften skizzieren (3), im weiteren Verlauf einige Hinweise
zur Bezeugung ihrer Zusammenfassung zu einem Corpus Johanneum in der
frühen Kirche zusammentragen (4) und schließlich noch einmal vom Text der
Apokalypse und von der neueren Diskussion her die Frage der Pseudonymität
aufnehmen (5). Mir scheint nach wie vor, dass man diese Möglichkeit ernsthaft erwägen sollte. Sie wirft zwar einige neue Probleme auf, löst aber andere
Fragen zumindest besser als die verbreitete Annahme einer nahezu völligen
Beziehungslosigkeit zwischen der Apokalypse und dem entstehenden Corpus
Johanneum. Das nach dem Urteil von Martin Hengel „schwierigste Rätsel des
Corpus Johanneum"[13] wird sich allerdings wohl kaum jemals ganz lösen
lassen.

2. Der Apostel Johannes und die Johanneslegende

Um die Bedeutung der nach und nach gewachsenen Legende vom Apostel
Johannes[14] als Autor aller fünf johanneischen Schriften im Kanon (sowie
zahlreicher weiterer apokrypher Schriften) zu verdeutlichen, empfiehlt sich
ein Blick auf die Bildende Kunst, die Johannes in vielfältiger Weise in Ein-
zelmotiven und Bilderzyklen abbildet.[15] Besonders häufig sind dabei Bilder
des Johannes als Autor: Als Evangelist wird er in der Reihe der vier Evangelisten präsentiert, gelegentlich als greiser Schreiber unter einem Gewölbe,
gelegentlich mit seinem Sekretär Prochoros, mit der Geist-Taube, einer Buchrolle oder einem Tintenfass und mit dem Adler als ‚seinem' Evangelisten-
symbol.[16] Als Autor der Apokalypse erscheint er als schreibender Seher,
meist in freier Natur, oft mit dem Blick zum Himmel gerichtet, doch auch
hier trägt Johannes auch als Seher von Patmos die Attribute des Evangelisten
wie z.B. den Adler.[17] Auch in den Zyklen der Johannesvita, die durch zahlrei-

---

[13] HENGEL, Frage (s. Anm. 3), 313.

[14] S. dazu die schöne Darstellung bei R. A. CULPEPPER, John the Son of Zebedee. The
Life of a Legend, Edinburgh 2000.

[15] Zum Panoptikum der ikonographischen Modelle s. M. LECHNER, Art. Johannes der
Evangelist (der Theologe), in: Lexikon der christlichen Ikonographie 7, Freiburg i.Br.
1974, 108–130.

[16] LECHNER, Johannes der Evangelist (s. Anm. 15), 114–117.

[17] LECHNER, Johannes der Evangelist (s. Anm. 15), 124. Ein instruktives Beispiel ist
das Bild des Augsburger Malers Hans Burgkmair, das in der Münchener Alten Pinakothek

che biblische und außerbiblische Szenen, großenteils aus den Johannesakten, ausgestaltet sind, hat die Patmosszene einen festen Platz.

Die kirchliche Tradition vom Apostel Johannes als Autor, die seit dem späten zweiten Jahrhundert, spätestens bei Irenäus, in ausgebildeter Form vorliegt, basiert auf einer harmonisierenden Lektüre der im Neuen Testament überlieferten Notizen über den Zwölferjünger und Zebedäussohn Johannes,[18] erweitert durch die Traditionen über den Verfasser des vierten Evangeliums (als den in diesem Evangelium erwähnten Lieblingsjünger Jesu) und den Seher der Apokalypse.

2.1 Die neutestamentlichen Notizen über den Jünger Johannes

Im *Markusevangelium* erscheint Johannes zusammen mit seinem Bruder Jakobus als Fischer am See Genezareth, dort sollen die beiden Brüder spontan und unverzüglich dem Ruf Jesu in seine Wandergenossenschaft für das Gottesreich gefolgt sein (Mk 1,19). Sie sind Teil der von Jesus eingesetzten Gruppe der Zwölf, die das endzeitliche Israel repräsentieren (Mk 3,16ff.). Markus überliefert für die Zebedaiden einen aramäischen Beinamen, βοανηργές, der von ihm mit ‚Donnersöhne' übersetzt wird (Mk 3,17).[19] Man hat diese Bezeichnung auf eine zelotisch-apokalyptische Prägung oder ein besonders heißblütiges Temperament dieser beiden gedeutet[20] – immerhin will der ‚Donnersohn' Johannes einem konkurrierenden Exorzisten das Handwerk legen (Mk 9,37f.; Lk 9,48f.), und die Brüder hätten ein samaritanisches Dorf, das sie abwies, nur allzu gerne mit dem Gerichtsfeuer vertilgt (Lk 9,54). Vermutlich bezieht sich der Begriff aber auf die vollmächtige Zeugenschaft, zu der die beiden berufen sind,[21] analog zu der Bezeichnung des Simon als Κηφᾶς (Joh 1,42; 1 Kor 15,5 etc.) = ‚Fels', die diesem Jünger eine

---

zu sehen ist und einem Johannesaltar von 1518 entstammt. Der Seher sitzt hier in einer phantastisch exotischen Umgebung. Ein Lichtstrahl fällt von links oben nach rechts unten, vom Gegenstand der Vision – i.d.R. die Sonnenfrau aus Apk 12– über das Gesicht des Sehers bis auf die Niederschrift. Der Blick des Johannes ist konzentriert auf die Schau gerichtet. Bei näherem Hinsehen fällt rechts unten der Adler auf. Dieser ist das Zeichen des Evangelisten Johannes, das hier dem Seher der Apokalypse als Attribut beigegeben wird. In anderen Bildern wird dem in freier Natur schreibenden Johannes noch ein Spruchband mit dem Anfang von Joh 1 beigefügt, was ihn noch klarer als Evangelisten markiert, s. LECHNER, Johannes der Evangelist (s. Anm. 16), 124.

[18] S dazu auch CULPEPPER, John (s. Anm. 14), 7–106.

[19] Vgl. zu den verschiedenen Übersetzungsvorschlägen CULPEPPER, John (s. Anm. 14), 38–40. Vgl. etwa O. BETZ, Donnersöhne, Menschenfischer und der davidische Messias, RdQ 3 (1961), 41–70 (41–52), der ‚Sturmgesellen' vorschlug.

[20] So z.B. R. PESCH, Das Markusevangelium I, HThK II/1, Freiburg 1976, 206.

[21] A. YARBRO COLLINS, Mark, Minneapolis 2007, 220, verweist auf die Theophanieschilderung Hiob 37,1–4: "the significance of the epithet seems to be that God is manifest in the activity of these two disciples."

grundlegende Bedeutung für den Jüngerkreis und die eschatologische Heils-
gemeinde zuschreibt.[22] Von allen in den Evangelien genannten Jüngern
tragen nur Petrus und die Zebedaiden aramäische Beinamen.[23] Diese drei
bilden nach Markus einen besonders engen Kreis von Vertrauten Jesu innerhalb des Zwölferkreises. Sie werden Zeugen der Verklärung auf dem Berg
und Mitstreiter im Gebetskampf im Garten Gethsemane (Mk 9,2; 14,33), und
es spricht manches dafür, dass die Heraushebung dieser drei bereits auf die
vorösterliche Zeit der Wandergemeinschaft mit Jesus zurückgeht.

Nach Ostern finden sich die drei Jünger erneut als führende Gestalten der
Jerusalemer Urgemeinde, wobei nicht die beiden Brüder Johannes und Jakobus, sondern Johannes und Petrus zusammen auftreten (Apg 3,1.3.4; 4,13.19;
vgl. Gal 2,9). Nach dem Märtyrertod des Jakobus unter Agrippa (Apg 12,22)
hören wir von seinem Bruder Johannes noch im Rahmen des Aposteltreffens
in Jerusalem, bei dem sich Paulus mit den Jerusalemern über die Wege der
Heidenmission verständigt hat (Gal 2,9; Apg 15). Nach diesem sogenannten
‚Apostelkonvent', der vermutlich im Jahr 48 stattfand, verlieren sich die Spuren des Apostels Johannes. Wenn man ihm nicht die Patmosszene der
Apokalypse zuschreiben darf, haben wir bis in die zweite Hälfte des 2. Jh.s
keine weiteren Zeugnisse, die sicher auf ihn zu beziehen sind. Alles, was ihm
noch später zugeschrieben wird, in den frühen Notizen über seine Autorschaft
oder in den Johannesakten, lässt sich historisch bzw. biographisch kaum mehr
auswerten.

Interessant und historisch m.E. nicht zu unterschätzen ist hingegen eine an
verschiedenen entlegenen Orten bezeugte und durch die spätere Johanneslegende wirkungsvoll verdrängte Tradition, die berichtet, dass Johannes „von
den Juden getötet" worden sei.[24] Schon Markus überliefert ja einen dunklen
Ausspruch Jesu, in dem den beiden Zebedaiden der Todesbecher geweissagt
wird (Mk 10,39). Daraus lässt sich vermuten, dass dieses Geschick wohl auch
Johannes getroffen haben mag – nur nicht gleichzeitig mit seinem Bruder
Jakobus, sondern erst einige Zeit danach. Näheres bieten freilich auch die
Zeugen der verdrängten Tradition vom Tod des Johannes ‚durch die Juden'
nicht. Dass dieser Tod in Ephesus oder Kleinasien erfolgt wäre, ist ganz un-
wahrscheinlich, hat sich doch hier gerade die Überlieferung von dem greisen
Apostel, der in Ephesus bis in die Zeit Trajans lebte und eines natürlichen
Todes starb, durchgesetzt. Die Tradition vom Tod des Johannes durch die

---

[22] Dazu zuletzt M. BOCKMUEHL, The Remembered Peter, WUNT 262, Tübingen 2010,
148–151.

[23] Ob die Benennung auf den irdischen Jesus zurückgeht (so die Vermutung bei
CULPEPPER, John [s. Anm. 14], 40), kann hier nicht weiter erörtert werden.

[24] Diese Tradition begegnet zuerst in einem Zitat aus dem Werk des Papias v.
Hierapolis, das in einer Epitome der Kirchengeschichte des Philippus von Side überliefert
ist, ebenso in der ältesten Handschrift der Chronik des Georgius Hamartolus. S. die
ausführliche Zusammenstellung HENGEL, Frage (s. Anm. 3), 88–92.

Juden dürfte also aus einer anderen Region stammen und, auch wenn sie dann wohl erstmals im Werk des Kleinasiaten Papias greifbar ist. Angesichts dieser Überlieferung erscheint es vielmehr eher unwahrscheinlich, dass der galiläische Apostel und Jünger Jesu überhaupt jemals über Jerusalem und den palästinschen Raum, wo ihn die letzte sichere Überlieferung lokalisiert, hinauskam. Ein Ephesus- oder gar Patmosaufenthalt des Apostels ist äußerst fraglich.

2.2 Die Hinweise in den ‚johanneischen' Schriften

Die kirchliche Überlieferung schreibt dem Apostel Johannes die *fünf ‚johanneischen' Schriften* zu, doch findet sich im Text dieser Schriften kein Beleg dafür, dass sie von diesem Johannes verfasst sein wollen:

a) Der implizite Autor der *Apokalypse* nennt sich zwar am Anfang und am Schluss des Werks mit dem häufigen[25] Namen „Johannes" (Apk 1,4.9; 22,8; vgl. 1,1), aber er bezeichnet sich als Bruder (Apk 1,9), stilisiert sich als Prophet und lässt nirgendwo erkennen, dass er ein Jünger des irdischen Jesus und ein Glied des ‚Zwölferkreises' gewesen sein will. Wenn Apk 21,14 zudem von den ‚zwölf Aposteln des Lammes' spricht, steht dies einer solchen Einordnung vielmehr deutlich entgegen. Dass zwischen diesem impliziten Autor des Werks und dem tatsächlichen Autor noch zu unterscheiden ist und die Situierung der Patmosvision nicht einfach mit der Abfassungssituation des Buches identifiziert werden darf, kommt hinzu.

b) Der Autor der *Briefe* – sofern diese auf einen Autor zurückgehen – nennt seinen Namen nicht,[26] sondern bezeichnet sich im zweiten und dritten Brief lediglich als der πρεσβύτερος, d.h. wohl der (bekannte) ‚Alte' (2 Joh 1; 3 Joh 1). Der erste Brief hat keine derartige Absenderangabe. Alle drei Briefe sind also im strengen Sinne anonym. Der Name Johannes findet sich nur in den Überschriften der drei Briefe, so dass sich natürlich die Frage nach deren Alter stellt, außerdem natürlich nach ihrer präzisen Referenz: Welchem Johannes sollen die Briefe durch diese Überschriften zugeschrieben werden, dem Apostel oder einem anderen Traditionsträger gleichen Namens? Dabei ist natürlich der Bezug zum vierten Evangelium und dessen Überschrift von entscheidender Bedeutung.

Zugleich ist im Blick auf die Absenderangabe der kleinen Briefe der Hinweis zu beachten, den Papias von Hierapolis bietet, der wohl um 130 in

---

[25] Vgl. zur Häufigkeit des Namens HENGEL, Frage (s. Anm. 3), 275f.; ebd. 103 Anm. 23, sowie T. ILAN, Lexicon of Jewish Names in Late Antiquity I, TSAJ 91, Tübingen 2002, 134–143.

[26] S. zum Problem der Anonymität der Johannesbriefe zuletzt J. LEONHARDT-BALZER, Pseudepigraphie und Gemeinde in den Johannesbriefen, in: J. Frey etc. (Hg.), Pseudepigraphie und Verfasserfiktion in frühchristlichen Briefen, WUNT 246, Tübingen 2009, 733–763.

Kleinasien seine fünf Bücher über die Auslegung der Herrenworte verfasst
hat und von einem „Presbyteros Johannes" berichtet, den er noch gehört haben will und den er von dem Apostel Johannes als einer Gestalt der noch
früheren Zeit unterscheidet[27]. Wie Martin Hengel mit Recht festgehalten hat,
legen die auffällige Absenderangabe in den beiden kleinen Briefen und die
Überschriften „eine Verbindung zu dem zeitlich und örtlich am nächsten
stehenden πρεσβύτερος Ἰωάννης der Papiasfragmente sehr nahe"[28]. Sollte
dieser die faktische Autorfigur hinter den beiden kleinen Briefen oder evtl.
hinter allen drei Briefen sein? Andererseits konnte der Anfang des ersten
Briefes (1 Joh 1,1–4) auch die Zuschreibung an einen Augenzeugen nahelegen, und für Polykarp, der um die Mitte des 2. Jahrhunderts den Brief
benutzt, ist die Identifikation mit dem Augenzeugen und Apostel schon zu
vermuten[29].

c) Auch im vierten *Evangelium* begegnet der Name Johannes nur in der
Überschrift, nicht im Text. Auffälligerweise ist auch nur an einer Stelle, im
vermutlich nachgetragenen Kapitel 21, von den ‚Söhnen des Zebedäus' die
Rede. Diese werden als Zeugen einer österlichen Erscheinung Jesu genannt
(Joh 21,2), ohne dass weiteres von ihnen unter ihrem Namen berichtet würde.
Freilich bot sich von hier aus eine Möglichkeit, den später ins Blickfeld rü-
ckenden ‚Jünger, den Jesus liebte', mit einem der Zebedaiden (oder einem der
beiden weiteren, namentlich nicht genannten Jünger in dieser Szene) zu identifizieren. So bleibt letztlich uneindeutig, welchen Johannes die Herausgeber

---

[27] Das Zitat ist überliefert bei Eusebius, *h.e.* III,39,4. Dazu s. HENGEL, Frage (s. Anm.
3), 79f.

[28] So HENGEL, Frage (s. Anm. 3), 103.

[29] Vgl. B. MUTSCHLER, Was weiß Irenäus vom Johannesevangelium? Der historische
Kontext des Johannesevangeliums aus der Perspektive seiner Rezeption bei Irenäus von
Lyon, in: J. Frey/U. Schnelle (Hg., unter Mitarbeit von J. Schlegel), Kontexte des
Johannesevangeliums. Religions- und traditionsgeschichtliche Studien, WUNT 175,
Tübingen 2004, 695–742 (741): Es gab „nach dem Zeugnis des Irenäus bereits für
Polykarp um die Jahrhundertmitte *einen* Johannes, der die Züge des ephesinischen
Presbyters wie des Zebedaiden in sich vereinte." Das Zeugnis des Polykarp wird durch die
ebenfalls um die Mitte des 2. Jahrhunderts anzusetzende Epistula Apostolorum sowie
durch die Auslegungen des Valentinianers Ptolemäus (bei Epiphanius, pan. haer. 31,27,1f.
und 33,3,6) bestätigt, der den Verfasser des Evangeliums bereits mit dem „Apostel" bzw.
„Jünger" bzw. Johannes identifiziert, vielleicht auch durch Herakleon (fr. 3 = Origenes, in
Jo VI 3,13), der gleichfalls vom „Jünger" spricht (was natürlich auch aus den
‚Lieblingsjünger'-Stellen abgeleitet werden konnte), s. HENGEL, Frage (s. Anm. 3),
37f.42.59–61; zur *EpApost* T. NAGEL, Die Rezeption des Johannesevangeliums im 2.
Jahrhundert, ABG 2, Leipzig 2000, 120–156; zu Ptolemaios ebd., 294–299; zu Herakleon
A. WUCHERPFENNIG, Heracleon Philologus. Gnostische Johannesexegese im zweiten
Jahrhundert, WUNT 142, Tübingen 2002, 173–175.

oder die frühesten Abschreiber des Werks meinten[30], wenn sie dem Werk im Titel die Namensnennung „nach Johannes" beifügten? Meinten sie den „Alten", der sich in den Briefen zu Wort meldet, oder wollten sie hinter dem Werk tatsächlich den Apostel sehen[31]?

Dass man das Evangelium *diesem* Johannes zugeschrieben hat, liegt an dem literarischen Phänomen, das das ‚Rätsel' des vierten Evangeliums bestimmt: der *Figur des ‚Jüngers, den Jesus liebte*'[32]. Dieser wird in Joh 21,24 durch die Herausgeber, die für das Nachtragskapitel verantwortlich zeichnen, als Autor des Evangeliums identifiziert. Im Text des Evangeliums begegnet er allerdings explizit erst ab dem letzten Mahl (Joh 13,23). An allen Stellen steht er in einer eigentümlichen Konkurrenz zu Petrus, dem er immer wieder den Rang abläuft: Beim letzten Mahl nimmt nicht Petrus, sondern er den Ehrenplatz an Jesu Brust ein (Joh 13,23), und nur durch seine Vermittlung erfahren Petrus und die anderen, wer der Verräter ist. Unter dem Kreuz bleibt

---

[30] Die Überschriften der Evangelien sind nicht zu spät anzusetzen. Sie dürften, wie M. HENGEL (Die Evangelienüberschriften, SHAW.PH 3/1984, Heidelberg 1984; wieder abgedruckt in: ders., Jesus und die Evangelien. Kleine Schriften V, WUNT 211, Tübingen 2007, 526–567), gezeigt hat, von dem Moment an notwendig geworden sein, als sich mehrere Evangelienschriften im Besitz einer Gemeinde befanden. Insofern lässt sich die Verbindung des vierten Evangeliums mit dem Namen ‚Johannes' vielleicht schon mit der Herausgeberredaktion, spätestens aber mit der Vervielfältigung des Werks zur Weitergabe, verbinden. Vgl. auch DERS., Die vier Evangelien und das eine Evangelium von Jesus Christus, WUNT 224, Tübingen 2008, 87–95, der die Titel in der einheitlich vorliegenden Form „als feste[n] Bestandteil der im Umlauf befindlichen Evangelien" betrachtet (90).

[31] So u.a. J. ZUMSTEIN, Ein gewachsenes Evangelium. Der Relecture-Prozess bei Johannes, in: T. Söding (Hg.), Das Johannesevangelium, Mitte oder Rand des Kanons?, QD 203, Freiburg 2003, 9–38 (24); vgl. auch D. TROBISCH, Die Endredaktion des Neuen Testaments, Freiburg, Schweiz – Göttingen 1996, 81–86. Die Frage stellt sich hier, ob man die ‚Verschmelzung' beider Gestalten dem Herausgeberkreis (und damit wohl den Schülern des Autors) selbst zuschreiben kann oder erst einer späteren Generation, die den Autor nicht mehr kannte.

[32] Dazu J. FREY, Art. Lieblingsjünger, RGG[4] 5, 2002, 366f.; DERS., Die johanneische Eschatologie III: Die eschatologische Verkündigung in den johanneischen Texten, WUNT 117, Tübingen 2000, 17f. Vgl. die ausführlichste neuere Darstellung der Probleme – freilich mit einer kaum überzeugenden Lösung – bei J. H. CHARLESWORTH, The Beloved Disciple, Valley Forge 1995; weitere neuere Erörterungen des Problems bei M. THEOBALD, Der Jünger, den Jesus liebte. Beobachtungen zum narrativen Konzept der johanneischen Redaktion, in: H. Cancik/H. Lichtenberger/P. Schäfer (Hg.), Geschichte – Tradition – Reflexion, FS Martin Hengel, Tübingen 1996, Bd. 3, 219–255, jetzt in ders., Studien zum Corpus Iohanneum, WUNT 267, Tübingen 2010, 493–533, und bei H. THYEN, Noch einmal: Joh 21 und ‚der Jünger, den Jesus liebte', in: T. Fornberg/D. Hellholm (Hg.), Texts and Contexts, FS L. Hartman, Oslo 1995, 147–189, jetzt in DERS., Studien zum Corpus Iohanneum, WUNT 214, Tübingen 2007, 252–293; daneben s. die nach wie vor wertvolle und abgewogene Erörterung bei R. SCHNACKENBURG, Das Johannesevangelium III, HThK IV/3, Freiburg i.Br. etc. 1975, 449–464.

allein dieser Jünger mit der Mutter Jesu und den anderen Frauen (Joh 19,25–27), während Petrus seinen Herrn verleugnet hat. Am Ostermorgen begleitet er Petrus zum Grab, aber er läuft schneller dorthin und glaubt dann als erster, im Unterschied zu dem noch unverständigen Petrus (Joh 20,2–10).[33] Wahrscheinlich soll dieser Jünger auch bezeichnet sein, wenn in Joh 18,16 ein ‚anderer Jünger‘ Petrus Eingang in den Hof des Hohepriesters verschafft. Im wohl nachgetragenen Kapitel Joh 21 ist das Verhältnis beider nicht grundsätzlich anders gezeichnet als in Joh 1–20:[34] Der Lieblingsjünger erkennt und bekennt den Auferstandenen, während Petrus ihm nur – gut gemeint, aber wirkungslos – entgegen schwimmt (Joh 21,7). Dem von Jesus nach seiner Verleugnung wieder angenommenen und beauftragten Petrus wird das Martyrium in Aussicht gestellt (Joh 21,18f.), aber auf seine Nachfrage, was mit ‚diesem‘ anderen werde, erhält er nur zur Auskunft: „Wenn ich will, dass dieser bleibt, bis ich komme, was geht es dich an" (Joh 21,22f.).

Dieser Jünger ist auch gegenüber dem Sprecher des Jüngerkreises eigentümlich selbständig und besonders unmittelbar mit Jesus verbunden. Als einziger Jünger fällt er nicht den für die Figuren bei Johannes typischen Missverständnissen zum Opfer, sondern versteht das Zeichen der Leichenbinden im Grab (Joh 20,7) und auch das Zeichen der aus dem Leib des Gekreuzigten heraustretenden Flüssigkeiten Wasser und Blut (Joh 19,35). Der ‚Lieblingsjünger‘ ist der paradigmatisch Glaubende (Joh 20,8; 21,7) und der ideale Zeuge (Joh 19,35; 21,24) – aber trotz aller idealen Züge erscheint er in Anbetracht der Konkurrenz mit Petrus doch nicht nur als eine rein symbolische oder fiktive Gestalt[35]. So lässt sich die Frage, wer sich hinter diesem ‚Lieblingsjünger‘ verbirgt,[36] auch historisch nicht umgehen. Handelt es sich um eine Gestalt, die im johanneischen Kreis präsent war, und um die sich

---

[33] Ähnlich dann auch Joh 21,7.

[34] Es ist unrichtig, wenn Exegeten immer wieder in Joh 21 eine stärkere Betonung des Petrus, eine stärkere Aufnahme synoptischer Stoffe oder gar das Bedürfnis zum Ausgleich mit den Synoptikern sehen wollten. Synoptische Stoffe sind auch in Joh 1–20 rezipiert, auch dort ist Petrus (wie in den Synoptikern) der prominenteste der Jünger, der häufig für sie spricht (vgl. Joh 6,69f. und Joh 13,6ff. und 13,36–38), und auch dort bleibt er (wie die anderen Jünger) im Unverständnis. Dass das Petrusbild und das Verhältnis zwischen Petrus und dem Lieblingsjünger in Joh 21 nicht grundsätzlich anders ist, hat zuletzt T. SCHULTHEISS, Das Petrusbild im Johannesevangelium, WUNT 2/329, Tübingen 2012, 183–188, aufgezeigt.

[35] Gegen J. KÜGLER, Der Jünger, den Jesus liebte, SBB 16, Stuttgart 1988, der von einer „fingiert historische[n] Gestalt" redet (478); oder auch H. THYEN, Das Johannesevangelium, Handbuch zum Neuen Testament 6, Tübingen 2005, 794: „der fiktionale, von dem realen Evangelisten geschaffene … Evangelist im Evangelium"; etwas anders M. THEOBALD, Der Jünger, den Jesus liebte, der an allen Lieblingsjüngerstellen eine Eintragung der johanneischen Redaktion sieht.

[36] Das Rätselraten der Ausleger wird bei CHARLESWORTH, The Beloved Disciple (s. Anm. 32), 127–224, breit vorgeführt.

dann gewisse Gerüchte bildeten, wie Joh 21,22f. und 21,24 nahelegen? Kann und soll man diese Figur mit einer anderen bekannten Person verbinden, mit einer innertextlichen Figur wie Lazarus, von dem es in Joh 11,3.5 auch heißt, dass Jesus ihn liebte, oder mit einem anderen Jünger aus dem Zwölferkreis (der bei Johannes freilich sonst keine Rolle spielt), oder mit einer außertextlich bekannten Gestalt? Ist er evtl. gar mit dem Presbyteros der Briefe bzw. der Papias-Notiz zu verbinden – was dann allerdings eine Klärung des Verhältnisses der Briefe zum Evangelium voraussetzt? Oder besteht eine Diskrepanz zwischen dem ‚ursprünglichen‘ Verständnis dieser Gestalt und der Deutung der Redaktion, die ihn als Autor bezeugt? Hat der Evangelist den Lieblingsjünger möglicherweise ‚symbolisch‘ verstanden und erst die Redaktion dies als Hinweis auf eine historische Person missverstanden?[37] Oder ist die Figur im Ganzen nur eine Eintragung der Redaktion, auch in den vorredaktionellen Text der Perikopen in Joh 13–20?[38] Allerdings ist diese literarkritische Lösung nicht unproblematisch. Am ehesten mag man sie für Joh 19,35 erwägen, in Joh 13,23 stößt sie aber auf große Probleme.[39]

Wenn man das Evangelium auf dem Hintergrund dessen liest, was Markus und die evtl. auch die anderen Synoptiker erzählen – und es spricht vieles dafür, dass das Werk auch bei seinen ersten Lesern eine Kenntnis synoptischer Traditionen vorausgesetzt hat[40] –, legt es sich nahe, in dem rätselhaften ‚Lieblingsjünger‘ eine Person aus dem von dort bekannten Kreis der Nachfolger Jesu zu erblicken. In Joh 21 bietet es sich am klarsten an, den Lieblingsjünger mit einem der in der Jüngerliste Joh 21,2 genannten Jünger zu identifizieren, wobei die ‚Leerstelle‘ durch die Nennung der Söhne des Zebedäus und durch zwei weitere namenlose Jünger noch relativ unbestimmt bleibt. Nimmt man jedoch die Szene der Jüngerberufung in Joh 1,35ff. hinzu, in der von den beiden Erstberufenen der eine mit Andreas identifiziert wird (Joh 1,40) – der nachher seinen Bruder Simon findet (Joh 1,41) –, der andere aber namenlos bleibt, ist man versucht, diese erzählerische ‚Leerstelle‘ mit dem später eingeführten Lieblingsjünger zu verbinden. Folgt man einer solchen Lektüre, dann ist der ‚ideale Jünger‘ nicht erst Zeuge der Ereignisse ab

---

[37] So der Lösungsvorschlag bei R. BULTMANN, Das Evangelium des Johannes, KEK 2), Göttingen [21]1984, 554.

[38] So die Lösung bei THEOBALD, Der Jünger, den Jesus liebte (s. Anm. 32), sowie in einem frühen Aufsatz von H. THYEN, Johannes 13 und die ‚Kirchliche Redaktion‘ des vierten Evangeliums, in: G. Jeremias u.a. (Hg.), Tradition und Glaube, FS K.-G. Kuhn, Göttingen 1971, 343–356, jetzt in: DERS., Studien zum Corpus Iohanneum, (s. Anm. 32), 29–41, allerdings hat THYEN diese Profilierung der Redaktion gegenüber einem vorredaktionellen Text später dezidiert aufgegeben.

[39] SCHNACKENBURG, Johannesevangelium III (s. Anm. 32), 14.34.452f.

[40] Dazu J. FREY, Das Vierte Evangelium auf dem Hintergrund der älteren Evangelientradition. Zum Problem: Johannes und die Synoptiker, in: T. Söding (Hg.), Das Johannesevangelium – Mitte oder Rand des Kanons? (s. Anm. 31), 61–118.

dem letzten Mahl Jesu, sondern dessen Wegbegleiter von Anfang an und eine
der Gestalten der johanneischen Berufungsszene. Von hier aus ist es nur noch
ein kleiner Schritt, den namenlosen Jünger mit einem der anderen Erstberufenen nach Markus zu verbinden, und wenn Andreas und Petrus anderweitig
genannt sind und der Zebedaide Jakobus bekanntlich früh den Märtyrertod
starb und somit als impliziter Autor kaum mehr in Frage kommen konnte,
bleibt nur noch der Zebedaide Johannes übrig, so dass dieses Verständnis
wohl schon von der Herausgeberredaktion des Evangeliums insinuiert war
und dann auch in der Überschrift des Evangeliums ihren Ausdruck findet.

Historisch kommt man damit dem Autor des vierten Evangeliums kaum
näher, aber die Wege, auf denen es schon in der frühen Rezeption zur Identifikation des unbekannten Evangelisten mit dem Apostel Johannes kam, lassen
sich so nachvollziehen. Der Text des Evangeliums hat diese Identifikation
nicht explizit vollzogen, aber in seiner subtilen narrativen Strategie liegt sie
doch gleichsam ‚in der Luft‘. Dennoch lässt das Werk seinen Autor in einem
merkwürdigen ‚Halbdunkel‘. Er bleibt – abgesehen von der Überschrift –
namenlos, erscheint aber doch als ein alle anderen überragender, einzigartiger
Zeuge des Wirkens Jesu, als dessen Intimus und vor allem wahrer Interpret.
Das wäre kaum geschehen, wenn das Evangelium tatsächlich auf einen bekannten Apostel zurückzuführen wäre, ist aber sehr plausibel, wenn eine
andere Gestalt, wie etwa der in den Briefen sprechende ‚Alte‘ Johannes, als
Schulhaupt, Traditionsträger oder Autor hinter dem vierten Evangelium stand
und – in dessen spezifischer Deutung – als wahrer Interpret der Worte und
des Geschicks Jesu gekennzeichnet werden sollte. Es ist also damit zu rechnen, dass das Bild des johanneischen Autors nachträglich, und zwar wohl
durch die Herausgeberredaktion ‚apostolisiert‘ wurde, während der ‚Lieblingsjünger‘ im Text von Joh 1–20 entweder als symbolische Gestalt oder als
eine subtile literarische Selbstreferenz des Evangelisten gelten kann. Darauf
ist später noch einmal zurückzukommen.[41]

2.3 Das ‚kanonische‘ Johannesbild und die spätere Johanneslegende

Das Johannesbild, das sich aus dieser Lektüre (und damit aus der Einbezie-
hung des Johannesevangeliums und der Johannesapokalypse in die
‚Biographie‘ des Apostels Johannes) ergibt, bildet die Basis der späteren
Johanneslegende: Als ehemaliger Anhänger des Täufers von Jesus berufen,
gehört Johannes zum Zwölferkreis und ist Zeuge des Wirkens und Leidens
Jesu. Von diesem besonders geschätzt und in den inneren Kreis seiner Ver-
trauten einbezogen, bleibt er unter dem Kreuz, nimmt die Mutter Jesu in sein
Haus auf und wird zu einer der Gründerfiguren und Säulen der Urgemeinde.
Vor dem Jüdischen Krieg soll er dann Palästina verlassen und sich in Klein-

---

[41] Siehe unten.

asien niedergelassen haben, wo er wegen seines Christuszeugnisses während der Herrschaft Domitians als Verbannter auf der Insel Patmos die Apokalypse geschaut und verfasst und danach hochbetagt in Ephesus[42] die Briefe und das Evangelium geschrieben haben soll, um dann in der Zeit Trajans dort eines natürlichen Todes zu sterben.[43]

Auf dieser Basis hat das Bild des Apostels Johannes zahlreiche weitere Ausschmückungen erfahren.[44] Angesichts der Notiz, dass der ‚Lieblingsjünger‘ nach Joh 20,4 schneller läuft als Petrus, konnte man Johannes später für wesentlich jünger halten als diesen und die anderen Jünger[45], so dass die Tradition, er habe bis in die Zeit Trajans, also über das Jahr 98 n. Chr. hinaus, gelebt, vielleicht gerade noch mit einem einstigen Jesusjünger verbunden werden konnte. Dieser hätte dann freilich ein Lebensalter von gut 90 Jahren erreicht[46] und auch seine Schriften allesamt im hohen Greisenalter verfasst.

Aus der Notiz in Joh 18,16, dass der unbekannte Jünger, der Petrus Einlass in den hohepriesterlichen Hof verschafft, mit dem Hohepriester bekannt gewesen sei, schloss man im 2. Jh., der Evangelist und Apostel Johannes sei selbst von hochpriesterlichem Stande gewesen und habe den ‚Stirnschild‘ getragen[47]. Anders die konkurrierende und zumindest der apostolischen Zuschreibung zuträglichere Überlieferung, die die Bekanntschaft mit dem Hohepriester schlicht damit erklärt, dass der Fischersohn Johannes oft Fische in den Palast geliefert habe[48] – eine Deutung, die in konservativen Kreisen im

---

[42] Nach Eus. *h.e.* III,20,8f. soll sich Johannes erst nach der Aufhebung der Edikte Domitians unter Nerva in Ephesus niedergelassen haben.

[43] So Irenäus, *adv. haer.* 2,22,5; 3,3,4; vgl. Tertullian, *de anima* 50; *corp. Christ.* 2.

[44] S. zu diesen weiteren Entwicklungen insgesamt CULPEPPER, John (s. Anm. 14), 107–296.

[45] Vgl. Hieronymus, *adversus Iovinianum* I 26; vgl. auch *Acta Johannis* 113 und Tertullian, *de monogamia* 17, zur ‚Jungfräulichkeit‘ des Johannes. In der späteren, auf der Kombination biblischer Angaben (Joh 14,25 und Mk 15,40 sowie Mt 27,56) beruhenden legendarischen Konstruktion (z. B. im Bildmotiv der ‚Heiligen Sippe‘) werden Jakobus und Johannes zu Söhnen der Maria Salome, die ihrerseits eine jüngere Schwester der Maria und der Maria Klopas gewesen sein soll (dass dazu die Annahme erforderlich war, dass Anna dreimal verheiratet war, hat wohl das Tridentinum zum Verbot dieser Auffassung geführt; vgl. M. LECHNER, Art. Sippe, Heilige, Lexikon der christlichen Ikonographie IV, Freiburg 1972, 163–168). Johannes wird in dieser kühnen Konstruktion zum Vetter Jesu, so dass sich auch die Übernahme der Fürsorge für seine Mutter erklären lässt. Diese Konstruktion wirkt bis in die Apologetik neuerer Exegeten, s. etwa L. MORRIS, The Gospel according to John, rev. ed., Grand Rapids 1995, 717.

[46] S. in diesem Sinne auch die etwas kühnen Mutmaßungen über den ‚Alten‘ Johannes bei HENGEL, Frage (s. Anm. 3), 321–325.

[47] Polykrates von Ephesus, bei Eus. *h.e.* V,24,3: *„petalon“*; zur Herleitung der Annahme priesterlicher Herkunft s. HENGEL, Frage (s. Anm. 3), 36.

[48] Diese Überlieferung, die sich selbst auf das „Evangelium der Nazaräer“ zurückführt, ist allerdings erst mittelalterlich belegt, in der ‚Historia Passionis Domini‘, fol. 35 (recto). Die Zuordnung zum *Evangelium der Nazoräer* (bei P. VIELHAUER/G. STRECKER,

Interesse der Verteidigung der ‚Apostolizität' des Evangeliums, ver-
schiedentlich noch begegnet.[49]

Weil das vierte Evangelium eine oft als meditativ angesehene, ja mystago-
gische Diktion aufweist, gilt Johannes später als besonders feinsinnig. Er ist
der Evangelist, dessen ‚Adlerblick' zum spirituellen Tiefensinn des Erzählten
durchdringt und der – wie Clemens von Alexandrien formulierte – nach den
‚leiblich' geprägten Darstellungen der Synoptiker vom Geist inspiriert das
‚geistliche Evangelium' verfasst hat.[50] Und weil er zugleich prononciert von
Jesus als ‚Gott' redet, gilt er seit Origenes im kirchlichen Osten als „Johannes
der Theologe".[51]

Die legendarische Erweiterung der Johannesvita setzte sich in den folgenden Jahrhunderten in vielfältiger Weise fort und kann hier nur in knapper
Auswahl vorgeführt werden:[52] Für die Kirche in Kleinasien galt Johannes
zusammen mit Philippus als die für die lokalen Traditionen wie z.B. den
Ostertermin maßgebliche Autorität und damit als Gegengewicht zu den römi-
schen Märtyreraposteln Petrus und Paulus.[53] Johannes, so heißt es, habe im
Gebiet von Ephesus Gemeinden organisiert und Bischöfe eingesetzt.[54] Er
habe den Gnostiker Kerinth bekämpft und habe diesem selbst im öffentlichen
Badehaus nicht begegnen wollen.[55] Im *Apokryphon Johannis* wird er zum
Empfänger besonderer Offenbarungen stilisiert,[56] in der sogenannten ‚*Pistis
Sophia*' ist er neben Maria Magdalena der größte aller Jünger.[57] Die asketisch

---

Judenchristliche Evangelien, in: W. Schneemelcher [Hg.], Neutestamentliche Apokryphen
I, Tübingen [5]1987, 114–147 [137; als frg. 33]) ist daher nicht aufrecht zu erhalten, vgl. A.
F. J. KLIJN, Jewish-Christian Gospel Tradition. VigChr.S 17, Leiden etc. 1992, 142–145; J.
FREY, Fragmente des Nazoräerevangeliums, in: C. Markschies/J. Schröter (Hg., unter
Mitwirkung von A. Heiser), Antike christliche Apokryphen in deutscher Übersetzung I/1,
Tübingen 2012, 560–660 (647).

[49] Vgl. etwa auch die Spekulation von J. RATZINGER (Benedikt XVI.), Jesus von
Nazareth, Freiburg i.Br. 2007, 267, dass der Fischer Zebedäus Priester gewesen sei und in
Jerusalem ein Absteigequartier in dem von Essenern bewohnten Stadtteil gehabt hätte, so
dass der Lieblingsjünger Johannes beim Mahl als erstgeborener Sohn des Hausherrn zur
Rechten des Ehrengastes sitzen konnte (so in Anlehnung an H. CAZELLES, Johannes. Ein
Sohn des Zebedäus. „Priester" und Apostel, IKZ Communio 31 [2002], 479–484).

[50] Clem. Alex., *Hypotyposen* VI (GCS 17,3 Stählin, 197, nach Eus. *h.e.* VI,14,7).

[51] Vgl. H. PREUß, Johannes in den Jahrhunderten, Gütersloh 1939, 17f. S. die Belege bei
G. W. H. LAMPE, A Patristic Greek Lexicon, Oxford 1961, 628, s. Orig. *in Io fr.* 1 (GCS
Origenes 4, 483,14; 484,7 [aus späteren Katenen], ActJoh 5 (Lipsius/Bonnet, 155,33
[einzelne Handschriften]); und auch Ephrem (Assemani III,108E).

[52] S. zum Ganzen CULPEPPER, John (s. Anm. 14), 107–250.

[53] Vgl. insbesondere das Zeugnis des Polykrates bei Eus. *h.e.* V,24,2–7.

[54] Vgl. auch Clem. Alex. *Quis div.* 42,2 (GCS 17, 188,3–7); auch *Can. Mur.* 10.

[55] Irenäus, *adv. haer.* 1,26,1 und 3,11,1; zur Badehaus-Episode *adv. haer.* 3,3,4.

[56] Vgl. die Rahmenerzählung NHC II 16ff. (ed. Waldstein/Wisse 13).

[57] *Pistis Sophia* c. 96.

ausgerichteten Johannesakten und spätere Kirchenväter schreiben Johannes bleibende Jungfräulichkeit und eine streng asketische Haltung zu.[58] In seiner Abschiedsrede in den Johannesakten bekennt er, er sei dreimal am Heiraten gehindert worden.[59] Die ihm in den Johannesakten angedichteten Taten reichen von ganz ‚unheiligen' Dingen wie der Freude an einem schlichten Rebhuhn[60] und der Abwehr lästiger Wanzen im Nachtquartier durch einen bloßen Befehl[61] über die Bekehrung eines Vatermörders[62] und die Erweckung mehrerer Toter[63] bis zur Bekehrung der ganzen Stadt Ephesus und zur Zerstörung ihres Artemisheiligtums.[64]

2.4 Konkurrierende Überlieferungen zum Tod des Johannes: Ein unblutiger Tod, zwei überstandene Tötungsversuche oder ‚getötet von den Juden'?

Die bereits erwähnte Notiz, der Apostel Johannes sei ‚von den Juden' getötet worden, wurde durch diese übermächtig gewordene Überlieferung von dem ephesischen Johannes wohl zurückgedrängt und durch die Auskunft ersetzt, Johannes sei im hohen Alter unblutig in Ephesus gestorben[65]. Nach den Johannesakten habe er sich vor den Toren der Stadt ein Grab ausheben lassen, um sich dann nach einem Gebet und einem Abschiedssegen hineinzulegen und selbst – wie Jesus im vierten Evangelium (Joh 19,30) – den Geist aufzugeben.[66] Einige Überlieferungen wollen wissen, dass sein Leib nach drei Tagen oder gar am selben Tag nicht mehr auffindbar gewesen sei oder dass nur noch die zurückgebliebenen Sandalen von seiner Entrückung zu Gott zeugten.[67] Nach einer anderen Version lag er wohl im Grabe, doch lediglich schlafend, so dass sich die Erde über ihm mit seinem Atem auf und ab be-

---

[58] Vgl. Tertullian, *de monogamia* 17; *ActJoh* 113f.; weiter die syrische Historia Johannis (s. dazu CULPEPPER, John [s. Anm. 14], 223–230).

[59] *ActJoh* 113.

[60] *ActJoh* 56f.

[61] *ActJoh* 60f.

[62] *ActJoh* 48–54.

[63] *ActJoh* 46f. und 63–86. Viele dieser Motive begegnen – z. T. erweitert – in späteren Legendenkompilationen wieder und wurden im Mittelalter insbesondere durch die Sammlung in der ‚Legenda Aurea' berühmt.

[64] *ActJoh* 37–45.

[65] Dies setzen bereits Irenäus, *adv. haer.* 2,22,5; 3,3,4; Clemens Alexandrinus, *Quis dives salvetur* 42,2, Tertullian, *de anima* 50, sowie *ActJoh* 115 und vielleicht bereits Polykrates (bei Eus. *h.e.* III,31,3; V,24,2) voraus.

[66] *ActJoh* 113–115.

[67] Vgl. die Hinweise auf Zusätze in den Handschriften bei K. SCHÄFERDIEK, Johannesakten, in: W. Schneemelcher (Hg.), Neutestamentliche Apokryphen II, Tübingen [6]1997, 190 (dort weitere Literatur).

wegte und deshalb Staub oder gar eine heilige Substanz von seinem Grab empor quoll.[68]

Wollte man die Nachricht vom unblutigen Tod des alten Johannes beibehalten, aber ihn dennoch mit den Ehren des Blutzeugen gekrönt sehen, dann musste man von wunderbar überstandenen Tötungsversuchen berichten. So weiß etwa Tertullian von einem Ölmartyrium, das Johannes vor seiner Verbannung nach Patmos in Rom (!) heil und sogar verjüngt überstanden haben soll.[69] Ebenfalls breit bezeugt ist die Episode, dass Johannes einen Giftbecher unbeschadet getrunken habe. Beide Episoden haben im Zusammenhang mit vielen weiteren legendarischen Erzählungen die christliche Kunst beeinflusst.

2.5 Die Nachwirkungen in der Kunst

Überhaupt waren Teile der Vita des Johannes, basierend auf den harmonisierend gelesenen biblischen Vorgaben und ergänzt durch die legendarischen Traditionen, beliebte und wirkungsvolle Motive der christlichen Kunst.[70] Besonders verbreitet sind die Bilder von dem Jünger, der beim letzten Mahl an der Brust Jesu ruht bzw. sich zu Jesus hinüberneigt, im Rahmen der Abendmahlsdarstellungen,[71] die Darstellung der Mutter Jesu und des Johannes unter dem Kreuz, gemäß der Szene aus Joh 19,25–27 als häufiges Attribut der Kreuzigungsdarstellungen, sowie die Gegenwart beider bei der Abnahme und Beweinung des Gekreuzigten. Hinzu kommen Bilder des Johannes im Kontext der Darstellung der Entschlafung Mariens im Kreis der Apostel, das Ölmartyrium und der Giftbecher, und natürlich auch die Patmosszene, die in keinem Zyklus der Johannesvita fehlen darf.[72] Insofern ist der Empfang der Apokalypse fest in das Leben des Apostels Johannes und seinen Weg von Galiläa über Jerusalem nach Ephesus eingezeichnet.

---

[68] Augustin, *in Joh* 124,2, s. den Hinweis bei SCHÄFERDIEK, Johannesakten (s. Anm. 67), 190 (dort noch andere Varianten der Legende).

[69] Tertullian, *praescr.* 36; vgl. Hippolyt, *de antichr.* 36. Nach Hieronymus, *adversus Iovinianum* I 26 (PS 23, 259B) soll das Ölmartyrium bereits unter Nero stattgefunden haben.

[70] Vgl. zu den Motiven der Johannesdarstellung LECHNER, Johannes der Evangelist (s. Anm. 15); s. auch CULPEPPER, John (s. Anm. 14), 251–259; ausführlich weiter PREUß, Johannes in den Jahrhunderten. Wort und Bild (s. Anm. 51); C. MARTINDALE, St. John the Divine, 2 Bde., London, 1920–23; F. HAMBURGER, St. John the Divine. The Deified Evangelist in Medieval Art and Theology, Berkeley 2002.

[71] Diese zu vielfältigen Missverständnissen veranlassende Darstellung konnte allerdings erst entstehen, als man im Abendland das Mahl an Tischen sitzend darstellte. Zum antiken Verständnis des Platzes ‚an der Brust Jesu' sind jene spätantiken Abendmahlsdarstellungen hilfreich, die noch von einer liegenden Haltung beim Mahl ausgehen, etwa das berühmte Abendmahlsmosaik in S. Apollinare Nuovo in Ravenna.

[72] So LECHNER, Johannes der Evangelist (s. Anm. 15), 123f.

3. Die Probleme der johanneischen Verfasserschaft

Bei diesen legendarischen und künstlerischen Ausgestaltungen blieb ein Problem stets unbeachtet, nämlich die Frage, ob und inwiefern der Seher von Patmos, der Verfasser der Apokalypse, und der Evangelist, der Autor des ,geistlichen' Evangeliums, wirklich zum Bild einer Person verbunden werden können. Diese Frage wurde als historische Frage in der Antike verdrängt, nachdem die fünf johanneischen Schriften unter ein und demselben Autorennamen ,vereint' worden waren.[73] Sie stellte sich wohl ohnehin nur wenigen Autoren mit philologisch geschultem, kritischem Blick.[74]

3.1 Zur Geschichte des Problems

Immerhin finden sich kritische Äußerungen bereits im antiken Christentum: Die älteste und wohl berühmteste stammt von dem alexandrinischen Bischof Dionysios (um 250). Mit feinem Sprachgefühl beobachtete er, dass die Apokalyse sich stilistisch vom vierten Evangelium klar unterscheidet: Während dieses in fehlerlosem Griechisch abgefasst sei, sei jene „nicht rein griechisch", sondern enthalte „barbarische Wendungen und gelegentliche Verstöße gegen die Sprache".[75] Dem origenistisch und damit platonisierend geprägten Dionysios kam diese Beobachtung auch sachlich gelegen, denn sie stützte seine Skepsis gegenüber den allzu irdischen Heilsvorstellungen der Apokalypse und ermöglichte es ihm, das Evangelium dem Apostel, die Apokalyse hingegen einem anderen, unbekannten Propheten Johannes zuzuschreiben und sie daher als weniger bedeutsam zu betrachten; Eusebius nahm diese Beobachtung auch im Interesse seiner eigenen theologischen Wertung gerne auf.

Die altkirchliche Kritik traf primär die Apokalypse, die im kirchlichen Osten noch lange umstritten war[76] und in der griechisch-orthodoxen Kirche bis heute nicht zum Kanon der gottesdienstlichen Lesungen gehört.[77] Auch der zweite und dritte Johannesbrief wurden aufgrund ihrer Absenderangabe von

---

[73] So im sogenannten *Fragmentum Muratorianum*, Z. 9–34 (Text bei C. MARKSCHIES, Haupteinleitung, in: C. Markschies/J. Schröter [Hg., mit A. Heiser], Antike christliche Apokryphen in deutscher Übersetzung, I/1, Tübingen 2012, 1–180 [119].

[74] Einem Papias scheint die Verbindung ,johanneischer' und ,apokalyptischer' Traditionen keine Probleme bereitet zu haben, doch ist er darin alles andere als allein.

[75] Eus., *h.e.* VI,25,24–26; vgl. dazu FREY, Erwägungen (s. Anm. 1), 359.

[76] S. dazu W. BOUSSET, Die Offenbarung Johannis, KEK 16, Göttingen 1906, 26ff.; G. KRETSCHMAR, Die Offenbarung des Johannes. Die Geschichte ihrer Auslegung im 1. Jahrtausend, Stuttgart 1985, 77–79.

[77] Zur vielfältigen Aufnahme in Metaphorik, Hymnodik etc. s. die Ausführungen bei K. NIKOLAKOPOULOS, Die Apokalypse des Johannes und die orthodoxe Liturgie, in: J. Frey, J. A. Kelhoffer/F. Tóth (Hg.), Die Johannesapokalypse (s. Anm. 7), 775–791.

einigen dem Apostel abgesprochen und (wohl zuerst bei Hieronymus) dem bei Papias erwähnten „Presbyter" Johannes zugeschrieben[78]. Hingegen war die ‚apostolische' Zuschreibung des Evangeliums – mit Ausnahme der kleinen Gruppe von Antimontanisten um den römischen Presbyter Gaius, die Epiphanius ‚Aloger' nennt[79] – weithin unumstritten.

Die Bemerkungen des Dionysios sind uns durch Euseb überliefert, der auch zu anderen neutestamentlichen Schriften philologisch-kritische Notizen verzeichnet, wie nach ihm insbesondere noch Hieronymus. Deren Anmerkungen u.a. auch der zu den Johannesbriefen und zur Apokalypse gerieten dann weithin in Vergessenheit, bis sie schließlich zu Beginn der Neuzeit bei einigen Humanisten[80] und Reformatoren[81] sowie bei den Pionieren der histo-

---

[78] Vgl. die Zweifel an der Echtheit bei Eus., *h.e.* VI,25,9f.; die Zuschreibung an den Presbyter begegnet bei Hieronymus, *vir. ill.* 18. Einige Quellen legen zudem nahe, dass ein erster ‚Kanon' der katholischen Briefe zunächst nur die drei ‚großen' Briefe des Petrus (1 Petr), Johannes (1 Joh) und Jakobus (Jak) enthielt und erst später auf sieben Briefe erweitert wurde. Die ‚kleinen' katholischen Briefe fehlen z.B. noch in der Peschitta und sind bis heute nicht im Kanon der ostsyrischen Christen enthalten (s. J. LEIPOLDT, Geschichte des neutestamentlichen Kanons I, Leipzig 1907, 245).

[79] Vgl. Epiphanius, *haer.* XI 3; s. zu dieser Gruppe H. MERKEL, Die Widersprüche zwischen den Evangelien. Ihre polemische und apologetische Behandlung in der Alten Kirche bis zu Augustin, WUNT 13, Tübingen 1971, 171–180; HENGEL, Frage (s. Anm. 3), 26–28.

[80] *Erasmus von Rotterdam* hat in seiner Ausgabe des griechischen Neuen Testaments: Novum instrumentum omne, Basel 1516, 619.625, die altkirchliche Kritik u.a. an 2/3Joh und Apk aufgenommen (vgl. J. LEIPOLDT, Geschichte des neutestamentlichen Kanons II, Leipzig 1908, 14ff., bes. 21; A. HEINZE, Johannesapokalypse und johanneische Schriften. Forschungs- und traditionsgeschichtliche Untersuchungen, BWANT 142, Stuttgart 1998, 119–122), ebenso in noch größerer Hochschätzung des Hieronymus der päpstliche Theologe *Thomas de Vio,* genannt *Cajetan* (s. LEIPOLDT, Geschichte II, 36f.).

[81] *Martin Luther* hat die Apokalypse in erster Linie aus theologischen Gründen kritisiert, erwähnt aber auch in beiden seiner Vorreden von 1522 und 1530 die altkirchliche Kritik. Sein Wittenberger Antipode Johannes *Bodenstein von Karlstadt* referiert in seiner Kanonschrift (deutlicher in der deutschen Fassung als in der lateinischen) die altkirchliche Kritik für die beiden kleinen Johannesbriefe und die Apokalypse (dazu s. LEIPOLDT, Geschichte [s. Anm. 80],116–118; A. HEINZE, Johannesapokalypse und johanneische Schriften, 122–124). Die Kritik an den sieben altkirchlich angezweifelten Büchern (Hebr, Jak, 2 Petr, 2–3 Joh, Jud, Apk) findet sich auch bei *Johannes Brenz* (ibid., 127f.) und *Martin Chemnitz* (ibid., 130). *Huldrych Zwingli* zog hingegen die kleinen Johannesbriefe nicht in Zweifel und wiederholte in der Berner Disputation von 1528 nur die Kritik an der Apokalypse, wobei er (wie schon vor ihm Erasmus) fälschlich annahm, dass ‚Johannes der Theologe', dem griechische Handschriften die Apk zuschreiben, vom Apostel und Evangelisten zu unterscheiden sei (s. ibid., 140; zu Erasmus ibid., 120) Auch *Johannes Oekolampad* und *Wolfgang Musculus* bestritten die volle Kanonizität von 2/3 Joh und Apk (ibid., 142f.), hingegen äußerte sich *Johannes Calvin* über diese Schriften nicht (wenngleich er die Apokalypse nicht kommentierte und als dunkel ansah (s. ibid., 148). In den Äußerungen der Reformatoren nach Luther begegnet jedoch i.d.R. kein eigenes Urteil

rischen Bibelauslegung wieder aufgenommen wurden.[82] Die Apostolizität der Apokalypse wurde dann schon ab dem 18. Jh. v.a. von rationalistischen Kreisen kritisiert;[83] hingegen wurde die eindrückliche Verfassertradition zum vierten Evangelium erst seit dem Ende des 18. Jhs.[84] und dann v.a. um die Mitte des 19. Jhs.[85] einer tiefgreifenden und in der Forschung letztlich durchschlagenden Kritik unterzogen.

über die Verfasserfrage, sondern nur das Referat der altkirchlichen Kritik, meist in Anlehnung an die eusebianische Tradition von den (von einigen Autoren) verworfenen Schriften (ἀντιλεγόμενα), wobei die Kritik an der Apokalypse immer mehr zurückgenommen wird. Erst mit *Johann Gerhardt* wird der Unterschied zwischen den eigentlich kanonischen und den zweitrangigen Schriften dann aufgegeben. S. zu diesem Prozess auch BOUSSET, Offenbarung (s. Anm. 76), 31–33.

[82] So noch im Stil der Verweise auf die altkirchliche Kritik für die kleinen Briefe H. GROTIUS, Annotationes in Epistolas Apostolicas et Apocalypsin, Opera Theologica II/2, Amsterdam 1679, 1147 (unter Verweis auf Euseb und Hieronymus), der auf die Tradition der zwei Johannesgräber in Ephesus verweist und die Briefe dem Presbyteros Johannes zuschreibt, der sich nur Presbyteros zu nennen braucht „quippe a Iohanne Apostolo ordinatus". Für die Apokalypse nimmt Grotius an, dass sie tatsächlich vom Apostel stamme, aber verborgen gehalten und daher von dessen Schüler aufbewahrt worden sei (ibid., 1159 „Credo autem ab Iohanne Presbytero Apostoli discipulo custoditum hunc librum: inde factum ut ejus esse opus a quibusdam per errorem crederetur.")

[83] Die moderne Kritik an der apostolischen Zuschreibung der Apokalypse begegnet dann zuerst bei F. ABAUZIT, Discourses Historical and Critical on the Revelation ascribed to St. John London 1730 (anonym publiziert und erst nach seinem Tod veröffentlicht; s. dazu A. HEINZE, Johannesapokalypse und Johanneische Schriften (s. Anm. 80), 163–166), in Deutschland bei H. OEDER, Christlich freie Untersuchung über die sogenannte Offenbarung Johannis aus den nachgelassenen Schriften eines fränkischen Gelehrten herausgegeben von Joh. Sal. Semler, Halle 1769; dann bei J. S. SEMLER, Abhandlung von freier Untersuchung des Canons, 4 Bde, Halle 1771–1775 (dazu BOUSSET, Offenbarung [s. Anm. 76], 33f. und G. MAIER, Die Johannesoffenbarung und die Kirche, WUNT 26, Tübingen 1981, 448–459). Hingegen hat *Ferdinand Christian Baur* dann wieder ihre apostolische Echtheit verfochten (und das Evangelium dann weit von ihr abgerückt), weil sie in seiner Geschichtskonstruktion ganz das ursprüngliche Judenchristentum zu repräsentieren schien (s. F. C. BAUR, Vorlesungen über Neutestamentliche Theologie, hg. v. F. F. Baur, Leipzig 1864, Nachdruck Darmstadt 1973, 41f. und 207–230).

[84] Dies geschah zuerst bei E. EVANSON, The Dissonance of the Four Generally Received Evangelists, and the Evidence of their Respective Authority examined, Ipswich 1792, 219–254 (s. das Referat bei U. BUSSE, Das Johannesevangelium. Bildlichkeit, Diskurs und Ritual, BETL 162, Leuven 2002, 32), in Deutschland nach einigen Vorgängern erstmals durchschlagend bei K. TH. BRETSCHNEIDER, Probabilia de evangelii et epistolarum Joannis, Apostoli, indole et origine eruditorum iudiciis modeste subjecit, Leipzig 1820 (vgl. SCHMITHALS, Johannesevangelium und Johannesbriefe, BZNW 64, Berlin/New York 1992, 50ff.).

[85] Die durchschlagende Kritik erfolgte dann bei Ferdinand Christian Baur, s. dazu meinen Beitrag J. FREY, Ferdinand Christian Baur und die Johannesauslegung, in: M. Bauspiess, Ch. Landmesser, D. Lincicum (Hg.), Ferdinand Christian Baur und das Neue

3.2 Zur Kritik des traditionellen Johannesbildes

Auch wenn viele Fragen nach wie vor ungeklärt und strittig sind, lassen sich doch einige relativ klare Punkte benennen, an denen deutlich wird, dass das traditionelle Johannesbild, wie ich es zuvor skizziert habe, und insbesondere das Bild des Apostels Johannes als Autor der fünf ‚johanneischen' Schriften (oder auch nur eines Teils dieser Schriften) nach heutigem Erkenntnisstand nicht aufrecht zu erhalten ist.

3.2.1 Evangelium und Apokalypse haben nicht denselben Autor

Zunächst geht aus sprachlichen und theologischen Beobachtungen sehr klar hervor, dass *zwischen dem Autor* (oder ggf. den Autoren) *des vierten Evangeliums und dem der Apokalypse zu unterscheiden ist.* Nicht nur zahlreiche Details von Sprache und Stil, sondern auch sehr wesentliche theologische Grundlinien sind zwischen diesen beiden Büchern so verschieden, so dass eine Abfassung durch denselben Autor – auch in einem gewissen zeitlichen Abstand und in Anbetracht der Möglichkeit einer Verbesserung der Sprachkompetenz – äußerst unwahrscheinlich ist. Auch wenn man inhaltlich-theologisch eine größere ‚Bandbreite' oder auch situativ bedingte Inkohärenzen im Werk eines Autors zugestehen muss, sind die *sprachlichen* Argumente m.E. unüberwindlich.[86]

3.2.2 Der Apostel hat keine der ‚johanneischen' Schriften verfasst

Seit den altkirchlichen Versuchen, das Evangelium und die Apokalypse voneinander abzurücken, wurde in der Auslegungsgeschichte immer wieder versucht, in der Nachfolge des Dionysios das Evangelium dem Apostel und die Apokalypse einem anderen Autor zuzuschreiben.[87] Gelegentlich begegnete auch die umgekehrte Variante – so besonders wirkungsvoll bei Ferdinand Christian Baur –, die Apokalypse mit dem apokalyptisch-judenchristlichen ‚Donnersohn' zu verbinden und dann das subtil ‚geistige' Evangelium weit von diesem abzurücken.[88] Doch ist diese Argumentation letztlich ein Spiegel der Geschichtskonstruktion Baurs und hat daher in der Forschung nur wenige Nachfolger gefunden. Wenn aber auch die vielfältigen Argumente gegen die

---

Testament, WUNT, Tübingen 2014 (im Druck); DERS., Die johanneische Eschatologie I: Ihre Probleme im Spiegel der Forschung seit Reimarus, WUNT 96, Tübingen 1996, 30–38.

[86] Dazu s. den ausführlichen Nachweis in FREY, Erwägungen (s. Anm. 1), der hier nicht wiederholt zu werden braucht. Es ist jedoch erstaunlich, wie sehr in konservativen (v.a. nordamerikanischen) Kommentaren immer wieder die Neigung ist, diese Aspekte zugunsten der traditionellen Verfasserschaft des Apostels Johannes zu ignorieren.

[87] So noch J. WIKENHAUSER, Einleitung in das Neue Testament, Freiburg ⁵1963, 397f.

[88] So noch J. H. BERNARD, A Critical and Exegetical Commentary on the Gospel according to St. John, ICC, Edinburgh 1982, I, lxviii.

apostolische Zuschreibung des Evangeliums nicht zu entkräften sind,[89] dann ergibt sich die kritische Folgerung, dass der Zebedaide Johannes für keine einzige der ihm später zugeschriebenen Schriften in Anspruch genommen werden darf.

3.2.3 Der Apostel war vermutlich nie in Ephesus

Aus der von Dionysios von Alexandrien nur vom Hörensagen berichteten und dann von Euseb in Verbindung mit der Argumentation des Dionysios zur Verfasserfrage rezipierten Tradition von den zwei Johannesgräbern in Ephesus, die sich einer historischen Verifikation entzieht,[90] und einer in den Apostolischen Konstitutionen überlieferten Bischofsliste, die zwei aufeinanderfolgende ‚Johannesse‘ nennt,[91] lässt sich keine sichere Grundlage für die Annahme gewinnen, dass in Ephesus der Apostel und der Presbyteros einfach in einem Schüler-Lehrer-Verhältnis aufeinander folgten. Aus dem bei Euseb (*h.e.* III 39,4) überlieferten Zitat des Papias, in dem klar zwei Autoritäten namens Johannes unterschieden werden,[92] geht hervor, dass zu der Zeit, als Papias seine Informationen sammelte, d.h. um oder kurz nach der Jahrhundertwende, nur der Presbyter Johannes als eine gegenwärtige Gestalt in Kleinasien gelten konnte. Dieser ist mithin als Traditionsträger und Lehrer dort belegt. Den Apostel Johannes nennt Papias lediglich in der Reihe der Apostel, über deren Lehre er noch etwas in Erfahrung zu bringen versuchte, doch im Modus der Vergangenheit, als eine zu dieser Zeit wohl schon längst zurückliegende Gestalt, und ohne einen Hinweis darauf, dass dieser Johannes anders als die anderen erwähnten Apostel in besonderer Nähe seiner kleinasiatischen Heimat gestanden hätte. Für ein Wirken des Apostels Johannes außerhalb Palästinas oder gar im kleinasiatischen Raum gibt es, wie schon erwähnt, aus der zweiten Hälfte des ersten Jahrhunderts kein einziges Zeugnis.[93] Daher wird man damit rechnen müssen, dass *der Apostel Johannes nie in Ephesus war*. Vielmehr wird die einzige kleinasiatische Johannesgestalt und damit der Ausgangspunkt der Johanneslegende eben doch am ehesten der

---

[89] Dazu s. den nächsten Abschnitt. S. die Aufstellung von 21 Gründen gegen die Abfassung des Johannesevangeliums durch den Zebedaiden bei P. PARKER, John the Son of Zebedee and the Fourth Gospel, JBL 81 (1962), 35–43, die zwar nicht alle in gleichem Maße überzeugen können, aber in ihrer Summe doch nicht zu vernachlässigen sind.

[90] Eus. *h.e.* VII,25,16; vgl. III,39,6.

[91] Apostolische Konstitutionen VII,46,7.

[92] S. HENGEL, Frage (s. Anm. 3), 79; anders aus apologetischem Interesse MAIER, Die Johannesoffenbarung und die Kirche (s. Anm. 83), 50–52, dessen bemühte Interpretation aber nicht überzeugen kann.

[93] So auch J. C. THOMAS, The Pentecostal Commentary on 1 John 2 John 3 John, London 2004, 7: "there is no evidence until the latter half of the second century CE that the Apostle John was ever near or in Ephesus." (s. Anm. 101).

als autoritativer Autor (der Briefe) und Schulhaupt belegte Presbyteros sein,
dessen Bild dann wohl gegen die geschichtliche Wahrheit in das des Apostels
verwandelt bzw. mit ihm verschmolzen wurde.

3.2.4 Der Kern der Diskussion: Das Problem der Autorschaft des Zebedaiden als Augenzeuge des Evangeliums

Die Diskussion um die Autorschaft des Zebedaiden Johannes konzentriert
sich auf die Frage nach dem Evangelium, für das Johannes traditionell als
Augenzeuge des Wirkens Jesu und Garant der hier gebotenen spezifischen
Deutung und insbesondere der hohen Christologie fungiert.

Die Autorschaft der *Briefe* wird in der Diskussion zumeist mit der des
Evangeliums verknüpft. Eine ausschließliche ‚apostolische' Zuschreibung der
Briefe (und nicht des Evangeliums) begegnet in der Diskussion nirgendwo;
und auch die Autoren, die die Apostolizität des Evangeliums vertreten, rechnen in der Regel mit derselben Autorschaft auch für die Briefe. Hingegen
wird dort, wo man die apostolische Verfassertradition kritisch betrachtet,
nicht selten auch der Evangelist vom Autor bzw. den Autoren der Briefe
unterschieden.

Auch die apostolische Autorschaft der *Apokalypse* wird heute nicht mehr
behauptet, ohne dass der entsprechende Anspruch auch für das Evangelium
vertreten würde. D.h. die ‚Apostolizität' der Apokalypse hängt für ihre Vertreter argumentativ an der des Evangeliums – und es ist damit zu rechnen,
dass dies schon seit der frühesten erreichbaren Tradition bei Justin[94] der Fall
war.

Entscheidend ist insofern die Diskussion der Verfasserfrage für das vierte
Evangelium, für dessen Apostolizität (v.a. im Interesse der Augenzeugen-
schaft und der damit mutmaßlich verbürgten historischen Zuverlässigkeit)
konservative Kommentatoren nach wie vor bemüht argumentieren, wenn sie
diese nicht gar apriorisch oder ‚fideistisch'[95] voraussetzen. Freilich ist die
bemühte Apologetik, die die Autorschaft des Evangeliums noch in irgendeiner Weise für den Apostel zu ‚retten' versucht,[96] zwar imstande, einige

---

[94] Justin, *Dial.* 81,4.

[95] So, wenn aus der dogmatischen Annahme der Schrift-Inspiration oder ‚inerrancy' auf
die Korrektheit der historischen Angaben bzw. der Verfassertradition geschlossen wird – in
diesem Fall ist die historische Argmentation nur noch sekundäre Stütze dessen, was vorab
schon feststeht.

[96] So in neueren Kommentaren zum Johannesevangelium aus evangelikaler Perspektive,
z.B. bei MORRIS, The Gospel according to John (s. Anm. 45), 4–25; D. A. CARSON, The
Gospel according to John, PNTC, Grand Rapids 1991, 40–81; s. auch A. J. KÖSTEN-
BERGER, Early Doubts of the Apostolic Authorship of the Fourth Gospel in the History of
Modern Biblical Criticism, in: Ders., Studies on John and Gender. A Decade of Scholar-
ship, Studies in Biblical Literature 38, New York u.a. 2001, 17–47. Die analoge Tendenz

oberflächliche Argumente der Kritik zurückzuweisen, doch wird sie der Komplexität der Zeugnislage letztlich nicht gerecht.

Da die Verfasserfrage in dieser Form fast nur noch von apologetisch interessierten Autoren diskutiert wird, während kritische Forscher im deutschsprachigen Raum das Thema weithin für ‚erledigt' halten,[97] könnte fast der Eindruck entstehen, als hätten die Argumente derer ein relatives Übergewicht, die noch den Apostel Johannes hinter dem Evangelium sehen wollen oder gar aufgrund eines vorausgesetzten Dogmas der biblischen Inspiration von dessen apostolischer ‚Echtheit' ausgehen. Daher sind wenigstens einige der m.E. unwiderleglichen Probleme für die Annahme einer Abfassung des Evangeliums durch den Zebedaiden zu benennen.[98]

3.2.5 Die Unmöglichkeit der Zuschreibung des Evangeliums an den Apostel

Eine umfassende Liste der Gründe gegen die apostolische Abfassung des Evangeliums hat vor gut 50 Jahren noch Pierson Parker aufgestellt. Dabei war ihm selbst bewusst, dass viele der von ihm benannten Gründe wenig zugkräftig sind, und manche Argumente wurden in der Forschung der letzten Jahrzehnte noch stärker in Frage gestellt. So wird man heute nicht mehr behaupten können, dass das vierte Evangelium eher bei Gnostikern als in der ‚Großkirche' gelesen worden sei, vielmehr ist die ‚orthodoxe Johannophobie' inzwischen deutlich als ein Forschungsmythos entlarvt worden.[99] Im Übrigen

---

begegnet auch bei konservativen römisch-katholischen Kommentatoren, so z.B. MERCIER, L'Évangile „pour que vous croyez". Le quatrième évangile (selon Saint Jean), Montreal 2010, 1–5; s. auch den Versuch von R. CAZELLES, Johannes. Ein Sohn des Zebedäus, und seine Aufnahme bei J. RATZINGER, Jesus von Nazaret (s. Anm. 49). – Selbst ein sonst so gelehrter und abgewogener Kommentar wie der von C. S. KEENER, The Gospel of John. A Commentary, 2 Bde., Peabody 2003, lässt noch zumindest einen Spalt für die apostolische Autorschaft des Johannesevangeliums offen: s. ibid., I, 139: „that the Gospel includes at least eyewitness tradition from John the apostle;" ibid., 82: „I believe that traditional conservative scholars have made a better case for Johannine authorship of the Gospel ... than other scholars have made against it." Sogar die gemeinsame Verfasserschaft von Evangelium und Apokalypse will Keener nicht definitiv ausschließen, auch wenn er sie für weniger wahrscheinlich hält (ibid., 139).

[97] Dies gilt auch für die relativ ausführliche Diskussion bei M. THEOBALD, Das Evangelium nach Johannes 1–12, RNT 4,1, Regensburg 2009, 82–92. Die letzte gründliche Erörterung der Argumente in deutscher Sprache findet sich bei R. SCHNACKENBURG, Das Johannesevangelium I, HThK IV/1, Freiburg i.Br. etc. 1965, 76–88, der auch die Liste von Parker kritisch bespricht. Englische Kommentare bieten dagegen häufiger eine gründliche Diskussion, zuletzt KEENER, Gospel I (s. Anm. 96), 81–139; aus konservativ-apologetischer Perspektive MORRIS, Gospel (s. Anm. 45), 4–25; außerdem R. BAUCKHAM, Jesus and the Eyewitnesses, Grand Rapids – Cambridge 2006, 358–471.

[98] S. die Zusammenstellung von bei PARKER, John the Son of Zebedee (s. Anm. 89).

[99] S. dazu C. E. HILL, The Fourth Gospel in the Second Century. The Myth of Orthodox Johannophobia, in: J. Lierman (Hg.), Challenging Perspectives on the Gospel of John,

kann die Rezeption des Evangeliums im 2. Jh. nur bedingt als Indiz für sein Entstehungsmilieu oder gar eine bestimmte Autorschaft ausgewertet werden. Und während früher oft Irenäus als der erste Zeuge der Zuschreibung des Evangeliums an den Apostel genannt wurde, sehen die meisten Autoren heute mit Recht, dass diese deutlich hinter Irenäus zurück bis in die Mitte des 2. Jh.s reicht.[100] Dennoch führt dies nicht einfach dazu, dass man dieser Tradition von der ‚apostolischen' Abfassung historisch Recht geben könnte. Auch in einem Zeitraum von 50 Jahren lassen sich Verwechslungen, Verschmelzungen, Überblendungen und intentionale Autoritätskonstruktionen aus lokalkirchlichen oder gruppenspezifischen Interessen nicht ausschließen.

Neben den fragwürdigen Argumenten bleiben jedoch zahlreiche wissenschaftlich m.E. unüberwindliche Gründe gegen die Abfassung des Evangeliums durch den Zebedaiden. Diese betreffen die Selektion des Stoffs und seine Interpretation, die sprachliche Darstellung und schließlich das spezifische Profil des Zebedaiden, soweit wir es aus der außerjohanneischen Tradition kennen. Ich kann hier nur die Fragen nennen, ohne bei den einzelnen Punkten ins Detail zu gehen.

a) Zunächst stellt sich die Frage der *Stoffauswahl* und der damit gesetzten inhaltlichen Akzente: Müsste nicht das Werk eines Augenzeugen der gesamten Wirksamkeit Jesu, zumal eines Galiläers, mehr von der Wirksamkeit Jesu in Galiläa berichten, die doch aufgrund der synoptischen Tradition außer Zweifel steht: von Kafarnaum und den anderen Orten am See, vom Zwölferkreis, von Jesu Taten (nicht nur von Heilungen, sondern auch von Exorzismen, die bei Johannes auffälligerweise fehlen) und von den Formen seiner Verkündigung (Gleichnisse, Gottesherrschaft, Makarismen, Vaterunser)? Selbst wenn der vierte Evangelist andeutet, dass er vieles davon kennt, spiegelt seine Darstellung doch eine große Distanz z.B. zu Kafarnaum (Joh 2,12), er erwähnt den Zwölferkreis nur am Rande, übergeht das Vaterunser ebenso wie die Seligpreisungen und verlagert den Schwerpunkt seiner Dar-

---

WUNT 2/219, Tübingen 2006, 135–169; DERS., The Johannine Corpus in the Early Church, Oxford, 2004 und v.a. DERS., ‚The Orthodox Gospel': The Reception of John in the Great Church Prior to Irenaeus, in: T. Rasimus (ed.), The Legacy of John: Second-Century Reception of the Fourth Gospel, NT.Sup 132, Leiden – Boston 2010, 234–300; dort S. 242, eine Liste der ‚orthodoxen' Benutzer des Evangeliums.

[100] So zunächst HENGEL, Frage (s. Anm. 3), 37f.42.59–61, sowie detailliert MUTSCHLER, Was weiß Irenäus (s. Anm 29), 695–742. Ibid., 741: Es gab „nach dem Zeugnis des Irenäus bereits für Polykarp um die Jahrhundertmitte *einen* Johannes, der die Züge des ephesinischen Presbyters wie des Zebedaiden in sich vereinte." S. um die Mitte des 2. Jh.s ebenfalls die *Epistula Apostolorum* sowie die Auslegungen des Valentinianers Ptolemäus (bei Epiphanius, *pan. haer.* 31,27,1f. und 33,3,6), der den Verfasser des Evangeliums bereits mit dem „Apostel" bzw. „Jünger" bzw. Johannes identifiziert.

stellung deutlich von Galiläa auf Jerusalem.[101] Auffällig ist dabei, dass das vierte Evangelium auch in den Details eher auf spezifische Ortskenntnisse aus Jerusalem und Judäa zurückgreift, weniger auf solche aus der galiläischen Heimat des Apostels Johannes.

Dass das vierte Evangelium vieles nicht erzählt, was die Synoptiker berichten, obwohl eine Kenntnis mancher Überlieferungen wie z.B. der Taufe Jesu, der Gethsemane-Szene und der Rede von der Gottesherrschaft evident ist,[102] ließe sich noch durch die Annahme einer spezifischen Ergänzungsabsicht erklären. Dass er vieles jedoch dezidiert anders berichtet, interpretiert und sachlich korrigiert[103] und auch in der geschichtlichen Logik gegen die synoptische Tradition verändert (so dass z.B. die Tempelreinigung nicht mehr Anlass der Festnahme Jesu ist, sondern den Konflikt mit ‚den Juden' eröffnet), lässt sich nicht mehr durch eine Ergänzungshypothese erklären, sondern nur dadurch, dass hier eine andere Konzeption vertreten und neben oder ‚über' die synoptische Tradition gestellt werden soll.[104]

b) Selbst wenn man für einen Augenzeugen noch konzedieren wollte, dass er es eben besser wissen will oder auch tatsächlich besser weiß als die anderen, so ist letztlich die *Sprache* des vierten Evangeliums nicht mehr mit derartigen Annahmen zu erklären: Jesu Sprache, wie sie in der synoptischen Tradition vorliegt, erscheint hier tiefgreifend transformiert – von knappen Gleichnissen zu langen Bildreden, von kurzen Logien und Apophthegmata zu langen Reden und Dialogen, die sich auch sprachlich bzw. in der Gedankenführung von den synoptischen Redekompositionen wie z.B. der Feldrede oder der Bergpredigt deutlich abheben. Vor allem aber stimmt die Sprache des johanneischen Jesus so auffällig mit der Sprache des Evangelisten (wo er selbst erzählt oder kommentiert) und auch des ersten Johannesbriefs überein, so dass sich daraus unausweichlich die Folgerung ergibt, dass die Transformation von der synoptischen Sprachgestalt hin zur johanneischen erfolgt sein muss. Alle Versuche, diesen Befund durch die Unterscheidung einer exoterischen und einer esoterischen Lehre oder einer besonders intimen Kenntnis des ‚Lieblingsjüngers' zu erklären, müssen scheitern. Vielmehr ist die einzig mögliche Folgerung diejenige, dass das vierte Evangelium die Sprache Jesu nach der Sprache seines Autors oder der johanneischen Verkündigung umgestaltet bzw. Jesus und allen anderen Figuren die Sprache des johanneischen Autors oder seines Kreises in den Mund legt.

---

[101] So auch J. C. THOMAS, 1 John, 2 John, 3 John (s. Anm. 93), 8: "While the son of Zebedee was from Galilee, the Fourth Gospel focuses on Jerusalem."

[102] S. dazu FREY, Das vierte Evangelium (s. Anm. 40), 86–104.

[103] So z.B. die Abweisung des Gebets Jesu in Gethsemane in Joh 12,27f. und 18,11; s. dazu FREY, Das vierte Evangelium (s. Anm. 40), 91–93.

[104] Zutreffend spricht Z. GARSKÝ, Das Wirken Jesu in Galiläa bei Johannes, WUNT 2/325, Tübingen 2012, von einer allegorischen Relecture der Synoptiker.

Eine solche Umformung der älteren Tradition, die neben der anderen Stoffauswahl, der Veränderung der geographischen Schwerpunkte, der
Distanzierung von wichtigen Elementen der synoptischen Tradition auch die
völlige Veränderung von Sprache und Duktus der Verkündigung Jesu einschließt, ist für einen Augenzeugen – auch nach Jahrzehnten – sicher nicht
mehr plausibel zu erklären – ganz abgesehen davon, dass ein Augenzeuge,
wenn er so umgestaltend und interpretierend verfahren wäre, eben dann nicht
mehr der Gewährsmann eines historisch akkuraten Tatsachenberichtes wäre,
als den ihn die konservativen Vertreter der ,Apostolizität' des Johannesevangeliums letztlich aus einem spezifischen religiösen Interesse heraus gerne
festhalten möchten.

c) Auffällig im Vergleich mit dem, was wir aus den Synoptikern über die
Zebedaiden wissen, ist nicht nur die relativ geringe Präsenz Galiläas in vierten Evangelium und das Fehlen von Exorzismen, sondern auch die starke
Transformation apokalyptischer Vorstellungen, die nach der Überlieferung
gerade für die ,Donnersöhne' kennzeichnend sind.[105] Und wenn diese nach
Markus zusammen mit Petrus Zeugen der Verklärung Jesu und seines Gebe-
tes in Gethsemane gewesen sein sollen, ist auffällig, dass diese Szene bei
Johannes zwar nicht völlig ausgeblendet ist, aber doch inhaltlich deutlich
zurückgewiesen wird (Joh 12,27; 18,11).[106] Aus dieser bei Markus im Jüngerkreis zentralen Dreiergruppe wird der Zebedaide Jakobus im vierten
Evangelium nicht ein einziges Mal erwähnt, was auch erstaunlich wäre, wenn
das Werk auf seinen Bruder zurückgehen sollte. Umgekehrt weiß die synoptische Tradition nichts von einer besonderen Rolle des Johannes oder gar einer
Vorrangstellung gegenüber Petrus.

d) Ein für sich selbst nicht zwingendes, aber ergänzendes Argument betrifft die *Sprachkompetenz*: Auch wenn man die Beschreibung der Jünger
Jesu als ,ungebildete und einfache Leute' in Apg 4,13 nicht pressen darf, ist
es doch schwer vorstellbar, dass ein galiläischer Fischer letztlich zu einer
literarisch so feinsinnigen, tiefgründig symbolischen Darstellung gelangen
könnte, die nicht nur die Schrift subtil und hoch eklektisch verwendet, sondern auch sprachlich in idiomatisch korrektem Griechisch geschrieben und
gegenüber Sprach- und Literaturformen (Dialog, Symposium, Drama) der
hellenistischen Kultur keineswegs völlig verschlossen ist. Die Forschung hat
an dieser Stelle vielfach mit Helfern, Schülern und Redaktoren gerechnet und
den Zebedaiden dann sukzessive vom Autor zum Traditionsträger oder bloßen -garanten degradiert, bis dahin, dass er letztlich nur noch den Namen
abgab für ein Werk, das von Anfang bis Ende anderen Händen zuzuschreiben
ist.

---

[105] S. dazu PARKER, John the Son of Zebedee (s. Anm. 89), 39f.
[106] S. dazu FREY, Das vierte Evangelium (s. Anm. 40), 91–93.

e) Wenn man nicht dieser verlegenen ‚Ausweichbewegung‘ verfallen will, bleibt nur die Folgerung, dass das Evangelium (und die Briefe) von dem Zebedaiden abzurücken sind und dass dieser mit ihrer Abfassung zunächst nichts zu tun hat. Dies umso mehr, wenn sich erklären lässt, *wie das Evangelium dem Zebedaiden Johannes zugeschrieben werden konnte*: Die Identifika-Identifikation des ‚Lieblingsjüngers‘ mit dem Autor in Joh 21,24 konnte über die ‚Leerstelle‘ des ungenannten Jüngers in Joh 1,39f. leicht auf den aus den synoptischen Berufungserzählungen (Mk 1,16par) neben Andreas und Petrus prominent platzierten Johannes kommen, so dass für Leser mit Kenntnis der synoptischen Erzählung die Identifikation des Lieblingsjüngers bzw. Autors mit diesem Johannes nahegelegt war.

f) Ein letztes zusätzliches Argument ist in dieser Diskussion die Überlieferung vom Tod des Apostels Johannes ‚durch die Juden‘.[107] Diese gewiss verstreuten und – mit Ausnahme der Papiasnotiz – eher späten Nachrichten, die dann von der dominierenden Überlieferung über den alten Johannes in Ephesus verdrängt wurden, verdienen besondere Beachtung, weil sie der überwiegenden Tendenz der altkirchlichen Überlieferung entgegenstehen. Die Spuren des Zebedaiden verlieren sich nach der Mitte des 1. Jahrhunderts und reichen an keiner Stelle sicher über den palästinischen Raum hinaus. Hingegen sind die johanneischen Schriften sehr wahrscheinlich alle im kleinasiatischen Raum entstanden, zumindest dort herausgegeben und in Umlauf gebracht worden.[108] Dorthin verweist auch die frühe Wirkungsgeschichte des vierten Evangeliums, beginnend mit Papias, später auch bei Polykarp, Polykrates von Ephesus, den Montanisten und in den Johannesakten.

Aus den genannten Argumenten ergibt sich m.E. zwingend, dass die Zuschreibung des vierten Evangeliums an den Zebedaiden Johannes aus dem Text des Evangeliums (im Zusammenhang mit den Synoptikern und evtl. der Apostelgeschichte) erschlossen werden konnte, historisch aber äußerst unwahrscheinlich, ja praktisch auszuschließen ist.

---

[107] S. dazu ausführlich HENGEL, Frage (s. Anm. 3), 88–91.

[108] S. zu Evangelium und Briefen HENGEL, Frage (s. Anm. 3), 13–25 . Eine Abfassung des vierten Evangeliums in Syrien oder Alexandrien wird immer wieder von einzelnen Forschern vermutet. Die Lokalisierung in Alexandrien hängt zumeist mit der religionsgeschichtlichen Einordnung in den Kontext des Alexandrinismus (Philo) bzw. der entstehenden Gnosis zusammen. Johannes enthält jedoch nichts, was nicht in jeder Weltstadt des damaligen römischen Reichs hätte geschrieben werden können. So ergibt sich kein zwingender Grund, seine Entstehung gegen das überwiegende altkirchliche Zeugnis vom kleinasiatischen Raum abzurücken.

3.2.6 Evangelium und Briefe

In der Frage der Einordnung des vierten Evangeliums ist dessen Verhältnis zu den Johannesbriefen einzubeziehen. Diese Diskussion ist komplex[109] und hängt auch von der literarkritischen Einschätzung des Evangeliums ab. Diskutiert wird, ob die Briefe zur Vorgeschichte oder zur Nachgeschichte des Evangeliums gehören. Diese Frage ist für die Autoren, die von einer einheitlichen Verfasserschaft ausgehen, im Grunde schon beantwortet: Wenn man die Briefe dem Evangelisten zuschreibt und mit dessen Tod und der postumen Herausgabe des Evangeliums durch Schüler rechnet, müssen sie natürlich vor dem Abschluss des Evangeliums verfasst worden sein.[110] Wenn man hingegen zwischen dem Evangelisten und dem Autor oder den Autoren der Briefe unterscheidet, lassen sich die Briefe auch der Nachgeschichte des Evangeliums zuzuordnen.

a) Eine einflussreiche Strömung der neueren Forschung hat die drei Briefe (und primär den ersten) der *Nachgeschichte* des Evangeliums bzw. des vorredaktionellen Werks des Evangelisten (aber nicht der Herausgabe des redaktionellen Evangeliums) zugeordnet. Der erste Brief erscheint so als Korrektur einer vom Autor als gefährlich erkannten Missdeutung des Evangeliums oder einzelner seiner Aussagen[111] und – in Anbetracht der in 1 Joh 2,18ff. erwähnten Spaltung – evtl. gar als ein erstes Dokument des Zerfalls der johanneischen Schule, dessen Auslaufen man dann gerne in den beiden kleinen Johannesbriefen gesehen hat.[112]

Die Nachordnung der Briefe findet sich schon in Zeiten, in denen man das Evangelium dem Apostel und die beiden kleinen Briefe aufgrund ihrer Absenderangabe dem Presbyter als seinem Schüler zuschreiben konnte.[113] Später konnte man dann den ersten Brief mit den beiden kleinen verbinden und gleichfalls einem Schüler des Evangelisten zuschreiben[114] oder noch weiter

---

[109] Dazu s. FREY, Die johanneische Eschatologie III (s. Anm. 32), 53–60, ausführlicher H.-J. KLAUCK, Die Johannesbriefe, EdF 276, Darmstadt 1991, 105ff; sowie zuletzt U. SCHNELLE, Die Johannesbriefe, HThK 17, Leipzig 2010, 1–19.

[110] So die nicht weiter spezifizierte Einschätzung bei HENGEL, Frage (s. Anm. 3).

[111] So besonders einflussreich R.E. BROWN, The Community of the Beloved Disciple, New York etc. 1979; DERS. The Epistles of John, The Anchor Bible 30, Garden City NY 1982, 30–36.

[112] So J. W. TAEGER, Johannesapokaypse und johanneischer Kreis (s. Anm. 7), der auf die ‚deuterojohanneischen‘ Briefe dann noch die ‚tritojohanneische‘ Apokalypse folgen lässt; auch J. M. LIEU, The Second and Third Epistles of John. History and Background, Studies of the New Testament and its World, Edinburgh 1986; DIES., First, Second and Third John, The New Testament Library, Louisville, 2008.

[113] S. die Aussagen oben (Anm. 82) zu Hugo Grotius, sowie zuvor die in Humanismus und Reformation wieder aufgenommenen altkirchlichen Notizen, v.a. des Hieronymus.

[114] So schon F.CH. BAUR, Das Verhältnis des ersten johanneischen Briefs zum johanneischen Evangelium, ThJB (T) 16 (1857), 315–331, und später H. J. HOLTZMANN,

zwischen den Autoren der Briefe differenzieren, so dass es zu einer gewissen Multiplikation von Autorenpersönlichkeiten kam.[115]

In der neueren Forschung wurde die Nachordnung der Briefe in Raymond E. Browns Modell der johanneischen Gemeindegeschichte ausführlich begründet.[116] Brown rechnete damit, dass die in den Briefen bekämpften, der johanneischen Gemeinde selbst entstammenden Gegner (1 Joh 2,19) sich für ihre Position auf das (vorredaktionelle) Evangelium berufen konnten, dessen Christologie sie doketisierend interpretieren,[117] was dann den Widerspruch des Briefautors hervorgerufen habe. Andere Interpreten haben diese ‚antidoketische‘ oder eine ‚ultrajohanneische‘ Tendenz korrigierende Intention dann auch in den als redaktionell angesehenen Passagen des Evangeliums, insbesondere im eucharistischen Schluss der Brotrede (Joh 6,51c–58) und z.T. in den Abschiedsreden identifiziert, die thematisch manche Entsprechungen mit dem ersten Brief aufweisen.[118] Teilweise wurden dann die beiden kleinen Briefe noch weiter vom ersten abgerückt,[119] so dass dann mit einer längeren ‚johanneischen‘ Theologiegeschichte gerechnet werden musste, deren Ende in den beiden kleinen Briefen (oder gar in der Apokalypse[120]) gesehen wurde.

b) Andere Autoren ordnen neuerdings die Johannesbriefe wieder stärker der *Vorgeschichte* des Evangeliums zu. So hat Georg Strecker in seinem Kommentar die zwei kleinen Briefe als Zeugnisse der Frühzeit der johanneischen Schule und echte Schriften des Presbyters Johannes gewertet und den ersten Brief und das Evangelium in dieser Reihenfolge einer späteren Phase der Schule und anderen Autoren zugeordnet,[121] und Udo Schnelle ist ihm mit kleineren Modifikationen gefolgt.[122]

Das Problem des ersten johanneischen Briefes in seinem Verhältnis zum Evangelium, JPTh 7 (1881), 690–712; 8 (1882), 128–152.316–342.460–486.

[115] In seiner Kritik an den ‚Vermittlungshypothesen‘, die zu dieser Multiplikation von Autorenpersönlichkeiten führten, konnte SCHMITHALS, Johannesevangelium (s. Anm. 84), 208–214, die Rede von der johanneischen Schule überhaupt als eine gelehrte Fiktion ansehen.

[116] BROWN, Community (s. Anm. 111), passim; DERS., Epistles (s. Anm. 111), 30–36.

[117] Vgl. BROWN, Epistles (s. Anm. 111), 69ff.

[118] So u.a. KLAUCK, Johannesbriefe (s. Anm. 109), 108f.; K. WENGST, Der erste, zweite und dritte Brief des Johannes, ÖTK 16, Würzburg 1978, 230f.

[119] So etwa bei G. KLEIN, „Das wahre Licht scheint schon." Beobachtungen zur Zeit- und Geschichtserfahrung einer urchristlichen Schule, ZThK 68 (1971), 261–326 (304f.); außerdem J. M. LIEU, The Second and Third Epistles of John (s. Anm. 112).

[120] So J. W. TAEGER, Johannesapokalypse, passim, der die Apokalypse als ‚tritojohanneisches‘ Werk nach den ‚deuterojohanneischen‘ Briefen ansetzt.

[121] G. STRECKER, Die Johannesbriefe, KEK 14, Göttingen 1989, 19–28

[122] U. SCHNELLE, Antidoketische Christologie im Johannesevangelium, 53ff.; DERS., Johannesbriefe, 1–19. Eine Vorordnung der Briefe vor das Evangelium hat auch HENGEL, Frage (s. Anm. 3), 201–203 und 264–274, vertreten, jedoch bei Annahme der gemeinsamen Verfasserschaft.

Die Gründe sind dafür m.E. beachtlich. Wesentlich ist zunächst die Einschätzung des literarischen Verhältnisses zwischen dem ersten Brief und dem Evangelium: Im Brief lässt sich eine literarische Bezugnahme auf das Evangelium als vorgegebenen Text nicht erweisen. Die auffälligen Entsprechungen – etwa zwischen 1 Joh 1,1–4 und Joh 1,1–18 – lassen sich aufgrund gemeinsamer Schultradition erklären.[123] Eine textliche Wirkung des Evangeliums in einer vorredaktionellen Gestalt (z.B. ohne Joh 21) ist ohnehin nirgendwo nachweisbar. Die Zuordnung des ersten Briefes zur Nachgeschichte des Werks des Evangelisten gründet daher in einer bestimmten Sicht der johanneischen Theologiegeschichte[124] und oft auch in einer spezifischen literarkritischen Analyse des Evangeliums: Wo man große Teile der Abschiedsreden (Joh 15–17; evtl. auch das Liebesgebot Joh 13,34f.) einer ‚kirchlichen‘ oder johanneischen Redaktion zuschreibt, kann diese in sachlicher und chronologischer Nähe zum ersten Brief gesehen werden, der dann in die Nachgeschichte des Evangelisten rückt. Doch sind derartige literarkritische Modelle problematisch, da die Sprache des Evangeliums sehr einheitlich ist und eine deuterojohanneische Redaktion sprachlich nicht nachgewiesen werden kann.[125] Die oft vorgeschlagene Ausscheidung vermeintlich redaktioneller Zusätze aus sachlich-theologischen Gründen ist hingegen allzu ‚subjektiv‘ und abhängig von den zugrunde gelegten theologischen Kriterien. Überzeugend begründbar ist letztlich nur der Nachtragscharakter des Schlusskapitels Joh 21, da hier, nach dem ‚Buchschluss‘ Joh 20,30f., ein narrativer Bruch vorliegt und am Ende in Joh 21,24 der Lieblingsjünger als Autor identifiziert wird, wobei der Text von Joh 21,22f. nahelegt, dass dieser Autor mittlerweile verstorben ist. Wenn man dies nicht als eine rein literarische Fiktion ansehen will, dann legt sich der Schluss nahe, dass das Evangelium nach dem Tode seines Autors von einer Gruppe von Schülern behutsam herausgegeben wurde. Am Ende (Joh 21,24; vgl. 19,35) weisen die Herausgeber auf die Autorschaft des ‚Lieblingsjüngers‘ hin und bekräftigen die Wahrheit seines Zeugnisses. Hier kann man wohl einen Hinweis auf jene Gestalt sehen, die zumindest als Traditionsgarant, aber vermutlich auch als weitgehend gestaltender Autor hinter dem Evangelium steht.

---

[123] So STRECKER, Johannesbriefe (s. Anm. 121), 57 Anm. 36; auch HENGEL, Frage (s. Anm. 3), 158.

[124] So grundlegend bei H. CONZELMANN, Was von Anfang war, in: Ders., Theologie als Schriftauslegung, München 1974, BevTh 65, 207–214, der 1 Joh als johanneischen Pastoralbrief wertet und von einem Modell der zunehmenden ‚Verkirchlichung‘ der johanneischen Theologie ausgeht; ähnlich und noch weitergehend KLEIN, Licht (s. Anm. 119), (s. dazu FREY, Eschatologie I: Ihre Probleme im Spiegel der Forschung seit Reimarus, WUNT 96, Tübingen 1997, 186–199).

[125] S. dazu ausführlich J. FREY, Die johanneische Eschatologie I (s. Anm. 124), 429–445; auch U. SCHNELLE, Das Evangelium nach Johannes, ThHK 4, Leipzig 3. Aufl. 2004, 14.

c) Für die Priorität der Briefe sprechen weitere Überlegungen: Die Überlieferung der kleinen Briefe, die kaum mehr als ein Papyrusblatt umfassen, dürfte kaum separat erfolgt sein, sondern nur in Verbindung mit dem längeren ersten Brief.[126] Dass man sie (insbesondere auch den theologisch wenig gewichtigen dritten Brief) überhaupt aufbewahrt hat, lässt sich nur verstehen, wenn hinter der rätselhaften Verfasserangabe ὁ πρεσβύτερος eine für die Gemeinde wichtige Autorität stand. Wären die Briefe lediglich Produkte eines Epigonen der sich auflösenden Schule, wäre ihre Weitergabe schwer verständlich.[127]

Gehörten die Briefe zur Nachgeschichte des Evangeliums, dann wäre es auch erstaunlich, warum in den beiden kleinen Briefen so wenig Spuren der Motivik des Evangeliums begegnen und insbesondere die für Johannes so zentrale Christologie merkwürdig reduziert erscheint.[128] Dies spricht auch unabhängig von der Verfasserfrage dafür, in den beiden kleinen Briefen eher Zeugnisse der Frühzeit der Schule zu sehen. Die sprachliche und sachliche Nähe zwischen dem zweiten und dem ersten Brief spricht schließlich dafür, auch den großen Brief nicht weit von den beiden anderen abzurücken. Letztlich ist die Zuschreibung aller drei Briefe an denselben Autor m.E. am plausibelsten.[129]

d) Das stärkste Argument für die Priorität der Briefe ergibt sich schließlich aus der Beobachtung, dass die in 1 Joh 2,18ff. und 2 Joh 7 thematisierte Krise im johanneischen Kreis, die Abspaltung einstiger Mitglieder, auch im Evangelium ihre Spuren hinterlassen zu haben scheint. Zu nennen sind hier die Reaktion der Jünger Jesu auf die ‚harte Rede‘ von der σάρξ (Joh 6,51–58) in Joh 6,60ff., die Polemik gegen die ‚Diebe und Räuber‘ in 10,8.10, das Bild des in Joh 13,30 ‚hinaus‘ gehenden Judas, und das Gebet Jesu um die Einheit der Glaubenden Joh 17,21. V.a. ist die in Joh 6,60ff. geschilderte Spaltung im Jüngerkreis dem in 1 Joh 2,18ff. thematisierten Vorgang im johanneischen Gemeindekreis so auffällig parallel, dass sich die Annahme nahelegt, dass es sich hier um eine narrative Verarbeitung der faktisch im johanneischen Gemeindekreis eingetretenen Krise handelt. Da Joh 6,60ff. i.d.R. nicht einer

---

[126] S. dazu HENGEL, Frage (s. Anm. 3), 100f., der auch auf das Phänomen verweist, dass Irenäus den ersten und zweiten Brief offenbar als Einheit zitiert.

[127] S. FREY, Eschatologie III (s. Anm. 32), 57.

[128] So auch SCHNELLE, Johannesbriefe (s. Anm. 109), 13. Vgl. in diesem Sinne auch ausführlicher E. E. POPKES, Die Theologie der Liebe Gottes in den johanneischen Schriften. Zur Semantik der Liebe und zum Motivkreis des Dualismus, WUNT 2/197, Tübingen 2005, 296–305, der hinsichtlich des Liebesmotivs zeigt, dass der christozentrischen Ausgestaltung im Evangelium eine eher theozentrische Ausgestaltung im ersten Brief entspricht. Auch hier wäre eine Reduktion der entfalteten Christozentrik in einer späteren Phase der Schule verwunderlich.

[129] Die bei SCHNELLE, Johannesbriefe (s. Anm. 109), 11–13, genannten Argumente sind angesichts der Kürze der kleinen Briefe kaum zwingend.

sekundären Redaktion des Evangeliums, sondern dem Evangelisten zugeschrieben wird und ein Bezug der Kritik an der ‚harten Rede' (Joh 6,60) auf
einen anderen Abschnitt als Joh 6,51c–58 (also z.B. Joh 6,43–51b) kaum
plausibel ist, lässt sich dieses Interesse nicht auf eine postevangelistische
Redaktion begrenzen. So ist anzunehmen, dass die in den Johannesbriefen
aktuell thematisierte Krise – und mithin alle drei Briefe – noch *vor* dem Werk
des Evangelisten (und nicht erst vor seiner postumen Herausgabe) anzusetzen
sind.

e) Damit erscheint es auch möglich, dass die Briefe von demselben Autor
stammen, der das Evangelium weithin gestaltet hat.[130] Sprachlich lässt sich
(auch in Anbetracht der unterschiedlichen Gattungen) ohnehin nicht sicher
zwischen dem Evangelisten und dem Autor der Briefe (bzw. des ersten
Briefs) trennen.[131] Der positive Nachweis der Abfassung des Evangeliums
durch den Briefautor lässt sich freilich ebenfalls kaum erbringen. Was bleibt,
ist jedoch die Feststellung einer großen Nähe von Evangelium und erstem
Brief, und zwar in sprachlicher wie sachlicher Hinsicht.

3.2.7 Der Presbyteros als Briefautor und Evangelist?

Die Frage, ob man den Autor der Briefe noch mit einer uns anderweitig bekannten Person identifizieren kann, ist naturgemäß besonders schwer zu
beantworten. M.E. ist jedoch der Schlüssel zu diesem Problem weniger in den
Lieblingsjüngertexten des Evangeliums zu suchen, die die Gestalt des Autors
in ein Gefüge fiktionaler Szenenkonstellationen bringen, als vielmehr in den
Briefen, in denen sich immerhin ein Autor selbst präsentiert, der namentlich
nicht weiter genannte Presbyteros in 2 Joh 1 und 3 Joh 1, der sich wohl auch
hinter dem nicht namentlich genannten, aber gleichermaßen autoritativ
schreibenden Verfasser des ersten Briefs verbirgt. Die einzige Möglichkeit,
die Briefe mit Gründen auf eine bekannte Person zurückzuführen, ist durch
die bei Papias überlieferten Hinweise auf den Presbyteros Johannes gegeben,
der offenbar als Traditionsträger und Lehrer in Kleinasien gewirkt hat und
dessen Benennung als ‚Presbyteros' nicht einfach ein gemeindliches Amt
bezeichnet, sondern eben die autoritative Stellung eines einflussreichen, und
bekannten frühchristlichen Lehrers, für den – nach der Anrede der Adressaten
in den Briefen als τεκνία und παιδία auch physisch ein relativ hohes Alter
anzunehmen ist, was dann wieder mit dem in Joh 21,22f. referierten Ruf besonderer ‚Langlebigkeit' verbunden werden kann.

---

[130] So HENGEL, Frage (s. Anm. 3), passim; FREY, Die johanneische Eschatologie III (s.
Anm. 32), 59.
[131] S. die Befunde zum ersten Johannesbrief bei E. RUCKSTUHL/P. DSCHULNIGG,
Stilkritik und Verfasserfrage im Johannesevangelium, NTOA 17, Freiburg Schweiz 1991,
52–54.

Wenn dieser Presbyteros Johannes aber nicht einfach, wie man früher gerne angenommen hat, Nachfolger und Schüler des Apostels war, da dessen Verbindung mit Ephesus und der Asia zweifelhaft ist, dann war *der ‚Presbyteros Johannes' womöglich der einzige bedeutsame ‚Johannes' in der Asia* und damit auch die einzige Autorengestalt, die für die Schriften des Corpus Johanneum – Briefe und Evangelium – in Frage kommt.

Im Anschluss an diese Überlegungen stellen sich weitere Fragen, insbesondere zum Verständnis der Lieblingsjünger-Stellen im Evangelium und zu dem Milieu, in dem eine literarisch derart subtile auktoriale Selbstreferenz vorstellbar ist.[132] Ist es denkbar, dass der ‚Alte' Johannes sich selbst so subtil in die Geschichte Jesu einzeichnen konnte? War er selbst noch ein aus Palästina stammender Jünger, der noch in irgendeiner Berührung mit der ältesten Tradition stand, also ein ‚Zeuge der alten Zeit'?[133] Dann wäre die ‚Verwechslung' mit dem Apostel bzw. die Überformung seiner Gestalt durch ‚apostolische' Züge in seiner Spätzeit bzw. nach seinem Tod noch leichter möglich gewesen. Doch lassen sich diese Fragen historisch kaum mehr beantworten, und die Gefahr der Konstruktion eines ‚Johannesromans' liegt hier sehr nahe. Diese Fragen möchte ich im vorliegenden Rahmen auch nicht weiter verfolgen. Vielmehr soll nun wieder der Blick auf die Apokalypse und das Gesamte des Corpus Johanneum fallen.

3.2.8 Das Problem der Zuordnung der Apokalypse

Die Frage nach der Zuordnung der Johannesapokalypse und nach ihrem Autor führt in weitere Aporien. Die meisten Interpreten begnügen sich heute ‚bequem' mit der Auskunft, das Werk sei von einem sonst nicht näher bekannten Propheten mit Namen Johannes verfasst, der von dem *Autor bzw. den Autoren des Evangeliums und der Briefe zu unterscheiden sei.*[134]

Die Alternative, ist jedoch m.E. ernsthaft zu erwägen, nämlich dass die Szenerie des Visionärs von Patmos in Apk 1,9ff. selbst ein fiktionales ‚Setting' des Werks bietet und die Apokalypse insofern pseudonym einem

---

[132] Dass der Presbyter mit der Lieblingsjüngerfigur auf den Apostel Johannes verweisen wollte, wie HENGEL, Frage (s. Anm. 3), 321, vermutete, ist kaum wahrscheinlich zu machen, v.a. wenn ein Lehrer-Schüler-Verhältnis beider nicht zu belegen ist. Vgl. T. K. HECKEL, Vom Evangelium des Markus zum viergestaltigen Evangelium, WUNT 120, Tübingen 1999, 249f.

[133] So die Vermutungen bei HENGEL, Frage (s. Anm. 3), 321–325.

[134] So den Forschungsbericht von F. TÓTH, Erträge und Tendenzen in der gegenwärtigen Forschung zur Johannesapokalypse, in: J. Frey/J. A. Kelhoffer/F. Tóth (Hg.), Die Johannesapokalypse (s. Anm. 8), 1–39 (5), von den Kommentaren s. etwa U. B. MÜLLER, Die Offenbarung des Johannes (s. Anm. 8), 46–52; H. GIESEN, Die Offenbarung des Johannes, RNT, Regensburg 1997, 40; SATAKE, Die Offenbarung des Johannes (s. Anm. 12), 33–38, sowie DOCHHORN, Schriftgelehrte Prophetie (s. Anm. 12), 45–50; U. B. MÜLLER, Der apokalyptische Prophet Johannes als Judenchrist, ZNW 104 (2013), 98–117.

anderweitig bekannten „Johannes" zugeschrieben ist – dem in oder um Ephesus wirksamen „Alten", auf den die Briefe und vielleicht auch das
Evangelium zurückzuführen sind,[135] und dann bald auch dem Apostel. Träfe
dies zu, dann wäre dieser Johannes, dessen Wirksamkeit als Lehrer in Kleinasien belegt ist, noch nachträglich zum Gewährsmann der in der Apokalypse
verarbeiteten Überlieferungen und damit einer von den Briefen und dem
Evangelium deutlich abweichenden Theologie geworden.

Historisch sicher festzuhalten ist die klare Unterscheidung zwischen dem
Autor der Apokalypse und dem des Evangeliums (und evtl. der Briefe) bzw. –
offener formuliert – zwischen den an der Komposition der Apokalypse einerseits und den an der Interpretation der Briefe und des Evangeliums
andererseits beteiligten Personen. Die Apokalypse stammt somit faktisch
weder vom Apostel noch vom Presbyteros. Doch darf man dann einfach die
Zahl der ‚Johannesse' vermehren und neben dem Apostel und dem Presbyter,
die in der Tradition und der Forschungsdiskussion das Feld beherrschen,
einen weiteren, sonst unbekannten Propheten Johannes ergänzen?

Gegen eine solche Multiplikation der Johannes-Gestalten spricht zunächst
die schlichte Tatsache, dass die genannten Schriften als Teil des Corpus Johanneum nur wenig später offenbar ein und derselben Person zugeschrieben
wurden. Zumindest gibt es keinerlei Indiz dafür, dass die *inscriptiones* der
fünf ‚johanneischen' Schriften nicht auf ein und dieselbe Gestalt hin verfasst
und verstanden wurden. Mit diesem Sachverhalt hat sich die Forschung m.E.
bisher zu wenig auseinandergesetzt.

4. Das Corpus Johanneum und seine frühe Bezeugung

Auszugehen ist also noch einmal von der Frage nach dem Corpus Johanneum
und seiner Bezeugung im 2. Jh.[136] Dieses Corpus wird durch die traditionelle
gemeinsame Zuschreibung von Schriften an (den Apostel) „Johannes" konstituiert. Insofern zählt man dazu üblicherweise die fünf im Neuen Testament
bzw. den jeweiligen *inscriptiones* einem Ἰωάννης zugeschriebenen Werke, das
Evangelium nach Johannes (KATA ΙΩΑΝΝΗΝ), die drei Briefe „des Johannes" (ΙΩΑΝΝΟΥ) und die „Offenbarung des/an Johannes" (ΑΠΟΚΑΛΥΨΙΣ
ΙΩΑΝΝΟΥ). Da Evangelium und Briefe sicherer einem gemeinsamen Über-
lieferungskreis entstammen, fasst man gelegentlich auch nur diese vier
Schriften als „Corpus Johanneum" im engeren Sinne,[137] so dass die Apoka-

---

[135] S. dazu FREY, Erwägungen (s. Anm. 1), 425–427.

[136] S. zum Folgenden generell C. E. HILL, Johannine Corpus (s. Anm. 99).

[137] Bücher mit dem Titel „Corpus Iohanneum" im Titel sind häufig allein auf das
Johannesevangelium und die Johannesbriefe bezogen, so z. B. THEOBALD, Studien zum

lypse dann nur noch einen Platz am Rande dieses Corpus erhält. Allerdings ist dies eher eine Verlegenheitslösung, denn die traditionelle Zuschreibung der fünf Schriften in den Überschriften bezeichnet sicher denselben Ἰωάννης, und es gibt keine Anhaltspunkte dafür, dass in der Frühzeit, konkret vor Dionysios von Alexandrien und Euseb, zwischen verschiedenen Autorgestalten differenziert worden wäre. Auch die in späteren Manuskripten hinzugefügten Erweiterungen der Titel, die den genannten Johannes als ‚Apostel‘, ‚den Theologen‘ etc. kennzeichnen, lassen sich nicht dahingehend auswerten.[138] Dass gar ein „Seher“ oder „Prophet“ Johannes, von dem Apostel bzw. ‚Theologen‘ Johannes oder dem Presbyter unterschieden worden wäre, ist in den frühen Quellen nirgendwo belegt. Es bleibt daher die Frage, ab wann – und wie – diese Schriften von unterschiedlicher Ausrichtung und Herkunft zu einer solchen Einheit zusammengefügt werden konnten.[139]

4.1 Die Überschriften

Das Gros der neutestamentlichen Handschriften legt zunächst nahe, dass die vier Evangelien, die Paulusbriefe, die katholischen Briefe (evtl. zusammen mit der Apostelgeschichte) und die Apokalypse i.d.R. in unterschiedlichen Teilsammlungen überliefert und so in den werdenden Kanon ‚eingespeist‘ wurden. Dies impliziert auch für die Schriften des Corpus Johanneum unterschiedliche Überlieferungswege: Das vierte Evangelium war Bestandteil der Vierevangeliensammlung, die Briefe gehörten zum langsam und relativ spät konstituierten Corpus der ‚Katholischen Briefe‘ bzw. des ‚Apostolos‘, und die Apokalypse, deren Handschriftenbestand ganz eigene Probleme aufweist, wurde häufig separat überliefert.[140] Insofern lässt sich aus den *inscriptiones* der fünf Schriften noch kein Corpus- oder Überlieferungs-Zusammenhang erschließen. Zudem ist das Alter der Überschriften kaum einheitlich.

a) Am ältesten dürfte die *inscriptio* des Johannes*evangeliums* sein. Handschriftlich bezeugt ist die Form ΕΥΑΓΓΕΛΙΟΝ ΚΑΤΑ ΙΩΑΝΝΗΝ bereits im Papyrus P[66] (P. Bodmer II), der vielleicht noch dem 2. Jh. entstammt, und in P[75] (P. Bodmer XIV/XV) aus dem 3. Jh. folgt sie in gleicher Gestalt auf die

---

Corpus Iohanneum (s. Anm. 32) oder THYEN, Studien zum Corpus Iohanneum (s. Anm. 32).

[138] Dies versuchte Huldrych Zwingli in der ‚Berner Disputation‘ zu belegen, s.o. Anm. 81.

[139] Dabei muss man wohl präzisierend unterscheiden zwischen einer Einheit in der Zuschreibung trotz unterschiedlicher handschriftlicher Überlieferungswege.

[140] S. die Liste der Handschriften bei AUNE, Revelation (s. Anm. 5), 1–5, cxxxvi–cxlviii; weiter M. KARRER, Der Text der Johannesapokalypse, in: J. Frey/J. A. Kelhoffer/F. Tóth (Hg.), Die Johannesapokalypse (s. Anm. 8), 43–78 sowie T. NICKLAS, The Early Text of Revelation, in: C. E. Hill/M. J. Kruger, The Early Text of the New Testament, Oxford 2012, 225–238.

subscriptio des Lukasevangeliums.[141] Ihre Form geht sicher weiter zurück. Sie ist – abgesehen von späteren Ergänzungen – variantenlos überliefert,[142] was dafür spricht, dass sie nicht erst spät zum vierten Evangelium hinzutrat, sondern mit diesem wohl früh, vermutlich „seit seiner endgültigen ‚offiziellen' Verbreitung untrennbar verbunden war."[143] D.h. mit oder unmittelbar nach dem Abschluss des Werks (durch das Nachtragskapitel Joh 21) wurde dieses als „Evangelium nach Johannes" verbreitet. Ganz gleich, welcher Johannes tatsächlich hinter dem Evangelium stand (bzw. ob der Evangelist überhaupt so hieß), ist es naheliegend, dass die Herausgeber des Werks, die den ‚Lieblingsjünger' als Autor identifizieren, diesen mit Hilfe der ‚Leerstellen' von Joh 1,39 und 21,2 und auf dem Hintergrund der markinischen Jüngerberufungen mit dem Zebedaiden verbinden wollten.[144] Die Namensnennung „nach Johannes" ist insofern von Anfang an als Hinweis auf den Zebedaiden gemünzt, obwohl dieser sicher nicht der Verfasser war und allenfalls ein anderer Johannes, der Presbyteros, dafür in Frage kommt.

b) Größere Unsicherheiten bestehen hinsichtlich der Überschriften der Johannes*briefe*, die – wie schon erwähnt – kaum separat, sondern am ehesten gemeinsam überliefert wurden.[145] Die Absenderangabe der kleinen Briefe dürfte auf deren realen Verfasser verweisen, der historisch am ehesten mit dem aus Papias bekannten πρεσβύτερος Ἰωάννης zu verbinden ist.[146] Dieser ist dann auch am ehesten der Autor des längeren, vielleicht als Rundschreiben konzipierten Briefes. Wann den Briefen *inscriptiones* zugefügt wurden, bzw. wann solche erforderlich wurden, bleibt unsicher: vermutlich als diese mit anderen Schriften – fraglich ist, mit welchen – in einer Handschrift zusam-

---

[141] S. dazu HENGEL, Die Evangelienüberschriften (s. Anm. 30), 11.

[142] Dabei ist gerade die Form der Evangelienüberschriften mit κατά + Akk. in der antiken Literatur analogielos (B. MUTSCHLER, Das Corpus Johanneum bei Irenäus von Lyon, WUNT 185, Tübingen 2006, 251 Anm. 29).

[143] HENGEL, Frage (s. Anm. 3), 33. Anders T. K. HECKEL, Vom Evangelium des Markus (s. Anm. 132), 211, der die Überschriften mit der Viervangeliensammlung zusammenbringt, sie aber dennoch relativ früh ansetzt und annimmt, „daß die Überschriften schon in den ersten Jahrzehnten des zweiten Jahrhunderts entstanden sind".

[144] So mit Recht THYEN, Johannesevangelium (s. Anm. 35), 1–4. und 795f.

[145] Dies gilt für die Frühzeit und findet bei Irenäus eine Bestätigung, wo auch der 2. Brief so zitiert wird, dass man auf eine enge Verbindung mit dem ersten schließen muss. Auch Clemens Alexandrinus hat neben Judas und 1 Petrus auch den ersten und den zweiten Johannesbrief kommentiert (Cl. Alex., *Adumbrationes ad epistolas catholicas*). Die Zeugnisse sowohl für den ‚kleinen' Kanon der drei katholischen Briefe (Jak, 1 Petr, 1 Joh) sowie für den wohl erst im späten 4. Jh. weithin durchgesetzten Kanon der sieben katholischen Briefe sind jünger. Zu dieser Entwicklung s. A. MERKT, Einleitung, in: DERS., Der erste Petrusbrief, Novum Testamentum Patristicum, Göttingen 2014 (im Druck).

[146] Zum Problem der Anonymität bzw. Pseudonymität der Johannesbriefe s. zuletzt LEONHARDT-BALZER, Pseudepigraphie und Gemeinde (s. Anm. 26), 733–764.

mengestellt wurden. Allerdings dürften die *inscriptiones* der Briefe – wann auch immer sie diesen zugesetzt wurden – von Anfang an auf denselben Johannes bezogen worden sein, den auch die *inscriptio* des Evangeliums bezeichnete, nämlich den Apostel. D.h. die *inscriptiones* der Johannesbriefe sind ein weiteres frühes Zeugnis der ‚Apostolisierung‘ der eigentlich von einem anderen Johannes stammenden Schriften.

c) Die *inscriptio* der *Apokalypse* ist aufgrund der handschriftlichen Bezeugung am wenigsten datierbar. Freilich ist der Titel *apocalypsis Iohannis* im *Fragmentum Muratorianum* und bei Tertullian bezeugt,[147] wo dann auch klar der Bezug auf den Apostel Johannes vorliegt, ebenso im Titel eines verlorenen Werks von Melito von Sardes (‚Über den Teufel und die Apokalypse des Johannes‘).[148] Somit ist auch dieser Titel schon in der 2. Hälfte des 2. Jh.s belegt. Vielleicht fungierte er zuerst nur als *subscriptio*, die erst dann zur *inscriptio* werden konnte als der Text nicht mehr auf Rollen (so noch der frühe Papyrus P[98]), sondern (auch) in Codexform kopiert wurde.[149] Mit dem Titel war jedoch auch die Zugehörigkeit der Apokalypse zu den anderen ‚johanneischen‘ Schriften bzw. zum Evangelium und ihren Zuschreibung an denselben Johannes markiert. Schon Justin schreibt sie ja einem der „Apostel des Christus" zu (*dial.* 81,4), und Tertullian dürfte dann in seiner Zuschreibung auch deutlich auf den Titel des Werks verweisen, wenn er schreibt: „Nam et apostolus Ioannes in Apocalypsi…".[150]

4.2 Kodikologische Hinweise auf das Corpus?

Neuere Untersuchungen haben nicht nur die Rezeptionsgeschichte des Johannesevangeliums oder der Apokalypse sondern auch teilweise den Zusammenhang der Schriften und damit die Frage nach einem Corpus aufgenommen.[151] Dabei lassen sich neben den direkten Zeugnissen über die Autorschaft der jeweiligen Schriften und Beobachtung zur Benutzung verstreute Hinweise aus der handschriftlichen Überlieferung aufnehmen.

Zunächst sind diese (recht spärlichen) kodikologischen Beobachtungen zu benennen. Aus ihnen hat Charles Hill in einer umfangreichen Arbeit zum Corpus Johanneum in der Alten Kirche die Folgerung gezogen, dass die jo-

---

[147] *Can. Mur.* 71f.: "apocalypses etiam Iohannis, et Petri…"; Tertullian, *adv. Marc.* III 14,3. Hingegen könnte das Zitat bei Justin, *Dial.* 81,4 noch die Anfangszeilen des Werks und noch nicht den Buchtitel bezeichnen; s. dazu AUNE, Revelation 1–5 (s. Anm. 5), 3f.

[148] Vgl. Eus. *h.e.* IV,26,2; s. die Belege bei AUNE, Revelation 1–5 (s. Anm. 5), 4.

[149] So die ansprechende Vermutung bei AUNE, Revelation 1–5 (s. Anm. 5), 4.

[150] Tertullian, *Adv. Marc.* III 14,3 (s. dazu AUNE, Revelation 1–5 [s. Anm. 5], 4).

[151] Dazu insbesondere HILL Corpus (s. Anm. 99), 450–464; s. MUTSCHLER, Corpus (s. Anm. 142); DERS., Irenäus als johanneischer Theologe, STAC 21, Tübingen 2004.

hanneischen Schriften auch (zumindest vereinzelt) handschriftlich zusammengestellt worden sein könnten.[152]

So könnte die rätselhafte Lücke im Codex Bezae einen Hinweis bieten. Dort fehlen zwischen den vier Evangelien (in der Reihenfolge Mt – Joh – Lk – Mk) und der Apostelgeschichte einige Seiten, und auf der letzten (rechten) Seite ist nur noch der Schluss des 3. Johannesbriefs in der lateinischen Übersetzung erhalten. D.h. die fehlenden Seiten enthielten wohl die Johannesbriefe in Griechisch und Latein nebeneinander. Weitere Überlegungen hängen von der Berechnung ab, wie viele Seiten in der ‚Lücke' des Codex Platz hatten und was diese enthalten haben können. Das Corpus Paulinum scheidet aus, aber auch ein Corpus der ‚Katholischen Briefe' ist unwahrscheinlich, da dies ab dem 3. Jh. meist mit Jud endete.[153] So kann Hill auf die ältere Argumentation von Chapman verweisen, der auf den in der Lücke fehlenden Blättern die Apokalypse und die ersten beiden Johannesbriefe vermutete[154] – eine Hypothese, die nach D. C. Parker nach wie vor „the most scientifically argued and acceptable that we have"[155] sei. Die Suche in solchen Lücken ist natürlich schwierig, und ein Beleg für die gemeinsame Überlieferung der fünf johanneischen Schriften ist damit nicht erbracht, zumal das Johannesevangelium hier gemäß der im Westen verbreiteten Reihenfolge nicht am Ende des Vierevangelienkanons steht, sondern als das zweite ‚apostolische' Evangelium nach Matthäus an zweiter Stelle, d.h. Lukas und Markus hätten in jedem Falle zwischen Johannes und den anderen johanneischen Schriften gestanden. Wenn Hill aus Besonderheiten der Textgestalt des Johannesevangelium in diesem Codex dann vermutet, dass der Schreiber für dieses nicht einfach eine Vorlage einer Vierevangeliensammlung, sondern eine andere Vorlage benutzt hätte, evtl. eine Handschrift, in der das Johannesevangelium mit der Apokalypse und den Johannesbriefen zusammen gestanden hätte,[156] wird die Argumentation doch sehr hypothetisch.

Zur Stütze der Annahme, dass es ein solches Corpus Johanneum bereits in der Antike gab, verweist Hill auf eine andere Unziale (= 0232) aus dem 3./4. Jh., die 2 Joh 1–9 auf einem Kodexblatt mit der Paginierung 164/165 enthält, so dass sich wieder die Frage nach den hier vorausgehenden Texten ergibt. Nach der Kalkulation von Roberts würde die Textmenge am ehesten durch das Johannesevangelium, die Apokalypse und den ersten Johannesbrief ge-

---

[152] Dazu HILL, Corpus (s. Anm. 99), 454.

[153] So HILL, Corpus (s. Anm. 99), 454 Anm. 7.

[154] J. CHAPMAN, The Original Contents of Codex Bezae, The Expositor 6th ser. 12 (1905), 46–53.

[155] D. C. PARKER, Codex Bezae. An Early Christian Manuscript and Its Text, Cambridge 1992, 9.

[156] So HILL, Corpus (s. Anm. 99), 455 mit Anm. 11, unter Verweis auf die in Joh von den anderen Evangelien etwas differierende Textform.

füllt.[157] Träfe diese Annahme zu, hätte hier eine handschriftliche Edition des ‚Corpus Johanneum' vorgelegen, aber dies setzt erstens voraus, dass es sich hier um eine reine Bibelhandschrift handelte (und nicht, wie etwa im Fall von P[72], um eine individuelle Sammlung biblischer und nichtbiblischer Texte), und zweitens enthält die Kalkulation über 160 Seiten viele Unwägbarkeiten hinsichtlich des Materials und der Einheitlichkeit der Schrift, so dass sie unsicher bleibt. Hill resümiert daher auch vorsichtig: „The codicological evidence does not prove but does suggest the existence of separate codices of the Johannine corpus".[158]

Schließlich verweist Hill auf die literarische Evidenz in der Hippolyt von Rom (Anfang 3. Jh.) zugeschriebenen Schrift *Contra Noetum*, die nicht nur Johannes und die Apokalypse erwähnt, sondern auch sagt, dass der im Johannesprolog begegnende Logos ‚unten' (ὑποβάς) in der Apokalypse (Apk 19,13) wieder begegne, so dass man aus der hier gewählten Formulierung vorsichtig folgern kann, dass dieser Autor das Evangelium und die Apokalypse in einer Handschrift zusammen vor sich hatte und dass er dies evtl. auch für seine Leser voraussetzen konnte. Eine solche Kombination in der Zeit vor der Produktion der großen, das ganze Neue Testament enthaltenden Codices wäre ein interessanter Hinweis darauf, dass die johanneischen Schriften auch im Sinne einer bewussten ‚editorischen' Entscheidung zusammengestellt werden konnten.

Diese spärlichen und gewiss auch unsicheren Beobachtungen legen in ihrem Zusammenklang doch nahe, dass die johanneischen Schriften, obwohl sie unterschiedlichen Überlieferungsströmen zugehörten, doch schon in früherer Zeit zumindest vereinzelt zusammengestellt werden konnten, was dann im Sinne einer bewussten Entscheidung oder eines spezifischen Interesses der Schreiber oder ihrer Auftraggeber zu interpretieren wäre.

4.3 Die Bezeugung von Evangelium und Apokalypse im 2. Jahrhundert

Die Beobachtungen zur Benutzung und Zitierung bieten noch stärkere Argumente dafür, dass die fünf johanneischen Schriften als ein zusammenhängendes ‚Corpus' angesehen und verwendet wurden.[159]

Wesentlich sind die Bezeugung bzw. Verwendung der johanneischen Schriften und die Aussagen über deren Verfasser.[160] Für die Zuschreibung

---

[157] C. H. ROBERTS, The Antinopolis Papyri, London 1950, I, 24f. (zitiert bei HILL, Corpus [s. Anm. 99], 455).

[158] HILL, Corpus (s. Anm. 99), 456.

[159] So fomuliert HILL, Corpus (s. Anm. 136), 459, es sei „quite abundant evidence from the way the Johannine writings were used in that century that at least the Gospel, the Apocalypse and the First Letter of John were commonly viewed as a ‚corpus'."

[160] S. zur Benutzung der Schriften im 2. Jh. auch die Tabelle bei HILL, Corpus (s. Anm. 99), 450, sowie die ausführliche Diskussion zum Evangelium ibid., 73–446, sowie in

dieser Schriften bzw. ihre kritische Infragestellung kann das Urteil von André
Heinze den Ausgangspunkt bieten: „Vor den Alogern und Dionysius von
Alexandrien gibt es keinerlei Hinweise darauf, daß das Verhältnis der JohApk
zu den joh. Schriften in irgendeiner Wiese problematisiert wurde."[161] D.h. die
ersten für uns greifbaren Personen, die (wohl beide Schriften) einem anderen
Autor als dem Apostel, nämlich dem Häretiker Kerinth, zuschrieben, sind um
200 n. Chr. der römische Presbyter Gaius und sein Kreis, und deren Interesse
war eindeutig die Delegitimation jener Schriften, auf die sich ihre montanisti-
schen Gegner beriefen. Dass sie sich in ihrer Auffassung auf irgendeine ältere
Tradition berufen hätten oder berufen konnten, ist nicht erkennbar. Ob sie
auch die Johannesbriefe ablehnten, wissen wir nicht. Erst deutlich später
begründet dann Dionysius von Alexandrien, ebenfalls aus sachlich-theologischen Motiven, aber zugleich mit scharfsichtigen sprachlichen Argumenten, dass die Apokalypse von einem anderen Autor stammen muss als das
Evangelium, wobei er dann seinem ‚Werturteil' entsprechend die Apokalypse
dem nichtapostolischen Presbyteros, das Evangelium ebenso wie den Brief[162]
aber dem Apostel Johannes zuschreibt.

Für die Briefe ist die Situation komplexer und von der Entwicklung der
Sammlung der ‚katholischen Briefe' mit bestimmt. Eine explizite Ablehnung
des 1 Joh begegnet jedoch nirgendwo; für 2/3 Joh wird erstmals bei Origenes
konstatiert, dass diese von einigen nicht als authentisch angenommen würden,[163] was sich vielleicht auf Vertreter der syrischen Tradition beziehen
mag.[164] Euseb rechnet dann mit der Möglichkeit, dass sie von einem anderen
Johannes stammten,[165] und erst Hieronymus äußerte dann gegen Ende des 4.
Jh.s explizit die in späteren Epochen wieder aufgegriffene Vermutung, sie
seien von dem bei Papias erwähnten Presbyteros.[166]

Der Befund zeigt jedoch, dass die johanneischen Schriften bei den kirchlichen Autoren um 200 (mit Ausnahme der kleinen Gruppe der Aloger)
generell anerkannt waren, und zwar nicht nur das Evangelium, sondern auch
die Apokalypse und – soweit eigens erwähnt – auch die Briefe: Ein gemein-

---

DERS., ‚The Orthodox Gospel' (s. Anm. 99); dort S. 242, eine Liste der ‚orthodoxen'
Schriften bzw. Autoren, die das Evangelium benutzen. Zur Kritik von Teilen der
Ergebnisse Hills vgl. allerdings auch T. NICKLAS, Probleme der Apokalypserezeption im 2.
Jahrhundert. Eine Diskussion mit Charles E. Hill, in: J. Verheyden/T. Nicklas/A. Merkt
(Hg.), Ancient Christian Interpretations of ‚Violent Texts' in the Apocalypse, NTOA 92,
Göttingen 2011, 28–45.

[161] HEINZE, Johannesapokalypse und johanneische Schriften (s. Anm. 80), 16.

[162] So bei Eus. *h.e.* VII,25,24. Dabei muss offen bleiben, ob er nur einen Brief oder alle
drei Briefe kennt.

[163] Vgl. Eus. *h.e.* VI,25,10.

[164] So die Vermutung bei HILL, Corpus (s. Anm. 99), 463.

[165] Eus. *h.e.* III,25,3.

[166] Hier. *vir. ill.* 9 und 18.

samer Gebrauch von Evangelium, Apokalypse und Brief(en)[167] ist um diese
Zeit bei einer Reihe Autoren und Texten zu konstatieren, so bei Irenäus, Tertullian, Clemens von Alexandrien und in dem vermutlich ebenfalls in diesen
Zeitraum zu datierenden *Fragmentum Muratorianum*,[168] ebenso im Brief der
Märtyrer von Vienne und Lyon,[169] in der *Epistula Apostolorum* und im *Evangelium Veritatis*. Das Evangelium und die Apokalypse werden nebeneinander
verwendet u.a. bei Theophilus von Antiochien und Melito von Sardes, in der
Passio Perpetuae et Felicitatis und natürlich bei den Montanisten[170], sowie –
schon kurz nach der Mitte des 2. Jhd. – bei Justin, der unser ältester expliziter
Zeuge für die Zuschreibung der Apokalypse an den Apostel Johannes ist,[171]
der aber auch das Evangelium gekannt und benutzt hat (wenngleich noch
nicht in demselben Maße wie die Synoptiker).[172]

Bei einigen der genannten Autoren finden sich zusätzliche Bemerkungen,
die die Zusammengehörigkeit mehrerer johanneischer Schriften explizit hervorheben.

Clemens von Alexandrien sieht das von ihm so genannte ‚geistliche Evangelium‘ und den (ersten) Brief dem gleichen ‚geistlichen‘ Prinzip folgen[173],
und auch die Apokalypse wird von ihm unter Hinweis auf die „apostolische
Stimme" zitiert.[174] Ob die Bemerkung in den Hypotyposen, dass der erste
Brief dem Evangelium ‚folgt‘, auf eine gemeinsame Ausgabe beider Schriften
hin gedeutet werden darf,[175] muss offen bleiben.

Das *Muratorische Fragment* benutzt den Beginn des ersten Briefes, um
das Evangelium und seine besondere Darstellungsweise einzuführen[176] und

---

[167] S. die Tabelle bei HILL, Corpus (s. Anm. 99), 450.

[168] Auf die jüngere Diskussion um die Spätdatierung dieses Fragments kann ich hier
nicht eingehen; s. zur Sache die Diskussion bei C. MARKSCHIES, Kaiserzeitliche christliche
Theologie und ihre Institutionen, München 2006, 228–234, sowie ausführlich J.
VERHEYDEN, The Canon Muratori. A Matter of Dispute, in: J. M. Auwers/H. J. De Jonge
(Hg.), The Biblical Canons, BETL 163, Leuven 2003, 487–556.

[169] Eus. *h.e.* V,1,3–2,8.

[170] S. die Aufstellung bei HILL, Corpus (s. Anm. 99), 450.

[171] Justin *dial.* 81,4 beruft sich Justin für das 1000jährige Leben der Christen in
Jerusalem auf die Apokalypse des Johannes, den er als „einer der Apostel Christi" einführt.
Auch *apol.* I 28,1 ist Beleg für den Gebrauch der Apk durch Justin (vgl. A. HEINZE,
Johannesapokalypse und johanneische Schriften [s. Anm 80], 20).

[172] *Apol.* I,61,4f. weist ziemlich klar auf den Nikodemusdialog zurück – gleichwohl ist
die Wertigkeit des vierten Evangeliums neben den Synoptikern vielleicht noch nicht ganz
etabliert. S. zur Diskussion HENGEL, Frage (s. Anm. 3), 61–67.

[173] Clem. Alex., *Hypotyposen*, Cassiodor-Fragmente, 3 (s. bei HILL, Corpus [s. Anm.
99], 452).

[174] Clem. Alex., *Paid.* II,119,1 mit Anspielung auf Apk 21,18ff.; s. dazu HEINZE, Johannesapokalypse und johanneische Schriften (s. Anm. 80), 23.

[175] So die Vermutung bei HILL, Corpus (s. Anm. 99), 452.

[176] HILL, Corpus (s. Anm. 136), 452f.

erwähnt noch einmal zwei Briefe ‚des Johannes‛, wobei etwas unsicher
bleibt, ob der Text insgesamt nur zwei johanneische Briefe oder doch – m.E.
wahrscheinlicher – alle drei[177] kennt und mit dem Evangelium in enge Verbindung bringt. Schließlich wird in diesem Verzeichnis auch die Apokalypse
des Johannes – neben der des Petrus – anerkannt.

Nicht zuletzt ist die Ablehnung des Evangeliums wie der Apokalypse
durch die Gruppe der sogenannten *Aloger* und ihre Zuschreibung an den Häretiker Kerinth[178] ein Beleg dafür, dass die Montanisten beide Schriften hoch
schätzten und wohl auch beide dem apostolischen Autor Johannes zuschrieben.[179] In der Konsequenz dessen war die Gruppe um den römischen
Presbyter Gaius dann genötigt, nicht nur eines der beiden so unterschiedlichen Werke zu verwerfen, sondern gleich beide, und zwar nicht als junge
Fälschungen, sondern durch die Zuschreibung an den Häretiker Kerinth, also
einen Zeitgenossen des ephesinischen Johannes.

Besonders wesentlich ist jedoch in dieser Hinsicht das Zeugnis des
Irenäus, von dem jede eingehendere Untersuchung ausgehen muss. Der galli-
sche Bischof ist in seinem Schriftgebrauch zwar keineswegs auf die
johanneischen Schriften konzentriert – Paulus, das lukanische Doppelwerk
und Matthäus werden bei ihm noch häufiger zitiert als Johannes[180] – doch
kommt den johanneischen Schriften vor allem in der Argumentation gegen
die gnostische Herausforderung eine entscheidende Bedeutung zu, und auch
quantitativ ist der Befund aufschlussreich, denn die Zitate und Referenzen auf
das Johannesevangelium bei Irenäus überragen das bei allen vorirenäischen
Autoren Gebotene bei weitem. Dabei bilden nach den Untersuchungen von
Bernhard Mutschler die johanneischen Schriften in ihrem Zusammenklang
einen besonderen Schwerpunkt im dritten Buch der irenäischen Pentalogie,

---

[177] Zur Begründung s. HILL, Corpus (s. Anm. 99), 136: "for by this time it is unlikely
that they would have customarily circulated separately."

[178] Irenäus erwähnt in *Adv. haer.* III,11,9 nur die Ablehnung des Evangeliums, aber ihm
ging es hier auch nur um die Evangelienfrage. Nach Eus. *h.e.* II,25,6 lehnte Gaius nur die
Apokalypse ab. Der Apokalypsekommentar des Dionysius bar Salibi sagt unter Verweis
auf Hippolyt von Rom, dass Gaius beide Schriften Kerinth zugeschrieben hätte (s. HEINZE,
Johannesapokalypse und johanneische Schriften [s. Anm. 80], 29f.). Neben den dort von
Hippolyt zitierten Argumenten findet sich auch noch eine ausführliche Diskussion der
Einwände gegen beide johanneischen Schriften Epiphanius (*Pan. haer.* LI; s. dazu HEINZE,
Johannesapokalypse [s. Anm. 80], 30f.).

[179] Vgl. HEINZE, Johannesapokalypse und johanneische Schriften (s. Anm. 80), 35;
HENGEL, Frage (s. Anm. 3), 26. Schon BOUSSET, Offenbarung (s. Anm. 76), 24, hatte die
Aloger als „die frühesten Zeugen für die Zusammengehörigkeit von Evangelium und Apk
des Johannes, als einer trotz aller Verschiedenheit aus den gleichen Kreisen
hervorgegangenen Literatur" bezeichnet.

[180] S. zu diesem Befund MUTSCHLER, Was weiß Irenäus (s. Anm. 29), 71–74. 228;
DERS., Corpus (s. Anm. 142), 4.

das an Bezügen auf die neutestamentlichen Schriften ohnehin besonders reich ist.[181]

Irenäus zitiert häufig aus dem Evangelium, aber auch aus dem ersten und zweiten Brief, wobei der zweite vom ersten nicht unterschieden wird,[182] also wohl in einer gemeinsamen Ausgabe mit dem ersten vorlag, und aus der Apokalypse. Letztere wird „fast durchgängig mit dem Hinweis auf Johannes" als Verfasser zitiert oder referiert[183], wobei hier als ein „festes Epitheton"[184] der Zusatz „Jünger des Herrn" erscheint.[185] Dieser Zusatz wird in gleicher Weise auch für den Verfasser des Evangeliums[186] und den Verfasser des ersten[187] und zweiten[188] Briefs verwendet. D. h. es ist völlig klar, dass Irenäus Evangelium, Briefe und Apokalypse ein und demselben Johannes zuschreibt, der in Ephesus bis in die Zeit Trajans gelebt haben soll.[189] Dabei meint er sicher den Zebedäussohn, denn die Bezeichnung „Jünger des Herrn" im Plural wird sonst nur auf den Zwölferkreis oder den Kreis der nachösterlichen Apostel bezogen.[190] Mit dem singularischen Epitheton hebt Johannes diesen Jünger ganz im Sinne der Lieblingsjüngerstellen des Evangeliums noch besonders aus dem Kreis der anderen hervor. Natürlich nennt er Johannes auch Apostel;[191] vom Zebedaiden spricht er explizit allerdings nur *adv. haer.* III 12,5, im Bezug auf die Szene Apg 4.

---

[181] MUTSCHLER, Corpus (s. Anm. 29), 507; vgl. DERS., Was weiß Irenäus (s. Anm. 29), 71f. 85f. und 135.

[182] *Adv. haer.* III,16,5–8 zitiert Irenäus zuerst „Johannes, den Jünger des Herrn," aus dem Evangelium (Joh 20,31), darauf, eingeleitet durch „in epistola sua" 1 Joh 2,18–22, wenig später, eingeleitet durch „in praedicta epistola" 2 Joh 7f., und schließlich wieder mit „et rursus in epistola ait" 1 Joh 4,1f. und danach 1 Joh 5,1 (s. HENGEL, Frage [s. Anm. 3], 101). D.h., Irenäus las den ersten und zweiten Brief als einen Brief bzw. hatte beide in einer zusammenhängenden Ausgabe vorliegen.

[183] DOCHHORN, Schriftgelehrte Prophetie (s. Anm. 12), 47 Anm. 33, will hier eine gewisse Unklarheit konstatieren im Blick darauf, ob Irenäus „als Verfasser der johanneischen Literatur und der Apc Joh den Zebedaiden oder den Presbyter Johannes im Blick hat." Doch auch wenn sich bei dem aus Kleinasien stammenden Bischof von Lyon noch Reste eines Wissens um das Wirken des ephesischen Presbyteros erhalten haben sollten, ist das Johannesbild doch faktisch schon ganz ‚apostolisch' überformt. S. zur Möglichkeit der Rückfrage hinter Irenäus MUTSCHLER, Was weiß Irenäus (s. Anm. 29), 695–742.

[184] MUTSCHLER, Was weiß Irenäus (s. Anm. 29), 697.

[185] Iren. *adv. haer.* IV,20,11; vgl. V,26,1.

[186] Iren. *adv. haer.* III,11,1; III,16,5.

[187] Iren. *adv. haer.* III,16,5.

[188] Iren. *adv. haer.* I,16,3.

[189] Iren. *adv. haer.* II,22,5.

[190] Dazu s. MUTSCHLER, Was weiß Irenäus (s. Anm. 29), 698.

[191] MUTSCHLER, Was weiß Irenäus (s. Anm. 29), 699.

Dieser Johannes soll nach Irenäus bis in die Zeit Trajans in Ephesus gelebt
und dort „das Evangelium" selbst herausgegeben,[192] aber eben auch die Apokalypse und die Briefe verfasst haben. Ansonsten weiß Irenäus freilich nicht
sehr viel von der Biographie des Johannes. Über das hinaus, was sich aus den
Lieblingsjüngerstellen des Evangeliums und den Erwähnungen des Zebedaiden in den Synoptikern und der Apostelgeschichte erschließen lässt, ist nur
noch die Anekdote über den abgebrochenen Besuch des Bades in Ephesus
bemerkenswert, das Johannes fluchtartig verlassen haben soll, weil dort sein
Gegenspieler Kerinth anwesend war. Diese Erzählung führt Irenäus explizit
auf Polykarp als Gewährsmann zurück. D.h. sein eigenes Wissen über Johannes ist also, soweit es sich nicht aus den Schriften erschließen lässt, aus
zweiter Hand, und eine der Quellen des Irenäus ist der mehr als eine Generation ältere Bischofskollege Polykarp von Smyrna.[193]

Die Rede von Johannes, dem ‚Jünger des Herrn', ist eine eigentümliche
und kohärente Sprachtradition, die als solche nicht aus den johanneischen
Schriften deduziert zu sein scheint, so dass sich zumindest vermuten lässt,
dass Irenäus auch sie der Überlieferung verdankt. Explizit nennt er neben
Polykarp die Tradition der kleinasiatischen Presbyter, so etwa wenn er in adv.
haer. II 22,5 aus Joh 8,57 die Sondermeinung belegt, dass Jesus an die fünf-
zig Jahre alt gewesen sei.[194] Zu den Presbyterüberlieferungen zählt auch die
Diskussion in adv. haer. V 30,1 über die Zahl 666 in Apk 13,18.[195] In einer
gründlichen Analyse der Herkunft und des Profils dieser Überlieferungen hat
Bernhard Mutschler wahrscheinlich gemacht, dass Irenäus auch diese Über-
lieferungen und damit zugleich sein Wissen um ‚Johannes, den Jünger des
Herrn', von seinem älteren Kollegen Polykarp hat, der – wie sein älterer Zeitgenosse Papias – den Presbyteros Johannes noch gesehen und gehört habe.
Polykarp ist insofern auch das ‚missing link' zwischen Papias und Irenäus.
Von ihm, dem „Lehrer Asiens",[196] dürfte Irenäus die Anschauung „vom einen
Johannes als dem Verfasser des ihm bekannten Corpus Johanneum übernommen haben",[197] die sich dann bei ihm selbst in einer schon sehr
gefestigten Form findet.

Von *Polykarp* behauptet Irenäus, er habe den ephesischen Johannes noch
gekannt,[198] freilich ist damit keine exklusive Abhängigkeit gemeint, da
Irenäus für Polykarp auch angibt, er sei „auch mit den übrigen, die den Herrn

---

[192] S. dazu MUTSCHLER, Was weiß Irenäus (s. Anm. 29), 701.

[193] MUTSCHLER Was weiß Irenäus (s. Anm. 29), 704; dort weiter 704–714 zu den
Gewährsleuten des Irenäus.

[194] S. dazu HENGEL, Frage (s. Anm. 3), 21. Auch in adv. haer. V,36,1 führt Irenäus eine
Johannesauslegung auf die „Presbyter, die Schüler der Apostel" zurück.

[195] HEINZE, Johannesapokalypse und johanneische Schriften (s. Anm. 80), 17.

[196] So die Bezeichnung in *MartPol* 12,2.

[197] So MUTSCHLER, Was weiß Irenäus (s. Anm. 29), 728.

[198] Iren. *adv. haer.* III,3,4.

gesehen hatten", noch in Verbindung gestanden.[199] In den Polykarp sicher zuzuschreibenden Schriften[200] – und das ist nur der frühe (und aus zwei Briefen zusammengefügte) *Brief an die Philipper* – findet sich ein enger Anklang an dogmatische Formeln der Johannesbriefe (*PolykPhil* 7,1).[201] Ob sich daraus eine Verwendung der Johannesbriefe und des Evangeliums[202] folgern lässt oder evtl. auch nur ein sehr enger Anschluss an die johanneische Überlieferung – was bei einer Abfassung des Briefs im ersten Viertel des 2. Jahrhunderts durchaus plausibel wäre –, kann hier offen bleiben.[203] Als Zeuge eines johanneischen Corpus ist Polykarp vielleicht doch nicht zu gebrauchen, er ist eher eine wichtige Instanz der Vermittlung der kleinasiatischen Presbytertradition an seinen jüngeren Kollegen Irenäus.

Gehen wir von hier noch einen Schritt zurück, dann bleibt – vermittelt durch Polykarp – v.a. *Papias* als erster möglicher Zeuge johanneischer Schriften. Doch wird hier das Bild noch unschärfer, weil wir von dem fünfbändigen Werk des Hierapolitaners nur wenige Fragmente kennen und auch diese vom Selektionsinteresse und dem theologischen Urteil der jeweiligen Tradenten (insbesondere vom negativen Urteil Eusebs über den Chiliasmus des Papias) abhängig sind. Gleichwohl ist – wenn irgendwo – hier der Schlüssel zur ‚johanneischen Frage' zu finden.[204]

Die Fragmente seines Werkes, das wohl zwischen 120 und 135 entstanden sein dürfte,[205] zeigen noch Anklänge an johanneische Phraseologie,[206] die bei Papias gebotene Jüngerliste weist interessante Gemeinsamkeiten mit den johanneischen Jüngerlisten (und Differenzen zu den synoptischen) auf,[207] und seine Kritik an der Anordnung des Markusevangeliums lässt sich am ehesten

---

[199] Eus. *h.e.* V,20,6 vgl. V,24,16, und Iren. *adv. haer.* III,3,4; s. HENGEL, Frage (s. Anm. 3), 71f.

[200] Zu Problem s. C. E. HILL, From the Lost Teaching of Polykarp, WUNT 186, Tübingen 2005, will den Brief an Diognet ebenfalls Polykarp zuschreiben; s. auch DERS., Corpus, 351–357, zu seinen rekonstruierten späteren Lehren, sowie die Kritik an den Zuschreibungen weiterer Schriften bei B. MUTSCHLER, Glaube bei Polykarp, WUNT, Tübingen 2015 (im Druck).

[201] S. dazu auch P. HARTOG, Polykarp and the New Testament, WUNT 2/138, Tübingen 2001, 187–189.

[202] So HILL, Corpus (s. Anm. 99), 357.

[203] So HENGEL, Frage (s. Anm. 3), 72f.

[204] Zu Papias und der kleinasiatischen Johannesüberlieferung s. HENGEL, Frage (s. Anm. 3), 75–95, sowie R. J. BAUCKHAM, Papias on John, in: DERS., Jesus and the Eyewitnesses, Grand Rapids – Cambridge 2006, 412–437; C. E. HILL, What Papias Said about John (and Luke): A ‚New' Papian Fragment, JThS 49 (1998) 582–629; DERS., Corpus (s. Anm. 99), 385–396.

[205] So HENGEL, Frage (s. Anm. 3), 77; HILL, Corpus (s. Anm. 136), 384. Eine frühere Datierung, noch in der Zeit Trajans, vertritt HEINZE, Johannesapokalypse (s. Anm. 80), 16.

[206] So HENGEL, Frage (s. Anm. 3), 103–106.

[207] S. dazu HENGEL, Frage (s. Anm. 3), 80–86.

aufgrund der Kenntnis einer anderen, subjektiv ‚besseren' Anordnung der
Jesusgeschichte verstehen, was ebenfalls auf einen Anschluss an die johanneische Traditionslinie hindeuten könnte.[208]

Während Irenäus (*adv. haer.* V 33,4) Papias als Hörer des Johannes bezeichnet und dort selbst wohl keinen anderen als den Apostel meint, zeigt das
bei Euseb (*h.e.* III 39,4) überlieferte Papiaszitat jedoch deutlich, dass Papias
selbst offenbar „zwei Träger dieses Namens [unterscheidet], die er unabhängig voneinander und jeweils neben einem oder mehreren anderen als ‚Jünger
des Herrn' bezeichnet."[209] Nach eigenem Bekunden kannte der Kleinasiate
Papias selbst keine heiligen Apostel, sondern konnte „nur deren Nachfolger
und Nachfolger der Presbyter nach ihnen befrag[en]",[210] hingegen habe er
„Aristion und den Presbyter Johannes" noch selbst gehört. Somit erscheint
Papias als einer, wenn nicht gar der (einzige) Vermittler der kleinasiatischen
Presbyterüberlieferungen, die Irenäus vielleicht auch über seinen älteren
Kollegen Polykarp empfangen hat. Sofern die Überlieferung in *adv. haer.* V
30,1 auch auf ihn zurückginge, wäre für Papias auch eine Kenntnis der Apk
anzunehmen, doch ist dies nicht sicher zu stellen.[211] Als früher Zeuge für ein
Corpus Johanneum kommt Papias also kaum in Betracht, auch wenn Euseb
berichtet, dass er Zeugnisse aus dem ersten Johannesbrief benutze (*h.e.* III
39,17). Da solche Zeugnisse nicht überliefert sind, könnte sich hinter dieser
Notiz auch eine allgemeine Affinität zur johanneischen Tradition und Sprache verbergen.

Im Vergleich zwischen den spärlichen Papiasnotizen und ihrer Rezeption
bei Irenäus ist freilich eine Tendenz deutlich: Im Unterschied zu Papias, der
noch zwischen dem Apostel und dem Presbyter Johannes unterscheidet (und
nur letzteren gekannt haben will), kennt Irenäus nur eine Johannesgestalt.
Wenn er dabei an den jüngeren, seiner Zeit näher stehenden Presbyter an-
knüpft, so ‚amplifiziert' er diese Gestalt doch schon deutlich: „Für Irenäus ist
dieser bereits bei Papias ‚Herrnjünger' genannte Johannes in exklusivem Sinn
‚der Jünger des Herrn'."[212] Von einem gewaltsamen Ende dieses Johannes
weiß Irenäus nichts mehr. Bernhard Mutschler fasst die entscheidenden Ver-
schiebungen so zusammen: Für Irenäus ist dieser Johannes nun eindeutig

„der Verfasser des gesamten ihm bekannten Corpus Johanneum, und zweitens handelt es
sich um den an der Brust des Herrn Liegenden, den Apostel und Augenzeugen aus dem

---

[208] S. dazu HENGEL, Frage (s. Anm. 3), 86f.

[209] So MUTSCHLER, Was weiß Irenäus (s. Anm. 29), 725.

[210] MUTSCHLER, Was weiß Irenäus (s. Anm. 29), 725.

[211] So HEINZE, Johannesapokalypse und johanneische Schriften (s. Anm. 80), 19f.;
anders, aber hier doch etwas überzogen, die Konstruktionen bei HILL, Corpus (s. Anm.
136), 394f., der sich v.a. auf eine vermeintliche Paraphrase einer Papias zuzuschreibenden
Quelle bei Eus. *h.e.* III,24,5–17 beruft.

[212] MUTSCHLER, Was weiß Irenäus (s. Anm. 29), 725.

Zwölferkreis, mit einem Wort: um den Zebedaiden. Bei Irenäus fallen also die beiden auch in ihrem fragmentarischen Charakter noch differenzierten Johannesgestalten des Papias ineinander und verschmelzen miteinander. Für ihn ist der Presbyter identisch mit dem Zebedaiden."[213]

Historisch ist eben entgegen dieser Tendenz Papias zu folgen, der zwischen beiden Gestalten differenziert und selbst – auch in seiner Anlehnung an ‚johanneische' Tradition – offenbar nur von dem einen in Kleinasien anzutreffenden Johannes, dem Presbyteros, beeinflusst ist.

4.4 Die „Johanneisierung" des Corpus Johanneum: Vom Corpus Presbyteri zum Corpus Apostoli

Der Autor der Johannesbriefe und des Evangeliums (oder zumindest der Traditionsträger hinter demselben) ist allenfalls der in Ephesus wirksame „alte" Lehrer Johannes, nicht der Apostel. Dass dieser selbst Schüler des Apostels gewesen sei, wie es die Forschung bis zu Rudolf Schnackenburg angenommen hat, lässt sich nicht verifizieren. Es ist viel eher anzunehmen, dass der Apostel Johannes, dem man später ein langes Leben in Ephesus zugeschrieben hat, niemals dort war und dieses ‚Leben' erst aufgrund gewisser literarischer Prozesse bekommen hat: Denn durch die literarische Gestaltung des Johannesevangeliums wurde das Werk des kleinasiatischen Lehrers, des Presbyteros, dessen Namen ‚Johannes' wir nur von Papias wissen, mit der Aura eines ursprünglichen Augenzeugen versehen.

Es mag hier offen bleiben, ob der Evangelist mit der Lieblingsjüngergestalt eine literarische Selbstreferenz intendiert und sich so in die Jesusgeschichte eingezeichnet hat oder ob er diese Figur als eine bloß symbolische und literarische verstand. In jedem Falle wurde ihm durch die Herausgeber des Werks und ihre Identifikation des Lieblingsjüngers mit dem Autor (Joh 21,24) ein Mantel übergestreift, der historisch gesehen nicht der seine war: nicht nur der Mantel eines sonst unbekannten Zeugen der Jerusalemer Ereignisse um Jesus, sondern (durch die Leerstelle Joh 1,39) der eines Zeugen des ganzen Weges Jesu, wobei auf dem Hintergrund des Markusevangeliums der Gedanke an den Apostel Johannes unmittelbar naheliegt und wohl schon von den Herausgebern des Evangeliums insinuiert wurde. Die bei der Herausgabe des Evangeliums oder sehr bald danach hinzugefügte *inscriptio* nennt den Autor explizit Johannes, doch meint sie damit wohl bereits nicht mehr nur den Presbyter oder gar einen ganz anderen unbekannten Autor, sondern eben den Apostel. Die Überschriften der Briefe – wann auch immer diese zugesetzt wurden – meinen dann auch diesen Johannes und nicht mehr den kleinasiatischen Presbyter, der faktisch wohl ihr Autor war. D.h., durch die *inscriptiones* werden die vier Schriften von anonymen zu pseudepigraphi-

---

[213] MUTSCHLER, Was weiß Irenäus (s. Anm. 29), 725.

schen Schriften, was in diesem Fall durch Namensgleichheit zwischen dem
‚Alten' Johannes und dem Apostel Johannes begünstigt war.[214]

5. Das Problem der Zuschreibung der Johannesapokalypse und die Möglichkeit einer pseudonymen Autorfiktion

Zu fragen ist nun, wie dieser Entwicklung die Johannesapokalypse zugeordnet werden kann, die, wenn auch eine ‚Benutzung' bei Papias noch kaum zu
belegen ist, spätestens bei Justin, kurz nach der Mitte des 2. Jh., gleichfalls
als eine Schrift des Apostels Johannes galt.

5.1 Die textliche Evidenz

Die Apokalypse ist – wie schon erwähnt – die einzige der johanneischen
Schriften, bei der der Name „Johannes" im Text vorkommt, allerdings auffälligerweise nur in den Rahmenstücken: Der Name im „Vorwort" (Apk 1,1–3),
das als ‚Überschrift im Text' fungiert und das Johannes als Offenbarungs-
empfänger nennt (1,1fin: καὶ ἐσήμανεν ἀποστείλας διὰ τοῦ ἀγγέλου αὐτοῦ τῷ
δούλῳ αὐτοῦ Ἰωάννῃ), in der Eröffnung der brieflichen Einleitung (1,4–6) als
Absender der Botschaft an die sieben Gemeinden der Asia (1,4: Ἰωάννης ταῖς
ἑπτὰ ἐκκλησίαις ταῖς ἐν τῇ Ἀσίᾳ) und in 1,9 zu Beginn des Visionsberichts
als Ich-Erzähler mit den Attributen „Bruder und Mitteilhaber an der Bedrängnis..." (1,9: Ἐγὼ Ἰωάννης, ὁ ἀδελφὸς ὑμῶν καὶ συγκοινωνὸς ἐν τῇ θλίψει καὶ
βασιλείᾳ καὶ ὑπομονῇ ἐν Ἰησοῦ). Während der implizite Autor des Werks,
der ‚Seher', in der folgenden Visionenfolge zwar immer wieder hervortritt,
aber dort im erzählerischen Ich thematisiert wird, begegnet der Name Johannes erst wieder im Nachwort, das der Schlussvision folgt, zum Zweck der
Beglaubigung der Vision (22,8: Κἀγὼ Ἰωάννης ὁ ἀκούων καὶ βλέπων ταῦτα).
Ohne diese Rahmenstücke wäre der gesamte Visionsbericht anonym. „Johannes" wird nur durch sie zum Seher und impliziten Autor des Buches.

Zur Prosopographie dieses Johannes wird im Text nichts weiter gesagt als
dass er ein Mitchrist (ἀδελφός) sei, dass er an der Bedrängnis der Adressatengemeinden teilhat(te) und dass er zu unbekannter Zeit „um des Wortes Gottes
und des Zeugnisses Jesu willen" auf die Insel Patmos kam, wo dann am Herrentag die Vision situiert ist. Der Name „Johannes" wird nicht näher

---

[214] Eine Analogie, auch in Kleinasien, wäre die Verschmelzung zwischen den Gestalten
des Apostels Philippus und dem in der Apostelgeschichte (Apg 6,1.5; 8; 21,8) genannten
Evangelisten Philippus, die bereits bei Papias (Eus. *h.e.* III,39,4 und III 39,9) und dann bei
Polykrates (Eus. *h.e.* V,24,3) miteinander verschmolzen erscheinen. S. dazu HENGEL,
Frage (s. Anm. 3), 33 und 82.

bestimmt, was dafür spricht, dass es sich um einen den Adressaten bekannten Johannes handeln soll, und auch der Grund und der historische Rahmen seines Patmosaufenthalts werden nicht näher präzisiert. Es wird lediglich gesagt, dass „Johannes" wegen seines Christseins dort weilte: Ob es sich dabei um eine Verbannung (*relegatio*) handelte, wie die Tradition seit Tertullian, Clemens und Origenes behauptet,[215] oder ob er Patmos zum Zwecke der Mission besuchte, bleibt offen. Unklar ist ebenso, wann sich dieser Aufenthalt ereignet haben soll. Die Datierung auf die Zeit Domitians (und die Notiz über die Rückkehr nach Ephesus nach dessen Tod) bietet erst die spätere Tradition,[216] die dabei von der nachträglichen Einschwärzung des Domitianbildes durch die senatorische Opposition in Rom und die Stilisierung Domitians als Christenverfolger durch christliche Autoren bestimmt ist. Mit der Infragestellung des historischen Wertes der Aussagen über Domitian als Verfolger[217] ist nicht nur die Datierung des Patmosexils, sondern auch die Datierung der Apokalypse als literarisches Werk in der Forschung unsicher geworden.[218]

Apostolische Ansprüche erhebt „Johannes" nicht. Ungeachtet dessen will das Werk sehr wohl als gültige Offenbarung gelten, was schon die Rede von einer ἀποκάλυψις im Vorwort (1,1) und die Einführung des Visionsberichts in Anlehnung an biblische Prophetenbeauftragungen (1,9f.) zeigen und seine abschließende Beglaubigung durch den impliziten Autor (22,8) sowie die an Dtn 4,1f. angelehnte ‚Textsicherungsformel' (22,18) bekräftigen. Das Buch vertritt also durchaus den prononcierten Anspruch, ‚heilige Schrift' oder gar in gewissem Sinne die abschließende Zusammenfassung der prophetischen Bücher zu sein, und so wird der Seher bzw. implizite Autor in 22,8 auch als Prophet bzw. ‚Kollege' von Propheten angesprochen (was nicht zwingend bedeutet, dass er auch konkret und soziologisch irgendwelchen ‚Prophetenzirkeln' zuzuordnen ist).

Aufgrund dieser Daten wird das Werk zumeist orthonym einem sonst unbekannten (jedoch den Adressaten bekannten) ‚Propheten Johannes' zugeschrieben. Dieser hätte, obwohl ganz von der prophetischen und v.a. apokalyptischen Tradition geprägt, aufgrund seiner Geschichtsauffassung (der angebrochenen Endzeit) seine Botschaft nicht mehr verschlüsseln und daher nicht mehr wie jüdische Apokalyptiker pseudonym schreiben müssen, sondern seinen Namen aufdecken können.[219] In diesem Sinne rechnet die Mehrheit der Ausleger damit, dass diese Einführung des Visionärs in Apk 1,9

---

[215] Tert. *praescr. haer.* 36,6; Clem. Alex., *Quid dives* 42,2; Orig., *Comm. in Mt.* XVI,6; s. dann auch Victorinus Petavionensis *Comm. in Apoc.* 10,11. S. zum Ganzen HENGEL, Frage (s. Anm. 3), 310.

[216] Clem. Alex., *Quid dives* 42,2.

[217] So grundlegend bei L. L. THOMPSON, The Book of Revelation. Apocalypse and Empire, Oxford 1990, 95–115.

[218] S. zuletzt S. WITETSCHEK, Ein weit geöffnetes Zeitfenster (s. Anm. 8).

[219] So die Erklärung bei SATAKE, Offenbarung (s. Anm. 3), 123.

einen historischen Rückschluss auf den realen Autor des Werks erlaubt, un-
geachtet dessen, dass ein zeitlicher Zwischenraum und komplexe literarische
Prozesse zwischen dem ‚Offenbarungsempfang' auf Patmos und der Niederschrift bzw. Komposition des literarischen Werkes (evtl. nach seiner
Rückkehr, in der Asia) angenommen werden müssen. Wenn man sich diese
Prozesse vergegenwärtigt, erscheint die Annahme freilich, dass wir in 1,9
eine schlichte autobiographische Notiz und einen Reflex der tatsächlichen
Abfassungssituation vorliegen hätten, einigermaßen naiv. Ist der Visionsbericht in 1,9–18 dafür nicht allzu sehr stilisiert und konstruiert[220] und das Bild
des „Johannes" extrem dürftig und blass und im Übrigen nur auf die Rahmung des Werks begrenzt? Schließlich muss rätselhaft erscheinen, wie es von
einer Abfassung durch einen unbekannten Propheten Johannes zur baldigen
Zuschreibung an den Zebedaiden kommen konnte, die bei Justin belegt und in
der *inscriptio* wohl auch vorausgesetzt ist.

5.2 Die Rede vom ‚Propheten Johannes' – die selbstverständliche Annahme der Orthonymie und ihre Probleme

In den Standard-Einleitungen und Fachmonographien zur Apokalypse werden
diese Probleme weithin ignoriert. Diskutiert wird zumeist nur,[221] ob das Werk
– gemäß der Tradition – vom Apostel Johannes stammen kann oder ob es
dem bei Papias erwähnten Presbyter Johannes zuzuschreiben ist. Wenn eine
apostolische Autorschaft aus vielfältigen historischen Erwägungen und auch
aufgrund der expliziten Erwähnung der ‚zwölf Apostel' in Apk 21,14 nicht in
Frage kommt und auch die Zuschreibung an den Presbyter aus historischen
Gründen wohl zu Recht[222] zurückgewiesen wird, dann bleibt in der Regel nur
die Zuschreibung an einen anderen Johannes, einen sonst unbekannten Propheten, den man dann einem nicht näher bestimmten ‚Prophetenzirkel' in der
Asia zurechnen muss. Freilich ist das Profil dieser Prophetenzirkel ebenso
unklar wie das des hier namentlich genannten Johannes, und die Einführung
eines dritten Johannes neben dem Apostel und den Presbyter scheint eher ein
x durch ein y zu erklären und damit die Zahl der Unbekannten zu vergrößern.

---

[220] S. zur Analyse J. FREY, Die Bildersprache der Johannesapokalypse, ZThK 98
(2001), 161–185 (170–173).

[221] Zuletzt ausführlicher bei DOCHHORN, Schriftgelehrte Prophetie (s. Anm. 12), 45–50,
und bei SATAKE, Offenbarung (s. Anm. 3), 38f.

[222] So bei SATAKE, Offenbarung (s. Anm. 3), 39, der einwendet, dass der Verfasser der
Offenbarung als Prophet „grundsätzlich anders zu charakterisieren [sei] als ein Ältester,
der sich mehr auf die Autorität aus der Vergangenheit stützt als auf die direkte Wirkung
des Geistes." Damit ist freilich die spezifische Prägung der Selbstbezeichnung des
Presbyteros Johannes in 2 Joh 1 und 3 Joh 1 ebenso wie die Rolle der kleinasiatischen
Presbyter kaum hinreichend erfasst. Diese waren eben nicht nur ‚Älteste' im Sinne eines
Gemeindeamtes. Der Verweis auf die ‚Ältesten' als himmlische Gestalten in Apk 4–5 (so
bei SATAKE, ibid. 39), kann als Argument wenig bieten.

Wenn man die Apokalypse einfach einem unbekannten Johannes zuschreibt, der mit den übrigen „johanneischen Schriften" und ihren Autoren bzw. den mit ihnen verbundenen ‚Johannes-Gestalten' nichts zu tun hat, dann ist das durch die Überschriften und deren gemeinsame Referenz auf ein und denselben Johannes gestellte Problem elegant umgangen, aber nicht überzeugend gelöst.

5.2.1 Orthonymie in einer Zeit der Pseudonymie?

In der Auffassung, dass der in Apk 1,4.9 und 22,8 genannte Name „als authentisch angesehen werden kann"[223] wird die Orthonymie der Apokalypse oft eher vorausgesetzt als wirklich begründet, und dies, obwohl nur wenige der neutestamentlichen Schriften – vermutlich nur die authentischen sieben Paulusbriefe – tatsächlich Orthonymie beanspruchen können, während alle anderen Schriften anonym oder gar pseudonym sind. In dem Zeitraum, der für die Entstehung der Apokalypse anzusetzen ist, d.h. wohl gegen Ende des ersten oder in der ersten Dekade des zweiten Jhd., haben wir in der frühchristlichen Literatur überwiegend anonyme oder pseudonyme Schriften.

Dies gilt innerhalb des Neuen Testaments für alle deuteropaulinischen Briefe ebenso wie für das Corpus der Katholischen Briefe. Eine Ausnahme bilden hier nur die beiden kleinen Johannesbriefe, in denen sich der Autor zwar ohne Namensnennung, aber doch als der seinen Adressaten sicher bekannte „Alte" präsentiert. Bei den Apostolischen Vätern ist das Bild noch nicht grundsätzlich anders: Der 1. Clemensbrief will nicht von dem Individuum Clemens, sondern von der römischen Gemeinde autorisiert sein. Als orthonym gelten können lediglich die echten Ignatiusbriefe, deren Autor sich besonders stark an Paulus anlehnt, die beiden Briefe Polykarps und der Hirte des Hermas. Hinzu kommen dann die fünf Bücher der Auslegung der Evangelien des Papias und die Werke von (proto)gnostischen Lehrern wie Basilides. Einzige Parallele für eine orthonyme apokalyptische Schrift wäre der *Hirte des Hermas*, der immerhin auch zahlreiche visionäre Elemente enthält, doch letztlich gattungsmäßig schwer einzuordnen ist. Es erscheint jedoch zweifelhaft, ob man in dem skizzierten historischen Umfeld für den brieflich stilisierten Visionsbericht der Johannesapokalypse so fraglos eine orthonyme Abfassung annehmen darf. Wie Thomas Bauer mit Recht feststellt, wäre „die Johannesoffenbarung … die einzige orthonyme Apokalypse",[224] zumindest im fraglichen Zeitraum.

---

[223] So exemplarisch S. Schreiber, Die Offenbarung des Johannes, in: M. Ebner/S. Schreiber, Einleitung in das Neue Testament, Studienbücher Theologie 6, Stuttgart 2008, 559–585 (566).

[224] T. J. Bauer, Das tausendjährige Messiasreich in der Johannesoffenbarung, BZNW 148, Berlin – New York 2012, 342.

5.2.2 Pseudonymie als Rezeptionshindernis?

Wie kommt es zu dieser oft nicht näher reflektierten Annahme? Vermutlich spielen hier die kirchliche Tradition und auch ein ‚romantisches' Prophetenbild eine gewisse Rolle, Hinzu kommen, wie zuletzt in der Monographie von Jan Dochhorn, Erwägungen zur möglichen Wirkung der prophetischen Kritik in den Adressatengemeinden bzw. gegenüber den bekämpften Gegnern, die allerdings notwendigerweise unsicher und spekulativ bleiben müssen. Wenn Jan Dochhorn in seiner gelehrten Untersuchung[225] programmatisch postuliert: „Die Apc Joh ist kein Pseudepigraph",[226] begründet er dies konkret mit Überlegungen dazu, wie die Warnungen der Apokalypse gehört werden konnten:

„Wie sollte sich die Prophetin ‚Jezabel', wie auch immer sie in Wirklichkeit geheißen hat, von einer konkurrierenden Prophetie erschrecken lassen, als deren ‚Zeuge' ein längst Verstorbener figuriert? Und wie soll ein Autor, von dessen Tod man doch eigentlich gehört haben müßte, der Gemeinde in Laodizea so ohne weiteres die Botschaft übermitteln können, daß Christus sie ausspucken würde?"[227]

Aber ist ein solches Argument wirklich stichhaltig? ‚Wirken' die Mahnungen und Warnungen der Apokalypse leichter, wenn ‚Isebel' und die Laodicener Johannes als Wanderpropheten kennen, oder könnte dies nicht wieder andere ‚Rezeptionshindernisse' implizieren? Es ist immerhin kein Zufall, dass die Gemeindebriefe als Briefe des erhöhten Christus stilisiert sind und insofern zwar als direkte Anrede an die Gemeinden bzw. Botschaft über die Gegner. Ihr Geltungsanspruch gründet insofern nicht darin, dass sie Worte eines ‚Konkurrenzpropheten' sind oder gar ein ‚bekannter' Johannes schreibt, sondern dass sie gerade darin, dass sie Wort Christi bzw. des redenden Geistes und nicht einfach Zeitdiagnose eines zeitgenössischen Propheten Johannes sind. Ob und inwiefern Gegner wie die genannte ‚Isebel' sich die Warnungen der Apokalypse zu Herzen genommen haben, steht ohnehin auf einem anderen Blatt.

Das Problem der Wirksamkeit einer pseudonymen Gegnerpolemik stellt sich im Übrigen analog für andere frühchristliche Schriften wie die Pastoralbriefe oder den Judas- und den zweiten Petrusbrief, und auch deren reale Autoren haben mit der Wirkung einer pseudonymen Gegnerpolemik oder Gerichtsankündigung gerechnet. Jedenfalls ist mit diesem Argument noch längst nicht die „Echtheit der Verfasserschaft als wahrscheinlich" erwiesen.[228]

---

[225] S. zur Kritik an der rein futurischen Deutung von Apk 4–22 bei Dochhorn s. J. FREY, Was erwartet die Johannesapokalypse?, in: J. Frey/J. A. Kelhoffer/F. Tóth (Hg.), Die Johannesapokalypse (s. Anm. 8), 473–551 (498–500).

[226] DOCHHORN, Schriftgelehrte Prophetie (s. Anm. 12), 50.

[227] DOCHHORN, Schriftgelehrte Prophetie (s. Anm. 12), 50.

[228] So aber DOCHHORN, Schriftgelehrte Prophetie (s. Anm. 12), 51. Der entscheidende Unterschied dürfte kaum darin zu sehen sein, dass in Apk 3 das Verdikt gegen eine ganze Gemeinde ergeht, während die neutestamentlichen Briefe meist mit der positiven Reaktion

5.2.3 Ein Gegensatz zwischen christlichen und jüdischen Apokalypsen?

Daneben verweisen die Vertreter der Orthonymie gerne summarisch auf die Differenz zur Autorkonstruktion von frühjüdischen Apokalypsen wie z.B. 4 Esra oder 2 Baruch: Der in der Johannesapokalypse bzw. ihren Rahmenstücken genannte Seher und Autor „Johannes" ist keine Gestalt der Vorzeit oder der alttestamentlichen Heilsgeschichte, sondern eine Gestalt der christlichen Gemeinden, und dementsprechend fehlt auch das in jüdischen Apokalypsen häufige Element der *ex eventu* formulierten futurischen Geschichtsüberblicke (evtl. mit der kleinen Ausnahme der Königsliste Apk 17,9–11). Doch lässt sich mit dieser Entgegensetzung die Orthonymie der Apokalypse nicht positiv erweisen. Andere pseudonyme Schriften des frühen Christentums wählen ja ebenfalls Personen der frühchristlichen Geschichte wie Paulus, Petrus, Jakobus, Judas, Barnabas, Philippus oder Thomas als fiktive Autoren, d.h. Apostel oder andere Gestalten der apostolischen Zeit – was nicht heißt, dass dann nicht auch alttestamentliche Gestalten wie Elia, Zephanja oder Esra als Gewährsleute christlicher Apokalypsen hätten fungieren können oder ursprünglich jüdische Texte christlich bearbeitet und fortgeschrieben worden wären.

Gelegentlich wird die Differenz zu den frühjüdischen Apokalypsen als ein Hauptargument für die Orthonymie der Apokalypse angeführt. Weil in diesem Werk keine ‚historischen Apokalypsen' wie Dan 10–11 begegnen, und das Werk nicht von einer Gestalt der Vorzeit, sondern von einem namentlich genannten, den Adressaten wohl bekannten Johannes verfasst sein will und weil auch – anders als in Daniel, *4 Esra* oder der *Assumptio Mosis* – keine Versiegelung oder Verbergung der Botschaft gefordert wird, sondern das Werk in der jetzt angebrochenen Endzeit unmittelbar gelesen werden will (Apk 22,10.18; 1,1.3), sei die christliche Apokalypse in ihrer Legitimationsstruktur von frühjüdischen Apokalypsen abzuheben. Bei Dochhorn verbindet sich mit diesem Gattungsargument noch der Hinweis auf die mit der Pseudonymie verbundene Täuschungsabsicht: In Apk 17,9c–11 ginge es „dem Verfasser eben nicht darum, prophetische Kompetenz durch vaticinia ex eventu zu erweisen (bzw. vorzutäuschen). Sonst würde er sich selbst ja nicht gerade kurz vor dem Ende der Siebenerreihe platzieren..."[229] Soll hier die aufrichtige, wahrhaft prophetische Kompetenz des christlichen Propheten von dem ‚frommen Betrug' der jüdischen Apokalyptiker abgehoben werden? So richtig die skizzierten Beobachtungen an sich sind, so problematisch sind die damit verbundenen Wertungen. Noch viel weniger lässt sich aus diesem Ge-

---

der Adressaten rechnen. Auch die Gemeindebriefe der Apokalypse enthalten den Umkehrruf.

[229] DOCHHORN, Schriftgelehrte Prophetie (s. Anm. 12), 51.

gensatz die Orthonymie der Apokalypse und damit die historische Referenz der Patmosszene begründen.

Hinter dem hier exemplarisch aus Dochhorn zitierten Argument steht oft ein negatives Werturteil gegenüber der (jüdischen) Apokalyptik, das die Erforschung dieser Bewegung bzw. ihrer Literatur seit ihren Anfängen bestimmt:[230] Diese galt als Verfallserscheinung der Prophetie, als Form der Verarbeitung einer vermeintlich heillosen Gegenwart durch letztlich illusionäre Projektionen und Spekulationen, und gerade die pseudonyme Ausgestaltung frühjüdischer Apokalypsen wurde gerne als Ausdruck eines epigonalen Bewusstseins, als Zeichen mangelnder eigener Identität oder religiöser Kraft gedeutet, so etwa klassisch bei Philipp Vielhauer:

„Der Apokalyptiker schreibt nicht unter eigenem Namen, sondern unter dem Namen eines Großen der Vorzeit… Er hat nicht genügend eigene Identität wie etwa die Schriftpropheten, sondern muß sie sich von diesen Großen borgen.“[231]

Von dieser dunklen Folie (die die religiöse Kreativität und Subtilität der Autorfiktionen in der frühjüdischen Apokalyptik deutlich unterbewertet), kann sich die einzige christliche Apokalypse im biblischen Kanon nur dann positiv abheben, wenn ihr Verfasser nun in eigener prophetischer Autorität und eigenem Namen zur Feder greift.

Das in der skizzierten Argumentation vorausgesetzte Bild der frühjüdischen Apokalyptik ist allerdings mittlerweile in vielen Aspekten überholt. Nicht zuletzt aufgrund neuer Textfunde hat die Forschung gelernt, die religiösen Symbolsysteme apokalyptischer Texte, beginnend mit der Henochliteratur, neu zu würdigen und auch die in ihr enthaltenen Verfasser- und Autoritätskonstruktionen nicht nur als ‚frommen Betrug‘, sondern als Ele-

---

[230] S. zur Forschung W. ZAGER, Begriff und Wertung der Apokalyptik in der neutestamentlichen Forschung, EHS.T 358, Frankfurt a.M. 1989; J. Frey, Die Apokalyptik als Herausforderung der neutestamentlichen Wissenschaft. Zum Problem: Jesus und die Apokalyptik, in: M. Becker/M. Öhler (Hg.), Apokalyptik als Herausforderung neutestamentlicher Theologie, WUNT 2/214, Tübingen 2006, 23–94 (28–36).

[231] P. VIELHAUER, Einleitung, in: E. Hennecke/W. Schneemelcher (Hg.), Neutestamentliche Apokryphen II: Apostolisches, Apokalypsen und Verwandtes, Tübingen ³1964, 408 (so wörtlich übernommen in der überarbeiteten Fassung des Artikels von P. VIELHAUER/G. STRECKER, Einleitung, in: W. Schneemelcher [Hg.], Neutestamentliche Apokryphen II: Apostolisches, Apokalypsen und Verwandtes, Tübingen ⁵1989, 494). Interessant ist, dass in der Fortsetzung dieses wirkungsvollen Einführungsartikels nun (durch Georg Strecker) die Sicht der Johannesapokalypse verändert wurde: Schrieb P. VIELHAUER (ibid., 421) noch: „Wie die jüdische, so ist auch die christliche Apokalyptik pseudepigraph. Nur der Verf. der Joh.-Apk. schreibt unter eigenem Namen", kippt das Bild in der 5. Auflage (VIELHAUER/STRECKER, ibid., 507f.): „Wie die jüdische, so ist auch die christliche Apokalyptik pseudepigraph. Auch der Verfasser der Joh.-Apk. schreibt nicht unter eigenem Namen. Anders verhält es sich mit dem Hirten des Hermas, aber sein Buch ist … keine echte Apokalypse."

ment komplexer theologischer und sozialer Diskurse zu werten.[232] Pseudo-nymie ist damit hier wie auch in anderen Kontexten ein literarisches Stilmittel, dem nicht mit theologischen oder gar moralischen Werturteilen zu begegnen ist.

Obwohl die Apokalypse also prophetische Autorität beansprucht und in ihrer Sprache und Bildwelt viele Elemente alttestamentlicher Propheten (v.a. Ezechiel, Daniel, Jesaja und Sacharja) aufnimmt, sollte man doch nicht annehmen, dass der Autor des Werks als ‚religiöse Persönlichkeit‘ in eigener Autorität hervortreten wolle, wie man dies in Teilen der älteren Forschung von den alttestamentlichen Propheten dachte. Denn erstens ist es nicht die eigene prophetische Autorität, sondern ganz und gar die Autorität Christi, die in der Apokalypse beansprucht wird, und die Kraft ihrer Ankündigungen liegt nicht in der religiösen Persönlichkeit eines mit Isebel konkurrierenden Propheten, sondern in der Autorität des seine Briefe diktierenden Christus bzw. im Charakter des Textes als einer ‚Summe‘ der alttestamentlichen Prophetie.

5.3 Die Apokalypse als literarisches Werk und die Patmosszene

Was in dieser Diskussion noch nicht immer hinreichend gewürdigt wird, ist der Sachverhalt, dass die Johannesapokalypse eben ein literarisches Werk ist und dass darin alle Figuren zunächst einmal literarische Figuren sind – auch „Johannes" und selbst seine sieben Adressatengemeinden. Was in der Erforschung anderer narrativer Texte wie der Evangelien mittlerweile selbstverständlich ist, muss auch für die Visionserzählung der Apokalypse gelten. Wir haben hier nicht einfach das ‚schlichte‘ Zeugnis eines Propheten von seinem Erleben oder seiner Berufung vor uns, sondern eine subtile literarische Komposition, zu der auch die Rahmung und das Setting der Patmosszene gehört. Das ist auch in der Diskussion der Verfasserfrage zu berücksichtigen.

Das betrifft auch die Figur des Ich-Erzählers, der in der Apokalypse viermal namentlich erwähnt wird, zunächst in der dritten Person in der ‚Überschrift‘ (1,1) und als Absender des kurzen Briefes (1,4), bevor er dann

---

[232] S. zur grundlegenden Neuorientierung J. FREY, Die Bedeutung der Qumran-Funde für das Verständnis der Apokalyptik im Frühjudentum und im Urchristentum, in: J. Frey/M. Becker (Hg.), Apokalyptik und Qumran, Paderborn 2007, 11–62; DERS., Apokalyptik und das Neue Testament, Early Christianity 4 (2013), 1–6. Wahrgenommen ist das Problem immerhin bei I. BROER, Einleitung in das Neue Testament II, Würzburg 2001, 660: „Man wird diesen Geschichtsüberblicken in Futurform, geschrieben in angeblich ferner Vergangenheit, wohl nicht gerecht, wenn man sie ausschließlich als zum Zweck der Absicherung der wirklich futurischen, also auch für den tatsächlichen Verfasser noch in der Zukunft liegenden Aussagen geschrieben ansieht. Denn die entsprechenden Aussagen stellen eine eigenständige geistige Leistung dar, versuchen sie doch geschichtliche Zusammenhänge zu erfassen und zu deuten."

in 1,9 betont mit „Ich, Johannes" das Wort ergreift und diese Rolle bis zum
Ende (vgl. 22,8) beibehält, wobei sich seine Stimme immer wieder mit Ich-
Worten des erhöhten Christus mischt. Dies geschieht breit in den fiktional
vom erhöhten Christus diktierten Gemeindebriefen Apk 2–3, aber auch auffällig im Abschluss des Buchs z.B. 22,16, wo in analoger Sprechweise („Ich,
Jesus") der Erhöhte selbst spricht. Dazwischen eingeflochten finden sich (wie
im ganzen Visionsbericht) Stimmen himmlischer Gestalten, insbesondere des
Deutengels (22,9.10), dessen Stimme wieder in die Stimme Christi übergeht
(22,11), und selbst der Geist und „die Braut" kommen in diesem Teil zu Wort
(22,17), bevor dann wieder der implizite Autor spricht (22,18), Jesus sein
Kommen verheißt (22,19 und ein brieflicher Schlussgruß noch einmal die
Stimme oder nun wieder die Feder des Autors von 1,4 in Erinnerung ruft. Der
Schluss der Apokalypse ist besonders stark als polyphones Stimmengefüge
komponiert (was dem Gefüge himmlischer Stimmen in zahlreichen Einzel-
szenen des Visionsberichtes entspricht).

Die Figur des impliziten Autors als ‚Seher' begegnet auch innerhalb des
Visionsberichts, und auch hier ist die literarische Gestaltung deutlich. So
stellt sich der implizite Autor seinen Lesern als Mitchrist und Schicksalsge-
fährte vor (1,9: „euer Bruder und Mitteilhaber an der Bedrängnis"), um dann
von seinem Aufenthalt auf Patmos zu berichten. Doch bleibt dies äußerst
abbreviativ, und weitere Details zu seiner Person und dem Aufenthalt auf
Patmos fehlen völlig, vielmehr geht der Text sofort in die Schilderung der
Vision und Audition über, die erst in 22,8 mit der erneuten Namensnennung
endet. In dem so markierten Visionsbericht, der mithin fast das gesamte Buch
füllt, begegnet der ‚Seher' an weiteren Stellen, am häufigsten häufig in dem
stereotypen „ich sah…", gelegentlich in der Anrede durch den Deuteengel
und der Interaktion mit diesem und an einigen Stellen sogar in einem (fiktionalen) Ortswechsel (4,1; 17,1; 21,9), der jeweils auch kompositionelle
Bedeutung für das Buch hat. Die als Vision präsentierte ‚kosmische Reise'[233]
des Protagonisten ist somit auch in ihrer Dramaturgie als eine literarische
Komposition zu verstehen: „Johannes" wird von einem Deuteengel an verschiedenen Orten umhergeführt und auf einzelne Dinge hingewiesen, er
bekommt Erläuterungen (die freilich im Vergleich mit Texten wie *4 Esra*
oder *2 Baruch* sehr knapp gehalten sind)[234] und durchläuft in seinen Reaktionen auf das visionär Geschaute selbst einen ‚Lernprozess', z.B. wenn es

---

[233] Das Musterbeispiel dieser Gattung findet sich in 1 Hen 17–36, den kosmischen Rei-
sen Henochs; Parallelen sind aber auch z.B. in dem aramäischen New Jerusalem Text aus
Qumran, in dem ein Deuteengel den Visionär durch die heilige Stadt führt; s. dazu J. FREY,
The New Jerusalem Text in Its Historical and Traditio-Historical Context, in: L. H.
Schiffman/E. Tov/J. C. VanderKam (Hg.), The Dead Sea Scrolls – 50 Years After Their
Discovery 1947–1997, Jerusalem 2000, 800–816.

[234] Vgl. Apk 1,20; 7,13f.; 17,6–18; 19,9f.; 22,8ff.; s. dazu ausführlich H. REICHELT, Die
angelus-interpres-Texte in der Johannes-Apokalypse, EHS.T 507, Frankfurt 1994.

darum geht, von der Pracht Babylons nicht beeindruckt zu sein, sondern sich über ihren Sturz zu freuen (Apk 17,6; 18,20). Auch darin ist der Protagonist und implizite Autor Modell für die impliziten Leser, die gleichfalls zu dieser Einsicht und natürlich einer entsprechenden Verhaltensweise gelangen sollen. Die pragmatische Wirkung des Buches erfolgt somit bei weitem nicht nur in expliziten Mahnungen und Anweisungen, sondern gerade im Nachvollzug der ‚Erzählung‘, in immer neuen Einblicken in die vorgeführte Welt und auch im Nachvollzug der erzählten Reaktionen und Einsichten des Protagonisten. Die Apokalypse ist alles andere als nur ein schlichter ‚Erlebnisbericht‘ ihres Autors.[235]

Dies zeigt sich in zahlreichen weiteren Aspekten ihrer literarischen Komposition, so zunächst in der dichten Zusammensetzung wesentlicher Visionsbilder aus Elementen der alttestamentlichen Tradition, die bisweilen zu einer Überladenheit oder gar zu einem fast ‚surrealistischen‘ Charakter einzelner Visionsbilder führt,[236] in der Bildung von Vierer- oder Siebenerreihen von Bildern oder in kompositionellen Entgegensetzungen wie zwischen den beiden ‚Frauenbildern‘ der Hure Babylon (Apk 17–18) und der ‚Braut‘ des Neuen Jerusalem (Apk 21,1–22,8), in denen den Lesern die für sie entscheidende Alternative sinnenfällig vor Augen geführt wird.

Die kompositionelle Sorgfalt, die sich in einzelnen Strukturen zeigt, und die dichte Synthese der biblischen Bezüge machen deutlich, dass es sich bei diesem Werk um eine hochkomplexe literarische Komposition handelt, deren visionäre ‚Einkleidung‘ gleichermaßen literarisch komponiert ist. Auch wenn man einem Autor, der solches komponiert, die Vertrautheit mit visionären Erfahrungen keineswegs absprechen darf, ist dieses Buch doch alles andere als das bloße Transkript einer visionären Schau. Das Bild vom Seher auf Patmos, der einfach zum Himmel schaut oder visionär dorthin aufsteigt und dann unmittelbar notiert, was er sieht, ist Teil dieser fiktionalen Gestaltung.

---

[235] In seinem umfangreichen Versuch einer Rekonstruktion der Kompositionsgeschichte resümiert Franz Tóth (der meiner These der Pseudonymität der Apokalypse nicht folgt) zutreffend: „Die Zusammenfügung, Konzipierung, Strukturierung und theologische Akzentuierung der Visionsstoffe zu einem prophetischen Buch ist das Werk eines begnadeten Künstlers und schriftgelehrten Autors, der – wohl nicht zuletzt durch eigene visionäre Erlebnisse motiviert – offenbar mehrfach über längere Zeiten hindurch zur Feder gegriffen hat." (F. Tóth, Von der Vision zur Redaktion. Untersuchungen zur Komposition, Redaktion und Intention der Johannesapokalypse, in: J. Frey/J. A. Kelhoffer/F. Tóth (Hg.), Die Johannesapokalypse [s. Anm. 8], 319–411 [406]). Wie das Ganze dann noch „erlebter Visionsbericht" sein kann (so ebd.), zumindest in einer irgendwie geschichtlich auswertbaren Weise, ist m.E. allerdings fraglich.

[236] So z.B. in dem Bild vom Schwert aus dem Mund des Erhöhten in Apk 1,12–20; von den überall mit Augen besetzten Rädern bzw. Flügeln der Thronwesen in Apk 4–5, in der Zahl der Häupter und Hörner des des Tieres in Apk 13 oder in der kubischen Gestalt des neuen bzw. himmlischen Jerusalem in Apk 21; s. dazu meine Analysen in Frey, Die Bildersprache der Johannesapokalypse (s. Anm. 220), 161–185.

D.h., auch die Patmosszene ist keine ‚historische‘ oder ‚biographische‘ Erzählung über den realen Autor des Werks und seinen Offenbarungsempfang.
Vielmehr ist der Johannes, der auf Patmos weilt und am Herrentag eine Vision empfängt, in erster Linie ein fiktionales Gebilde. Ein unmittelbarer
Rückschluss auf die ‚historische‘ Gestalt seines Autors ist von hier aus m.E.
kaum möglich.

5.4 Die Aporien der literarischen Entstehung des Werks

Das bislang Ausgeführte ist m.E schwerlich zu leugnen. Doch nun treten
Fragen ins Blickfeld, über die nur schwer Sicherheit zu gewinnen ist. Ich
selbst hatte in dem eingangs erwähnten Artikel die Vermutung geäußert, dass
der Rahmen der Apokalypse – mit der Nennung des Namens Johannes – redaktionell sein könnte.[237] Im Hintergrund stand die Beobachtung, dass einige
sprachliche Eigenheiten, die der Sprache des Johannesevangeliums näher
stehen, sich in diesem Rahmen, im Eingangskapitel, den Gemeindebriefen
und im Schlussteil (ab 22,6 oder 22,9) leicht häufen. Freilich handelt es sich
nur um wenige Formulierungen in statistisch keinesfalls relevanten Zahlen,
die kaum eine ‚johanneische‘ Redaktion der Apokalypse bzw. deren Edition
durch einen von der ‚johanneischen Schule‘ geprägten Redaktor oder Herausgeber begründen können. Mein Schüler Michael Koch hat sodann in seiner
sorgfältigen Arbeit zu dem zentralen Kapitel Apk 12 die enge phraseologische Verbindung dieses Kapitels mit praktisch allen Teilen des Buches
aufgezeigt[238] und damit meine eigenen Vermutungen in Frage gestellt. Trotz
der intratextuellen Vernetzung scheint mir das Werk aber nicht in einem rein
synchronen Textverständnis erklärlich zu sein. Dies zeigen auch neuere
Kommentare.

Dabei stehen sich generell zwei Beobachtungen gegenüber: einerseits die
Wahrnehmung von Nähten und Strukturen, die auf ein Wachstum des Textes
oder auf bereits vorgeformte Ingredienzien schließen lassen, und andererseits
dann doch eine relative sprachliche und phraseologische Homogenität, die es
schwer macht, einzelne Teile aus dem Gesamtwerk herauszubrechen oder
Schichten der Entstehung zu unterscheiden. Und während die ältere Forschung, etwa in den Kommentaren von Bousset und Charles[239] hier mutig
Traditionsstücke und Schichtungen herausarbeitete, hat sich danach eine
gewisse Ernüchterung breitgemacht, und viele Kommentare beschränkten
sich auf eine weithin synchrone Interpretation des Werks. Aber trotz des an

---

[237] FREY, Erwägungen (s. Anm. 1), 420.

[238] M. KOCH, Drachenkampf und Sonnenfrau. Zur Funktion des Mythischen in der Johannesapokalypse am Beispiel von Apk 12, WUNT 2/184, Tübingen 2004, 124ff.

[239] BOUSSET, Offenbarung (s. Anm. 76), 141; R. H. CHARLES, A Critical and Exegetical
Commentary on the Revelation of St. John, 2 Bde. Edinburgh 1920, Bd. I, lxii–lxv und
lxxxix–xci. S. das Referat bei F. TÓTH, Von der Vision zur Redaktion (s. Anm. 235), 335f.

vielen Indizien erkennbaren ‚makrostrukturellen Kompositionswillens'[240] und der zahlreichen intratextuellen Vernetzungen ist eine einheitliche Entstehung des Werks textlich und historisch kaum wahrscheinlich. Diesem Befund versuchen zuletzt Modelle gerecht zu werden, die – wie etwa in den Kommentaren von David Aune und Akira Satake – mit der Integration älterer apokalyptischer Fragmente und dann mit einer evtl. zweistufigen Komposition rechnen.[241] Es ist jedoch m.E. fraglich, ob ältere Fragmente oder apokalyptische Versatzstücke sprachlich oder religionsgeschichtlich tatsächlich noch isoliert werden können. Umgekehrt werden fast immer die Gemeindebriefe Apk 2–3 zur jüngsten Schicht gezählt, weil sich hier die Anrede an die Adressaten am deutlichsten herausarbeiten lässt. Bei Aune kommen hier auch weite Teile von Kapitel 1 und der Epilog Apk 22,6–21 hinzu. Aus dem Eingangskapitel werden nur die V. 7–12a mit der Patmos-Szene, aber ohne die Einleitungsvision V. 12b–21 der älteren Schicht zugerechnet.[242] Bei Satake ist 1–3 und 22,6–21 insgesamt ein redaktioneller Rahmen.[243] Beide Autoren kommen meiner oben skizzierten Vermutung damit relativ nahe, wenngleich sich im Detail Differenzen und wohl bleibende Unsicherheiten ergeben.

Insbesondere wird das Verhältnis der Patmos-Szene zu den Visionen unterschiedlich gelöst. Nach Satakes Vorstellung hat der judenchristliche Prophet Johannes seine älteren, noch im Rahmen seines jüdischen Denkens und für andere Zwecke und noch im jüdischen Rahmen geschriebenen Stücke zunächst in ein Ganzes integriert, um „den Lesern ein geschlossenes christlich-apokalyptisches Geschichtsbild vorzulegen."[244] Kurz darauf „musste er nach Patmos ziehen" – wobei die Frage nach den Gründen offen bleibt – und verfasste dort, zur „Ermahnung und Ermunterung" der Gemeinden aus der Distanz die Sendschreiben, die Einleitung mit der Beauftragungsvision und wohl auch das Nachwort.[245] Auch mit dieser Konstruktion ist die Patmos-Szene praktisch historisch entwertet: Wenn man diese als literarischen Rahmen von dem zentralen Visionszyklus völlig ablöst, wird man zumindest nicht mehr mit Visionen auf Patmos rechnen können, wenngleich der ehemals jüdische Apokalyptiker in seiner früheren Zeit durchaus Visionen gehabt haben und unter deren Eindruck seine frühen Versatzstücke komponiert haben mag. Die Patmos-Szene wird jedoch zur reinen literarischen Szenerie.

Anders erfolgt die Rekonstruktion bei Aune. Ihm zufolge läge die Patmos-Notiz auf der Ebene der ersten Fassung, freilich folgte dort auf den Visions-

---

[240] So TÓTH, Von der Vision zur Redaktion (s. Anm. 235), 324–329.

[241] S. die sorgfältige Analyse bei AUNE, Revelation 1–5 (s. Anm. 5), cvi–cxxxiv, sowie das Referat bei TÓTH, Von der Vision zur Redaktion (s. Anm. 235), 336–338.

[242] AUNE, Revelation 1–5 (s. Anm. 5), cxxiv.

[243] SATAKE, Offenbarung (s. Anm. 6), 72f.

[244] SATAKE, Offenbarung (s. Anm. 6), 73.

[245] SATAKE, Offenbarung (s. Anm. 6), 73.

bericht in Apk 1,12a direkt die Thronvision Apk 4,1ff., und die ‚Beauftragungsvision' ist erst in der Letztfassung zugefügt. D.h. aus der Perspektive
der Letztfassung läge der Hinweis auf die Vision auf Patmos und ein mögliches Patmosexil des Autors bereits Jahrzehnte zurück[246] und wäre damit auch
ein nur noch literarischer Topos. Aber ganz gleich, ob der Visionär auf Patmos die Weisung bekommen haben mag, ein schon vorliegendes
Offenbarungsbuch zu edieren und an ‚seine' Gemeinden zu senden, oder ob
der Letztautor als Literat irgendwo in Kleinasien den schon mit Patmos verbundenen Visionenzyklus ediert – das Bild des Autors und seiner Verbindung
mit dem Visionsempfang einerseits und der Lokalität Patmos andererseits
verschiebt sich damit beträchtlich. Ob man die Szene dann noch historisch
oder biogaphisch auswerten kann, ist fraglich.

In Satakes Entwurf wäre die erste Edition ohnehin ein ganz anonymes
Werk, da alle Stellen mit der Nennung des Namens Johannes der Letztedition
zugehören. In Aunes Entwurf wäre die Namensnennung in Apk 1,9 vorgegeben, während die anderen Belege erst in der zweiten Edition hinzugekommen
wären. Aber in diesem Falle wäre der „Johannes", der sich als Visionär einführt, eine Gestalt, die bereits eine Generation vor der endgültigen
Herausgabe des Werks anzusetzen ist.

Eine ähnliche Rekonstruktion präsentierte zuletzt auch Franz Tóth in seiner Studie zur Kompositionsgeschichte der Apokalypse.[247] Anders als Aune
erfasst auch noch die ‚Überschrift' Apk 1,1–3 als Teil der ersten Edition, die
jedoch sonst aus Kapitel 1 nur die Verse 10 und 12 (also keinen Bezug auf
Patmos) enthalten habe, sowie dann Apk 4,1 – 22,10. Die briefliche Gestaltung durch Apk 1,4–6 mit den Versen 7f., der Patmosbezug in 1,9, der
Schreibbefehl 1,11 und die Beauftragungsvision in 1,12b–20, die Gemeindebriefe in Kapitel 2–3 und der Schlussdialog Apk 22,11–20 gehörten dann zur
Endfassung.

Die Entscheidung zwischen diesen Hypothesen ist nicht leicht. Ob 1,9–12a
oder auch 1,10.12a tatsächlich ursprünglich als Einleitung der Visionenfolge
4,1 – 22,5 (oder 22,10) fungierten, ist schwer zu erweisen. Wenn man überhaupt sauber zwischen einem (abgeschlossenen) Hauptteil und seiner
Rahmung trennen kann, dann sind aber sehr wahrscheinlich weite Teile der
Kapitel 1–3 insgesamt der letzten Stufe der Entstehung des Werks zuzuordnen. Das würde aber bedeuten, dass ein anonymer visionärer Traditions-
komplex sekundär ‚johanneisiert' wurde. Dies wäre entweder in dem Sinne
denkbar, dass ein Autor visionärer Texte diese letztlich unter Anfügung des
Patmos-Settings und des Namens ‚Johannes' herausgegeben und adressiert
hat (ohne dass damit zwingend Orthonymie gegeben sein muss), oder dass ein
bereits in der Überschrift (so Tóth) oder in einer knappen narrativen Situati-

---

[246] AUNE datiert seine Erstfassung relativ früh, um das Jahr 70 n. Chr.
[247] S. dazu TÓTH, Von der Vision zur Redaktion (s. Anm. 235), 355f.

onsangabe in 1,9 (so Aune) einem nicht näher spezifizierten „Johannes" zugeschriebener Visionsbericht mit weiteren Rahmenpassagen versehen wurde, in denen dieser Name nun eine immer stärkere Rolle spielt.

Welcher Johannes hiermit bezeichnet sein soll, ist jedoch ein Rätsel. Ist es ein sonst unbekannter Visionär und Prophet dieses Namens, der seine Texte selbst ediert oder ist eine anonyme visionäre Komposition, die nun unter dem Namen eines nicht näher zu erläuternden, d.h. den intendierten Lesern in Kleinasien wohl bekannten Johannes herausgegeben und versandt wird? Wenn somit der gesamte Visionsbericht, zusammen mit den hinzu komponierten Gemeindebriefen im kleinasiatischen Kontext um oder kurz nach der Jahrhundertwende in einen ‚johanneischen' Rahmen gestellt wurde, dann läge es auch nahe, hinter diesem Johannes die bekannte Gestalt des kleinasiatischen Johannes zu vermuten, historisch gesehen des bis in die Zeit Trajans in Ephesus lebenden Presbyteros, des Hauptes der johanneischen Schule der sich hier als ‚Autor' für eine derartige Zuschreibung anbot. Dass dieser dann bald – wie im Falle der anderen johanneischen Schriften – mit dem Apostel verschmolz, steht auf einem anderen Blatt, und spätestens Justin hat die Namensnennung oder vielleicht schon die *inscriptio* so verstanden.

Interessant erscheint in diesem Rahmen noch die die These des allzu früh verstorbenen Münsteraner Neutestamentlers Jens-W. Taeger, der aufgezeigt hat, dass die ‚Überschrift' Apk 1,1–3 als Metatext zum gesamten Rest des Werkes fungiert und dass in dieser das Werk eröffnenden kleinen Ringkomposition der Name Johannes (Apk 1,1fin) eine Zentralstellung erhält.[248] Träfe dies zu, läge hier noch eine ‚Zwischenstufe' vor zwischen der literarischen Stilisierung des Visionsberichts und der durch die sekundäre *inscriptio* dann erfolgten Zuordnung des ganzen Werks zum Apostel Johannes, mit dem der Text ursprünglich natürlich ebenso wenig verbunden war wie der der Briefe und des Evangeliums.

5.5 Warum der Name Johannes?

Es bleibt natürlich die Frage, warum die Herausgeber die anonyme oder allenfalls locker mit dem Namen eines Johannes verknüpfte Visionenfolge schließlich stärker ‚johanneisierten' und diesen Johannes dann nicht nur als Seher, sondern auch als Briefautor stilisierten. Der Verweis auf eine mögliche Überlieferung über eine Verbannung des ‚Alten' Johannes bereits in der späten neronianischen oder frühen flavischen Zeit,[249] die somit den historischen Rahmen für die spätere literarische Ausgestaltung der Patmosszene hätte bieten können, bleibt eher spekulativ. Eine andere Überlegung verdient eher

---

[248] J.-W. TAEGER, Offenbarung 1.1–3. Johanneische Autorisierung einer Aufklärungsschrift, NTS 49 (2003), 176–192.

[249] So HENGEL, Frage (s. Anm. 3), 311.

Beachtung. So hat Thomas Bauer zuletzt vorgeschlagen, dass die Anknüpfung an die Johannestradition sich weniger inhaltlichen Übereinstimmungen
mit der Theologie der Briefe und des Evangeliums verdanken dürfte als vielmehr der schlichten Tatsache, dass es sich hier um eine nichtpaulinische
Tradition handelt. Die anderen katholischen Briefe (mit Zuschreibungen an
Petrus, Jakobus und Judas) belegen ja, dass man gerade in Kreisen des frühen
Christentums, die der paulinisch-deuteropaulinischen Entwicklung kritisch
gegenüberstanden, nach Figuren suchte, die sich zur Autorisierung von
Schriften eigneten, für die Paulus nicht Pate stehen konnte. Die Johannesapokalypse steht ihrerseits in vieler Hinsicht in deutlicher Distanz zu den
Ansichten der paulinischen Briefe und den späteren Entwicklungen in der
Paulusschule. So wäre es denkbar, dass der Herausgeber der Apokalypse den
Namen ‚Johannes‘ wählte bzw. – wenn dieser schon vorlag – die Verknüpfung mit der kleinasiatischen Johannestradition vornahm, weil sie so „an eine
zweite nicht-paulinische Personaltradition Kleinasiens anschließen konnte.“
Im Falle einer pseudonymen Komposition oder Edition stünde „die Pseudonymität … also im Dienst einer sich gegen Paulus abgrenzenden Autorisierung des Werkes.“[250]

Der Anschluss an Johannes könnte insofern ähnlich wie der Anschluss an
Jakobus im Jakobus- und Judasbrief sowie der Anschluss an Petrus (und den
Judasbrief) im Zweiten Petrusbrief Ausdruck einer Positionierung sein, die
sich dezidiert kritisch mit den paulinisch-nachpaulinischen Entwicklungen in
Kleinasien auseinandersetzt, wie sie z.B. im Epheserbrief oder auch in den
Pastoralbriefen erkennbar sind.

Es würde nun zu weit führen, noch den inhaltlichen-theologischen Beitrag
der Apokalypse zum Corpus Johanneum (oder gar zum neutestamentlichen
Kanon) darstellen zu wollen.[251] Dazu wäre auf die (eher begrenzten) motivischen Bezüge und dann v.a. auf die vielfältigen Differenzen zwischen dem
vierten Evangelium und der Apokalypse einzugehen. Historisch scheint aus
diesen Gründen eine Herkunft aus dem gleichen Traditionsumfeld sehr unwahrscheinlich, aber auch die von Jens Taeger[252] geäußerte These, dass die
Apokalypse ‚tritojohanneisch‘ Entwicklungen im johanneischen Kreis (von
Evangelium und Briefen) weiterführe, lässt sich m.E. nicht über einzelne
Motive hinaus belegen.[253]

Innerhalb des Corpus Johanneum bringt die Apokalypse eine ganz andere
Stimme zur Geltung, als sie im Johannesevangelium und in den Johannesbrie-

---

[250] T. J. BAUER, Das tausendjährige Messiasreich (s. Anm. 224), 343.

[251] S. im Blick auf die Eschatologie FREY, Was erwartet die Johannesapokalypse? (s.
Anm. 225), 546–551.

[252] Grundlegend TAEGER, Johannesapokalypse und johanneischer Kreis (s. Anm. 247),
passim.

[253] Dazu s. FREY, Erwägungen (s. Anm. 1), 383–415.

fen vorliegt. In wesentlichen Elementen der Theologie und besonders in ihrer Position zur hellenistisch-römischen Gesellschaft vertritt sie eine markant andere Position als der Kreis um den Johannes-Evangelisten und Autor der Briefe. In ihrer Warnung vor Götzendienst gibt es immerhin noch geringe Anknüpfungspunkte im Ethos der johanneischen Wanderboten von 3 Joh 7–8, die bei Heidenchristen nicht einkehren wollten, und in der seltsamen Schlussmahnung des ersten Briefs 1 Joh 5,21. Aber in ihrer Eschatologie setzt sie doch so deutlich andere Akzente, als sie in den Johannesbriefen Briefen und im Johannesevangelium gesetzt werden, und in ihrem Verhältnis zur paganen Stadtgesellschaft und zum römischen Imperium vertritt sie eine Position, die jener der ‚johanneischen Schule' – also dem Evangelium und den Briefen – ebenso deutlich entgegengesetzt ist, wie auch jener der etwa zeitgleichen deuteropaulinischen Gemeindekreise (etwa der Pastoralbriefe). Das Gebet für den Kaiser ist etwas anderes als die Darstellung des Imperiums als ‚antichristliche' Bestie (Apk 13). Der Satz „Mein Reich ist nicht aus dieser Welt" (Joh 18,36) ist im Munde des johanneischen Jesus gerade nicht im Sinne eines Konflikts akzentuiert, und die in der Erhöhung des Gekreuzigten verwirklichte Königsherrschaft Jesu über die, die seine Stimme hören, unterscheidet sich diametral von der Konzeption der Verwirklichung der Herrschaft des „Königs der Könige" (Apk 19,16), deren Verwirklichung den Fall Roms und die Entmachtung der irdischen Machthaber voraussetzt. Dennoch ist diese Position bald – m.E. mit der redaktionellen Endgestalt – unter den Schirm der Autorität der ephesischen Lehrergestalt des ‚Alten' Johannes geschlüpft und hatte dann auch an deren Überblendung mit der älteren Figur des Apostels Johannes teil.

Dass diese ganz andere Stimme im Corpus Johanneum und dann auch im neutestamentlichen Kanon vielleicht auch unverzichtbare Sachverhalte zur Geltung bringt, steht auf einem anderen Blatt. Historisch ist es dennoch erstaunlich, wie leicht und offenbar auch wie schnell die Apokalypse als Schrift des Apostels und Evangelisten Johannes angesehen werden konnte und so das traditionelle Bild des Adler-Evangelisten mitprägen konnte. Dieser Vorgang ist m.E. schwerer erklärbar, wenn man die Apokalypse schlicht einem sonst unbekannten „Propheten Johannes" zuschreibt, als wenn man die Annäherung an die in den Johannesbriefen und im vierten Evangelium geronnene Johannestradition und damit ihre ‚Johanneisierung' bereits in dem Werk selbst und zumindest in seiner Letztredaktion ansetzt.

Die Johannesapokalypse und die armenischen Bibelübersetzungen im Wandel der Zeit

Ertrag, Tendenzen und Perspektiven der Forschung

Arthur Manukyan

1. Einleitung

„An Rätseln ist die Ap[o]k[alypse] nicht gerade arm. Manche sind gut bekannt, manche eher verborgen, und die verborgenen Rätsel sind oft die reizvollsten."[1]

Mit dieser Aussage beginnt Martin Karrer einen seiner rezenten Forschungs-aufsätze zu Geschichte und zum Forschungsstand der Johannesoffenbarung.[2] Das Urteil ist nicht nur aus der Sicht eines Neutestamentlers zutreffend, der sich mit Text und Inhalt der Apokalypse beschäftigt, sondern trifft auch den Kern der gegenwärtigen Debatten über dieses Buch, bedenkt man die bisweilen geheimnisvoll anmutenden Passagen, zu denen überdies erdrückend viele Kommentare, Auslegungen und Studien vorliegen. Auch für den Kirchenhistoriker stellt die Beschäftigung mit der Johannesoffenbarung eine reizvolle Aufgabe dar. Die Rezeptions- und Wirkungsgeschichte der Johannesoffenbarung zeigt sich im Lauf der Kirchengeschichte nicht weniger reich an Geheimnissen und Rätseln als die Exegese dieses letzten biblischen Buches.[3] Und wenn Martin Karrer in seinem Aufsatz anmerkt, dass die alten Überset-

---

[1] M. KARRER, Der Text der Johannesapokalypse, in: J. Frey/J. A. Kelhoffer/F. Tóth (Hg.), Die Johannesapokalypse. Kontexte – Konzepte – Rezeption, WUNT 287, Tübingen 2012, 43–78 (43).

[2] Martin Karrer (Wuppertal) und Stefan Alkier (Frankfurt a.M.) danke ich für die Anregung des Themas. Thomas Kaufmann (Göttingen) danke ich für die freundliche Unterstützung meiner Forschungsarbeit am Göttinger kirchengeschichtlichen Seminar. Bei der Entstehung des Aufsatzes profitierte ich überdies von den Gesprächen mit Felix Albrecht (Göttingen), Meliné Pehlivanian (Berlin) und Michael Rydryck (Frankfurt/M.). Ihnen sei ebenfalls ein besonderer Dank ausgesprochen.

[3] Vgl. dazu exemplarisch die Aufsätze in den neueren Veröffentlichungen: B. HEININGER (Hg.), Mächtige Bilder. Zeit- und Wirkungsgeschichte der Johannesoffenbarung, Stuttgart 2011 und H. G. GRADL/G. STEINS/F. SCHULLER (Hg.), Am Ende der Tage. Apokalyptische Bilder in Bibel, Kunst, Musik und Literatur, Regensburg 2011.

zungen der Apokalypse – hier ausdrücklich: die armenischen und die äthiopischen – zwar nicht den gleichen Rang wie die griechisch-lateinische Textüberlieferung hätten, aber auch nicht außer Acht geraten dürften, so berührt er zweifellos ein weiteres Forschungsfeld, das in der deutschen neutestamentlichen und kirchengeschichtlichen Forschung bislang kaum Beachtung gefunden hat. „Bes[onders] unbefriedigend ist die Forschungslage zum Armenischen".[4]

Bis heute bleiben in der Tat viele Fragen zur Überlieferung und Rezeption der Johannesoffenbarung im Bereich der Ostkirche und der orientalischen Kirchen offen: Wann wurde die Apokalypse in den Kanon der verschiedenen Teilkirchen der altkirchlichen »Oikoumene« aufgenommen? Ab wann lagen die ersten Übersetzungen in den verschiedenen orientalischen Sprachen, den Volkssprachen des Orients vor? Lassen sich diese ersten Übersetzungen heute noch in der handschriftlich erhaltenen Überlieferung nachweisen? Welche Rolle spielte die Apokalypse in der jeweiligen kirchlichen Überlieferung und Rezeption? Und nicht zuletzt: Wie lassen sich überhaupt gesicherte Erkenntnisse über diese und andere Fragen gewinnen, angesichts der komplizierten, schwer rekonstruierbaren Überlieferungsgeschichte sowie der unzulänglichen und oft schwer zugänglichen Forschungsliteratur?

Die Übersetzung der Johannesapokalypse in die Sprachen des christlichen Orients, insbesondere ins Armenische, wirft einen Katalog von Fragen auf, der von einer wechselvollen und von der klassischen Kirchengeschichte und weitgehend auch der neutestamentlichen Wissenschaft kaum wahrgenommenen Forschungstradition zeugt. Dieser werde ich im Folgenden genauer nachgehen. Im Vorfeld sind aber noch einige Fragen zu klären und die Forschungsdesiderata zu benennen.

2. Die Johannesapokalypse und ihre Stellung im armenischen Bibelkanon

2.1 Die Apokalypse im östlich- und orientalisch-orthodoxen Raum

In einer der neueren armenischen Veröffentlichungen unter dem Titel „Die Bibel und die armenische Kultur" wird im Blick auf den Stellenwert der Johannesoffenbarung konstatiert, dass sie bis zum 12. Jahrhundert „in der

---

[4] KARRER, Der Text der Johannesapokalypse (s. Anm. 1), 62–62. Eine recht anschauliche Einführung zu Armenien und zu den Armeniern mit einem reichen Karten- und Bildmaterial bietet die Veröffentlichung von N./M. STONE, The Armenians. Art, Culture and Religion, London 2007.

[armenischen] Kirche nicht verlesen wurde".[5] Damit wird ein Tatbestand dokumentiert, der in ähnlicher Weise auch für die Kirchen griechisch-byzantinischer Tradition gilt. Die Johannesoffenbarung war hier bis ins 10. Jahrhundert stark umstritten, insbesondere in Bezug auf ihre Kanonizität. Aber auch darüber hinaus wurde die Apokalypse „nie Bestandteil des liturgischen Lektionars" der östlichen Orthodoxie.[6] Die Bedenken gegen die Johannesapokalypse hatten weiterhin Bestand. Der zurückhaltende Umgang mit diesem Buch wird bisweilen auch als „eine pastorale Vorbeugungsmaßnahme der Kirche" gedeutet.[7] Im krassen Gegensatz dazu steht allerdings die vielfältige Rezeption der Johannesoffenbarung in der orthodoxen Liturgie, Buchmalerei und Ikonographie.[8]

Die erstaunliche Diskrepanz zwischen kanonischer Geltung und kirchlich-liturgischer Rezeption kündet nicht zuletzt von der Faszination, die die Apokalypse wohl zu allen Zeiten und in den verschiedenen Sprach- und Kulturräumen ausgeübt hat. Die Ambivalenz im Zusammenspiel von Tremendum und Faszinosum, die von diesem Buch bis heute ausgeht, belegt weiterhin prägnant der eingangs zitierte Aufsatz von Nikolakopoulos, der darum bemüht ist, der Apokalypse zu ihrem theologischen Recht zu verhelfen. Der Autor möchte „hinreichend deutlich" machen, dass die Johannesapokalypse „völlig kompatibel mit dem prophetisch-eschatologischen Ver-

---

[5] ՆԵՐՍԵՍ ՆԵՐՍԵՍՅԱՆ, Աստվածաշունչը և Հայ Մշակույթը, Երևան 2001, 20. Allgemein zum Thema siehe V. INGLISIAN, Armenien und die Bibel, Wien 1935. Die Übersetzungen aus dem Armenischen stammen hier und im Weiteren vom Verfasser.

[6] Vgl. K. NIKOLAKOPOULOS, Die Apokalypse des Johannes und die orthodoxe Liturgie. Anknüpfungspunkte zwischen Apokalypse und orthodoxem Kultus, in: Frey/Kelhoffer/ Tóth (Hg.), Die Johannesapokalypse (s. Anm. 1), 775–791, Zitat auf 787. Zur etablierten Begrifflichkeit im Blick auf die Östlichen und Orientalischen Orthodoxen Kirchen mit weiterführender Bibliographie siehe A. MANUKYAN, Konstantinopel und Kairo. Die Herrnhuter Brüdergemeine im Kontakt zum Ökumenischen Patriarchat und zur Koptischen Kirche. Interkonfessionelle und interkulturelle Begegnungen im 18. Jahrhundert, Orthodoxie, Orient und Europa 3, Würzburg 2010, 15–17.

[7] NIKOLAKOPOULOS, Die Apokalypse des Johannes und die orthodoxe Liturgie (s. Anm 6), 778. Zum Verständnis des neutestamentlichen Begriffs der Apokalyptik als literarische Gattung, als soziale Bewegung und als Ideologie siehe im Themenheft »Apokalypse« den Aufsatz von E. CUVILLIER, Das apokalyptische Denken im Neuen Testament. Paulus und Johannes von Patmos als Beispiele, ZNT 22 (2008), 2–12.

[8] Zu der armenischen Tradition der Ikonographie und Buchmalerei siehe weiterführend bei S. DER-NERSESSIAN, Miniature painting in the Armenian Kingdom of Cilicia from the twelfth to the fourteenth century, Vol. I and Vol. II, Dumbarton Oaks studies 31, Washington, DC. 1993.

ständnis der orthodoxen Liturgie" sei.[9] Und weiter heißt es bekräftigend: „Die Spiritualität und die kultischen Elemente der Johannesapokalypse sind unauflöslich mit dem Kultus der Orthodoxen Kirche verbunden und insbesondere mit der Eucharistie, in der die Lobpreisung der Heiligen Dreifaltigkeit eine herausragende Rolle einnimmt."[10] Im Blick auf den orientalisch-orthodoxen liturgischen und kultischen Umgang mit der Johannesapokalypse ist das letzte Urteil noch nicht gefällt. Auch die Untersuchung der spezifisch armenischen Rezeption und Überlieferung der Johannesapokalypse stellt trotz ihrer deutlichen Nähe zur griechisch-byzantinischen Tradition ein bleibendes Desiderat der Forschung dar.[11]

---

[9] NIKOLAKOPOULOS, Die Apokalypse des Johannes und die orthodoxe Liturgie (s. Anm. 6), 778. Eine „orthodoxe" Interpretation der Johannesapokalypse bietet auch der Beitrag von S. Despotis im vorliegenden Band.

[10] Ebd., 782.

[11] Zur armenischen Kirche und ihrer liturgischen Tradition siehe M. ORMANIAN, L'Église Arménienne. Son Histoire, sa Doctrine, son Régime, sa Discipline, sa Liturgie, sa Littérature, son Présent, Paris 1910 (engl. Übers. von G. Marcar Gregory und Terenig Poladian: The Church of Armenia. Her history, doctrine, rule, discipline, literature and existing condition, 2. rev. ed., London 1955); V. INGLISIAN, Die hl. Meßliturgie nach dem armenischen Ritus, Wien 1948; F. HEYER, Die Kirche Armeniens (Die Kirchen der Welt XVIII), Stuttgart 1978, L. HEISER, Das Glaubenszeugnis der armenischen Kirche, Sophia 22, Trier 1983; F. KÖCKERT, Sowrb Patarag – „Heiliges Opfer". Texte und Untersuchungen zur Liturgie der Armenisch Apostolischen Orthodoxen Kirche, Halle/Saale 1986 (masch. Diss.); M. K. KRIKORIAN, Die Armenische Kirche. Materialien zur armenischen Geschichte, Theologie und Kultur, Frankfurt a.M. 2002 und G. WINKLER, Die Basilius-Anaphora. Edition der beiden armenischen Redaktionen und der relevanten Fragmente, Übersetzung und Zusammenschau aller Versionen im Licht der orientalischen Überlieferungen, Rom 2005. Zur liturgischen Tradition der Östlichen Orthodoxie siehe A. VON MALTZEW, Liturgikon. Die Liturgien der Orthodox-Katholischen Kirche des Morgenlandes unter Berücksichtigung des bischöflichen Ritus nebst einer historisch-vergleichenden Betrachtung der hauptsächlichsten Liturgien des Orients und Occidents, Berlin 1902; M. TARCHNISVILI, Die byzantinische Liturgie als Verwirklichung der Einheit und Gemeinschaft im Dogma, Das östliche Christentum 9, Würzburg 1939; V. LOSSKY, Die mystische Theologie der morgenländischen Kirche (Geist und Leben der Ostkirche 1), Graz 1961; H. J. SCHULZ, Die Byzantinische Liturgie. Vom Werden ihrer Symbolgestalt, Sophia 5, Freiburg i.Br. 1964; J. TYCIAK, Gegenwart des Heils in den östlichen Liturgien, Sophia 9, Freiburg i.Br 1968; F. VON LILIENFELD, Die Göttliche Liturgie des hl. Johannes Chrysostomus mit den besonderen Gebeten der Basilius-Liturgie im Anhang. Einleitung in den Gottesdienst der orthodoxen Kirche mit besonderer Berücksichtigung des eucharistischen Gottesdienstes (Göttliche Liturgie), Oikonomia 2/C, Erlangen 1979; K. C. FELMY, Die orthodoxe Theologie der Gegenwart. Eine Einführung, Darmstadt 1990; DERS., Vom urchristlichen Herrenmahl zur Göttlichen Liturgie, Oikonomia 39, Erlangen 2000 und DERS., Diskos. Glaube, Erfahrung und Kirche in der neueren orthodoxen Theologie, Oikonomia 41, Erlangen 2003; ferner dazu K. ONASCH (Hg.), Lexikon Liturgie und Kunst der Ostkirche unter Berücksichtigung der Alten Kirche, Berlin

2.2 Die Frage nach dem armenischen Bibelkanon und eine spätmittelalterliche Antwort

Der armenische Umgang mit dem alt- und neutestamentlichen Bibelkanon ist alles andere als klar. Lassen sich beispielsweise in Bezug auf den AT-Kanon bisweilen noch Bücherlisten bei verschiedenen Autoren finden und somit für verschiedene Jahrhunderte der armenischen Kirchengeschichte Entwicklungen dokumentieren,[12] scheint dies im Blick auf den NT-Kanon kaum noch durchführbar.[13] In der bereits zitierten armenischen Publikation heißt es dazu kurz und prägnant: „Die Herausbildung des armenischen [Bibel-]Kanons ist äußerst schwer zu beantworten, da die vorhandenen Zeugnisse nicht hinreichend sind. Und insgesamt betrachtet: Es existiert kein klares und feststehendes Verständnis der Kanonizität."[14]

Stimmt die Aussage in dieser Form, bleibt zunächst offen, nach welchen Grundsätzen überhaupt Bücher ins Armenische übersetzt wurden. Und existiert kein klares Verständnis der Kanonizität, würde dies letztlich bedeuten, dass grundsätzlich alle in kirchlicher Benutzung oder anderweitig im Gebrauch stehenden Bücher ins Armenische übersetzt werden können. Die zugegebenermaßen schwer zu beantwortende Frage nach Regeln und Grundsätzen der Übersetzertätigkeit bedarf einer genaueren Untersuchung. Was in jedem Fall festzuhalten gilt, ist die Beobachtung, dass spätestens ab dem 12. Jahrhundert eine Antwort nach einem armenischen Bibel- oder NT-Kanon greifbarer wird. Das normative Denken im Blick auf die Kanonizität der biblischen Bücher im armenischen Kirchenraum setzt in dieser Zeit verstärkt ein. Die Bemühungen, die Anzahl der kanonischen Bücher zu bestimmen, werden erkennbar intensiviert.

Bereits Theodor Zahn hat sich in seinen Forschungen zur Geschichte des neutestamentlichen Kanons Ende des 19. Jahrhunderts mit armenischen Schriftverzeichnissen befaßt. Seine detaillierten Analysen beziehen sich unter anderem auf Autoren wie Samuel von Ani (12. Jh.), Johannes von Haghbat, genannt Sarkavag (12. Jh.), Mechitar von Airivank (13. Jh.).[15] Zahns Versuch, eine historische und kanonische Ordnung in die armenischen Bücherverzeichnisse hineinzudeuten und eine „Urliste" im Wandel der Zeit, ihre Wege und Abwege zu verifizieren, mag aus heutiger Sicht als gewagt und recht abenteuerlich erscheinen, zumal er sich weitgehend mit Übersetzungen

---

1993 (veränderte Ausgabe von „Kunst und Liturgie der Ostkirchen in Stichworten von 1981").

[12] Vgl. ՆԵՐՍԵՍՅԱՆ, Աստվածաշունչը և Հայ Մշակույթը (s. Anm. 5), 24–26.

[13] Vgl. ebd., 29.

[14] Ebd., 24.

[15] T. ZAHN, Forschungen zur Geschichte des neutestamentlichen Kanons und der altkirchlichen Literatur, V. Teil, Erlangen/Leipzig 1893, 109–158.

begnügen musste. Im Vergleich zu einer Fülle anderer altkirchlicher Bücherlisten bekommt Zahns Untersuchung zusätzlich dazu noch eine verwirrende
Komplexität. Die gegenseitigen Einflüsse dieser Quellen bleiben überdies
schwer zu belegen. Die Schriftverzeichnisse erweisen sich oft als Erzeugnisse
späterer Jahrhunderte. Zahns Untersuchung der Bücherlisten weist aber nach,
dass eine Fülle an apokryphem, pseudepigraphischem und deuterokanoni-
schem Schrifttum auf Armenisch – wie auch in den anderen Sprachen des
christlichen Ostens und Orients – im Umlauf gewesen ist.[16] Den armenischen
Übersetzern galt dieses Schrifttum offensichtlich als ebenso wertvoll wie die
später kanonisierten Schriften. Auch antike und spätantike literarische Werke
wurden tatkräftig ins Armenische übertragen. Sie wurden weiter tradiert und
rezipiert.

Um trotz der augenscheinlichen Monita die Gestaltwerdung eines biblischen Kanons spätestens nach dem 12./13. Jahrhundert im armenischsprachigen Raum dennoch zu veranschaulichen, sei hier Gregor von Tatew
(Grigor Tatʿewacʿi, 1346–1410) und sein umfangreiches Werk „Buch der
Fragen" („Գիրք Հարցմանց"/„Girkʿ Harcʿmancʿ") hervorgehoben.[17] Das
Werk gilt als die „Summa Theologica" dieses einflussreichen und hoch ge-
schätzten armenischen Kirchenlehrers des Mittelalters. Seine theologisch-
philosophischen Schriften erfreuten sich auch später großer Beliebtheit. Der
gelehrten Mission der Dominikaner und Franziskaner in Armenien und ihrer
Schriften setzte Gregor eine „armenische" Theologie bzw. „armenisierte"
theologische Gelehrsamkeit griechischer und auch lateinischer Kirchenväter
entgegen und wirkte somit bewusst im Rahmen seiner Kirche.

Das „Buch der Fragen" behandelt die über die Jahrhunderte hinweg strittigen dogmatischen und theologisch-philosophischen Fragestellungen. Gregor
zieht Bilanz. In seiner inhaltlichen Ausgestaltung präsentiert sich das um
1397 vollendete „Buch der Fragen" als ein „Buch der Antworten". Die Ant-

---

[16] Zum Forschungsstand der alttestamentlichen Apokryphen in armenischer Übersetzung
siehe die neueren Aufsätze bei M. E. STONE, Apocrypha, Pseudepigrapha an Armenian
Studies. Collected Papers. vol. I and vol. II, Leuven 2006. Zur Überlieferung der
neutestamentlichen Apokryphen siehe M. GEERARD, Clavis Apocryphorum Novi Testamenti,
Brepols 1992; zur armenischen Textüberlieferung siehe ferner L. LELOIR, Écrits Apocryphes
sur les Apôtres. Traduction de l'Édition Arménienne de Venise. I. Pierre, Paul, André,
Jacques, Jean, Turnhout 1986 und II. Philippe, Barthélemy, Thomas, Matthieu, Jacques Frère
du Seigneur, Thaddée, Simon, Listes d'Apôtres, Turnhout 1992.

[17] Գրիգոր ՏԱԹԵՎԱՑԻ, Գիրք Հարցմանց, Երուսաղեմ 1993 (Calouste Gulbenkian
Foundation Armenian Library, Jerusalem 1993). Zum ersten Mal wurde Girkʿ Harcʿmancʿ im
Jahre 1729 in Konstantinopel gedruckt. Zu Person und Werk Gregors siehe M.K. KRIKORI-
AN, Grigor Tatʿewacʿi: A Great Scholastic Theologian and Nominalist Philosopher, in: T. J.
Samuelian/M. E. Stone (ed.), Medieval Armenian Culture, University of Pennsylvania Arme-
nian Texts and Studies 6, Chico, CA. 1982, 131–141.

worten Gregors haben ihren Sitz im Leben zunächst in den konfessionellen Auseinandersetzungen seiner Zeit. Erst im zweiten Schritt ordnen sie sich in den wie auch immer gearteten innerarmenischen Diskurs bezüglich der Kanonizität der biblischen Bücher. Auf die Frage „wie viele und welche heiligen Bücher das Alte und das Neue Testament enthalten?" („Ո՞րքան են և ո՞րք գիրք սուրբք հին և նոր կտակարանք:") gibt Gregor eine ausführliche Antwort.[18] Der alttestamentliche Bücherkanon entspricht bei ihm der Aufstellung der Septuaginta und reiht sich somit in die weit verbreitete alt- und ostkirchliche LXX-Benutzung des Alten Testament ein. Der neutestamentliche Kanon hingegen folgt einer eigenen Anordnung. Gregor bietet dafür recht eigenständige Erklärungen an:

„Auch die neutestamenlichen [Bücher] sind bekannt. Das Evangelium [hat] vier Kapitel [= Teile, Paragraphen]: Matthäus, Markus, Lukas, Johannes. [Dann folgen:] Die Vision des Johannes und sein Entschlafen bei den Brüdern [= Dormitio Johannis]. [Alsdann:] Die Taten [der Apostel]. Und [die] sieben katholische[n] Briefe. Der erste von diesen ist [der Brief] des Jakobus. Zwei [Briefe] des Petrus. Drei [Briefe] des Johannes. Und der Letzte [ist der Brief] des Judas. Das macht [zusammen] vierzehn [Bücher].

Und [dazu zählen noch] die vierzehn Briefe des Paulus. Das macht [insgesamt] achtundzwanzig [Bücher].

Der erste der [Briefe des Paulus] ist [der Brief] an [die] Römer. Zwei [Briefe sind] an [die] Korinther. [Je ein Brief?] an [die] Galater, Epheser, Philipper, Kolosser. Zwei [Briefe] an [die] Thessalonicher. [Ein Brief] an [die] Hebräer. Zwei [Briefe] an Timotheus. [Ein Brief] an Titus [und ein Brief] an Philemon. Und [dann folgt] der dritte Brief an die Korinther. Und [der Brief] des Thaddäus. Das macht [zusammen] dreißig [Bücher].

Und so wie Klem[ens] [von Alexandrien] und Anania von Damaskus [?] aussagen, nimmt die Kirche weitere sechs Bücher an. Diese sind die Lesungen [aus dem] Jakobus. Und die zwei Kanones der Apostel. Die Worte [= Reden] des Justus. Das Buch des Dionysius des Areopagiters. Und die Predigten des Apostels Petrus."[19]

Zum Abschluss resümiert Gregor noch einmal die Zahlen. Das Alte Testament, das zuvor in gleicher Ausführlichkeit dargestellt worden war, wird als Vergleichspol herangezogen:

„Und damit sind es sechsunddreißig Bücher des Alten Testaments und sechsunddreißig Bücher des Neuen Testaments: Insgesamt also zweiundsiebzig [Bücher]."

Das Neue Testament gilt theologisch als das „Abbild" bzw. als gleichberechtigtes „Gegenbild" des Alten Testaments. Die heilige Schrift stellt eine Einheit aus gleich großen und gleich berechtigten Teilen dar. Dass bei Gregor die vier kanonischen Evangelien Teile eines einzigen und einheitlichen Evangeliums sind, mag zwar im Speziellen an die syrische Evangelienharmonie,

---

[18] ՏԱԹԵՎԱՑԻ, Գիրք Հարցմանց (s. Anm. 17), 450–451.
[19] Ebd., 450.

das Diatessaron Tatians, erinnern oder an die syrische Bibelübersetzungstradition insgesamt,[20] ist aber hier gleichwohl theologischer Natur. Das Buch des Evangeliums ist unteilbar eins, jedoch in vier Gestaltungsformen überliefert.[21] Auch das Wissen um die Theologie der „Viergestaltigkeit" des Evangeliums – vgl. die kleinasiatische Theologie des Irenäus von Lyon – darf hier vorausgesetzt werden.[22] Aus heutiger Sicht besagt Gregors Bücherliste weiter, dass noch Ende des 14. Jahrhunderts eine Reihe pseudo- und deuterokanonischer Schriften dem armenischen neutestamentlichen Kanon zugerechnet werden. Gregor kannte diese Schriften. Möglicherweise hat er sie auch besessen. Er dokumentiert aber auch weiterhin die innerkirchliche Uneinigkeit im Blick auf die Gesamtheit der Bücher des Neuen Testaments. Gregors Lösungsansatz für diese Problematik bleibt unverkennbar theologischer Provenienz. Die Johannesapokalypse hingegen gehört fest zum Kanon. Mit der „Vision des Johannes" („Տեսիլն յոհաննու") ist die Johannesapokalypse (Johannes als „Seher", vgl. Apk-Prolog) gemeint. Das ergänzt die im Armenischen für das Buch der Offenbarung ansonsten gebräuchliche Bezeichnung „Offenbarung, Enthüllung" („Յայտնութիւն"). Liegt hier ein Zeugnis vor, das möglicherweise einen abweichenden (älteren?) Sprachgebrauch für das Buch der Offenbarung anzeigt? Werden hiermit neue Interpretationsmöglichkeiten für das Eindringen der Johannesapokalypse in den armenischen Bibelkanon eröffnet?

2.3 Die Johannesapokalypse in den armenischen Drucken der Frühen Neuzeit

Die recht disparate Überlieferungsgeschichte der Johannesoffenbarung in der ebenso disparaten Kanongeschichte der armenischen Bibel ist sowohl in der alten und mittelalterlichen als auch in der frühneuzeitlichen Kirchengeschichte belegt. Das Neue Testament, das in der von Bischof Oskan Erewanc'i 1666 erstmalig in Amsterdam gedruckten armenischen Bibel präsentiert wird, enthält siebenundzwanzig Bücher;[23] der zweite Petrusbrief, der zweite und der dritte Johannesbrief und die Offenbarung gelten nicht als kanonisch.[24]

---

[20] Vgl. dazu B. M. METZGER, Der Kanon des Neuen Testaments. Entstehung, Entwicklung, Bedeutung, Düsseldorf 1987, 209–213 und U. SWARAT, Das Werden des neutestamentlichen Kanons, in: G. Maier (Hg.), Der Kanon der Bibel, Wuppertal 1990, 25–51.

[21] Vgl. dazu B. O. KÜNZLE, Das altarmenische Evangelium, Teil I: Edition zweier altarmenischer Handschriften und Teil II: Lexikon, Bern 1984.

[22] Vgl. dazu M. HENGEL, Die vier Evangelien und das eine Evangelium von Jesus Christus. Studien zu ihrer Sammlung und Entstehung, WUNT 224, Tübingen 2008.

[23] Zu armenischen Bibeldrucken in der Frühen Neuzeit siehe M. PEHLIVANIAN, Mesrops Erben: Die armenischen Buchdrucker der Frühzeit (1512–1800), in: „Armeni syn die menschen genant..." Eine Begegnung mit dem historischen Armenien (Staatsbibliothek zu

Die späteren Bibeldrucke schlagen ihrerseits unterschiedliche Wege ein. Sie legen – je nach benutzter handschriftlicher Quellengrundlage – andere Interpretationen nahe. Die bis heute autoritative neuzeitliche Textgrundlage für Untersuchungen bleibt weiterhin die Zohrab-Bibel, benannt nach dem armenischen Mechitaristen Johannes Zohrabean (Zohrapean), der diese 1803–1805 auf St. Lazzaro in Venedig in mehreren Bänden vorlegte.[25] Sein Quellenmaterial umfasst neben der Amsterdamer Oskan-Bibel acht weitere Bibelhandschriften aus der Bibliothek der Mechitaristen in Venedig.[26] Die Offen-

---

Berlin – Preußischer Kulturbesitz), Berlin 2001, 41–70 und DIES., Der Druck der armenischen Bibel und die armenisch-römischen Beziehungen vom 16. bis 18. Jahrhundert, in: Martin Tamcke (Hg.), Orientalische Christen und Europa. Kulturbegegnung zwischen Interferenz, Partizipation und Antizipation, Syriaca 41, 225–234. Vgl. dazu auch M. PEHLIVANIAN, Exotische Typen. Buchdruck im Orient, Orient im Buchdruck. Ausstellung der Staatsbibliothek zu Berlin, Preußischer Kulturbesitz, 7. April bis 10. Juni 2006, Berlin 2006; ferner die Ausstellungskataloge: Arménie. À l'occasion du 500ᵉ anniversarie de l'imprimerie arménienne, Geneve 2011; Գրի հավերժությունը – The Eternity of Writing. Exhibition on the occasion of the 500th anniversary of Armenian Printing, Yerevan 2012; Ճանաչել զիմաստություն եւ զխրատ – To know wisdom and instruction. A visual Survey of the Armenian Literary Tradition from the Library of Congress, Washington, DC 2012; Le livre arménien de la Renaissance aux Lumières: Une culture en diaspora, Paris 2012; Ausstellung zum 500. Jubiläum des Armenischen Buchdruckes, vom 17. April bis 20. Mai 2012 in Kunstforum Halle: Schriftkunst und Bildzauber. Das Begleitheft zur Ausstellung, Halle 2012. Die Hallesche Ausstellung wird ab Ende 2012 am Gutenbergmuseum in Mainz wieder aufgenommen. Zum armenischen Buchdruck liegt auch eine umfangreiche armenische Forschungsliteratur vor: Գ. Զարբհանալյան, Պատմություն հայկական տպագրութեան, Վենետիկ 1895; Ա. Տեր Խաչատուրյան, Հայ տպագրության նախակարապետը՝ Հակոբ Մեղապարտ, Անթիլիաս 1966; Ք. Կորկոտյան, Հայ տպագիր գիրքը Կոստանդնուպոլսում՝ 1567–1850թթ., Երևան 1964; Հ. Դավթյան, Հայ գիրքը 1801–1850 թվականներին. մատենագրություն, Երևան 1967; Ռ.Ա. Իշխանյան, Հայ գիրքը 1512–1920թթ., Երևան 1981; Ն. Ոսկանյան, Հայ գիրքը 1512–1800 թվականներին, հայ հնատիպ գրքի մատենագրություն, Երևան 1988.

[24] So ՆԵՐՍԵՍՅԱՆ, Աստվածաշունչը և Հայ Մշակույթը (s. Anm. 5), 32.

[25] H. ZOHRAPIAN (ed., with an introd. by Claude Cox), Astuatsashunch Matean hin ew nor ktakarants. Scriptures of the Old and New Testaments. The Zohrab Bible, Reprint Venedig 1805/1860, Classical Armenian text reprint series, Delmar, N.Y. 1984. Zu den Mechitaristen siehe Ք. Սարգիսեան, Երկհարիւրամեա գրականական գործունեութիւն և նշանաւոր գործիչներ Վենետիկոյ Մխիթարեան միաբանութեան, Վենետիկ 1905; V. G. MATFUNIAN, Der Orden der Mechitaristen, in: F. Heyer (Hg.), Die Kirche Armeniens. Eine Volkskirche zwischen Ost und West (Die Kirchen der Welt XVIII), Stuttgart 1978, 175–193 und M. K. ARAT, Die Wiener Mechitaristen. Armenische Mönche in der Diaspora, Wien 1990; vgl. ferner dazu den Ausstellungskatalog Roma–Armenia, Exposition a cura di Claude Mutafian, Grande Salle Sixtine, Bibliothèque Apostolique du Vatican, 25 mars – 16 juillet 1999, Roma 1999.

[26] So PEHLIVANIAN, Der Druck der armenischen Bibel und die armenisch-römischen Beziehungen vom 16. bis 18. Jahrhundert (s. Anm. 23), 231. Vgl. dazu ferner C. BURCHARD,

barung des Johannes, die hier gemeinsam mit der *Dormitio Joannis* – wie einst auch bei Gregor von Tatew – präsentiert wird, gehört dem Kanon an. Beide Bücher werden als Einheit verstanden. Möglicherweise wurden sie auch gleichzeitig ins Armenische übertragen. Stimmt diese Annahme, böten sich zugleich für die Datierung der Übersetzung der Johannesapokalypse ins Armenische neue Ansätze.

3. „A brief history" der altarmenischen Bibelübersetzungen

Nach diesen Ausführungen stellt sich unumgänglich die Frage nach den ersten armenischen Bibelübersetzungen und ihrer Überlieferung. Ihre Beantwortung kann dazu verhelfen, die Transformationswege der griechischen und auch der hebräischen Bibelhandschriften im armenischen Kulturraum nachzuvollziehen. Die Konzepte, die hinter dieser wichtigen Übersetzungsarbeit ausschlaggebend gewesen sind, lassen sich hier – wenn auch nur in ihren Ansätzen – ableiten.

Allgemein bekannt sein dürfte, dass die Übersetzung der biblischen Schriften ins Armenische zunächst aus dem Syrischen erfolgt ist.[27] Nach der Etablierung der armenischen Schrift zu Beginn des 5. Jahrhunderts durch das armenische Kirchenoberhaupt, den Katholikos Sahak Partew (ca. 350–439) und seinen Mitarbeiter, den Mönch und Erfinder des armenischen Alphabets Mesrop Maschtoz (Mesrop Maštoc, ca. 361–440) setzte sogleich eine ausgedehnte Übersetzungstätigkeit ein. Die Übertragung der Bibel gilt den altarmenischen Quellen zufolge als die erste Übersetzungstat. Das Buch der Sprüche aus dem Alten Testament machte den Auftakt. Antike Geschichtswerke, philosophische Traktate und weiteres kirchlich-theologisches Schrifttum folgten.

Studien zur Theologie, Sprache und Umwelt des Neuen Testaments, WUNT 107, Tübingen 1998, 345–386.

[27] Zu diesem Abschnitt vgl. insgesamt L. LELOIR, La Version arménienne du Nouveau Testament, in: K. Aland (Hg.), Die Alten Übersetzungen des Neuen Testaments, die Kirchenväterzitate und Lektionare. Der gegenwärtige Stand ihrer Erforschung und ihre Bedeutung für die griechische Textgeschichte, Berlin/New York 1972, 300–313; dazu auch die thematisch unterschiedlichsten Aufsätze in: T. J. SAMUELIAN/M. E. STONE (ed.), Medieval Armenian Culture (s. Anm. 17); S. AJAMIAN/M. E. STONE (ed.), Text and context. Studies in the Armenian New Testament. Papers Presented to the Conference of the Armenian New Testament, May 22–23, 1992, University of Pennsylvania Armenian Texts and Studies 13, Atlanta, GE. 1994; ferner J. M. ALEXANIAN, The Armenian Version of the New Testament, in: B. D. Ehrman/M. W. Holmes (ed.), The Text of the New Testament in Contemporary Research. Essays on the *Status Quaestionis*. A Volume in Honor of Bruce M. Metzger, Grand Rapids, MI. 1995, 157–172.

Die aus dem Syrischen übersetzte Bibel wurde im zweiten Anlauf auf der Grundlage eines aus Konstantinopel herbeigeschafften Bibeltextes revidiert. Zu klären wäre noch, ob der vorhandene armenische Text durch einen neuen ersetzt wurde, oder ob er aufgrund des Griechischen lediglich einer sprachlichen Revision unterzogen wurde. Diese Arbeit wurde jedenfalls höchstwahrscheinlich um die Mitte des 5. Jahrhunderts abgeschlossen. Konstantinopel als die politische und kirchliche Hauptstadt des benachbarten byzantinischen Reiches, an dem man sich orientierte, galt noch als die autoritative Instanz im Blick auf die strittigen kirchlich-dogmatischen Fragen. Der byzantinische Bibelkanon wurde möglicherweise schlicht kopiert. Auch nach diesen ersten Übersetzungen bzw. redaktionellen Neuordnungen wurde stets an den biblischen Texten gearbeitet. Die Übersetzer legten großen Wert auf sprachliche und stilistische Genauigkeit.

Die relative Nähe zumindest der beiden ersten quellentechnisch bezeugten Übersetzungstätigkeiten, also zwischen ca. 406–414 und ca. 431, die weitgehend unklare Zusammensetzung der Arbeitsgruppen, die sich an der Übersetzung beteiligten, ihr je eigentümliches Vorgehen, von dem wir ebenfalls wenig wissen, sowie die im Laufe der Jahrhunderte immer wieder neu erfolgten Textbearbeitungen und Textkorrekturen, gefolgt von den neuzeitlichen Drucken auf der Grundlage wiederum anderer Handschriften gestalten die Suche nach einem „armenischen Urtext" recht komplex. Syrismen und Gräzismen – und auch die später durch den Einfluss der Vulgata erfolgten Latinismen – steigern die Komplexität um einiges mehr. Die armenischen Bibeltexte warten bis heute mit massiven textkritischen und editorischen Problemen auf der einen und strukturellen Problemen auf der anderen Seite auf. Die intensive Beschäftigung der Armenier mit der biblischen Textüberlieferung durch die Jahrhunderte hindurch belegt ferner, mit welcher Ernsthaftigkeit der Frage nach autoritativen Schriften und ihren Inhalten nachgegangen wurde. Dass dabei gewissen Grundsätzen und Regeln Folge geleistet wurde, ist ersichtlich. Sie verlangen aber ebenfalls nach genaueren Untersuchungen. Eines gilt vor diesem Hintergrund aber festzuhalten: Das auch in den neueren Veröffentlichungen gerne zitierte Urteil Eberhard Nestles im Blick auf den Bestand des syrischen Bibelkanons – „kein Zweig der frühen Kirche hat mehr für die Übersetzung der Bibel in die Landessprache getan als das Syrische"[28] – kann nicht weiter auf diese Weise verabsolutiert werden. Die Bibelübersetzungen auch in anderen orientalisch-orthodoxen Nationalkirchen, hier am Beispiel des Armenischen verdeutlicht, erscheinen zumindest ähnlich vielschichtig. Auch hier legt die Handschriftenfülle Zeug-

---

[28] Zit. nach METZGER, Der Kanon des Neuen Testaments (s. Anm. 20), 209.

nis davon ab.[29] Im Blick auf die Johannesapokalypse ist weiter festzuhalten, dass sowohl die erste armenische Bibelübersetzung aus dem Syrischen, als auch die Revision der Texte, die auf der Grundlage eines griechischen Textes erfolgte, das Buch der Offenbarung sehr wahrscheinlich nicht enthielten. Das Buch der Johannesapokalypse lag für beide Traditionen – zumindest zu diesem Zeitpunkt – noch außerhalb einer endgültig bindenden kanonischen Ak-Akzeptanz. Der genauere Bestand der Ursprungstexte der ersten armenischen Bibelübersetzungen bleibt freilich einer breiteren Untersuchung vorbehalten.[30]

Eine andere Meinung zur Johannesapokalypse im Zuge der ersten Übersetzungen äußern dementsprechend auch die beiden bekannten armenischen Forscher zur altarmenischen Kirchen- und Literaturgeschichte Malakia Ormanian und Manuk Abeghian. Schreibt Ormanian im ersten Band seiner mehrbändigen Nationalgeschichte und der Geschichte der Armenischen Kirche noch einigermaßen vieldeutig, dass „die vollständige [= komplette] Heilige Schrift" durch die Autorität des Katholikos Sahak in die armenische Bibelbenutzung und damit in den Besitz der Armenier gelangten,[31] ist Abeghian im ersten Band seiner monumentalen Geschichte der altarmenischen Literatur fest davon überzeugt, dass die ersten Übersetzungen ins Armenische „die Gesamtheit der gottgegebenen Tradition" und „sogar das Buch der Apokalypse" enthalten hätten.[32]

---

[29] Bei der Edition und Analyse der armenischen Evangelientexte sind mittlerweile einige Fortschritte zu verzeichnen, siehe KÜNZLE, Das altarmenische Evangelium (s. Anm. 21). Die ersten Versuche recht disparaten Inhalts lassen sich auch bei anderen Textgattungen vermerken, siehe dazu die Aufsätze in: C. BURCHARD (ed.), Armenia and the Bible. Papers Presented to the International Symposium Held at Heidelberg, July 16–19, 1990 (University of Pennsylvania Armenian Texts and Studies 12), Atlanta, GE 1993.

[30] Zum syrischen Kanonbestand im Blick auf die Johannesapokalypse siehe neuerdings M. HEIDE, Die Syrische Johannes-Apokalypse. Zum gegenwärtigen Stand der Forschung, in: M. Labahn/M. Karrer (Hg.), Die Johannesoffenbarung. Ihr Text und ihre Auslegung, Leipzig 2012, 71–81.

[31] Մաղաքիա ՕՐՄԱՆԵԱՆ, Ազգապատում. Հայ Ուղղափառ Եկեղեցւոյ անցքերը սկիզբէն մինչև մեր օրերը յարակից ազգային պարագաներով պատմուած, Ա. Հատոր, Պէյրութ 1959, 266–286 (280).

[32] Մանուկ ԱԲԵՂՅԱՆ, Հայոց հին գրականության պատմություն, Գիրք առաջին (սկզբից մինչև Х դար), Երևան 1944, 69–104 (87). Vgl. dazu auch die älteren deutschen Überblicksdarstellungen: F. N. FINCK, Geschichte der armenischen Litteratur, in: C. Brockelmann (Hg.), Geschichte der christlichen Literaturen des Orients, Leipzig 1909, 75–130; A. BAUMSTARK, Die christlichen Literaturen des Orients, Leipzig 1911, O. BARDENHEWER, Die letzte Periode der altkirchlichen Literatur mit Einschluß des ältesten armenischen Schrifttums, Geschichte der altkirchlichen Literatur V, Freiburg 1932; ferner J. KARST, La littérature arménienne, Paris 1937.

Die Forschungsleistung Ormanians und Abeghians war bahnbrechend. Ihre Werke gelten als maßgeblich und richtungsweisend. In ihrer Gesamtheit bleiben sie auch heute noch unübertroffen. Sie sind aber an vielen Stellen und insbesondere da, wo eindeutige Nachweise fehlen oder die vorzufindenden Zeugnisse das Gegenteil nahe legen, als überholt anzusehen. Gewiss, im Falle der Übersetzung der Johannesapokalypse im Rahmen der ersten armenischen Bibelübersetzungen liegen lediglich Indizien vor. Genauere Schriftverzeichnisse aus den Anfängen der Bibelübersetzungen existieren nicht. Doch lassen die Ursprungsquellen der ersten armenischen Übersetzungen weitgehend annehmen, dass die Apokalypse des Johannes noch nicht in den gebräuchlichen Bibelkanon integriert worden war.

4. Die Forschung zur armenischen Johannesapokalypse von Friedrich Murad bis Robert W. Thomson

Die Frage nach dem Eindringen der Apokalypse in die armenische Bibel wurde im Rahmen der Kanonbildung auf der einen und im Zusammenhang der armenischen Bibelübersetzungen auf der anderen Seite behandelt. Nunmehr gilt es der Frage nachzugehen, wieviel an Forschungsarbeit im Blick auf den geläufigen armenischen Text der Johannesapokalypse geleistet worden ist. Auch hier kann nicht auf einen sicheren Erkenntnis- und Wissensstand zurückgegriffen werden.

In den Jahren 1905 bis 1911 erschien im Verlag der armenischen St. Jakobus-Kongregation in Jerusalem eine Edition des armenischen Textes der Johannesapokalypse.[33] Diese von Friedrich Murad (Ֆրիտէրիք Մուրատ) angefertigte Edition in drei Bänden (Einleitung – Text – Anmerkungen) ist die bis heute einzige umfangreiche Veröffentlichung dazu geblieben. Murad, ein Kenner der armenischen Handschriftenbestände in Jerusalem, hatte seine Edition aufgrund einer Jerusalemer (Handschriftlicher MS-Katalog Nr. 326, Քսստ հին համառոտ ձեռագիր ցուցակին Սաալյանեանց) und einer Berliner Handschrift (Königliche Bibliothek, jetzt: Staatsbibliothek zu Berlin, Preußischer Kulturbesitz, Sign.: Ms. orient. quart. 805[34]) besorgt.[35] Beide

---

[33] Ֆրիտէրիք ՄՈՒՐԱՏ, Յայտնութեանն Յովհաննու Հին Հայ Թարգմանութիւն ըստ երկուց օրինակաց, համեմատութեամբ յունական բնագրին և թարգմանութեան Ներսիսի Լամբրոնացւոյ, հանդերձ ներածութեամբ և ծանօթութեամբը, Յերուսաղեմ 1905–1911.

[34] Die Handschrift findet sich auch heute in der Staatsbibliothek Berlin unter derselben Signatur. Es ist eine aus achtzehn Teilen bestehende Sammelhandschrift aus Sebastia/Sivas, aus dem Jahr 1535, aus der Hand des Diakons Joasaph. Die Sammelhandschrift beinhaltet unter anderem die altarmenische Übersetzung des Alexanderromans („Erzählung

Handschriften haben eine identische griechische Textgrundlage gehabt, so
Murad, und unterscheiden sich deutlich von dem ab dem 12. Jahrhundert
üblich gewordenen armenischen Text der Johannesapokalypse.[36] Diese Übersetzung stelle ein „gänzlich autonomes, eigenständiges Werk dar, der
Übersetzung von Nerses von Lambron rundweg fremd" („բոլորովին
ինքնակաց առանձին գործ է, օտար ամենևին ի թարգմանութենէ
Ներսիսի Լամբրոնացոյ") und sei „ohne jede Zweifel alt [= älter]"
(„առանց ինչ երկմտութեան հնագոյն").[37] Murad selbst vertritt die Meinung, dass die Johannesapokalypse unter dem armenischen Katholikos und
Patriarchen Hovnan Mandakuni (Ende des 5. Jh.s) ins Armenische übertragen
worden ist.[38] Im Weiteren widmet sich Murad ausführlich der Geschichte der
armenischen Johannesapokalypse, die er aus verschiedenen Quellen nachzuvollziehen sucht. Zuletzt wird Nerses von Lambron (Nerses Lambronac'i,
†1199 in Tarsus/Kilikien), der die Johannesapokalypse ins Armenische übersetzte, herangezogen. Nerses veranlasste, dass der von ihm übertragene und
endgültig bearbeitete Text in die Kirchenlektüre der armenischen Kirchenge-
meinden aufgenommen wurde.[39] Seine Übersetzung geschah im Jahre 1179.[40]
1198 wurde die endgültige Version – nach einigen Revisionen und Verbesse-
rungen des Textes – fertig gestellt, Abschriften wurden den Gemeinden zur

---

(Geschichte) des großen Welteroberers Alexanders des Mazedoniers"), die im 5. Jahrhundert
ins Armenische übersetzt worden ist. Die altarmenische Übersetzung dieses Werkes zählt
neben der lateinischen und altsyrischen Version zu den ältesten Textquellen zum
Alexanderroman. Dass auch die Johannesapokalypse neben den Acta Ioannis („Geschichte
der wunderbaren Taten und […] des Apostels und des Evangelisten Johannes […] Insel
Patmos") in die Sammelhandschrift aufgenommen worden ist, gibt möglicherweise Auskunft
über die Entstehungszeit der Übersetzung der Apokalypse bzw. zu den ursprünglichen
Quellen des Schreibers Joasaph. Zum Text der Johannesapokalypse in der Sammelhandschrift
heißt es bei J. ASSFALG, Armenische Handschriften, Verzeichnis der orientalischen
Handschriften in Deutschland 4, Stuttgart 1962, 95: „Die Feststellung Fr. Murads trifft zu,
daß der armenische Text eine selbständige Übertragung einer vorzüglichen griechischen
Vorlage ist." Zu den anderen Inhalten der Handschrift siehe ebd., 93–100.

[35] Zu einem weiteren armenischen Apokalypsekommentar aus dem 12. Jahrhundert aus
dem Bestand der Königlichen Bibliothek zu Berlin liegt ein Aufsatz vor, siehe M. A. VAN
DEN OUDENRIJN, Ein Kommentar zur Apokalypse in der armenischen Handschrift Berlin 74,
Handes Amsorya, Zeitschrift der Wiener Mechitaristen/Ordo Mechitaristarum Vindobonensis
59 (1945), 87–98 und 61 (1947), 36–46.107–111. Zur Handschrift (Sign: Ms. or. quart. 304)
und ihrem Bestand siehe N. KARAMIANZ, Verzeichnis der armenischen Handschriften der
Königlichen Bibliothek zu Berlin, Berlin 1888, 56–58.

[36] ՄՈՒՐԱՏ, Յայտնութեանն Յովհաննու Հին Հայ Թարգմանութիւն (s. Anm. 33), S.
Չ.

[37] Ebd., S. Գ.

[38] Siehe ebd., S. Դ–Ե.

[39] Ebd., S. ՃԻ–ՃԻՒ.

[40] Ebd., S. ՃԻՒԳ.

Verfügung gestellt.[41] Als Grundlage für die Übersetzung diente Nerses von Lambron der im Osten weit verbreitete griechische Text und der Kommentar von Andreas von Cäsarea.[42] Nerses habe jedoch eine unzureichende armenische Übersetzung vor Augen gehabt, die er im Weiteren zur Korrektur einsetzte, so Murad, der daraus folgert, dass dieser ältere Text in den von ihm entdeckten Handschriften enthalten ist.[43] Die sprachlichen und stilistischen Auffälligkeiten und die evidenten Unterschiede der beiden Überlieferungen werden dokumentiert.[44] Eine Auseinandersetzung der Kirchengeschichte und der neutestamentlichen Wissenschaft mit den Thesen, Recherchen und Ergebnissen Murads ist bis heute weitgehend ausgeblieben.

Frederick Conybeare veröffentlichte 1907 eine eigene Edition des armenischen Apokalypsetextes.[45] 1971/72 verglich Joseph Molitor die Editionstexte von Conybeare, Murad und der frühneuzeitlichen Zohrab-Bibel im Rahmen der Kollationierung der armenischen Apokalypse für die Vetus Latina. Die Besonderheiten der armenischen Übersetzungen werden einhellig auf griechische Textvorlagen zurückgeführt, die Unterschiede und anders lautenden Stellen dagegen mit Verlese-, Hör- und Schreibfehlern erklärt. Die veränderte armenische Orthographie durch den westarmenischen Dialekt wird verzeichnet. Das Ergebnis Molitors bleibt allerdings ernüchternd. „So wird auch hier unser erster Eindruck bestätigt: die Zohrabausgabe, nicht Conybeare, schenkt uns meist, namentlich in den »manche« bezeichneten Handschriften, den sprachlich und textkritisch wertvollsten armenischen Text der Apokalypse."[46] Von der Edition Murads ist keine Rede mehr. Zu ergänzen ist noch, dass die Zohrab-Bibel die textkritischen Varianten mit den Vermerken „eine Handschrift", „eine andere Handschrift", „manche Handschriften" oder „einige Handschriften" anzeigt. Sie waren in dieser Editionstradition überaus üblich.

---

[41] Ebd., S. ՃԽԵ.

[42] Siehe dazu J. HERNÁNDEZ, Andrew of Caesarea and His Reading of Revelation: Catechesis and Paranesis, in: Frey/Kelhoffer/Tóth (Hg.), Die Johannesapokalypse. Kontexte – Konzepte – Rezeption (s. Anm. 1), 755–774.

[43] ՄՈՒՐԱՏ, Յայտնութեանն Յովհաննու Հին Հայ Թարգմանութիւն (s. Anm. 33), S. ՃԽԵ: „Արդ, խնդիր է՝ թէ ո՞ր եւ որպիսի՞ ինչ էր այն թարգմանութիւն Յայտնութեան, զոր Ներսէս Լամբրոնացի առաջի աչաց ունէր, յորժամ յերիւրէր եւ յարդարէր զիւր նորընծայ թարգմանութիւնն. – ապաքէն ո՛չ այլ ինչ բայց եթէ նորագիւտ թարգմանութիւնս, որպէս յայտ յանդիման ցուցանէ համեմատութիւն երկրոցուն թարգմանութեանց ընդ միմեանս".

[44] Siehe ebd., S. ՃՋ–ՅՃԷ.

[45] F. C. CONYBEARE, The Armenian Version of Revelation, Apocalypse of John, followed by Cyril of Alexandria's Scholia on the Incarnation and Epistle on Easter, London 1907. Zu Conybeare siehe G. KRÜGER, Frederick Cornwallis Conybeare †, ZNW 23/1 (1924), 1–7.

[46] J. MOLITOR, Zum Textcharakter der armenischen Apokalypse, OrChr 55 (1971), 90–148 und 56–172, 1–45 (48).

Der Suche nach weiteren Textzeugen für die Johannesapokalypse bereitet dies heute allerdings weiter massive Schwierigkeiten.[47] 2007 übersetzte Robert W. Thomson den bereits erwähnten Kommentar des Nerses von Lambron zur Johannesapokalypse ins Englische.[48] Diese Übersetzung nimmt den größten Teil der Veröffentlichung ein.[49] Das Leben und das Werk des Übersetzers werden skizziert.[50] Thomson stellt fest, dass keine verwertbaren Zitate aus dem Buch der Apokalypse bei den altarmenischen Autoren zu finden sind. Eine Ausnahme stellt bei ihm indes Gregor von Narek (Grigor Narekac'i, †1003) dar, wobei auch hier Zweifel weiter bestehen bleiben.[51] Die der Johannesapokalypse nahe stehenden Zitate werden mit ihren alttestamentlichen Bezügen erklärt. Die Existenz eines „vornersesianischen" Apokalypsetextes sei zu bejahen, allerdings gelten die unterschiedlichen Textvarianten als erst in der Zeit danach entstanden.[52] Auch hier bleiben viele offene Fragen weiter unbeantwortet. Die Zweifel im Blick auf die älteren Apokalypseübersetzungen und ihre handschriftliche Überlieferung können nicht ausgeräumt werden. Die Forschungsgeschichte zum armenischen Text der Johannesapokalypse macht zweierlei deutlich. Zum einen zeigt sich, wie die quellentechnisch gut dokumentierte Übersetzungsarbeit des Nerses von Lambron die Suche nach einem älteren armenischen Apokalypsetext wiederholt angespornt hat, dieser Suche aber genauso schnell wieder den Wind aus den Segeln nahm. Die Existenz eines älteren Textes wird immerhin beinahe von allen Forschern bejaht. Uneinig bleiben sie bei der Frage, wann diese Übersetzung anzusetzen ist, und wohl auch bei der damit eng verknüpften Frage, in welchen Handschriften dieser Text überliefert worden ist. Zum anderen wird deutlich, dass die bereits edierten armenischen Apokalypsetexte – wie beispielsweise die umfangreiche Edition und Untersuchung von Friedrich Murad – sich kaum einer wissenschaftlichen Auseinandersetzung erfreuen. Die Ergebnisse dieser Untersuchungen bleiben meist unberücksichtigt und die geleistete wertvolle historisch-philologische Arbeit wird nicht rezipiert. Doch gerade deshalb ist die Forschung zur armenischen Johannesapokalypse – und damit notwendig zu den armenischen Bibelübersetzungen insgesamt – bei Weitem noch nicht an ihr Ende gelangt. Die Erfor-

---

[47] Ein älterer Aufsatz zu den Handschriften der Mechitaristen in Venedig gewährt allerdings einige Einblicke auch in das Quellenmaterial der Zohrab-Bibel, siehe W. LÜDTKE, Der Katalog der armenischen Bibelhandschriften von S. Lazzaro, ZNW 17.1 (1916), 68–77.

[48] R. W. THOMSON, Nerses of Lambron. Commentary on the Revelation of Saint John. Translation of the Armenian Text, Notes and Introduction, Hebrew University Armenian Studies 9, Leuven 2007.

[49] Ebd., 39–199.

[50] Siehe ebd., 11–14.

[51] Siehe ebd., 8–9.

[52] Ebd., 6.

schung der Überlieferung zur armenischen Johannesapokalypse verlangt vielmehr nach neuen Arbeitsstrategien.

5. Fazit und Ausblick

1997 hat James Neville Birdsall einen weiteren Aufsatz veröffentlicht. Auf knapp sieben Seiten griff der englische Neutestamentler die Desiderata der Forschung im Blick auf den armenischen Apokalypsetext auf.[53] Eine heutigen wissenschaftlichen Kriterien genügende Edition des armenischen Textes sollte angeregt werden. An Aktualität hat Birdsalls Aufruf nicht eingebüßt. Das entworfene Desideratum der kirchengeschichtlichen und der neutestamentlichen Forschung besteht weiterhin.

Dass die Kanongeschichte im armenischsprachigen Bereich einer genaueren historischen Untersuchung bedarf, ist wohl die eine Beobachtung, die zum Schluss noch hervorzuheben bleibt. Seit Theodor Zahns Untersuchung gilt dies als eine grundlegende Feststellung.[54] Die Erfassung der armenischen Handschriften, die den Text der Johannesapokalypse enthalten, ist dabei unentbehrlich. Die Bibliotheken in Matenadaran/Jerewan, St. Jakobus-Kloster/Jerusalem und St. Lazzaro/Venedig mit ihrem umfangreichen Handschriftenbestand stehen der Forschung offen. Aber auch anderswo lassen sich kleinere und größere Funde machen.[55] In Deutschland stünde die Staatsbibliothek zu Berlin mit ihrem bedeutsamen orientalischen Handschriftenbestand zur Verfügung.[56] Eine kritische Gesamtedition des armenischen Textes der Johannesoffenbarung gilt es noch zu erstellen. Die Untersuchung des armenischen Textes der Apokalypse verlangt zudem nach einer genaueren philo-

---

[53] J. N. BIRDSALL, Remarks on the text of the Book of Relevation in Armenian, in: Nicholas Awde (ed.), Armenian Perspectives. 10th Anniversary Conference of the Association Internationale des Etudes Arméniennes. School of Oriental and African Studies, London 1997, 21–28 (Anmerkungen auf 367–368).

[54] Vgl. dazu die Büchertabellen bei ՆԵՐՍԵՍՅԱՆ, Աստվածաշունչը և Հայ Մշակույթը (s. Anm. 5), 84–93 (Հավելված 1–3); weitere Literaturhinweise zu Kanonverzeichnissen bei S.V. VOICU, La Patristica Nella Litteratura Armena (V–X sec.), in: A. Quacquarelli, Complementi Interdisciplinari di Patrologia, Roma 1989, 657–696 (662).

[55] Siehe dazu weiterführend C. COX, Biblical Studies and the Armenian Bible, 1955–1980, RevBib 89 (1982), 99–113 und DERS., Biblical Studies and the Armenian Bible, 1980–2002, RevBib 112 (2005), 355–368; ferner J. M. ALEXANIAN, The Ancient Armenian Text of the Acts of the Apostles, CSCO 643, Scriptores Armeniaci 31, Leuven 2012.

[56] Siehe ASSFALG, Armenische Handschriften (s. Anm. 34) und KARAMIANZ, Verzeichnis der armenischen Handschriften (s. Anm. 35). Die Kataloge der Orientabteilung sind zum Teil auch online abrufbar, siehe: http://staatsbibliothek-berlin.de/diestaatsbibliothek/abteilungen /orient (Stand: Nov. 2012).

logischen Textanalyse, die Aufschluss darüber geben kann, wann das letzte kanonische Buch der Bibel zuerst ins Armenische übertragen wurde. Dass diese Arbeit insgesamt die Grenzen der eigentlichen neutestamentlichen und kirchengeschichtlichen Forschung, aber auch die der anderen theologischen und historischen Fachgebiete überschreitet, steht freilich außer Frage. Doch gerade darin hat sie ihre unverkennbare Chance.

Das Zusammenwirken von Neu- und Alttestamentlern, Kirchenhistorikern, Armenologen, Syrologen, Byzantinisten und Orientalisten – alle diese Bereiche umfasst die Frage nach der armenischen Johannesapokalypse, das gegenseitige Fördern und Fordern im Rahmen von internationalen Kooperationen, bergen jedenfalls ein viel höheres Potential an Erkenntnisgewinn, als das jeweilige fleißige Forschen in den engen Grenzen der eigenen Fach-, Lebens- und Wirkungswelt. Eine solche fächer- und länderüberschreitende Zusammenarbeit kann dazu verhelfen, die Irritationen im Blick auf die bereits geleistete Forschungsarbeit zu überwinden. Sie wird aber auch notwendig weitere innovative Forschungsfelder eröffnen und neue Projekte ermöglichen. Erste bahnbrechende Schritte zu einer solchen fächer- und länderübergreifenden Arbeit sind in Deutschland getan worden, weitere sollten folgen.[57]

---

[57] Siehe dazu A. DROST-ABGARJAN und H. GOLTZ (Hg.), Armenologie in Deutschland. Beiträge zum Ersten Deutschen Armenologen-Tag, 16.–17.3.2000, Münster 2005 und DIES. (Hg.), 10 Jahre MESROP Zentrum für Armenische Studien, 1998–2008, Halle-Wittenberg 2010.

II. Poetologische Untersuchungen

„Nimm und verschling es!"

Elemente einer Poetik der Johannes-Apokalypse

Peter v. Möllendorff

Ein Klassischer Philologe, der etwas zur Erklärung der Apokalypse des Johannes beitragen will, tut gut daran, angesichts dieses Wagnisses[1] einige Erklärungen und auch Apologien vorauszuschicken. Apologien hinsichtlich dessen, worum es im folgenden Beitrag nicht gehen wird, obgleich es für das Thema wesentlich ist, und Erklärungen hinsichtlich einiger konzeptueller Voraussetzungen. Wesentlich für eine treffende Interpretation dieses Textes erscheinen mir – neben Fragen seiner Datierung und der Lokalisierung seiner Entstehung – etwa seine Verbindungen zum Alten Testament, zu den Evangelien (und hier insbesondere zur Logos-Theologie des Johannes-Evangeliums)[2], zu Positionen eines jüdischen und judenchristlichen Gottes- und Weltbildes, dann aber auch zu vergleichbaren syrischen apokalyptischen Texten, schließlich ein rechtes Verständnis der historischen Situation kleinasiatischer christlicher Gemeinden und der Art und Weise der dortigen Rezeption von Sendschreiben. Auf all dies kann ich, auch aus Mangel an Kompetenz, hier nicht eingehen.

Dies hat zur Folge, dass ich zu präzisieren habe, unter welchen Prämissen ich diesen Text zur Hand nehme und was ich als von jenem eben skizzierten Verständnishorizont ablösbare, poetik-spezifische Aspekte meiner Lektüre ansehe. Nach der Poetik eines Textes zu fragen bedeutet,[3] das Verhältnis seiner Darstellung zur dargestellten Welt zu analysieren; dies wiederum

---

[1] „Es ist ein ungeheuer ehrgeiziges, gefährliches und unpassendes Unternehmen, wenn einer etwas über die Apokalypse des Johannes schreiben will" (J. Ellul, Die Offenbarung des Johannes, Neukirchen 1981, 1). Für nicht hoch genug zu schätzende, oft sehr zeitintensive Unterstützung verschiedenster Art bei der Abfassung dieses Beitrags schulde ich Ferdinand R. Prostmeier, Thomas J. Bauer, Mario Baumann, Sabine Koch, Katrin Dolle und Silke Tammen großen Dank.

[2] Zum Verhältnis zwischen Johannesapokalypse und viertem Evangelium vgl. zudem den Beitrag von J. Frey im vorliegenden Band.

[3] Einen ersten Schritt hin zu einer vollständigen Poetologie des Textes findet man in der hilfreichen systematischen Eruierung erzählerischer Bauformen bei J. L. RESSEGUIE, Revelation Unsealed. A Narrative Critical Approach to John's Apocalypse, Leiden u. a. 1998.

heißt, seine elementaren Zugriffsweisen auf die Wirklichkeit in ihrer chronotopischen Struktur und figuralen Auffächerung zu benennen, seinen Umgang
mit dem gewählten Darstellungsmedium sowie seinen Darstellungsstil zu
explizieren[4] und schließlich auch nach seinen Annahmen hinsichtlich der
Herkunft des Wissens, über das sein Sprecher verfügt, zu forschen, anders
gesagt: nach seiner Einstellung dazu, ob oder dass er ein gemachter und damit
ein fiktionaler Text ist.

Dass auch die Apokalypse des Johannes, um mit dem letzten Punkt zu beginnen, ein fiktionaler Text sei, findet zwar in der theologischen Forschung,
soweit ich sehe, allgemeine Akzeptanz. Johannes selbst aber ist in dieser
Angelegenheit nicht so eindeutig. Schon die initialen Sendschreiben an die
sieben kleinasiatischen Gemeinden verdanken sich geradezu göttlichem Dik-
tat,[5] und der Inhalt der folgenden Vision entspricht nicht nur in der Sache
dem, was Johannes gesehen zu haben meint und behauptet, sondern der Text
vermittelt, wie wir noch sehen werden, den Eindruck, als sei auch ihre Ver-
sprachlichung nicht eigentlich sein Werk, sondern verdanke sich einer
Inspiration. Es ist dabei natürlich nicht Sache des Poetikers, sich Gedanken
über die faktische Herkunft jener Vision zu machen. Für ihn darf es sich
durchaus um eine wirkliche göttliche Offenbarung handeln. Von Bedeutung
ist allein, wie sich jener Inspirationsvorgang im Text selbst darstellt.[6] Hier ist
festzuhalten, dass Johannes durch seinen gesamten Bericht hindurch immer
wieder betont, dass ihm Erklärungen, Schreibverbote und -gebote sowie Aufforderungen zuteil wurden, und zwar ausschließlich durch himmlische
Stimmen, teils mit, teils ohne Erwähnung der sprechenden Instanz. Oft, allerdings nicht immer, wird durch die Beschreibung klar, dass es sich jeweils um
identische Sprecher handelt. Im Folgenden versuche ich, die einzelnen himmlischen Stimmen und Sprecher zu erfassen und voneinander zu differenzieren:[7]

1.   Zu Beginn hört Johannes auf Patmos eine Stimme hinter sich, die ihn ὡς
       σάλπιγγος λεγούσης (1,10f.) auffordert:

---

[4] Hierzu gehört im Prinzip auch die Frage nach der Gattung, die ich in diesem Beitrag
allerdings ausklammere; vgl. etwa D. E. Aune, The Apocalypse of John and the Problem of
Genre, Semeia 36 (1986), 65–96; D. Hellholm, The Problem of Apocalyptic Genre and the
Apocalypse of John, ebd. 13–64.

[5] Τῷ ἀγγέλῳ τῆς ἐν ... ἐκκλησίας γράψον· ... etc. (Offb 2).

[6] Auch ein göttlicher Text müsste auf die Rezeptionsmöglichkeiten und -fähigkeiten
seiner irdischen Rezipienten abgestellt sein und daher einer Poetik gehorchen, die das
Gelingen einer Rezeption erlaubt.

[7] Dass die Apokalypse mit Charakteren arbeitet, die in unterschiedlichen Abschnitten
des Textes und in unterschiedlicher Gestalt wiederholt auftreten, konstatiert bereits D. L.
Barr, Tales of the End. A narrative commentary on the Book of Revelation, Santa Rosa CA
1998, 19.

1.1 in ein Buch zu notieren, was er sehe (ὃ βλέπεις γράψον εἰς βιβλίον),

1.2 diesen Bericht an die sieben kleinasiatischen Gemeinden zu schicken (καὶ πέμψον ταῖς ἑπτὰ ἐκκλησίαις).

1.3 Es ist explizit diese Stimme, die in 4,1f. Johannes zur Vision geleitet: μετὰ ταῦτα εἶδον, καὶ ἰδοὺ θύρα ἠνεῳγμένη ἐν τῷ οὐρανῷ, καὶ ἡ φωνὴ ἡ πρώτη ἣν ἤκουσα ὡς σάλπιγγος λαλούσης μετ᾽ ἐμοῦ, λέγων· ἀνάβα ὧδε, καὶ δείξω σοι ἃ δεῖ γενέσθαι μετὰ ταῦτα. εὐθέως ἐγενόμην ἐν πνεύματι· καὶ ἰδοὺ θρόνος ...

1.4 Es spricht alles dafür, diesen Sprecher (1.3) mit demjenigen gleichzusetzen, der in 22,8 als τοῦ ἀγγέλου τοῦ δεικνύοντός μοι ταῦτα bezeichnet wird (vgl. δεικνύοντος mit δείξω [4,2]).

1.5 Dieser Sprecher (1.3; 1.4) ist allem Anschein nach auch derjenige, der   sich nach dem Makarismos des Sprechers mit der ‚Stimme wie Wasserrauschen' (s. u. 2.2 und 2.4.3) unein-geleitet an Johannes wendet und ihn auffordert, jenen Makarismos aufzuschreiben (Offb 19,9): καὶ λέγει μοι· γράψον· μακάριοι οἱ εἰς τὸ δεῖπνον τοῦ γάμου τοῦ ἀρνίου κεκλημένοι. Denn sowohl dieser Sprecher als auch der ‚Deute-Engel' wehren in identischen Worten Johannes' Proskyneseversuch ab und bezeichnen sich als seine ‚Mitknechte' vor Jesus (Offb 19,10 vs. 22,6 u. 22,8f.). M. E. ist er auch identisch – da die Abfolge der Sprechakte identisch ist –mit demjenigen Sprecher, der in 22,6 Johannes auffordert, die Worte des Höchsten auf dem Thron – seine Ankündigung der neuen Schöpfung – als wahr zu notieren.

2. Nachdem Johannes sich umgedreht hat, sieht er sich einer Gestalt ὅμοιον υἱὸν ἀνθρώπου (1,13) gegenüber, die er genau beschreibt. Aus dieser Beschreibung seien für das folgende drei Merkmale herausgehoben:

2.1 οἱ ὀφθαλμοὶ αὐτοῦ ὡς φλὸξ πυρός (1,14)

2.2 ἡ φωνὴ αὐτοῦ ὡς φωνὴ ὑδάτων πολλῶν (1,15)

2.3 ἐκ τοῦ στόματος αὐτοῦ ῥομφαία δίστομος ὀξεῖα ἐκπορευομένη (1,16)

2.4 Diese Gestalt des Menschensohns diktiert die folgenden Schrei-ben an die sieben Gemeinden. Sie erscheint innerhalb der späte-ren Vision noch mehrfach:

2.4.1 Der Menschensohn ist, auch wenn das im Text nicht ausdrücklich gesagt wird, mit dem geschlachteten Lamm gleichzusetzen, das ab Offb 5 zur Öffnung der sieben Siegel des göttlichen Buches berechtigt ist.

2.4.2 Der Menschensohn erscheint in Offb 14,14 als Wolkenreiter: καὶ εἶδον, καὶ ἰδοὺ νεφέλη λευκή, καὶ ἐπὶ τὴν νεφέλην καθήμενον ὅμοιον υἱὸν ἀνθρώπου ...

2.4.3   Das Merkmal der ‚Stimme wie ein Wasserrauschen' erscheint noch einmal beim (diesmal aber gestaltlosen) Sprecher des Makarismos in Offb 19,6: καὶ ἤκουσα ὡς φωνὴν ὄχλου πολλοῦ καὶ ὡς φωνὴν ὑδάτων πολλῶν καὶ ὡς φωνὴν βροντῶν ἰσχυρῶν.

2.4.4   Die Merkmale der Feueraugen und des im Mund geführten Schwertes (2.1; 2.3) teilt dieser Sprecher auch mit dem Reiter auf dem weißen (vgl. 2.4.2: weiße Wolke) Pferd (Offb 19,11–15): καὶ εἶδον τὸν οὐρανὸν ἠνεῳγμένον, καὶ ἰδοὺ ἵππος λευκός, καὶ ὁ καθήμενος ἐπ᾽ αὐτὸν πιστὸς καλούμενος καὶ ἀληθινός ... οἱ δὲ ὀφθαλμοὶ αὐτοῦ φλὸξ πυρός ... καὶ κέκληται τὸ ὄνομα αὐτοῦ ὁ λόγος τοῦ θεοῦ ... καὶ ἐκ τοῦ στόματος αὐτοῦ ἐκπορεύεται ῥομφαία ὀξεῖα ... Hervorzuheben ist hier seine Bezeichnung als λόγος τοῦ θεοῦ.

2.4.5   Zuletzt ist der Menschensohn ohne Zweifel mit Jesus gleichzusetzen, der am Ende des Berichtes unvorbereitet als Zeuge für die Wahrhaftigkeit des vorliegenden Berichts auftritt, sich als denjenigen ausgibt, der den Engel gesandt habe, und schließlich verlangt, dass dieser Bericht unverändert zu bleiben habe (Offb 22,16–20).

3.   Neben diesen beiden Sprechern erfahren wir aus Johannes' Bericht noch von einer ganzen Reihe von wechselnden Sprechern innerhalb der Vision:

3.1   Johannes wird von einem der Ältesten um Gottes Thron (5,5; 7,13) sowie von einer anonymen Stimme vom Himmel (10,4 (mit dem exzeptionellen *Verbot*, das Gehörte – die Worte der sieben Donner –aufzuschreiben); 10,8) angesprochen.

3.2   In 10,9 spricht der Engel mit ihm, der ihm das βιβλαρίδιον zu verspeisen gibt; s. hierzu auch das folgende. Es wäre denkbar, dass er mit dem visionsgebenden Engel identisch ist,[8] obwohl der Text, der sich hinsichtlich der Sprecheridentifizierung, wie die Zeugnisse unter (1) zeigen, meistens um Genauigkeit bemüht, dies nicht eigens festhält.

3.3   Ein anonymer Sprecher – καὶ λέγουσίν μοι – tritt in 10,11 auf.

3.4   In 11,1 wird Johannes von einer nicht näher genannten Instanz ein κάλαμος gegeben, verbunden mit der Aufforderung, Gottes Tempel auszumessen. Jene Stimme (λέγων) muss auch diejenige sein, die Johannes die folgende Erzählung von den beiden Zeugen vorträgt (11,3–13).

3.5   Mehrfach wendet sich einer der Engel, welche die sieben Schalen des Zornes ausschütten, an Johannes (17,1; 17,7; 17,15; 21,9;

---

[8] So R. BAUCKHAM, The Climax of Prophecy. Studies on the Book of Revelation, Edinburgh 1993, 254–257. Assoziationen zu Gott (Regenbogen: vgl. Offb 4,3) und Christus (sonnengleiches Antlitz: vgl. Offb 1,16) notiert RESSEGUIE (s. Anm. 3), 97.

22,6), darunter in 17,7 und 17,15 als Exeget der Vision von der Hure Babylon, in 21,9 der Vision vom himmlischen Jerusalem.

Ein eng gesponnenes Netz von wechselseitigen Verweisen zieht sich also durch den insgesamt ja eher kurzen Text der Apokalypse. Gerade was die Manifestationen des Menschensohnes betrifft, die ich oben unter (2) dargestellt habe,[9] ist dabei von besonderem Interesse, dass diese himmlische Instanz, wie es ihrem Wesen als menschgewordenem Gottessohn auch entspricht, sowohl als visionsinitiierende und -bezeugende Instanz – wenn man so will: auf einer metapoetischen Ebene – als auch als Protagonist der apokalyptischen Handlung selbst (nämlich als siegelbrechendes Lamm und als das weiße Pferd der Endschlacht reitendes Gotteswort) auftritt. Dadurch wird ein hoher Grad von Kohärenz und von Authentizität der Vision erzeugt, und nichts spricht für eine auktoriale Vorstellung von einer Fiktionalität des Textes im Sinne auktorial selbstverantworteter Gestaltung: Der Inspirationsgeber des Textes wird nicht nur am Anfang und am Ende erwähnt, wodurch eine Authentifizierungsklammer um den Text gelegt wird, und nicht nur wird der Text als unabänderlich markiert, sondern obendrein ist dieser Inspirationsgeber eine wie immer zu verstehende sprachliche Instanz, ein *Logos*. Das spricht sehr dafür, dass er nicht nur die allgemeine Richtigkeit des Textes bezeugen kann – der Name des Reiters auf dem Weißen Pferd ist signifikanterweise ja Πιστός und Ἀληθινός –, sondern auch den eigentlichen Wortlaut selbst des Textes verantwortet.

Unterstützt wird diese Überlegung durch eine bislang nur kurz erwähnte, gleichwohl für das Verständnis der Poetik der Apokalypse eminent bedeutsame Stelle, ziemlich exakt in der Mitte des Textes. Ein gewaltiger, mit seinem Schritt die gesamte Welt umspannender Engel tritt auf und hält in seiner Hand ein offenes Buch. Er ruft mit gewaltiger Stimme, daraufhin brüllen die sieben Donner. Diese Audition zu notieren verbietet Johannes allerdings eine ‚Stimme aus dem Himmel‘. Daraufhin schwört der gewaltige Engel, das Ende der Zeit werde bald da sein (10,6), und schließt an:

καὶ ἡ φωνὴ ἣν ἤκουσα ἐκ τοῦ οὐρανοῦ, πάλιν λαλοῦσαν μετ᾽ ἐμοῦ καὶ λέγουσαν· ὕπαγε λάβε τὸ βιβλίον τὸ ἠνεῳγμένον ἐν τῇ χειρὶ τοῦ ἀγγέλου τοῦ ἑστῶτος ἐπὶ τῆς θαλάσσης καὶ ἐπὶ τῆς γῆς. καὶ ἀπῆλθα πρὸς τὸν ἄγγελον, λέγων αὐτῷ δοῦναί μοι τὸ βιβλαρίδιον. καὶ λέγει μοι· λάβε καὶ κατάφαγε αὐτό, καὶ πικρανεῖ σου τὴν κοιλίαν, ἀλλ᾽ ἐν τῷ στόματί σου

---

[9] Hier sei betont, dass ich ein solches Verständnis dieser Gestalt nur als komplementär zu ihrer umfänglichen und vielfältig differenzierten Konzeption in der christlichen Tradition – in der sicher auch die in der Apokalypse als Adressaten angesprochenen Gemeinden standen – begreife. Gerade in dieser Tradition ist eine solche Gleichsetzung von Menschen- und Gottessohn nicht durchweg gegeben; möglicherweise ist mit ὅμοιον (1,13) sogar im vorliegenden Text eine Differenzierung angedeutet. Es ist also nicht ausgeschlossen, dass die angedeutete Identifizierung bei den intendierten Rezipienten auch Befremden auslöste.

ἔσται γλυκὺ ὡς μέλι. καὶ ἔλαβον τὸ βιβλαρίδιον ἐκ τῆς χειρὸς τοῦ ἀγγέλου καὶ κατέφαγον αὐτό, καὶ ἦν ἐν τῷ στόματί μου ὡς μέλι γλυκύ· καὶ ὅτε ἔφαγον αὐτό, ἐπικράνθη ἡ κοιλία μου (Offb 10,8–10).

Die Mittelposition dieser Passage, dann aber auch das geschilderte Geschehen selbst machen es recht wahrscheinlich, dass hier ein Inspirationsvorgang berichtet wird, der sich kaum nur auf den folgenden Teil der Apokalypse beziehen dürfte, sondern doch eher den gesamten Text betrifft.[10] Das Büchlein, das Johannes hier verschluckt, lässt sich dann als vollendete *mise-en-abyme* verstehen, die die im Rahmentext berichteten Vorgänge der Textgenese innerhalb der Binnenerzählung aufgreift und abbildet:[11] Das Büchlein, genauer: die Kopie seines Inhalts, ist von daher nichts anderes als das von Johannes aufgeschriebene Buch selbst, das er den Gemeinden senden soll,[12] und sein Inhalt wird treffend und in geradezu paganer Bildhaftigkeit charakterisiert: Der Gehalt ist bitter, liegt schwer im Magen, das Gesagte ist für den Sprecher wie für den Rezipienten schwer verdaulich und verheißt *realiter* bittere Strafen,[13] zugleich aber entfaltet der Text ein Höchstmaß an Eindrücklichkeit, an sprachlicher Intensität und ästhetischem Reiz.[14] Das Buch – ein wesentliches poetologisches Motiv der Apokalypse, das uns im Folgenden noch eingehender beschäftigen wird – enthält natürlich einen Text in einem schriftlich fixierten Wortlaut, und damit ist, folgt man meiner These, dass es sich hier um eine *mise-en-abyme* des Apokalypsentextes selbst handelt, des-

---

[10] Einen eingeschränkten Bezug vertritt hingegen G. GLONNER, Zur Bildersprache des Johannes von Patmos. Untersuchung der Johannesapokalypse anhand einer um Elemente der Bildinterpretation erweiterten historisch-kritischen Methode, Münster 1999, 227f. Selbst wenn sich der erneute Prophezeiungsbefehl (10,11) nur auf den Inhalt des Buches bezöge – was der Text so nicht sagt –, wäre es wahrscheinlicher, dass der gesamte Inhalt der Apokalypse gemeint ist, gerade auch angesichts der erwähnten ringkompositorischen Gesamtanlage. Eine ausführliche sprachliche, stilistische und inhaltliche Analyse der gesamten Passage ebd. 201–238.

[11] Vgl. zum theoretischen Hintergrund dieser Figur L. DÄLLENBACH, Reflexivity and Reading, New Literary History 11 (1980), 435–449; DERS., Intertexte et autotexte, Poétique 7 (1976), 282–296; W. WOLF, mise-en-abyme, Metzler Lexikon Literatur- und Kulturtheorie (2008), 502f.

[12] Ausführlich ist der Vorgang des Kopierens eines Himmelsbuches durch den Visionär im – wohl ungefähr zeitgleich mit der Apokalypse entstandenen – Visionsteil des *Hirten des Hermas* (2) beschrieben. Ausführlich hierzu BAUCKHAM, Climax (s. Anm. 8), 244f., sowie N. BROX, Der Hirt des Hermas, KAV 7, Göttingen 1991.

[13] Vgl. Hiob 13,26: *scribis enim contra me amaritudines.* Vgl. hierzu L. KOEP, Das himmlische Buch in Antike und Christentum. Eine religionsgeschichtliche Untersuchung zur altchristlichen Bildersprache, Bonn 1952, 20.

[14] In der Forschung wird auch das Motiv der Süße mit dem Inhalt des Büchleins in Verbindung gebracht; vgl. die Dokumentation bei Resseguie, Revelation (s. Anm. 3), 98f. Dabei wird aber übersehen, dass der Text zwischen der Wirkung des Büchleins im Mund und im Magen unterscheidet.

sen Wortlaut als solcher quasi als Wort für Wort festgelegter, durch Inspiration vermittelter bezeichnet. Die Frage nach der Auffassung, die der Text von seiner eigenen Gemachtheit vertritt, lässt sich also recht klar beantworten: Der Text ist Ergebnis eines Schreibaktes, aber nicht eines irdischen Schreibaktes des Johannes, sondern eines göttlichen Schreibaktes, eines Schreibaktes des göttlichen Logos, den Johannes bestenfalls wiederholt und dessen Text zu ändern daher ein Sakrileg wäre. Die Wahl eines (himmlischen) Buches als Inspirationsmedium, das, um seine Wirkung zu entfalten, *materialiter* einverleibt werden muss, ist aus der Perspektive paganer Poetologie entschieden ungewöhnlich.[15] Die Bedeutung des Buch-Motivs für das poetologische Verständnis der Apokalypse ist damit aber noch keineswegs erschöpft. Denn jenes βιβλαρίδιον, das Johannes zum Verzehr aus der Hand des Engels empfängt, wird flankiert von zwei weiteren Büchern, welche die visionären Vorgänge intensiv beeinflussen. Da sich bereits angedeutet hat, dass das apokalyptische Geschehen einerseits und seine Verschriftlichung andererseits über die Instanz des göttlichen Logos aufs engste miteinander verbunden sind, lohnt es sich auch im Rahmen einer poetologischen Analyse, sich über die textuelle Bedeutung jener beiden Bücher nähere Rechenschaft abzulegen: des Buches, dessen sieben Siegel im Verlauf von Offb 6,1–8,2 nacheinander geöffnet werden, und des ‚Buches des Lebens‘, in dem von Anbeginn der Welt die Namen derer, die am Ende gerettet werden, verzeichnet sind:

καὶ προσκυνήσουσιν αὐτὸν [sc. τὸ θηρίον] πάντες οἱ κατοικοῦντες ἐπὶ τῆς γῆς, οὗ οὐ γέγραπται τὸ ὄνομα αὐτοῦ ἐν τῷ βιβλίῳ τῆς ζωῆς τοῦ ἀρνίου τοῦ ἐσφαγμένου ἀπὸ καταβολῆς κόσμου.

καὶ εἶδον τοὺς νεκρούς, τοὺς μεγάλους καὶ τοὺς μικρούς, ἑστῶτας ἐνώπιον τοῦ θρόνου, καὶ βιβλία ἠνοίχθησαν· καὶ ἄλλο βιβλίον ἠνοίχθη, ὅ ἐστιν τῆς ζωῆς· καὶ ἐκρίθησαν οἱ νεκροὶ ἐκ τῶν γεγραμμένων ἐν τοῖς βιβλίοις κατὰ τὰ ἔργα αὐτῶν. ... καὶ εἴ τις οὐχ εὑρέθη ἐν τῇ βίβλῳ τῆς ζωῆς γεγραμμένος, ἐβλήθη εἰς τὴν λίμνην τοῦ πυρός (Offb 13,8 [vgl. auch Offb 17,8] und 20,12–15).

Beide Bücher sind Bücher des geschlachteten Lammes, das, wie ich oben bereits gezeigt habe, zu einer Reihe von im Text der Apokalypse miteinander verknüpften Gestalten gehört, die einerseits für das apokalyptische Geschehen, andererseits für seine textuelle Manifestation verantwortlich zeichnen, deren letztes und ontologisch niedrigstes Exemplar der ‚uns‘ vorliegende Apokalypsentext ist. Nichtsdestoweniger besteht zwischen diesen beiden Büchern des Lammes hinsichtlich ihrer Weltbezogenheit und ihrer ‚Effizienz‘ ein deutlicher Unterschied. Denn das siebenfach gesiegelte Buch „bedeutet" nicht nur, sondern „bewirkt" auch etwas, gehorcht also einer performativen

---

[15] Zur paganen Inspirationssymbolik vgl. grundlegend R. NÜNLIST, Poetologische Bildersprache in der frühgriechischen Dichtung, Stuttgart 1998.

Poetik, das heißt: Schreiben und Sprechen als produktive, Lesen und Vorlesen als rezeptive Akte bewirken an sich, dass der solchermaßen erzeugte oder reaktualisierte Inhalt des Buches sich in Lebenswirklichkeit umsetzt. Betrachten wir das etwas näher. Zunächst einmal erfahren wir, dass die siebenfach gesiegelte Buchrolle beidseitig beschrieben ist und in der Rechten des Thronsitzers liegt: καὶ εἶδον ἐπὶ τὴν δεξιὰν τοῦ καθημένου ἐπὶ τοῦ θρόνου βιβλίον γεγραμμένον ἔσωθεν καὶ ὄπισθεν, κατεσφραγισμένον σφραγῖσιν ἑπτά (Offb 5,1). Es handelt sich also um ein *opisthographon*, eine beidseitig beschriebene Buchrolle. Solche Texte waren unbequem zu lesen, zudem erforderten sie einen besonderen, für Tinte undurchlässigeren Papyrus.[16] Man wählte diese Art der Beschriftung dann, wenn aus Beschreibstoffmangel oder bei großen zu bewältigenden Textmassen Papyrus gespart werden sollte. Zu Recht hat Theodor Birt daher bei seiner Besprechung dieser Stelle konstatiert: „Das Buch fasste seinen Inhalt kaum."[17] Der antike Leser hielt die Buchrolle, wollte er sie lesen, in seiner Rechten und entrollte sie mit der Linken. Wenn zahllose Bilddokumente Leser mit der Rolle in der linken Hand zeigen, so zeigt dies, dass diese Bücher bereits gelesen worden sind:[18] Der Lesende erscheint dann in der Pose des Gebildeten, der über das Gelesene nachdenkt. Die Tatsache, dass der Thronsitzer die Rolle in der Rechten hält, bedeutet daher, dass der Akt der Lektüre bevorsteht. Damit ist das Folgende als besonders auffällig markiert. Denn zu diesem Akt der Lektüre kommt es wider Erwarten nicht. Stattdessen löst das Lamm, das allein zur Öffnung befugt und befähigt ist, ein Siegel nach dem anderen. Was dann statt einer Lektüre geschieht, zeigt sich bereits bei der Öffnung des ersten Siegels: καὶ εἶδον ὅτε ἤνοιξεν τὸ ἀρνίον μίαν ἐκ τῶν ἑπτὰ σφραγίδων, καὶ ἤκουσα ἑνὸς ἐκ τῶν τεσσάρων ζῴων λέγοντος ὡς φωνῇ βροντῆς· ἔρχου. καὶ εἶδον, καὶ ἰδοὺ (ἐξῆλθεν) ἵππος … (Offb 6,1ff.).

    Ebenso adressieren, statt den Inhalt zu lesen oder vorzulesen, die vier Gestalten, die um den Thron des Höchsten herum aufgestellt sind, nacheinander, jeweils nach der Öffnung eines weiteren Siegels durch das Lamm, das Buch, genauer: seinen Inhalt, mit der Aufforderung „Komm!"[19] Sodann verlassen

---

[16] Vgl. hierzu T. BIRT, Das antike Buchwesen in seinem Verhältnis zur Literatur, Berlin 1882, 250f.

[17] T. BIRT, Die Buchrolle in der Kunst. Archäologisch-antiquarische Untersuchungen zum antiken Buchwesen, Leipzig 1907, 86. So auch KOEP (s. Anm. 13), 21, Anm. 1, und 24.

[18] Vgl. BIRT, Buchrolle (s. Anm. 17), 42.

[19] Johannes kann damit übrigens nicht angesprochen sein, da üblicherweise bei Befehlen, die ihn betreffen, deren Ausführung erwähnt wird. BAUCKHAMS Annahme (BAUCKHAMS, Climax [s. Anm. 8], 250), der Inhalt des Buches habe mit den apokalyptischen Ereignissen bei seiner Entsiegelung nichts zu tun, kann ich nicht nachvollziehen, da der Text ja hier einen Zusammenhang zwischen Entsiegelung und Ereignis – etwa über den Begriff ἐξῆλθεν – ausdrücklich herstellt.

die apokalyptischen Reiter der Reihe nach das Buch und entfalten sogleich ihre zerstörerische Wirkung. In narratologischer Analyse figuriert der Text an dieser Stelle also eine Metalepse, einen Sprung über die Grenzen zwischen diegetischen Ebenen hinweg, und dies in ihrer für die antike Literatur untypischen, für die moderne und postmoderne Narrativik hingegen geläufigen ‚schockartigen‘ Variante.[20] Dieser metaleptische Sprung ist nun als performativ anzusehen. Denn die Tatsache, dass wir ein *Buch* vor uns haben, impliziert ja, dass es hier nicht um einen bloßen Container, eine Art Aufenthaltsort der apokalyptischen Reiter geht, sondern dass in ihm von Anbeginn der Welt das apokalyptische Geschehen *erzählt* oder zumindest, um einen neutraleren Begriff zu wählen, *aufgeschrieben* war. Es handelt sich bei diesem ‚himmlischen Buch‘ also um ein ‚Schicksalsbuch‘, wie es in römischer wie in orientalischer und jüdischer Tradition durchaus bekannt war,[21] aber, wie Birt plausibel macht, genauer um ein *testamentum Dei* – das deshalb weder mit dem Alten noch mit dem Neuen Testament identifiziert werden muss – aufgrund der Siebenzahl der Siegel, wie sie für Testamente üblich war.[22] Es handelt sich dann um Gottes ‚letzten Willen‘ für *diese* Welt, der mit seiner Entsiegelung Realität wird: Der Text des Buches bewirkt ein konkretes Geschehen und ist daher performativer Natur,[23] genauer gesagt: Der Text entfaltet seine Wirkung in dem Augenblick, in dem er mit seinem rezeptiven Umfeld in Kontakt kommt; solange er nur schriftlich vorliegt, kann man ihn nur als latent performativ ansehen. Dies einmal angenommen, dann erweist sich die performative Konzeption des Buches in der Apokalypse als sehr

---

[20] Grundlegend hierzu G. GENETTE, La Métalepse. De la figure à la fiction, Paris 2004; J. PIER/J. M. SCHAEFFER (Hg.), Métalepses. Entorses au pacte de la représentation, Paris 2005. Zur antiken Phänomenologie der Metalepse, auch in nicht-paganen Texten, vgl. die Beiträge in: U. EISEN/P. V. MÖLLENDORFF (Hg.), Über die Grenze. Metalepse in Text- und Bildmedien des Altertums, Berlin 2013. Einen solchen Zusammenhang scheint als einziger RESSEGUIE, Revelation (s. Anm. 3), 97 zu vermuten, ohne ihn jedoch näher auszuführen: „The opening of the seals does not merely disclose the contents of this book, but it also puts the contents into operations."

[21] Vgl. KOEP, Buch (s. Anm. 13), 21f. Seine Position, die Ereignisse um die apokalyptischen Reiter stellten nicht den Inhalt der Rolle dar, weil sie erst nach Öffnung aller Siegel gelesen werden könne, wovon aber später keine Rede sei, lässt sich vor dem Hintergrund des oben Ausgeführten nicht halten. An die Stelle des Lektüreaktes tritt der Adressierungsakt (ἔρχου): Der Inhalt ist performativer Natur.

[22] Vgl. BIRT, Buchrolle (s. Anm. 17), 243f. Nicht überzeugend dagegen KOEP, Buch (s. Anm. 13), 22f., der 22–25 auch antike Spekulationen über den Inhalt der Rolle referiert. Die Tatsache, dass Teile des Textes aufgrund der Opisthographie von außen lesbar wären (!), liefert im Übrigen kein Gegenargument zu der Annahme, dass es sich hier um ein Testament handele. Es ist ja unwahrscheinlich, dass ‚jemand‘ versuchen sollte, diesen Inhalt unberechtigterweise zur Kenntnis zu nehmen.

[23] Ähnlich performativ könnte die fliegende Schriftrolle in Sach 5,2–3 sein.

weitgehend zu Ende gedacht: καὶ ὅταν ἤνοιξεν [sc. τὸ ἀρνίον] τὴν σφραγῖδα τὴν ἑβδόμην, ἐγένετο σιγὴ ἐν τῷ οὐρανῷ ὡς ἡμίωρον (Offb 8,1).

Natürlich ist das mit dieser ultimativen Entsiegelung eintretende Schweigen (σιγή) vordergründig einfach die ‚Ruhe vor dem Sturm‘. Aber methodisch wäre ja zu fragen, was es bedeutet, wenn sich die Performativität eines Textes klimaktisch in der Form von Schweigen oder Verstummen manifestiert. Anders gefragt: Wenn alles irdische und kosmische Geschehen Ausfluss des göttlichen Logos ist, was ist dann Gottes Schweigen?[24] Da Handeln und Ereignis, wie Schreiben und Lesen, nur in der Dimension zeitlicher Linearität ablaufen kann, ist womöglich mit dem ‚Verstummen‘ das bezeichnet, was später der Engel für den Augenblick des Ertönens der siebenten Posaune ankündigt, nämlich – im Sinne des oben erwähnten ‚göttlichen Testaments‘ – das nun eingetretene Ende der Zeit.[25] Ähnliches bewirkt ja im weiteren Ver-

---

[24] Dass einfach die Offenbarung an ihr Ende gekommen ist, indem alles, was zu sagen war, gesagt ist, leuchtet nicht unmittelbar ein. Denn die Öffnung des siebenten Siegels stellt ja einen Höhepunkt dar, in dem die intimsten Enthüllungen des letzten Willens zu erwarten sind. Gerade sie aber scheinen uns mit der Betonung des Schweigens vorenthalten zu werden.

[25] καὶ ὁ ἄγγελος … ὤμοσεν … ὅτι χρόνος οὐκέτι ἔσται, ἀλλ᾽ ἐν ταῖς ἡμέραις τῆς φωνῆς τοῦ ἑβδόμου ἀγγέλου, ὅταν μέλλῃ σαλπίζειν, καὶ ἐτελέσθη τὸ μυστήριον τοῦ θεοῦ, ὡς εὐηγγέλισεν τοὺς ἑαυτοῦ δούλους τοὺς προφήτας (Offb 10,5–8). Eine weitere Erklärungsmöglichkeit, die sich in einem Gespräch mit Katrin Doller ergab, möchte ich hier zumindest andeuten. Die vorliegende Motivverbindung – Schweigen, Siebenzahl – könnte ja nahelegen, hier an eine Bezugnahme auf den Schöpfungsakt zu denken. Nach Ausweis von Gen 1–2,4 dauert die Schöpfung von Himmel und Erde mit allen Geschöpfen einschließlich des Menschen sechs Tage; am siebten Tag ruht Gott. Der Schöpfungsvorgang selbst ist nun eine Abfolge von performativen Sprechakten (Gen 1,3; 1,6; 1,9; 1,11; 1,14; 1,20; 1,24; 1,28f.; von Interesse ist hierbei im Übrigen, dass die Erschaffung des Menschen nicht durch einen performativen Sprechakt erfolgt: Hier gibt Gott vielmehr zunächst eine Absichtserklärung ab (1,26) und vollzieht dann den Gestaltungsakt gesondert [1,27]). Der siebente Tag zeichnet sich demgegenüber dadurch aus, dass Gott _nicht_ spricht, ebenso wie er doch wohl auch _vor_ der Schöpfung _nicht_ spricht. Dem Wort Gottes als Schöpfer und Heilsbringer steht Gottes Schweigen jenseits dieser beiden Akte gegenüber. Die Öffnung der Siegel lässt das Buch ‚aktiv‘ werden, und die Zahl seiner Siegel entspricht der Zahl der Schöpfungstage. Die Schöpfung würde durch den Akt der Entsiegelung quasi sukzessiv rückgängig gemacht; das sechste Siegel bringt den Einsturz von Himmel und Erde mit der Rücknahme des Lichts – ὁ ἥλιος ἐγένετο μέλας ὡς σάκκος τρίχινος (Offb 6,12) –, das am ersten Schöpfungstag erschaffen worden war. Demnach entspräche das Schweigen bei der Öffnung des siebenten Siegels dem Schweigen Gottes vor der Schöpfung und zugleich seinem Schweigen am siebenten Tag der Ruhe; das impliziert zugleich, dass mit dem Schweigen auch Ruhe im Sinne von Inaktivität einhergeht (weshalb BAUCKHAM (s. Anm. 8) 9, irrt, wenn er annimmt, während des Schweigens fände die Handlung von Offb 8,2–4 statt: Nichts im parataktischen Fortgang des Textes legt das nahe). Für eine solche Deutung spricht, dass am Ende der Apokalypse als letzte Vision die Schau einer neuen Welt steht: καὶ εἶδον οὐρανὸν καινὸν καὶ γῆν καινήν· ὁ γὰρ πρῶτος οὐρανὸς καὶ ἡ πρώτη γῆ ἀπῆλθαν, καὶ ἡ θάλασσα οὐκ ἔστιν ἔτι. καὶ

lauf des Textes die siebente Schale des Zornes: καὶ ὁ ἕβδομος [sc. ἄγγελος] ἐξέχεεν τὴν φιάλην αὐτοῦ ἐπὶ τὸν ἀέρα· καὶ ἐξῆλθεν φωνὴ μεγάλη ἐκ τοῦ ναοῦ ἀπὸ τοῦ θρόνου λέγουσα· *γέγονεν* (Offb 16,17). Ihr Einsatz führt nicht zu weiterem Geschehen, sondern beinhaltet mit *γέγονεν* allein die Feststellung eines erreichten Endes; einige weitere Überlegungen dazu im Folgenden. Das jeweils siebente Zeichen – Siegel, Posaune, Schale – setzt also den Schlusspunkt der Performativität göttlichen Sprechens: Wenn dieser Augenblick erreicht ist, ist Rede, ist Welt, ist Geschehen und damit Raum und Zeit zu Ende; ebenso aber auch das Sprechen über dieses Geschehen.

Mit dem ‚Buch des Lebens' verhält es sich geradezu ähnlich. Zwar ist es schon zu Anbeginn der Zeiten verfasst worden. Seine Wirkung – nämlich die Rettung der in ihm Aufgeschriebenen – entfaltet es aber erst im Augenblick seiner Öffnung. Mit ihr geht einher die Öffnung anderer Bücher, die offensichtlich ‚Bücher der Werke' sind (Offb 20,12). Koep hält daher zu Recht fest, dass die Bürgerliste des himmlischen Jerusalem, die jenes Buch des Lebens enthält, auf der Basis der Abrechnung über die Werke noch verändert werden kann, wie es in Offb 3,5 auch der Gemeinde von Sardis als Möglichkeit vor Augen gehalten wird.[26] Während sich jene ‚Bücher der Werke' aber auf die zum Zeitpunkt ihrer Öffnung vergangene Zeit beziehen, ist das Buch des Lebens bestimmend für die Zukunft und erhält seine endgültige Gestalt auch erst im Augenblick des Gerichts. Während die Bücher der Werke also Geschehenes so dokumentieren, dass auf der Grundlage ihrer Konsultation Urteile gesprochen werden können, scheint das Buch des Lebens durch seine Öffnung, also gewissermaßen unmittelbar mit seiner Rezeption, zu wirken. Es ist daher ebenso als latent performativ anzusehen wie das siebenfach gesiegelte Buch, während die Bücher der Werke Geschehenes widerspiegeln, aber nur mittelbar wirken; sie gehorchen also einer Poetik der Mimesis (im Sinne von ‚Darstellung').

All dies festzuhalten ist für eine Poetik der Apokalypse wichtig, weil es etwas über die Auffassung dessen verrät, was Schreiben (der Apokalypse) für

---

τὴν πόλιν τὴν ἁγίαν Ιερουσαλὴμ καινὴν εἶδον καταβαίνουσαν ἐκ τοῦ οὐρανοῦ ἀπὸ τοῦ θεοῦ ... (Offb 21,1f.); dies wird noch einmal aufgegriffen in der expliziten Ankündigung des Höchsten auf dem Thron: καὶ εἶπεν ὁ καθήμενος ἐπὶ τῷ θρόνῳ· ἰδοὺ καινὰ ποιῶ πάντα (Offb 21,5). In der Vision des Johannes wird also nicht nur die „erste Welt" vernichtet, sondern auch eine „neue Welt" erschaffen. Gottes Schweigen nach der Öffnung des siebenten Siegels steht mithin zwischen diesen Akten der Vernichtung des Alten und der Erschaffung des Neuen und signalisiert daher womöglich beides: die endgültige Zerstörung und die neue Schöpfung. Diese wird sich von der alten Schöpfung dadurch unterscheiden, dass es keine Nacht mehr geben wird (Offb 22,5) und – wie es scheint – auch kein Meer (Offb 21,2; vgl. RESSEGUIE, Revelation, 79f. [s. Anm. 3]), das in der alten Welt als Aufenthaltsort des Tieres gedient hatte (Offb 13,1).

[26] KOEP, Buchrolle (s. Anm. 13), 72–80. vgl. auch RESSEGUIE, Revelation (s. Anm. 3), 95f.

den Schreiber bedeutet. Anders gesagt: Es mag sich lohnen, jene kosmischen Bücher – die beiden Bücher des Lamms und die Bücher der Werke – mit dem Buch zu vergleichen, das Johannes überreicht bekommt und das er in die uns vorliegende Niederschrift umsetzt. Zweierlei fällt dabei sogleich auf. Erstens scheint das Buch, als es aus den Händen des Engels in die Hände des Visionärs wandert, auf Menschenmaß zu schrumpfen:[27] Aus einem βιβλίον wird ein βιβλαρίδιον, eine sehr prononcierte und seltene Verkleinerungsform, und zwar genau in dem Augenblick, als Johannes gewissermaßen mit dem Engel auf Augenhöhe ist. Das Buch ist nun so klein, dass er es offensichtlich leicht verschlingen kann. Zweitens ist das Büchlein bereits geöffnet, als Johannes es erhält, anders als die beiden kosmischen Bücher, die erst geöffnet, im Falle des ersten Buches, wie betont gesagt wird, entsiegelt werden müssen. Diesen Unterschied halte ich für signifikant. Denn die zu öffnende Versiegelung des Buches des Lammes bedeutet ja weniger, dass das Buch vorher nicht gelesen werden konnte, als dass es nicht zur Lektüre bestimmt war und zugleich sein Inhalt durch die Versiegelung an der Materialisierung und Realisierung gehindert wurde. Bei nicht-performativen irdischen Büchern steht das Versiegeln, σφραγίζειν, demgegenüber für den Verschluss eines Textes, der ihn vor versehentlicher, verfrühter oder unbefugter Lektüre schützen soll. Da bei der Übergabe des βιβλαρίδιον an Johannes klar ist, dass *er jetzt* zur Lektüre *befugt* ist, kann das Buch offen sein.

Schwieriger ist die Kategorisierung seiner Wirkung: καὶ κατέφαγον αὐτό, καὶ ἦν ἐν τῷ στόματί μου ὡς μέλι γλυκύ· καὶ ὅτε ἔφαγον αὐτό, ἐπικράνθη ἡ κοιλία μου (Offb 10,10). Es ist ein Buch, das zwar intensiv rezipiert werden kann – deshalb hat es bittersüßen Geschmack –, aber ist es womöglich mehr als das? Ist diese Formulierung metaphorisch gemeint? Da der Text permanent Symbole und Bilder verwendet, deren Realität er behauptet, muss das auch für diese Passage gelten. Man wird also diesen Passus nicht in einen Vergleich überführen können, sondern Johannes' Erleben – das Verschlingen des Buches und seine Folgen – erneut ernstnehmen müssen. Dann wäre auch das βιβλαρίδιον in gewisser Weise noch performativ: Zwar setzt es keine Aktion in Gang, aber seine Wirkung ist doch unmittelbar, es affiziert seinen Benutzer nicht mit Hilfe der zeichenhaften Repräsentation einer Wirklichkeit, sondern durch sein ‚So-Sein'. Auf der anderen Seite lässt sich nicht leugnen, dass die gewählte Ausdrucksweise für den erfahrenen Leser tatsächlich eine ihm vertraute Metaphorik assoziieren lässt und zudem den Eindruck erweckt, zwischen dem (bitteren) Inhalt und seiner (süßen) Form werde differenziert, so dass wir von daher einen Text vor uns hätten, der nun eben doch die Wirklichkeit abbildet und also einer mimetischen Poetik gehorcht. Erschwerend

---

[27] ὕπαγε λάβε τὸ βιβλίον τὸ ἠνεῳγμένον ἐν τῇ χειρὶ τοῦ ἀγγέλου ... καὶ ἀπῆλθα πρὸς τὸν ἄγγελον, λέγων αὐτῷ δοῦναί μοι τὸ βλιβαρίδιον ... καὶ ἔλαβον τὸ βιβλαρίδιον ἐκ τῆς χειρὸς τοῦ ἀγγέλου ... (Offb 10,8ff.).

kommt hinzu, dass sich die gesamte Szene ja auf ihre Vorgängerin in Ez 2,8–3,4 imitativ zurückbezieht. Dort steht der mimetische Charakter des Textes allerdings außer Frage: Es handelt sich um die Dokumentation des außerzeitlichen göttlichen Wissens, das, ‚übertragen' in die irdische Dimension, sich als prophetisches Wissen manifestiert und den konkreten Inhalt der folgenden Vorhersagen des Ezechiel *enthält*, ihn aber nicht *bewirkt*: Es ist daher mimetisch und nicht performativ, wohingegen gerade dieser Zusammenhang zwischen Buchinhalt und Inhalt der Prophezeiung bei Johannes im Unklaren bleibt, so dass eine Kategorisierung als ‚mimetisch' hier nicht mit Sicherheit vorgenommen werden kann. Von besonderem Interesse ist darüber hinaus, dass das von Ezechiel verschlungene Buch ein Opisthograph ist und vor ihm in einer ausgestreckten Hand liegt (Ez 2,9f.): Diese Eigenschaften teilt es zwar nicht mit Johannes' βιβλαρίδιον, aber mit dem siebenfach gesiegelten Buch, so dass die Vermutung naheliegt, dass es sich bei dem βιβλαρίδιον, das in der Hand des Engels noch ein βιβλίον war, um das bereits geöffnete siebenfach gesiegelte Buch handelt, das, semiotisch gesprochen, nach seiner Öffnung durch das Lamm – und nachdem die apokalyptischen Reiter mit ihren Heerscharen und Plagen es verlassen haben – nur noch über die Signifikanten des visionären Geschehens verfügt, während die Signifikate bereits *realiter* am Werke sind.[28] Es stünde dann auf der Grenze zwischen einer performativen und einer mimetischen Poetik. Und natürlich ist das Buch, das Johannes daraus machen wird und das wir in Händen halten, dann eines, das die Vision nur noch nacherzählen kann, also so rein mimetisch ist, wie das siebenfach gesiegelte Buch performativ war.

Die Bücher, von denen die Apokalypse spricht, lassen sich mithin in ein komplexes Netz kategorialer Oppositionspaare einordnen:

1.) *gesiegelt* (Siebensiegelbuch) / *geöffnet oder zu öffnen* (Buch des Lebens, Bücher der Werke, βιβλαρίδιον, Apokalypse)

2.) *veränderbar* (Buch des Lebens) / *unveränderlich* (Siebensiegelbuch, Apokalypse)

3.) *dokumentarisch listend* (Bücher der Werke, Buch des Lebens) / *diegetisch* (Siebensiegelbuch)

4.) *(latent) performativ* (Siebensiegelbuch, Buch des Lebens) / *mimetisch* (Bücher der Werke, Apokalypse)

---

[28] Hierfür spräche schließlich auch die ganz analoge Art der Präsentation der Bücher: Das siebenfach gesiegelte Buch ruht in der Hand des Höchsten und gelangt dann in die des Lammes (Offb 5); das βιβλαρίδιον ruht in der Hand des Engels und gelangt dann in die des Visionärs (Offb 10,10). Für die Identität der beiden Bücher plädieren auch BAUCKHAM, Climax (s. Anm. 8), 13 und ausführlich 243–257 sowie RESSEGUIE, Revelation (s. Anm. 3), 98f.

5.)   Sowohl das Siebensiegelbuch als auch das Buch des Lebens verdanken
sich Schreibakten, die außerhalb der Zeit stehen und das gesamte – aus
irdischer Sicht: vergangene wie zukünftige – Weltgeschehen zum Inhalt
haben. Dabei hat das Siebensiegelbuch aber als ein primär das Ende der
Welt fokussierendes Werk einen stärkeren *Vergangenheitsbezug*, während
das Buch des Lebens die neue Welt ordnet, also einen stärkeren
Zukunftsbezug aufweist.

Während das βιβλαρίδιον insofern eine Sonderstellung einnimmt, als es, wie
dargelegt, zwischen einer performativen und einer mimetischen Poetik operiert (4), eröffnet ‚unser' Buch, die Apokalypse, eine dritte zeitliche
Kategorie, nämlich die Gegenwart (5). Es ist das Buch, das wir *jetzt* in den
Händen halten. Es soll nicht versiegelt werden (22,10), während gleichzeitig
gesagt wird, dass sein Wortlaut nicht verändert werden darf (22,18f.), was ja
durch seine Versiegelung hätte ausgeschlossen werden können. Der Text soll
also zugänglich sein, jederzeit gelesen werden können, seine Wirkung entfalten, gleichzeitig aber in seinem Bestand gesichert sein. Er berichtet über
Ereignisse der Vergangenheit – nämlich die bereits zurückliegende Vision –
und weist zugleich auf die (apokalyptische) Zukunft voraus.

Der prononciert mimetische Charakter des Apokalypsen-Textes ist nun
wiederum verantwortlich für seinen offensichtlichen Mangel an Persuasivität
und rhetorischer Kraft einerseits, seine auffällig stark deskriptive und nur
wenig narrative Darstellungsweise andererseits. Auch wenn man nämlich die
Sendschreiben als originalen und integrativen, nicht bloß komplementären
Bestandteil unserer Apokalypse ansieht, so scheint mir doch die appellative
Wirkung des Textes, die Mahnung zur Umkehr oder jedenfalls die Warnung
vor Laxheit, eher ein potentieller Effekt als ein primäres Anliegen zu sein.[29]
Hier lässt sich das bekannte Problem der christlichen Gnadenlehre greifen.[30]
Einerseits stehen die Geretteten seit Anbeginn der Welt aufgrund der Eintragung in das Buch des Lebens fest, wie es später Augustinus eindringlich
vertritt. Andererseits scheint es möglich, sich diesen Eintrag durch eine gute
Lebensführung zu verdienen oder ihn durch eine schlechte Lebensführung zu
verlieren. In der Apokalypse scheinen beide Vorstellungen auf, ohne in Ausgleich gebracht zu werden, wie durch das Nebeneinander der Sendschreiben
am Textanfang und die lakonische Zurückweisung von Verhaltensänderungen
kurz vor dem Eintreten der in der Vision geschauten Ereignisse am Texten-

---

[29] Vgl. Jes 6,9–10.
[30] Ausführlich referiert und dokumentiert bei KOEP, Buchrolle (s. Anm. 13), 72–85.

de[31] klargestellt wird. Der Wille, den Leser zur Umkehr zu bewegen oder ihn zur Glaubenstreue anzuhalten, lässt sich nicht eindeutig als *intentio operis* festlegen, aber der Text stellt ihm deren Möglichkeit anheim, ohne ihm deshalb bereits die Rettung zu versprechen.[32]

Um im Sinne einer Überzeugungsstrategie rhetorisch zu wirken, müsste der Text zudem irgendeine Struktur erkennen lassen. Gerade mit seiner Disposition hat man sich jedoch schwer getan, und wenn man zwar auch einige gliedernde Markierungen benennen kann, so ist man doch weit davon entfernt, von einer systematischen Entwicklung sprechen zu können, und zwar weder in argumentativer noch in erzählerischer Hinsicht.

Daria Pezzoli-Olgiati hat vier in ihrer jeweiligen Reichweite abgestufte, miteinander zu kombinierende Gliederungskategorien vorgeschlagen. Basis-Disposition sei die eines Briefes mit einer Einführung (1,1–3), einer Brieferöffnung (1,4–8), dem Briefcorpus (1,9–22,5), und einer Ausleitung mit einem

---

[31] καὶ λέγει μοι· μὴ σφραγίσῃς τοὺς λόγους τῆς προφητείας τοῦ βιβλίου τούτου· ὁ καιρὸς γὰρ ἐγγύς ἐστιν. ὁ ἀδικῶν ἀδικησάτω ἔτι, καὶ ὁ ῥυπαρὸς ῥυπανθήτω ἔτι, καὶ ὁ δίκαιος δικαιοσύνην ποιησάτω ἔτι, καὶ ὁ ἅγιος ἁγιασθήτω ἔτι (Offb 22,10f.).

[32] Dabei setzt die betonte anfängliche Kehrtwendung des Johannes – καὶ ἐπέστρεψα βλέπειν τὴν φωνὴν ἥτις ἐλάλει μετ᾽ ἐμοῦ· καὶ ἐπιστρέψας εἶδον ... (Offb 1,12) – ein starkes protreptisches Signal, ist sie doch seine einzige eigenständig motivierte Tätigkeit; alles weitere Schauen, Schreiben und Agieren geschieht in der Apokalypse ausnahmslos auf Anweisung (mit Ausnahme der zwei Proskyneseversuche (19,10; 22,8), die aber natürlich einen ganz anderen Stellenwert haben, zumal sie vereitelt werden). Der Klassische Philologe mag sich hier an die Bedeutung des Motivs der Kehrtwendung in der Platonischen Philosophie erinnert fühlen, wie es prominent im Höhlengleichnis der *Politeia* entfaltet wird. Hier muss der Gefangene, der auf die irdischen Erscheinungsformen, die bloßen Schatten des Seins starrt, erst von seinen Fesseln gelöst und *umgedreht* werden, bevor er den Weg *nach oben* beschreitet, an dessen Ende sich die wahre Welt der Ideen vor ihm auftut. Wie für Johannes, so ist auch für den Platonischen Erkennenden diese Schau schmerzhaft, und wie dieser, so muss auch er am Ende auf die Erde zurück, um über das Gesehene Rechenschaft abzulegen. Beide bedürfen überdies eines geistigen Führers. Dieses Beispiel zeigt, dass bei der Untersuchung des intertextuellen Horizonts der Apokalypse nicht nur die Evangelien, neutestamentliche Briefliteratur und das Alte Testament – zu den syrischen und jüdischen Apokalypsen – in den Blick genommen werden sollten, sondern auch pagane Parallelen zu erwägen wären (ohne dass hier deren Vorliegen behauptet werden soll); E. SCHÜSSLER-FIORENZA, Composition and structure of the book of Revelation, The Catholic Quarterly 39 (1977), 344–366 (360), konstatiert bspw. in den hymnischen Partien Reminiszenzen an die griechische Tragödie. Ebenso könnte etwa die Inspirationskette 'Gott – Christus – Engel – Johannes – Gemeinden' eine Parallele im Bild vom Magnetstein, wie Platon es im *Ion* ausführt, besitzen. Produktions- und Rezeptionshintergrund solcher Allusionen wären dann Gemeinden, deren Mitglieder, wenngleich Christen, nicht nur selbst eine pagane Vergangenheit besäßen und weiterhin an paganer Bildung und Literatur partizipierten, sondern auch in einem paganen Umfeld lebten, an dem sie in zahlreichen Alltagssituationen vielfältigen Anteil hätten.

Gruß an die Empfänger (22,6–Ende). Das Briefcorpus selbst, also die eigentliche Vision – um deren Strukturierung es angesichts der Augenfälligkeit der
umfassenden Briefstruktur allen Forschern eigentlich geht –, sei grob struktu-
riert nach den vier Blickpunkten, die der Visionär nacheinander einnehme:
1,10–4,1 führe Johannes „von Patmos in die Welt der Visionen" ein, in 4,2–
16 befinde er sich im Himmel, in 17–21,8 in der Wüste und von 21,9–22,5
auf einem hohen Berg. Innerhalb dieser vier großen Blöcke sei die 41mal
wiederholte Einleitung jeder neuen Visionspartie mit καὶ εἶδον als drittes,
nunmehr kleinteiliges Gliederungsinstrument anzusehen.[33] So richtig die
dieser Disposition zugrundeliegenden Beobachtungen am Text sind, so wenig
‚Ordnung', aufs Ganze gesehen, stiftet sie doch für den Leser, der immer
noch in der Fülle des Geschauten unterzugehen droht. Und das gilt letztlich
für jede denkbare Gliederung.[34] Denn gerade die Vielzahl der Forschungsansätze zur Disposition des Textes zeigt ja, dass sie, abgesehen von der
epistolaren Grundordnung, eben nicht evident ist und sich gerade einem *Erst-*

---

[33] Ohne nachvollziehbare Begründung als Gliederungsmerkmal zurückgewiesen von
BAUCKHAM, Climax (s. Anm. 8), 6.

[34] Vgl. D. PEZZOLI-OLGIATI, Täuschung und Klarheit. Zur Wechselwirkung zwischen
Vision und Geschichte in der Johannesoffenbarung, Göttingen 1997, 40f. Weitere
Gliederungen referiert K. A. STRAND, Interpreting the Book of Revelation. Hermeneutical
Guidelines with brief Introduction to Literary Analysis, Ann Arbor 1979, 33–40. Dem Text
eine Gliederung aufzuerlegen scheint überhaupt ein wesentliches Anliegen vieler
literarkritischer Studien zur Apokalypse. Dass es zwei rahmende Partien gibt, ist dabei
generelle Erkenntnis; deren Querbezüge sind dargelegt bei BARR, Tales (s. Anm. 7), 11f.
Die Gliederung des Mittelteils, also der eigentlichen Vision, erfolgt dann mit mal mehr,
mal weniger Bemühen um Herstellung von Symmetrie. BARR a. a. O. 13 spricht von „ever
more fantastic ... ever stranger territory ... ever more bizarre actions", unterteilt a. a. O. 14
dennoch den Text auf der Basis der Wandlung von Orten, Figuren, Handlungen in drei
Abschnitte. Eine Gliederung des Mittelteils mit Hilfe der hymnischen Einschübe schlägt
K.-P. JÖRNS, Das hymnische Evangelium. Untersuchungen zu Aufbau, Funktion und
Herkunft der hymnischen Stücke in der Johannesoffenbarung, Gütersloh 1971, 176f. vor;
nach G. DELLING, Zum gottesdienstlichen Stil der Johannes-Apokalypse, in: F. Hahn/T.
Holtz/N. Walter (Hg.), Studien zum Neuen Testament und zum hellenistischen Judentum.
Gesammelte Aufsätze 1950–1968, Göttingen 1970, 425–450 (449), verleihen die
gottesdienstlichen Elemente (zu denen u.a. auch die Hymnen gehören) der visionären
Unordnung ihren inneren Halt und Zusammenhang. Nach den ἐν πνεύματι-Formulierungen
unterteilt R. HERMS, An Apocalypse for the Church and for the World. The Narrative
Function of Universal Language in the Book of Revelation, BZNW 143, Berlin/New York
2006, 148–154, den Text in vier Abschnitte, die aufeinander aufbauen und klimaktisch auf
das Neue Jerusalem zulaufen. BAUCKHAM, Climax (s. Anm. 8), 1–37, gliedert in sechs
Abschnitte (Übersicht: 21f.). T. J. BAUER, Das tausendjährige Messiasreich der
Johannesoffenbarung. Eine literarkritische Studie zu Offb 19,11–21,8, BZNW 148, Berlin
2007, 117–124, bietet eine Gliederung des Millennium-Teils der Apokalypse. Eine ganze
Abhandlung widmet dem Thema U. VANNI, La struttura letteraria dell' Apocalisse, Rom
1971.

Hörer nicht sogleich erschließen konnte. Das gilt insbesondere für Gliederungen, die mit Markierungen durch Ausdruckswiederholungen arbeiten und
deren Funktionalität leidet, wenn die solchermaßen separierten Abschnitte
lang, unregelmäßig und intern wiederum anders unterteilt sind,[35] wie es in der
Apokalypse der Fall ist. Es sind mithin allein Johannes' Buch und die es
ermöglichenden Kontakte mit göttlichen Mediatoren, die dem Leser den un-
vorhersagbaren, daher nicht eigentlich Orientierung bietenden Leitfaden für
seinen Gang durch dieses Buch zur Verfügung stellen: eine Poetik also, die
auf eine Rezeption der bereitwilligen Hingabe und des Staunens ausgerichtet
ist und als ihren Modell-Leser (!) wohl weniger den Exegeten als den ‚Frommen' entwirft.[36] Dieser Punkt wird m. E. in der Forschung zur Apokalypse zu
wenig berücksichtigt, die in ihren primär quellenkritischen Analysen die
Diskrepanz ihres eigenen Ansatzes zu den Lektüremodalitäten eines solchen
Modell-Lesers oft geradezu übersieht.[37] Die Quellenkritik – ihr einseitiger
Ansatz ist eindrücklich dokumentiert in Otto Böchers Forschungsbericht von
1975 – sieht den zu lesenden Text als eine hermetische Oberfläche, durch die
hindurch man zur ‚eigentlichen Aussage oder *story*' oder eben zur ‚Quelle'
vorstoßen müsse.[38] Dabei ist damit nichts erklärt, und vor allem bleibt offen,
welchen Grund eine im letzten eben nicht wirklich rückgängig zu machende
Verschlüsselung durch Johannes hätte haben können. Ebenso bleibt unberücksichtigt, dass auch der ‚wirkliche' Visionär das Gesehene nur mit Hilfe
ihm vertrauter Denk- und Wahrnehmungsschemata überhaupt hätte fassen
können; implizite Rekurse auf das AT, auf allgemeine religiöse Anschauun-
gen, auf die Zeitgeschichte wären also auch für ihn unausweichlich
gewesen.[39] Einer Poetik dieses Textes muss es gegenüber einem solchen

---

[35] Als Gegenbild von höchster Funktionalität mag hier die Refraindichtung dienen.

[36] Zum kulturhistorischen Zuschnitt dieses ‚Frommen' vgl. BAUER, Messiasreich (s.
Anm. 34), 289–328.

[37] Reflektiert ist das Problem hingegen ausgiebig bei BAUCKHAM, Climax (s. Anm. 8),
1f., 86, u. passim.

[38] O. BÖCHER, Die Johannesapokalypse, Darmstadt 1975, v.a. 26–120. Der diesen
Deutungsverfahren innewohnende Reduktionismus wird exemplarisch sichtbar bei A.J.P.
GARROW, New Testament Readings: Revelation, London 1997, der über gesetzte Sets von
Merkmalen und Ausschlussverfahren Elemente der ‚eigentlichen story' des Textes
herausarbeitet und diese dann zeithistorisch (Rückkehr Neros etc.) deutet; den visionären
Charakter des Textes muss er entsprechend negieren (ebd. v.a. 122f.); nach der
eigentlichen Geschichte, die durch zahlreiche Einschübe versteckt sei, suchen auch
SCHÜSSLER-FIORENZA, Composition (s. Anm. 32) und D. L. BARR, The Apocalypse as a
Symbolic Transformation of the World: A Literary Analysis, Interpretation 38 (1984), 39–
50, v.a. 42–44.

[39] Vorsicht ist dann wiederum bei der Beantwortung der Frage geboten, wie bewusst
dem Autor seine Wahrnehmungsschemata sind. Der gleiche Vorbehalt gilt auch bei der
Beurteilung der Verwendung und Kombination literarischer Stile. Die Analyse
entsprechender Elemente kann den Bildungshorizont des Autors skizzieren, sozusagen

Ansatz darum gehen, die vom Text mit textlichen Mitteln erzeugte Faszination nachzuzeichnen.

Zu einer solchen Erzeugung von Faszination gehört, dass die Apokalypse auf der Ebene der eigentlichen Vision kaum jemals erzählt, dass sie, literaturwissenschaftlich formuliert, mehr ‚showing‘ als ‚telling‘ betreibt. Sie bietet uns eine Abfolge von *tableaux vivants*, in der jede neue Szene unerwartet kommt, und zwar sowohl, was seinen jeweiligen Inhalt, als auch, was den jeweiligen Zeitpunkt seines Einsatzes betrifft. Man könnte also von einer insgesamt statischen Struktur sprechen, die eher paradigmatisch als syntagmatisch gefüllt wird. Natürlich bietet die mehrfache Abarbeitung der Siebenzahl eine Antizipationshilfe, aber was jeweils geschieht, wenn ein Siegel geöffnet, eine Posaune geblasen, eine Schale ausgeschüttet wird, und warum überhaupt Schale auf Posaune, Posaune auf Siegel folgt, das gehorcht, wie es scheint, allein dem Gesetz des Unerwartbaren, des *aprosdoketon*.[40] Das so unerwartet einsetzende Geschehen entfaltet sich dabei kaum je narrativ.[41] Statt dessen treten uns Symbole und (oft gemischte) Allegorien entgegen, Beschreibungen von Szenen, Hymneneinschübe oder eben Aneinanderreihungen repetitiver, einschrittiger Sequenzen nach dem Muster ‚Es geschieht A, daraus folgt B‘. Weiterreichende Erzählfolgen und kausale Handlungsverkettungen gibt es kaum, so dass auch von daher keine Antizipierbarkeit des Geschehens gegeben ist.

Eine Ausnahme hiervon stellen die zwei Erzählungen ‚Die beiden Zeugen‘ (11,1–13) und ‚Die Frau und der Drache‘ (12) dar. Diese beiden Narrative fassen aber im Grunde die ‚Botschaft‘ der Apokalypse zusammen: So wie die beiden Zeugen für ihr Zeugnis leiden müssen, aber am Ende erhöht werden, wird auch die Bedrückung der christlichen Zeugen enden, und so wie der Drache trotz seiner Verfolgung der Frau und ihres göttlichen Kindes letztlich scheitert, so werden auch die Feinde des Christentums am Ende der Zeiten vernichtet werden. Dass diese Erzählungen genau im Umfeld derjenigen Stel-

---

literarische ‚Linsen‘ benennen, durch die er auf sein zu gestaltendes Material blickt; für seine konkrete ‚poetische‘ Vorgehensweise ist damit aber noch nichts Definitives gewonnen. Optimistischer ist hier bspw. SCHÜSSLER-FIORENZA, Composition (s. Anm. 32).

[40] BAUCKHAM, Climax (s. Anm. 8), 8f. affirmiert ihre Verknüpfung eher, als dass er sie erklärt.

[41] Gleichwohl operiert Johannes hier zumindest teilweise mit Spannungsbögen: Sowohl in der Sieben-Siegel-Sequenz (Offb 6; 8,1) als auch in der Posaunen-Sequenz (Offb 8,6–9,21/11,15) wird das jeweils siebente Element als Höhepunkt von den jeweils vorangehenden sechs Elementen getrennt. Verlässlich im Sinne eines erwartbaren Gliederungsmerkmals ist dieses Verfahren gleichwohl nicht: Die Botschaft der sieben Donner darf Johannes gar nicht notieren (Offb 10,3f.), und die sieben Schalen werden ohne „cliff-hanger“ ausgegossen (Offb 15,7–21), wenngleich die Ausgießung der siebenten Schale (Offb 15,17) ebenfalls einen Höhepunkt darstellt.

le positioniert sind, an der sich auch das metapoetische Scharnier zwischen Anfang und Ende der Apokalypse findet und an der zudem der in *mise-en-abyme* gestellte eigentliche Inspirationsakt berichtet wird, finde ich durchaus auffällig. Man darf meines Erachtens daraus schließen, dass Johannes in einem Text, der aufs Ganze mehr aufs Zeigen als aufs Erzählen konzentriert ist, die wenigen Narrative sehr gezielt einsetzt, um Akzente zu setzen und den Leser auf zentrale Inhalte seines Textes aufmerksam zu machen. Dass dabei die poetologische Dimension – in Gestalt des Motivs vom Welt und Bericht verbindenden Buch – offensichtlich zu diesen zentralen Inhalten gehört, halte ich für einen wesentlichen Teil dessen, was die Apokalypse uns zu sagen hat, nämlich dass sie im Vollzug ihres Berichts vom Heilsgeschehen eben an diesem Geschehen partizipiert. Dieses Involvieren auch des Lesers und Hörers ist das Ziel der umfassenden Vernetzungsstrategie des Johannes, die ich oben unter zwei Aspekten analysiert habe: zum einen die Präsentation nicht nur einer, sondern eines ganzen Schwarms von Vermittlerfiguren, die sowohl narratologisch als auch theologisch intensiv miteinander assoziiert sind und nicht nur als Mediatoren zwischen himmlischem Geschehen und seiner irdischen Dokumentation, sondern auch als Teilnehmer am visionären Geschehen fungieren. Werden auf diese Weise die Ebenen von Handlung und Bericht eng miteinander verzahnt, so wird das zum anderen noch verstärkt durch das Insistieren darauf, dass nicht nur der Bericht von der Vision sich der Schrift bedient, sondern dass das göttliche und menschliche Geschehen von Anbeginn der Schöpfung an bis zu dem Augenblick der Erschaffung von οὐρανὸν καινὸν καὶ γῆν καινὴν (21,1) und der Schau der Herabkunft des neuen Jerusalem[42] sich der Schrift bedient. Mit der Lektüre eines schriftlich vorliegenden Textes, mit der Berührung des Buches Apokalypse sind wir, so die poetologische Konzeption dieses Textes, Teil jenes Weltgeschehens.

Dies führt mich zu meinem letzten Punkt, der Gestaltung von Raum und Zeit als einem wesentlichen Element literarischer Poetik. Da diesem Thema im vorliegenden Band ein eigener Beitrag gewidmet ist, möchte ich hier nur einige Aspekte beleuchten, die das bislang Gesagte noch einmal aus poetologischer Perspektive illustrieren sollen. Dass vier Ortswechsel – Patmos-Himmel-Wüste-Berg – stattfinden, habe ich bereits erwähnt.[43] Der bedeutendste Ortswechsel ist dabei ohne Zweifel derjenige, der Johannes von der Erde in den Himmel führt, denn das lässt sich als zentrale Voraussetzung für die weite Schau ansehen, die ihm daraufhin zuteil wird, während die folgenden Orte zwar nicht ohne Signifikanz sind, da sie für die Betrachtung des jeweils folgenden Geschehens besonders geeignet zu sein scheinen, aber doch

---

[42] καὶ τὴν πόλιν τὴν ἁγίαν Ιερουσαλὴμ καινὴν εἶδον καταβαίνουσαν ἐκ τοῦ οὐρανοῦ ... (Offb 21,2).

[43] Vgl. zum Symbolwert und zur Charakterisierung dieser Örtlichkeiten gut RESSEGUIE, Revelation (s. Anm. 3), 77–93.

nicht als unvermeidlich anzusehen und in gewisser Weise auch beliebig sind. Vielmehr tragen gerade diese immer nur *post festum* einleuchtenden Ortswechsel einen guten Teil zur bereits besprochenen Unvorhersehbarkeit des Geschehens als einem elementaren Wirkmechanismus des Textes bei. Der Himmel als Ort der Beobachtung, zugleich als Ort des Geschehens wird dabei von Johannes in einem pointierten Vergleich, dessen Ursprung auf eine entsprechende Prophezeiung in Jes 34,4 zurückgeht, an die übergreifende Buch-Thematik angeschlossen:

καὶ οἱ ἀστέρες τοῦ οὐρανοῦ ἔπεσαν εἰς τὴν γῆν, ὡς συκῆ βάλλει τοὺς ὀλύνθους αὐτῆς ὑπὸ ἀνέμου μεγάλου σειομένη, καὶ ὁ οὐρανὸς ἀπεχωρίσθη ὡς βιβλίον ἑλισσόμενον, καὶ πᾶν ὄρος καὶ νῆσος ἐκ τῶν τόπων αὐτῶν ἐκινήθησαν (Offb 6,13f.).

Wenn der Himmel sich wie eine Buchrolle verschließen kann, also quasi ein offenes Buch ist, dann wird auch der Unterschied zwischen dem *Raum* der Darstellung – ‚unserem‘ Buch – und dem *Raum* des Dargestellten – eben dem Himmel – minimiert. Dass diese buchrollenartige Verschließung des Himmels gerade mit der Öffnung des sechsten Siegels einhergeht, also Konsequenz eben einer performativen Buchpoetik ist, kommt dann nicht von ungefähr. Durchaus naheliegen könnte hier eine thesenhafte Zuspitzung: Das sich schließende Buch des Himmels steht mit seinem Zusammenrollen für eine ‚Lektüre‘ nicht mehr zur Verfügung. Angesichts dessen, dass das siebenfach gesiegelte Buch performativer Natur ist, könnte das bedeuten, dass mit dem Kollaps des bekannten Universums auch die in jenem Buch verzeichnete Geschichte, nämlich die Geschichte der irdischen Welt, zu einem Ende kommt. Das gelöste siebente Siegel bringt dann nur noch, wie besprochen, Schweigen. Schließlich bietet auch die Darstellung der zeitlichen Dimension das Bild höchster Unbestimmtheit. Vergangenheit, Gegenwart und Zukunft sind unauflöslich ineinander verschlungen, was gut zu dem geschilderten Verfahren passt, auf eigentliche Narrative – die ja einer zeitlichen Strukturierung in besonderem Maße bedürften – weitgehend zu verzichten. Unklar ist insbesondere auch, wie in der Forschung hervorgehoben wurde, ob die Apokalypse eigentlich in erster Linie eine Zukunftsvision ist oder ob die Endzeit bereits begonnen hat. Böcher hat in seinem Forschungsbericht von 1988 zeigen können, dass die Auslegungsgeschichte der Apokalypse zwei Hauptstränge kennt, die historisch-kritische Deutung, die seit dem 16. Jahrhundert einen Rückbezug auf der Abfassungszeit unmittelbar vorausgehende Ereignisse annimmt, und die viel ältere welt- und kirchen-geschichtliche Deutung, die einen johanneischen Zukunftsbezug, meist auf die aktuelle Epoche des jeweiligen Deuters, postuliert.[44] Selbst wenn man es aber vorzieht, bei der – wissenschaftlich gewiss stringenteren – historisch-kritischen Deutung zu

---

[44] O. BÖCHER, Die Johannes-Apokalypse in der neueren Forschung, ANRW II.25,5, 3850–3893. Mischformen dieser beiden Richtungen benennt STRAND (s. Anm. 34), 11–16.

bleiben, erweisen sich die Möglichkeiten konkreter historischer Rationalisierung doch insgesamt als wenig förderlich. Es macht, jedenfalls auf mich, nicht den Eindruck, als ob Johannes im Grunde das Geschehen seiner Zeit eschatologisch verschlüsselt hätte. Ob die Endzeit schon begonnen hatte oder nicht, mag auch für ihn, wenn wir seine Visionsbehauptung ernst nehmen, unklar geblieben sein. Entsprechend ungenau sind die Auskünfte zu Zeitdauern und Zeitabständen. Einer überpräzisen Angabe – das Schweigen, das der Öffnung des siebenten Siegels folgt, dauert „etwa eine halbe Stunde" (Offb 8,1) – stehen topische Festlegungen – etwa die tausendjährige Fesselung des Drachen (20,2) – gegenüber. Und wie viel Zeit nun ‚wirklich' zwischen der Ankündigung, dass die Zeit um sein wird, und der Realisierung dieser Ankündigung beim Erschallen der siebenten Posaune vergeht,[45] bleibt ganz offen: Im Text sind dazwischen nur die Überreichung des Büchleins und die Erzählung von den beiden Zeugen dargestellt. Ebenso lässt sich beispielsweise jedenfalls mit irdischen Mitteln nicht messen, wie viel Zeit zwischen dem Öffnen des siebenten Siegels und der Ausgabe der sieben Trompeten an die Engel vergeht, zwei Ereignisse, die in zwei aufeinanderfolgenden Sätzen berichtet werden (Offb 8,1f.), deren zweites jedoch durch καὶ εἶδον angeschlossen wird, womit letztlich eine neue Kleinsequenz beginnt. Zwischen der Beendigung des halbstündigen Schweigens und der Verteilung der Trompeten könnte gar keine Zeit verstreichen oder eine unbestimmt lange Zeit. Die irdische Beschränktheit der Wahrnehmungsfähigkeiten des Sehers macht es ihm unmöglich, das Geschehen in seiner ganzen Komplexität auf einen Schlag zu erfassen. Damit lässt sich auch erklären, wieso in 16,17 mit dem Ausgießen der siebenten Schale zwar konstatiert wird, dass „es geschehen ist" (γέγονεν), womit die irdische Zeit ihr Ende findet, es sogleich im Anschluss aber heißt: καὶ ἐγένοντο ἀστραπαὶ καὶ φωναί … (16,18). Über eine kausale Verknüpfung sagt der Text nichts, sondern beharrt darauf, alle Ereignisse in bloßer Aneinanderreihung (καί) zu geben; es sind im Letzten womöglich nur wir Leser und Hörer, die versuchen, einem in sich unbegreiflichen Geschehen so etwas wie eine Logik der narrativen Abfolge zu verleihen. Aus Sicht einer Poetologie der Apokalypse ist angesichts dieser Ungewissheit, an welcher zeitlichen Stelle eines Geschehensablaufs wir uns eigentlich befinden, sicher besonders interessant, dass im Präsens nicht nur die wenigen Deutungen und Aufforderungen gehalten sind, die an die Leser und insbesondere die Gemeinden ergehen, sondern auch die eingestreuten

---

[45] καὶ ὁ ἄγγελος … ὤμοσεν … ὅτι *χρόνος οὐκέτι ἔσται*, ἀλλ᾽ ἐν ταῖς ἡμέραις τῆς φωνῆς τοῦ ἑβδόμου ἀγγέλου, ὅταν μέλλῃ σαλπίζειν, καὶ ἐτελέσθη τὸ μυστήριον τοῦ θεοῦ, ὡς εὐηγγέλισεν τοὺς ἑαυτοῦ δούλους τοὺς προφήτας. […] καὶ ὁ ἕβδομος ἄγγελος ἐσάλπισεν· καὶ ἐγένοντο φωναὶ μεγάλαι ἐν τῷ οὐρανῷ, λέγοντες· ἐγένετο ἡ βασιλεία τοῦ κόσμου τοῦ κυρίου ἡμῶν καὶ τοῦ χριστοῦ αὐτοῦ, καὶ βασιλεύσει εἰς τοὺς αἰῶνας τῶν αἰώνων (Offb 10,5–7; 11,15).

hymnischen Partien, beispielsweise Offb 7,12, 25,1–5 und 26,1–6. Hier wird
in der Forschung die Annahme geäußert, dass solche Partien bei der Verlesung in den Gemeinden, die ja in der expliziten Absicht des Textes liegt, von
den Gemeindemitgliedern mitgesprochen oder -mitgesungen werden konnten,
womöglich sollten.[46] Eine Einbeziehung der Rezipienten und ihrer spezifischen Rezeptionstätigkeit in das Text- und damit in das Endzeitgeschehen,
wie sie ja alles bislang Gesagte nahelegt, würde damit noch forciert.

Zum Abschluss eine kurze Zusammenfassung. Die Apokalypse organisiert
ihre Poetik um ein motivisches Zentrum herum, nämlich das Buch, das *materialiter* sowohl die Ebene der Diegese als auch die Ebene des berichteten
Geschehens bildet. Das βιβλίον tritt uns in verschiedenen Ausführungen gegenüber, einem Spektrum, dessen Pole (neben weiteren kategorialen
Oppositionen) das performative himmlische Buch – dessen Schrift bei Öffnung der Siegel Wirklichkeit wird – und das mimetische irdische Buch
darstellen, dessen Apokalypsenversion wir in den Händen halten. Das Geschehen um die drei himmlischen Bücher – das Buch mit den sieben Siegeln,
das Buch des Lebens und das inspirierende Büchlein des Engels, das Johannes verschluckt und das als (kosmische) *mise-en-abyme* unseres Apokalypsentextes anzusehen ist – entfaltet sich in einer figuralen Konstellation,
deren Gestalten als Mediatoren und Akteure der Diegese ebenfalls kosmisches Geschehen und irdischen Bericht ineinander verschränken. Gleichwohl
dominiert die Apokalypse eine Poetik des *Aprosdoketon*, das auch die Konzeption von Raum und Zeit beeinflusst. Unvorhersagbarkeit als poetologisches Prinzip ist schließlich dafür verantwortlich, dass in der Apokalypse
sehr viel mehr gezeigt als erzählt wird und Erzählungen primär zur Akzentuierung wesentlicher Aussagen eingesetzt werden. Der Leser soll weniger
exegetisch deuten als vielmehr, in Glaubenstreue verharrend, ergriffen staunen.

---

[46] Vgl. hierzu PEZZOLI-OLGIATI, Täuschung (s. Anm. 34), 209. Zur Funktion der
Hymnen vgl. darüber hinaus JÖRNS, Evangelium (s. Anm. 34), der 180–184 eine
Verwendung der gesamten Apokalypse im Gottesdienst postuliert, etwa eine Verlesung vor
der Eucharistie.

Apokalyptik und Phantastik

Kann die Johannesoffenbarung als Text phantastischer Literatur verstanden werden?

Marco Frenschkowski

1. Problemanzeige

Eine Charakterisierung von antiken Texten mit modernen Genrebezeichnungen verbindet gewöhnlich ein innovativ-überraschendes Moment mit einem sich rasch einstellenden Problemhorizont. Welchen Erkenntnisgewinn versprechen wir uns, wenn wir Texte antiker Literatur mit modernen Gattungen und Genres vergleichen (etwa der Science Fiction, dem Kriminalroman oder der Fantasy)? Steht im Hintergrund etwa eine verborgen-apologetische Agenda, welche alte Texte durch eine hermeneutische Hintertür für die Gegenwart spannender und interessanter machen soll? Eine solche Agenda wäre sicher unbefriedigend und fragwürdig. Das Anliegen einer literaturwissenschaftlichen Betrachtung antiker Texte unter Einbeziehung neuerer Genrekategorien wird es vielmehr sein, Aspekte antiker Literaturen in einer neuen und ungewohnten Weise so in den Blick zu bekommen, dass wir dabei Gesichtspunkte wahrnehmen, die am Text aufweisbar, aber in herkömmlichen Zuordnungen verdeckt waren.[1]

Lukians „Wahre Geschichten" etwa wurden in diesem Sinn oft mit dem Genre Science Fiction verglichen.[2] Sogar von einer Space Opera hat man

---

[1] Die folgenden Zeilen nehmen Gedanken auf, die in ersten Ansätzen bereits in meinem Beitrag: Die biblische Apokalypse als Text der phantastischen Imagination, in: R. G. Gaisbauer (Hg.), Weltendämmerungen. Endzeitvisionen und Apokalypsevorstellungen in der Literatur. Fünfter Kongress der Phantasie, Passau 2003, 207–213 formuliert sind. Sie sind hier allerdings in verschiedene Richtungen weitergeführt, wenn auch nach wie vor nur eine Problemanzeige möglich ist.

[2] Vgl. A. GEORGIADOU/D. H. J. LARMOUR, Lucian's Science Fiction Novel "True Histories". Interpretation and Commentary, Leiden u.a. 1998; S. C. FREDERICKS, Lucian, True History as SF, Science-Fiction Studies 3, 1976, 49–60; R. A. SWANSON, The True, the False, and the Truly False. Lucian's Philosophical Science Fiction, Science Fiction Studies 3, 1976, 227–239; dazu allgemein der detaillierte Textkommentar von P. VON

gesprochen. In der Tat: hier begegnen uns eine Reise durch den Weltraum, sogar Kriege zwischen fremden Planeten und Himmelskörpern, wenn auch ins Skurrile verfremdet – der Text ist seinerseits schon eine Parodie auf eine uns nur in Umrissen bekannte Welt antiker utopischer Romane (Antonius Diogenes, Jambulos, Euhemeros und manche andere). Nun liegen aber auch gewisse Unterschiede auf der Hand: kein antiker Roman in der Zukunft – bekanntlich war Louis-Sébastien Mercier, „Mémoires de l'an 2440: rêve s'il en fut jamais" (1771) der erste Roman, der je direkt in der Zukunft spielte – und es geht auch nicht um das experimentelle Ausloten technischer Möglichkeiten, wie von Hause aus im Genre Science Fiction. Immerhin, der Vergleich des antiken Textes mit dem modernen Genre lässt uns solche Aspekte deutlicher wahrnehmen, eben auch gerade da, wo der Vergleich offenbar *nicht* trifft. Ein Genre verstehen wir im Folgenden als strukturiertes Repertoire an Stoffen, Motiven, binnentextlichen Strukturen, Erwartungshaltungen und Schreibkonventionen. Mit Philippe Lejeunes Arbeiten über die Geschichte der Autobiographie können wir von einem Gattungsvertrag oder -pakt sprechen: der Lesende weiß, was ihn oder sie erwartet, er hat klar definierte Vorstellungen, was für eine Art von Text er in Händen hält, nicht nur in formaler, sondern auch in inhaltlicher Hinsicht.[3] Das gilt sicher für moderne Genres wie die Science Fiction, den historischen Roman oder den Kriminalroman, aber für das Phantastische, dem wir uns im Folgenden zuwenden, doch nur mit Einschränkungen. Seine Essenz besteht ja gerade in der Grenzüberschreitung, die Wirklichkeiten umspielt, aber deren Massivität und Welthaftigkeit durchaus in der Schwebe lässt: anders gesagt, es ist als Genre selbst eine Grenzüberschreitung (dazu sofort ausführlicher).

Wir fragen nach dem Phantastischen in der Johannesoffenbarung. Auf den unbedarften und vielleicht historisch nicht allzu gebildeten Leser wirkt die Welt der Johannesoffenbarung phantastisch genug. Da ist das Repertoire der Figuren: dämonische Reiter, Drachen, Heuschrecken und Frösche, kataklysmische Ereignisse: Sterne fallen auf die Erde; eine gigantische Himmelsstadt, groß wie ein Kontinent, kommt herab auf die Erde, überhaupt werden wir in eine Sichtweise hineingenommen, die sich weitab der Alltagssprache und der sichtbaren Realitäten bewegt. Das alles geschieht in bunten Zyklen von visionärer Bildgewalt. Sollte das nicht der Inbegriff des Phantastisch-Imaginativen sein? Ganz so einfach werden wir es uns freilich nicht machen können. Der überwältigende Eindruck einer geradezu psychedelischen Bilderflut ordnet sich ja doch rasch in ein System apokalyptischer Bildlogik, sobald man die Traditionen der Apokalyptik mitbedenkt und als Prätexte mithört. Die histori-

---

MÖLLENDORFF, Auf der Suche nach der verlogenen Wahrheit. Lukians Wahre Geschichten, Classica Monacensia 21, Tübingen 2000.

[3] P. LEJEUNE, Le Pacte autobiographique, Paris 1975, [2]1996; dt.: Der autobiografische Pakt, Frankfurt a.M. 1994.

sche Kontextualisierung der Offenbarung zeigt ja doch sofort, dass sie Produkt einer wohldefinierten Überzeugungswelt und alles andere als irrational ist.[4] Ihre Rationalität ist eben die Systemlogik einer stabil strukturierten Bilder- und Symbolwelt und weniger einer theologischen Begriffssprache. Wir kommen auf diesen Aspekt zurück.

Bereits auf den ersten Blick fällt auf, dass es einen sofort auf der Hand liegenden Unterschied zu aller modernen imaginativen Literatur gibt: die Johannesoffenbarung beansprucht ja doch, ein nicht etwa fiktionaler Text zu sein, sondern will einen visionären Einblick in transzendente bzw. zukünftige Realitäten vermitteln. Mit diesem Offenbarungscharakter verbinden sich sofort ekklesiologische, ethische, imperiumskritische und andere Pragmatiken. Dieser Unterschied verwischt sich allerdings rasch, wie wir noch sehen werden. Es sind außerdem ganz allgemein gesprochen gar nicht Motive, Stoffe oder Figuren, die einen Text phantastisch machen. In einer Welt, die an Engel und Dämonen glaubt, ist die „alte Schlange" nicht phantastisch. Von Hause aus sollten daher z.B. auch mittelalterliche Visionsliteratur, Hagiographisches oder mythologische Narrative nicht phantastisch genannt werden.[5] Sie werden phantastisch zwar in kultureller „Verpflanzung" oder Verfremdung. Das könnte man dann auch für die Johannesoffenbarung reklamieren. In David H. Lawrence' „Apocalypse", seinem letzten Buch, geschrieben 1929/30 (publ. 1931), als der Autor bereits todkrank war (gest. 2. März 1930), wird etwa eine radikal nicht-theologische Lesart der Apokalypse vorgelegt. Der neue Himmel und die neue Erde werden zu Verwirklichungsformen der menschlichen Kreativität, in der Tat eher phantastisch als utopisch, das antike Buch wird zu einer Beschwörung dessen, was der Mensch sein, was die Menschheit noch werden könnte. Das Ganze hat zudem einen stark zivilisationskritischen Tenor. In einer solchen Interpretation ist die Apokalypse, wenn man so will, phantastische Literatur. Oder wir denken an eine sozusagen spielerisch-experimentelle Anti-Imagination zur biblischen

---

[4] Vgl. O. BÖCHER, Mythos und Rationalität in der Apokalypse des Johannes, in: H. H. Schmid (Hg.), Mythos und Rationalität, Gütersloh 1988, 163–171. Es ist eines der vielen Verdienste Böchers um die Johannesoffenbarung, auf die systemimmanente und spezifische Rationalität ihrer Bildwelt aufmerksam gemacht zu haben. Vgl. seine zusammenfassende Darstellung: O. BÖCHER, Johannes-Apokalypse, RAC 18, 1998, 595–646.
[5] Der Einfachheit halber verweise ich zu diesen Textgruppen auf meine Studien: M. FRESCHKOWSKI, Vision I.–V., TRE 35 (2003), 117–147; Vision als Imagination. Beobachtungen zum differenzierten Wirklichkeitsanspruch frühchristlicher Visionsliteratur, in: N. Hömke/M. Baumbach (Hg.), Fremde Wirklichkeiten. Literarische Phantastik und antike Literatur, Kalliope, Studien zur griechischen und lateinischen Poesie 6, Heidelberg 2006, 339–366; Art. Vision, Visionsliteratur 1. Allgemeines u. 2. Abendländische Kontexte, in: Enzyklopädie des Märchens 14.1, 225–234. Dort ist jeweils weitere Literatur in erheblichem Umfang genannt.

Apokalypse: das Roman-Diptychon „Black Easter"/ „The Day after Judgment" (1968 u. 1971) des Science-Fiction-Autors James Blish (1921–1975).
Erzählt wird in diesen beiden Romanen von einem eschatologischen Sieg der
Dämonen über Gott (und einen buchstäblichen Tod Gottes), einmündend in
den nur angedeuteten Gedanken, dass diese dann ihrerseits den Platz Gottes
einnehmen müssen, damit die Welt bestehen kann: reine Verneinung kann
nichts schaffen (die Johannesoffenbarung ist in diesem Kontext dann Kriegs-
propaganda der Gegenseite, von den Dämonen aus gesehen: und daher durch
die Wirklichkeit überwunden). Auch in solchen Texten wird das Apokalyptische als Ganzes phantastisch. Aber wir bewegen uns hier ja doch in der
Rezeptionsgeschichte der Offenbarung, und dürfen aus solchen Wirkungen
keine Schlüsse auf den Text selbst ziehen. Um diesen Aspekt unserer Frage,
um Rezeption und Rewriting eines Textes in neuen kulturellen Zusammenhängen geht es natürlich jetzt nicht. Hier wäre vermutlich ein Konsens
rascher erreichbar, aber wir fragen nach dem Text selbst in seinem Umfeld im
1. Jahrhundert oder allenfalls bei seinen frühen Leserinnen und Lesern in der
Alten Kirche.

Es bedarf also eines methodisch etwas längeren Anmarschweges, um zu
fragen, welchen heuristischen Sinn es machen kann, Genrebezeichnungen wie
das Phantastische überhaupt auf antike Literatur und dann auch auf christliche Texte anzuwenden. Unsere Antwort wird komplex ausfallen müssen. Wir
fragen in einem ersten literaturtheoretischen Schritt nach einem kulturüber-
greifend vertretbaren und metasprachlichen Begriff des Phantastischen, dann
in einem zweiten Schritt sehr kurz allgemein nach der Präsenz des Phantastischen in antiken Literaturen, um schließlich in einem letzten Schritt den Kreis
zu schließen und wieder etwas ausführlicher auf die Johannesoffenbarung zu
blicken; ein Zwischenschritt wird dabei auf einige exemplarische apokalyptische Motive in der „vortheologischen" mediterranen Volksreligion hinweisen. Also 1. Das Phantastische, 2. Das Phantastische in antiken Literaturen, 3. Volkstümliche eschatologische Motive und Johannesoffenbarung, 4.
Das Phantastische in der Johannesoffenbarung, Punkt zwei bis vier formulieren wir dabei jeweils mit deutlichen Fragezeichen.

2. Das Phantastische

Phantastik[6] hat es – wir werden das später noch genauer definieren – immer
mit konkurrierenden und koexistierenden Wirklichkeitssystemen zu tun.

---

[6] Den literaturwissenschaftlichen Forschungsstand repräsentiert H. R. BRITTNACHER/M.
MAY (Hg.), Phantastik. Ein interdisziplinäres Handbuch, Stuttgart/Weimar 2013 (darin u.a.
mein Beitrag: Phantastik und Religion, 553–561). Eine Begriffsgeschichte des
Phantastischen in unserem Sinn bietet meine Studie: Der Begriff des Phantastischen.

Phantastik ist, nach einer berühmten Definition von Roger Caillois, ein „Riß in der Wirklichkeit" (s.u.). Dieses Sich-Hineinmischen eines Wirklichkeitssystems in ein anderes ist dabei aber in erster Linie nicht etwa ein Aufeinanderprallen zwischen einem Text und seiner Rezeption, sondern ein binnentextliches Phänomen. Man muss nicht den spätstrukturalistischen Rigorismus des wohl meistdiskutierten jüngeren Theoriebeitrags zur Phantastikforschung (Uwe Dursts „Theorie der phantastischen Literatur", zuerst 2001) teilen, um doch eine seiner Grundeinsichten zu bedenken: es geht in Sachen Phantastik nicht etwa um eine Konkurrenz zwischen einer textexternen und einer textintern konstituierten Wirklichkeit. Dann würden mit dem Wandel der Weltbilder alle Texte irgendwann phantastisch, und der Begriff hätte seinen analytischen Wert verloren. Vielmehr ist Phantastik ein Textphänomen, eine Binneneigenschaft von Texten. Das vorsichtige Einbrechen eines alternativen Wirklichkeitssystems, einer Alterität, in ein herrschendes Wirklichkeitssystem, ohne dieses zu verdrängen, macht einen Text phantastisch, wenn es im Text selbst geschieht. Ein harmloses Beispiel kann das leicht verdeutlichen: ein Vampir ist nicht phantastisch in der Folklore des Balkans um 1730, auf dem Höhepunkt der großen serbischen und ungarischen Vampirpanik, als sich kaiserliche Untersuchungskommissionen der Vampirberichte aus den Balkandörfern annahmen, und das Thema für etwa 10 Jahre die europäischen Journale füllte. Im Kontext seines einheimischen Glaubenssystems ist der Vampir nicht phantastisch.[7] Er ist auch nicht phantastisch, wenn er in modernen Fantasy-Romanen für Teenager sozusagen eine normale Denkmöglichkeit, eine klischeehafte Standardfigur der Binnenwelt eines Textes oder Filmes ist, wie ja Fantasy ohnehin etwas ganz anderes als Phantastik ist. Phantastisch ist der Vampir nur da, wo es ihn nicht geben dürfte und doch gibt, wo er als Fremdling in eine Gesellschaft wie das spätviktorianische London einbricht. (Die Assoziation mit Bram Stokers großem Roman von 1897 wird sich von selbst einstellen, und keiner weiteren Erklärung bedürfen).

Literaturwissenschaftlicher Konsens ist, dass das Phantastische nicht etwa in bestimmten Motiven besteht, sondern in der internen Struktur der Repräsentation von konkurrierenden, streitenden Wirklichkeiten in einem Narrativ. Das Motiv selbst ist nur „Symptom" des Phantastischen. Allerdings gibt es engere und weitere Definitionen des Phantastischen, eine Debatte, welche in

---

Literaturgeschichtliche Beobachtungen, in: M. Frenschkowski u.a., (Hg.), Phantasmen. Robert N. Bloch zum Sechzigsten, Gießen 2010, 110–134; eine kürzere Darstellung ist: M. Frenschkowski, Art. Phantastik, in: Historisches Wörterbuch der Rhetorik 10 (Nachträge A–Z), 2011, 886–900. Es ist hier nur schwer zu vermeiden, dass ich im Folgenden öfter auf eigene Arbeiten hinweise.

[7] Vgl. C. Augustynowicz/U. Reber (Hg.), Vampirismus und magia posthuma im Diskurs der Habsburgermonarchie, Austria: Forschung und Wissenschaft. Abt. Geschichte 6, Wien 2011 mit reichen Literaturangaben.

den letzten Jahren sehr rege geführt wurde und an welcher der Verfasser des hier vorliegenden Beitrages auch in gewissem Umfang beteiligt war. Gerade die amerikanische Literatur- und Medienwissenschaft verwendet den Begriff „The Fantastic in the Arts" gerne sehr allgemein für alles Imaginative, Nicht-Realistische. In Deutschland wird jedoch eher ein restriktiver, methodisch sehr viel präziserer Begriff bevorzugt, in dem das Phantastische nur ein Untergenre, eine Teilmenge der imaginativen Literatur ist. Nach der berühmten Definition von Tzvetan Todorov, dem ohne Frage meistzitierten Buch zum Thema, geschieht das Phantastische in der „hésitation", dem Zögern zwischen zwei Wirklichkeiten[8] – so seine „Introduction à la littérature fantastique" (Paris 1970), dem Buch mit dem die jüngere Phantastikforschung ihren ersten stabilen Referenzpunkt erreicht hat. Ohne das Phantastische („le fantastique") präzise zu definieren, umschreibt er es als literarisches Geschehen der bleibenden Verunsicherung in der Konfrontation mit dem scheinbar Über- oder Widernatürlichen. Es steht damit in der Mitte zwischen „merveilleux", dem Wunderbaren, in dem das Übernatürliche selbst vollständig real sei, und dem Unheimlich-Fremden („l'étranger"), in dem es in „Reales" aufgelöst („erklärt") werde. Letzteres ist bekanntlich in der Gothic Novel die historische Wurzel u.a. des Kriminalromans. Die narrative Gestaltung einer solchen Ambiguität bzw. Unschlüssigkeit („hésitation", „incertitude") ist seit Todorov ein zentrales Thema der Phantastikforschung gewesen. Phantastik ist ein literarisch inszeniertes offenes Dazwischen zwischen Traum und Wachen, Wahn und Alltagsbewusstsein, Leben und Tod, natürlich und übernatürlich. Mit diesem strukturalistischen Ansatz war ein Modell gegeben, welches das Phantastische nicht durch Motive definierte (Monstren, Weltuntergänge, Doppelgänger, Homunculi, lebende Tote o.ä.), es aber auch nicht mehr durch Ästhetiken des Hässlichen, Grotesken, Skurrilen, Märchenhaften o.ä. „von außen" eingrenzen musste, sondern die narrative Struktur des Phantastischen im Kern zu treffen schien. Verwandt, aber wenige präzise war Roger Caillois' Bestimmung des Phantastischen als „Riss" im Kontinuum der natürlichen Ordnung, also als „Außer-Gewöhnliches" im radikalen Sinn, als „Verstörung der Vernunft".[9] Das Phantastische im modernen Sinn ist eine Literatur der Ambiguität, der Grenzüberschreitung, die sich im Prinzip im 19. Jhdt. etabliert. Im Gegensatz zur Fantasy setzt sie keine Gegenwelt an die Stelle unserer Welt, sondern lässt zwei Realitätssysteme im Text selbst miteinander ringen.

Dieser spezifische und eher enge Phantastik-Begriff war v.a. für die deutsche Forschung in Anknüpfung und Widerspruch prägend. In Präzisierung des strukturalistischen Ansatzes versteht etwa der schon genannte Uwe Durst

---

[8] T. TODOROV, Introduction à la littérature fantastique, Paris 1970.

[9] R. CAILLOIS, A coeur du fantastique (1965), auch in: DERS., Cohérences aventureuses, Paris 1976, 69–192.

(geb. 1965)[10] Phantastik als realitätssystemisches Rätsel, genauer als Konkurrenz verschiedener text-interner Realitätssysteme. Phantastik wird nicht text-extern als Verstoß gegen naturwissenschaftliche Plausibilitäten o.ä. definiert, sondern als Modus spezifischer text-interner Gestaltungen des „Wunderbaren" gedeutet. Das „Reguläre/Realistische" Realitätssystem sei text-intern dasjenige, welches seine (literarische) Verfahrensbedingtheit verbirgt und so tut, als wäre es so wie die außerliterarische Wirklichkeit (Wunderbares wird in diesem System konventionsbedingt verdeckt, z.B. in Gestalt des „allwissenden Erzählers" oder in einem binnentextlichen Pandeterminismus). Das „Wunderbare Realitätssystem" hingegen erlaube die Bloßlegung von „wunderbaren" Ereignissen, Sequenzen und Figuren. Es müssen also immer zwei radikal divergierende Realitätssysteme in einem Text präsent sein, damit sinnvollerweise von Phantastik gesprochen werden kann. Das lässt sich gut an klassischen phantastischen Texten von Edgar Allan Poe und E. T. A. Hoffmann, Nathaniel Hawthorne und Jorge Louis Borges, Guy de Maupassant, Franz Kafka und Howard P. Lovecraft, Gustav Meyrink und Alfred Kubin zeigen (um wenigstens einige Autornamen zu nennen), und ist oft beschrieben worden. Durst vermeidet dabei einen Bezug auf eine Wirklichkeit als transhistorische Größe und entgeht daher dem gegenüber Todorov möglichen Einwand, dass seine Definition einen spezifisch modernen Realitätsbegriff voraussetze, also etwa nur heutige Vorstellungen davon, was möglich und was unmöglich sei. Darin ist er ein strenger und puristischer Spätstrukturalist. Phantastik wird ganz als innertextliche Struktur begriffen, als inszenierte Unschlüssigkeit zwischen Realitätssystemen. Diese wichtige Weiterführung des Todorovschen Ansatzes hat sofort Beachtung gefunden und kann als in hohem Maße konsensfähige strukturalistische Definition des Phantastischen gelten. Allerdings ist die strukturalistische Vorgehensweise selbst nur noch eine Stimme aus dem literaturwissenschaftlichen Chor und kann nicht als Universalschlüssel zum Phantastischen gelten. Andere Blickwinkel vor allem aus dem weiten Feld der Kulturwissenschaften (und das heißt auch der empirischen Religionswissenschaft) müssen hinzutreten.

Neben diesen „minimalen" Definitionen stehen daher weitere oder sogar „maximale" Definitionen, welche das Phantastische allgemein von einer Verletzung naturwissenschaftlich-weltbildhafter „Möglichkeiten" her verstehen (Louis Vax) oder es faktisch mit allgemein imaginativer, nicht-realistischer Literatur gleichsetzen (große Teile der angloamerikanischen Forschung),

---

[10] U. DURST, Theorie der phantastischen Literatur, Berlin u.a. ²2007 (zuerst Tübingen 2001); DERS., Das begrenzte Wunderbare. Zur Theorie wunderbarer Episoden in realistischen Erzähltexten und in Texten des „Magischen Realismus", Berlin u.a. 2008. Eine Fortsetzung der Ansätze Todorovs ist auch T. WÖRTCHE, Phantastik und Unschlüssigkeit. Zum strukturellen Kriterium eines Genres. Untersuchungen an Texten von Hanns Heinz Ewers und Gustav Meyrink, Meitingen 1987.

sozusagen als Fiktion hoch zwei, als Steigerungsform der Fiktionalität. Konsens ist im Allgemeinen, dass religiöse oder okkultistische Literaturen insofern nicht phantastisch sind, als sie weltbildhafte Wirklichkeitsansprüche für ihr Übernatürliches erheben, auch wenn die Texte selbst fiktional sind. Eben so wenig sind Allegorien phantastisch.

Im deutschen Sprachraum koexistieren beide Sprachweisen, weitere wie engere (wenn auch gelegentlich ohne direkten Anschluss an die strukturalistischen Modelle). Neben diese im engeren Sinn literaturwissenschaftlichen Ansätze treten nun überhaupt mehr allgemein kulturwissenschaftliche Fragestellungen. Ob dabei das Phantastische als Genre, als Diskurs oder als narrative Struktur zu fassen sein könnte, ist im Einzelnen umstritten und wissenschaftssprachlich gleichermaßen begründbar. Einen bleibenden Beitrag hatte bereits Sigmund Freud geleistet, indem er das Unheimliche als das verdrängte und chiffrierte „Heimliche" gedeutet hatte und damit die psychosexuellen Anteile der Phantastik bloßlegte.[11] Seit Freud ist eine Analyse des Phantastischen ohne diesen Aspekt des „Verdrängten" nicht mehr denkbar, und die Frage nach sexuellen Elementen gehört zum methodischen Standardrepertoire. Etwas spezieller hat die jüngere Genderforschung die Bezüge zwischen dem Weiblichen und dem „Anderen" und dabei eben auch Monströsen und Phantastischen aufzudecken unternommen. Auch diese Fragestellung ist aus der Forschung nicht mehr wegzudenken. Hans Richard Brittnacher hat Aspekte einer kulturanthropologischen Analyse des Phantastischen formuliert, und dabei u.a. Analogien zu „missglückten Initiationen" geltend gemacht.[12] Diese auf den ersten Blick begrenzte Fragestellung erlaubt doch erstaunlich breite Aspekte des Phantastischen in den Blick zu bekommen. Daneben gibt es ritualtheoretische Konzepte (Phantastik als fortgesetzte Liminalität im Sinne von Victor Turner)[13], usw. Das muss hier im Einzelnen nicht verfolgt werden.

Ein religionsgeschichtlicher Ansatz zu unserer Frage – wie ich ihn vertrete – hat spezifische Veränderungen weltbildhafter Plausibilitäten als kulturelle Rahmenbedingung der Entstehung und Rezeption der verschiedenen Genres des imaginativen Erzählens untersucht und dabei das Phantastische als ver-

---

[11] S. FREUD, Das Unheimliche, Imago 5 (5–6), 1919, 297–324; auch in: DERS., Gesammelte Werke aus den Jahren 1917–1920, Frankfurt a. M. 1999, 227–278.

[12] H. R. BRITTNACHER, Gescheiterte Initiationen. Anthropologische Dimensionen der literarischen Phantastik, in: C. Ruthner/U. Reber/M. May (Hg.), Nach Todorov. Beiträge zu einer Definition des Phantastischen in der Literatur, Tübingen 2006, 15–29.

[13] A. SIMONIS, Grenzüberschreitungen in der phantastischen Literatur. Heidelberg 2005; DIES., Phantastische Literatur, in: Enzyklopädie der Neuzeit 9, 2009, 1076–1079. Eine Vorstufe des Phantastischen sieht sie u.a. in den in ihrer Realität problematisierten Geistererscheinungen im elisabethanischen und jakobäischen Theater und schon bei Seneca.

schleierte Revitalisierung archaisch-magischer u.a. religiöser Diskurse gedeutet (Phantastik u.a. als Kompensation einer Desakralisierung).[14]

Über solche Modelle noch hinausgehend interpretiert Renate Lachmann – um das Spektrum der Phantastikforschung noch etwas weiter zu skizzieren – Phantastik (in einem sehr weiten Sinn) als „Begegnung der Kultur mit ihrem Vergessen"[15] und zeichnet detailliert ihre Geschichte im Kontext v.a. rhetorischer Diskurse nach. Klassische, auch antike Rhetorikkulturen erscheinen dabei geradezu als „Zügelungen des Phantastischen", das sich erst mit ihrem Zerfall deutlicher zu Wort melden konnte. Das Phantastische im engeren Sinn wird in rhetorischer Analyse mit Erscheinungen wie dem Adynaton, der Hyperbel, der Inversion („mundus inversus"-Tradition), dem Oxymoron, der „kühnen Metapher", der Hypertrophie, der Paradoxie usw. zusammengestellt. Bereits Todorov hatte die rhetorische Struktur des Phantastischen von der ins Wörtliche umgesetzten Metapher her gedeutet. Für Clemens Ruthner ist Phantastik ein Typ kultureller Phänomene, die nicht einem „Mainstream" oder „Kanon" angehören, und insofern eine Verwirklichungsform von Alterität und Marginalität.[16] Die jüngste Forschung ist gegenüber diesen primär an Literatur orientierten Ansätzen noch der 1990er Jahre durch das Streben nach Berücksichtigung intermedialer Referenzgrößen gekennzeichnet (Film, Kunst, Werbung, Internet) und analysiert Phantastik auch hierbei gerne als Sonderfall von Alterität.[17]

Für die Rhetorik des Phantastischen im engeren Sinn grundlegend bleibt seine Subversivität, in der es zugleich ein „Gegenprojekt zum kulturellen Gedächtnis"[18] bildet. Das Phantastische macht Verdrängtes sichtbar, indem es etwa frühere, archaische Ideen in neuen Kontexten begegnen lässt (etwa

---

[14] Der vom Verfasser vertretene Theoriebeitrag ist sukzessive entwickelt in: M. FRENSCHKOWSKI, Religionswissenschaftliche Prolegomena zu einer Theorie der Phantastik, Quarber Merkur 86, 1998, 6–24. Überarbeitete Fassung in: W. Freund/J. Lachinger/C. Ruthner (Hg.), Der Demiurg ist ein Zwitter. Alfred Kubin und die deutschsprachige Phantastik, München 1999, 37–57; sowie DERS., Ist Phantastik postreligiös? Religionswissenschaftliche Beiträge zu einer Theorie des Phantastischen, in: C. Ruthner/U. Reber/M. May (Hg.), Nach Todorov. Beiträge zu einer Definition des Phantastischen in der Literatur, Tübingen 2006, 31–51; DERS., Phantastik und Religion: Anmerkungen zu ihrem Verhältnis, in: T. Le Blanc/B. Twrsnick, Hg., Götterwelten. Phantastik und Religion, Tagungsband 2006, Wetzlar 2007, 31–46; DERS., Phantastik und Religion, in: H. R. Phantastik. Ein interdisziplinäres Handbuch, Stuttgart/Weimar 2013, 553–561 (mit weiteren Beiträgen im gleichen Band).

[15] R. LACHMANN, Erzählte Phantastik. Zur Phantasiegeschichte und Semantik phantastischer Texte, Frankfurt a. M. 2002, 11 (vgl. zudem S. 97 ihre Definition des Phantasmas).

[16] C. RUTHNER, Kanon, Kulturökonomie und die Intertextualität des Marginalen am Beispiel der (österreichischen) Phantastik im 20. Jahrhundert, Tübingen 2004.

[17] Dokumentiert etwa in der neuen Zeitschrift für Fantastikforschung (Berlin 2011).

[18] Vgl. R. LACHMANN, Erzählte Phantastik, 11, die „Neo-Phantastik" des J. L. Borges referierend.

Schicksalsideen in Fortschrittsdiskursen). Konsens ist weiter, dass der Begriff des Phantastischen wissenschaftssprachlich nur Sinn macht, also nur analytischen Wert hat, wenn er deutlich von angrenzenden Alteritäten unterschieden wird, so vom Grotesken, vom Makabren, vom Kontrafaktischen, vom Allegorischen, vom Archaisierenden, vor allem vom Symbolischen und vom Mythischen. Dies alles sind eigene Kategorien, die sich nur partiell mit dem Phantastischen überschneiden können. Dies mag für unseren Fragehorizont als eine erste Bestimmung genügen.

3. Das Phantastische in antiken Literaturen

Wie weit reichen die kulturellen Wurzeln des Phantastischen zurück?[19] Das ist eine schwierige Frage. Soll man sich schon an die phantastische Unschlüssigkeit erinnert fühlen, wenn in Lukians „Ikaromenipp" der Leser gleich zu Beginn darüber verunsichert wird, ob die erzählte Himmelsreise real oder ein Traum war, oder wenn der Apostel Paulus nach seiner Entrückungserfahrung 2 Kor 12,2 nicht weiß, ob diese körperlich oder seelisch stattgefunden hat, ob er im Geist oder leiblich im Himmel war? Sätze wie „Es war ein Traum" können dabei eine niedere oder auch eine höhere Dichte an Wirklichkeit signalisieren. Sollte man hier Ansätze des Phantastischen suchen? Soll man die platonische Atlantis und mehr noch ihre Parodie, die Meropis Theopomps, phantastisch nennen, weil ihre Rezeption zwischen wörtlich-historisierenden und symbolisch-mythischen Interpretationen schwankte?[20] (Es sind übrigens in der Spätantike dann mehrheitlich die Christen, die Atlantis als „historisch" ernst nehmen wollten: Tertullian, apol. 40, 3f.; Arnob., adv. gent. 1, 5, u.a. Ihr Gespür für symbolisch-poetische und mythische Narrationen und ihre Art, Wirklichkeit in eigener Weise zu repräsentieren, war ohne Frage wenig ausgeprägt.)

Dann könnte man kulturgeschichtlich noch weiter zurückgreifen auf archaische Erzählkulturen, wobei natürlich nicht einfach eine Unsicherheit über eine Faktizität gemeint sein kann. Die klassische Einleitungsformel turkmenischer (also asiatisch-türkischer) Märchenerzählungen z.B. lautet: „Bir bar

---

[19] Vgl. zum Folgenden außer M. MAY/H. R. BRITTNACHER, Phantastik; vor allem den dieser Frage gewidmeten Sammelband: N. HÖMKE/M. BAUMBACH, Fremde Wirklichkeiten.

[20] Vgl. zusammenfassend und die komplexen antiken Positionen differenzierend H. TARRANT, in: Proclus. Commentary on Plato's Timaeus 1. Book 1. Proclus on the Socratic State and Atlantis, edited and translated by Harold Tarrant, Cambridge 2007, 60–84 (Proklus ist die Hauptquelle für das Spektrum antiker Atlantisdeutungen); dazu H. G. NESSELRATH, Atlantis auf ägyptischen Stelen? Der Philosoph Krantor als Epigraphiker, ZPE 135, 2001, 33–35; E. S. RAMAGE (Hg.), Atlantis. Fact or Fiction?, Bloomington /London 1978, bes. 3–45.

eken, bir ẏok eken" „Es war wohl einmal, es war wohl keinmal".[21] Das berührt sich eigenartig mit der berühmten neuplatonischen Definition des Mythos: Nach dem Neuplatoniker Sallust (der natürlich nicht mit dem Historiker zu verwechseln ist) definiert sich ein Mythos als Rede von einer Wirklichkeit, die niemals war, aber immer ist (De diis et mundo 4 ed. Nock). Das Mythische ist freilich nur *ein* Symbolraum, in den das Phantastische eindringen kann.

Das Phantastische existiert dabei noch nicht als eigene Kategorie in der antiken Literaturwissenschaft. Diese ist freilich bekanntermaßen elitär und restriktiv und nimmt nur Ausschnitte aus dem in dem Blick, was wir als antike Literaturen kennen, etwa in ihrer bekannten Verachtung dem Roman gegenüber (der nicht einmal kategorial reflektiert wird).[22] Es kann für unsere Fragestellung kein Argument sein, dass ihr die antike Literaturwissenschaft bzw. Rhetoriktheorie kaum vorgearbeitet hat. Immerhin hat es erste Ansätze zu einer Reflexion gegeben, wozu hier nur ein freilich spätes (aber dafür christliches) Beispiel gegeben werden soll. Die Einteilung der Erzählformen nach ihrem Wirklichkeitsbezug bei Isidor von Sevilla, dem großen Enzyklopädisten, mit dem die Antike aufhört und das Mittelalter im visigothischen Spanien beginnt, teilt Prosaliteratur ein in solche, die Wirkliches, solche, die Mögliches und solche, die Unmögliches erzählt: „Historiae sunt res verae, quae factae sunt; argumenta sunt quae etsi facta non sunt, fieri tamen possunt; fabulae vero sunt quae nec factae sunt nec fieri possunt, quia contra naturam sunt" (etym. 1, 54, 5). Gerade die Adynata der Rhetorik ähneln in manchem dem Phantastischen.

Gibt es also in der Antike Phantastik, oder zumindest Ansätze zu einer solchen, also Texte, in denen textinterne Wirklichkeitssysteme so konkurrieren, dass zumindest Elemente einer zögernden Ambiguität zu erkennen sind?

---

[21] G. SAHATOVA, Turkmenen, in: Enzyklopädie des Märchens. Handwörterbuch zur historischen und vergleichenden Erzählforschung 13, 2010, 1049–1054 (1051f.).

[22] Zum antiken Roman, der wohl unsere wichtigsten Kandidaten für das Phantastische in der Antike liefert, vgl. etwa G. SCHMELING (Hg.), The Novel in the Ancient World, Mnemosyne Suppl. 159, Leiden u.a. 1996 (darin bes.: R. PERVO, The Ancient Novel Becomes Christian, 685–709); J. R. MORGAN/R. STONEMAN (Hg.), Greek Fiction. The Greek Novel in Context, London/New York 1994; R. PERVO, Profit with Delight. The Literary Genre of the Acts of the Apostles, Philadelphia 1987; J. TATUM (Hg.), The Search for the Ancient Novel, Baltimore/London 1994; N. HOLZBERG, Der antike Roman. Eine Einführung, Darmstadt 2006 und nach wie vor (trotz seiner überholten Datierungen) den Klassiker: E. ROHDE, Der griechische Roman und seine Vorläufer, Leipzig 1914 (Erstauflage 1876; Nachdruck Hildesheim u.a. 1974). Das Thema des „Phantastischen" wird in diesen und ähnlichen Studien zum antiken Roman aber allenfalls marginal angesprochen.

Blicken wir auf einige mögliche Beispiele. Euhemeros von Messene[23], gest. um 260 v.Chr., beschreibt in seinem berühmten Reiseroman eine ferne Insel[24] im östlichen Meer, Panchaia, bei deren Besuch sich herausstellt, dass die Götter und Göttergenerationen (Uranos, Kronos, Zeus) dermaleinst Menschen gewesen seien, die um ihrer Verdienste willen nach ihrem Tod von den Menschen verehrt wurden. Man hat die Beliebtheit dieses Textes gerne damit erklärt, dass er sozusagen den Herrscherkult legitimiert: wenn die Götter einst Menschen waren, können jetzt die Herrscher Götter werden. Es ist nicht recht klar, inwiefern eine solche rhetorische Agenda tatsächlich die Absicht des Euhemeros war. Deutlich aber ist, dass er eine ungeheuerliche, in einem konservativen Kontext geradezu tendenziell blasphemische Denkmöglichkeit artikuliert. Wie ernst ist es ihm damit? Will er wirklich eine neue Theorie über die Götter auf den Plan rufen, oder was will er? Die Sache ist umstritten, und war m. E. auch zu Lebzeiten des Autors nicht eindeutig. Es konkurrieren in Euhemeros' Roman eine Realität, in der die Götter eben Götter sind und eine andere, in der sie sich als Menschen der Vorzeit demaskieren. Das ist noch nicht phantastisch im engeren Sinne von Todorov, kommt dem aber zumindest nahe und wurde so wohl auch gelesen, als anstößige und doch irgendwie plausible Denkmöglichkeit in der Binnenwelt eines Romans.

Betrachten wir ein anderes Beispiel. Im 2. Jhdt. schreibt Apuleius den wohl religionsgeschichtlich interessantesten Roman, der uns aus der Antike erhalten ist, „Asinus aureus", wie er gerne zitiert wird. Bekanntlich wird der Ich-Erzähler hier in einen Esel verwandelt, und nach langen Irrungen und Wirrungen und einer erstaunlichen μετάβασις εἰς ἄλλο γένος des Romans ins Religiös-Mysterienhaft-Hieratische wird er von der Göttin Isis in einen Menschen zurückverwandelt, in ihre Mysterien eingeweiht und als Priester der ägyptischen Götter eingesetzt. Auch dabei gibt es zahlreiche Subtexte, die hier nicht zu diskutieren sind (so werden die Mysterien keineswegs völlig unkritisch gesehen). Augustin diskutiert diesen großen Roman in De civ. dei. 18, 18, einem sehr lehrreichen Text für unsere Frage. Offenbar kennt er Debatten, ob die bei Apuleius erzählte Verwandlung eines Menschen in einen Esel real oder Illusion sei. Augustinus sagt dabei sowohl, dass diese Ge-

---

[23] Vgl. etwa M. WINIARCZYK, The "Sacred History" of Euhemerus of Messene, Beiträge zur Altertumskunde 312, Berlin 2013 sowie allgemeiner dessen exzellente Studie: Die hellenistischen Utopien, Beiträge zur Altertumskunde 293, Berlin/Boston 2011.

[24] Die „Insel" der antiken literarischen Utopien ist selbst Symbol der Alterität, in dem sie aus dem Meer, der Matrix des Möglichen, auftaucht und eine Inszenierung phantastischer Gegenwelten erlaubt. Die dabei begegnenden Grenzüberschreitungen zwischen Wirklichkeitsdiskursen sind unter allgemeiner religionsgeschichtlichen Leitfragen dargestellt in: M. FRENSCHKOWSKI, Fortunatae Insulae. Die Identifikation mythischer Inseln mit realen geographischen Gegebenheiten in der griechischen und römischen Antike, in: R. von Bendemann u.a. (Hg.), Konstruktionen mediterraner Insularitäten, Paderborn 2014 (im Druck).

schichten erlogen seien (Superstitionsdiskurs), als auch dass die Dämonen nur Schein und Illusion erzeugen können (philosophischer Diskurs), und dass sie nur mit Gottes Einwilligung handeln könnten (theologischer Diskurs). Anders gesagt, drei sich eigentlich ausschließende Antworten bleiben nebeneinander stehen, aber dies nun nicht einfach additiv, sondern in gewisser Hinsicht als phantastische Beunruhigung des Lesers. Dabei entfaltet der Text ein raffiniertes, zwischen Skepsis und Superstition, Sachkritik und innovativer Interpretation pendelndes gedankliches Szenario über die Möglichkeiten von Tierverwandlungen. Völlig aus dem Blick gerät dabei, dass Apuleius' Text eine Fiktion, ein Roman ist: er wird unter der Hand zum autobiographischen Bericht, der vollständig wahr ist, aber eben gerade deshalb als Illusion entlarvt werden muss – was aber wiederum nur begrenzt möglich ist, weil es so viele glaubhafte Geschichten von Tierverwandlungen gäbe. Auch hier bewegen wir uns zumindest in der Nähe des Phantastischen. Und sind die Geister in Senecas Theaterstücken real oder Illusion? Das bleibt eigentümlich in der Schwebe. Nur im „Agamemnon" und im „Thyestes" treten sie tatsächlich auf (jeweils im Prolog), andernorts bleiben sie ganz im Subjektiven, indem nur von ihnen gesprochen wird. Die Geister signalisieren den Höhepunkt einer Affektentwicklung, etwa bei Oedipus und Andromache, und sind insofern wahnhafter Natur, aber eben doch nicht ganz. Das sind die zwei widerstreitenden Wirklichkeitssysteme, die wir für die Phantastik reklamiert haben. Die homerische Odyssee, um ein natürlich viel älteres Gegenbeispiel zu nennen, mag man als mythologische Fantasy bezeichnen, sie ist aber keine Phantastik, denn es gibt in ihr nur eine ungebrochene Wirklichkeit (wenn ihr auch die Ironie nicht fremd ist).

Ein letztes Beispiel, an was für Bezüge hier zu denken sein könnte. Die Antike kennt Feste einer verkehrten Welt (Saturnalien, Kronien, Sakäen), die sogar im 3./4. Jhdt. noch einmal eine besondere Blütezeit erlebten. Der Sklave ist für einen Tag Herr, der Herr Sklave. Die Welt steht Kopf: für einen Augenblick kehrt die goldene Zeit zurück. Ich will das nicht ausführen: das Karnevaleske im Sinne von Michael Bachtins berühmter Rabelais-Deutung ist in einem sehr weiten Sinn eine Gestalt des Phantastischen, weil es eine Gegenwirklichkeit inszeniert, ohne unsere Wirklichkeit aufzuheben.[25] Antike kulturelle Systeme kennen also Phantastik in nuce bzw. in statu nascendi,

---

[25] Vgl. M. P. NILSSON, Saturnalia, in: Paulys Realencyclopädie der classischen Altertumswissenschaft (RE) II A, 1, 1921, 201–211 oder zu einem anderen Aspekt H. KENNER, Das Phänomen der verkehrten Welt in der griechisch-römischen Antike, Aus Forschung und Kunst 8, Klagenfurt 1970. M. M. BACHTIN, Творчество Франсуа Рабле и народная культура средневековья и Ренессанса, Moskau 1965 (geschrieben 1940) erschien auf Deutsch: Rabelais und seine Welt. Volkskultur als Gegenkultur, hg. von R. Lachmann, Frankfurt a. M. 1987.

wenn das eigentliche Genre des phantastischen Narrativs auch erst in der Moderne mit ihrer Destabilisierung überkommener Weltbilder möglich wird.

4. Volkstümliche eschatologische Motive und Johannesoffenbarung

Eine kulturwissenschaftliche Blickerweiterung der Apokalyptikforschung ist in mehr als einer Hinsicht erforderlich. Eine Analyse des Phantastikbegriffs kann dazu nur einen kleinen Beitrag leisten, vor allem könnte dies aber eine stärkere Analyse der Plausibilisierungsstrategien und der populären Anknüpfungen des apokalyptischen Bildmaterials im Gesamtimaginarium antiker Religiosität. Ich denke dabei besonders an die breite Streuung apokalyptischer Einzelmotive, die sich keineswegs zu einer systemhaften Ereignissequenz zusammenfügen müssen. Aber auch Motive eines Weltuntergangs, einer irgendwie am Rande des Denkens existierenden ungeheuerlichen Möglichkeit, der ganze Weltenbau könnte einstürzen und zunichte werden, sind breit gestreut vorhanden und bilden einen gerne übersehenen nicht-literarischen Prätext der Apokalypse, auf den wir hier sehr knapp den Blick richten wollen. Man wird in diesem Kontext an einen vergessenen Klassiker der Apokalyptikforschung erinnern dürfen: Axel Olrik, Ragnarök. Die Sagen vom Weltuntergang (Berlin u. Leipzig 1922). Da er dort kaum die biblische, sondern eher die mittelalterlichen apokalyptischen Szenarien und ihr ethnologisches Vergleichsmaterial in den Blick nimmt, ist dieses Buch in der Exegese kaum beachtet worden; als Exeget kennt man Olrik meist nur aus seinem Aufsatz „Epische Gesetze der Volksdichtung"[26] von 1909, der eine der wichtigsten Inspirationen für Bultmanns „Geschichte der synoptischen Tradition" war. Die weit weniger bekannte monumentale Apokalyptikstudie des Dänen mag hier exemplarisch für einen religionswissenschaftlich sensibilisierten Blick auf apokalyptische Motive in volkstümlichen, gerade nicht theologischen Kontexten stehen. Was auffällt, ist das problemlose Neben- und Miteinander von Bildern, die wir als Konkurrenten einer Sinndeutung verstehen. Das gilt mutatis mutandis ja auch volkstümliche Jenseitsbilder[27]: Der Tote kann sehr wohl gleichzeitig im Himmel, in der Unterwelt und in seinem Grab sein. Ähnlich ist es nun mit eschatologischen Motiven, wenn sie in nicht-theologischen, nicht kirchlich-institutionellen Zusammenhängen

---

[26] Epische Gesetze der Volksdichtung, Zeitschrift für deutsches Altertum und deutsche Literatur 51, 1909, 1–12.
[27] Vgl. M. FRENSCHKOWSKI, Art. Sicht der Wissenschaften und Religionen. 2. Religionswissenschaft, sowie Art. Glaube an eine Fortexistenz nach dem Tod, beide in: H. Wittwer et al. (Hg.), Sterben und Tod. Geschichte – Theorie – Ethik. Ein interdisziplinäres Handbuch, Stuttgart/Weimar 2010, 15–27 und 203–214.

begegnen. Weltenbrand und Weltflut, Weltenwinter und die Befreiung des gefesselten dämonischen Unholds, der die Welt vernichtet, wenn er frei kommt, vor allem Motive eines Kampfs der guten Mächte mit chaotischen Kräften können auf das Überraschendste in der gleichen Erzählkultur koexistieren. Olrik zeigt diese Koexistenz an keltischen, germanischen, kaukasischen, armenischen und türkischen Beispielen und lotete jeweils erschöpfend das Variantenfeld der Erzähltypen aus, jeweils mit Auskunft über den soziokulturellen Ort der Variante.

Ähnliches gilt nun auch für populäre (nicht theologische) eschatologische Bildwelten und Einzelmotive in der Antike: sie müssen sich gerade nicht in ein klares System oder eine lineare Ereignissequenz fügen und können erstaunlich kontrastreich koexistieren. Die Apokalypse beruht auf einem Fundament apokalyptischer Bilder, die selbst noch vor-theologischer Natur sind. Der Untergang der Metropole an einem einzigen schrecklichen Tag, die Fesselung des Dämonenfürsten, der dann doch wieder freikommt und die Welt bedroht, die Himmelsposaune, die das Ende eines Säkulums markiert, die monströsen Mischwesen, die Portenta und Monstra als deutungsbedürftige Vorzeichen aus der göttlichen Welt sind eben auch Bilder jenseits im engeren Sinn theologischer Systeme, oder auch allein biblischer Prätexte. Wer immer nur das Alte Testament hinter der Apokalypse sucht, findet auch nur das Alte Testament. Alttestamentliche Prätexte sind natürlich von immenser Wirkmacht (und standen mit Recht in den letzten Jahren in einem Fokus der Forschung), aber Apokalyptik speist sich nicht nur aus Schrifttheologie. Das ist eine für unsere Fragestellung (wie „phantastisch" ist die Apokalypse?) sehr wichtige flankierende Frage, die wir darum hier in den Blick nehmen. In Wahrheit existiert breit gestreut in der hellenistischrömischen Ära ein Motivspektrum apokalyptischer Einzelmotive, die nicht etwa nur in theologisch-religiösen Systemen, sondern in populären Narrativen, in religiösen Ritualen, zuweilen auch nur als bloße Denkmöglichkeiten existieren. Wir nennen nur einige wenige Beispiele, um das hier liegende Desiderat der Forschung aufzuzeigen. Wenn der keltische Krieger (im Gespräch mit Alexander) nichts fürchtet, als dass das Himmelsgewölbe einstürzen könnte, so ist das nicht unbedingt eine „Lehre", dass ein solches Ereignis tatsächlich eintreten wird. Es ist eine phantastische Möglichkeit, eine chaoshafte Bedrohung des Kosmos am Rande des Bewusstseins (Strabon 7, 3, 8 nach einem Alexanderhistoriker; auch Arrian 1, 4, 6–8). In der Apokalypse ist der Weltuntergang dagegen antiphantastisch in Szene gesetzt, weil vollständig in das durchaus rationale System der Endzeitereignisse integriert, und notwendige Folge des göttlichen Weltenplans. Er wird buchstäblich und in naher Zukunft erwartet, und ebenso rechnet der Autor mit einer Berücksichtigung seines Wissens im Lebensvollzug seiner Leserinnen und Leser. Die Apokalypse ist also im Vergleich gerade nicht phantastisch.

Um diesen Gegensatz noch etwas klarer werden zu lassen, nennen wir zum Weltuntergangsmotiv zwei stärker phantastische Beispiele, und eines aus der phönizisch-paganen Welt. Im Zauber begegnen uns immer wieder apokalyptische Szenarien, die ausgesprochen cum grano salis zu nehmen sind, wie schon Theodor Hopfner gesehen hat (s. sofort). Der Zauberer teilt da etwa mit, was passieren wird, wenn die Gottheit (und beschworen werden keine niederen Geister, sondern oft die höchsten Götter) ihn nicht zu erhören gewillt ist: „Gekommen ist das Feuer zu den größten Dämonen, und verschlungen hat der Himmel den Kreis des heiligen Sonnenkäfers (…), ohne ihn zu erkennen. Sonnenkäfer, der geflügelte, an Himmels Mittagshöhe stehende Herrscher, werde geköpft, zerstückelt; sein Größtes und Herrliches werde unbrauchbar, und sie schlossen den Herrn des Himmels ein und vernichteten ihn: so diene du mir bei Männern und Frauen nach meinem Willen (…). Wenn du mich aber nicht erhörst, wird der (Sonnen)kreis verbrennen, und Finsternis wird sein über die ganze Erde hin, und der Sonnenkäfer wird herabsteigen, bis du mir alles tust, was ich schreibe oder sage, unwandelbar. Jetzt jetzt, sofort sofort" (PGM XII, 45–48; Übersetzung nach der Edition Karl Preisendanz). Also schreckliches Unheil wird dem Sonnengott widerfahren, wenn er nicht gefügig ist, und das in der für den Zauber typischen Ungeduld. Andernorts wird dem Sonnengott gedroht: „Von den Fischen wird dein Bauch gefressen, und ich werde die Fische nicht hindern, deinen Leib mit ihren Mäulern zu verzehren, und die Fisch werden ihr Maul nicht schließen. Wegnehmen werde ich den Vaterlosen[28] von seiner Mutter, herabgerissen wird der Himmelspol (…)" (PGM V, 279–284). Wir besitzen auch literarische Belege für das Bedrohen der Götter (Plutarch, de superst. 6; Apuleisu, met. 3, 16 und sehr oft). Jamblich, der neuplatonische Apologet der Magie, dessen Schrift „De mysteriis" Martin Nilsson ein Grundbuch spätantiker Religion genannt hat[29], verteidigt Formeln wie „ich werde den Himmel zerschmettern, die Geheimnisse der Isis offenbar machen, das in Abydos Verborgene aufzeigen, die Sonnenbarke zum Stehen bringen und die Glieder des Osiris dem Typhon hinstreuen" (de myst. 6, 5–7). Diese gewalttätigen Drohungen bezögen sich gar nicht auf die Götter, sondern auf niedere Dämonen, denen man mit solchen irrealen Drohungen kommen könne. Das ist aber nur eine neuplatonische Verharmlosung. Die Drohung gegen die Gottheit selbst ist ein sehr häufiges Charakteristikum ägyptischer Magie, das schon auf Griechen und Römer ungeheuer anstößig wirkte.[30] Inhalt der Drohung ist

---

[28] Gemeint ist der Sonnengott Horus.

[29] M. P. NILSSON, Geschichte der griechischen Religion 2. Die hellenistische und römische Zeit, HAW V, 2, 2, München 1988, 448.

[30] W. FAUTH, Götter- und Dämonenzwang in den griechischen Zauberpapyri. Über psychologische Eigentümlichkeiten der Magie im Vergleich zur Religion, ZRGG 50, 1998,

öfter die Zerstörung des Kosmos, das Zusammenbrechenlassen der geordne-
ten Welt, so befremdlich uns dieses Motiv der Magie auch berühren mag. Das
apokalyptische Szenario ist hier keine reale Erwartung, sondern eine (wiederum irgendwie blasphemische) Denkmöglichkeit, in gewisser Hinsicht eine
Art magisches Adynaton, das der Magier als Drohung gegen die Götter verwendet.

Beispiele gestreuter, nicht systemhafter apokalyptischer Motive sind auch
sonst durchaus häufig. Ihre Relation zu den theologisch-apokalyptischen
Texten ist bisher kaum ernsthaft erforscht worden. Man denke an die etruskische Säcula-Lehre, die sich mit der Lehre von den Weltzeitaltern verbinden
konnte.[31] Ich nenne ein etwas weniger bekanntes römisches Beispiel: Im
Kontext der Pest in Rom unter Markus Antoninus hören wir von einem Mann,
der sich auf einem Feigenbaum auf dem Marsfeld stationierte und immer
wieder schrie, Feuer werde vom Himmel fallen und das Ende der Welt (fines
mundi) stehe bevor. Er selbst aber werde sich in einen Storch verwandeln und
zum Himmel fliegen. Offenbar sollte das ganze betrügerisch inszeniert werden mit einem realen Storch, den er versteckt hielt, doch der Mann wird
demaskiert, im Prozess vor dem Kaiser aber nicht verurteilt, sondern offenbar
nur ausgelacht (Scriptores Historiae Augustae, Marcus Antoninus 13, 6). Wir
besitzen auch in unseren literarischen Texten allerlei Indizien für solche
volkstümlich-phantastischen apokalyptischen Ideen, die in der exegetischen
Forschung jedoch wenig Beachtung finden, obwohl sie als Ausdruck mediterranen Volksglaubens nicht weniger Prätexte der Apokalypse sind als das Alte
Testament. Schon Terenz macht sich einmal lustig über solche, die den Einsturz des Himmels fürchten: „Quid si redeo ad illos qui aiunt: Quid si nunc
cœlum ruat?" (Heautontimoroumenos 4, 3, 719), wie vor ihm Aristoteles über
jene, die den Atlasmythos allzu wörtlich verstünden und dächten, der Himmel
stürze ein, wenn der Titan seine Last von der Schulter würfe (metaphys. 4,
23). Solche Bilder sind natürlich noch wenig spezifisch. Zu vergleichen wäre
daher etwa der international und schon in vorschriftlichen Erzählkulturen
verbreitete Erzähltyp ATU 20C „The Animals Flee in Fear of the End of the
World"[32], bei dem in vielen Varianten Tiere den Einsturz des Himmels fürchten. Theognis von Megara wünscht in bedingter Selbstverfluchung, der

---

40–60; T. HOPFNER, Griechisch-Ägyptischer Offenbarungszauber 1, Amsterdam ²1974,
§ 787–801.

[31] Grundlegend dazu: C. O. THULIN, Die etruskische Disziplin. 3 Bände, Göteborg
1905–1909 (Reprint in einem Band Darmstadt 1968), 63–75 und auch 76–130 zu den
Ostenta in der etruskischen Tradition); zudem: M. HAASE/J. RÜPKE, Saeculum, DNP 10,
2001, 1207f.

[32] Vgl. H. J. UTHER, The Types of International Folktales. A Classification and
Bibliography. 3 Bände, FFC 284–286, Helsinki 2004 (1, 28), (Neufassung der Aarne-
Thompson-Klassifikation des Gesamtrepertoires volkstümlicher Erzählungen); dazu H.
LOX, Tiere fressen einander, in: Enzyklopädie des Märchens 13, 2010, 573–578.

Himmel möge auf sein Haupt fallen, wenn er sich seinen Freunden nicht als treu, den Feinden aber als hart erwiese (eleg. 869–872). Bekannter ist die Passage bei Horaz, od. 3,3,7f., die etwas spielerisch vom Einstürzen der Welt (orbis) spricht, usw. Der Zeitgenosse des Paulus, Seneca, erwähnt ernsthafter solche, die dem Universum den Untergang androhen: „Mundo quidam minantur interitum et hoc universum, quod omnia divina humanaque complectitur, si fas putas credere, dies aliquis dissipabit et in confusionem veterem tenebrasque demerget" „Manche drohen ja sogar der Welt selbst den Untergang an, und dieses Universum, das alles Göttliche und Menschliche umspannt, wird, wenn man es denn glauben will, eines Tages zerstört und in das anfängliche Chaos und die Dunkelheit versinken" (ad Polyb. de consol. 1, 2). Die ältere stoische Philosophie lehrte einen allmählichen Rückzug des göttliche Weltgeistes (des Logos) aus der Welt, die schließlich in einem feurigen, reinigenden Weltbrand untergehe (Ekpyrosis; ähnlich schon bei Heraklit); auch hier hat man an Anknüpfungen in volkstümlichen Bildern gedacht, was wir an dieser Stelle nicht weiter diskutieren können. Danach erneuert sich der Kosmos zu einem neuen Zyklus (Palingenese, Wiedergeburt). Philosophische und apokalyptische Ideen konnten sich angesichts des feurigen Weltuntergangs leicht verbinden (Apk. Abr. 31; 2. Petr. 3, 10; Justin 2. apol. 7 etc.), doch ist die stoische Ekpyrosis ein natürlicher Vorgang, kein Werk einer Gottheit (nach Epiktet 3, 13, 4f. überlebt Zeus dabei das Weltfeuer).[33] Außerdem tritt die Idee in der jüngeren Stoa auch etwas in den Hintergrund (Diogen. Laertios 7, 142). Wir haben mit solchen Motiven nur einige Beispiele für Affinitäten zu apokalyptischen Motiven in der komplexen gemein-mediterranen Religiosität benannt. Auch ein Untergang Roms ist trotz des Motivs der „ewigen Stadt" nicht undenkbar: Scipio meditiert weinend auf den Ruinen des völlig verwüsteten Karthargo, dass es auch Rom einmal ähnlich ergehen könnte (Polybios 38, 21f.). Apokalyptik im „geistigen Widerstand gegen Rom" (Harald Fuchs)[34] konnte solche Gedanken zu konkreten Untergangsszenarien steigern, wie wir sie aus der Sibyllistik und manchen anderen Quellen kennen.

Gerade für Kleinasien ist ein buntes Miteinander apokalyptischer Motive gut bezeugt, wobei diese uns natürlich meist in literarischen Texten begegnen wie in Dion von Prusas Borysthenikos, dort als Magiermythos literarisiert.[35] Aber aus verschiedenen Indizien können wir durchaus wissen, dass Vieles auch nicht-systemhaft und volkstümlich existierte, wie das Olrik und andere

---

[33] Exemplarisch aus der immensen Literatur: A. STÜCKELBERGER, Ekpyrosis, in: Historisches Wörterbuch der Philosophie 2, 1972, 433f.

[34] H. FUCHS, Der geistige Widerstand gegen Rom in der antiken Welt. Berlin ²1968 (1938).

[35] Vgl. H. G. NESSELRATH u.a. (Hg.), Dion von Prusa, Menschliche Gemeinschaft und göttliche Ordnung. Die Borysthenes-Rede, SAPERE 6, Darmstadt 2003.

für jüngere Erzählkulturen beschrieben haben. Eine wichtige Quelle für Kleinasien sind die Sibyllinen, die Hystaspesorakel, aber auch die Apokalypse selbst, aus deren literarischer Gestaltung solche Prätexte freilich erst herausdestilliert werden müssen. Wir deuten das hier nur als Problem an. Origenes, v. Cels. 7, 9 vgl. 3. 11 kennt phönizische Propheten, die das Weltende ankündigen. Die immer wieder geäußerte Idee, es handle sich bei diesen Propheten um Christen, ist sachlich unmöglich; sie treten an den paganen Tempeln auf. Auch will Celsos ja gerade das Christentum angreifen, indem er auf vergleichbare Prophetien auf niederem kulturellem Niveau im Umfeld der Christen hinweist. Der Vergleich liefe ins Leere, verglicke er das Christentum nur mit sich selbst.[36]

5. Das Phantastische in der Johannesoffenbarung

Wenn man die Apokalypse von solchen Substraten volkstümlicher und verstreuter eschatologischer Imaginarien her als alternativen Prätexten im Sinne einer nicht primär an „Abhängigkeiten", sondern an Kontexten interessierten Intertextualitätstheorie liest, stellt sich rasch eine erste zentrale Beobachtung ein, die für die Phantastikfrage wichtig ist. Die Johannesoffenbarung bringt eine Fülle von Motiven und Bildern ganz unterschiedlicher Herkunft in eine chronologische Sequenz mit eigener Systemlogik. Ob man dabei von einer Rekapitulationstheorie, also einer zyklischen Darstellungsweise auszugehen hat oder doch weitgehend mit linearen Ereignissequenzen zu rechnen ist, mag dabei auf sich beruhen. Wichtig ist die Durchdringung einer großen Bilder- und Motivflut religionsgeschichtlich ganz divergenter Herkunft mit einer fugenartigen Struktur, in der alles seinen wohlgefügten Platz hat.[37] Das Chaos apokalyptischer Ereignisse findet seinen Platz im göttlichen Plan, aus dem Buch mit sieben Siegeln wird das offene Buch, in dem sich Sinn und Zukunft der Welt für die Christen enthüllen. Zwar wird ein Tornado apokalyptischer Bilder entfacht, aber diese ordnen sich doch präzise um den göttlichen Thron als Sinnmitte der Welt, und auch die literarische Struktur des Buches ist wie eben formuliert von fugenartiger Präzision.

---

[36] Die jüngste Diskussion bei H. E. MADER, Montanistische Orakel und kirchliche Opposition. Der frühe Streit zwischen den phrygischen „neuen Propheten" und dem Autor der vorepiphanischen Quelle als biblische Wirkungsgeschichte des 2. Jh. n.Chr., NTOA/StUNT 97, Göttingen 2012, 223f. behauptet das Gegenteil (die Christen müssten ihre eigenen Propheten in der Schilderung bei Kelsos wiedererkennen), lässt die Frage nach der religiösen Zugehörigkeit der phönizischen Propheten aber dann letztlich doch offen.

[37] Vgl. etwa D. E. AUNE, Revelation 1–5, WBC 52A, Dallas 1997, XC–CV.

Das bedeutet aber, und damit ist eine erste zentrale These dieses Essays erreicht, dass wir einer sozusagen antiphantastischen Bewegung gegenüberstehen. Wenn das Phantastische experimenteller Natur ist und den Einbruch des Irrationalen, Archaischen, Delegitimierten in rationale Diskurssysteme bedeutet, geschieht in der Komposition der Johannesapokalypse zumindest insofern gewissermaßen das Gegenteil.

In der Johannesoffenbarung ist die Rezeption volkstümlicher Motive nicht das Auffällige, sondern im Gegenteil: Die Welt wird nicht spielerisch entgrenzt, wie wir es für das Phantastische angesetzt haben. Vielmehr werden das Bedrohliche, Chaotische, das Böse und Übermächtige des Imperiums, das Kontingente der Geschichte ebenso wie das Dämonische und Fremde, das Ferne jenseits des Euphrat[38] ebenso wie die Mächte der Unterwelt in ein gewaltiges Gesamtsystem hinein genommen. Dieses System ist kein diskursiver Raum theologischer Begriffe, sondern ein Symbolraum imaginierter Wesen und Welten. In diesem Raum findet unsere vorfindliche Wirklichkeit Deutung und Kriterium. Der Thronraum Gottes ist sozusagen der Ort des Kosmos: vor seinem Thron ist das Dach der Himmelskuppel, blau wie ein Meer, und darunter unsere ganze Welt mit Gut und Böse, Christen und Heiden, Imperien und Verfolgungen, Katastrophen und Hoffnungen. Die Welt wird klein vor Gottes Thron: ein Grundgedanke jüdischer Thronmystik, der in der Johannesoffenbarung zumindest angedeutet ist. Die komplexe und verwirrende Vielfalt der antiken Großstadt differenziert sich gewissermaßen aus: Babylon und das himmlische Jerusalem werden zu den beiden archetypischen und antithetischen Polen urbaner Kultur. Und am Ende aller Dinge werden diese beiden Städte einmal deutlich und vor aller Welt getrennt sein. Auch das ist ein Ordnungsgeschehen. Diese und manche ähnliche Aspekte der Apokalypse können wir mit einem gewissen Recht als antiphantastisch verstehen. Es wird nicht ein bestehender Symbolkosmos durchbrochen und spielerisch-experimentell außer Kraft gesetzt, sondern im Gegenteil eine chaotische und bedrohlich-bösartige Wirklichkeit für Gottes Herrschaft in Anspruch genommen und geordnet. Alles findet seinen Ort vor dem großen Thron, der damit zur stabilen Sinnmitte der Welt wird. Die Thronsymbolik hat hier im Übrigen einen deutlich anderen Akzent als Ez 1–3, dem vielleicht wichtigsten literarische Prätext von Apk 4 und 5. Bei Ezechiel geht es um die Mobilität und Beweglichkeit Gottes, inszeniert in dem kuriosen Zug, dass Gottes Thron dort bekanntlich Räder hat und in alle Richtungen fahren kann. Anders in der Johannesoffenbarung: Gottes Thron steht hier fest. Er ist sozusagen die Axis mundi, um den sich die Welt der Himmelswesen, Engel und eben auch unsere kleine Menschenwelt strukturieren. Zielaussage ist die Throngemeinschaft

---

[38] Vgl. dazu M. FRENSCHKOWSKI, Parthica apocalyptica. Mythologie und Militärwesen iranischer Völker in ihrer Rezeption durch die Johannesoffenbarung, Jahrbuch für Antike und Christentum, JAC 47 (2004), 16–57 (36–39).

des Lammes mit Gott. Elemente der Überraschung fehlen dabei freilich nicht. In einer literarisch ungemein raffinierten Szene, die in gewisser Hinsicht den eigentlichen Clou der Offenbarung darstellt, wird der messianische Löwe angekündigt, aber an seiner Stelle tritt das Lamm Gottes auf, das für den gekreuzigten Christus steht (Apk 5,5f.).[39]

Was also ist nun in einem engeren Sinn phantastisch in der Johannesoffenbarung? Welche Textphänomene erschließen sich uns vielleicht besser, wenn wir den Begriff des Phantastischen an sie herantragen? Damit sind wir nach langem Anmarschweg am Ziel unserer Fragestellung angekommen, und können doch nur sehr zögernd einige Aspekte benennen. Phantastisch ist in gewissem Sinn das spannungsvolle Nebeneinander scheinbar konkurrierender Bilder und auch Zeitabläufe. Öfter ist aufgefallen, dass Szenen wie das Weltgericht mehrfach vor das innere Auge der Zuhörenden gemalt werden (Apk 14 und 20). Auch zum Ende Roms begegnen bei genauer Lektüre konkurrierende Bilder, die insofern offenbar als phantastische Möglichkeiten nebeneinander stehen bleiben können. Apk 17,16; 18,8f.18; 19,3 wird die Stadt im Feuer verbrannt, 17,16 von plündernden Armeen eingenommen; 16,19 und vielleicht auch 18,21 trifft sie ein Erdbeben, 18,8 eine Hungersnot, 18,2.22–14 wird sie zu einer Ruinenstätte (besteht also auch nach ihrer Zerstörung noch!), 18,10.17.19 vergeht sie in nur einer Stunde, wie Sodom und Gomorrha (vgl. 14,8 und Hystaspes Frg. 13b Cumont-Bidez). Zur breiten Streuung dieser Motive wird man außer den Sibyllinen und Hystaspes auch an das Orakel denken, das Phlegon von Tralles aus Antisthenes überliefert (FGrH 257 F 36). Sollte man auch das Nebeneinander des imperialen Symbolsystems mit dem der Apokalypse selbst phantastisch nennen? Hier ist Zurückhaltung angebracht, denn es bleiben keine Ambiguitäten oder phantastische Denkmöglichkeiten bestehen; der ethische und theologische Rigorismus des Autors disambiguiert die kulturellen Symbolsysteme. Ein besseres Beispiel ist das Weltbild der Apokalypse, ihre literarische Gestaltung des physischen Universums. Es ist dieses Weltbild ja bis ins Skurrile archaisch und entspricht in keiner Weise dem, was im 1. Jhdt. ein griechisch schreibender Autor in Kleinasien von der physischen Welt wusste. Damit ist die Anschauungsform des Kosmos gemeint, das Bild der realen Welt mit Himmel und Erde, wie sie der Seher zeichnet. Dieses Bild des Kosmos in der Apokalypse ist, wie schon oft bemerkt, weltanschaulich ein radikaler Fremdkörper im 1. Jhdt. Jeder Gebildete der frühen Kaiserzeit weiß, dass die Erde eine Kugel ist, dass sie umgeben ist von den Planetenbahnen und schließlich vom Fixsternhimmel. Dieses Weltbild ist durchaus wissenschaftlicher Natur: es beruht auf jahrhundertelangen Beobachtungen und ist mathematisch präzise beschreibbar. Zwar ist es wie noch jedes Weltbild vom wissenschaftlichen

---

[39] Vgl. außer den Kommentaren M. FRENSCHKOWSKI, Lamm Gottes, RAC 22 (2008), 853–882 (861–864).

Fortschritt der Neuzeit überholt worden; das ändert aber nichts daran, dass es grundsätzlich die Struktur eines wissenschaftlichen Modells hat. Es ist kaum denkbar, dass es dem Autor nicht so selbstverständlich vorgegeben war wie uns das Bild des Sonnensystems, zumal Planetensphären und Zodiak in der hellenistisch-römischen Kultur omnipräsent sind und die Kugelgestalt der Erde längst eine vertraute Idee ist.

Auch über die Größe dieser Kugel hatte man einigermaßen realistische Vorstellungen und weiß, dass die bekannten Länder der Erde nur einen relativ kleinen Teil ihrer Oberfläche ausmachen. Plinius maior überliefert Zahlen: Von Indien (Ganges) bis zu den Säulen des Herakles, d.h. bis zum spanischen Gades seien es nach Artemidorus 8578 römische Meilen, nach Isidorus aber 9818 Meilen, wozu nach Artemidorus noch 991,5 Meilen bis zur äußersten Erstreckung Spaniens zu addieren seien (n. h. 2, 242). Von der Mündung des Tanais (Don, Grenze zwischen Skythen und Sarmaten) an aufwärts (nordöstlich) aber gäbe es keine konkreten Zahlen mehr (246); Isidors 1250 Meilen von dort nach Thule seien nur Fantasie. Natürlich wusste Plinius sehr genau (und annähernd zutreffend, seit der bekannten Berechnung des Eratosthenes), dass der Erdumfang 252 000 Stadien = 31 500 römische Meilen ausmachte (ebd. 247). Bemerkenswert der Zusatz des Plinius, man müsste sich schämen, wollte man diesen wissenschaftlich präzise begründeten Aussagen keinen Glauben schenken. Die etwas anders gelagerte Berechnung des Hipparch fügt 26 000 Stadien hinzu; ein unbedeutender Unterschied. Trotz dieser präzisen Zahlen ist das Phantastische nicht ganz fern, wie die nachfolgende griechische Geschichte vom einem Abstieg zum Mittelpunkt der Erde zeigt, 42 000 Stadien hinab (248s.). Fiktionen und Fakten liegen hier bei Plinius noch dicht beieinander: aber wie klein der bekannte Teil der Erde ist, wusste man sehr genau. Interessant ist in diesem Kontext, dass die Maße des kubusförmigen himmlischen Jerusalem (12 000 Stadien, dazu 144 Ellen Mauerhöhe; Apk. 21, 15–17) zwar gigantisch, aber doch nicht einfach völlig phantastisch sind. Das gilt auch, vergleicht man etwa mit den Zahlenangaben in der späteren jüdischen Shiur-Qoma (שיעור קומה)-Literatur, die den Körper Gottes in gargantuesken Zahlen beschreibt (und damit später noch von den berühmten Passagen über den Bart Gottes im Zohar an schierer Phantastik überholt wird)[40]. Ihre genaue Erklärung (warum hat das himmlische Jerusalem präzise diese Maße, und warum ist es kubusförmig?) ist schwierig und erschöpft sich wohl nicht in reiner Zahlensymbolik.

Ich habe kürzlich die Frage nach dem geographischen Wissenshorizont der Apokalypse am kleinen Detail der chinesischen Seide (σηρικόν/ σιρικόν) in

---

[40] Zohar 3, 127b–145a. Der Text ist seit kurzem in einer qualifizierten Übersetzung zugänglich: The Zohar. Pritzker Edition 8. Translation and Commentary by Daniel C. Matt, Stanford, Cal. 2014, 318–459.

Apk 18,12 skizziert[41]; das Thema müsste einmal weiter ausholend aufgerollt werden. Hier geht es uns aber um etwas anderes: das astral-kosmische Gesamtbild der Apokalypse. Dieses ist eher altorientalisch als hellenistisch-römisch. Es ist eben eine Käseglockenwelt, in der Gottes Thron über der Himmelskuppel steht (Apk 4f.), die Erde ihre „vier Ecken" hat, von denen her die Winde blasen (7,1; 20,8), und vor allem die Ökumene, die bekannte vom Menschen bewohnte Welt, praktisch mit dem Imperium identisch ist. Jenseits des Euphrat hausen ja schon Dämonen (9,14; 16,12), obwohl der Autor natürlich wie jeder Jude weiß, dass hier erst einmal große Regionen mit zahlreichen jüdischen Siedlungen liegen; es ist eben ein halbmythischer Euphrat. „Himmel, Erde, unter der Erde" (5,13): dieser archaische Dreischritt konstituiert die Wirklichkeit. Das ist selbstverständlich nicht die imaginative Lebenswelt kleinasiatischer Christen im 1. Jhdt. Die symbolisch-archaische Welt des Sehers wird aber nicht etwa weltbildhaft-fundamentalistisch gegen das reale astronomische und geographische Wissen des 1. Jhdts. behauptet (jede Polemik oder Diskussion zu solchen Themen fehlt), sondern sie koexistiert sozusagen phantastisch: als Survival eines älteren Weltwissens, das im System der Apokalypse als symbolischer und mythischer Raum präsent ist, und der natürlich vielfach in den heiligen Schriften Israels verwurzelt und der Gemeinde insofern vertraut ist. Es spricht nichts dagegen, dass unser Seher sehr wohl wusste (wie jeder gebildete Jude), dass die Erde ein Globus mit sehr viel größerer Oberfläche ist, als sie vom römischen Reich eingenommen wird, und dass die Erde keine „Ecken" hat, genauso wenig wie das Universum drei Stockwerke aufweist. Aber für sein Imaginarium ist das ältere Weltbild wichtiger: es bringt etwas zur Sprache, was in die vorfindliche Welt eindringt und sie transzendiert. Das ältere Weltbild ist ein Vehikel theologischer Aussagen, darum kann er es benutzen, ohne die damit entstehende Spannung im Weltwissen auflösen zu müssen.

Nicht diskutiert werden können in diesem Essay die erratischen Thesen von Bruce Malina und John Pilch, die in der Apokalypse allerorts nur Asralsymbolik vermuten[42], dabei aber völlig divergierende antike Symbolsysteme wild durcheinanderwerfen und auch vielfach grobe Sachfehler und vor allem völlig unakzeptable Generalisierungen begehen. Dazu ist in der Forschung

---

[41] Chinesische Seide in der Johannesoffenbarung: ein Beitrag zum geographischen Horizont der Apokalypse, in: M. Labahn/M. Karrer (Hg.), Die Johannesoffenbarung. Ihr Text und ihre Auslegung, Arbeiten zur Bibel und ihrer Geschichte 38, Leipzig 2012, 311–327.

[42] Vgl. B. J. MALINA, On the Genre and Message of Revelation. Star Visions and Sky Journeys, Peabody, Mass. 1995 (auch in dt. Übersetzung: Die Offenbarung des Johannes. Sternvisionen und Himmelsreisen, Stuttgart 2002); dazu (stärker populärwissenschaftlich) B. J. MALINA/J. PILCH, Social-Science Commentary on the Book of Revelation, Minneapolis, Minn. 2000.

schon mehr Kritisches gesagt worden, als die Sache eigentlich verdient.[43]
Hier geht es um eine schlichtere Beobachtung. Das Weltbild von Oben und
Unten, von Himmel, Erde und Unterwelt, die Rede von den vier Winden und
den Rändern der Erde, vom Abyssos unter der Erde: das alles musste im 1.
Jhdt. eigentümlich sakral-archaisch wirken. Es scheint mir plausibel, dass der
Seher durchaus weiß, dass er nicht den Himmel der ihm zeitgenössischen
Astronomie wie überhaupt des gängigen Weltwissens beschreibt.[44] Der archa-
ische Charakter seiner Kosmologie muss ihm bewusst gewesen sein. Das gilt
umso mehr, bedenkt man auch, welche Bedeutung die astrale Welt für die
Symbolik des Judentums einnimmt. Für viele jüdische Autoren des hellenistisch-römischen Zeitalters besitzt die Astronomie ja auch, was nicht verges-
vergessen werden sollte, eine ausschlaggebende Funktion für die noetische
Begründung des Monotheismus und damit im epistemischen Kosmos dieser
Autoren.[45] In einem solchen Kontext ist es plausibel, dass unser Seher Johannes nicht einfach nicht Bescheid weiß, sondern dass er im Gegenteil mit
literarischer Gestaltungskraft eine archaische und sakrale, aus den Propheten-
büchern des AT stammende Bildlichkeit evoziert. Anders gesagt: wir treffen
auf genau jenes Hineinragen eines älteren Weltbildes in ein modernes Weltbild, das einer der wichtigsten Bausteine des Phantastischen ist. Die Alterität
der weltüberlegenen Majestät Gottes – kontrastiert mit der vor Augen liegenden Normalität des Imperiums – kann gerade so zur Sprache gebracht
werden, dass sie einen Kosmos von Oben und Unten, Himmel, Erde und
Unterwelt schafft, der mit dem realen Kosmos nicht einfach identisch ist. Der
Symbolkosmos der Apokalypse ist daher eine Deutung, ein Interpretationsakt,
der sich bewusst der Bausteine eines älteren Weltbildes bedient, um sein
Anliegen zur Sprache zu bringen.

Wir finden vielleicht auch ansatzweise ein Beispiel für eine phantastische
„hésitation", das offene Zögern zwischen zwei Wirklichkeiten, bekanntlich

---

[43] Vgl. die Kritik von D. E. AUNE, Rez. zu Malina, Genre, RStR 24 (1998), 426; dazu
meine Studie: Die Johannesoffenbarung zwischen Vision, astralmythologischer
Imagination und Literatur. Perspektiven und Desiderate der Apokalypseforschung, in: F.
W. Horn/M. Wolter, Hg., Studien zur Johannesoffenbarung und ihrer Auslegung.
Festschrift für Otto Böcher zum 70. Geburtstag, Neukirchen-Vluyn 2005, 20–45 (29–42).

[44] Zu dieser vgl. etwa H. G. GUNDEL, Zodiakos. Tierkreisbilder im Altertum.
Kosmische Bezüge und Jenseitsvorstellungen im antiken Alltagsleben, Mainz 1992; DERS.,
Weltbild und Astrologie in den griechischen Zauberpapyri, München 1968; DERS. u.a.,
Sternglaube und Sterndeutung. Die Geschichte und das Wesen der Astrologie, Stuttgart
[5]1966.

[45] Vgl. mit Variationen im Detail: Philon, De Abrahamo 69–80; virtutes 212–216;
Josephus, ant. 1, 155–158; jüdischer Ps.-Orpheus bei Clem. Alex. strom. 5, 14, 123, 2;
Euseb., p.e. 13,13,50; Ps.-Eupolemos bei Euseb., p.e. 9,17,3; auch schon Jubiläenbuch
12,17 vgl. 11,16f.; Apk. Abrah. 7; 8,1–3; und später noch Midrasch Genesis Rabbah 39,1;
Midrasch Numeri Rabbah 14,2 (drei Menschen haben Gott „von sich selbst aus" erkannt,
von denen Abraham einer ist). Biblischer Prätext ist in jedem Fall Gen 15,5.

der Grundzug der Phantastik im engeren Sinn nach Tzvetan Todorov. Dazu wenden wir uns der Frage zu, wann genau Apokalypse 12 spielt, die gewaltige zentrale Narration von der Himmelsfrau, dem messianischen Kinde und dem Satanssturz. Dies ist ja eine im echten und engeren Sinne mythische Erzählung, das längste genuin mythische Narrativ im Neuen Testament.[46] Am Ende dieses Textes findet ein Übergang in die vorfindliche Wirklichkeit statt: die Geschwister der Himmelsfrau, die vom Drachen auf Erden verfolgt werden, sind natürlich die Christen (12,17). Aber noch das gerade geborene Himmelskind, das mit eisernem Stabe die Völker weiden wird, ist zwar der Messias, aber doch in keiner irgendwie erkennbaren Weise der historische Jesus. Allenfalls seine Entrückung könnte man hier anführen, aber diese erinnert eher an islamische als an christliche Jesusbilder. Das messianische Kind ist sozusagen eine phantastische Amplifikation, eine archetypisch-symbolische Grundgestalt des Messias, die von der Geschichte mehr oder wenig losgelöst ist. Das hat natürlich traditionsgeschichtlich erklärbare jüdische und nicht-jüdische Vorbilder, und ist in einem christlichen Referenzrahmen auch eindeutig besetzt und verständlich. Aber wie steht es mit den Ereignissen, die im Gesamtnarrativ damit verbunden sind? Insbesondere mit dem Satanssturz? Wann findet er statt? In der Forschung ist das durchaus umstritten. Ulrich B. Müller z.B. will den Satanssturz mit der Erhöhung Christi zusammenbringen[47]: aber von dieser ist in 12,5 ja gar nicht die Rede, sondern von einer Entrückung zum Schutz des Kindes, ein völlig anderes Motiv. Malina und andere verlegen diese Ereignisse (Apk 12–16) allesamt konsequent in eine prälapsarische Zeit[48], eine Epoche kosmischer Urgeschichte vor der Entstehung der Menschenwelt (oder, wie Malina publikumswirksam sagt, „prehistoric star wars"[49]). Es ist nun in apokalyptischen Imaginarien nicht selten, dass Ereignissequenzen zwischen Urzeit und Endzeit hin- und herwandern, z.B. der Livjatan-Mythos (vgl. äth.Hen. 60,7–9. 24; syr.Bar. 29,4 und schon Jes 27,1). Hermann Gunkel hatte darin bekanntlich ein Grundmerkmal des Apokalyptischen gesehen[50], und der Barnabasbrief lässt Gott programmatisch sprechen: λέγει δὲ κύριος· Ἰδού, ποιῶ τὰ ἔσχατα ὡς τὰ πρῶτα (6,13). Damit wird ein Motiv deuterojesajanischer Prophetie ins Grundsätzliche und Eschatologische übertragen. Malinas Deutung scheitert aber schon daran, dass dann alle zeitgeschichtlichen Bezüge, ja sogar alle

---

[46] Vgl. M. FRENSCHKOWSKI, Neues Testament, in: Enzyklopädie des Märchens 9 (1999), 1377–1408 (1399–1401).

[47] U. B. MÜLLER, Die Offenbarung des Johannes, ÖTK 19, Gütersloh/Würzburg [2]1995, 225.

[48] B. MALINA, Genre (s. Anm. 42), 153–187.

[49] B. MALINA, Genre (s. Anm. 42), 153.

[50] H. GUNKEL, Schöpfung und Chaos in Urzeit und Endzeit, Göttingen 1895 ([2]1921).

Bezüge auf Imperium und Kaiserkult geleugnet werden müssen (wie er ja auch leugnet, die Offenbarung habe irgendeinen Bezug auf „Zukunft").

In Apk 12 geht es aber doch noch um ein spezielleres Textphänomen. Es werden nicht einfach Motive zwischen Urzeit und Weltvollendung hin- und hergeschoben, sondern beide Zeitebenen erscheinen eigentümlich übereinander geblendet. Wir wissen nicht wirklich, in welcher mythischen Zeit wir uns befinden. Wann kämpft Michael mit den Engeln des Satans? Wann stürzt Satan auf die Erde? Jetzt, in der Gegenwart des Sehers? Zu Zeiten des historischen Jesus? In einer Urzeit vor Adam und Eva? Oder ist das überhaupt ein eschatologisches Ereignis, das noch bevorsteht? Die Frage ist offenbar eigentümlich schief: der Text beantwortet sie nicht, weil es eben um mythische Ereignisse im strengen Sinn geht (wir erinnern uns an die oben zitierte, freilich erst neuplatonische Definition des Mythos: was niemals war, aber immer ist). Diese lassen sich nicht in einer annalistischen Chronologie unterbringen. Es koexistieren hier zwar nicht verschiedene Wirklichkeitssysteme, aber doch Zeitebenen, ohne dass ein Ausgleich möglich oder überhaupt nur vom Text gefordert wäre. (Analoges gilt mutatis mutandis für Lk 10, 18: wann findet der von Jesus visionär gesehene Satanssturz statt: in der Gegenwart? In der näheren oder ferneren Vergangenheit? In der näheren Zukunft?). Pierre Prigent hat sehr schön darauf hingewiesen, dass Apk 13,4.8 das gleiche Ereignis einmal als vergangenes, dann aber als zukünftiges evoziert wird (die blasphemische Verehrung des „Tieres").[51] In dieses Bild fügt sich auch das Schillern der Bedeutungsnuancen der Himmelsfrau zwischen Israel und Kirche.

Die christliche Symbolwelt ist in gewisser Hinsicht selbst eine phantastische Alterität gegenüber der so unheimlich plausiblen und präsenten Wirklichkeit der imperialen Ideologie (die im Text der Apokalypse gegen Malina ja deutlich sichtbar wird). Damit sind wir freilich nicht mehr in der Textwelt selbst, sondern in ihrer Pragmatik für die Leserinnen und Leser, Hörerinnen und Hörer.[52]

---

[51] P. PRIGENT, Commentary on the Apocalypse of St. John, Tübingen 2001, 409.

[52] Nur in einer Fußnote kann hier konstatiert werden, dass ich keine Möglichkeit sehe, der Spätdatierung der Apokalypse durch T. WITULSKI, Die Johannesoffenbarung und Kaiser Hadrian. Studien zur Datierung der neutestamentlichen Apokalypse, FRLANT 221, Göttingen 2007 zu folgen, dem sich u.a. D. A. KOCH, Geschichte des Urchristentums, Göttingen 2013, 471–483 angeschlossen hat. Sie stützt sich v.a. auf eine durchaus unsichere Identifikation des Satansthrones in Pergamon. Doch scheitert sie m. E. neben anderen Unmöglichkeiten (u. a. kanongeschichtlicher Art) schon an der Apk 13,1–3 und v.a. 17,9–14 suggerierten Kaiserliste. Diese ist in Details umstritten, führt aber in keiner irgendwie plausiblen Deutung bis auf Hadrian. Die sieben Köpfe sind ja ohne Frage Kaiser, von denen erst fünf gestorben sind (17,10). Das „achte" Tier der sieben ist natürlich Nero redivivus, mag dabei an Domitian zu denken sein oder nicht. Ob man die Zählung mit Augustus oder mit Cäsar beginnt, und in welcher Form (und ob überhaupt)

Zwei letzte Gesichtspunkte sollen noch stichwortartig angesprochen werden, diesmal mit einem eher maximalistischen Begriff des Phantastisch-Imaginativen im Hintergrund. Apokalyptik ist eine Form entfesselter Eschatologie, ihre Bildlichkeit hat etwas Exzessives. Exzessivität, Eskapismus und gedankliche Trivialität sind aber die klassischen Vorwürfe des literarischen Mainstreams gegen das Phantastische, und sie wiederholen sich in bemerkenswerter Weise im Ringen der Kirche mit ihrem apokalyptischen Erbe. Die Apokalypse ist damit ein Einfallstor des Phantastischen für die Kirche geworden: wie sie ja andererseits auch immer ein Buch der Sektierer war.

Die Apokalyptik bringt Himmel und Erde „auf den Punkt" und integriert sie in ein totales (und dem Imperium gegenüber anti-totalitäres) Sinnsystem. Damit entfaltet sie den Typ der kosmosumspannenden Vision, wie sie klassisch Gregor der Große in Hinsicht auf Benedikt von Nursia beschrieben hat (dialogi 2,35). Phantastisch transformiert erscheint dieser Typ der „totalen Vision", in der das „Ganze" der Welt sichtbar wird, in der literarischen Moderne bei Jorge Louis Borges, „El Aleph" (1949). Der Dichter Daneri (Anspielung auf *Dan*te Alighi*eri*) kann in dieser Kurzgeschichte seine epische Beschreibung aller Städte der Welt trotz der Inspiration durch das Aleph nicht verwirklichen. Das Aleph, der Punkt, von dem aus der ganze Kosmos sichtbar ist, befindet sich sehr schlicht unter einer Treppe und wird zerstört, als das umgebende Haus abgebrochen wird. Die Vision der Ganzheit (ein spezifisch religiöses Thema) wird eigentümlich trivial und zerbricht in einer Alltäglichkeit. Das ist aber eben eine moderne Gestalt der Vision einer kosmischen Ganzheit. Phantastik setzt immer einen Bruch oder Abbruch traditioneller Symbolwelten voraus, denen außerliterarisch Entmythologisierungsvorgänge entsprechen können. Können wird zu solchen literarischen

---

man das Vierkaiserjahr berücksichtigt, so kommt man mit der implizierten Liste des Sehers doch keinesfalls bis auf Hadrian (auch wenn man die genaue Zählung wohl cum grano salis wird lesen müssen). Die Naherwartung des Autors verhindert auch, dass er mit einer größeren Zahl von Kaisern rechnet. (Die zehn Könige 17,12 sind aus der Perspektive des Sehers explizit noch Figuren der Zukunft). Zum Motiv des Nero redivivus, von dem her sich der Text erschließt, vgl. M. FRENSCHKOWSKI, Art. Nero, in: RAC 25, 2013, 839–878. Vgl. auch die massiven Kritiken, die Witulskis Darstellung des Kaiserkultes in Kleinasien von Althistorikern erhalten hat: z.B. K. STAUNER, Gephyra 5, 2008, 161–167; vgl. auch T. BARNES, Early Christian Hagiography and Roman History, Tria Corda 5, Tübingen 2010. Der Seher Johannes war zufolge Apk 2f. eine bekannte und geachtete Persönlichkeit in den kleinasiatischen Gemeinden: dass man wenige Jahre später (Irenäus in seiner Jugend) überhaupt nichts mehr über ihn gewusst haben sollte und raten musste, wann er gelebt hätte, wie Witulski annimmt, ist abwegig (die spätere Verwechslung mit dem Zebedaiden dagegen liegt auf der bekannten Linie, weniger bekannte mit bekannteren Personen zu identifizieren). Witulski steigert seine Thesen noch einmal in: Apk 11 und der Bar Kokhba-Aufstand: eine zeitgeschichtliche Interpretation, WUNT 2/337, Tübingen 2012: die beiden Zeugen Apk. 11 seien Bar-Kokhba und El'azar, die Anführer des Zweiten Jüdischen Krieges (132–135).

und weltanschaulichen Phänomenen Analogien schon in der antiken Apokalyptik erkennen? Zerbricht auch sie imaginative Leitbilder, etwa in einer
Reintegration archaischer Symbolwelten? Das kann an dieser Stelle nur als
Frage formuliert werden; viele flankierende Textphänomene wären zu bedenken,

Ich habe andernorts das Verhältnis zwischen Apokalyptik und Utopie am
Beispiel der goldenen Stadt, der Sonnenstadt, des himmlischen Heliopolis in
ihrer Affinität zum himmlischen Jerusalem beschrieben. Dabei hat sich eine
spannungsvolle Ambivalenz zwischen utopischen und apokalyptischen Hoff-
nungsbildern ergeben.[53] Etwas sehr Ähnliches wird sich nun auch für die
Apokalyptik und das Phantastische sagen lassen. Die Johannesoffenbarung in
ihrer komplexen binnentextlichen Konstruktion von Wirklichkeiten bietet
sowohl „realistische" als auch „phantastische", aber auch dezidiert antiphan-
tastische Strukturen und Genrebausteine. Sie tut das gerade da, wo sie
beansprucht, dass alle spannungsvolle Realität vor dem einen großen Thron
Gottes und des Lammes steht. Darin erweist sie sich einmal mehr als ein Text
von überwältigender literarischer Größe, die auch unabhängig von ihrem
Anspruch, nicht auf der Hand liegende Wirklichkeit zu erschließen, wahrgenommen werden kann. Sie ist im Genre des Phantastischen nicht einzufangen,
greift aber als theozentrische Imagination aus dem Text nach der Realität der
Lesenden und trägt damit dazu bei, die textexterne Realität in ihrer eigene
phantastische Wirklichkeit zu transformieren, die nach ihrem Zeugnis auf die
Welt zukommt.

---

[53] Utopia and Apocalypsis. The Case of the Golden City, in: M. Labahn/O. Lehtipuu
(Hg.), Imagery in the Book of Revelation, Contributions to Biblical Theology and Exegesis
60, Leuven 2011, 29–41.

Wenn sich Welten berühren

Beobachtungen zu zeitlichen und räumlichen Strukturen in der Apokalypse des Johannes

Stefan Alkier und Tobias Nicklas

1. Einleitung

Die Frage nach dem Kern dessen, was eine „Apokalypse" ausmacht, kann auch heute nicht einfach beantwortet werden. Ein Aspekt der bekannten, 1979 in einem Beitrag von John J. Collins veröffentlichten Definition[1] von „Apokalypsen", die auf die *Apocalypse Group* der *Society of Biblical Literature* zurückgeht, ist jedoch weiterhin hoch interessant: Wenn Collins davon spricht, dass es sich bei „Apokalypsen" um Offenbarungsliteratur mit narrativem Rahmen handele, in der ein Jenseitswesen einem menschlichen Empfänger eine Offenbarung vermittle, in welcher eine transzendente Realität eröffnet werde, dann heißt das im Grunde nichts anderes, als dass in Apokalypsen die Berührung zweier Welten thematisiert wird. Sich auf dieses Hereinbrechen des Jenseitigen, das neue Perspektiven auf das Diesseits ermöglicht, einzulassen, bedeutet dann das eigentliche sprachliche, literarische und theologische Abenteuer, um das es beim Schreiben (und in der Rezeption) von „Apokalypsen" geht. Freilich gilt dies auch in die andere Richtung: Die lokalen und zeitlich bedingten Erfahrungen im Diesseits nötigen zu neuen Bildern und Interpretationen des Jenseitigen.[2]

---

[1] Vgl. J. J. COLLINS, Towards the Morphology of a Genre, Semeia 14 (1979), 1–20 (9). Collins' Definition ist durchaus umstritten und wurde (z.T. mit Recht) von verschiedenen Seiten her kritisiert. Trotzdem wird sie bis heute immer wieder als Referenzpunkt herangezogen. Für weitere Entwicklungen vgl. z.B. F. HELLHOLM, The problem of the Apocalyptic Genre and the Apocalypse of John, Semeia 36 (1986) 13–64; A. Bedenbender, Der Gott der Welt tritt auf den Sinai: Entstehung, Entwicklung und Funktionsweise der frühjüdischen Apokalyptik, Arbeiten zur neutestamentlichen Theologie und Zeitgeschichte 8, Berlin 2000, 32–53 oder D. E. AUNE, The Apocalypse of John and the Problem of Genre, in: Apocalypticism, Prophecy and Magic in Early Christianity, WUNT 1999, Tübingen 2006, 39–65.

[2] Dieses Zueinander von „Diesseits" und „Jenseits" in verschiedenen Schriften antiker Offenbarungsliteratur wird näher thematisiert in T. NICKLAS/J. VERHEYDEN/E. M. M.

Damit jedoch ist ein wichtiger Aspekt der Definition Collins' noch unter-
schlagen: Die offenbarte Realität habe, insofern es um eschatologisches Heil
gehe, zeitliche oder, insofern übernatürliche Welten offenbart würden, auch
räumliche Dimensionen.[3] Bereits die Tatsache, dass der erst auf die Neuzeit
zurückgehende Begriff der „Eschatologie" zuletzt mit Recht immer wieder
problematisiert wurde,[4] wirft die Frage auf, ob diese Einteilung, die auch für
die weitere Differenzierung apokalyptischer Literatur bedeutsam wurde, nicht
wenigstens in Teilen einen Anachronismus darstellt, der den Texten nicht voll
gerecht wird. Anders gesagt: Sind die von der Exegese zumeist stillschwei-
gend vorausgesetzten Konzepte von „Raum" und „Zeit" bei der Berührung
jenseitiger mit diesseitigen Welten tatsächlich immer einfach dem Beschriebenen angemessen? Wie verhalten sich Zeit und Raum in konkreten Texten
zueinander?

Diesen Fragen am konkreten Beispiel der Offenbarung des Johannes – des
Textes, der dem Genre „Apokalypsen" seinen Namen gegeben hat (vgl. Apk
1,1) – nachzugehen, ist Ziel der folgenden Studie. Welche Konzepte des Zueinanders von jenseitigen und diesseitigen „Räumen", des Verhältnisses von
„Ewigkeit" und Zeit wie auch der Relation von Zeit- und Raumkonzepten
lassen sich in der Offenbarung des Johannes erkennen?

EYNIKEL/F. GARCÍA MARTÍNEZ (Hg.), Other Worlds and their Relation to This World:
Early Jewish and Ancient Christian Traditions, JSJ.Supp 143; Leiden/Boston 2010.

[3] Die Frage nach der Inszenierung von Räumen bzw. nach einer Semiotik des Raumes
wird in den Kulturwissenschaften der Gegenwart breit diskutiert, vgl. u.a. M. LÖW/S.
STEETS/S. STOETZER, Einführung in die Stadt- und Raumsoziologie, 2. Aufl., UTB 8348,
Opladen und Farmington Hills 2008; J. DÖRING/T. THIELMANN (Hg.), Spatial Turn. Das
Raumparadigma in den Kultur- und Sozialwissenschaften, Bielefeld 2008. Dass hier auch
für die Theologie und Religionswissenschaften höchst interessante und relevante Diskurse
geführt werden, belegt etwa der Aufsatz von M. MAYERFELD BELL, The Ghosts of Place,
Theory and Society 26 (1997), 813–836.

[4] Vgl. z.B. den wichtigen Beitrag von J. FREY, New Testament Eschatology/an
Introduction: Classical Issues, Disputed Themes, and Current Perspectives, in: J. G. Van
der Watt (Hg.), Eschatology of the New Testament and Some Related Writings, WUNT
2/315, Tübingen 2011, 3–32 (siehe bes. 6–8 zur Entwicklung der entsprechenden
Terminologie).

2. Die chronotopische[5] Grundlegung des Diskursuniversums[6] der Johannesapokalypse in Apk 1,1–8

Dass die ersten Verse der Johannesapokalypse für ihr Gesamtverständnis von höchster Bedeutung sind, ist unumstritten. Auch für die Beantwortung der oben gestellten Frage ist ein genauer Blick in diesen Abschnitt unabdinglich. Wie zentral das Thema der Berührung verschiedener Welten für den Text der Apokalypse tatsächlich ist, zeigt sich bereits in Apk 1,1: Im Kern versteht sich der Text als eine ἀποκάλυψις Ἰησοῦ Χριστοῦ, d.h. eine „Offenbarung Jesu Christi".[7] Diese wird im Letzten auf Gott selbst zurückgeführt, der sie Christus gegeben hat.[8] Empfänger dieser Apokalypsis wiederum sind „seine Knechte", denen gezeigt werden soll, „was in Kürze geschehen muss" (Apk 1,1). Zwischen diesen Gliedern wiederum liegen als Mittler „sein Engel" und ein bestimmter Knecht, nämlich Johannes. Die entscheidenden Glieder dieser durch 1,1 skizzierten Kommunikationsstruktur werden in den folgenden Versen jeweils noch näher charakterisiert:

So wird *Gott* in Apk 1,4 und 1,8 mit dem merkwürdigen Titel ὁ ὢν καὶ ὁ ἦν καὶ ὁ ἐρχόμενος umschrieben, was vielleicht als „der Seiende, der „Er/sie/es war" und der Kommende" wiederzugeben ist. Für unsere Fragestellung ist diese Bezeichnung von höchster Relevanz, kommt doch in den drei aneinander gereihten Attributen zum Ausdruck, dass Gott „ist" (ὁ ὤν), ihm als solchem Vergangenheit zukommt oder besser: er die Vergangenheit an sich und in sich einschließt (ὁ ἦν) und schließlich, dass er als solcher „der

---

[5] Vgl. M. M. BACHTIN, Chronotopos, aus dem Russischen v. M. Dewey, mit einem Nachw. von Michael C. Frank u. Kirsten Mahlke, stw 1879, Frankfurt a. M. 2008, 7: „Den grundlegenden wechselseitigen Zusammenhang der in der Literatur künstlerisch erfaßten Zeit- und Raum-Beziehungen wollen wir als Chronotopos (‚Raumzeit' müßte die wörtliche Übersetzung lauten) bezeichnen."

[6] Vgl. zum Begriff des Diskursuniversums S. ALKIER, Wunder und Wirklichkeit in den Briefen des Apostels Paulus. Ein Beitrag zu einem Wunderverständnis jenseits von Entmythologisierung und Rehistorisierung, WUNT 134, Tübingen 2001, 74–79; DERS., Neues Testament, Tübingen/Basel 2010, 146: „Das Diskursuniversum eines gegebenen Zeichenzusammenhangs, z. B. eines Textes, ist die Welt, die dieser Text setzt und voraussetzt, damit das vom Text Erzählte oder Behauptete plausibel funktionieren kann."

[7] Dies ist auch dann der Fall, wenn man die ersten Worte als später dem Text zugefügte Überschrift versteht, wie dies etwa E. LUPIERI, A Commentary on the Apocalypse of John, Grand Rapids/Cambridge 2006, 97, tut, der zudem mit Recht differenziert: „Jesus is both the subject and the object of the revelation; he manifests himself in this book, whose form indeed is that of a manual of Christology cast in the form of images."

[8] Zu dem daraus folgenden Autoritätsanspruch des Textes vgl. T. NICKLAS, ‚The Words of the Prophecy of This Book': Playing with Scriptural Authority in the Book of Revelation, in: M. Popovic (Hg.), Authoritative Scriptures in Ancient Judaism, JSJ.Supp 141, Leiden/Boston 2010, 309–327, bes. 316–318.

Kommende" ist.[9] Da mit dem Wort „Kommen" eine Bewegung zum Ausdruck gebracht wird, umfasst der Begriff eine zeitliche und eine räumliche Komponente: Bewegung ist nicht vorstellbar, ohne an Orte zu denken, zwischen denen die Bewegung stattfindet. Diese wiederum kann nicht ohne zeitliche Ausdehnung gedacht werden. Das im Prozess des „Kommens" mitgedachte „Ankommen" ist dabei zukünftig gedacht.

Hinzu kommen in Apk 1,8 die zusätzlichen Bezeichnungen Gottes als „Alpha und Omega" und als „Pantokrator". Während das erste Attribut wohl in erster Linie eine *zeitliche* Dimension, Ewigkeit Gottes, umschreibt, kommt dem zweiten wohl eher eine *räumliche* Dimension zu: Gott ist Allherrscher.[10] Es gibt im Diskursuniversum der Johannesapokalypse weder Zeiten noch Räume, die der Macht Gottes entzogen wären. Dieser wechselseitige Zusammenhang des Chronotops der Apk wird schöpfungs-theologisch begründet: Gott ist Beherrscher von Allem bzw. des Alls, das er geschaffen hat (Apk 4,11), d.h. er ist dies vom Anfang der Zeit her. Die in Apk 1,4 und 1,8 erwähnten Attribute Gottes sind damit natürlich auch in ihrer Kombination höchst erstaunlich: Der jenseits zeitlicher Begrenzungen – von Äon zu Äon immer – Seiende wird so in Verbindung gesetzt mit der Vergangenheit, ihm wiederum kommt Zukunft zu, die offensichtlich nicht ohne Bezug zur Welt, gegenüber der er der „Kommende" ist, zu verstehen ist. Anders gesagt: Als der immer Seiende und schon jetzt alles Beherrschende hat der Gott der Apokalypse als Kommender eine Zukunft mit der Welt. Dass dies so ist, spricht Gott der Herr laut Apk 1,8 selbst aus in dem mit Ἐγω εἰμι ἐγζω einsetzenden Satz, in dem der Leser aller Zeiten geradezu direkt angesprochen ist. Umso bedeutender wird es sein, die Aufmerksamkeit darauf zu lenken, dass gerade dieser Aspekt des Kommenden ab Kap 11 entfällt (vgl. Apk 11,17; 16,5).

Die Aussagen über *Jesus Christus* verbinden die verschiedenen Dimensionen auf noch einmal andere Weise miteinander. Laut Apk 1,5 kommen

---

[9] Die Gottesbezeichnung „der Kommende" stellt eine Besonderheit dar. A. SATAKE, Die Offenbarung des Johannes, KeK 16, Göttingen 2008, 129, etwa schreibt: „Inhaltlich beachtenswert ist, dass das letzte Glied der Formel nicht ‚der sein wird' …, sondern ‚der kommende' (sic) … lautet. Hierin unterscheidet sich unsere Gottesbezeichnung von allen verwandten Aussagen im Judentum und Griechentum. Gott ist nicht nur der Seiende von Ewigkeit zu Ewigkeit, sondern er kommt am Ende der Zeit in die Welt." – U.E. muss man sogar noch weiter gehen als Satake und betonen, dass das „Kommen" nicht erst eine zukünftige Eigenschaft Gottes ist, sondern dieses „Kommen" Gott bereits jetzt zukommt.

[10] Zum Hintergrund des Begriffs „Pantokrator" vgl. C. ZIMMERMANN, Die Namen des Vaters: Studien zu ausgewählten neutestamentlichen Gottesbezeichnungen vor ihrem frühjüdischen und paganen Sprachhorizont, AJEC 69, Leiden/Boston 2007, 234–250; zur weiteren Diskussion des damit zusammenhängenden Bildes von Gottes Macht vgl. T. NICKLAS, Der ‚Pantokrator': Zur Inszenierung von Gottes Macht in der Offenbarung des Johannes, Hervormde Teologiese Studies 2012 [http://www.hts.org.za doi:10.4102 /hts.v68i1.1048].

Christus *dauerhaft* die Attribute „treuer Zeuge", „Erstgeborener der Toten" und „Herrscher über die Könige der Erde" zu, die das Christusereignis als Nacheinander von Kreuzigung, Auferweckung und Erhöhung reflektieren und verschränken. Nur als auferweckter Gekreuzigter kann der treue Zeuge nun auch als Herrscher über die Könige der Erde agieren.[11] Als solcher wiederum ist Christus ein (offenbar jetzt und dauerhaft) „uns" Liebender und aus unseren Sünden Erlösender, er hat uns (wohl bereits in der Vergangenheit) zu einem Königreich, zu Priestern für Gott, seinen Vater, bereitet. Und doch gleichzeitig kommt auch ihm Zukunft zu, wie Apk 1,7 in Aufnahme von Dan 7,13 deutlich macht: Auch er „kommt" (präsentisch!) mit den Wolken, wird aber erst in Zukunft gesehen und die, die ihn einst durchbohrt haben, werden seinetwegen in Klage verfallen. Das in der brieflichen Einleitung durch die Apokalypse angesprochene Publikum wiederum befindet sich ἐν τῇ Ἀσίᾳ, d.h. in der Provinz Asia (Apk 1,4), es kann – wie der Seher in Patmos – also lokalisiert werden; es steht aufgrund der Heilstat Christi wiederum mit Christus und als Priester Gottes auch mit Gott in Kontakt. Dass der Text aber keikeineswegs nur die konkreten sieben Gemeinden in Asia anspricht, zeigt sich im Makarismus des Verses 3: Jeder der die Worte der Prophetie dieses Buches liest und sie hält, wird hier glückselig gepriesen. Von einer Begrenzung der Leserschaft auf eine gewisse Zeit und einen Raum ist hier nicht mehr die Rede. Damit aber ist bereits eine zweite Ebene des Zueinanders angesprochen: Die Kommunikation zwischen den sich berührenden „Partnern" aus verschiedenen Welten verläuft über verschiedene Medien: Gott „gibt" die Offenbarung an Jesus Christus weiter – ist damit an den in Apk 5 beschriebenen Akt der Übergabe des versiegelten Buches gedacht? – den Knechten soll etwas „gezeigt" werden (δείκνυμι) bzw. durch den Engel wird dem Johannes etwas „bezeichnet" (σημαίνω; alles Apk 1,1). Dieser „bezeugt" interessanterweise das *Wort* Gottes bzw. das Zeugnis Jesu Christi, *so* viel er *gesehen* hat (Apk 1,2). Verbunden also sind Aspekte des Sehens und (offenbar) des Hörens – diese müssen im Buch niedergeschrieben werden, um als Zeugnis dienen zu können. Interessant wiederum ist die Verwendung der Konjunktion ὅσα in Apk 1,2: Offenbar ist hier nicht einfach ein Relativpronomen gebraucht. Vielmehr wird mit ὅσα die Perspektivität des Sehers zum Ausdruck gebracht, und zugleich die metaphern- bzw. sprachkritische Beschränkung angezeigt, dass das Gesehene nicht die ganze göttliche bzw. himmlische Wirklichkeit umfasst (und umfassen kann), sondern sich in den Grenzen des

---

[11] Vgl. zur grundlegenden Bedeutung der Auferweckungstheologie für die Apk S. ALKIER, Die Realität der Auferweckung in, nach und mit den Schriften des Neuen Testaments, NET 12, Tübingen und Basel 2009, 170–188, insbes.: 173–177, englische Ausg. übersetzt von Leroy Huizenga und David Moffitt: The Reality of the Resurrection. The New Testament Witness, Foreword by Richard B. Hays, BUP, Waco, Texas 2013.

Gezeigten und Wahrgenommenen bewegt.[12] Apk 1,3 wiederum bietet eine Entgrenzung: Das laut Zeugnis des Sehers Gesehene und Gehörte soll gelesen, gehört und gehalten werden, die vergangene Vision/Audition soll also im Vorgang des (Vor-)Lesens und Hörens, ja Tuns aktualisiert, „präsent" gemacht werden. Dabei jedoch wird es nicht zu einer anderen Vision bzw. Audition, sondern bleibt Zeugnis des Sehers, das seinen Ursprung jedoch in Gott finden will.

3. „Berührungstexte"

Die Berührung der für die Apokalypse entscheidenden Welten wird in einigen Szenen besonders deutlich thematisiert, so etwa in der Berufungsvision des Sehers in Apk 1,9–20 und in der Thronsaalvision (Apk 4–5), von der bis Apk 17 alle weiteren Visionen abhängig sind. Vereinfacht gesagt, findet die erste Vision auf der Erde statt, die zweite im Himmel. Zumindest für die erste Vision ist dies jedoch bei genauerem Hinsehen gar nicht so selbstverständlich. Aber auch die durch auffällige Prolepsen und Analepsen verzahnten Passagen Apk 2–3 und 21 weisen interessante chronotopische Strukturen auf. Nicht zuletzt das wichtige wie Rätsel aufgebende 12. Kapitel arbeitet intensiv mit chronotopischen Verfahren. Die folgenden Ausführungen beanspruchen nicht, eine auch nur annähernd vollständige Analyse der chronotopischen Strukturen der Apk anzubieten. Sie wollen vielmehr exemplarisch zeigen, wie notwendig und fruchtbar die Berücksichtigung der Raumzeitbeziehungen für die Interpretation der Apk ist.

3.1 Apk 1,9–20

In Apk 1,9 stellt sich Johannes, der in 1,1 bereits kurz als „Knecht Christi" eingeführt wurde, selbst vor und spricht gleichzeitig die Leser an: Er versteht sich als ihr Bruder sowie als Mitgenosse in Bedrängnis, Königsherrschaft und Geduld in Jesus. In Apk 1,9b–10 folgen mehrere für die Zeit- und Ortsbestimmung der Situation wichtige Angaben, die noch dazu teilweise parallel formuliert sind:

ἐγενόμην	ἐν τῇ νήσῳ τῇ καλουμένῃ Πάτμῳ	διὰ τὸν λόγον τοῦ θεοῦ
		καὶ τὴν μαρτυρίαν Ἰησοῦ
ἐγενόμην	ἐν πνεύματι ἐν τῇ κυριακῇ ἡμέρᾳ …	
καὶ ἤκουσα ὀπίσω μου …		

---

[12] Eine ähnliche Funktion scheint die Rede von den „sieben Donnern" in Apk 10,3b–4 zu haben. Ausführlich T. NICKLAS, Die „Stimme der sieben Donner" (Apk 10,3b–4): Funktion und Deutung eines Geheimnisses, in: B. J. Lietaert Peerbolte/M. J. J. Menken/J. Verheyden (Hg.), Festschrift 60 Jahre SNTC, NovT.Supp, Leiden/Boston 2014 [im Druck].

Johannes lokalisiert sich *örtlich* auf der Insel Patmos.[13] Der *Zeitpunkt* dessen, was nun geschieht, wird mit dem „Herrentag" angegeben – sicherlich nicht einfach eine Angabe mit rein chronologischer Funktion, sonst hätte genauer angegeben werden müssen, um welchen konkreten Herrentag es sich gehandelt haben mag. Entscheidend über die reine Zeitangabe hinaus scheint zu sein, dass es sich um den Tag handelt, der aufgrund des Christusereignisses in besonderer Weise mit dem Herrn in Verbindung steht. Vor diesem Hintergrund wird auch deutlich, dass auch die Ortsangabe sehr offen formuliert ist: Findet das Folgende in einem Haus statt oder im Freien, auf einem Feld, einem Berg, am Meer? Dies alles scheint nicht wichtig zu sein; stattdessen wird betont, dass Johannes sich „im Geist" befand, was wohl einen Zustand beschreibt, der auch im späteren Verlauf der Apk immer wieder erwähnt wird (Apk 1,10; 4,2; 17,3; 21,10) und jeweils in den Zusammenhang des Beginns einer neuen Vision gestellt ist.

Entscheidend wird jedoch die V. 10b einleitende Angabe: Johannes hört *„hinter sich"* eine laute Stimme, die ihn anspricht. Dies wiederum zwingt ihn sich *umzudrehen* (ἐπιστρέφω), um die Stimme zu „sehen", die mit ihm spricht. Mit diesem „Umdrehen" jedoch verändert sich die Szenerie radikal. Das erste, was der Seher erblickt, nachdem er sich umgedreht hat, sind sieben goldene Leuchter (Apk 1,12) und in deren Mitte die Gestalt eines Menschensohns, deren Kleidung wohl an das hohepriesterliche Gewand erinnern soll (Apk 1,13).[14] Da mit den sieben Leuchtern mit einiger Wahrscheinlichkeit an die Menora gedacht werden kann, deutet sich eine Szene an, die an das Innere des Tempels erinnert. Diese ist gleichzeitig jedoch räumlich nicht in einer Weise „definiert", welche eine „Möblierung" der Szene erlauben würde.

Dass übliche Grenzen und Verhältnisse eines definierten Raums tatsächlich überschritten sind, zeigt sich auch daran, dass der Menschensohn-Gleiche in seiner rechten Hand sieben Sterne halten kann (Apk 1,16.20). Vor allem aber scheint die noch in Apk 1,9 zwar sehr offen, aber doch räumlich lokalisierbare Szene nun – wohl aufgrund des Zustands ἐν πνεύματι – nach dem zwei Mal explizit thematisierten Umdrehen räumlich nahezu entschränkt zu sein. Mit anderen Worten: Der Seher „fällt" geradezu aus der üblichen Vorstellung von Raum bzw. Räumlichkeit „heraus".

Die weit gehende räumliche Unbestimmtheit der Szene ist gleichzeitig an mehreren Punkten mit der Zeitlichkeit des Sehers verknüpft: Dies geschieht aufgrund des Hörens der Stimme (Apk 1,10; ἤκουσα im Aorist); die an einem konkreten Zeitpunkt spricht (Partizip Aor. λεγούσης Apk 1,11), dem gleich-

---

[13] Die Diskussion um die konkreten Gründe dieses Aufenthalts kann für unsere Fragestellung im Moment vernachlässigt werden.

[14] Hierzu weiterführend F. TÓTH, Der himmlische Kult. Wirklichkeitskonstruktion und Sinnbildung in der Johannesoffenbarung, Arbeiten zur Bibel und ihrer Geschichte 22, Leipzig 2006, 179–188.

zeitig eine gewisse Ausdehnung zukommt (ἐλάλει; Apk 1,12). Die ab Apk 1,13 beginnende Liste der Attribute des Menschensohn-Gleichen wiederum ist durch das εἶδον des Sehers (Apk 1,12.17),[15] sein Niederfallen sowie die Handauflegung durch den Menschensohn-Gleichen (Apk 1,17) oder seinen ab 1,17b formulierten Auftrag in punktuelle Handlungen – und damit zumindest indirekt zeitlich – eingebunden. Die Selbstvorstellung des Menschensohn-Gleichen in 1,17b und 18 als „Ersten und Letzten", „Lebenden", der „tot wurde und lebend ist in alle Ewigkeit" wiederum beschreibt dessen Sein – auch im ἐγώ εἰμι programmatisch ausgedrückt – als alle Zeiten umspannend, die Zeiten überschreitend und sie doch – im vergangenen Tod – berührend.

3.2 Apk 4–5

Eine andere Szene, in der auf mehrerlei Ebenen die Berührung zweier Welten thematisiert ist, stellt die mit Apk 4,1 einsetzende Thronsaalszene dar, aus deren Perspektive der von Kapitel 6–16 reichende Zyklus von Visionen erzählt wird. Interessanterweise lässt sich hier in gewisser Weise das Gegenstück zu dem, was in Apk 1,9–20 beobachtet wurde, erkennen: Die Szene zeigt sehr deutliche räumliche Strukturen. Sie scheint phasenweise jedoch geradezu „aus der Zeit zu fallen".

Dass der Himmel als „abgegrenzter Raum" vorgestellt wird, zeigt sich bereits an dem unscheinbaren Detail aus Apk 4,1, dass der Seher den Himmel durch eine Tür betritt, die erst geöffnet werden muss.[16] Dieser wiederum wird als Teil einer Welt gezeichnet, die manchmal dreigliedrig, manchmal viergliedrig beschrieben wird. So verwendet etwa Apk 5,3 die Einteilung „im Himmel", „auf der Erde" und „unter der Erde", während Apk 5,13 von jedem Geschöpf „im Himmel, auf der Erde, unter der Erde und auf dem Meer" spricht.[17] Wie auch immer: die Offenbarung beschreibt somit in 4,1 im Rahmen ihres Weltbilds den Wechsel des Sehers von einer abgegrenzten Sphäre dieser Welt zu einer anderen.

---

[15] Zur konkreten Analyse dieser Szene und ihrer Beschreibung des Menschensohn-Gleichen vgl. K. HUBER, Einer Gleich einem Menschensohn: Die Christusvisionen in Offb 1,9–20 und Offb 14,14–20 und die Christologie der Johannesoffenbarung, NTA N.F. 51, Münster 2007.

[16] Der Text kann im Übrigen recht flexible Perspektiven auf den Himmel einnehmen. So ist einerseits in Apk 4–5 vom Himmel als dem immer währenden Raum Gottes die Rede, andererseits Apk 20,11 von der Flucht des Himmels vor dem Thron Gottes (vgl. auch die Rede von einem „neuen Himmel und einer neuen Erde" in Apk 21,1). Die Frage, ob hier einfach inkonsequent gedacht ist oder 20,11 nur von der menschlichen Perspektive auf das Firmament, welches die Erde vom Thron Gottes trennt, gesprochen ist, ist nicht eindeutig zu beantworten. Wir sind Herrn Michael Sommer für diese Beobachtung zu Dank verpflichtet.

[17] Der Zusatz καὶ τὰ ἐν αὐτοῖς πάντα scheint sich auf alle vier genannten Teile zu beziehen.

Zu dem Ort, den der Seher nun betritt und aus dem er eine Stimme hört, muss er zudem *hinauf*steigen (Apk 4,1). Interessant ist, dass das, was Johannes nun sieht, erneut „im Geiste" (Apk 4,2) möglich wird.

Die ab 4,2 folgende Beschreibung des göttlichen Thronsaals lebt von einer räumlichen Ordnung, die von einem Zentrum, dem Thron Gottes, her gedacht ist. Im Himmel steht ein Thron, *auf* dem sich ein Sitzender befindet. Alles, was den göttlichen Thronsaal ausmacht, wird nun über sein Verhältnis zum Thron beschrieben: „rund um den Thron" ein Regenbogen (Apk 4,3) und „rund um den Thron" 24 weitere Throne (Apk 4,4). „Vom Thron her" Blitze, Stimmen und Donner, „vor dem Thron" sieben brennende Fackeln (beides Apk 4,5), „vor dem Thron" ein gläsernes Meer und schließlich „inmitten und rings um den Thron" vier Lebewesen (alles Apk 4,6). Dass damit noch nicht der ganze Thronsaal beschrieben ist, zeigen Passagen wie Apk 5,11, wo unvermittelt von einer vorher nicht erwähnten großen Zahl von Engeln um den Thron die Rede ist, oder Apk 6,9, das ein – offenbar im Thronsaal lokalisierten – θυσιαστήριον, d.h. einen „Opferaltar", einführt.

Während sich der in Apk 4 beschriebene Raum als Teil eines umfassenderen Weltbilds einordnen lässt und gleichzeitig einer am Thron Gottes orientierten strengen Ordnung folgt, die gleichzeitig so offen ist, dass in ihr zusätzliche Elemente eingebaut werden können, sind die in dieser Szene erkennbaren Zeitstrukturen deutlich komplexer gezeichnet:[18] In der in Apk 4,2–8 gebotenen Thronsaalvision begegnen nur drei finite Verbformen; der Text arbeitet ansonsten mit Partizipien. Die finiten Verben (ἔκειτο, V. 2; ἐκπορεύονται, V. 5; ἔχουσιν, V. 8) wiederum stehen im Imperfekt und Präsens, damit ist der „Aspekt der Dauer"[19] verbunden, an keiner Stelle dagegen ist von einer einmaligen oder gar abgeschlossenen Handlung oder Tätigkeit die Rede. Die Beschreibung des Thronsaals nimmt den Leser somit hinein in die immer während Gegenwart dessen, der „auf dem Thron sitzt". Sie bricht diese Präsenz jedoch durch das εἶδον (Apk 4,1; 5,1.2.6.11) des Sehers, der sich als Mittler (vgl. Apk 1,1!) einschaltet. Apk 4,6–11 wiederum beschreibt eine Art ewiger Liturgie, in die hinein der Seher als Beobachter hinein genommen ist. Seine genaue räumliche Perspektive innerhalb des Thronsaals ist nicht konkret reflektiert, er kann das Beschriebene jedoch nicht nur sehen, sondern auch mit einem der Ältesten, die auf den 24 Thronen sitzen, sprechen (Apk 5,5).

---

[18] Hierzu auch T. NICKLAS, Der Ewige spricht in die Zeit: Gotteswort und Menschenwort in der Offenbarung des Johannes, Sacra Scripta 9 (2011), 113–122.

[19] Vgl. etwa E. BORNEMANN/E. RISCH, Griechische Grammatik, Frankfurt a. M., ²1978, §208.

Mit Kapitel 5, der Beschreibung der Inthronisation des Böckleins,[20] jedoch gerät Bewegung in die Szene. Die eben beschriebene ewige Liturgie scheint für ein konkretes Problem geradezu eine Auszeit zu nehmen: In der Hand dessen, der auf dem Thron sitzt, ist ein versiegeltes Buch zu sehen, dessen Siegel jedoch von niemandem geöffnet werden können (Apk 5,1–3). Verschiedene Zeitperspektiven ragen im folgenden Text nun ineinander: Der im Aorist (ἐνίκησεν; Apk 5,5) beschriebene, ein punktuelles Ereignis bezeichnende Sieg des „Löwen aus dem Stamm Juda" wird zur Basis dessen, was nun geschieht. „In der Mitte des Throns" und „inmitten" der Presbyter erblickt der Seher ein Böcklein, das kommt (ἦλθεν) und aus der Rechten dessen, der auf dem Thron sitzt, das Buch empfängt (εἴληφεν; Apk 5,7), beides wieder punktuelle, aufeinander folgende Einzelhandlungen, auf die – im Grunde in drei konzentrischen Kreisen – Anbetung und hymnischer Jubel folgen. Dass mit dieser Aktion im Grunde eine Veränderung im ewigen Raum zum Ausdruck gebracht wird, zeigt sich qualitativ z.B. darin, dass die vier Lebewesen und die 24 Ältesten nun ein *neues* Lied anstimmen (Apk 5,9). Zum ersten Mal sind – unvermittelt – offenbar in einem zweiten Kreis um den Thron Myriaden von Engeln erwähnt, die ebenfalls in den Lobgesang einstimmen (Apk 5,11). Vor allem in dem „neuen Lied" aus Apk 5,9 spielt die Schlachtung des Böckleins als *punktuelle* Handlung der Vergangenheit, die die Gegenwart des Böckleins mitbestimmt (vgl. Apk 5,6) in den Raum der Ewigkeit des Thronsaals herein. Noch interessanter jedoch scheint Apk 5,13: Der Seher spricht hier davon, dass er – in der Vergangenheit – gehört hat, wie jedes Geschöpf im Himmel, auf und unter der Erde auf dem Meer und alles in ihnen einen Lobpreis für den auf dem Thron Sitzenden und das Böcklein angestimmt habe. Will man diesen Satz ernst nehmen, dann bedeutet dies jedoch, dass bereits mit Apk 5,13 die gesamte Schöpfung die Herrschaft Gottes und des Böckleins anerkennt. Damit ist kairologisch vorweg genommen, was in der Zeit des Sehers und der Leser wie Hörer der Offenbarung chronologisch noch zukünftig zu denken ist.[21] Die Ebene der dargestellten und erinnerten, gleichzeitig in der Rezeption des Textes aktualisierten, präsent gemachten Erfahrung vom Kairos Gottes berührt sich so mit der chronologischen Vergangenheit der Heilstat des Böckleins, die jedoch präsent bleibt, und der Zukunft der allumfassenden Anbetung Gottes und des Böckleins. Von dieser Perspektive gehen die mit Kapitel 6 einsetzenden Visionszyklen

---

[20] Arnion wird von den meisten Übersetzern traditionsgemäß als „Lamm" wiedergegeben. Andere haben mit guten Gründen die Übersetzung „Widder" vorgeschlagen. Vielleicht ist es das Beste, philologisch korrekt bei der Grundbedeutung des Diminutivs arnion zu bleiben und es mit „Böcklein" zu übersetzen.

[21] Zu diesem Gedanken vgl. auch T. NICKLAS, Schöpfung und Vollendung in der Offenbarung des Johannes, in: T. Nicklas/K. Zamfir (Hg.), Theologies of Creation in Early Judaism and Ancient Christianity. In Honour of Hans Klein, DCL.Studies 6, Berlin/New York 2010, 398–400.

aus, in denen himmlisches Handeln mit irdischen Auswirkungen konfrontiert wird.

3.3 Die chronotopische Verknüpfung von Apk 2–3 mit Apk 21

Bevor es jedoch zur Vision des himmlischen Thronsaals kommt, muss der Seher den Befehl des Menschensohn-Gleichen aus Apk 1,9–20 ausführen und an die sieben Gemeinden der Provinz Asia schreiben. Dies geschieht in den sieben Sendschreiben der Kapitel 2–3: Die literarisch konstruierte Kommuni-kationssituation dieser Texte einfach mit der pragmatischen Struktur von Apostelbriefen (etwa des Paulus) gleichzusetzen würde den Texten kaum gerecht,[22] so konstruiert der Text die Sendschreiben im Grunde als eine Art von „Himmels-Briefen" des „Menschensohn-Gleichen" an die „Engel der Gemeinden" (Apk 1,20), die gleichzeitig durch die Sterne in der Rechten des Menschensohn-Gleichen repräsentiert sind. Die Briefe wiederum richten sich einerseits an konkrete Gemeinden in der Provinz Asia, die sich in einer kon-kreten historischen Situation befinden. Beides jedoch wird durch den Text auf mehrerlei Ebenen transzendiert: So sehr sich die Sendschreiben *zunächst* an die konkreten Gemeinden in der Provinz Asia richten, so sehr wird diese Begrenzung auf die expliziten Adressaten spätestens in der Kombination von Weckruf und Überwinderspruch am Ende jedes Briefes aufgebrochen: Bereits die Worte „Wer Ohren hat, der höre, was der Geist den Gemeinden sagt" (Apk 2,7.11.17.29; 3,6.13.22) sprechen alle „Leser" bzw. „Hörer" des Textes über die angesprochenen Gemeinden an. Vor diesem Hintergrund jedoch können auch die in den Sendschreiben nach Ephesus, Smyrna und Pergamon folgenden, mit den Worten „Wer siegt …" eingeleiteten Überwindersprüche nicht *nur* die angesprochenen Gemeinden in ihrer konkreten Situation mei-nen, sondern machen allgemein gültige Aussagen. Auch wenn sich Apk 2–3 an trotz der in den Texten erkennbaren Chiffrierungen historisch beschreibba-re Gemeinden in ihrer mehr oder minder konkret fassbaren Situation richtet, überschreitet jeder einzelne der Gemeindebriefe wie auch vor allem ihr aus den sieben Teilen bestehendes Gesamtensemble diese chronotopische Situati-on und wird geradezu zu einem Paradigma kirchlichen[23] Lebens in der Welt.

---

[22] Für eine ausführlichere Analyse vgl. auch T. NICKLAS, Die Darstellung von innergemeindlichen Gegnern in der Offenbarung des Johannes, Rivista di Storia del Cristianesimo 6 (2009), 349–361 (350–352), sowie DERS., Diesseits aus der Sicht des Jenseits, in: T. Nicklas/J. Verheyden/E. M. M. Eynikel/F. García Martínez (Hg.), Other Worlds and Their Relation to This World (JSJ.S 143), Leiden/Boston 2010, 247–279 (250–259).

[23] Vgl. den interessanten Kommentar von J. L. MANGINA, Revelation, Brazos Theological Commentary, Grand Rapids, Mich. 2010, der die Apokalypse des Johannes insgesamt ekklesiologisch interpretiert. Vgl. dazu auch J. L. MANGINA, God, Israel, and

Trotz der beschriebenen Überschreitung der in den Texten vorgegebenen Raum- und Zeitsituation bleibt eine Grundkonstante bestehen: Der himmlische, über der Zeit stehende Christus spricht in den Sendschreiben Kirche an, die in begrenzten Räumen und konkreter Zeit lebt. Diese Kirche(n) wird/werden mit der Perspektive dessen konfrontiert, auf den sie sich in all ihrem Tun beziehen. In den Überwindersprüchen werden von Christus her gewährte Zukunftsmöglichkeiten angedeutet, die über das „Wer siegt …" mit der Gegenwart der Gemeinde verbunden sind.

Über diese in den Überwindersprüchen aufgezeigten, von Christus her gewährten Zukunftsmöglichkeiten, die sich an Christen in konkreten Räumen und Zeiten richten, werden jedoch schon mehr oder minder starke literarische Brücken zu anderen Textteilen der Offenbarung geschlagen. Dies gilt besonders für die Kombination der ersten beiden Überwindersprüche Apk 2,7 (Ephesus) und 2,11 (Smyrna), in denen die Brücke den beiden Visionen vom himmlischen Jerusalem schlagen (Apk 21,8; vgl. auch 20,14b; sowie Apk 22,2; vgl. auch 22,14.19). Im Gericht nicht zu denen zu gehören, die für den zweiten Tod bestimmt sind (vgl. Apk 20,14), und damit Anteil an der Wirklichkeit des himmlischen Jerusalem zu erhalten, soll so die Gegenwart der Gemeinde bestimmen.

Die Offenbarung des Johannes stellt diesen Bezug aber nicht nur in den Sendschreiben her. Sie „präsentiert" das himmlische Jerusalem in zwei, zumindest in Teilen parallelen Visionen an ihrem Ende (Apk 21,1–8/Apk 21,9–22,5). Vor allem die zweite Vision bietet eine ausführliche Beschreibung dieser vom Himmel auf die Erde herabkommenden und so die Schranken dieser beiden Teile der endzeitlichen Welt (Apk 21,1) überschreitenden Stadt (vgl. Apk 21,9–22,5): Dabei scheint für unsere Frage weniger der Blick in die kaum überschaubare Zahl an Details entscheidend, als die besonders ab Apk 21,22 betonte Eigenschaft der Stadt, (anders als das von Ez 40–48 beschriebene neue Jerusalem) keinen Tempel zu haben. Der Grund dafür ist: „denn der Herr, Gott, der Allherrscher, ist ihr Tempel – und das Böcklein." Dieses Wohnen Gottes in der Stadt wird in V. 23 noch einmal anders beschrieben: Die Stadt wird durch die Herrlichkeit Gottes beleuchtet, und das Böcklein ist ihre Leuchte. Die in ihren beschriebenen Dimensionen zwar begrenzte, doch aber unendliche oder zumindest menschliches Ermessen übersteigende, gleichzeitig in allem vollkommene Stadt ist so als *Raum Gottes und des Böckleins* beschrieben, in dem Gott den Seinen unmittelbar gegenüber treten kann.

Dies jedoch lediglich als die erhoffte, vielleicht auch (unter bestimmten Bedingungen) zugesagte Zukunft der Gemeinde zu beschreiben, würde zu kurz greifen. Ihre Präsenz ragt nämlich schon jetzt auf verschiedenste Weisen

---

Ecclesia in the Apocalypse in: S. Alkier/R. B. Hays (Hg.), Revelation and the Politics of Apocalyptic Interpretation, Waco, Texas 2012, 85–103.

in die *Gegenwart*(en) der Gemeinden und der Leser verschiedenster Zeiten hinein: Bereits in der Vergangenheit seines eigenen Lebens hat der Seher „im Geiste" (Apk 21,10) die himmlische Stadt gesehen; dieses Sehen bezeugt er in seinem Text, der im Lesen und Hören seiner prophetischen Worte *präsent* gemacht wird. Mit anderen Worten: Der Text präsentiert, gebrochen über das „Ich sah" (Apk 21,1) des Sehers, die erlebte Präsenz der Heiligen Stadt, in der Gegenwart von Lesenden und Hörenden – und schafft somit bereits jetzt – über mehrere Stufen vermittelt – Raum für *Gottes Raum,* für die absolute Präsenz des ganz anderen.

Wie sehr die Zukunft in dieser prachtvollen, Leben, Heil und Frieden gewährenden Stadt der Präsenz Gottes und seines Christus schon jetzt die Gegenwart(en) der Gemeinden bestimmen will, zeigen schließlich die in die Visionen vom himmlischen Jerusalem eingeflochtenen Lasterkataloge (vgl. Apk 21,8.27; vgl. auch 22,15). Dabei geht es nicht nur um zukünftige Strafe für jetziges (oder vergangenes) Handeln, sondern um eine Grenze durch die Gemeinde hindurch, die ihr ermöglichen soll, schon *jetzt* Raum für Gott zu bieten und zu sein.

3.4 Apk 12

Schon die Art und Weise, wie das zu Sehende in 12,1 eingeführt wird, signalisiert, dass damit ein besonderer Abschnitt in der Komposition der Apk markiert wird. Es ist hier gerade nicht die subjektive Sicht des Sehers, sondern das objektive Sehenlassen, das das *passivum divinum* ὤφθη anzeigt.[24] Der damit vollzogene modale Wechsel der Perspektive lässt den Seher in diesem Kapitel zunächst verschwinden. Nicht sein Sehepunkt ist von Interesse, sondern die überwältigende Macht der von Gott gezeigten großen Zeichen, deren Ineinanderwerfen die Gegenwart kairologisch qualifiziert (vgl. Apk 12,10ff.).

Dementsprechend handelt es sich auch nicht lediglich um weitere Hinweiszeichen, die wie die Siegel und Posaunen zuvor das Gericht ankündigen, sondern um einen Wendepunkt des ganzen Geschehens.[25] Die von Gott ge-

---

[24] Es handelt sich hierbei geradezu um einen Terminus Technicus biblischer Offenbarungssprache (vgl. auch Mt 17,3; Mk 9,4; Lk 1,11; 24,34; Apg 7,24.30; 13,31; 16,9; 1 Kor 15,5–8 etc.).

[25] Zur Gliederung der Apk, die die These näher begründet, dass die Siegel und Posaunen ankündigende Gerichtszeichen, die Kap 12 und 13 die Peripetie des Ganzen und dann erst die Ausgießung der Zornesschalen in 14–20 die Durchführung des Gerichts darstellen, vgl. S. ALKIER, Die Johannesapokalypse als „ein zusammenhängendes und vollständiges Ganzes", in: M. Labahn/M. Karrer (Hg.), Die Johannesoffenbarung. Ihr Text und ihre Auslegung, Leipzig 2012, 147–171 sowie DERS., Witness or Warrior? How the Book of Revelation can help Christians live their Political Lives, in: S. Alkier/R. B. Hays (Hg.), Revelation and the Politics of Apocalyptic Interpretation, Waco, Texas 2012, 125–141, und DERS., Neues Testament, Tübingen/Basel 2010, 280f.

zeigten „großen Zeichen" in 12,1 und 12,3 und die sich daraus entwickelnde Handlung in Kap 12 bilden die Peripetie der Apokalypse, die zugleich die kairologische Zeitansage der Gegenwart des expliziten Autors und der expliziten Adressaten des offenen Briefes[26] bildet.

Bevor die großen Zeichen symbolisch interagieren, werden sie zunächst wie Standbilder gezeichnet. Eine Frau, die die Sonne um sich geworfen hat, den Mond unter ihren Füßen und eine Krone aus zwölf Sternen auf dem Kopf trägt, erweckt das Bild einer gigantisch großen Figur, einer kosmischen Gestalt voller Macht, Ausstrahlung und Erhabenheit. Dieser Eindruck von himmlischem Glanz und erhabener Kraft wird sogleich in 12,2 gebrochen durch den Schmerzensschrei der Geburtswehen, den diese Frau ausstößt, und sie als gefährdet, gekrümmt, verwundbar vorstellen lässt.

Es macht wenig Sinn, diese Frau allegorisch als Maria, die Kirche, Israel oder eine Astralgottheit zu vereindeutigen.[27] Wichtiger ist die Beobachtung, dass die irritierende Kombination von Macht und Leid ebenso charakteristisch für die Identität des expliziten Autors und der expliziten Adressaten wie

---

[26] M. KARRER, Die Johannesoffenbarung als Brief. Studien zu ihrem literarischen, historischen und theologischen Ort, FRLANT 140, Göttingen 1986 und E. Schüssler Fiorenza, The Book of Revelation: Justice and Judgement, Philadelphia 1985, haben auf verschiedene Weise gezeigt, dass es Sinn ergibt, den Text der Johannesapokalypse als Brief zu lesen. Weil aber auch bei Schüssler Fiorenzas und Karrers methodisch reflektierten Analysen das Ganze des Textes eben nicht in der Briefform aufgeht und auch alle anderen vorgeschlagenen Textsortenbestimmungen nie für den ganzen Text zureichen, kann die Apk nicht einer einzigen Gattung zugerechnet werden. Vielmehr ist mit Gregory L. LINTON, Reading the Apocalypse as Apocalypse: The Limits of Genre, in: D. L. Barr (Hg.), The Reality of Apocalypse. Rhetoric and Politics in the Book of Revelation, SBL SS 39, Atlanta 2006, 9–42, die Schreibweise der Johannesapokalypse als ein ästhetisch wie theologisch anspruchsvolles Spiel mit Gattungskonventionen zu begreifen. Vgl. dazu auch S. ALKIER, Die Johannesapokalypse als „ein zusammenhängendes und vollständiges Ganzes", in: M. Labahn, M. Karrer (Hg.), Die Johannesoffenbarung. Ihr Text und ihre Auslegung, Leipzig 2012, 147–171.

[27] Michael KOCH hat in seinem klugen und informativen Buch Drachenkampf und Sonnenfrau. Zur Funktion des Mythischen in der Johannesapokalypse am Beispiel von Apk 12, WUNT 2/184, Tübingen 2004, mit wichtigen Argumenten dafür plädiert, die Bilder in Apk 12 nicht zu vereindeutigen, sondern ihre Vielschichtigkeit als Textstrategie in den Auslegungen zu berücksichtigen. Zugleich stellt er die wichtigsten Deutungstypen vor und bewertet sie mit stets nachvollziehbaren kritischen Argumenten. Für die Frau zeichnet er (158–211) die mariologische, die ekklesiologische, die israelologische und die astralmytho-logische Deutung nach. Die geringste Plausibilität kommt der mariologischen Deutung zu, welche jedoch im Verlauf der Rezeptionsgeschichte v.a. im Bereich römisch katholischer und orthodoxer Exegesen immer mehr an Bedeutung gewann, am besten vom Text getragen scheint dagegen die Deutung auf das Volk Gottes.

auch ihres auferweckten und erhöhten Jesus Christus[28] ist. Die Adressaten sind zugleich schon Priester Gottes und doch noch von Bedrängnis (θλῖψις) bedroht (vgl. Apk 1,6a.9). Das Bild des auferweckten Gekreuzigten ist das eines siegreichen Löwen, der aber in der Gestalt eines siebenhörnigen Böckleins auftritt, das aussieht wie geschlachtet (vgl. Apk 5,5–6). Die Spannung von Macht und offener Wunde bindet die Zeugen und die mit den Gestirnen bekleidete Frau hintergründig zusammen.

Das zweite große Zeichen ist ein großer feuerroter Drache mit sieben Häuptern und zehn Hörnern und sieben Kronen auf seinen Häuptern. Die literarische Darstellung lässt sich im Grunde nicht in ein eindeutiges Bild umsetzen, denn es ist unklar, wie sich die zehn Hörner auf die sieben Häupter verteilen. In jedem Fall ist anders als bei der Frau nicht an eine erhabene, wohlproportionierte Gestalt zu denken, sondern eher an eine Missgeburt der Hölle, ein Monster, von dem nur Böses zu erwarten ist. Diesem Eindruck seiner äußeren Erscheinung wird er auch in seiner Handlung sofort gerecht: „sein Schwanz fegte den dritten Teil der Sterne des Himmels hinweg und warf sie auf die Erde" (Apk 12,4a). Damit muss auch er in den räumlichen Dimensionen der mit den Gestirnen bekleideten Frau vorgestellt werden.

Die großen Zeichen[29] sind nicht nur groß wegen ihrer Bedeutung, sondern auch wegen ihres räumlichen Ausmaßes. Sie zeigen zwei riesige Gestalten, die aber keineswegs neutral gezeichnet werden. Die Leserlenkung funktioniert zielsicher durch den semantischen Marker der tiefgründigen Spannung von Macht und Leid auf der einen und der vordergründigen[30] Eindimensionalität des Bösen auf der anderen Seite. Längst bevor die beiden Bilder zusammengeworfen werden, hat der implizite Autor entschieden, wem die Sympathien der Rezipienten gehören sollen.

In Apk 12,4b beginnen die beiden großen Zeichen zu interagieren. Wie nicht anders zu erwarten, hat der Drache nur Böses im Sinn, nämlich das Kind nach seiner Geburt sofort zu fressen. Er stellt sich deshalb vor die Gebärende, die einen Sohn gebiert, der aber sogleich von Gott (*passivum divinum*) zu seinem Thron entrückt wird. Gott selbst durchkreuzt das Vorhaben des Bösen durch eine räumliche Transposition, die den Himmel in der Apk als

---

[28] Vgl. zur Komplexität der Christologie der Apk R. B. HAYS, Faithful Witness, Alpha and Omega. The Identity of Jesus in the Apocalypse of John, in: S. Alkier/R. B. Hays (Hg.), Revelation and the Politics of Apocalyptic Interpretation, Waco, Texas 2012, 69–83.

[29] Das Attribut „groß" begegnet zunächst nur für das erste Zeichen (Apk 12,1). Allerdings wird mit demselben Adjektiv der Drache in 12,3 markiert. Aus dem Zueinander der Darstellung wird daher deutlich, dass beide Zeichen als „groß" gedacht werden müssen und zwar sowohl hinsichtlich ihrer Bedeutung, als auch mit Blick auf ihre räumlichen Dimensionen.

[30] Vgl. zur poetologischen Unterscheidung von hintergründigen und vordergründigen Darstellungen in der Literatur E. AUERBACH, Mimesis. Dargestellte Wirklichkeit in der abendländischen Literatur, Tübingen und Basel [10]2001, 5–26, bes. 14–15.

einen gegliederten Raum zu erkennen gibt. Der Seher musste durch eine geöffnete Tür im Himmel in den Thronsaal Gottes gelangen (vgl. Apk 4,1–2).
Derselbe Himmel bietet der Frau und dem Drachen Raum, aus dem das Kind
aber in den Raum des Thronsaals entrückt wird. Der Himmel ist also bis zu
dieser Szene in Kap 12 nicht allein mit dem semantischen Marker „göttlich"
verbunden. Vielmehr bietet er Gott und seinem Gefolge ebenso Raum wie
dem Drachen und seinen Engeln. Allein der Thronsaal Gottes grenzt das Böse
aus. Es bietet dem entrückten Kind sicheren Schutz.

Die Frau hingegen flieht. Sie macht sich auf den Weg (ingressiver Aorist)
zur Wüste. Mit ihrer Transposition vom Himmel auf die Erde vollzieht sich
zugleich eine semantische Entkleidung. Sie ist nicht mehr die Frau, die mit
der Sonne bekleidet ist, den Mond unter den Füßen und die Sternenkrone auf
ihrem Haupt. Sie ist nur noch „Frau". Ihren kosmischen Glanz hat sie am
Himmel zurückgelassen. Sie schrumpft auf die Größe eines hilfsbedürftigen
Menschen, der in der Räumlichkeit der Wüste einen schützenden Ort anvi-
siert. Sie bleibt durch diesen Fluchtort verbunden mit Gott, denn Gott selbst
hat ihr diesen Ort zubereitet, der ihr auch Nahrung verspricht für eine begrenzte Zeit von 1260 Tagen (vgl. Apk 12,6).[31]

Das Kind wurde entrückt zum Thron Gottes. Die Frau machte sich auf den
Weg zum schützenden Ort in der Wüste. Der Himmelsraum, an dem soeben
noch die zwei großen Zeichen zu sehen waren, kann nun zur Bühne für eine
neue Szene werden, von der zu fragen ist, wie sie mit der vorhergehenden
verbunden ist. 12,7 stellt fest, dass im Himmel ein Krieg entstand: „Michael
und seine Engel zogen in den Krieg mit dem Drachen und der Drache zog in
den Krieg auch mit seinen Engeln." Was aber kann der Kriegsgrund anderes
sein als das Kind? Der Drache war ja nicht an der kosmisch bekleideten Frau
interessiert. Er wollte ihr Kind fressen. Und nachdem das Kind entrückt wurde und die Frau zu fliehen begann, nahm der Drache ihre Fährte nicht auf. Er
blieb im Himmel. Nun aber stellen sich die beiden Heere in kriegerischer
Absicht auf. Kann es um etwas anderes gehen, als die Macht über den gesamten Himmel?

Der Drache verliert mit seinem Heer die Schlacht und wird von Gott (*passivum divinum*) aus dem Himmel hinabgeworfen auf die Erde. Der Drache
wird gleich mehrfach identifiziert: „Und es wurde hinausgeworfen der große
Drache, die alte Schlange, die genannt wird Diabolos (Durcheinanderwerfer)
und Satan, der Verwirrer der ganzen bewohnten Welt, er wurde geworfen auf
die Erde und seine Engel wurden mit ihm geworfen" (Übersetzung S. Alkier).
Der Drache hat nicht einmal mehr seine Agenten im Himmel, denn auch sie

---

[31] Eine Detaildiskussion der Zahl 1260 ist für unseren Zusammenhang nicht bedeutsam.
Vgl. jedoch P. Prigent, Commentary on the Apocalypse of St. John, Tübingen 2004, 387,
aus dessen Auslegung besonders der Bezug zu Apk 11,2f. interessant ist.

werden mit ihm zusammen aus dem Himmel auf die Erde verbannt. Der Himmel ist nun zum satansfreien Raum geworden.

Die symbolische Interaktion der großen Himmelszeichen vollzog sich vornehmlich mittels räumlicher Kategorien wie Himmel, Thron, Wüste, Ort, Entrückung, hinabwerfen. Lediglich eine chronologische Angabe enthalten die Verse 12,1–9, nämlich die begrenzte Dauer der Ernährung der Frau an ihrem Ort in der Wüste, die genauso lange währt, wie die Blasphemie des Tieres aus dem Meer (vgl. Apk 13,5).

Mit der Rückkehr des Sehers – und Hörers – in 12,10 in den Text dominieren in 12,10–12 dann zeitliche Kategorien, die den Drachensturz mit der Gegenwart der angeschriebenen Gemeinden in Kleinasien kairologisch verbinden. Der Seher sieht nun kein weiteres großes Zeichen, vielmehr hört er eine große Stimme im Himmel, die das in 12,1–9 Gezeigte interpretiert, bevor die Handlung in 12,13 fortgesetzt wird:

„Nun (ἄρτι) ist geworden Rettung und Kraft und das Königreich unseres Gottes und die Vollmacht seines Gesalbten, denn hinabgeworfen wurde der Ankläger unserer Geschwister, der sie anklagte vor unserem Gott tags und nachts; und sie haben gesiegt durch das Blut des Böckleins und durch das Wort ihrer Zeugenschaft, und nicht haben sie ihr Leben geliebt bis zum Tod. Deshalb freut euch, Himmel und die in ihnen wohnen. Weh aber der Erde und dem Meer, denn der Teufel ist zu euch hinabgestiegen von großem Zorn ergriffen, wissend, dass er nur wenig Gelegenheit (καιρός) hat" (Apk 12,10–12; Übersetzung S. Alkier).

Die zeitlichen Bestimmungen ἄρτι und καιρός sind von höchster Relevanz für das Zeitverständnis der Apk, weil sie das in 10,6–7 Angekündigte, in 11,15–19 durch die siebte Posaune Deklarierte und in 12,1–9 Dargestellte auf die Gegenwart des expliziten Verfassers und der expliziten Hörer der Apk beziehen. Ἄρτι zeigt eine Zeitenwende an, an der der gekreuzigte Christus und die Zeugenschaft Gottes unmittelbar beteiligt sind. Die Zeit der prophetischen Ankündigungen von Rettung, Kraft, Königreich Gottes und Vollmacht des Messias ist vorbei.

In 10,6–7 wird die eschatologische Bedeutung der 7. Posaune offengelegt: Der Engel „schwor bei dem, *der da lebt von Aionen zu Aionen*, der den Himmel geschaffen hat und was darin ist, und die Erde und was darin ist, und das Meer und was darin ist: *Es wird keine Zeit mehr sein* (χρόνος οὐκέτι ἔσται), sondern *in den Tagen, wenn der siebente Engel seine Stimme erheben und seine Posaune blasen wird*, dann ist vollendet das Geheimnis Gottes, wie er es verkündigt hat seinen Knechten, den Propheten." Mit der siebten Posaune hat das Warten ein Ende. Es gibt keine Chronologie des Wartens mehr, weil nun alles offen liegt, was Gott durch die Propheten angekündigt hat. Diese Offenlegung – und nichts anderes meint der Terminus der „Apokalypsis" (Offenbarung) – wird mit der siebten Posaune eschatologische Wirklichkeit: „Wir danken dir *Herr, Gott, Pantokrator, der Seiende und der Er-War*, dass Du genommen hast deine Kraft, die große." Ab der siebten Posaune wird Gott

nicht mehr als der Kommende (ὁ ἐρχόμενος) bezeichnet, weil er sein Geheimnis im Kreuzesgeschehen offengelegt hat. Diese Offenlegung hat Gott
vollzogen, indem er seine Schöpferkraft angewendet hat, um den Gekreuzigten aus dem Tod zu retten und ihn zu seinem vollmächtigen Gesalbten zu
machen. In diese Machttat Gottes sind der gekreuzigte Zeuge Jesus und auch
alle anderen, die das Wort der Zeugenschaft Gottes leben, keineswegs nur
Statisten in einem monologischen göttlichen Heilsplan. Vielmehr tragen sie
gemeinsam dazu bei, dass das Böse bezwungen wird, das die gute Schöpfung
Gottes seit dem Paradies als Schlange, Leviatan, Drache, Satan, Diabolos
bedroht und verstellt hat. Die Vertreibung des Diabolischen aus dem Himmel
war ein Kraftakt Gottes, an dem substantiell die Treue des Zeugen Jesus und
jedes treue Wort der Zeugenschaft beteiligt waren. Dieser kosmologische
Wendepunkt wird in 12,10–12 als bereits vollzogen präsentiert. Die Zeit des
Satans im Himmel ist ein für alle Mal beendet – Raum *und* Zeit, die dem
Satan zugemessen sind, schränken sich immer mehr ein.[32]

Die Bedrohung der Zeugen auf der Erde ist damit aber gerade noch nicht
vorbei, im Gegenteil: Der Diabolos, der die gute Schöpfung Gottes so heillos
und tödlich durcheinanderbringt, wirkt nun mit seinen Gefolgsleuten in ver-
heerender Weise auf der Erde. Jetzt (ἄρτι) ist der Kairos, die günstige
Gelegenheit des Diabolos auf der Erde da. Die Zeitansage von Kapitel 12
lautet daher: die chronologische Zeit, in der der explizite Verfasser der Apk
und seine expliziten Hörer leben, ist die günstige Gelegenheit des Diabolischen, der Kairos des Diabolos, sein Unwesen zu treiben. Das einzige, was
die Zeugen des Zeugen dagegen tun können und tun sollen, ist weiterhin treue
Zeugen zu bleiben und „durch das Wort ihres Zeugnisses" gegen die Verdre-
hung der Leben schaffenden und Leben erhaltenden Schöpfung Gottes
Stellung zu beziehen, nicht mitzumachen bei der Verehrung des Widergöttlichen, das dann in dem Bild von der Hure Babylon als wirtschaftliche,
militärische und ideologische Machtausübung von Wenigen zu Ungunsten
der Vielen offengelegt wird (vgl. Apk 16,17–18,24).[33]

---

[32] Der Sturz des Satans hat auch Konsequenzen für das Verhältnis zwischen Gott und
Raum: Nachdem der Satan auf die Erde verbannt ist und der Himmel aufatmen und jubeln
darf, ist dieser auch nicht mehr Objekt der göttlichen Schläge, wie das Verhältnis zwischen
Apk 8 und Apk 16 deutlich macht. Apk 16 lässt sich als recht weitgehende Wiederholung
der ersten drei Ziele der Posaunen verstehen, vom Himmel als Ziel eines göttlichen
Schlags ist nicht mehr die Rede. Raum und Zeit des Satanswirkens verengen sich so Schritt
für Schritt. Wir sind Herrn Michael Sommer für diese Beobachtung zu Dank verpflichtet.

[33] Die Frage nach den konkreten Hintergründen dieser Verehrung des Widergöttlichen
wird häufig recht eineindeutig, zwar sicherlich nicht historisch vollkommen falsch, jedoch
der Offenheit des Textes nicht gerecht werdend mit der Entwicklung des Kaiserkults in der
Provinz Asia in Bezug gesetzt. Als Extrembeispiel zu nennen ist dabei T. WITULSKI, Die
Johannesoffenbarung und Kaiser Hadrian: Studien zur Datierung des neutestamentlichen

Der Kraft und Zuversicht spendende Trost, der bereits durch die Siegesver-
heißungen in den Sendschreiben formuliert wurde, erhält auch in 12,10–12
neue Nahrung. Das Wirken des Diabolischen wird nicht verharmlost, ja es
wirkt jetzt mit besonderer zerstörerischer Wut. Aber dieses Wirken wird nur
„kurz" dauern, nicht einmal ein ganzer Äon steht dem Diabolischen zur Verfügung, sondern eine begrenzte Dauer, die ein endgültiges Ende haben wird.
Und deshalb – so der wohl grundlegendste Trost der hintergründigen Zeitdeu-
tung der Apk – können sich alle treuen Zeugen gewiss sein, dass bei aller
Not, die sie erleben werden, sie nie tiefer, als in die Hand Gottes fallen können, denn der Diabolos hat keine dauerhafte Macht, keinen unbegrenzten
Raum und selbst dieser kurze auf den irdischen Raum beschränkte Kairos der
Wirksamkeit seiner Wut liegt in Gottes Hand. Er ist es, der dem Satan seinen
begrenzten Kairos gewährt (vgl. das *passivum divinum* in 13,5–7).[34] Noch im
Erleben der beschränkten Macht des Diabolischen erfahren die treuen Zeugen
die unbegrenzte Macht Gottes. Nach der Interpretation der in 12,1–9 dargestellten Ereignisse in 12,10–12, wird in 12,13 die Handlung von 12,9
fortgeführt. Die Wut des Diabolos wird durch die Verfolgung der Frau ver-
bildlicht. Der auf die Erde hinabgeworfene Drache setzt nun alles daran, sie
an Stelle des für ihn unerreichbar gewordenen Kindes zu töten. Aber Gott
hilft auch der von ihrer kosmologischen Umkleidung entblößten Frau auf
ihrem Weg zu dem ihr von Gott bereiteten Schutzort in der Wüste. Sie erhält
Adlerflügel. Der Drache, der wie 12,9 ja aufklärte, zugleich die alte Schlange
ist,[35] versucht sie zu ersäufen. Doch auch das gelingt ihm nicht, weil die von
Gott geschaffene Erde ihr zu Hilfe kommt. Nun lässt er auch von ihr ab und
verfolgt mit nochmals gesteigerter Wut ihre Nachkommenschaft, die in
12,17c als diejenigen markiert werden, „die Gottes Gebote halten und haben
das Zeugnis Jesu."[36] Mit dieser erneuten Verschränkung mit den Sendschrei-

---

Apokalypse, FRLANT 221, Göttingen 2007, der zu seiner Spätdatierung des Textes
aufgrund u.E. zu eindeutigen Identifikationen offener Bilder der Apk kommt.

[34] Deswegen ist auch, anders als in manchen Parallelbeispielen aus griechischer
Mythologie, der in Apk 12,7ff. Kampf nicht als Götterkampf zu verstehen – der Drache
bleibt Teil der Schöpfung, die Gott souverän zu ihrem Ziel führt. Hierzu auch NICKLAS,
Frau, 64f.

[35] Die Kombination von diabolischem Drachen und Paradiesesschlange ist keineswegs
selbstverständlich. Offb 12,9 gehört zu den frühesten Zeugnissen dieses Zueinanders.

[36] Eine historische Konkretisierung dieser Markierung soll hier wegen der Komplexität
der damit verbundenen Interpretationsprobleme nicht gegeben werden. Zumindest aber die
Möglichkeit, dass damit Juden und Christusanhänger gemeint sein können, wenn man das
„und" als referenzielle Aneinanderreihung und nicht als semantische Doppelbestimmung
begreift, soll hier festgehalten werden. Sollte es sich um eine semantische Doppelbestimmung handeln, wäre allerdings die Nachkommenschaft der Frau allein auf „Judenchristen" beschränkt. Dagegen sprechen nicht nur die Ausführungen zu den zweimal
144.000 in Kap 7 und 14, sondern auch die historische Situierung der Apk, insbesondere,
wenn man sie spät datiert und an die Diasporaaufstände und ihre Folgen erinnert.

ben in Kap 2 und 3 werden die expliziten Leser und Hörer der Apk und mit ihnen alle realen Leserinnen und Leser bzw. Hörer und Hörerinnen, die sich auf den Lebensweg der Zeugenschaft begeben, gewarnt vor der unermesslichen Wut des Diabolischen, das nichts anderes als Zerstörung will, sei es mit Hilfe wirtschaftlicher, militärischer, juridischer oder ideologischer Strategien, religiöse inbegriffen. Die Frustration, das begehrte Kind und dann die begehrte Frau nicht bekommen zu haben, sondern sich nun wider Willen vom offenen Raum des Himmels auf den begrenzten Zeit/Raum des Irdischen gefallen zu sehen, steigert den unbedingten Willen des Bösen zur Vernichtung der Zeugen Gottes.

4. Fazit: Identität und Zeugenschaft oder: zur Pragmatik der zeitlichen und räumlichen Berührung der Welten in der Apokalypse

Das letzte Buch der Bibel stellt seine Leserinnen und Leser vor schwierige Aufgaben. Sie sollen sich in ihrem ganzen Leben als Zeugen Gottes verhalten und keine gemeinsame Sache mit denen machen, die auf den Feldern von Politik, Wirtschaft, Recht und Kult so selbstherrlich agieren, als seien sie selbst Götter. Unrecht, Leid und Tod bringende Machtsysteme werden als unvereinbar mit der alles umfassenden barmherzigen und gerechten Herrschaft des Schöpfergottes kritisiert, wie ihn die Heiligen Schriften Israels und sein am Kreuz durchbohrter Sohn bezeugen. Die Johannesapokalypse ermutigt ihre Leserinnen und Leser und ihre Zuhörerinnen und Zuhörer, sich in einer heillos irrgängigen Welt voller Unrecht und Gewalt auf den leidvollen Weg der Zeugenschaft zu begeben und sich in allen Zeiten und Räumen als solche zu zeigen. Dazu macht sie, drastischer und klarer als jedes andere Buch des Neuen Testaments, gleichzeitig vermittelt und gebrochen durch die Perspektive des „Einst" der Schau des Sehers, Gottes Handeln an der Welt „präsent"[37]. Diese „Präsentation" von Gottes Welthandeln will nicht einmalig und auf einen Punkt der Zeit bzw. an einen konkreten Ort gebunden sein; vielmehr soll durch immer wieder wiederholtes Lesen und Hören an verschiedensten Orten und zu verschiedensten Zeiten die Nähe des Kairos Gottes „präsent" gehalten werden (Apk 1,3).

---

[37] Der Begriff der „Präsenz" scheint uns angemessen, da er räumliche und zeitliche Dimensionen miteinander verbindet. Von daher legt sich die Überlegung nahe, ob die Differenzierung zwischen räumlichen und zeitlichen Konzepten in apokalyptischer Literatur den grundlegenden Ideen der Texte voll angemessen ist oder ob durch sie nur verschiedene Aspekte des Gedankens der „Präsenz des ganz Anderen" in der Welt zum Ausdruck gebracht werden.

Die Johannesapokalypse argumentiert kosmologisch, indem sie den irdischen mit dem himmlischen Raum verbindet und die erlebte chronologische Zeit kairologisch bestimmt. Der johanneische Jesus prophezeit in Joh 1,51: „Wahrlich, wahrlich, ich sage euch: Ihr werdet den Himmel geöffnet sehen und die Engel Gottes hinauf und herabfahren über dem Menschensohn." Das Evangelium der Johannesapokalypse erzählt nun nicht nur von diesen Engeln, sondern zeigt ihren Rezipienten mit den Augen des Sehers diesen geöffneten Himmel: „Und ich sah den Himmel geöffnet und siehe, ein weißes Pferd. Und der darauf saß hieß: Treu und wahrhaftig, und er richtet und kämpft mit Gerechtigkeit" (Apk 19,11). Dabei thematisiert die Apokalypse auf vielfältige und nicht zuletzt sprach- und metaphernkritische Weise die standortbedingte Beschränktheit der Wahrnehmung des geöffneten Himmels. Doch auch noch der beschränkte Blick menschlicher Wahrnehmung lässt die frohe Botschaft von den abgewischten Tränen als Hoffnungsgewissheit verstehen, die zur Ausbildung der Zeugenschaft Anlass genug gibt, auch wenn diese Zeugenschaft selbst in den christlichen Gemeinden immer wieder gefährdet ist: „Denn das Böcklein in der Mitte vor dem Thron wird sie weiden und zu den Quellen des lebendigen Wassers führen und Gott wird abwischen alle Tränen von ihren Augen" (Apk 7,17).

Die Johannesapokalypse kann als hoffnungsvoller Entwurf christlicher Identitätsbildung verstanden werden, wenn nicht mit starren Subjektvorstellungen gearbeitet wird, die mit einem „konstanten Kern der Person"[38] rechnen. Wenn man aber mit der neueren Identitätsforschung[39] nicht von einem „Selbst" ausgeht, das „wegen irgendwelcher eventueller Konstanzen von ,etwas' das ,gleiche' bleibt, sondern aufgrund der aktiven Konstituierungsleistungen eines um sich selbst sorgenden Subjekts"[40] in ständigen

---

[38] J. STRAUB, Art. 5.1. Identität, in: F. Jäger/B. Liebsch (Hg.), Handbuch der Kulturwissenschaften. Band 1. Grundlagen und Schlüsselbegriffe, Stuttgart 2011, 277–303 (285).

[39] Diese Sicht der Dinge hat bereits E. GÜTTGEMANNS in Anschluss an Jacques Lacans Freud-Interpretation in die exegetische Debatte eingebracht, jedoch wurde er diesbezüglich kaum in der deutschsprachigen neutestamentlichen Wissenschaft rezipiert, vgl. E. GÜTTGEMANNS, fragmenta semiotico-hermeneutica. Eine Texthermeneutik für den Umgang mit der Heiligen Schrift, Forum Theologiae Linguisticae 9, Bonn 1983, 6. Kapitel: Sigmund Freud: „Authentisches" Sprechen im Feld von Verdrängung, Verschiebung, Verdichtung und Verneinung – Die psycho-semiotische Anfrage an die Identitäts-Anthropologie, 263–312. In der gegenwärtigen neutestamentlichen Forschung wird die Abkehr von einem substanztheologischen Identitätsmodell im Durchgang aller neutestamentlicher Schriften vertreten von E. REINMUTH, Anthropologie im Neuen Testament, UTB 2768, Tübingen 2006; DERS. (Hg.), Subjekt werden. Neutestamentliche Perspektiven und politische Theorie, Theologische Bibliothek Töpelmann 162, Berlin/Boston 2013. Vgl. zur neueren Identitätsforschung die sehr informativen Artikel dazu in: Handbuch der Kulturwissenschaften (s.o.).

[40] J. STRAUB, Identität (s. Anm. 38), 285.

Bildungsprozessen befindlich begriffen werden muss, dann ergibt sich auch ein anderer Blick auf die Gestaltung der Zeugenschaft, zu der die Apokalypse aufruft. Denken wir die Rezipienten der Offenbarung prozesshaft als Personen, deren Identität nicht *vorgegeben*, sondern dauerhaft *aufgegeben* ist, um nicht in zerstörender Weise in verschiedene Selbste zu zerfallen und von allen möglichen widergöttlichen Anreizen verführt zu werden, dann wird sie als Ganze lesbar als ermutigende Anweisung, sich selbst als Zeuge des Zeugen des lebendigen und Leben schaffenden Gottes Israels zu bezeugen. „Identität lässt sich treffend als paradoxe Ambition der ‚Einheit ihrer Differenzen‘ konzeptualisieren, wobei keine aktive ‚Synthesis des Heterogenen‘ zur Aufhebung oder Eliminierung dieser Differenzen führen kann.“[41] Dieser „Identitätsbegriff kreist um das dauerhafte ‚Paradox‘ einer Einheit, die unabschließbar, entzweit, ungreifbar und vor allem zugleich dauerhaft angestrebt und fortwährend unerreicht bleibt.“[42] Die Zeugen sind daher zugleich „Mitgenossen an der Bedrückung und der Königsherrschaft und der Geduld in Jesus“ (Apk 1,9b). Sie bleiben in ihrer Zeugenschaft lokalisierbar und in ihre jeweilige Zeit eingebunden und deshalb auch konkret auf verschiedenste Weise stets gefährdet, wovon die Sendschreiben Zeugnis ablegen. Die Zeugenschaft bleibt bis auf weiteres prekär, gefährdet, auf Bitten um wirksamen Trost und Hilfe angelegt. Diesen wirksamen Trost spendet die Apokalypse den Zeugen und Zeuginnen als prophetische Schrift: Die Johannesapokalypse zeigt mit ihrer realistischen Einschätzung der kosmologischen Irritation der Zeugen durch die konkrete und vielfältige Wirksamkeit des Diabolischen den Grund auf, sich von nichts und niemandem, nicht einmal durch sich selbst und schon gar nicht durch das Versprechen von Reichtum und Macht vom Weg der Zeugenschaft abbringen zu lassen. Selbst in der Erfahrung eigenen Leidens und eigenen Versagens wissen sich die so Getrösteten in der Hand Gottes, weil die Apk dessen kairologische Begrenzung des Diabolischen offenlegt und schon jetzt den Himmel geöffnet sehen lässt. Die Berührung der Welten, wie sie die Johannesapokalypse inszeniert, ist daher nicht nur ein Merkmal der Textsorte Apokalypse, sondern Topographie der Identität der Zeugenschaft und kairologische Gegenwartsanalyse.

---

[41] J. STRAUB, Identität (s. Anm. 38), 281.
[42] J. STRAUB, Identität (s. Anm. 38), 280.

The Poetics of Ekphrasis

Vivid Description and Rhetoric in the Apocalypse[1]

Robyn J. Whitaker

"*Ecphrasis*, a vivid portrayal of a scene, well describes some of the visions in the Apocalypse," wrote George Kennedy in his classic book, *New Testament Interpretation Through Rhetorical Criticism*.[2] This brief statement in Kennedy's introduction is the only mention of the Apocalypse of John in the entire book. Its brevity reflects the lack of scholarly attention given to rhetoric in the Apocalypse, a problem I wish to address here, in small part, through a discussion of ekphrasis.[3]

Reading the Apocalypse in the context of Greco-Roman rhetoric illuminates John's rhetorical program and particularly the function of the visions of God as part of his persuasive argument. Rhetorical criticism seeks to understand the *effect* of a text. Whilst the poetic power of the Apocalypse is often acknowledged, the specific rhetorical force of the visions of Apocalypse 4–5 has repeatedly been overlooked in lieu of scholars' attention to historic refer-

---

[1] The "poetics of ekphrasis" is a phrase borrowed from Andrew Becker who has written extensively on ekphrasis and particularly Homer's description of the Shield of Achilles in the Iliad (478–608). A. S. BECKER, The Shield of Achilles and the Poetics of Ekphrasis, Lanham 1995. By "poetics" I mean the study of the literary forms and features of a text. "Rhetoric" is used herein to denote Greco-Roman rhetoric and not a more broad usage of the term for anything seeking to be persuasive.

[2] G. A. KENNEDY, New Testament Interpretation Through Rhetorical Criticism, Chapel Hill 1984, 23. Kennedy did not record which visions he had in mind.

[3] The current state of scholarship on rhetoric and the Apocalypse will not be detailed here. For an overview see D. A. DESILVA, What Has Athens to Do With Patmos? Rhetorical Criticism of the Revelation of John (1980–2005), Currents in Biblical Research 6, no. 2 (2008), 256–290.

Whilst the Apocalypse generally receives little attention from scholars working in Greco-Roman rhetoric and the New Testament, there are a few notable exceptions: G. CAREY, Elusive Apocalypse: Reading Authority in the Revelation to John, Macon 1999; A. Y. COLLINS, Crisis and Catharsis. The Power of the Apocalypse, Louisville 1984; D. DESILVA, Seeing Things John's Way. The Rhetoric of the Book of Revelation, Louisville 2009; J. T. KIRBY, The Rhetorical Situations of Revelation 1–3, NTS 34 (1988), 197–207; P. S. PERRY, The Rhetoric of Digressions. Revelation 7:1–17 and 10:1–11:13 and Ancient Communication, Tübingen 2009.

ents, literary sources, and issues of form. This essay advocates that shifting the focus to the poetic force and function of the visions within the wider argument confronts readers with a different set of questions regarding the poetic and persuasive power of the book.

The reading offered below analyzes Apocalypse 4–5 as ἔκφρασις (*ekphrasis*).[4] During the second sophistic period (70 CE onwards), *ekphrasis* became a common term and a widely taught rhetorical tool, "that found its application in almost every form of oral and written communication, even in Jerusalem's inner circles."[5] Of the many possible techniques at an orator's disposal, *ekphrasis* is one that particularly suits the imaginative nature of apocalyptic literature.

Although some scholars remain skeptical about the level of rhetorical education given to any New Testament author, there is, at the very minimum, still heuristic value in *reading* the Apocalypse rhetorically. The potential to elucidate the text in new ways by applying different reading strategies is at the heart of any major shift in biblical criticism. Nevertheless, I think we can be more assertive about the Apocalypse, its author, and audience. Firstly, the Apocalypse is a syncretic book, bringing together both Greco-Roman and Hebrew traditions. Secondly, its author and audience lived in a culture where rhetoric was pervasive: it was a core part of any secondary education and the dominant mode of public communication throughout the Empire.[6] Furthermore, language is culturally constructed and confined. Hence, the Apocalypse reflects the characteristics of a certain time and language, including widespread usage of rhetorical forms and language.[7]

I will begin with a brief exploration of *ekphrasis* and its typical usage as a literary and rhetorical device. I will then offer a reading of the vision of the enthroned one and the lamb (Apoc. 4–5) to illustrate how this kind of rhetorical approach highlights the contest between giving obeisance to God and giving obeisance to imperial and pagan cultic statuary.

---

[4] Several other possible scenes of the Apocalypse can be identified as ekphrastic according to the ancient definition. The Heavenly Woman and Dragon of chapter 12, the locusts of 9:7–11, the beast of chapter 13, and the description of New Jerusalem are all potentially ekphrastic and further work remains to be done analyzing their rhetorical functions in light of Greco-Roman rhetorical conventions.

[5] W. WUELLNER, The Rhetorical Genre of Jesus' Sermon in Luke 12:1–13:9, in: D. F. Watson, Persuasive Artistry. Studies in New Testament Rhetoric in Honor of George A. Kennedy, Sheffield 1991, 113. See also S. BARTSCH, Decoding the Ancient Novel. The Reader and the Role of Description in Heliodorus and Achilles Tatius, Princeton 1989, 8.

[6] H. I. MARROU, A History of Education in Antiquity. Translated by George Lamb, Madison 1982, 150–161.

[7] K. NIKOLAKOPOULOS, Rhetorische Auslegungsaspekte der Theologie in der Johannesoffenbarung, in: C. Gerber/T. Knöppler/P. Müller (ed.), ...was ihr auf dem Weg verhandelt habt, Neukirchener-Vluyn 2001, 168.

1. Ancient *Ekphrasis*

Ekphrasis is one of fourteen rhetorical techniques included in the rhetorical handbooks known as *Progymnasmata*.[8] It is defined by Greco-Roman rhetoricians, in strikingly similar ways, as "descriptive language, leading what is exhibited vividly before the eyes" (ἔκφρασις ἐστὶ λόγος περιηγηματικὸς ἐναργῶς ὑπ' ὄψιν ἄγων τὸ δηλούμενον).[9] The definitional language envisages the content of an ekphrasis as something displayed or paraded before the eyes in much the same way a banner or bust was displayed in an ancient procession. Words become iconographic, provoking the hearer's sense of sight as well as the manifest presence of the object described. *Ekphrasis*, in this ancient sense, is a "verbalizing of the visual."[10]

The subjects of *ekphrasis*, however, go beyond plastic or visual arts. In the ancient world, the subjects of *ekphrasis* included people, places, events, and times – which encompasses almost anything.[11] The examples in the *Progymnasmata* include *ekphrases* of battles, war machinery, people, buildings, and animals.[12] *Ekphrasis* was therefore not limited to describing the visual arts, such as painting or sculpture, but rather defined by its effect on the hearer, an effect that transforms them into a spectator.[13] The creative force that distinguishes *ekphrasis* from normal narrative is the vividness (ἐνάργεια) and

---

[8] Progymnasmata, or "first exercises," is the name given to a number of rhetorical handbooks used to teach rhetoric in the Greco-Roman period. The earliest extant version is Theon's, which is generally considered to belong to the first century CE (for an alternative theory on dating see M. HEATH, Theon and the History of the Progymnasmata, GRBS 43 (2002), 129–160. G. A. KENNEDY, Progymnasmata. Greek Textbooks of Prose Composition and Rhetoric, Atlanta 2003.

[9] Theon, Progymnasmata, 118.7.

[10] A. LAIRD, Sounding Out Ekphrasis. Art and Text in Catullus 64, JRS 83 (1993), 30. Laird juxtaposes this ancient definition with the contemporary usage of ekphrasis in Art History where the term usually signifies "verbalizing art."

[11] R. WEBB, Ekphrasis, Imagination and Persuasion, in: Ancient Rhetorical Theory and Practice, Ashgate 2009, 62. See also Theon, Progymnasmata, 118.9–10.

[12] The following ekphrases are cited as examples in Theon's Progymnasmata: Odyssey 19.246; Iliad 2.217f., 18.478–615; Herodotus 2.68–76; Thucydides 2.2–5, 3.21, 4.100, 7.44; Ctesias frag. 688; Demosthenes, On the False Embassy 19.65.

[13] Several modern scholars, particularly in the field of Art History, define ἔκφρασις as descriptions of visual art. Certainly it became associated with that mainly due to Philostratus' famous Imagines which elevated the tool to a genre. For a critique of this more narrow definition see WEBB, Ekphrasis, Imagination and Persuasion (n. 11), 62–84.

clarity (σαφήνεια) of the description.[14] Vividness enables hearers to "almost see" whatever is described.[15]

The goal of *ekphrasis* is to evoke an emotional reaction from the audience. The visual force of *ekphrasis* is not an end in itself, nor is it mere ornamentation. Rather, *ekphrasis* works as part of an appeal to *pathos* or emotion. Quintilian writes that *enargeia* is "a quality which makes us seem not so much to be talking about something as exhibiting it. Emotions will ensue just as if we were present at the event itself."[16] Ekphrastic potential suggests that sight and emotion converge to make present the absent subject of the *ekphrasis*. It is precisely this possibility of making the absent present that has profound ramifications for a reading of the Apocalypse 4–5.

2. Reading Apocalypse 4:1–5:14 as *Ekphrasis*

Apocalypse 4:1–5:14 depicts a heavenly throne room in the middle of which the enthroned God sits and the slaughtered Lamb stands. They, in turn, are surrounded by twenty-four elders, four living creatures, jewels, candle stands, a sea of glass, and a multitude of angels. The throne room is neither temple nor judicial court but a combination of the two, suggesting both political and religious implications for the vision.[17] At a literary level, this scene is widely recognized as the first major vision of the book and the one that sets in motion the opening of the seven seals and the judgment of God.[18]

The first clue to the scene's ekphrastic potential is the emphasis on sight and seeing. Indeed, sight is the dominant mode of transmission throughout the whole Apocalypse. In contrast to John's prophetic predecessors, his revelation comes to him primarily through sight and visual media, not through the spoken word.[19] The revelations are shown to John and in turn, albeit via

---

[14] Either ἐνάργεια or the adverb ἐναργῶς are used in every ancient definition: Theon, Prog. 118.7; Hermogenes, Prog. 22–23; Aphthonius, Prog. 36; Nicolaus, Prog. 68. Clarity (σαφήνεια) is a trait shared by both ekphrasis and narration. See Theon, Prog. 79.20.

[15] Theon, Prog. 119.31–32; Hermogenes, Prog. 23; Nicolaus, Prog. 68.

[16] Quintilian, Inst. 6.2.32 (Translated by D. A. Russell. LCL. Cambridge 2002).

[17] P. BORGEN, Moses, Jesus, and the Roman Emperor. Observations in Philo's Writings and the Revelation of John, Nov Test 38 (1996), 156.

[18] D. E. AUNE, Revelation 1–5, Dallas 1997, 276; G. B. CAIRD, The Revelation of St. John the Divine, San Francisco 1966, 60; E. SCHÜSSLER-FIORENZA, Revelation. Vision of a Just World, Minneapolis 1991, 58.

[19] The traditional prophetic emphasis on lips, speech, and hearing is symbolized in prophetic texts in various ways and captured by the phrases "go say" or "hear the word of the Lord". For example: Isaiah's lips are cleansed with hot coals to make him a worthy mouthpiece for God (Isa 6:7–9); Ezekiel is told to eat a scroll (Ezek 3:3–4); and Jeremiah's lips are

word, paraded before the eyes of the audience so they too may see what John sees.

The scene opens with "I saw" (εἶδον), a verb repeated five times in this vision alone (4:1; 5:1, 2, 6, 11). Furthermore, the angelic call to "come up here" is issued in visual terms – δείξω σοί ("I will show you"). The entire book is framed by the claim that God gave the revelation "to show (δεῖξαι) his servants what must happen soon" (1:1; 4:1; 22:6). Four further uses of δείκνυμι intimate it is used to indicate the most important elements of the overall vision: the judgment of the great prostitute (17:1); the bride of the Lamb (21:9); the holy city of New Jerusalem (21:10); and the river of life (22:1). It is a verb that implies an emphasis on the sensory, on seeing and experiencing something represented or imaged.

The symbolic usage of eyes is a further indicator of the importance of the visual aspect for this author. The four living creatures are "full of eyes" inside and out (4:6–8); an embellishment on Ezekiel's vision where the eyes are located on the wheels (Ezek 1:18). The description of the creatures' eyes is repeated twice, indicating its importance as an attribute. Additionally, the Lamb has seven eyes – the perfect number – which are explicitly interpreted as corresponding to the seven spirits of God going out to all the world (5:6). These seven spirits are also the seven fire lamps before the throne (4:5) and hence are located in close proximity to the throne. They indicate God's all-seeing power and remind the audience God is watching.[20] While John and his audience gaze at the enthroned one, the enthroned God is gazing back. This reciprocal and omnispective gaze is a key element in the way the author frames the contest between God and Empire.

In addition to the verbs of sight, the author's descriptive language further emphasizes that the substance of the revelation is visual. The seated one is "like" (ὅμοις) a "vision" or "appearance" (ὅρασις, 4:3). "Like" (ὅμοις, ὡς) is typical referential descriptive language used in *ekphrasis*. In the *Golden Ass*, Lucian describes the appearance of the goddess Isis to Apuleius as "like a picture."[21] It is a qualifier that allows the author to show an awareness of the limitations of description and simultaneously describe something in a manner that maps onto known images.[22] The seated one, the sea of glass ὁμοία κρυλλάλλῳ, the seven fire lamps, and the four living creatures are all described and qualified using ὅμοις or ὡς (4:6–7).

---

touched by God, a gesture which signifies God's words are now in Jeremiah's mouth (Jer 1:9).

[20] H. O. MAIER, Apocalypse Recalled. The Book of Revelation After Christendom, Minneapolis 2002, 64–70.

[21] Lucian, Metamorphoses 2.17.

[22] BECKER, The Shield of Achilles (n. 1), 34; WEBB, Ekphrasis, Imagination and Persuasion (n. 11), 168.

What does John actually see? Where does his gaze direct the hearer? John sees a twofold vision that unveils, firstly, the enthroned status of the deity and, secondly, a victorious slain lamb who is able to open the sealed book of judgment. The vivid language guides the hearer-viewer through a description of what John sees and, with the exception of the hymns, not what he hears. God and the Lamb do not speak at all, but both are declared ἄξιος ("worthy"), praised for their attributes, and offered obeisance (προσκυνέω) from the heavenly court.

While the author clearly draws upon the Jewish apocalyptic tradition such as that found in Daniel, Ezekiel, and 1 Enoch 14, he intensifies the description in a manner typical of an *ekphrasis*. The enthroned deity is surrounded by a colorful sound and light show as well as dramatic ritual action. Hearers may recognize the conventional accoutrements of biblical theophany – thunder and lightning – but here they are combined with a plethora of other biblical images. The living creatures are a hybrid of that described in Isaiah 6, 1 Enoch 14:11, and Ezekiel 1. Fire and precious stones are both found in the Ezekiel and Daniel traditions, but added to them is a sea of glass (Ezek 1:22), a rainbow (Ezek 1:28), and temple furnishings (Isa 6:4). The only traditional visual imagery not included or expanded is of an anthropomorphic nature.[23] John has omitted any reference to robes, hair, feet, or face. The precise literary sources and referents are not the focus of this paper, and far more detailed comparisons can be found in other scholarly work.[24] The point is that, comparatively, this vision of the enthroned deity is dripping in description in a manner befitting Greco-Roman *ekphrastic* description.

An important aspect of any *ekphrasis*, whether the subject be real or fictional, is that it is believable. John's use of Isaiah, Ezekiel, Enoch, Daniel, and other typical biblical theophanic symbols make it both accessible and believable for his audience through appeal to known mythologies and familiar images. The persuasive power of an image and its ability to move an audience depends upon its verisimilitude.[25]

However, the use of traditional imagery has the additional effect of emphasizing what is new or unconventional.[26] New images would have grasped the audience's attention and engaged them in an interpretive puzzle as they tried to make sense of what is described. Hence, a key to the interpretation of

---

[23] E. BORING, Revelation, Louisville 1989, 101; CAIRD, The Revelation (n. 18), 63; C. ROWLAND, The Visions of God in Apocalyptic Literature, Journal for the Study of Judaism in the Persian, Hellenistic and Roman Period 10 (1979), 152f.; and SCHÜSSLER-FIORENZA, Revelation (n. 18), 59.

[24] Regarding Revelation's use of Old Testament literature see Thomas Hieke's and Adela Yarbro Collins's articles in the present volume.

[25] WEBB, Ekphrasis, Imagination and Persuasion (n. 11), 117.

[26] BARTSCH, Decoding (n. 5), 72.

a descriptive scene is to notice what is new or unconventional.[27] There are three new images in this vision that lack literary precedence in the Jewish tradition and hence would have led the audience to puzzle over their meaning: the twenty-four elders (4:4), the seven lamp stands before the throne (4:5), and the lamb who is slaughtered but victorious (5:6). All three relate to very important motifs within the vision behaving as a combination of the proverbial "carrot and stick." The elders represent resurrected believers and hence act as exemplars for earthly believers. As the only human beings in the visions, they persuade hearers their role is to offer obeisance to God alone. Furthermore, they are a symbol of future co-reign with God, a theme repeated throughout the book (1:6; 2:26; 3:5, 12, 21; 21:7). The lamp stands signify God's all-seeing power and remind hearers that God is watching and seeing everything from the throne. They are one of the few visual constituents that is interpreted (5:6) ensuring that they are correctly interpreted by the audience. The third new image warrants a little more attention.

The seven-horned Lamb who stands as though slaughtered is the most remarkable new figure amidst many familiar images. Eugene Boring calls is one of the most "mind-wrenching" images in literature.[28] In the biblical tradition a lamb is most often associated with animal sacrifice as part of cultic worship of Yahweh. Only rarely in the New Testament is Jesus explicitly referred to as either "lamb of God" (John 1:29, 36) or sacrificial lamb (1 Cor 5:7; 1 Peter 1:19). The imagery here is not only violent and vivid, but also unprecedented. The Lamb is slaughtered but alive, victim and conqueror, and unusually sports seven horns and seven eyes, symbols of God's might and all-pervasive gaze.

The shock value of the image amplifies the emotional appeal of the vision which reaches its peak just before the appearance of the Lamb. John's recollection of great weeping (ἔκλαιον πολύ) at the prospect that no one could open the book (5:4) underscores the importance of the book. His reaction directs that of the hearers, making clear that it would be a tragedy if the book, and thus the judgment and action of God, was to remain shut up. Indeed, their liberation and salvation depends upon it.

Strikingly, the ability to unveil the contents of the book is also framed in terms of sight – "no one was found worthy to open the book nor to see (βλέπειν) it" (5:3–4). The use of βλέπω to denote a reading activity is highly unusual. In both classical and biblical literature βλέπω relates to seeing or watching something visual.[29] One possibility is that this book is covered in visual images, not words (γράφω can indicate drawing or painting). But a

---

[27] BARTSCH, Decoding (n. 5), 55 and 72.

[28] BORING, Revelation (n. 23), 108.

[29] Occasionally in the NT βλέπω denotes seeing with a sense of perceiving or comprehending, but this is a particularly Markan motif (e.g. Mk 4:12).

more likely scenario is that it is yet another hint that what is about to be revealed is something that can and will be seen. More specifically, John presents the visions he describes as synonymous with the sealed book, further imbuing his prophetic text with authority.

In addition to descriptive language, new and traditional images, and emotional appeal, the vividness of the scene is captured by the action and voices of the heavenly chorus. Thunder, lightening, and flickering lamps have already enlivened the throne scene, but real action occurs in 4:8 when the creatures sing a hymn triggering the elders to fall and offer obeisance (προσκυνέω), throwing their crowns before the throne and adding their voices to the hymn (4:10–11). The ritual action in response to divine presence is repeated and magnified in 5:8 in response to the Lamb's action of taking the scroll. The living creatures and elders fall together, sing a hymn, and bring bowls of incense to the Lamb. This second time, a multitude of angels and the entire creation join in the praise. The cosmic nature of the praise is emphasized and the entire scene finally climaxes with a repetition of the elders' falling and making obeisance (5:14). Both God and the Lamb are declared worthy of cosmic praise and human obeisance.

There are three noteworthy aspects to the ritual action. Firstly, as *ekphrasis*, the hymn-singing and ritual action add further vividness to the scene, enlivening it through sound and movement. *Ekphrasis* produces a visual effect upon the audience, but that does not mean the descriptions only include visual elements or depict static, painting-like scenes.[30] Many of the examples in Theon's *Progymnasmata* contain action or sound. Indeed, the famous *ekphrasis* of the Shield of Achilles (*Iliad* 18.478–615) is full of movement and sound. While the object itself is a motionless metal shield, the scene on the shield depicts a world in which people dance, a lyre is played, a battle ensues, bandits rush about, and dogs run. The active verbs in the *Iliad*, like the Apocalypse, give the impression this is a living, breathing community of people and thus infuse it with vividness or ἐνάργεια.[31]

The second aspect to the ritual action is that it communicates essential attributes about the deity. One could say that the action highlights the essential

---

[30] David Aune's treatment of the description of the Whore of Babylon (Apoc 17) as ekphrasis remains one of the only attempts to analyze a vision in light of this rhetorical technique. Aune focuses on the tableau-like and static nature of the description of the Whore of Babylon, comparing her to numismatic depictions of the goddess Roma. While I agree with his identification of the scene as ekphrasis, he emphasizes the material similarities between the description and Roman coinage in ways that potentially confuse subject and effect. The rhetorical force of the Whore's description has less to do with her lack of movement or art-like pose and more to do with the vividness of her description and the recorded response of θαῦμα (marvel) by those who view her in the narrative (17:6f.). AUNE, Revelation, 919–928.

[31] BECKER, The Shield of Achilles (n. 1), 11.

theological points of the vision. Like the chorus in a Greek drama, the heavenly chorus draws the audiences' attention to the presence of a divinity and the "central meaning" of the vision where God is acclaimed as παντοκράτωρ ("all-mighty") and creator of everything.[32] The Lamb's attribute as one who has conquered (5:5) places him alongside the enthroned one as equally worthy of blessing, honor, might, glory, and obeisance (5:13–14).

Thirdly, the action of those viewing the throne and the Lamb provides a compelling conclusion to the narrative and one that directs the response of those outside the text. In general, the reactions of those in an *ekphrastic* scene guide the reaction of future viewers.[33] In this case, the living creatures' and elders' response to seeing God is worship. Their response persuades the audience outside the text, whose vision is mental and imaginative, that their re-response should likewise be worship.

In each case the ritual action of the heavenly court is a response to seeing something – either the enthroned deity or the Lamb who takes the scroll. In the ancient world, gods were known through their images and thus worship rituals had a visual focus. Worship was offered to tangible images or altars of the gods in the form of sacrifices (animal and incense), ritual action, prayers, libations, and hymn singing.[34] Christians living in Asia Minor lacked visual art of their deity, yet were surrounded daily by numerous images of other deities and imperial figures.[35] The grandeur and scale of these temples, statuary, and imperial buildings was designed to provoke awe and admiration in the viewing subject and stood as a solid reminder of the locus of power. John's vision seeks to evoke "a counter-experience of awe" in response to seeing God and the Lamb, thus establishing them both as the sole recipients of worship and power.[36]

3. Making an Absent Deity Present

What is the rhetorical purpose of displaying the divine so vividly as an object of worship? Part of the answer relates to the critique of idolatry and beast-worship in the book (2:14, 20; 13:14–15; 14:9–11; 16:2; 19:20). John clearly and firmly condemns any participation in pagan or ruler cult, including wor-

---

[32] BORING, Revelation (n. 23), 107.

[33] BECKER, The Shield of Achilles (n. 1), 28.

[34] FOX, Pagans and Christians, 67.

[35] FOX, Pagans and Christians, 393. For a comprehensive study on location specific cultic sites for the seven churches of Asia Minor see S. J. FRIESEN, Imperial Cults and the Apocalypse of John. Reading Revelation in the Ruins, New York 2001.

[36] DESILVA, Seeing Things (n. 3), 195.

ship of the beast's image (εἰκών) and the consummation of meat sacrificed to idols (εἰδωλόθυτος). Barnett writes;

The most urgent challenge by the writer of the Apocalypse to his reader is that men worship God the creator and judge and the redeemer-Lamb, not the pseudo- and pretentious counterpart, the Roman Emperor, by means of the Imperial Cult which had spread rapidly throughout the dozens of cities of Roman Asia.[37]

That John's opponent is the imperial cult is apparent in his emphasis on thrones, sight, golden crowns, power, obeisance, and worthiness in Apocalypse 4–5. The throne was both the actual and symbolic locus of the Emperor's power. Dio Cassius records that the Senators offered sacrifices and made obeisance (προσκυνέω) to the chair of Gaius Caligula even in the Emperor's absence.[38] The empty chair conveys both absence and presence: the Emperor is physically absent, yet the action of the Senate indicates imperial presence is symbolically located there. Furthermore, several Emperors were credited with a pervasive, all-powerful gaze, which symbolized the extent of their power.[39] For example, Gaius was famous for having his guards drag away spectators who did not show the requisite enthusiasm at gladiatorial shows.[40] The heavenly hymns that laud the attributes of God and the Lamb in terms of worthiness (ἄξιος) evoke political language in the same way the throne and sight evoke political power.[41]

In the visual-verbal contest between earthly power and God's power, the sovereignty of God and the Lamb far exceed any earthly ruler.[42] God's rule is eternal and expansive, extending from the heavenly realm to the ends of the earth. Moreover, John's visions of judgment convince hearers that, despite the threat to their lives on earth for refusing to worship the beast (13:15), the consequences of choosing to worship the beast instead of God are indeed

---

[37] P. BARNETT, Polemical Parallelism. Some Further Reflections on the Apocalypse, JSNT 35 (1989), 112.

[38] Dio, Roman History 59.24.4.

[39] S. BARTSCH, Actors in the Audience. Theatricality and Doublespeak From Nero to Hadrian, Cambridge 1994, 1–12.

[40] Dio Cassius 59.13.3–4; Josephus Jewish Antiquities 19f. For examples of similar behavior from other Emperors see: Pliny Panegyricus 33.1–34.5; 51.4. Pliny praises Emperor Trajan for his "impartiality" in allowing spectators to enjoy the show and express their feelings and preferences freely in contrast to Domitian who used informers against the crowd and under whom a "spectator found himself turned spectacle" (Paneg. 33.3f.). Despite the obvious rhetorical and political bias in Pliny's comparison of the two Emperors, that he could use spectatorship issues in praise of Trajan suggests a generally accepted phenomenon. Tacitus Agricola 45.1f., describes the same dynamic in the realm of the Senate.

[41] BORGEN, Moses (n. 17), 156f.

[42] D. AUNE, The Influence of Roman Imperial Court Ceremonial on the Apocalypse of John, Biblical Research 28 (1983), 20–22.

dire. The heavenly worship of God offers a contrast to earthly worship of the beast; it stands as an exemplar of true worship and true sovereignty.

However, in the face of immediate earthly threat, John needs to convince the audience of the reality of God's presence and attentiveness to their plight. While God and the Lamb are depicted as enthroned and glorified in the heavenly realm, the problem is that God may therefore be perceived to be absent from the earth. Divine absence is expressed in the text through the claim that the beast is in control. The cry of the people in response to the beasts' authority is: "who can fight against it?" (13:4). The saints under the altar cry "how long, O master?" (ἕως πότε, ὁ δεσπότης, 6:10) denoting that God has yet to act. When the beast appears to be victorious and unchallenged, the logical possibilities are that God is either absent or impotent or both.

Divine absence is a prophetic concern. A similar cry of absence – "how long?" – is uttered in Isa 6:11. In Ezekiel, divine absence is expressed as divine abandonment of the land due to idolatry (8:12; 9:9), a state that is only restored when the temple is rebuilt (40–48). Unlike Ezekiel, John does not want to communicate that God is absent or has deliberately abandoned the land in response to idolatry. Rather, the rhetoric works to establish the opposite. The hymns claim a God who is eternally enthroned and powerful, thus eternally present. The image of the Lamb's seven eyes and the eye-covered creatures affirm the all-pervasive, all-seeing gaze of God. Additionally, the action that unfolds once the seals are opened repositions the presence of God from the heavenly realm into the earthly realm. The argumentative force of this vision becomes even clearer when placed in the context of the wider narrative. The opening vision of "one like a son of man" places Christ in the very midst of the seven congregations (1:9–20). Similarly, the ultimate vision of the book is of a divine presence so intimate with humanity that God will dwell with the people and they will "see his face" (21:3; 22:4).

Yet, until God is fully revealed at the eschaton the perceived lack of divine presence and power on earth remains a problem. An additional difficulty is the Jewish prohibition against making any image of the divine (Exod 20:4; Deut 5:8). John cannot make a tangible cultic image of the divine to compete with the images in their surrounding culture. Instead he uses words, participating, intentionally or unintentionally, in the classic contest between poet and artist with regards to who can best depict God.[43]

Judaism has a history of symbolizing divine presence without actually depicting the divine. The temple, the ark of the covenant, or the holy of holies are tangible objects and places where the divine presence is acutely perceived. Simeon Chavel writes of seeing God in the Jewish tradition:

---

[43] Several authors in the ancient world debated whether poetry or art was more effective at representation. For example: Pindar, Nemean 5.1–6; Dio Chrysostom, Oration 12.

Regardless of the specific manner by which temple architecture, interior design, decoration and furniture (not to mention sound, motion and smell) made Yahweh present, *ideological-ly* one should experience it, value it, as gazing upon Yahweh's face, with all the favor, gracious immediacy, and blessed intimacy that one feels when granted visual access.[44]

John's vivid description of the enthroned deity and the Lamb functions simi-larly but as a literary icon, creating an experience of God's presence and granting visual access to the divine. It is precisely this kind of epiphanic ex-perience of the divine, usually mediated via a plastic icon or cultic object, that *ekphrasis* mediates through words. *Ekphrasis* is a means by which John can create a literary icon to compete with the plastic icons in the surrounding culture. The vivid vision of God and the Lamb worshipped in heaven estab-lishes God's presence in the heavenly realm, but its description makes God present for the hearer in their world. This is the work of *ekphrasis*.

The process by which *ekphrasis* makes the invisible visible and something absent present is helpfully explained by Quintilian. He describes the orator imagining a scene and then describing it in such a way that the hearers are also able to visualize or imagine it.[45] This mental perception or imagination was known in the ancient world as φαντασία and is essential to understanding the manner by which *ekphrasis* works.[46] *Phantasia*, according to Quintilian, was the means "by which the image of absent things are presented to the mind in such a way that we seem actually to see them with our eyes and have them physically present to us" (6.2.29). It differs from *mimesis* in that *phan-tasia* allows one to imagine something unseen, such as the gods.[47] Great artists, both poets and sculptors, needed great imaginations to re-present their mental images to their audience.

John's description of the enthroned deity withholds certain representation-al features, especially those of an anthropomorphic nature. Such withholding alludes to the inability to contain God in physical form and hence increases the possibility of God being present elsewhere. In contrast, the language of εἰκών used to describe the beast suggests that beast-worshippers encounter

---

[44] S. CHAVEL, The Face of God and the Etiquette of Eye-Contact. Visitation, Pilgrimage, and the Prophetic Vision in Ancient Israelite and Early Jewish Imagination, JSQ 19 (2012), 24 (italics his).

[45] Quintilian, Orations 6.2.27–32. See also Longinus On the Sublime 15.1. Another word often associated with φαντασία was εἰδωλοποιία (image-making).

[46] J. BARNOUW, Propositional Perception: Phantasia, Predication and Sign in Plato, Aris-tole and the Stoics, Maryland 2002, 2; S. GOLDHILL, The Naïve and Knowing Eye. Ekphrasis and the Culture of Viewing in the Hellenistic World, in: S. Goldhill/R. Osborne (eds.), Art and Text in Ancient Greek Culture, Cambridge 1994, 208–10; J. M. RIST, Stoic Philosophy, Cambridge 1969, 133; G. WATSON, The Concept of 'Phantasia' From the Late Hellenistic Period to Early Neoplatonism, ANRW 2.36.7, 4766; WEBB, Ekphrasis, Imagination and Persuasion (n. 11), 117.

[47] Philostratus, Life of Apollonius of Tyana 6.19.

mimicry rather than pure epiphanic experience.[48] John's poetic skill plays upon the tension between presence and absence, what is real and unreal. The physical image (εἰκών) of the beast that the audience sees with their eyes is less real and less powerful than the one seen mentally.

Ancient hearers of the Apocalypse could imagine the verbal description of the divine, mediated through a continuity of biblical images and language, and thus see God mentally. To see God is to share John's epiphanic experience of viewing the enthroned one. Adela Collins writes that as "expressive language, the book of Revelation creates a virtual experience for the hearer or reader."[49] This is the way *enargeia* works. It allows for both *ekphrastic* language and direct epiphanic experience.[50] *Ekphrasis* transforms the visionary or mental manifestation of a deity into shared epiphanic experience, making the divine present. In the ancient world, the appropriate response to an epiphany was cultic action or worship.

4. Implications and Conclusion

This reading of Apocalypse 4–5 has focused on the rhetorical culture of the first century CE and hence offers a kind of ancient reader-response analysis. To do so is not an attempt to limit the interpretation of the text to one that is historically located in a different time and place. It is, however, an attempt to acknowledge that we encounter this text in a fundamentally different way to those earliest recipients. We read where they heard. We also bring a very different rhetorical context to the text. The hope is that our reading culture may be expanded and challenged by their hearing culture.

Ekphrasis is not neutral. The audience only has access to what John describes. We see through his eyes and become co-seers of his vision. What is lost by not having the actual object before the eyes is gained in creating the opportunity for the orator to introduce only the elements most useful or impacting for his argument.[51] In the battle for allegiance between God and the Roman Empire, John re-directs the gaze of his hearers away from the earthly throne and towards the heavenly throne. To see God is to experience God, and the accompanying emotions of desire and awe are re-located away from cultic statuary and firmly directed toward the Lamb. Apocalypse 4–5 presents

---

[48] V. PLATT, Facing the Gods. Epiphany and Representation in Graeco-Roman Art, Literature and Religion, Cambridge 2011, 204. Εἰκών is a negative term in the Apocalypse and only used to describe the beast and his image. In contrast, other New Testament texts use the term positively to describe Christ as the image (εἰκών) of God (2 Cor 4:4; Col 1:15).

[49] COLLINS, Crisis and Catharsis (n. 3), 144.

[50] PLATT, Facing the Gods (n. 48), 223.

[51] BARTSCH, Decoding (n. 5), 130.

a skillful, poetic portrayal of the divine that acts as a "literary icon" and hence serves as an alternative source of epiphanic experience for those who wish to encounter God.

Bilder zum Sehen – Bilder zum Hören?

Über die Grenzen von visuellem Bild und Sprache als Ekphrasis in Apk 17[1]

Annette Weissenrieder

Bilder haben zwei Gesichter:[2] Zum einen wird ihre Darstellungspraxis in verstärktem Maße für wirklichkeitsfremder und illusionärer gehalten als diejenige von Sprache oder Schrift. In besonderer Weise wird dieser Aspekt für die Wandmalereien in Pompeji des vierten Stils oder für Kolossalstatuen geltend gemacht. Zum anderen aber sind Bilder Medien und werden somit von einer anti-illusionären Logik bestimmt. Medien sind dem Wortsinn nach Vermittler, stehen zwischen dem, was sie darstellen, und denjenigen, für die sie als Darstellung fungieren.[3] In besonderer Weise gilt dieser Aspekt wohl für Münzen, die oft als Nachrichtenvermittler und Agitrop in der Antike dienten. Mit der gleichen Berechtigung, mit der sich sagen lässt, dass Bilder die Eckpunkte dieser semiotischen Konstellation miteinander verbinden, kann daher auch umgekehrt akzentuiert werden, dass sie diese voneinander trennen. Bilder sind mithin als Datenmenge zu begreifen, die, insofern Kommunikation stattfindet, semiotisch beschreibbaren Gesetzmäßigkeiten, den Codes gehorchen.[4] Semiotik als Lehre von den Zeichen im weiteren Sinn

---

[1] Mein Dank gilt Peter von Möllendorff (Gießen), Harry O. Maier (Fellow am Max Weber Kolleg; Vancouver) und Vernon Robbins (Atlanta) für deren weiterführenden Hinweise. Den Herausgebern des Bandes sei herzlich für die Einladung zu der Tagung und für die Veröffentlichung gedankt. Siehe zudem die englische Übersetzung des Artikels "Images for Seeing – Images for Hearing? On the Limitation of Visual Art and Languages Ekphrasis in Revelation 17", in: Reading a Tendentious Bible. Essays in Honor of Robert B. Coote (hgg. von M. Chaney, U. Y. Kim und A. Schellenberg), Sheffield 2014.

[2] Siehe G. BOEHM (Hg.), Was ist ein Bild?, München [3]2001; für das Thema des vorliegenden Aufsatzes sind die Beiträge von G. BOEHM („Wiederkehr der Bilder", 11–38 und „Die Bilderfrage", 325–342), von B. WALDENFELS („Ordnungen des Sichtbaren", 233–252) und der Beitrag von M. SCHAPIRO „Über einige Probleme in der Semiotik der visuellen Kunst: Feld und Medium beim Bild-Zeichen", 253–274 weiterführend.

[3] Siehe dazu E. KAEMMERLING (Hg.), Bildende Kunst als Zeichensystem: Ikonographie und Ikonologie, München [6]1994).

[4] Vgl. zur Semiotik als Methodik der Bildwissenschaft neben dem schon in Anm. 2 genannten hervorragenden Aufsatz von M. SCHAPIRO auch A. WEISSENRIEDER und F.

umfasst alle Analysen von Zeichen und deren Bedeutung. Im engeren Sinn
aber meint sie die Aufdeckung einer hinter der Oberflächenstruktur der bildlichen Quelle liegenden logischen Tiefenstruktur, die durch die Relation
Objekt – Zeichen – Interpret aufgedeckt werden kann. Bildlich wird die logische Tiefenstruktur an der Bildoberfläche oft anthropomorphisiert (Gegensätze werden durch Menschen repräsentiert) und dynamisiert (Gegensätze
lösen Spannungen für die Bilddimension aus).

Diese „Janusköpfigkeit"[5] von Bildern, ihr Illusionismus sowie ihre Zei-
chenhaftigkeit, kennzeichnet Bildlichkeit überhaupt. Nach Plinius d.Ä.
stimmten alle Erzählungen über die Genesis der Bildkunst im Hinblick auf
die grundlegende Technik überein, dass „man den Schatten eines Menschen
mit Linien nachgezogen"[6] habe. Damit wird ein kausaler oder auch indexika-
lischer Zusammenhang zwischen dem Referenten und der bildlichen Gestalt
behauptet und so der Grundstein für die Rede von der Malerei als natürlichen
Zeichen gelegt. Ein Bild kann aber auch als ontische Teilhabe, als das Andere
des Selben begriffen werden, wenn beispielsweise ein Bild einen jungen
Mann repräsentiert, der in den Krieg gezogen ist.[7] Bildern kommt demnach
eine aktive Rolle in der Kommunikation zu; sie sind als eine „visuelle Herausforderung"[8] in einer Kommunikationssituation zu deuten.

Die Faszination, die Bilder auf ihre Nachbarmedien Sprache und Schrift
ausüben, ist zwiespältig: Sie fußt einerseits auf dem alltagsweltlichen Glauben, dass Bilder die Wirklichkeit ohne zeichenhafte Vermengung
repräsentieren. Die Kehrseite einer solchen Verbindung besteht jedoch andererseits darin, dass Bilder aufgrund ihrer semiotischen Dichte ein offenes
Sinnreservoir darstellen, welches die Wahrnehmung nicht auf den Begriff zu
bringen mag.

Beide Aspekte des Bildlichen finden sich in unterschiedlicher Gewichtung
in der Exegese der Offenbarung repräsentiert,[9] sei es, dass man die Palm-

---

WENDT, Phänomenologie des Bildes. Ikonographie des Neuen Testaments, ZNT 16.
(2006); DIES., Images as Communication, in: Picturing the New Testament. Studies in
Ancient Visual Art (hg. v. A. Weissenrieder, F. Wendt/P. von Gemünden; WUNT 2/195),
Tübingen 2005, 14–63.

[5] Siehe zu dem Begriff die Einleitung zum Sammelband BOEHM, Was ist ein Bild (s.
Anm. 2).

[6] Plin., Nat.Hist. 35.

[7] Hiermit orientiere ich mich an der Theorie des Bildaktes wie sie von H. BREDEKAMP
in seiner Theorie des Bildakts, Frankfurter Adorno-Vorlesungen 2007, Berlin 2010, 51–6,
formuliert wurde.

[8] BREDEKAMP, Theorie des Bildakts (s. Anm. 7), 55.

[9] Für einen Überblick siehe H. J. KLAUCK, Die Johannesoffenbarung und die
kleinasiatische Archäologie, in: Texte – Fakten – Artefakte. Beiträge zur Bedeutung der
Archäologie für die neutestamentliche Forschung (hg. von M. Küchler; NTOA 59),
Freiburg, Schweiz – Göttingen 2006, 197–229, der zahlreiche Bezüge zwischen Artefakt
und Text der Johannesapokalypse auflistet; MARTIN KARRER hat jüngst ebenfalls eine

zweige in Apk 7,9 mit den Judaea Capta Münzen der Jahre 66–70 und 132–135 liest[10] oder Apk 12 mit der Isis-, Diana- oder Artemistradition verbindet, wie David Balch dies versucht hat.[11] Verweist demnach die plastisch geschilderte Textwelt der Apokalpyse auf extratextuelle Codes der Antike und ist dementsprechend die Bildwelt der Apk auf die visuelle Welt der Antike ausgerichtet?

Dieser Frage möchte ich im Folgenden anhand Apk 17, der sog. „großen Prostituierten", nachgehen. Das Bild von der großen Prostituierten weist eine Kontinuität zur großen „Hure" Babylon auf, denn hier wie da sind πορνεῖα (*porneia*) zentral (Apk 14,8; 17,1. 2.4.5.16.18; 18,3.9; 19,2).[12] Der Erzähler beschreibt die große Hure in verschiedenen Charakterisierungen:[13] Sie sitzt an vielen Wassern (V.1) und in der Wüste (V.3); sie sitzt auf einem scharlachroten Tier mit sieben Köpfen und zehn Hörnern (vgl. 13,1). Die sieben Köpfe werden zudem als sieben Hügel gedeutet, auf der die Frau sitzt (V.9). Und schließlich ist sie die „große Stadt", die über die Könige der Erde herrscht (V.18). Die Könige der Erde verbinden mit ihr ἐπόρνευσαν (*eporneusan*), das zwar Prostitution,[14] aber gleichzeitig auch die Praxis der Idolatrie bedeuten kann.[15] Und sie ist bekleidet in Purpur[16] und Scharlachrot und geschmückt mit Perlen, Gold und Edelstein. Sie ist vom Blut der Christen betrunken (V.6). An der Bildoberfläche wird die Tiefenstruktur des komplexen Bildes anthropomorphisiert. Die „große Stadt" und gegensätzliche

---

Reihe von Bezügen in seinem Aufsatz „Hellenistische und frühkaiserzeitliche Motive in der Johannesapokalypse" in: Die Offenbarung des Johannes. Kommunikation in Konflikt (hg. von T. Schmeller u.a.), Freiburg 2013, 32–73 nachgewiesen. Indes bleibt eine methodische Diskussion über die Verhältnisbestimmung zwischen Text und Bild offen.

[10] Siehe T. WITULSKI, Die Johannesoffenbarung und Kaiser Hadrian. Studien zur Datierung der neutestamentlichen Apokalypse, FRLANT 221, Göttingen 2007; weitere Beispiele bei S. J. SCHERRER, Signs and Wonders in the Imperial Cult. A New Look at a Roman Religious Institution in the Light of Revelation 13:13–15, JBL 103 (1984), 599–610.

[11] D. BALCH, Cult Statues of Augustus' Temple of Apollo on the Palatine in Rome, Artemis'/Diana's Birthday in Ephesus, and Revelation 12:1–5a, in: Contested Spaces: Houses and Temples in Roman Antiquity and New Testament (hg. von D. Balch/A. Weissenrieder; WUNT 285), Tübingen 2012, 413–434.

[12] Im Gegensatz dazu meint J. ROLOFF, dass das „Bild der Hure" in 17,1 völlig neu eingeführt würde (siehe J. ROLOFF, Die Offenbarung des Johannes, Züricher Bibelkommentare; Zürich 2001, 166).

[13] R. HALVER, Der Mythos im letzten Buch der Bibel. Eine Untersuchung der Bildersprache der Johannes-Apokalypse, ThF 32, Hamburg 1964, 101–103 deutet auf der Grundlage verschiedener Handschriften von Apk 14,4 die Hure Babylon. Fraglich ist jedoch, warum Babylon nicht schon an dieser Stelle eingeführt wurde.

[14] OGD Art. porneusan, 1450.

[15] Dass auch Städte sich betrinken können, darauf verweist Plato, Res publica 562d.

[16] Siehe dazu Vitruvius, De architectura 13,13.

Orte werden durch eine Frau repräsentiert, die verschiedene Bilder wachruft:
sie verweist auf den Gründungsmythos von Rom ebenso wie die Göttin Roma, wie auch auf Babylon als Gegenspielerin von Jerusalem-Zion und lässt
Assoziationen zu einer antiken Hetäre ebenso offen wie zu der Wölfin *lupa*,
die Romulus und Remus säugt.

Grundsätzlich werden zwei Deutungsmöglichkeiten diskutiert. Entweder
ist das Bild von der großen Hure Babylon intertextuell aus dem Ersten Testament abzuleiten, oder es gründet sich auf eine Münze Vespasians und
verweist auf das Machtzentrum Rom und ist demnach politisch zu deuten.[17]

Exegeten haben richtigerweise darauf verwiesen, dass das Abbild der sogenannten großen Hure τῆς πόρνης τῆς μεγάλης in Apk 17 und 18 auf die im
Ersten Testament genannten prophetischen Orakel intertextuell bezogen ist:
Babylon (Jes 13,1–14; 23; 21,1–10; 47; Jer 25,12–38; 50–51) und Tyrus (Ez
16; 23; 26–28;[18] Jes 23,15).[19] Babylon wiederum verweist jüdische Le-
ser/innen auf eine Stadt, die als Gegenpol des Zion, der Stadt Gottes, fungiert.
Doch ist es sicherlich bemerkenswert, dass der Apokalyptiker gerade nicht
einfach das Material übernimmt.

Von den zwei Städten wird nur Tyrus und gerade nicht Babylon von Jesaja
als Prostituierte charakterisiert (Jes 23,15–18), weil diese sich mit anderen
Nationen um des Profits willen verbunden habe.[20] Demnach legt sich eine
traditionsgeschichtliche Perspektive nahe, nach der das Bild der Hure sich

---

[17] Vgl. auch den Beitrag von E. LUPIERI im vorliegenden Band.

[18] Die Anspielungen in Ez 16, 23 und 26 haben in der Forschung Anlass zu der
Vermutung gegeben, die Frau in Apk 17 mit Jerusalem zu identifizieren; siehe dazu D.
HOLWERDA, Ein neuer Schlüssel zum 17. Kapitel der Johanneischen Offenbarung, EstB 53
(1995), 387–396, bes. 387f.

[19] R. BAUCKHAM, Economic Critique of Rome in Revelation, in: Images of Empire (hg.
von L. Alexander; JSOT.S 122), Sheffield 1991, 47–51: „Just as the beast, as portrayed in
Rev. 13:1–2, combines in itself the features of all the beasts which in Daniel's vision
symbolized the evil empires before Rome (Dan. 7:3–8), so the Babylon of Revelation 17–
18 combines in itself the evils of […] Babylon and Tyre." (54). Siehe auch H. M. MORRIS,
The Revelation Record. A Scientific and Devotional Commentary on the Book of
Revelation, Cambridge 1988, 324–329, der hinter Babylon eine reale Stadt am Euphrat
sieht, und G. G. COHEN, Understanding Revelation. An Investigation of the Key
Interpretational and Chronological Questions Which Surround the Book of Revelation,
Chicago 1978, 149, der Babylon als diejenige Religion deutet, die den wahren Gott
verlassen habe. Schließlich sei noch auf B. L. CALAWAY verwiesen, der in der großen Hure
die Kirche repräsentiert sieht (Revealing the Revelation. A Guide to Literature of the
Apocalypse), San Francisco/London 1998, 431). K. WENGST, Babylon the Great and the
New Jerusalem: The Visionary View of Political Reality in the Revelation of John, in:
Politics and Theopolitics in the Bible and Postbiblical Literature (hg. von H. Graf
Reventlow et al.; JSOT.S 171), Sheffield 1994, 189–202 (191f.), verweist darauf, dass
Tyrus das Prädikat der Hure aufgrund des Handelsverkehrs verliehen wurde: der
Wohlstand einer Metropole beruhe auf der Ausbeutung anderer Völker.

[20] Vgl. BAUCKHAM, Critique (s. Anm. 19), 55.

lediglich vor dem Hintergrund ökonomischer Implikationen gründet.[21] Der ökonomische Handel wird demnach mit verkäuflichem Sex interpretiert[22] – ein Aspekt, der auch in Apk 17 zentral ist.[23]

Und doch kann man die alttestamentlichen Texte nicht als alleinige Folie für Apk 17 lesen: Die aufwendige Bekleidung und der Schmuck, die Trunkenheit vom Wein, das Sitzen an vielen Flüssen und auf sieben Bergen sind Elemente, die die große Prostituierte in Apk 17 kennzeichnen (siehe dazu Apk 17,2, 4, 6; 18,3,6); sie werden bei Jesaja nicht erwähnt. Demnach liegt es nahe, in den intertextuellen Hinweisen zum Ersten Testament zumindest nicht den einzigen Verweis zu sehen. In der Exegese wurde zudem immer wieder auf die Göttin Roma verwiesen, die auf einer Münze von Vespasian abgebildet ist.[24] Diesem Hinweis möchte ich anhand zweier Fragen nachgehen: Ist das Bild der sog. großen Hure an der visuellen Bildtradition der *Dea Roma* ausgerichtet? Und was war mit dem *Dea Roma* Kult impliziert?

Im Folgenden versuche ich zu zeigen, dass sich der Apokalyptiker des ambivalenten Status von Bildern bedient und seine bildhafte Beschreibung an visuellen Codes der Antike orientiert. Visuelle Bilder bieten einen möglichen Kontext für den Text, aber der Text geht mitnichten im Bild auf. Meine weitergehende Frage orientiert sich an dem antiken Konzept der *ekphrasis*, der rhetorischen Lehre über die bildschöpferische Fähigkeit von Wörtern.[25] Ich möchte zeigen, dass das Bild der großen Hure dazu dient, Lesende und Zuhö-

---

[21] BAUCKHAM, Critique (s. Anm. 19), 56 meint, dass "[t]he primary meaning of the harlot image in Revelation 17–18 is economic." Demnach sei es möglich, dass Tyrus "supplied the image of the harlot for Rome" (BAUCKHAM, Critique [s. Anm. 19], 55). Vgl. auch J. N. KRAYBILL, Imperial Cult and Commerce in John's Apocalypse, JSNT.S 132, Sheffield 1996).

[22] R. KIRCHHOFF, Die Sünde gegen den eigenen Leib. Studien zu πόρνη und πορνεία in 1Kor 6,12–20 und dem sozio-kulturellen Kontext der paulinischen Adressaten (StUNT 18), Göttingen 1994, 45.

[23] Πορνή kann verschiedene Varianten von Sexualität beinhalten (siehe dazu die Diskussion zwischen B. MALINA, Does Porneia Mean Fornication?, NTS 14 (1972), 10–17, und J. JENSEN, Does Porneia Mean Fornication? A Critique of Bruce Malina, NTS 20 (1978), 161–184. Zudem KIRCHHOFF, Sünde (s. Anm 22), 36: „Damit korrigiere ich mit Malina, Porneia, 10–17 die übliche Interpretation von πόρνη als Prostituierte." Siehe zudem J. E. GRUBBS, Women and the Law in the Roman Empire. A Sourcebook on marriage, divorce and widowhood, London/New York 2002), 167.302.

[24] Dagegen: G. BIGUZZI, Ephesus, its Artemision, its Temple to the Flavian Emperors, and Idolatry in Revelation, NTS 40 (1998), 276–290, bes. 278; D. A. DESILVA, The 'Image of the Beast' and the Christians in Asia Minor: Escalation of Sectarian Tension in Revelation 13, Trinity Journal 12 (1991), 201. L. THOMPSON, The Book of Revelation. Apocalypse and Empire, New York/Oxford 1990, 164.

[25] Diese Frage wurde freilich auch schon von D. AUNE, Revelation. Three Volumes, Word Biblical Commentary, Dallas/Nashville 1997–1998, aufgenommen, aber mit deutlich anderer Zuspitzung.

rende durch das Sehen in eine neue exegetische Realität zu führen. Letztlich soll eine methodische Reflexion darüber angeregt werden, dass rhetorische Verfahren dann Plausibilität haben, wenn sie mit der materialen Kultur der Text- und Bildwelt in Einklang gebracht werden können.

1. *Ekphrasis* und die Lehre vom anschaulichen Text

Um einleitend die Nachwirkung der *ekphrasis* in der Antike vorzuführen und zugleich einen Vorgeschmack von dieser zu geben, sei die moderne Beschreibung des wohl auf Philostratus fußenden Dürerstichs „Türkischer Herrscher" durch J. Carstensen mit dem Text von Philostratus verglichen: „In dem Bilde ist [...] ein fremdländischer Herrscher, auf einem Throne sitzend, zu sehen. Der Herrscher ist ein älterer Mann von kräftiger Statur; sein bärtiger Kopf ist starkknochig und zeigt ein faltendurchfurchtes Gesicht. Der Kopfputz bedeckt des Mannes Haupt nach Art eines Turbans."[26] Ganz anders sieht die Beschreibung des Philostratus aus:

„Meder sind dies und Babylons Mitte [...] dazu der König auf goldenem Thron, bunt wie ein Pfau. Der Maler will nicht gelobt werden, weil er die Tiara schön gemalt hat und das Troddelkleid oder den Kaftan oder die wunderlichen Tierbilder, wie sie die Barbaren kunstvoll darstellen, doch soll er für das Geld gepriesen sein, das er so malte, dass es schön eingewirkt erscheint und die Bilder, die es darstellen muss, glücklich trifft".[27]

---

[26] J. CARSTENSEN, Über das Nachleben antiker Kunst und Kunstliteratur in der Neuzeit, insbesondere bei Albrecht Dürer, Freiburg 1982, 82f.

[27] Philostratos, Eikones 2.31 (Übersetzung: Schönberger). Grundlegend ist sicherlich R. WEBB, Ekphrasis, Imagination and Persuasion in Ancient Rhetorical Theory and Praxis, Burlington 2009; J. ELSNER, Art and the Roman Viewer. The Transformation of Art from the Pagan World to Christianity, Cambridge 1995, 125–155; J. POLLITT, The Ancient View of Greek Art: Criticism, History, and Terminology, New Haven 1974; sowie K. MOSER VON FILSECK, die mehrere bedenkenswerte Beiträge vorgelegt hat wie beispielsweise Blickende Bilder. Versuch zu einer hermeneutischen Archäologie, o.O. 1996; A. STEWART, Narration and Allusion in the Hellenistic Baroque, in: Narrative and Event in Ancient Art (hg. von P. J. Holliday), Cambridge 1993, 130–174, oder G. P. R. MÉTRAUX, Sculptors and Physicians in Fifth-Century Greece. A Preliminary Study, Montreal 1995, der eine Korrelation zwischen den medizinischen Fortschritten bezüglich der menschlichen Körperfunktionen und den künstlerischen Entwicklungen, besonders in der Bildhauerei, sieht.

Der antike Begriff der ἔκφρασις (lat. descriptio) konnte auch die Beschreibung von Personen, Dingen, Situationen oder Orten umfassen. Siehe dazu besonders F. GRAF, Ekphrasis. Die Entstehung der Gattung in der Antike, in: Beschreibungskunst – Kunstbeschreibung. Ekphrasis von der Antike bis zur Gegenwart (hg. von G. Boehm/H. Pfotenhauer), München 1995, 113–155. Noch immer grundlegend ist das Buch von P. FRIEDLÄNDER, Johannes von Gaza und Paulus Sinentiarius. Kunstbeschreibungen justini-

Was Philostratus hier eindrücklich vorführt, ist die bildschöpferische Fähigkeit von Wörtern. Was aber erwartete das Publikum in der Antike von einem ekphrastischen Text? „Ekphrasis ist ein beschreibender Text," so Theon, „der das Mitgeteilte anschaulich ἐγγῶς vor Augen führt"[28] und er meint damit die Gattung der Beschreibung, die „(1) von Lebewesen, (2) von Geschehnissen, (3) von Orten, (4) von Zeiten" geschieht.[29] Nikolaos präzisiert diese Ausführungen noch im 4. Jahrhundert, indem er schreibt: „Man setzt Anschaulichkeit als besonderes Merkmal der Ekphrasis an, weil sie sich vor allem dadurch vom Bericht unterscheidet – dieser enthält nämlich eine bloße Darstellung des Objekts, jene versucht die Hörer zu Zuschauern zu machen."[30] Wenn *ekphrasis* in der neutestamentlichen Exegese verwendet wird, dann in der Regel in diesem engen, auf eine Beschreibung eines existierenden visuellen Bildes, gerichteten Sinne.

Ob die Beschreibungen auf antike Kunstwerke zurückzuführen sind, muss freilich offen bleiben, denn die Suche nach diesen visuellen Zeugnissen scheint, wenn man Barbara Borg Glauben schenken darf,[31] ein meist aussichtsloses Unterfangen. Es geht vielmehr darum, eine Skulptur, Gemälde oder visuelle Eindrücke durch die Sprache zu ersetzen. Während die Beschreibungen des Philostratus sich an der Welt des Betrachters orientieren, an dessen physischen und psychischen Erwartungen, ist die Realität der Tabula eine anti-materialistische und religiöse Konzeption.[32] Zahlreiche Abschnitte

---

anischer Zeit (Ann Arbor: University of Michigan, 1912); siehe zudem den instruktiven Artikel von U. EGELHAAF, Ekphrasis, Neuer Pauly 3 (1997), 942–950.

[28] Theon, Progymnasmata 11 (Übersetzung: Stengel); in der kaiserzeitlichen Rhetorik rechnet man die Ekphrasis zu den Progymnasmata; siehe dazu den instruktiven Beitrag von B. ZIMMERMANN, Poetische Bilder. Zur Funktionsbeschreibung der Bildbeschreibung im Griechischen Roman, Poetica 31 (1999), 61–79, bes. 61f.; weiterführend ist auch der einführende Beitrag von J. ELSNER, Introduction. The Genres of Ekphrasis, Ramus 31 (2002), 1–18; siehe zudem GRAF, Ekphrasis (s. Anm. 27), 144.

[29] Unter Zeiten versteht man hier das Thema Fest und Festbeschreibung.

[30] Nikolaos, Progymnasmata 68 (Übersetzung: Felten); Nikolaos begründet dies damit, dass das „Erlebnis [...] mit dem Bericht über das Dargestellte zusammengeht". Diese Gedanken wurden von Plinius und anderen aufgenommen und vertieft worden; siehe GRAF, Ekphrasis (s. Anm. 27), 148f.

[31] Siehe dazu B. BORG, Bilder zum Hören – Bilder zum Sehen. Lukians ekphraseis und die Rekonstruktion antiker Kunstwerke, Millenium 1 (2004), 25–57; DIES., Literarische Ekphrasis und künstlerischer Realismus, in: Realität und Projektion. Wirklichkeitsnahe Darstellung in Antike und Mittelalter (hg. von M. Büchsel/P. Schmidt), Berlin 2005, 33–53.

[32] ELSNER, Art (s. Anm 27), 47. Vgl. auch ebd., 33: „In the Tabula of Cebes, a philosophical allegory of a picture drawing on eclectic sources and purporting to offer salvation both to the viewers of the image and the readers of the text, the viewers' initial aporia before the subject-matter of a picture is presented as a reflection of their aporia before the problem of life itself (from which a correct understanding of the image is going to save them). While, on an erotic reading, Encolpius' response to the paintings is a normal

sind der Frage gewidmet, wie man das sieht, was man sieht, oder anders gesagt: sie zeigen das Subjekt, wie er oder sie das Bild selbst sieht. Damit ist
die ekphrastische Literatur zudem eingebunden in den antiken Diskurs zum
Sehen, der sich an physiologischen und psychologischen Aspekten orientiert.
Letztlich geht es der *ekphrasis* darum, den Leser und die Zuhörerin als sehendes Subjekt zu erziehen. Die rhetorische Grundlage von *ekphrasis* ist es
gerade nicht, die Welt zu imitieren oder repräsentieren, wie die Zuhörenden
und Sehenden sie erleben, sondern gerade ein sehendes Subjekt zu erschaffen,
das sein oder ihre gewöhnlichen Zusammenhänge über die Welt zu hinterfra-
gen versteht. Ein Motto scheint die Kunstbeschreibungen eines Philostrat,
Lukian oder Cebes zu verbinden: „Es muß ja die Darlegung durch das Ohr so
ziemlich ein Sehen bewirken."[33] Darüber wie das Ohr sehend werden kann,
gibt es zwar differierende Theorien. Ein Kontinuum bieten jedoch die folgenden Aspekte, die in unterschiedlicher Dichte von den Autoren berücksichtigt
werden:

Der zentralste Aspekt ist sicherlich ἐναργεῖα (*enargeia*) – im Deutschen
mit Klarheit, „Vor-Augen-Stehen" oder „Ins-Licht-Rücken" zu übersetzen.
Enargeia ist jedoch keine neutrale rhetorische Kategorie, sondern wird häufiger als Gefühlswirkung gedeutet,[34] besonders jedoch von Quintilian. Sie ist
mithin die Eigenschaft der Rede, nicht Gegenwärtiges innerlich präsent zu
machen. Quintilian schreibt: „Daraus ergibt sich die Enargeia […], die nicht
in erster Linie zu reden, sondern das Geschehene anschaulich vorzuführen
scheint – und ihr folgen die Gefühle so, als wären wir bei den Vorgängen
selbst zugegen."[35] Wichtig ist jedoch hier der Konjunktiv: als wären wir
selbst zugegen. Demnach geht es um die Illusion, Dinge in Sprache sichtbar
werden zu lassen.[36] Quintilian[37] gebraucht dafür den Begriff der φαντασία

---

self-reflexive vision of his own plight […], on a 'philosophic' reading his is a highly
selective reaction indicative of aporia, confusion, and the need of salvation." Siehe zudem
S. BARTSCH, Decoding the Ancient Novel: The Reader and the Role of description in
Heliodorus and Achilles Tatius, Princeton 1989, 14–40. Es ist jedoch ein Missverständnis
zu glauben, dass es in allen Ekphraseis darum ginge, die Welt der Zuschauer abzubilden.
Ganz im Gegenteil: Besonders die Beschäftigung mit den sog. Tabula weist in eine ganz
andere Richtung, wie J. ELSNER deutlich macht: „The goal of the art in the Tabula is not to
imitate the viewers' world at all, but rather to initiate viewers out of their ordinary
assumptions into a new exegetic reality, a truth that brings salvation."

[33] Hermogenes, Prosgymnasmata 10 (Übersetzung: Rabe).

[34] R. WEBB, Imagination and the arousal of the emotions in Greco-Roman Rhetoric, in:
The Passions in Roman Thought and Literature (hg. von S. Morton BRAUND/C. GILL),
Cambridge 1997, 112–127.

[35] Quintilian, Institutiones 6.2.32.

[36] S. D. GOLDHILL, What is Ekphrasis for? Classical Philology 102 (2007), 1–19 (3).

[37] „What the Greeks call *phantasia*, it is through these that images of absent things are
represented to the mind in such a way that we seem to see them with our eyes and to be in
their presence. Whoever has mastery of them will have the most powerful effect on the

(*phantasia*), denn es geht nicht darum, Fakten auszutauschen, sondern ein Bild in einen Kontext zu sehen. Dieser Kontext kann psychologisch, politisch oder religiös sein. Und Longinus beschreibt seine Zuhörer sogar als versklavt – δουλουταί, die mit sachlicher Darstellung τὸ πραγ-ματικῶς und Argumenten in Erstaunen – ἐκπλεσσεῖν – versetzt werden. *Phantasia* gehört nicht in die Fachsprache der Rhetorik, sondern ist von der stoischen Erkenntnistheorie abzuleiten, wo φαντασία der Eindruck ist, der über die Sinnesorgane in die Seele gelangt.[38] Der Eindruck, von dem die Stoiker sprechen, ist hierbei ganz konkret gemeint, denn sie sprechen von der Prägung oder dem Aufdruck in die Seele oder auch von *signare* – siegeln. *Phantasia* ist dementsprechend nichts Rationales oder Intellektuelles, sondern die Prägung wirkt unmittelbar in die Seele.[39] Demnach kann man festhalten, dass *phantasia* und *ekphrasis* auf *enargeia* angewiesen sind, so dass der Zuhörer dem Eindruck entgeht, als sei er nur der Zuschauer eines Ereignisses. Anhand *enargeia* ist der Zuhörer bei dem Ereignis wirklich anwesend. Visualisierung birgt Verwunderung in sich.[40] Zentral ist dafür die Verwendung von θάυμα (Wunder, Mirakel) und θαυμάζειν (verwundern, perplex sein), das in den meisten Texten, die man der *ekphrasis* zurechnet, vorkommt. Und es sicherlich erwähnenswert, dass θαυμάζειν in Apk 17 ein zentraler Begriff ist.

Was sieht der antike Leser und die Zuhörerin beim Lesen und Hören von Apk 17? Kann er oder sie demnach die *Dea Roma* erkennen?

---

emotions in adfectibus. Some people say that this type of man who can imagine in himself things, words, and deeds well and in accordance with truth is *euphantasiotatos* – most skilled in summoning up phantasia." (Quintilian, Institutiones 6.2.29–30; zitiert nach WEBB)

[38] R. WEBB, Mémoire et imagination: les limites de l'enargeia dans la théorie rhétorique grecque, in: Dire l'évidence, Philosophie et rhétorique antiques (hg. von C. Lévy/L. Pernot), Paris 1997, 229–248.

[39] Thucydides, Bellone an pace claiores fuerint Athenienses 3: „The most powerful historian is he who, by imaging of emotions and characters, makes his narration like a painting. Thucydides is always striving for his quality of vividness (enargeia) in his prose – he is desperately keen to make the listener a viewer and to produce on those who read about events the vivid emotions of amazement and confusion that were experienced by those who saw them." (Zitiert nach Webb; siehe auch Plut. Mor 347 a)

[40] Longinus geht diesem Aspekt der lebendigen Sprache in seinem Traktat On the Sublime 15.9 nach: „When then is the effect of rhetorical visualization? There is much it can do to bring urgency and passion into our words; but it is when it is closely involved with factual arguments that as well as persuading the listener, it enslaves him." (zitiert nach WEBB)

2. Die visuellen Abbildungen der Dea Roma[41]

In den Darstellungen von *Dea Roma* unterscheidet man in der Regel zwei
unterschiedliche Typen, den Typus der Amazone und die *Dea aeterna* (auch
als Athena-Typus bekannt).[42] Die Göttin Roma vom Typus einer Amazone
tritt als jugendliche Kriegerin bekleidet mit einem kurzen Gewand mit ge-
buschtem Helm auf Schildern und Speeren sitzend auf, von denen eines die
säugende Wölfin wiedergibt.[43] Auf dem linken Knie balanciert sie ein
Schwert, Symbol der militärischen Macht über Leben und Tod. Dieser Typus
der *Dea Roma* war bekannt, speziell aber von der Abbildung der sogenannten
Ara Pacis, dem Friedensaltar, der
dem Kaiser Augustus geweiht war.
Am Ausgang des Altars trifft man
die Göttin Roma, die mit dem Bild
des Triumphs verbunden ist, als
Kehrseite des Bildes der *lupa Romana*, wie sie die Zwillinge Romulus und Remus säugt.[44] Romulus
wird als erster Triumphator der
römischen Geschichte gefeiert.
Thematisiert werden jedoch nicht
exemplarische Taten, sondern göttliche Vorsehung, nämlich wie
Romulus und Remus von der sog.
Lupa Romana gesäugt werden.[45]

Osteinfriedung Ara Pacis, Roma Relief

---

[41] Via della Repetta, 37886 (003788605); Osteinfriedung Ara Pacis, Roma Relief.

[42] A. H. M. JONES, Essays in Roman Coinage, presented to H. Mattingly, Oxford 1965,
13-5. – Der Begriff Propaganda ist nicht unumstritten. Siehe dazu: A. BURNETT, The
Iconography of Roman Coin Types in the Third Century B.C., NC 146 (1986), 75; A.
WALLACE-HADRILL, Image and Authority in the Coinage of Augustus, JRS 76 (1986),
66–87 und B. LEVICK, Propaganda and the Imperial Coinage, Antichthon 16 (1982),
105–107. A. WEISSENRIEDER hat versucht zu zeigen, inwiefern der Mythos von Romulus
und Remus in das Neue Testament Einlass gefunden hat; siehe Didactics of Images: The
Fig Tree in Mark 11:12–14 and 20–21, in: The Interface of Orality and Writing. Speaking,
Seeing, Writing in the Shaping of New Genres (hg. von A. Weissenrieder/R. B. Coote;
WUNT 260), Tübingen 2010, 260–285 und dies., Cultural Translation: The Fig Tree and
Politics of Representation under Nero in Rome (Mark 11:13–15, 19–20; Matthew 21:18–
19; Luke 13:1–9), in: Miracles Revisited. New Testament Miracle Stories and their
Concepts of Reality (hg. von S. Alkier und A. Weissenrieder; Studies of the Bible and its
Reception 2), Berlin/New York 2013, 201–232.

[43] Dieses Motiv ist zudem ein beliebtes Münzmotiv.

[44] Denarius Sestio Pompeio Festulo, 135–126 v.Chr.; RCC 235/1; © ANS 1999.13.1

[45] Eine breite Darstellung des Romulus und Remus Mythos bietet T. P. WISEMAN, The
Myths of Rome, Exeter 2004 und DERS., Remus. A Roman Myth, Cambridge 1995.

Der Hirte Faustulus und Mars rahmen die Szene bei Romulus. Beide wundern
sich stellvertretend für den Betrachter über das Walten der Vorsehung, unter
deren Schutz Rom von Anfang an stand. Der Verwunderung ist am Ausgang
des Altars der militärische Triumph in der Darstellung der Dea Roma gewi-
chen. Im Zentrum zeigt sich Roma mit einem großen Schild und entblößter
Brust.

Ara Pacis © DAI Köln

In dieser Weise finden sich unzählige Abbildungen von Roma auf imperialen
Münzen geprägt von Augustus über Nero zu Domitian, wobei Roma hier fast
auf der Wölfin zu sitzen scheint, die sich unter ihr sitzend niedergelassen
hat.[46] Noch ein weiterer Münztyp lässt sich von Kultstatuen ableiten, die
wahrscheinlich vier oder fünf Meter hoch waren: auch dieser Münztyp zeigt
Roma sitzend, doch ist die Lehne auffallend hoch.[47] Die Göttin ist meist einen
weiten Mantel – offensichtlich aus schwerem Material – bekleidet, der sich
um ihre Knöchel schmiegt. Dieser Roma-Typ, den man *Roma aeterna* nennt,
ist die göttliche Personifikation der Stadt Rom und ihrer weltweiten Rolle als
militärische Macht.

---

[46] Man spricht hier in der Regel vom Amazonentypus; der Helm liegt ihr in diesen
Abbildungen oft zu Füßen; zudem finden sich häufiger auch zwei Adler zu ihren Füßen
sitzend; siehe dazu C. C. VERMEULE, The Goddess Roma in the Art of the Roman Empire,
Cambridge 1959, 41. Siehe zudem: RIC 621; BMCRE 1276; C. 694; Foss 24b; Sear RCVII
1276. Für Hadrian siehe RIC II Hadrian 774, 775; RIC II Hadrian 263 Aa; 263 Ac; für
Pius siehe ANS 621 1954 203.203; RIC Antonius Pius 80c.
[47] C. C. VERMEULE, Roma (s. Anm. 45) 41–3.

Oft wird sie mit *Victoria* in der rechten Hand und dem *Cornucopiae*, einem Symbol für die Fruchtbarkeit der Erde, in der linken Hand gezeigt. Das Füllhorn ist zudem ein Attribut, das sonst Flussgöttern beigegeben wird. Roma

wird zudem auf Münzen auch mit einem Doppelfüllhorn gezeigt, das politische Bedeutung symbolisiert.[48] Die Kombination von nährender Wölfin, geretteten Zwillingen und der Göttin Roma sind so dominant, dass alle nachfolgenden Bildverbindungen an dieser Aussage teilnehmen, auch wenn nur ein Aspekt abgebildet ist.[49] Sie thematisieren die Vorsehung Gottes, nämlich die Rettung seines Volkes und den damit verbundenen militärischen Triumph Roms.

AE Sesterzio; Tiberinus, Tarraco, Vespasian, 71 n.Chr. © BMC II 187

Es ist nun nicht erstaunlich, dass angesichts der Übermacht der offiziellen Bildersprache sich die private Vorstellungswelt auch in der offiziellen Bildsprache artikulieren. So kommt es zur Verwendung von *Dea Roma* auf Gemmen, kleinen Tonlampen oder gar Kolossalstatuen in privaten Gärten, die in großen Produktionen im Umlauf waren. Zudem findet sich ein Kult für die *gens Augusta*, möglicherweise gestiftet von einem Freigelassenen, von dem uns ein Marmoraltar überliefert ist. Das Relief mit Roma zeigt, wie Künstler in den Provinzen die Vorbilder zugleich vereinfachen und bereichern. Roma hat eine *Victoria* in der Hand, die ein Schild trägt, und über einem Pfeiler schwebt, dem *clipeus virtutis*, das in der römischen *Curia* erinnert. Außerdem fliegt *Victoria* auf ein Monument mit Weltkugel, Füllhorn und Merkurstab zu. Nach Zanker ist diese Zusammenstellung als vereinfachte Version der *Pax* und *Roma* Bilder der *Ara Pacis* zu lesen und statt der *Pax*

---

[48] Siehe auch G. SCHWARZ, Art. Horn I, RAC XVI, 524–4.

[49] Siehe K. A. RAAFLAUB (Hg.), Social Struggles in Archaic Rome, Oxford 2005; DERS., Born to be Wolves? Origins of Roman Imperialism, in: Transitions to Empire. Essays in Greco-Roman History, 360–146 BCE in Honor of E. Badian (hg. von R. W. Wallace/E. M. Harris; Oklahoma Series in Classical Culture V 21), Norman 1996, 273–314; DERS., Epic and History, in: The Blackwell Companion to Ancient Epic (hg. von J. M. Foley), Oxford 2005, 55–70; J. VANSINA, Oral Tradition as History, Madison 1985; J. VON UNGERN-STERNBERG, Romulus-Bilder: Die Begründung der Republik im Mythos, in: Mythen in mythenloser Gesellschaft. Das Paradigma Roms (hg. von J. Graf; Jenaer Philosophische Vorträge und Studien; Stuttgart – Leipzig 1993, 88–127; J. GRAF – H. J. REINAU (Hg.), Vergangenheit in mündlicher Überlieferung (Colloquium Rauricum), Stuttgart 1988 und WISEMAN, Remus (s. Anm. 44).

werden nur die Symbole für Frieden und weltweiten Wohlstand gezeigt.[50] Nüchtern wird hier auf Handel und Wohlstand als greifbare Resultate des römischen Reiches gedeutet. Eine Münze hat in der Exegese der Johannesoffenbarung besondere Aufmerksamkeit gefunden: der Sesterz wurde wahrscheinlich 71 n.Chr. unter Vespasian in Tarragona in Spanien geschnitten.[51] Die Münze zeigt auf dem Revers den Kopf des Kaisers.[52] Auf dem Avers verweist die Münze auf den *Senatus Consulto* und nennt Roma: abgebildet ist demnach die *Dea Roma*, auf einem Felsen lehnend. Im Hintergrund sind die sieben Hügel zu sehen. Zudem ist eine kleinere Gestalt zu erkennen, der Gott des Flusses Tiber, durch den die Stadt mit dem Hafen verbunden ist und so zu einer Seemacht aufsteigen konnte. Dass diese Münze, die nicht in Kleinasien geprägt wurde und dort zudem keinesfalls belegt ist, als Bild dem Apokalyptiker bei seiner Beschreibung vor Augen stand, wie Beauvery und vor allem Aune meinen, scheint mir nicht sehr wahrscheinlich zu sein.[53] Der Romatyp auf der Münze zeigt nicht nur wenige Übereinstimmungen mit der Beschreibung der Frau in Apk 17, sondern ist meines Wissens in den sieben Städten nicht belegt.

In jüngster Zeit wird auf einen weiteren Romatyp auf Münzen verwiesen, der in der Antike in allen sieben Städten bekannt gewesen sei. Die Münze trägt die Buchstaben COM ASI (*communia Asia*) auf dem Revers und Avers, und nur auf dem Avers ROM ET AUG (*Rom et Augustus*).[54] Auf dem Revers finden wir Augustus flankiert von einer Gottheit, die mit einem langen Gewand bekleidet ist, eine Krone auf dem Kopf und in der linken Hand eine *Cornucopia*. Mit der rechten Hand hält sie eine Krone über das Haupt des Kaisers. Die Gottheit ist dergestalt freilich unabhängig von dem jeweiligen Kaiser als Gottheit ausgezeichnet und trägt als *Insignium* den Kranz im Haar. Die Nähe zur Beschreibung der Prostituierten in Kap. 17 der Apokalypse liegt insofern nahe, als die Kleidung auf die Beschreibung passen könnte. Doch

---

[50] Siehe P. ZANKER, Augustus und die Macht der Bilder, München [5]2009, 190–195.

[51] Siehe beispielsweise R. R. BEAUVERY, L'apocalypse au risque de la numismatique: babylone, la grande Prostituée et le sicième roi. Vespasian et la déesse Rome, RB 90 (1983), 243–261; E. P. JANZEN, The Jesus of the Apocalypse Wears the Emperor's Clothes, SBL.SP (1994), 637–661; siehe zudem H. MATTINGLY/E. A. SYDENHAM, The Roman Imperial Coinage. Vol II: Vespasian to Hadrian, London 1996, 69, Nr. 442 (Pl II,30); H. MATTINGLY, Coins of the Roman Empire in the British Museum. Vol II: Vespasian to Domitian, London 1930, 187, Nr. 774 (mit Pl. 34.5).

[52] Folgende Inschrift: Imperator Caesar Vespasianus Augustus Pontifex Maximus Tribunicia Potestas Pater Patriae Consul III.

[53] BEAUVERY, L'apocalypse (s. Anm. 50) 243–259; AUNE, Revelation (s. Anm. 25), 910f.

[54] J. KNIGHT löst in seinem Aufsatz „Was Roma the Scarlet Harlot?" die Abkürzung auf der Münze ROM ET AUG automatisch mit ROMA ET AUGUSTUS auf. Die beschriebe Münze ist jedoch keineswegs eindeutig Roma zuzuweisen, sondern ist ein Cistophorus aus dem Jahr 98 n.Chr., der Nerva und Augustus zeigt.

auch diesbezüglich ist bei den von Vermeule aufgelisteten Münzprägungen größte Vorsicht geboten, denn einige der von ihm als Romamünzen ausgewiesenen Prägungen sind anderen Gottheiten zuzuweisen, beispielsweise Nerva.[55] Das gilt jedenfalls für die eben beschriebene Münze.

Wir können demnach eines festhalten: Eine einzelne Abbildung der *Dea Roma*, die dem Apokalyptiker vorgelegen habe und auf deren Abbild der Text basiert, wie Aune und andere Exegeten vermuten, hat sich nicht gefunden. Die anschließende Fragen sind daher: Wie lässt sich der historische Kontext der *Dea Roma* fassen? Und konnten die Hörerinnen und Leser der sieben erwähnten Städte der Apokalypse das Emblem der *Dea Roma* mit der großen Prostituierten identifizieren? Dies ist sicherlich wenigstens mit Einschränkungen zu bejahen. Die Beschreibung des Gewandes, des Schmucks, das Sitzen und die entblößte Brust legen dies nahe und verweisen auf die religiöse und politische Verehrung der *Dea Roma*. Wir kommen drittens zum historischen Kontext der bildhaften Beschreibung, die schon deshalb wichtig ist, weil man sich bisweilen auf eine rein politische Deutung der *Dea Roma* und damit auch des Bildes der Hure Babylon beschränkt hat.

3. Der historische Kontext

Der Aufstieg Roms zur Vormacht des östlichen Mittelmeerraumes war für die *Poleis* mit der Frage verknüpft, wie man sich gegenüber dieser Macht verhalten solle. Die Reaktion war so plausibel wie einfach: Neben einer politischen Zusammenarbeit wurde auch eine sakrale Ehrung Roms angestrebt. Die *Dea Roma* war seit dem 2. Jh. v.Chr. in Kleinasien, teils in Personalunion mit einem römischen Herrscher, präsent. Smyrna war die erste Stadt, die die *Dea Roma* im Rahmen des hellenistischen Herrscherkults ungefähr 195 v.Chr. geehrt hat.[56] Andere Städte wie Ephesus, Pergamon oder Sardis folgten bald. Damit wurde die kultische Verehrung hellenistischer Herrscher auf Rom übertragen. Vor diesem Hintergrund entspann sich die Verehrung Roms, römischer Amtsträger und Institutionen, des *populus Romanus* oder auch der *Dea Roma* in Spielen und Kulten. Eines ist jedoch gewiss: Mit diesem Prozess wurden nicht Kulte etabliert, die schon in Rom selbst praktiziert wurden; vielmehr entstammten diese aus dem kleinasiatischen Bereich.[57]

---

[55] VERMEULE, Roma (s. Anm 46), 135.

[56] Cicero, Phil 11,5: Smyrnam ... urbem, quae est fidissimorum antiquissimorumque sociorum; siehe zudem Tacitus, Ann. IV.56.

[57] Siehe ausführlich WEISSENRIEDER, Images (s. Anm. 1) unter Punkt 3.

Nach einer in der neutestamentlichen Exegese weit verbreiteten Lehrmei-
nung, die auf Arbeiten von Nock, Mellor oder Habicht[58] zurückgeht, ist der
Anlass für diese Vergöttlichung der Stadt Rom in einer Gottheit ursprünglich
als Hilferuf von Smyrna an die Römer gegen Antiochus III. zu deuten und
wurde in Analogie griechischer Eponymenbildung geschaffen: die *Pa-
nathenaia* sind das Fest zu Ehren der athenischen Stadtgöttin. In Tempeln,
Altären, Statuen und Festen wurde *Dea Roma* zusammen mit dem jeweiligen
Kaiser geehrt. Roma sei demnach eine Personifikation und Deifikation des
römischen Staates, der *res publica Romana*, des römischen Staates. Für die
Griechen sei dieser Kult der Göttin Roma zunächst nur ein diplomatischer
Akt gewesen, der erst später seine politische Ausweitung erfuhr. Im Jahre 29
v.Chr. ordnete Octavian an, dass für Roma und Iulius Caesar in Ephesus und
für Roma und ihn selbst in Pergamon ein Tempel errichtet werden sollte, die
jedoch beide nicht mehr erhalten sind. Demnach sei der Kult vorwiegend
politisch motiviert gewesen.

Dass dieser Ansatz problematisch ist, wurde von Price aufgezeigt, und
dessen Ansatz von Clauss, Beard und einigen anderen weiterentwickelt,[59]
denn sicher ist, dass eine strenge Trennung von Politik und Religion der Antike fernliegt.[60] Erstens halten die genannten Forscher fest, dass die *Poleis*
nicht nur passiv gegenüber der römischen Expansion gewesen seien, sondern
dass diese die Macht Roms in die eigene Religion, Kultur und Symbolsprache
eingliederten (so Beard). Zweitens beschreiben sie plausibel, dass Religion

---

[58] A. D. NOCK, Essays on Religion and the Ancient World. Selected and ed., with an
introd., bibliography of Nock's writings, and indexes by Zeph Stewart, Oxford 1986; C.
HABICHT, Gottmenschentum und griechische Städte, Zetemata 14, München [2]1970;
E. MELLOR, THEA ROME. The Worship of the Goddess Roma in the Greek World,
Hypomnemata 42, Göttingen 1975. So schreibt E. MELLOR, auf dessen Werk indes haupt-
sächlich in der theologischen Literatur zurückgegriffen wird, dass „for the Greeks such
cults were political and diplomatic acts […] based on political rather than religious
experience" (16) "the significance of the cults was political; the motivation was political;
the desired consequences were political" (20–21). Roma sei so etwas wie ein „political
tool", frei von religiöser Erfahrung (16), was möglicherweise durch seine Herleitung des
Kults begründet ist, der den Roma-Kult als Kult zwischen dem hellenistischen
Herrscherkult und dem Kaiserkult installiert, eine Verortung, die hier in Frage gestellt
wird. Der Romakult wird demnach nicht als prorömischer Kult gedeutet.

[59] Die Diskussion um die Dea Roma kann im Folgenden nur skizzenhaft wiedergegeben
werden.

[60] S. R. F. PRICE, Rituals and Power. The Imperial Cult in Asia Minor, Cambridge 1984.
Im Gegensatz zu den oben genannten Ansätzen versteht Price den religiösen Aspekt als
Deutungsmacht „making sense of an otherwise incomprehensible intrusion of authority in
their world" (247f.). Vgl. auch M. BEARD, Roman Religion and the Outside World, in:
Cambridge Ancient History IX, Cambridge [2]1994, 763–768; M. CLAUSS, Deus praesens.
Der römische Kaiser als Gott, Klio 78 (1996), 400–433; DERS., Kaiser und Gott.
Herrscherkult im römischen Reich, Stuttgart/Leipzig 1999.

nicht Haltung gewesen sei, sondern Handlung und insofern die Ehrung mit
einem Kult den Geehrten zu einer Gottheit mache (so insbesondere Clauss).[61]
Hilfreich erscheint die theoretische Reflexion, die von Price eingeführt wurde, der sich dabei auf Clifford Geertz stützt. Geertz beklagt die Zentrierung
auf einen individualisierten Religionsbegriff (mit Bezug auf das Gefühl) und
klagt stattdessen den Bezug auf eine intersubjektive Übereinkunft, die Price
dann „public cognitive system" nennt.[62] Dementsprechend sind beispielsweise die Kultfeste als religiöse Andacht einer kollektiven Gemeinschaft zu
denken.[63] Und drittens seien die hellenistischen Kulte als Vorläufer römischer
Kulte zu deuten, die auf zwei Ebenen bestanden haben: Auf der lokalen Ebene wurden Kulte für das aktuelle Königspaar eingerichtet, die als Medium der
Kommunikation zwischen *Poleis* und Monarch dienten, und auf der Reichs-
ebene waren es zentrale Herrscherkulte, die von Oberpriestern vollzogen
wurden.[64] Dieses Amt des Oberpriesters verschwand mit der Einrichtung der
Provinz Asia und damit auch das Medium für regelmäßige Kommunikation
mit der römischen Macht. Dieses Desiderat wurde durch überregionale Herrscherkulte geschlossen, die provinziale Kulte *koinon tēs Asias* waren, womit
der Schwerpunkt auf der religiösen Ebene lag. Besonders die Einrichtung von
Kultfesten sollte hierbei erwähnt werden.[65] Demnach sind die Kulte als Medium zu deuten, um eine religiöse und politische Kommunikation mit Rom
und dem römischen Repräsentanten zu ermöglichen. Auf städtischer Ebene
war die Einrichtung eines neuen Kults an den Beschluss der Volksversammlung gebunden, die wiederum auch für die sakrale Umsetzung sorgte
(Vollzug der Feste, des Festkalenders etc.).[66] Demnach war die Einrichtung
eines Kultes auch ein Eingriff in die *res sacrae* einer einzelnen *Polis*.[67]

---

[61] Dagegen MELLOR, THEA ROME (s. Anm. 56), 21, der schreibt: „Use ‚Religious'
here in its modern sense, in antiquity a far broader spectrum of social and political activity
might be termed 'Religion'."

[62] Es ist sicherlich hier nicht der Ort, eine Definition des antiken Religionsbegriffs zu
wagen, weshalb ich es an dieser Stelle bei den Ausführungen von PRICE, Rituals and
Power (s. Anm. 58), 8f., belassen möchte.

[63] PRICE, Rituals and Power (s. Anm. 58), 107–120.

[64] So ausführlich C. MILETA, Prorömische Kulte der Provinz Asia im Spannungsfeld
von Religion und Politik, in: Die Religion des Imperium Romanum. Koine und
Konfrontation (hg. von H. Cancik/J. Rüpke) Tübingen 2009, 139–160. Siehe zudem die
instruktive Studie von T. J. BAUER, Das tausendjährige Messiasreich der Johannesoffenbarung. Eine literarkritische Studie zu Offb 19,11–21,8 (BZNW 148), Berlin/New
York 2007.

[65] Besonders ab dem Ende der 70er v.Chr., also nach dem ersten Mithridateskrieg, sind
uns diese provinzialen Kulte überliefert. Siehe dazu auch Plutarch Luc. 23,1–2, der die
Stellung des L. Licinius Lucullus deutlich macht.

[66] Die Einschätzung von E. MELLOR, THEA ROMA (s. Anm. 56), 161, differiert an
dieser Stelle wiederum, wenn er schreibt, „every panegyris [a religious assembly
celebrating the festival of a god or a goddess] was a religious festival and therefore

Als letztes provinziales prorömisches Kultfest ist der weiter oben schon erwähnte Kult für Octavian/Augustus und die *Dea Roma* in Ephesus, Pergamon und Nikomedia zu erwähnen.[68] Diese Kulte standen ganz in der Tradition der prorömischen Kulte und sollten demnach nicht isoliert von diesen betrachtet werden. Formal stand der Kult in der Tradition der provinzialen Kulte und Kultfeste. Inhaltlich wurde der Bezug über den freilich schon zuvor dominierenden Kult der *Dea Roma* gestaltet und damit auch ein Bezug zu den Städten der Provinz Asia hergestellt, die auch schon zuvor in Verbindung mit einem Monarchen standen. Der Kult für den Monarchen und die Ausübung durch die ganze Provinz wurde im Kult des Kaisers und *Dea Roma* zu einem Kult verbunden. Organisatorisch wurde das Amt des Oberpriesters wieder existent. Damit gilt: „eine Gottheit ist, wer einen Kult erhält",[69] und dieser ist dann freilich auch religiös zu deuten und nicht nur politisch.

Historisch kann freilich eines als sicher gelten: In jeder der in der Johannesapokalypse genannten Städte finden sich Zeugnisse des Romakults. Nicht nur geben uns Inschriften Zeugnis von der Existenz des Kults zur Göttin Roma in Ephesus, Smyrna, Pergamon, Thyatira, Sardis, Philadelphia und Laodikea.[70] Diese Inschriften zeugen auch von den Kultfesten, den *Sebasta*

---

included certain religious ceremonies, however devoid of true religious content the cult Roma might be. "

[67] Siehe ausführlich F. SOKOLOWSKI, Lois sacrées de l'Asie Mineure: École française d'Athènes: Travaux et Mémoires des anciens membres étrangers, fasc. IX (Paris: de Boccard, 1955) Nr. 49. Zur Vorgehensweise siehe auch ausführlich C. HABICHT, Gottmenschentum (s. Anm. 56), 160–163.

[68] Siehe Tacitus, Ann. 4.55–56, der auf Smyrna verweist (siehe dazu MELLOR, THEA ROMA [s. Anm. 56], 15f.).

[69] CLAUSS, Kaiser und Gott (s. Anm. 58), 23.

[70] Die folgenden Angaben basieren auf E. MELLOR, von mir mit zahlreichen Erweiterungen versehen. Smyrna: IDelphes 550, Romaia. ISmyrna 591; IG IV1410, Romaia: „Es wurde beschlossen bei den Griechen von Asia, auf Gesuch des Hohepriesters Tiberius Claudius Nero, dem Offenbarer der göttlichen Abbilder (sebastophant; er enthüllt die Kultstatuen der Götter) und dem Vorsteher der Spiele, dem agonothete, um das Leben der Göttin Roma und dem Gott Sebaste Caesar." ISmyrna 591; Roma verehrt als θεά Pergamon: CIL III 399 Priester von Roma und Salus: ...M. TULLIO.M.F. COR. CRATIPPO.FRATRI.SUO. SACERDOTI.ROMAE ET.SALUTIS. Pergamon 268: E. 34–36 OGIS 437 Eponym: Priester von Roma in Sardes und Ephesus. Pergamon 269; IGR IV 498: Romaia zu Ehren von Roma und Augustus ...QUOD IN HONOREM ROMAE [et divi AUG]. IPergamon 374; IGR IV 353: Opferungen für den göttlichen Augustus und der Roma, 100 denarii. Pergamon III 29: Neokoros der Gottheit Roma und des göttlichen Augustus. Pergamon III; Priesterschaft des göttlichen Augustus und der Roma. IGR IV 454 Neokoros der Gottheit Roma und des Divus Augustus. IGR IV 498 Sebasta Romaia – Spiele zu Ehren der Roma. Ephesus: Ephesos II 27: Silberne Statuette für den Demos der Römer. Ephesos II 28 Silberne Statuette beschrieben als Urbs Romana UNAM URBIS ROMANAE. Ephesos II 30; zwölf Priester der Roma werden aufgelistet: Poseidonios, Seimos, Mousaios, Artemidoros, Badromios, Glaukon, Lucius Iunius Salvius, Alexandros,

Romaia, in denen mit Prozessionen und Opferungen Roma gedacht wurde.
Doch scheinen diese Kulte nicht die nötige Bindungskraft an Rom erzeugt zu
haben, wie Mileta vor dem Hintergrund des ersten Mithridateskrieges zeigen
kann, was wohl daran liegt, dass diese lokal angelegt waren.[71] Zur Einrichtung eines Roma-Kults hatte eine Stadt keine Erlaubnis von römischer Seite
nötig. Von den Kultabläufen ist uns freilich wenig bekannt. Wir wissen lediglich, dass man dabei purpurne Kleidung als Opfer dargebracht hat, was uns
tatsächlich auf Apk 17,4 verweist. Nachdem sich Purpur großer Beliebtheit in
der Oberschicht erfreute, wurde der Gebrauch von purpurfarbener Kleidung
durch den Kaiser stark eingeschränkt. Lediglich dem Kaiser selbst und hohen
Beamten war das Tragen von Purpur gestattet – dazu war ein kultischer Gebrauch erlaubt.[72] Von Vitruvius und Plinius d.Ä. wissen wir, dass mit Perlen,
Gold und Silber verzierte Statuen die Prozesse anführten.[73] Man benutzte sie
zahlreich auch auf Bildern, wie Plinius plastisch beschreibt,[74] und brachte

---

Timon, Aratos, Moschus, Athenagoras. Ephesos II 31: Priesterliste der Roma. Sardes:
SardisBR 8; IGR IV 1756: Priester der Roma und des Augustus der Asia Koinon; Romaia.
Sardis 27 Priester der Roma. Sardis 93; SEG 45 1651: Eponym für den Priester der Roma
und Dionysos stephanephoros. Sardis 112: Eponym für den Priester der Roma Dionysios.
Sardis 113: Eponym für den Priester der Roma Kotobeos: „Im Jahr als Kotobeos Priester
der Roma war, am fünfzehnten des Monats Artemisios, [verstarb] Artemidoros im Alter
von 17 Jahren." Sardis 114 Fragment: Eponym für den Priester der Roma, Name verloren.
Sardis 115: Fragment: Eponym für einen Priester der Roma, wahrscheinlich Diodoros
Thytira. IGR IV 1228: Priester der Roma, Asklepiades. IGR IV 1262: Sieger der Romaia
von Ephesus, Pythodoros. IGR VI 1276: Hohepriester der Roma und des Augustus, doch
nicht sicher. Laodikea: CIL VI 374; CIL I 728; IGUR 6; Laodikea weiht eine Statue des
Demos Roma: POPULIS LAODICENSIS AF LYCO POPULUM ROMANUM. QUEI
SIBEI SALUTEI FUIT, BENEFICI ERGO, QUAE SIBE[T] BENIGNE FECIT.
[71] Siehe ausführlich: C. MILETA, Die offenen Arme der Provinz. Überlegungen zur
Funktion und Entwicklung der prorömischen Kultfeste der Provinz Asia (erstes Jahrhundert v.Chr.), in: Festrituale. Diffusion und Wandel im römischen Reich, (hg. von J.
Rüpke), Tübingen 2008, 89–114; DERS., Mithridates der Große von Pontus – Gott auf Zeit
oder: Einmal zur Unsterblichkeit und zurück, in: Lebendige Hoffnung – Ewiger Tod?!
Jenseitsvorstellungen im Hellenismus, Judentum und Christentum (hg. von M. Labahn/M.
Lang; Arbeiten zur Bibel und ihrer Geschichte 24), Leipzig 2007, 359–378.
[72] M. REINHOLD, History of Purple as a Status Symbol in Antiquity, Brüssel 1970, 71.
[73] Siehe zum Folgenden A. WEISSENRIEDER, „Do you not know that you are God's
temple?" Towards a new perspective on Paul's temple image in 1 Corinthians 3:16, in:
Contested Spaces: Houses and Temples in Roman Antiquity and New Testament (hg. von
D. Balch/A. Weissenrieder; WUNT 285), Tübingen 2012, 377–411; Plinius, Nat.Hist.
33.56; Aphrodite: Od. 4.414 u.ö.; Artemis: Il. 16.16; 6,205; 9,259; Ares: Od. 8.285;
Athene: Eur. Ion. 9; Dionysos: Eur. Bacch. 553; Io-Isis: Mondsichel auf Stirn und Ähren,
die golden sind: Ovid, Met. 9,589; Zeus: Eur. Hel. 241 u.ö.
[74] Plinius, Nat.hist. 37.143.

diese auch auf Götterbildern an, wie einige Inschriften belegen.[75] Gegenstände aus Gold sind in erster Linie als Kultgegenstände vorgesehen oder sie sind Weihegeschenke an einen Tempel, was den Tempeln dann wiederum Geldgeschäfte ermöglicht, wobei Plutarch auch von einem Verbot weiß, Gold in den Tempel zu bringen.[76] In diesem Sinne spottet Lukian über Zeitgenossen, die den Glanz des Goldes inneren Werten vorziehen.[77] Und christliche Apologeten zügeln nicht ihren Spott, wenn sie die heidnischen Götter angreifen, da diese nicht einmal in der Lage seien, die silbernen und goldenen Statuen vor Diebstahl zu sichern.[78] In ähnliche Richtung argumentiert Dio von Prusa Ende des 1. Jahrhunderts n.Chr.: „Es reicht einem vernünftigen Menschen vollends, von seinen eigenen Mitbürgern geliebt zu werden und wer dies besitzt, wozu braucht der noch Statuen und öffentliche Ausrufungen und Ehrensitze, und selbst wenn es sich um geschmiedete Goldstatuen handelt, die in den vornehmsten Heiligtümern aufgestellt werden?"[79] Zugegebenermaßen nennt keine Quelle den Kult der *Dea Roma*. Zudem sind einige Inschriften bekannt, die die Kosten dieser genannten Opferungen auflisten. Daneben sind uns zahlreiche Münzprägungen überliefert, die auf dem Avers den Amazonenentypus Roma auf Schildern und Speeren sitzend abbilden, während das Revers die nährende Wölfin mit den Zwillingen zeigt.[80] Bislang haben wir einen zentralen Aspekt des Textes ausgeklammert, die Bezeichnung als Prostituierte. In Apk 17 und 18 finden sich zahlreiche Verweise auf eine Prostituierte (Apk 17,1.2.4.5.16.18; 18,3.9), doch scheint der Seher nicht an dem sozialen Phänomen von Prostitution interessiert zu sein, sondern eher an der megalomisthoi, der reichen Hetäre der griechisch-römischen Zeit, die zu Symposien der Oberschicht geladen war.[81] „Wenn die wirtschaftlichen

---

[75] Siehe beispielsweise CIL 2.3386. Siehe R. A. HIGGINS, Greek and Roman Jewellery, London 1961; siehe A. HERMANN, Edelsteine, RAC IV (1959), 505–552.

[76] Plutarch, Praec. Ger. 26.218 E.

[77] Lukian, Jupp. Trag. 7f..

[78] Justin, Apol. 1,9; Ps-Clemens, Recogn. 5,15; Lactanz, Div.Inst. 2,4.

[79] Dio, Chrys. Or. 44,2 (Übersetzung: Pekáry).

[80] Die folgenden Münzen, die in Kleinasien geprägt wurden, verweisen entweder auf den Tempel des Augustus und der Dea Roma oder zeigen Abbildungen derselben (jedoch sehr selten!): Smyrna: BMC Ionia 299 #467; Tempel BMC Ionia 288 #403; Roma, die einen Tempel in der Hand trägt: BM Ionia 286 #389 Julia Domna; Claudius mit Thean Rōmēn siehe McClean III 152 #8299. – Ephesus: BMCRE I Claudius # 228 (= SNG – DEN 34 – 424) – verweist auf den Tempel von Roma und Augustus in Ephesus. – Sardes: BMC Lydia 246 # 77; 249 #94. – Thyatira: BMC Lydia 294#18. – Laodicea: BMC Phrygia 298 #121f. – Pergamum: Mionnet, Description de Médailles, Suppl. V 446 #1040.

[81] C. REINSBERG, Ehe, Hetärentum und Knabenliebe im antiken Griechenland, München 1989, verweist auf einige literarische Werke in dieser Zeit, die eine Hetäre erwähnen. Die Autorin vermutet jedoch, dass diese eher auf eine Tochter eines Bürgers hinweisen als auf Prostituierte in Gasthäuser: „Die Vorstellung, daß Prostituierte wie auch Sklaven von Natur aus niedrige Wesen sind, klingt hier in Umkehrung an" (157).

Verhältnisse von Hetären erwähnt werden, wird schon in der Antike stets das Bild vom sagenhaften Reichtum gezeichnet, denn Schönheit und andere Vorzüge solchen Frauen einzubringen imstande waren."[82] So verweisen zahlreiche antike Quellen in sarkastischem Ton auf den immensen Einfluss einer Prostituierten auf einen Mann mit politischem und sozialem Einfluss.[83] Besonders aber ältere Prostituierte waren der Häme der antiken Schriftsteller ausgesetzt, die besonders ihre faltige Haut oder die Zahnlücken erwähnenswert fanden.[84] Auch visuelle Bilder geben Zeugnis von der trunkenen alten Prostituierten, darunter sind uns auch zahlreiche Abbildungen aus Kleinasien erhalten: Besonders die Abbildung der trunkenen Alten in der Form eines *Skyros*, einer Weinflasche, war in der Antike bekannt und ist uns in zahlreichen Kopien erhalten. Eine weitere Bronzearbeit, die uns auch in einer Kopie aus Smyrna vorliegt, wird auch von Plinius d.Ä. beschrieben: „Denn von jenem Myron, der wegen seiner Bronzearbeiten gelobt wird, befindet sich zu Smyrna ein besonders berühmtes [Bildnis einer] trunkenen alten Frau."[85]

„Die Trunkene Alte" © Glyptothek,
München GL 437

---

[82] REINSBERG, Ehe (s. Anm. 79), 153.

[83] S. POMEROY, Goddesses, Whores, Wives and Slaves: Women in Classical Antiquity, New York 1975; T. B. L. WEBSTER, Monuments Illustrating New Comedy, Bulletin of the Institute of Classical Studies Suppl. 1, London 1961; Siehe Truculentus 79–83; Diog. D. 6,63; Plautus, Mostellaria 315.

[84] Siehe bspw. Gr. Anth. V 76; XI 374.

[85] Plinius, Nat.Hist. 36,33 (Übersetzung: König); P. ZANKER, Die Trunkene Alte. Das Lachen der Verhöhnten, Frankfurt a. M. 1989, 46.

Zanker verweist mehrfach darauf, dass es sich dabei um eine Abbildung einer Prostituierten handelt.[86] Ihre Kleidung umfasst ihren Körper, wie uns dies von kostbaren Stoffen bekannt ist. Ohrringe umrahmen ihr faltiges Gesicht (die Ohrringe selbst sind an der Skulptur nicht mehr vorhanden) und zwei Ringe schmücken ihre linke Hand. Die andere Hand ziert ein Kopftuch, ein für eine Prostituierte typisches Kleidungsstück. Doch die Kleidung sitzt nachlässig, und gibt eine nackte Schulter frei, was nach Zanker auf die Göttin Aphrodite verweist, die damit ihre sexuelle Attraktivität zur Schau stellt.[87] Dass Menander in der Antike darauf verweist, dass Prostituierte auch auf Aphrodite einen Eid leisteten[88] und Plautus einen Aphroditealtar gegenüber einem Bordell kennt,[89] vertieft dieses Argument noch. Die Verbindung mit dem Text ist möglicherweise in Apk 17,2.4.6; 18,3.6 gegeben: die Erwähnung des goldenen Bechers, dessen überfließende Fülle die Könige der Erde verführt. Es findet sich nicht in Jes 23, jedoch in Jer 25,15; 51,7, also von einer Textpassage, die zwar Babylon erwähnt, nicht jedoch eine Prostituierte. Auch wenn der Text nicht das Alter der Prostituierten erwähnt, sondern Gottes Gericht über sie, so verstand man ein hohes Alter einer Prostituierten ebenso als Schicksal und Strafe, wie Roose zeigt.[90]

In diesem Zusammenhang ist die Frage der Namensübertragung zentral, die die Exegese schon seit längerem beschäftigt. Hartnäckig hält sich die Vorstellung, dass das in Apk 17,5 erwähnte Stirnband auf Prostituierte hinweise.[91] In ihrer Argumentation verweisen die Exegeten immer wieder auf Seneca den Älteren, besonders auf einen Abschnitt seiner *Controversiae* 1,2,7 – welches nach Beale auch der einzige Beweis für das Stirnband biete.[92] Dieser Hinweis scheint mir jedoch nicht so überzeugend, wie viele Exegeten glauben machen wollen. Charles zitiert die folgende lateinische Version: "nomen tuum pependit a fronte." Demgegenüber bietet die LCL Edition einen

---

[86] ZANKER, Trunkene Alte (s. Anm. 83), 32f.

[87] ZANKER, Trunkene Alte (s. Anm. 83), 41f.

[88] Menand., Epitr. 263; Peric. 413J; Alciphr. 3,28,4; 4,5,1; 4,9,3; 4,12,1; 4,14,1.4; 4,16,1.3; 4,17,2.6.

[89] Plaut., Curc. 71,123.

[90] So ausführlich H. ROOSE, The fall of the "great Harlot" and the fate of the aging prostitute. An iconographic approach to Revelation 18, in: Picturing the New Testament (s. Anm. 4), 228–252.

[91] CHARLES meint, dass Apk 17,5 auf römische Prostituierten hinweise: "Roman harlots wore a label with their names on their brows." (CHARLES, Revelation II [s. Anm. 33] 65). Seine These wurde dann in der Forschung übernommen, so z.B. von U. B. MÜLLER, Die Offenbarung des Johannes, Ökumenischer Taschenbuchkommentar; Gütersloh 1984, 289, BAUCKHAM, Critique (s. Anm 19), 52–3, und R. ZIMMERMANN, Geschlechtermetaphorik und Gottesverhältnis. Traditionsgeschichte und Theologie eines Bildfeldes in Urchristentum und antiker Umwelt, WUNT 2/122, Tübingen 2001, 403.

[92] G. BEALE, The Book of Revelation. A Commentary on the Greek Text, Grand Rapids 2006, 858.

anderen lateinischen Text, von dem Hannah Roose annimmt, dass er besser bezeugt sei, und schreibt: "nomen tuum pependit in fronte."[93] Der Name kann demnach als Türschild verstanden werden und nicht als Stirnband. Demnach scheint es eher unsicher zu sein, ob Apk 17,5 wirklich an dieser Stelle die soziale Realität einer antiken römischen Prostituierten widerspiegelt, ein Haarband mit Namensprägung zu tragen.[94]

Als andere Möglichkeit bieten sich Statuen der *Dea Roma* des Athentypus an, denn das Tragen eines Helms ist hier nicht zwingend notwendig. In einigen Abbildungen ist *Dea Roma* mit einem Haarkranz oder einer antiken Krone geschmückt: Das Haarband ziert die Wölfin, die von Romulus und Remus flankiert wird. Da die Abbildungen der Roma sich an Athena oder Tyche anlehnen, ist dieses Haarband wie auch der Helm jedenfalls manchmal die einzige Identifikationsmöglichkeit. Jedenfalls kann man in Bezug auf die Apk im Allgemeinen sagen, dass Namen den wahren Charakter der Menschen bezeichnen und deren Verhältnis zu Gott symbolisieren (Apk 7,3; 14,1; 22,4) oder auch den Satan (Apk 13,16; 14,9; 20,4). Sollten sich hier *Lupa* und *Roma* verbinden?

In diesem Zusammenhang ist nun die Namensableitung zu *Rhome* erwähnenswert, der auf dem toponymischen Zusammenhang mit dem etruskischen *Rum* bzw. *rumis*, der weiblichen Brust,[95] verweist, d.h. auf die Göttin Roma. Dieser nährende Aspekt steht dann wiederum in der Bildtradition im Zentrum und wird visuell durch die Wölfin und dem Feigenbaum repräsentiert. Die Benennung des Feigenbaums als *ficus Ruminalis* beruht ebenso auf *Ruminalis* bzw. *rumis*, oder auf dem toponymischen Zusammenhang mit der Göttin Roma.[96] Diese wird die Nährende. Dies verbindet sich in der Bildtradition, besonders jedoch auf einigen Münztypen, die auf dem Revers den Kopf der Roma abbilden, während auf dem Avers die nährende Wölfin gezeigt wird. So wie jedoch der nährende Aspekt beide Bildtraditionen verbinden kann, so

---

[93] M.E. ist a fronte der bessere Beleg und lässt sich ebenso als Türschwelle deuten.

[94] In der Antike wurde den Prostituierten ein neuer Name gegeben, wenn diese sich als Prostituierte registrierten. Dieser neue Name bezog sich jedoch auf den individuellen Namen. Der Hintergrund mag sein, dass die Prostituierte damit nicht mehr Teil ihrer Familie war. (R. KIRCHHOFF, Sünde [s. Anm. 22], 60). Manchmal wurde der Name auch dazu benutzt, eine bestimmte Richtung oder Qualität der Prostituierten durch den Namen auszudrücken. In Apk 17,5 scheint dies demnach der Fall gewesen zu sein, wenn auch in einer ironischen Weise.

[95] An dieser Stelle ist auf die Göttin „Rumina" zu verweisen, die häufig mit der Tradition um Romulus und Remus verbunden wird. Siehe dazu P. C. ROBERT, Rumina, DNP online (2009).

[96] VERMEULE, Roma (s. Anm. 46), 13 verweist darauf, dass die Kultbilder im Tempel häufig mit Münzprägungen einher gingen: "Repeated commemoration accustomed the man in the Roman street to a series of types and attributes for state divinities and personifications based on cult images [...]".

auch die weitere Bedeutung von *Lupa*, nämlich Prostituierte, wie auch das Bordell als *Lupurarium* bezeichnet wurde. Nach Klauck und vielen anderen wird man diese Münzen aufmerksam betrachtet haben, denn, was einst aus der Not initiiert wurde, nämlich die Gründung des Kultes der *Dea Roma*, sei nun mit dem Gründungsmythos Roms verbunden worden und habe dadurch eine weitergehende Bedeutung erhalten. Anlass zum Spott über Rom gab es in der Zeit Neros und Domitians genug. Es wäre also naheliegend, wenn die Deutung von *Lupus* auf *Dea Roma* übertragen wurde, womit Letztere nach Klauck zur Prostituierten wird. Dies würde jedoch voraussetzen, dass sich auch durch die Vulgata oder die Vetus Latina ein Bezug zu *lupa* ziehen ließe. Die Quellenlage weist indes auf *meretrix* bzw. *mulier prostituta*, so dass der Vergleich – jedenfalls auf der Textebene – eher nicht erlaubt ist.[97] Dieser Aspekt führt uns gleichwohl eher zu der alten Hetäre.

Wir halten also fest: Das in Apk 17 gezeichnete Bild einer Stadt als Hetäre lässt sich demnach weder einem Bild eindeutig zuweisen noch nimmt es ausschließlich auf die Abbildungen der *Dea Roma* Bezug. Die Präsenz der Stadt-Stadtgöttin Roma und ihre Nähe zum Bildprogramm der *Lupa Romana* sowie deren besondere lokale Verhaftung zu Smyrna, Ephesus und Pergamon und deren *Sebasta Romaia* können plausibel machen, dass die Rezipienten in der *Dea Roma* die Hure erkannt haben könnten, die freilich nicht nur eine politische, sondern ebenso eine religiöse Dimension hat. Doch ebenso spielten visuelle Darstellungen einer Hetäre eine Rolle, die einige Aspekte des Textes beleuchten können.

4. Anwendung der *Ekphrasis* auf den Text

Wie können wir nun *ekphrasis* als „beschreibenden Text, der das Mitgeteilte anschaulich vor Augen führt", auf Apk 17 und die *Dea Roma* Tradition beziehen? Dieser Bezug lässt m.E. auf zwei Ebenen zeigen: Zum einen erweist sich, dass der Seher auf ein statisches Bild der großen Prostituierten anspielt, das durch die Farbwahl und die Wahl der verschiedenen Orte den Zuhörern und Lesenden als Bild zugänglich ist. Zum anderen haben wir freilich auch auf den bildenden Effekt von *ekphrasis* verwiesen, nämlich die Lesenden als sehende Subjekte zu erziehen, wobei die gängigen Deutungen der Welt in Frage gestellt werden. Dies soll hier mit Bezug auf Sehen und Sich Wundern gezeigt werden.

Kapitel 17 kommt in gewisser Weise eine Sonderstellung innerhalb des Buches der Apokalypse zu: Nur hier finden wir eine allegorische Interpretati-

---

[97] Dass der Verfasser des Lateinischen mächtig ist, hat KARRER in seinem Aufsatz „Hellenistische und frühkaiserzeitliche Motive (s. Anm. 9) an einigen zentralen Stellen erwiesen.

on des zuvor Geschauten durch den *angelus interpres*. Wie häufiger in mystischer Literatur verweist die Apokalypse hier auf eine detaillierte Zuweisung von Autorität und eine mündliche Tradition der geheimen Offenbarung. Lediglich im Buch des Lebens (V.8) ist der Sinn der Geschehnisse eingetragen, zu denen der Apokalyptiker an dieser Stelle mündlich durch den *angelus interpres* Zugang hat. Zudem ist bemerkenswert, dass die Vision zwar eine Frau beschreibt, aber die allegorische Interpretation lediglich in V.18 auf diese zurückkommt. Im Mittelpunkt der allegorischen Interpretation steht das Tier. Von daher liegt es nahe, dass die Frau und das Tier in gewisser Weise aufeinander bezogen sind, eine Möglichkeit, die sich durch die Nähe der Roma mit der *lupa Romana* nahe legt.

Kommen wir zu dem ersten Punkt: In 17,3–6 ist der Visionsbericht statisch. Der Apokalyptiker scheint hier ein Bild zu beschreiben und weniger ein Geschehen. Ein möglicher Vergleichspunkt ist vielleicht noch die Vision des neuen Jerusalems; doch auch hier finden sich Verben der Bewegung wie καταβαίνουσαν in 21,10 (siehe auch 3,12; 21,2; „herabkommen"), oder ἐκπορευόμενον in 22,1 („Herausfließen" des Wassers).[98]

Sandrine Dubel hat zudem darauf verwiesen, dass in der ekphrastischen Literatur Farbbeschreibungen sehr bewusst eingesetzt werden, um den Effekt von *Enargeia* in einigen Beschreibungen besonders plastisch hervorzuheben.[99] Wie auch bei Philostrat oder Cebes finden sich vergleichbare Farbfamilien auch in der Apokalypse: Neben Gold, das besonders häufig erwähnt wird,[100] findet sich auch vergoldet κεχρυσωμένη (Perf. Pass) in 17,4 und 18,16[101] und verschiedene Schattierungen von rot: κόκκινος („scharlachrot" 17,3 und 18,12),[102] πορθυροῦν („purpurn" in 17,4).[103] Wie auch bei

---

[98] AUNE, Revelation (s. Anm. 25), 910, der fast ausschließlich auf den statischen Aspekt verweist.

[99] Auffallend ist zudem, dass in den Kapitels 3 und 21 und 22 unterschiedliche Steine benannt werden, die jeweils eine Farbe repräsentieren wie Karneol in 3,3, Jaspis in 3,3, aus Smaragd in 3,3, Saphir oder Topas. Erwähnenswert ist schließlich auch der Aspekt des Gläsernen wie ὑάλινος in 4,6 und 15,2; κρύσαλλος in 4,6. S. DUBEL, *Ekphrasis et enargeia*: la description antique comme parcours, in: Dire l'évidence (Philosophie et rhétorique antiques) (hg. von C. Lévy/L. Pernot), Paris 1997), 249–264.

[100] Χρυσοῦς siehe z.B. in 1,12. 13. 20; 2,1; 4,4; 5,8; 8,3; 9,13.20; 14,14; 15,6–7; 17,4; 21,15.

[101] Leuchtend oder glänzend λευκός in 1,14; 2,17; 3,5; 3,18; 4,4; 6,2; 7,9; 9,10, aber auch schweflig gelb θειώδής in 9,17.

[102] D. PEZZOLI-OLGIATI, Täuschung und Klarheit. Zur Wechselwirkung zwischen Vision und Geschichte in der Johannesoffenbarung, FRLANT 175, Göttingen 1997, 145. Diese Farbe wurde dann in der Passionsgeschichte nochmals aufgenommen, und verweist m.E. hier auf die Kleidung des Machthabers (vgl. Mk 15,17; Joh 19,2; Mt 27,28).

[103] Schwarz wird bei Vitruvius als künstliche Farbe gedeutet. Schwarz wird als „gewöhnliche Farbe" bezeichnet und vom Indigo abgegrenzt; siehe Vitruvus, De

Philostrat benutzt der Apokalyptiker ähnliche Farbfamilien, um den Farbeindruck eines bestimmten Objekts nochmals zu verstärken. Dass die *Dea Roma* mit Purpur bekleidet war, legt sich durch die *Sebasta Romaia* nahe. Diese Verbindung ist auch für die Hinweise auf die kostbaren Steine und Perlen plausibel, denn die Statuen wurden für die Prozessionen mit Gold, Perlen und verschiedenfarbigen Steinen verziert. Der leuchtende und funkelnde Aspekt des Goldes wird durch den goldenen Becher aufgenommen und das Spektrum der unterschiedlichen Rottöne durch das vergossene Blut der Märtyrer und Heiligen; in der Antike stehen unterschiedliche Nuancen von Rot jedoch auch für die Farbe des Fleisches, das seine Reminszenz in dem „Sich Laben an dem Fleisch der Frau" findet. Fraglich ist jedoch der Hintergrund des goldenen Bechers. Ein Bezug könnte in Jer 28,7 zu sehen sein, doch hier ist Babylon selbst der goldene Becher. Möglicherweise ist der goldene Becher auch ein Hinweis auf die Tabula des Cebes 5,2–3, wo wir in der Edition von Hirsch-Luipoldt auch einen Verweis auf unsere Stelle finden: In den Cebes stößt der Betrachter auf eine Frau, die *Apate*, die List, und auf *Agnoia*, die Ignoranz. *Agnoia*, die auf dem Thron sitzt, reicht den goldenen Becher und hält dazu an, aus diesem zu trinken. Bemerkenswert ist zudem, dass der Seher vom Geist in die Wüste gebracht wird, während die Frau an unterschiedlichen Orten zu sitzen scheint. Diese unterschiedlichen Orte wirken wiederum wie einzelne Bilderfolgen, wie sie uns bei Quintilian ausführlich beschrieben werden und wie wir sie in verschiedenen Häusern des vierten Stils in Pompeji vorliegen haben. Das Bild war für den *angelus interpres* sichtbar und wird dem Seher und den Zuhörenden und Lesenden dann vor Augen geführt.

Dieses bringt uns zu dem zweiten Aspekt: Ich habe schon zuvor erwähnt, dass *ekphrasis* mehr war als nur eine Beschreibung einer Bildabfolge; dies gilt besonders hinsichtlich der kulturellen Vorstellungen von Erscheinungen und von Sehen, die die Grundlage zum Verständnis von Apk 17 darstellen. Auffallend ist zudem, dass das Bild zwar statisch scheint, aber gleichzeitig durch verschiedene Aspekte, die eine Nähe zur *ekphrasis*-Literatur herstellen, wiederum sehr lebendig. Von V.7 an hören wir dann die Interpretation des Apokalyptikers: „Ich will dir sagen das Geheimnis der Frau und des Tieres, das sie trägt und sieben Häupter und zehn Hörner hat." Die Vision und die allegorische Interpretation sind durch das Sehen verbunden, die in der Allegorie durch das Relativpronomen und Aorist εἶδες gekennzeichnet sind: In seiner Vision sieht der Apokalyptiker zweimal εἶδον; beide Male beschreibt er, wie er die Frau sieht. Doch warum muss der Apokalyptiker zweimal sehen, auch wenn sich das Objekt nicht verändert? Fünfmal rekurriert der Engel dann auf das Sehen des Apokalyptikers. In V.8: „Das Tier, das du gesehen hast"; in V.12: „die zehn Hörner, die du gesehen hast"; in V.15: „die Wasser,

---

architectura X.10. πύρινος feurig rot in 9,17 findet sich auch hyazinthenfarbig ὑακίθινος in 9,17, schwarz μέλας 6,5.

die du gesehen hast"; in V.16: „die 10 Hörner, die du gesehen hast" und
schließlich in V.18: „die Frau, die du gesehen hast". Der in der Allegorie
verwendete Aorist zeigt an, dass die Vision nicht mehr gesehen, aber interpretiert werden kann. Damit zeigt sich aber, dass die Allegorie auf das Bild
der großen Hure angewiesen ist und nicht unabhängig von deren Deutung
verstanden werden sollte. Warum bezieht sich der Apokalyptiker hier auf
εἶδες – ὁράω und auf βλέπω? Es ist freilich grundlegend, dass ὁράω im Unterschied zu βλέπω – θαυμάζω sich nicht auf die Sinneswahrnehmung als
solche bezieht, sondern eher als mentaler Prozess einer Sinneswahrnehmung,
die sich auf den Verstand gründet, und geistige Erkenntnis mit einschließt.
Eine in der Antike verbreitete Meinung ist es, dass der griechische Begriff für
Sehen das Perfekt für das Stadium des Wissens οἶδα war. Dementsprechend
drücken Übersetzungen von ὁράω als „begreifen", „verstehen" oder auch das
„menschliche Begehren, etwas zu wissen" die unterschiedlichen Konnotatio-
nen aus. Klassische Autoren und auch Philo denken im Zusammenhang von
ὁράω des Öfteren an νοῦς, den Verstand, der dann auf die wahrhafte Wirklichkeit und diese dann auf das Erlernen des Hörens des göttlichen *logos*
verweist, von dem der Apokalyptiker in V.9 spricht: „Dieses verweist auf
einen Verstand mit Weisheit". Von den Vor-Platonikern an ist ὁράω mit dem
Hören und Lernen des göttlichen und übermenschlichen *logos* verbunden.[104]

Dass die Interpretation notwendig ist, zeigt die Verwunderung des Apokalyptikers angesichts der Frau, die trunken vom Blut der Heiligen und
Märtyrer ist. Das Bild des Trunken-Seins vom Blut findet sich in der Hebräischen Bibel ebenso (Jes 34,5.7; 49,26; Jer 46,10) wie auch bei antiken
Autoren wie Josephus (*Bell.* 5.8.2) oder Suetonius (*Tib.* 59). In der Regel
verweist es auf verkommene Soldatenheere, die ganze Familien, Nationen
oder auch andere Heere abschlachten, um sich an diesem Bild zu laben. In
Vers 6 lesen wir: ἐθαύμασα … θαῦμα μέγα, „Ich wunderte mich sehr oder
über die Maßen", ein „Akkusativ des Inhalts mit Attribut". Der Akkusativ
sollte hier m.E. nicht als Semitismus gedeutet werden, wie einige Exegeten
meinen, finden wir ihn, obwohl der Dativ häufiger ist, in vergleichbarer
Funktion doch auch zahlreich in der LXX, in Apk 16,9, aber auch in der
ekphrastischen Literatur bei Philostrat.[105] Θαυμάζω begegnet dreimal – in
Apk 17,6.7.8[106] – doch die Bedeutung ist umstritten. Das Verb kann je nach
Kontext Erschaudern vor Göttern oder Zuständen, Staunen oder Perplex-Sein
bedeuten.[107] Freilich ist zu bedenken, dass Staunen in der Antike eng an die
Fähigkeit des Sehens geknüpft ist („sich wundern, etwas zu sehen") und sich

---

[104] Vgl. A. W. NIGHTINGALE, On Wandering and wondering: "Theoria" in Greek
Philosophy and Culture, Arion 9 (2001), 23–58.

[105] Gen 17,17; Ri 16,23; 1 Kön 17,25; Sach 1,2.14.15; 8,2; Dan 11,2.

[106] Zudem noch in Apk 13,3.

[107] Siehe AUNE, Revelation (s. Anm. 25), 910.

zudem auf Verstand und Weisheit bezieht. Θαυμάζω ist beides, kognitiv und affektiv, intellektuell und emotional. In Apk 13,3b–4, 17,6 und 17,8 begegnet θαυμασθῆσονται, das in eine Anbetung Gottes und Gottesdienst mündet. Der Begriff θαῦμα ist in der ekphrastischen Literatur bei Lukian, Philostratus und Cebes[108] ebenso zentral wie in Kapitel 13 und 17 der Apokalypse. So bringt der Erzähler der *Tabula* seine Verwirrung über ein Bild zum Ausdruck, das er nicht versteht, ebenso Callistus in seinen *Imagines*. Und Leukippe fragt „Was meint dieses Bild wohl?", worauf hin der Erzähler eine Erklärung liefert. Desgleichen fragt der Apokalyptiker V.6b: „Und ich wunderte mich sehr, als ich sie sah." Im speziellen Kontext von Apk 17,9 bezieht sich der Begriff θαυμάζω auf den Verstand und die Weisheit. Diese Wortverbindung ist nicht ungewöhnlich; sie wurde erstmals ausgiebig in der Metaphysik des Aristoteles referiert, wo Aristoteles sich auf das Wundern und das Sein als die beiden Ebenen bezieht, über die der Verstand und die Weisheit Auskunft geben.[109] Die in Verstand und Weisheit eingehende Einsicht in die Aporie setzt sich fort im Sehen und der Interpretation des Gesehenen auf der Basis des schon Erfassten. Die Aporie im Hinblick auf den Gegenstand des Bildes der vom Blut der Märtyrer trunkenen Frau, führt zu Verwunderung und verlangt nach einer Interpretation. Der *angelus interpres* hat eben diese Aporie auch wahrgenommen, aber ist in der Lage, diese aus der Weisheit Gottes für den Apokalyptiker zu deuten, der diese wiederum den Lesenden und Hörenden anschaulich vor Augen führt. Statt der verheißenen Rettung bringt die große Prostituierte politische Unruhen, Unreinheit im Opfer und zeichnet zudem verantwortlich für den Tod der Vielen. Die *ekphrasis* in Apk 17 bildet demnach nicht lediglich die Wirklichkeit der Schauenden ab, sondern initiiert eine exegetische Neuinterpretation der Wirklichkeit, die auf Sehen und Sich-Wundern basiert und sich auf den Verstand und die Weisheit der Glaubenden bezieht, die angesprochen sind als die Berufenen, Auserwählten und Gläubigen. Gleichwohl ist die Erklärung des *angelus interpres* keine physiologische und psychologische Interpretation des Apokalyptikers, wie wir diese bei Philostratus vorliegen haben, sondern eine deutende und erläuternde: Sie basiert auf der Erklärung der politischen Realität, die keine Erlösung bringt, und macht demnach die Lesenden und Zuhörenden zu sehenden Gläubigen. In diesem Sinne scheint die Bedeutung „verwirrte Verwunderung" oder „perplexe Verwunderung" für θαῦμα hier plausibel zu sein.

---

[108] Siehe dazu schon AUNE, Revelation (s. Anm. 25), 926.
[109] Siehe S. SCHAEFFER, Wisdom and Wonder in Metaphysics, The Review of Metaphysics 52 (1999), 641–656; NIGHTINGALE, Wandering (s. Anm. 101).

5. Schlussaspekte

Aus den vorgetragenen Überlegungen dürfte ausreichend klar geworden sein,
dass die Deutung des johanneischen Textes aus der Rekonstruktion antiker
Kunstwerke im Lichte literarischer *ekphrasis* eine mehr als heikle Angelegenheit ist. Es ließe sich ausführlicher zeigen und wurde bereits auch vielfach
gezeigt, dass diese *ekphraseis* zwar gelegentlich real existierende Kunstwerke
zum Anlass nehmen, ihren Ehrgeiz aber nicht in eine möglichst exakte Beschreibung derselben legen, sondern in ein oftmals äußerst raffiniertes Spiel
mit Sehen und Gesehenwerden, mit Sehen und Hören und nicht zuletzt mit
der Realität bildlicher Darstellung und der Kunst rhetorischer *enargeia*, der
Macht der Sprache, visuelle Bilder zu schaffen, und den Zuhörer zum Zuschauer zu machen.[110]

Doch was bedeutet all dies für den Neutestamentler/die Neutestamentlerin?
Soll er – oder sie – frustriert das Feld räumen und die Interpretation von Bildern wieder ganz den Archäologen und Experten antiker Kunst überlassen?
Und muss dann nicht die Rekonstruktion des Textes anhand visueller Codes
aufgegeben werden? Dies mag ab und an zutreffen, doch sollten die hier an
einzelnen Beispielen gewonnen Ergebnisse nicht zu schnell generalisiert
werden.

Treten wir nochmals einen Schritt zurück und fragen nach der Bedeutung
der *ekphrasis* – gesetzt den Fall, diese liegt vor. Ich hatte schon erwähnt, dass
ein Aspekt ihrer Funktion darin bestehen könnte, in der Gegenwart sehend zu
werden, denn die allegorische Auslegung bezieht sich auf reale Ereignisse,
die gesehen werden wollen. Im Text ist es nicht so sehr die spezifische Bedeutung der Hure Roma, die im Folgenden zentral ist, als vielmehr die Art, in
der der Apokalyptiker die Allegorie als Weg des Sehens verwendet. Wir
leben in einer Welt, in der nichts so ist, wie es scheint. Und was man auf der
Oberfläche sieht, die Farben, den Reichtum, die Macht, hat eine tiefere und
allgemeinere Bedeutung, wenn man es durch die Augen des *angelus interpres*
sieht, der fünfmal auf das Sehen verweist. Realität gründet sich nicht nur auf
die Welt, wie sie der Apokalyptiker im Bild sieht. Realität bezieht sich auf
die Welt der allegorischen Exegese, die die Rettung derjenigen im Blick hat,
die nicht im Buch des Lebens stehen. Für diejenigen, die die allegorische
Lesart akzeptieren, ist somit die „andere Welt" mehr real als die materielle
Welt, die die Dea Roma symbolisiert.

---

[110] GRAF, Ekphrasis (s. Anm. 27), 113–155.

III. Intertextualität und Intermedialität

Die literarische und theologische Funktion des Alten Testaments in der Johannesoffenbarung

Thomas Hieke

Einführung

Es ist fast überall dasselbe, ob in der Musik, in der bildenden Kunst, in der Literatur oder in der Didaktik: Der Erfolg eines Musikstücks, eines Kunstwerks oder einer Schulstunde ist maßgeblich von der guten Mischung aus Altem und Neuem, von Wiedererkennen und Gedankenfortschritt geprägt. Bringt z.B. eine Unterrichtseinheit ausschließlich Neues, kann dieses „Neue" nicht im bisherigen Wissen verankert werden, so dass es verloren zu gehen droht. Die Literatur arbeitet auch mit diesen Alltagserfahrungen, ebenso die Bibel. Sehr schön zeigen lässt sich dies an der Offenbarung des Johannes: Das letzte Buch der christlichen Bibel wirkt auf den ersten Blick so phantastisch abgehoben, dass dieses „Neuartige" entweder fasziniert oder abstößt – zugleich aber ist „ungefähr ein Drittel des Textbestandes der Offb durch das AT geprägt"[1], so dass für jemanden, der mit der „Schrift" vertraut ist, der Wiedererkennungswert besonders hoch sein sollte.

Der folgende Beitrag stützt sich auf eigene und fremde vorausgehende Studien zur Rezeption des Alten Testaments in der Johannesapokalypse, insbesondere zur Rezeption des Ezechielbuches und des Kapitels Daniel 7 sowie zu den zahlreichen alttestamentlichen Bezügen im Schlussabschnitt Offb 22,6–21. Ich versuche, daraus eine – vorläufige – systematische Summe zu ziehen, indem ich nach den literarischen und theologischen Funktionen des Alten Testaments in der Johannesoffenbarung (im Weiteren: Offb) frage. Viele Studien[2] haben bereits zahlreiche literarische bzw. intertextuelle Bezie-

---

[1] B. KOWALSKI, Alles neu gemacht? Alttestamentliche Texte in der Offenbarung des Johannes, in: H.-G. Gradl/G. Steins/F. Schuller (Hg.), Am Ende der Tage. Apokalyptische Bilder in Bibel, Kunst, Musik und Literatur, Regensburg 2011, 48–67 (49); s. ferner u.a. A. VANHOYE, L'utilisation du livre d'Ézéchiel dans l'Apocalypse, Bib 43 (1962), 436–476 (436); G. DEIANA, Utilizzazione del libro di Geremia in alcuni brani dell Apocalisse, Lat. 48 (1982), 125.

[2] Siehe u.a. G. K. BEALE, The Use of Daniel in Jewish Apocalyptic Literature and in the Revelation of St. John, Lanham, MD 1984; J. M. VOGELGESANG, The Interpretation of Ezekiel in the Book of Revelation, Ph.D. dissertation, Harvard University, Ann Arbor 1985; J.-P. RUIZ, Ezekiel in the Apocalypse. The Transformation of Prophetic Language in

hungen beschrieben und ausgewertet. Die Forschung in diesem Bereich lässt sich noch fortsetzen. Mir geht es im Folgenden darum, über Art, Grund und Zweck dieser Rezeptionsweise zu reflektieren: Was geschieht mit dem alttestamentlichen Text im Neuen Testament, warum geschieht es und zu welchem Zweck?

In methodischer Hinsicht geht es um einen textzentrierten und leserorientierten Zugang.[3] Es soll also nicht in produktionsorientierter Hinsicht nach etwaigen Intentionen des Verfassers der Offb gefragt werden.[4] Die Überle-

---

Revelation 16,17–19,10, EHS.T 376, Frankfurt a. M. [u.a.], 1989; G. K. BEALE, John's Use of the Old Testament in Revelation, JSNT.S 166, Sheffield 1998; J. FEKKES, Isaiah and Prophetic Traditions in the Book of Revelation. Visionary Antecedents and Their Development, JSNT.S 93, Sheffield 1994; S. MOYISE, The Old Testament in the Book of Revelation, JSNT.S 115, Sheffield 1995; B. KOWALSKI, Die Rezeption des Propheten Ezechiel in der Offenbarung des Johannes, SBB 52, Stuttgart 2004; s. ferner die Literaturangaben in den folgenden Fußnoten. – Man beachte auch den kurzen Literaturüberblick bei B. KOWALSKI, Transformation of Ezekiel in John's Revelation, in: W. A. Tooman/M. A. Lyons (Hg.), Transforming Visions. Transformations of Text, Tradition, and Theology in Ezekiel, PTMS 127, Eugene, Or. 2010, 279–311, hier: 281–283. Hinzuzufügen wären folgende Studien: T. HIEKE, Der Seher Johannes als neuer Ezechiel. Die Offenbarung des Johannes vom Ezechielbuch her gelesen, in: D. Sänger (Hg.), Das Ezechielbuch in der Johannesoffenbarung, BThSt 76, Neukirchen-Vluyn 2006, 1–30; T. HIEKE/T. NICKLAS, „Die Worte der Prophetie dieses Buches". Offenbarung 22,6–21 als Schlussstein der christlichen Bibel Alten und Neuen Testaments gelesen, BThSt 62, Neukirchen-Vluyn 2003; T. HIEKE, Biblische Texte als Texte der Bibel auslegen. Dargestellt am Beispiel von Offb 22,6–21 und anderen kanonrelevanten Texten, in: E. Ballhorn/G. Steins (Hg.), Der Bibelkanon in der Bibelauslegung. Methodenreflexionen und Beispielexegesen, Stuttgart 2007, 331–345; DERS., The Reception of Daniel 7 in the Revelation of John, in: R.B. Hays/S. Alkier (Hg.), Revelation and the Politics of Apocalyptic Interpretation, Waco, TX 2012, 47–67.185–190.203–214.

    [3] Vgl. dazu HIEKE/NICKLAS, Worte (s. Anm. 2), 5–8; zur Theorie der „Anspielung" (allusion) vgl. u.a. M. JAUHIAINEN, The Minor Prophets in Revelation, in: M. J. J. Menken/S. Moyise (Hg.), The Minor Prophets in the New Testament, Library of New Testament Studies 377, London 2009, 155–171, hier: 155–156. Jauhiainen verfolgt in seinem Beitrag in ähnlicher Weise die hier skizzierte Fragestellung: „how readers familiar with Joel [T. H.: or any other passage from the OT] might benefit from actualizing the allusions". Zur Methodendiskussion vgl. u.a. auch I. PAUL, The Use of the Old Testament in Revelation 12, in: S. Moyise (Hg.), The Old Testament in the New Testament. Essays in Honour of J.L. North, JSNT.S 189, Sheffield 2000, 256–276 (256–263).

    [4] Zur Diskussion um die Intention des Autors vgl. den Überblick von J. PAULIEN, Dreading the Whirlwind. Intertextuality and the Use of the Old Testament in Revelation, AUSS 39 (2001), 5–22, über die Diskussion zwischen G. K. Beale und S. Moyise. Was hier auch nicht geleistet werden kann, ist die Erforschung der Frage, welchen Text der Verfasser der Johannesoffenbarung möglicherweise vor sich gehabt hat; s. dazu u.a. A. GANGEMI, L'utilizzazione del Deutero-Isaia dell'Apocalisse di Giovanni, ED 27 (1974), 109–144.311–339, hier: 311–316 (zu Deuterojesaja); VANHOYE, L'utilisation (s. Anm. 1), 443–461; M. KARRER, Von der Apokalypse zu Ezechiel. Der Ezechieltext der Apokalypse,

gungen gehen vielmehr von der christlichen Bibel als Großkontext aus,[5] bei dem in seinem letzten Buch (Offb) Strategien zu beobachten sind, die die Lektüre in eine bestimmte Richtung lenken, andere Texte aus dem Großkontext ins Spiel bringen und damit gewisse Sinndimensionen aktivieren. Im Blick steht damit auch weniger die „Technik" des Verfassers,[6] sondern mehr die Wirkung auf potentielle Rezipientinnen und Rezipienten: Welche Schlussfolgerungen drängen sich aus den intertextuellen Beobachtungen auf?

In literarischer Hinsicht wird der alttestamentliche Hintergrund benötigt; allermeist führt die intertextuelle Beziehung zu einem dramatischen Sinnzuwachs. „Literarisch" meint also die Textwelt bzw. die innertextliche Logik, die durch Text-Text-Relationen einen Zuwachs an potentiellen Sinndimensionen gewinnt. In theologischer Hinsicht geht es um die auf diese bestimmte literarische Weise vermittelten Aussagen über Gott, Christus, die himmlische Welt und deren Verhältnis zur irdischen Welt und christlichen Gemeinde. „Theologisch" meint also die durch die Textwelt transportierte Botschaft an die historische Zielgruppe und spätere Generationen. – Andere Funktionen der Bezugnahmen auf das „Alte Testament" (die „Heilige(n) Schrift(en) Israels"), die hier mitschwingen, aber nicht eigens thematisiert werden, sind

---

in: D. Sänger (Hg.), Das Ezechielbuch in der Johannesoffenbarung, BThSt 76, Neukirchen-Vluyn 2006, 84–120 (zu Ezechiel). Das Ergebnis Karrers, dass der Verfasser das Ezechielbuch auf Griechisch und mutmaßlich auch auf Hebräisch kannte (S. 118), kann durch eine Beobachtung Vanhoyes zum Jeremiabuch bestätigt werden (S. 445): In Offb 15,3–4 könnte der Wortlaut „… gerecht und wahr sind deine Wege, König der Völker. Wer wird dich nicht fürchten, Herr …" aus Jer 10,7: „Wer sollte dich nicht fürchten, König der Völker?" gewonnen sein, wobei aber Jer 10,6–8 nur hebräisch, nicht griechisch überliefert ist. Während Karrer betont, dass sich die (griechische) Ezechielfassung, die die Johannesoffenbarung benutzte, in wichtigen Zügen vom Standardtext der kritischen Textausgaben unterschied, geht Vanhoye so weit zu behaupten, der Verfasser stütze sich direkt auf den hebräischen Text (S. 461).

[5] Aus Gründen der besseren sprachlichen Vergleichbarkeit wird zunächst die Septuaginta als Bezugstext des Neuen Testaments angenommen (s. u.a. PAUL, Use [s. Anm. 3], 262–263). Bei Unterschieden zwischen dem hebräischen und dem griechischen Text des Alten Testaments müssen beide Überlieferungen getrennt betrachtet werden.

[6] KOWALSKI, Alles neu gemacht? (s. Anm. 1), 63, spricht von einer „Clustertechnik": „Sie kombiniert alttestamentliche Texte und stellt eine Verbindung mit dem jüdisch-christlichen Glauben in einer konkreten, bedrängenden Situation her. Darin erweist sich Johannes als genialer Schriftsteller, der in der Lage ist, alte und traditionelle Texte für die Gegenwart zu aktualisieren und sie als Sprachrohr für seine visionäre Botschaft zu machen". Im Blick auf die Rezeption von Gen 2–3 spricht Labahn von einer „Collagetechnik" (M. LABAHN, Ausharren im Leben, um vom Baum des Lebens zu essen und ewig zu leben. Zur Textform und Auslegung der Paradiesgeschichte der Genesis in der Apokalypse des Johannes und deren Textgeschichte, in: H. Ausloos/B. Lemmelijn/M. Vervenne [Hg.], Florilegium Lovaniense. Studies in Septuagint and Textual Criticism in Honour of Florentino García Martínez, BEThL 224, Leuven 2008, 291–316, hier: 303).

soziologischer Art: die Konstruktion der eigenen Identität und die Abgrenzung von anderen Gruppierungen.[7]

1. Literarische Funktionen

Im Blick auf die innertextliche Logik, auf die „Textwelt", lassen sich vier
literarische Funktionen der Rezeption des Alten Testaments in der Offb unterscheiden: die Anknüpfung an Bekanntes, die Verwendung des AT als
Bildquelle, das Reden in Abkürzungen und das Generieren literarischer Ver-
klammerungen.

1.1 Anknüpfung an Bekanntes

Wenn Offb auf das Alte Testament Bezug nimmt, dann geschieht dies zunächst einmal, um an Bekanntes anzuknüpfen. Ein erstes Beispiel dafür ist
die Aufnahme der Visionen des Ezechielbuches.[8] Sowohl Ez 1,1 (ὁράσεις
θεοῦ) als auch Offb 1,1 (Ἀποκάλυψις Ἰησοῦ Χριστοῦ) kündigen eine
„Schauung" an.[9] Im weiteren Verlauf stellt sich heraus, dass die Abfolge der
„geschauten" Motive in Offb und Ez sehr ähnlich ist.[10] So wird etwa in beiden Texten die eröffnende Vision (Ez 1,4–28 und Offb 1,9–20: u.a. ein Thron
mit einer menschenähnlichen Gestalt) nach einigen Kapiteln nochmals aufgegriffen (Ez 10,1–22; Offb 4,1–11). In beiden Texten begegnet eine Buchrolle
in prominenter Funktion: In Ez 2,1–3,15 geht es um die Sendung des Propheten Ezechiel, der die Worte Gottes und das auf der Buchrolle verzeichnete
Gericht über Israel derart internalisiert, dass er die Buchrolle verspeist (Ez
2,9–3,4). Johannes auf Patmos sieht ebenfalls eine Buchrolle (Offb 5,1–4),
doch zunächst geht es um die Frage des Öffnens der sieben Siegel. Nur das
Lamm, Christus, ist dazu in der Lage, und so werden die Gerichtsereignisse
ausgelöst. Im Kontext einer erneuten Beauftragung des Johannes wird das
Motiv des Essens einer Buchrolle aus Ezechiel aufgegriffen (Offb 10,8–11),
zugleich aber signifikant variiert. Während Ezechiel eine mit Klagen und
Weherufen beschriebene Buchrolle isst, die in seinem Mund süß wie Honig
wird, wird das honigsüß schmeckende kleine Buch im Magen des Johannes

---

[7] Darauf hat in der Diskussion auf der Frankfurter Tagung mit Recht J. W. van Henten
aufmerksam gemacht.

[8] Zur Rezeption des Buches Ezechiel in der Johannesoffenbarung vgl. VANHOYE,
L'utilisation (s. Anm. 1), 436–476; VOGELGESANG, Interpretation (s. Anm. 2); RUIZ,
Ezekiel (s. Anm. 2); KOWALSKI, Rezeption (s. Anm. 2); HIEKE, Seher (s. Anm. 2).

[9] Vgl. HIEKE, Seher (s. Anm. 2), 7.

[10] Vgl. HIEKE, Seher (s. Anm. 2), 6; VANHOYE, L'utilisation (s. Anm. 1), 442; zu Ez
37–48 und Offb 18–22. S. auch KOWALSKI, Transformation (s. Anm. 2), 295–295; DIES.,
Rezeption (s. Anm. 2), 472.

bitter. Während Ezechiel zu Israel sprechen soll, das nicht auf ihn hören wird, aber nicht zu Völkern mit fremden Sprachen, die auf ihn hören würden, so erhält der Seher auf Patmos den Auftrag, über viele Nationen und Völker mit ihren Sprachen zu weissagen. Die aus Ezechiel bekannte Motivik wird kreativ aufgegriffen und verändert: Die Israel-Perspektive wird von einer universalen Blickrichtung abgelöst,[11] die Entwicklung im Prophetenbuch „vom Unheil zum Heil" weicht einer apokalyptischen Sichtweise mit radikaler Zerstörung und totalem Untergang.[12] Daher wird die Buchrolle im Magen des Sehers bitter.

Weitere wichtige Elemente, die in Ez und Offb parallel gehen, sind die Markierung der Gerechten, um sie im Gerichtssturm zu schützen (Ez 9,1–6; Offb 7,1–4), die Rede von der Hure (Ez 16: Jerusalem; Ez 23: Israel und Juda; Offb 17: Babylon), die Vision von der Vernichtung der feindlichen Stadt (Ez 26–27: Tyrus; Offb 18: Babylon), der Sieg über den feindlichen Herrscher (Ez 38–39: Gog aus Magog; Offb 19,17–21: das Tier und der falsche Prophet; Offb 20,7–10: der Satan), das Wohnen Gottes unter den Menschen (Ez 37,26–27; Offb 21,3) und die Vision vom Neuen Jerusalem (Ez 40–48; Offb 21,5–27; 22,1–2)[13].

Ein signifikantes Element, das Ez und Offb gemeinsam haben, besteht in den vier Lebewesen als Thronbegleiter (Ez 1 und Ez 10; Offb 4). Während die vier Figuren bei Ez eine Menschengestalt und vier verschiedene Gesichter (Mensch, Löwe, Stier, Adler) haben, gleichen die vier Wesen in Offb jeweils zur Gänze einem Löwen, einem Stier, einem Menschen und einem Adler (so die Reihenfolge in Offb). In weiteren Zügen dieser Figuren greift Offb auf Jes 6 zurück (sechs statt vier Flügel; Gesang des Dreimal-Heilig). Obwohl die Thronwesen in Offb 4 ganz deutlich an die von Ezechiel geschauten Keruben erinnern, fällt auf, dass ein Aspekt in bemerkenswerter Weise übergangen wird: Die in Ez mehrfach erwähnten Räder fehlen in Offb. Das ist einer unterschiedlichen Pragmatik geschuldet: Während der Ezechieltext die Beweglichkeit Gottes und seines Thrones betonen will, so dass die Gottheit aus dem Tempel ausziehen und sich zu den Exilierten in der Gola in Babylon bewegen kann, ist Gott (bzw. Christus) für Johannes überall auf der Erde präsent – auf der Insel Patmos ebenso wie in den kleinasiatischen Gemeinden (und überhaupt), so dass Räder hier keine Funktion hätten.

---

[11] Vgl. VANHOYE, L'utilisation (s. Anm. 1), 466–467; R. BAUCKHAM, The Climax of Prophecy. Studies in the Book of Revelation, Edinburgh 1993, 238–337.

[12] Vgl. HIEKE, Seher (s. Anm. 2), 25.

[13] Zu Letzterem vgl. die Studie von P. LEE, The New Jerusalem in the Book of Revelation. A Study of Revelation 21–22 in the Light of its Background in Jewish Tradition, WUNT 2/129, Tübingen 2001, 239–306, ferner BAUCKHAM, Climax (s. Anm. 11), 307–318.

Dieses literarische Anknüpfen an Bekanntes vermittelt bei der Leserschaft den Eindruck: Johannes sieht, was einst Ezechiel sah. Der geläufige Referenzrahmen wird wachgerufen; das aus der „Heiligen Schrift" (dem Prophetenbuch Ezechiel) Vertraute führt zu einer insgesamt höheren Akzeptanz der Botschaft bei den Adressaten.[14] Was Johannes schreibt, ist nicht „neu", unbekannt und damit potentiell gefährlich, sondern schriftgemäß, bekannt und damit potentiell wahr.

Sind auf diese Weise erst einmal Zuverlässigkeit und Seriosität vermittelt, so ist der Boden dafür bereitet, dass Johannes eine gegenüber Ezechiel durchaus abweichende Botschaft und unterschiedliche Inhalte zu vermitteln hat: Die Perspektive weitet sich auf die ganze Welt, das Gericht über Israel und Juda wird ausgeweitet zu Umwälzungen von kosmischer Bedeutung.

1.2 Das Alte Testament als Bildquelle

Von ihrem Selbstverständnis her ist die Johannesoffenbarung eine „Offenbarung Jesu Christi, die Gott ihm gegeben hat" (Offb 1,1), mithin ist sie eine göttliche Botschaft, die nicht so ohne weiteres in menschliche Worte und Konzepte gefasst werden kann. Wenn Menschen über Gott sprechen, können sie das nur in Bildern (Metaphern, Vergleiche) tun. Neben der kreativen Möglichkeit, stets neue Bilder auszuformen, besteht die Alternative, die Bildwelt anerkannter Texte heranzuziehen. So verwendet die Johannesoffenbarung das Alte Testament als Bildquelle bekannter Vorstellungen,[15] geht aber mit dem vorgegebenen Material auch kreativ um und konstruiert so eigene Ideen.[16]

---

[14] Dies gilt natürlich nicht nur für Ezechiel. Ein Beispiel für das Aufgreifen einer bekannten Stelle aus dem Jesajabuch (Jes 55,1) ist die Rede vom kostenlosen Wasser des Lebens für die Dürstenden in Offb 21,6 und 22,17, möglicherweise auch unter Vermittlung der Jerusalem-Verheißung in Sach 14,8 (lebendiges Wasser). Vgl. dazu GANGEMI, L'utilizzazione (s. Anm. 4), 123–124, sowie dessen Überblick über die Verwendung von Deuterojesaja in der Johannesoffenbarung ebd., 316–324. Weitere Beispiele sind etwa die „sieben Augen" des Lammes (Offb 5,6), die aus Sach 3,9 bzw. 4,10 entlehnt sind, oder die verschiedenfarbigen Pferde (Offb 6,1–8) aus Sach 1,8–17 (vgl. JAUHIAINEN, Minor Prophets [s. Anm. 3], 159–161). Den Effekt von letzterer Beziehung beschreibt Jauhiainen wie folgt: „As in Zechariah, the horsemen thus signal the imminent restoration of the people of God, who has once again taken the initiative and is calling the audience to make sure that they respond appropriately", M. JAUHIAINEN, The Use of Zechariah in Revelation, WUNT 2/199, Tübingen 2005, 65.

[15] S. dazu generell J. CAMBIER, Les images de l'Ancien Testament dans l'Apocalypse de saint Jean, NRTh 7 (1955), 113–122.

[16] Dazu gehört auch, dass die Johannesoffenbarung oft mehrere Quelltexte aus dem Alten Testament zu einem neuen Bild verschmilzt; vgl. dazu VANHOYE, L'utilisation (s. Anm. 1), 468.

Ein Beispiel dafür ist das Kompositwesen in Offb 13,1–2, das ganz deutlich an die vier Tiere in Dan 7,3–7 erinnert.[17] Die vier Tiere von Daniel 7 stehen für die vier Weltreiche der Babylonier, Meder, Perser und Seleukiden und die Schrecknisse, die sie über das Volk Israel gebracht haben. Der Johannesoffenbarung kommt es demgegenüber nicht mehr auf eine geschichtliche Abfolge von Weltreichen an; die Gegnerschaft besteht vielmehr in *einem* Weltreich, dem Imperium Romanum mit dem Kaiser als oberstem Herrscher.[18] Um auszudrücken, dass in diesem Weltreich die Bosheit aller bisherigen Regime auf die Spitze getrieben wird, konstruiert der Text aus den bekannten Bildern aus Daniel 7 ein „neues", aber eben in seinen Bestandteilen bekanntes Misch-Monster, das nun die sieben Köpfe der vier Tiere (das erste, zweite und vierte Tier haben je einen, das dritte vier Köpfe) in sich vereinigt und auch die zehn Hörner des vierten Tieres aufweist. Damit übernimmt Offb die Grundsatzidee, das gewaltsame Regime von Weltreichen mit Tierbildern zu chiffrieren. Allerdings denkt sie die alttestamentlichen Konzepte kreativ weiter, indem sie die vier Tiere bzw. Reiche in ein – umso schrecklicher erscheinendes – Kompositwesen zusammenzieht. Es handelt sich also nicht einfach um eine Wiederholung der gleichen Bilder, sondern um eine geschickte Anpassung an die besondere Verfolgungssituation der Adressaten. Zu deren Trost wird in Daniel 7 der Menschenähnliche als Gegenfigur zu den Tiermonstern konstruiert. „Einer, der wie ein Mensch war", tritt nach Dan 7,13–14 vor den Hochbetagten und erhält Herrschaft, Ehre und Königtum. Da im weiteren Verlauf von Daniel 7 die „Heiligen (des Höchsten)" das Königtum in Besitz nehmen (Dan 7,18) und das Königtum und die Herrschaft und die Größe der Königtümer unter dem ganzen Himmel dem Volk der Heiligen des Höchsten gegeben werden, ist der Menschenähnliche als Repräsentant dieses Volkes zu verstehen. Das Bild drückt aus, dass die zukünftige Herrschaft mit „menschlichem Antlitz" regieren wird. Auch in Offb wird dem zusammengesetzten Tiermonster ein Gegenüber entgegengesetzt: Es ist zunächst das Lamm (Offb 14,1)[19] als Gegensatz zu den Raubtieren Panther, Bär und Löwe. In Offb 14,14 wird dann der Menschenähnliche von Dan 7,13 aufgegriffen und mit der Richterfunktion versehen: Erneut wird das Alte Testament (Daniel 7) als Bildquelle verwendet, jedoch kreativ weitergedacht. Der Menschenähnliche, der in Daniel 7 Repräsentant des Volkes der Getreuen (der „Heiligen") des Höchsten ist, wird nun als indi-

---

[17] S. dazu u.a. K. HUBER, In der Vollmacht des Satans. Antirömische Herrschaftskritik in der Vision des „Tieres aus dem Meer" in Offb 13,1–10, in: A. Lykke/F.T. Schipper (Hg.), Kult und Macht. Religion und Herrschaft im syro-palästinensischen Raum. Studien zu ihrer Wechselbeziehung in hellenistisch-römischer Zeit, WUNT 2/319, Tübingen 2011, 49–68, hier: 50–59.

[18] Zur Vorstellung vom „Nero redivivus" und der römischen Herrscherkult-Ideologie vgl. HUBER, Vollmacht (s. Anm. 17), 62–67.

[19] Vgl. HUBER, Vollmacht (s. Anm. 17), 60.

viduelle Gestalt gesehen und mit Christus als Weltenrichter identifiziert.[20]
Die Bilder für das Weltgericht in Offb 14,14–16.18–20 sind wieder dem Alten Testament entnommen: Die Rede von Sichel und Ernte stammt aus Joel 4,13,[21] das Treten der Kelter auch aus Jes 63,3[22]

1.3 Der Import von Konzepten durch Abkürzungen

Wenn Offb – wie bereits mehrfach gezeigt – bei ihren Rezipientinnen und Rezipienten die Kenntnis alttestamentlicher Texte und Konzepte voraussetzt, dann kann sie auch in Form von Abkürzungen sprechen. Bestimmte Stichworte dienen als Abbreviatur, die als Anspielung bzw. Echo ganze Konzepte importieren.[23]

Ein Beispiel dafür ist die – ohne alttestamentlichen Hintergrund völlig rätselhafte – Rede vom „Wurzelspross" in Offb 22,16: Der auferstandene und erscheinende Jesus bezeichnet sich in seiner letzten Rede am Ende der Johannesoffenbarung selbst als Wurzelspross und Geschlecht Davids (ἐγώ εἰμι ἡ ῥίζα καὶ τὸ γένος Δαυίδ). Eine inhaltliche Füllung der biologischen Metapher „Wurzelspross" ist auf den Import von Jes 11,1–10 angewiesen. Das Stich-

---

[20] Vgl. K. HUBER, Einer gleich einem Menschensohn. Die Christusvisionen in Offb 1,9–20 und Offb 14,14–20 und die Christologie der Johannesoffenbarung, NTA 51, Münster, 2007, 143–145.268.

[21] Vgl. u.a. A. SCHLATTER, Das Alte Testament in der johanneischen Apokalypse, Gütersloh 1912, 95; HUBER, Menschensohn (s. Anm. 20), 233–234; JAUHIAINEN, Minor Prophets (s. Anm. 3), 167–169. Die Bezüge ermöglichen es der Leserschaft der Offb, auf ein Gericht über die Feinde zu hoffen, wie es im Joël-Text angekündigt wird.

[22] Vgl. HUBER, Menschensohn (s. Anm. 20), 261–266. – Ein weiteres Beispiel für die Übernahme eines Tierbildes ist Offb 12,14: Die Frau erhält zu ihrer Rettung die zwei Flügel des großen Adlers. Ein mit dem Alten Testament vertrauter Leser darf hier an Ex 19,4 mithören, wo Gott die Israeliten daran erinnert, dass er sie auf Adlerflügeln vor den Ägyptern gerettet habe (s. auch Dtn 32,11; Jes 40,31). S. dazu CAMBIER, Les images (s. Anm. 15), 114; GANGEMI, L'utilizzazione (s. Anm. 4), 130–131. Der Gegenspieler der Frau ist der „große Drache" (ὁ δράκων ὁ μέγας), die „alte Schlange" (ὁ ὄφις ὁ ἀρχαῖος; Offb 12,9) – unverkennbar eine Anleihe aus der Paradiesgeschichte Gen 3 (vgl. LABAHN, Paradiesgeschichte [s. Anm. 6], 303–305), möglicherweise aber auch aus Ex 1,15–21, die Verfolgung der israelitischen männlichen Säuglinge durch den Pharao, zumal der Pharao in Ez 29,3LXX als δράκων bezeichnet wird, vgl. D. MOLLAT, Apocalisse ed Esodo, in: S. Giovanni (Hg.), Atti della XVII settimana biblica, Brescia 1964, 345–361, hier: 353. Weitere Vorschläge zum Bildhintergrund des Drachens (auch aus außerbiblischer Literatur) macht BAUCKHAM, Climax (s. Anm. 11), 185–198: „The Dragon is a fine example of John's capacity to envision the figures of Old Testament texts and to raise them to new imaginative life by exploiting the vital symbolism of his reader's environment" (S. 198). – Zum alttestamentlichen Hintergrund von Offb 12 insgesamt vgl. die Studie von PAUL, Use (s. Anm. 3), 263–276.

[23] Zum Begriff „Abbreviatur" in diesem Zusammenhang s. LABAHN, Paradiesgeschichte (s. Anm. 6), 313. Sein Beispiel ist die Rezeption der Paradiesgeschichte Gen 2–3 in Offb 2,7; 12,9; 22,1–2.

wort ἡ ῥίζα, „Wurzel, Wurzelspross" stellt die intertextuelle Verbindung her
und fungiert als Abkürzung für all das, was in Jes 11,1–10 an Verheißungen
über den „Wurzelspross" verkündet wird. Dieser Wurzelspross wird den
Geist Gottes besitzen, den Geist der Weisheit und des Verstandes, den Geist
des Rates und der Kraft, den Geist der Erkenntnis und der Gottesfurcht; er
wird ein gerechtes Gericht ausüben und den Frieden auf Erden (symbolisiert
im Tierfrieden) herbeiführen. Das gesamte Verheißungsszenario von Jes 11,
der ersehnte machtvolle Friedensherrscher aus dem Hause (dem „Wurzel-
stock") Davids, wird über das Stichwort „Wurzelspross" in Offb 22,16
hereingeholt und damit christologisch interpretiert. Insofern endet Offb auch
mit einer „Offenbarung Jesu Christi": Der auferstandene Christus zeigt sich
als Erfüllung prophetischer Verheißungen des Alten Testaments. Freilich
bleibt dabei auch Offb im Modus der Eschatologie: Die Friedensherrschaft ist
noch nicht Wirklichkeit, sie bleibt als Verheißung eine Zukunftshoffnung, in
Jes 11 ebenso wie in Offb 22. Für diese eschatologische Christologie muss
Offb aber keine großen Worte machen – es genügt das Stichwort „Wurzelspross" als Abkürzung (vielleicht noch „Geschlecht David" dazu), um die
Botschaft für die Kenner der Schrift deutlich sichtbar vor Augen treten zu
lassen.[24]

1.4 Literarische Klammern

Intertextuelle Bezugnahmen haben bisweilen auch metatextliche Funktionen:
Sie strukturieren und vernetzen Texte. Besonders auffällig sind dabei die
Randtexte, also Anfang und Schluss von Einheiten, etwa der ganzen Schrift
„Johannesoffenbarung". So greifen die Eröffnungsverse der Schlussperikope
Offb 22,6–21, also Offb 22,6–7, mit mehreren Stichworten deutlich den An-
fang von Offb auf:[25]

---

[24] Weitere Beispiele für Transformationen und Abkürzungen bei der Rezeption des
Ezechielbuches erwähnt KOWALSKI, Transformation (s. Anm. 2), 296; vgl. auch
VANHOYE, L'utilisation (s. Anm. 1), 464. – Auf ein Beispiel aus dem Exodusbuch macht
MOLLAT, Apocalisse (s. Anm. 22), 346, aufmerksam: Die Wendung „[Gott,] der ist"
(griechisch ὁ ὤν), z.B. in Offb 1,4 „... Friede von dem, der ist und der war und der
kommt" (s. auch Offb 1,8; 4,8; 11,17; 16,5) dürfte die griechische Fassung der Deutung
des Gottesnamens in Ex 3,14 (ἐγώ εἰμι ὁ ὤν) übernehmen und damit das gesamte Exodus-
Konzept des siegreichen Gottes, der sein Volk befreit, importieren. Für weitere Bezüge der
Offb zum Buch Exodus s. MOLLAT, Apocalisse (s. Anm. 22), 347–361.

[25] HIEKE/NICKLAS, Worte (s. Anm. 2), 25–28; GANGEMI, L'utilizzazione (s. Anm. 4),
109.

Offb 1,1: „Offenbarung Jesu Christi, | Offb 22,6: „Diese Worte sind zuverlässig
die Gott ihm gegeben hat, | und wahr, und der Herr, der Gott der
| Geister der Propheten *sandte seinen*
| *Engel, um seinen Knechten zu zeigen,*

um seinen Knechten zu zeigen, | *was in Bälde geschehen muss.* "

was in Bälde geschehen muss,

und er bezeichnete es *durch seinen Engel,*

den er sandte, seinem Knecht Johannes, ..."

Offb 1,3: „Selig, | Offb 22,7: „Selig,

wer die Worte der Prophetie | *wer die Worte der Prophetie*

dieses Buches vorliest und die, die sie hören, | *dieses Buches*

und die, die das darin Geschriebene

bewahren, | *bewahrt.* "

denn die Zeit ist nahe." | Offb 22,10

Der Leser von Offb 22,6ff., der diese Entsprechungen erkennt, merkt, dass hiermit innerhalb der Offenbarung eine literarische Klammer geschlossen wird. Nimmt er außerdem die Johannesoffenbarung als Schluss des Neuen Testaments wahr, dann erinnert ihn die Rede Christi vom „Nachkommen Davids" (τὸ γένος Δαυίδ) in Offb 22,16 stark an den Beginn des Neuen Testaments mit Mt 1,1: Βίβλος γενέσεως Ἰησοῦ Χριστοῦ υἱοῦ Δαυὶδ υἱοῦ Ἀβραάμ, „Buch der Geschichte Jesu Christi, des Sohnes Davids, des Sohnes Abrahams".[26]

Die größte literarische Klammer ergibt sich freilich durch die Rede vom „Baum des Lebens" in Offb 22,14.19. In Offb 22,14 handelt es sich um eine Verheißung an die Getreuen („die ihre Gewänder waschen", also treu zum Lamm Jesus Christus stehen), dass sie Zugang zum Baum des Lebens erhalten und durch die Tore in die Stadt einziehen werden. Mit den Stadttoren ist auf die Vision vom himmlischen Jerusalem unmittelbar vorher Bezug genommen (Offb 21,2.12.25), mit dem „Baum des Lebens" ist man zunächst auf Offb 22,2 verwiesen: der Baum (oder: die Bäume?) des Lebens mit den heilsamen Blättern für die Völker. Dann erinnert die Wendung innerhalb der Offb an die Verheißung im Sendschreiben an die Gemeinde von Ephesus (Offb 2,7): „Wer siegt, dem werde ich zu essen geben vom Baum des Lebens". Schließlich aber wird innerhalb der christlichen Bibel der Blick auf den An-

---

[26] Vgl. HIEKE/NICKLAS, Worte (s. Anm. 2), 59.

fang zurückgelenkt: Gen 2,9 führt den „Baum des Lebens" als Quelle der Unsterblichkeit ein, von dem die Menschen, nachdem sie vom „Baum der Erkenntnis" gegessen haben, ausgeschlossen werden. Dieser Zustand der Sterblichkeit wird am Ende der Zeiten aufgehoben; die Getreuen erhalten Zugang zum Baum des Lebens.[27] Offb 22,19 formuliert als Sanktion für denjenigen, der „(etwas) von den Worten des Buches dieser Prophetie wegnimmt", dass ihm „Gott seinen Anteil am Baum des Lebens und an der heiligen Stadt wegnehmen" wird. „Baum des Lebens" (Gen 2,9)[28] und die „heilige Stadt" (Offb 21) bilden damit eine große literarische Klammer um die christliche Bibel; ihr Bestand soll durch diese abschließenden Worte des auferstandenen Christus gesichert werden (nichts wegnehmen, nichts hinzufügen: die Textsicherungsformel)[29]. Gesichert werden so die „Worte des Buches dieser Prophetie" – angesichts der intertextuellen Indikatoren ist zu vermuten, dass damit nicht nur das Buch der Johannesoffenbarung gemeint ist, sondern der Bestand der christlichen Bibel. Zumindest ist eine solche Schlussfolgerung für einen schriftkundigen Leser dieser Abschlussverse naheliegend.

2. Theologische Funktionen

Neben den literarischen Funktionen, die die „Textwelt" betreffen, haben die intertextuellen Bezugnahmen der Offb auf das Alte Testament eine Reihe von theologischen Funktionen. Man kann dies auch als Aussageabsicht oder Textpragmatik sehen: Auf diese Weise wird eine theologische oder auch christologische Botschaft vermittelt. Folgende „theologische Funktionen" lassen sich beschreiben: der Gewinn von Glaubwürdigkeit und Überzeugungskraft durch „Nachahmung" der alttestamentlichen Propheten; die Anknüpfung an die Autorität der „Heiligen Schrift(en)"; der Trost der Zuhörerschaft durch Anknüpfen an alttestamentliche apokalyptische Trostbotschaften; die Christologie (Aussagen über Jesus Christus) und Ekklesiologie (Aussagen über die Gemeinden).

2.1 Glaubwürdigkeit und Überzeugungskraft durch „Nachahmung" der alttestamentlichen Propheten

Durch die intensive Bezugnahme auf alttestamentliche Prophetenschriften erscheint der Seher auf Patmos als einer dieser Propheten. Insbesondere die

---

[27] Vgl. HIEKE/NICKLAS, Worte (s. Anm. 2), 53–55; CAMBIER, Les images (s. Anm. 15), 115.

[28] Zur Rezeption der Paradiesgeschichte in der Johannesoffenbarung vgl. LABAHN, Paradiesgeschichte (s. Anm. 6), 291–316.

[29] Vgl. HIEKE/NICKLAS, Worte (s. Anm. 2), 69–84.

enge Anlehnung an das Ezechielbuch[30] vermittelt den Eindruck, dass Johannes in die Fußstapfen dieses Propheten tritt.[31] So verkündet Offb keine „neue Welt", es geht nicht um die „Offenbarung" einer noch nie gehörten Botschaft oder völlig neuer Einsichten in die himmlische Sphäre – damit wäre man in der Antike auf Misstrauen und Unglauben gestoßen. Vielmehr erreicht das Anknüpfen an das, was aus der Heiligen Schrift bekannt ist, bei der Leserschaft Glaubwürdigkeit und Überzeugungskraft; zugleich wird Johannes als Prophet legitimiert.

Ein markantes Beispiel ist der Ruf „Heilig, heilig, heilig" der Seraphim in der Berufungsvision des Propheten Jesaja (Jes 6,3). Die dreimalige Nennung des Adjektivs „heilig" (ἅγιος) wirkt als Superlativ und drückt Unüberbietbarkeit aus. Die Heiligkeit Gottes ist ein sehr wichtiges Thema des gesamten Alten Testaments – man denke etwa an den programmatischen Vers des „Heiligkeitsgesetzes" in Lev 19,2: „Ihr sollt heilig sein, denn heilig (bin) ich, JHWH, euer Gott". Dennoch wird der „Superlativ" des Dreimal-Heilig nur in Jes 6 genannt. Wenn Offb 4,8 diese markante Spitzenaussage so aufgreift, dass der Seher bei seiner Thronvision, die ihr Bildmaterial aus Ezechiel und Jesaja bezieht, genau diese Wortfolge hört, dann wird zum einen vermittelt, dass Johannes das nicht „erfunden" hat, weil ja schon Jesaja diesen Text einst gehört hat. Zum anderen wird aber die Szenerie leicht geändert, denn Johannes verbindet die vier Thronwesen des Ezechiel mit den sechs Flügeln der Seraphim bei Jesaja. So wird deutlich, dass der Seher nicht einfach etwas abschreibt oder sich die Jesaja-Berufung „wiederholt". Will man – *cum grano salis* – eine Analogie aus der modernen Medienwelt bemühen, so geht es nicht um die x-te Wiederholung eines Fernsehfilms, sondern um die kreative Fortsetzung („Teil 2") einer sehr erfolgreichen Produktion. In der heutigen Filmwelt gibt es nur bei halbwegs erfolgreichen Streifen eine Fortsetzung. Dabei wird mit den Motiven und Bildern des ersten Teils gearbeitet, aber sie werden auch variiert und fortgeschrieben; zum bekannten „Alten" muss also auch einiges an „Neuem" kommen. Immer verbindet sich damit die Hoffnung, dass der Erfolg beim Publikum mindestens so groß ist wie beim ersten Teil. Der „Erfolg" der alttestamentlichen Prophetenschriften ist insofern unbestritten, als sie als „heilige Schriften" und damit als autoritativ, authentisch, inspiriert und normativ gelten. Indem Offb diese prophetische Bildwelt fortschreibt und ihre neue Botschaft in den Mantel des Jesaja und Ezechiel packt, wird der Seher in die Reihe der Propheten aufgenommen. Ausdrücklich wird dies in der Schlussperikope festgehalten. Als Johannes vor dem *angelus interpres* niederfallen und ihn anbeten will, ermahnt ihn der Engel: „Tu das nicht! Dein Mitknecht bin ich und der deiner Brüder, der Propheten, und derer, die die Worte der Prophetie dieses Buches bewahren: Gott bete an!"

---

[30] Vgl. HIEKE, Seher (s. Anm. 2), 29–30.
[31] Vgl. SCHLATTER, Apokalypse (s. Anm. 21), 104.

(Offb 22,9). Hier werden Hierarchien eingeebnet, freilich aber dahingehend, dass letztlich alle auf das Niveau der Engel und Propheten gehoben werden: Johannes wird als „Bruder der Propheten" bezeichnet, und er und sie und alle, die die Worte der Prophetie dieses Buches bewahren, sind wie die Engel „Mitknechte" (σύνδουλοι). Johannes, der Seher auf Patmos, ist so glaubwürdig wie die Propheten; aber auch alle, die diesen prophetischen Worten, also den Worten der Heiligen Schrift, Glauben schenken (τηρέω, „bewahren"), sind auf dieser Ebene. Damit werden die Angesprochenen unmittelbar in das Heilsgeschehen hineingenommen; für ihre Treue gegenüber dem überlieferten Wort wird ihnen die Teilhabe am Leben der Engel und Propheten verheißen.

2.2 Anknüpfung an die Autorität der „Heiligen Schrift(en)"

Offb knüpft mit den intertextuellen Bezugnahmen auf das Alte Testament an die Autorität dieser „Heiligen Schriften" an. Was immer dem Verfasser und seinen Adressaten an später „alttestamentlich und neutestamentlich geworde-nen"[32] Schriften vorlag oder was sie aus der Liturgie (auswendig) kannten – sie betrachteten diese Texte als autoritative Schriften mit identitätsstiftendem und normativem Charakter. Später wird dafür der Begriff „Kanon" verwendet werden. An der unbestrittenen Autorität der Bibel Israels, die möglicherweise bereits aus einer stark prophetisch orientierten Perspektive gesehen wird, will Offb partizipieren. Immer wieder begegnet im Schlussabschnitt Offb 22,6–21 die Wendung „die Worte der Prophetie dieses Buches" (in verschiedenen Varianten), und es stellt sich die Frage, was mit „diesem Buch" genau gemeint ist. Man könnte zunächst Offb selbst dahinter sehen, bemerkt dann aber, dass diese Wendung theologisch so stark aufgeladen ist, dass man entweder annehmen muss, der Verfasser habe unter einem übersteigerten Selbstbewusstsein gelitten oder – was wahrscheinlicher ist – die Wendung bezeichne ein wie auch immer abgegrenztes Korpus heiliger Schriften von der Bibel Israels bis zu Offb selbst.[33] Wer die „Worte der Prophetie dieses Buches" bewahrt, wird nicht nur seliggepriesen, sondern auch in die Reihe der Mitknechte (Engel, Propheten, der Seher) aufgenommen. Schließlich garantiert der auferstandene Christus selbst mit drastischen Sanktionen den Bestand dieses Buches: Unter Rückgriff auf die Textsicherungsformel von Dtn 4,2 und Dtn 12,32LXX stellt Christus sowohl das Hinzufügen von Worten als auch das Wegnehmen unter gravierende „Spiegelstrafen". Dem *Hinzufüger* werden die Plagen dieses Buches *zugefügt*, dem *Wegnehmer* werden die Anteile am Baum des Lebens und der Heiligen Stadt *weggenommen* (Offb 22,18–19). Es ist plausibler anzunehmen, dass der auf diese eindrucks-

---

[32] Mit dieser Terminologie sei darauf hingewiesen, dass beim Blick auf die Entstehung der Johannesoffenbarung die Begriffe „Altes Testament" und „Neues Testament" Anachronismen sind.

[33] Vgl. HIEKE/NICKLAS, Worte (s. Anm. 2), 85–90.

volle Weise abgesicherte Text nicht allein das Buch „Offb", sondern den
gesamten Bestand an Heiliger Schrift/Heiligen Schriften umfasst. Freilich
machen die zahlreichen intertextuellen Bezugnahmen der Offb auf die Bibel
Israels mehr als deutlich, dass sich Offb sehr wohl als Teil dieser „Worte der
Prophetie dieses Buches" betrachtet. Auch wenn der Begriff noch nicht da ist,
so ist Offb vom (Selbst-)Bewusstsein der Kanonizität geprägt: Als „Mitknecht" der Propheten schreibt der Seher „Prophetie"[34], also einen
autoritativen, inspirierten und letztlich auch normativen Text. Der Verfasser
sieht sich insofern nicht als Ausleger der „Heiligen Schrift(en)" – daher zitiert er nicht wörtlich und verwendet auch keine Markierungsformel für
Schriftzitate (etwa „wie geschrieben steht …"). Vielmehr sieht er sich auf
einer Ebene mit den Propheten (Offb 22,9). Selbst wenn man auf diese autor-
zentriert formulierte Spekulation über die Absichten des Johannes auf Patmos
verzichten will, so bleibt festzuhalten, dass ein Leser der christlichen Bibel,
der mit Offb an das Ende seiner Lektüre gelangt, den Eindruck gewinnen
muss, dass hier mit hoher offenbarungstheologischer Autorität gesprochen
wird und ein Konvolut heiliger Schriften (vom „Baum des Lebens" bis zur
„Heiligen Stadt") abgeschlossen und in seinem nicht vermehr- und vermin-
derbaren Bestand gesichert wird.

2.3 Trost der Zuhörerschaft durch Anknüpfen an alttestamentliche apokalyptische Trostbotschaften

Glaubwürdigkeit und Autorität braucht Offb, um ihre Botschaft zu vermitteln: Sie zielt auf den Trost der angesprochenen Zielgruppe und die
Verkündigung des auferstandenen Christus. Die Pragmatik apokalyptischer
Literatur besteht in der Regel darin, durch die Ankündigung der Nähe end-
zeitlicher Ereignisse, die die gegenwärtigen Verhältnisse grundstürzend
verändern werden, die Adressaten, die unter diesen Verhältnissen leiden, zu
trösten und zu ermutigen. Ein göttliches Eingreifen „von oben" wird den im
Kosmos (auf der Erde und in den himmlischen Sphären) tobenden Kampf
zwischen guten und bösen Mächten zugunsten der Guten entscheiden. Für

---

[34] Ein Beispiel, das dies deutlich macht, ist Offb 10,11. Der Seher, der das Büchlein
verspeist hat, bekommt von seinen himmlischen Auftraggebern (der Stimme, der Engel)
den Befehl „Du musst wieder prophezeien über Völker und Nationen mit ihren Sprachen
und vielen Königen" – diese Zusammenstellung erinnert an Jer 1,10 („Siehe, ich bestelle
dich an diesem Tag über die Nationen und über die Königreiche …") und Jer 25,30 („Und
du, weissage ihnen alle diese Worte und sprich zu ihnen"), vgl. dazu DEIANA,
Utilizzazione (s. Anm. 1), 127. Diese sprachliche Nähe zu den als typisch prophetisch
geltenden Wendungen ist vermutlich nicht unbeabsichtigt, in jedem Fall aber aus der
Leserperspektive effektvoll: Die Parallelisierung des Sehers und seiner Worte mit den
alttestamentlichen Propheten drängt sich auf, schon durch die Sprache wird signalisiert, auf
welcher Autoritätsebene der Text anzusiedeln ist.

diejenigen, die sich in der Not beharrlich auf die Seite Gottes und seiner Weisung gestellt haben, wird sich ihr Einsatz lohnen, sie werden den Sieg davontragen. Das alttestamentliche Buch Daniel und die Johannesoffenbarung verfolgen beide diesen Grundgedanken.

So ist es beispielsweise in der visionären Szenerie von Daniel 7 ein ganz wesentliches Element, dass die „Heiligen des Höchsten", die durch den Menschenähnlichen vor dem Hochbetagten (Gott) repräsentiert werden, das ewige Königtum erhalten (Dan 7,14.22.27). Auch wenn sie in der Gegenwart noch unter einem schlimmen Herrscher leiden müssen (Dan 7,25), werden sie aufgrund des göttlichen Ratschlusses im Endgericht den Sieg und die Herrschaft erringen (Dan 7,27). Aufgrund der sehr ähnlichen Verfolgungssituation kann Offb diese Trostbotschaft nahezu unmittelbar übernehmen; hinzu kommt noch, dass mit dem menschenähnlichen Repräsentanten ein Ansatzpunkt für die Integration der Christusverkündigung besteht. Der einst als Verkörperung eines Kollektivs gedachte „Menschensohn" wird nun zu einer individuell verstandenen Retterfigur, wie dies bereits in den frühjüdischen Rezeptionen von Daniel 7 in 1 Hen 46 und 4 Esra 13 vorgezeichnet war. Einschlägige Passagen dafür sind etwa Offb 11,15[35], Offb 20,4[36], Offb 22,5[37].

Ein weiteres Beispiel dafür ist die Rede vom „Lied des Mose" in Offb 15,3, das die Sieger über das Tier zu Ehren des Lammes singen. Der Text in Offb 15,3–4 lässt sich nicht direkt auf die beiden Moselieder in Ex 15 und Dtn 32 zurückführen.[38] Aber durch die explizite Erwähnung von „Mose" und „Lied" wird die Siegesthematik aus den Torapassagen wachgerufen und somit werden Gewissheit und Trost evoziert.[39]

---

[35] „Der siebte Engel blies seine Posaune. Da ertönten laute Stimmen im Himmel, die riefen: Nun gehört die Herrschaft über die Welt unserem Herrn und seinem Gesalbten; und sie werden herrschen in alle Ewigkeit."

[36] „Dann sah ich Throne; und denen, die darauf Platz nahmen, wurde das Gericht übertragen. Ich sah die Seelen aller, die enthauptet worden waren, weil sie an dem Zeugnis Jesu und am Wort Gottes festgehalten hatten. Sie hatten das Tier und sein Standbild nicht angebetet und sie hatten das Kennzeichen nicht auf ihrer Stirn und auf ihrer Hand anbringen lassen. Sie gelangten zum Leben und zur Herrschaft mit Christus für tausend Jahre."

[37] Die Getreuen „werden herrschen in alle Ewigkeit".

[38] Vgl. dazu u.a. KOWALSKI, Transformation (s. Anm. 2), 284–285; MOLLAT, Apocalisse (s. Anm. 22), 355–356; BAUCKHAM, Climax (s. Anm. 11), 296–307.

[39] Weitere Beispiele zu diesem Punkt sind Sach 1,8–17 in Offb 6,9–11 und Joël 2,18–3,5 in Offb 6,12, vgl. JAUHIAINEN, Minor Prophets (s. Anm. 3), 161–163; JAUHIAINEN, Zechariah (s. Anm. 14), 63–65.

2.4 Christologie (Aussagen über Jesus Christus) und Ekklesiologie (Aussagen über die Gemeinden)

Die „Offenbarung Jesu Christi" (Offb 1,1) ist zum einen eine Offenbarung von Jesus Christus (etwa seine Botschaft „Siehe, ich komme bald" in Offb 22,7.12.20), zum anderen eine Offenbarung über Jesus Christus. Die Christologie[40], die Verkündigung über Christus, ist wiederum maßgeblich durch alttestamentliche Bilder und Vorstellungen geprägt.

Es genügt, dafür einige Beispiele zu nennen. Markant ist etwa die sich entwickelnde Christuserkenntnis in Offb 1. Nach seinen einleitenden Worten, in denen Johannes Christus u.a. als den treuen Zeugen, den Erstgeborenen der Toten und den Herrscher über die Könige der Erde vorgestellt hat, der mit den Wolken kommen wird (Offb 1,5.7 mit Rückgriff u.a. auf Ps 89,28.38; Dan 7,13), beginnt Johannes die Schilderung seiner Beauftragungsvision mit einem Rätsel (Offb 1,10–20): Als er der hinter ihm sprechenden Stimme nachgehen will, sieht er eine Gestalt, die er zunächst nicht identifiziert und die damit auch für die Leserschaft geheimnisvoll bleibt. Diese menschenähnliche Gestalt vereinigt viele Züge aus Dan 7, Dan 10, Ez 1 sowie weiterer Passagen in Ezechiel und Jesaja auf sich. Erst die Rede in Offb 1,18 – „Ich bin … der Lebendige, ich war tot, doch nun lebe ich in Ewigkeit" – zeigt, dass Johannes eine Vision des auferstandenen Christus hat. Für eine Leserschaft, die mit den Bildwelten des Daniel- und Ezechielbuches (und anderer Passagen des Alten Testaments[41]) vertraut ist, steht nun ein plastisches Christusbild vor dem geistigen Auge, das bekannte Züge zeigt und mithin nicht anders denn als „schriftgemäß" bezeichnet werden kann. Eine derart detaillierte Beschreibung des Auferstandenen findet sich weder in den vier Evangelien noch in der Briefliteratur.

Eine ganz wesentliche Chiffre für Christus ist in der Offb die Rede vom „Lamm" (z.B. Offb 5,6–14). Damit dieses Bild verständlich ist, muss neben Jer 11,19[42] im Grunde die Pesach-Theologie (Ex 12)[43], die kultische Opfer-

---

[40] Zur Christologie und ihren alttestamentlichen Hintergründen vgl. v.a. HUBER, Menschensohn (s. Anm. 20).

[41] U.a. wäre zum „Durchbohrten" in Offb 1,7 noch Sach 12,10–13,1 zu nennen, vgl. JAUHIAINEN, Zechariah (s. Anm. 14), 142–147; JAUHIAINEN, Minor Prophets (s. Anm. 3), 157–159. Jauhiainen weist darauf hin, dass mit dieser einleitenden Parallelisierung von JHWH (Sacharja) und Christus (Offb) die Leserschaft darauf vorbereitet wird, dass die Bildwelt der Offb mehrfach Epitheta, die im Alten Testament auf JHWH bezogen werden, für Christus einsetzt. S. dazu auch HUBER, Menschensohn (s. Anm. 20), 284–289.

[42] In Jer 11,19LXX begegnet der sonst nur sehr selten im griechischen AT vorkommende Begriff ἀρνίον in ähnlich metaphorischer Weise wie in Offb: Der Prophet bezeichnet sich als zutrauliches Lamm, das zum Schlachten geführt wird. Der im hebräischen Text an dieser Stelle verwendete Begriff für Lamm ist jedoch der geläufige Terminus für das Opfertier, so dass sich von daher die Verbindung zu den Opfertexten in Exodus, Levitikus und Numeri ergibt.

und Sühnetheologie der Tora sowie die aus dem Buch Levitikus bekannte Vorstellung importiert werden, dass das Blut des Opfertieres den von Gott den Menschen angebotenen Weg der Versöhnung anzeigt (z.B. Lev 17,11).[44]

Weitere Stationen der Christusverkündigung in der Offb seien nur stichwortartig genannt: In Offb 11,15 wird mit Rückgriff auf Ps 2,2 proklamiert, dass die Herrschaft über die Welt nun „unserem Herrn und seinem Gesalbten" gehört. – Das eschatologische Gericht in der Metapher der Ernte wird in Offb 14,14 angekündigt. Dabei sind das Bild der Wolke und die Rede vom Menschenähnlichen („Menschensohn") aus Dan 7 entlehnt. – Im endzeitlichen Kampf wird das Lamm siegen, „denn es ist der Herr der Herren und der König der Könige" (Offb 17,14). Dieses Epitheton ist in Dtn 10,17 und Dan 2,47 (und auch noch in 1 Tim 6,15) für Gott vorbehalten; nun wird es auf den eschatologischen Christus bezogen. Damit ist sehr viel über die Göttlichkeit Christi ausgesagt. – Der gleiche Gedanke begegnet wieder im Bild vom Reiter auf dem weißen Pferd (Offb 19,11–16):[45] Der Reiter trägt den Namen „König der Könige und Herr der Herren" (19,16). Das Erscheinungsbild dieses Reiters, der erst durch den Namen „Das Wort Gottes" in 19,13 und eben das genannte Epitheton in 19,16 als Christus identifiziert wird, besteht aus zahlreichen alttestamentlichen Bezügen. Vornehmlich sind Ps 96,13 (Offb 19,11), Jes 63,1–3 (Offb 19,13.15); Jes 11,4; 49,2; Ps 2,9LXX (Offb 19,15) zu nennen. Erst durch die Schriftbezüge erhält die Beschreibung eine innere Systematik: Es sind die zentralen Texte alttestamentlicher Messiaserwartung, die hier aufgegriffen und in die Hoffnung auf eine Wiederkunft des Christus verlängert werden. Wenn sich die Parusie ereignet, dann nicht irgendwie, sondern so, gemäß der Schrift. – Auch in den letzten Versen der Offb (Offb 22,12–20) spricht der auferstandene Christus mit Hilfe von Zitaten und Anspielungen aus dem Alten Testament, und zwar in einer derart verdichteten Weise, dass man diese Passage als „Schlussstein der christlichen Bibel Alten und Neuen Testaments" lesen kann.[46] Vom „Baum des Lebens" (Gen 2,9) und vom „Wurzelspross" (Jes 11,1–10) war bereits die Rede; das Epitheton „der Erste und der Letzte", das in Jes 44,6; 48,12 auf Gott bezogen ist, wird nun auf Christus angewandt (Offb 22,13, s. auch Offb 1,17; 2,8).[47] Die Heilszusa-

---

[43] Vgl. BAUCKHAM, Climax (s. Anm. 11), 184.

[44] Ein ganz merkwürdiger Bildbruch zeigt sich in Offb 7,16–17: Aus Jes 49,10 wird deutlich die Hirtentätigkeit *Gottes* (sie werden keinen Hunger, keinen Durst und keine Hitze mehr erleiden, sie werden an Wasserquellen geführt) aufgegriffen und auf *das Lamm* (Christus) übertragen. S. dazu GANGEMI, L'utilizzazione (s. Anm. 4), 114–115.

[45] Zu dieser Textpassage ausführlicher T. NICKLAS, Der Krieg und die Apokalypse: Gedanken zu Offb 19,11–21, in: A. Holzem (Hg.), Krieg und Christentum. Religiöse Gewalttheorien in der Kriegserfahrung des Westens, KriG 50, Paderborn 2009, 150–165.

[46] Vgl. HIEKE/NICKLAS, Worte (s. Anm. 2), passim.

[47] Vgl. dazu u.a. GANGEMI, L'utilizzazione (s. Anm. 4), 112f. Bemerkenswert ist, dass die LXX die hebräische Wendung אני ראשון ואני אחרון (Jes 44,6, ähnlich Jes 48,12) mit ἐγὼ

ge des Wassers des Lebens (Offb 22,17) wird aus Jes 55,1 und Sach 14,8 geschöpft.[48] Insgesamt lässt sich sagen, dass das Wachrufen der alttestamentlichen Verheißungen des Messias und der damit erhofften Gerechtigkeit, die die Retterfigur von Gott her mitbringen wird, eben diese Hoffnungen für die christliche Endzeiterwartung als weiterhin gültig reklamiert und so die christliche Hoffnung auf die Wiederkunft Jesu mit der Eschatologie der Bibel Israels verschmolzen wird. Dabei werden die Erwartungen jedoch nicht einfach identisch wiederholt, sondern in kreativer Weise fortgeschrieben. Die Christologie der Offb ist keine „Wiederholung", sondern eine „Offenbarung", sie ist aber keine „Erfindung" (von etwas völlig Neuem), sondern „schriftgemäß"[49].

In Anlehnung an den Begriff „Christologie" könnte man auch von einer durch das Alte Testament geprägten „Ekklesiologie" sprechen:[50] Immer wieder wird auf die „Zwölf Stämme Israels" angespielt (z.B. die zwölf Tore des neuen Jerusalem in Offb 21,12[51]), wodurch die christliche Hoffnung an die jüdischen Wurzeln angebunden wird. Die Zion-Jerusalem-Theologie findet

---

πρῶτος καὶ ἐγὼ μετὰ ταῦτα bzw. ἐγώ εἰμι πρῶτος καὶ ἐγώ εἰμι εἰς τὸν αἰῶνα wiedergibt (und damit die theologisch anstößige Wendung „der Letzte" geschickt umschreibt), während die Johannesoffenbarung mit (ἐγώ εἰμι) ὁ πρῶτος καὶ ὁ ἔσχατος (drei Mal) näher am hebräischen Text ist, wobei in Jes 48,12 die LXX-Rezensionen (Theodotion, Symmachus und Aquila) mit ἔσχατος übersetzen, so dass eine direkte Abhängigkeit der Offb ausschließlich vom hebräischen Text nicht zwingend ist (GANGEMI, L'utilizzazione [s. Anm. 4], 312f.; vgl. auch SCHLATTER, Apokalypse [s. Anm. 21], 13).

[48] S. auch Offb 7,17; 21,6; 22,1 sowie die weiteren Bezugtexte Joël 4,18 und Ez 47,1, vgl. JAUHIAINEN, Zechariah (s. Anm. 14), 122–123.

[49] Dabei ist stets zu betonen, dass dieser Umgang mit der Schrift, der Bibel Israels, nicht der einzig mögliche oder einzig richtige ist. Andernfalls würde man dem Judentum, das sich diesen Auslegungen nicht anschließt, seine Bibel wegnehmen. Zugleich aber muss seitens des Christentums festgehalten werden, dass diese Fortschreibung der Verheißungen der Bibel Israels als eine mögliche Sinndimension eines vieldimensionalen Textes legitim ist.

[50] Vgl. dazu KOWALSKI, Transformation (s. Anm. 2), 286–288.

[51] Vgl. z.B. LEE, New Jerusalem (s. Anm.13), 277–281. Er macht mit Recht darauf aufmerksam, dass es in der neuen Schöpfung an sich keine äußeren Feinde mehr gibt, da sie alle vernichtet sind – daher wären „Schutzmauern" mit Toren für das Neue Jerusalem überflüssig. Somit symbolisieren die Mauern Schutz und Unverletzlichkeit und vermitteln den zu tröstenden christlichen Gemeinden die vollständige Abwesenheit von Angst und Verfolgung sowie die Abgeschlossenheit und Vollendung (Perfektion) der vom Himmel kommenden Stadt. Der Hinweis, dass die Tore immer geöffnet sind (Offb 21,25), ist ebenfalls als Trostmotiv zu verstehen: Es gibt keine Feinde von außen mehr, die abgehalten werden müssten, *und* die Neue Stadt ist jederzeit und von allen Seiten zugänglich. Für die Zwölfzahl werden sowohl die Stämme Israels (Offb 21,12) als auch die zwölf Apostel (Offb 21,14) als Namensgeber für das Baumaterial verwendet: Dies zeigt, dass das Neue Jerusalem für beide „Völker", Israel (das Judentum) und die Kirche (das Christentum), offen ist.

am Ende der großen Prophetenbücher Jesaja (Jes 60–66) und Ezechiel (Ez 40–48) einen besonderen Ausdruck, und es sind gerade diese Passagen, auf die in der Johannesoffenbarung verstärkt Bezug genommen wird. Wie die alttestamentlichen Prophetenbücher die Krise des Exils und der Fremdherrschaft nach dem Exil zu bewältigen versuchen, so versucht die Johannesoffenbarung mit diesen Texten im Hintergrund den kleinasiatischen Gemeinden in ihrer Krise der Verfolgung Mut zuzusprechen.[52] Um die Gemeinden jedoch vor Treulosigkeit, Abfall und Fremdgötterverehrung (Kaiserkult) zu warnen, verwendet die Johannesoffenbarung negative Figuren des Alten Testaments als Chiffren (z.B. Bileam und Balak in Offb 2,14; Isebel in Offb 2,20; Gog und Magog in Offb 20,8)[53].

3. Zusammenfassung/Schlussfolgerung

Ohne das „Alte Testament", ohne die Bibel Israels würde der Text „Offenbarung des Johannes" in literarischer Hinsicht anders funktionieren[54] als mit den intertextuellen Bezugnahmen. Vieles bliebe rätselhaft und undurchschaubar. Es ist bemerkenswert, welchen Sinnzuwachs Offb erhält, wenn man die Bildwelten vom alttestamentlichen Hintergrund her beleuchtet, wenn die „Abkürzungen" durch Einspielen der Intertexte aufgelöst werden. Da sich viele „Rätsel" in Offb dem „bibelkundigen" Leser als lösbar erschließen, darf wohl an der folgenden Annahme festgehalten werden: Offb fordert durch die gesamte literarische Anlage von der Leserschaft ein, bestimmte Bücher, Passagen, Konzepte und Motive der Bibel Israels und der christlichen Schrif-

---

[52] Dazu gehört auch, dass die alttestamentlichen Erwählungsaussagen auf die angesprochenen Gemeinden übertragen werden. Ein Beispiel dafür ist die Rezeption der theologisch als „Summe" des Erwählungsgedankens anzusprechenden Stelle Ex 19,5–6 in Offb 5,9–10: Die durch das Blut des Lammes aus allen Nationen Erkauften (Losgekauften) hat das Lamm/Christus für Gott zu einem *Königtum* und zu *Priestern* gemacht, und sie werden auf der Erde als Könige herrschen – eine klare Trostbotschaft an die verfolgten Gemeinden mit Hilfe alttestamentlicher Basistexte! – Vgl. dazu auch die grundsätzlichen Beobachtungen von GANGEMI, L'utilizzazione (s. Anm. 4), 324–338, zur thematischen Nähe zwischen Deuterojesaja und der Johannesoffenbarung.

[53] Vgl. dazu KOWALSKI, Transformation (s. Anm. 2), 289; zu Gog und Magog vgl. S. BØE, Gog and Magog. Ezekiel 38–39 as pre-text for Revelation 19,17–21 and 20,7–10, WUNT 2/135, Tübingen, 2001. – Zur Ermahnung der Gemeinde könnte auch die intertextuelle Verbindung zwischen Hos 10,1–15 und Offb 6,15–15 (Stichwort: „Fallt auf uns!") dienen, vgl. JAUHIAINEN, Minor Prophets (s. Anm. 3), 163–164.

[54] Zunächst hatte ich hier die Wendung „nicht funktionieren", doch in der Diskussion machte P. von Möllendorff mit Recht darauf aufmerksam, dass ein Text, solange ein Leser etwas damit anfangen kann, immer irgendwie „funktioniert". Entscheidend ist, welche Hypertexte und kulturelle Enzyklopädien in die Sinnkonstruktion als Verständnisgrundlagen eingespeist werden.

ten präsent zu haben; in einem kurzen Wort ausgedrückt: *Der Text zwingt zum Bibellesen.*[55] Dies gilt vorgängig vor jeder Kanonhermeneutik und vor jeder theologischen Auslegung schon auf der rein literarischen Ebene. Etwas provokativ gesagt: Vielleicht wirkt Offb deshalb auf viele Menschen (heute und zu früheren Zeiten) so geheimnisvoll und merkwürdig abgehoben, weil die literarischen Voraussetzungen nicht (mehr) gegeben sind. *Mit* den literarischen Bezügen hingegen lässt sich Vieles in der Offb „entziffern", oder, vielleicht positiver ausgedrückt, der Text bewegt sich nicht in einer „apokalyptischen Phantasiewelt" (im landläufigen Verständnis), sondern innerhalb der gesamtbiblischen Vorstellungswelt.[56] Gleichwohl handelt es sich nicht um eine simple Nachahmung oder Wiederholung, sondern um eine kreative und als inspiriert geltende Fortschreibung mit einer neuen Botschaft.[57]

Doch auch die neue theologische Botschaft der Offb knüpft an die Theologie(n) des Alten Testament an. Bemerkenswert ist etwa die Theozentrik: Im Zentrum steht der Heilsplan Gottes, und damit bewegt sich die Theologie der Offb in großer Kontinuität mit der Eschatologie der Bibel Israels. Wie das Buch Daniel und weitere Teile der prophetischen Literatur sowie die Psalmen erhofft Offb die Aufrichtung eines göttlichen Weltreiches, in dem die Getreuen (die angesprochene Zielgruppe) eine Herrschaft mit menschlichem Antlitz ausüben werden. Garant der Umsetzung dieses göttlichen Herrschafts- und Heilsplans ist freilich – und hier kommt das „Neue" der Offb zum Tragen – der Messias, der Christus: Jesus. Der menschenähnliche Repräsentant der Getreuen, der vor den Hochbetagten in Daniel 7 geführt wird und die Herrschaft, das Königtum, übertragen bekommt, wird nun – im Gefolge der frühjüdischen Deutung auf den Messias – mit der Heilsgestalt Jesus Christus identifiziert. Die angesprochene Gemeinde wird dadurch in ihrem Glauben an Jesus Christus bestärkt und in ihrer Bedrängnis getröstet. Die dreimalige Verheißung am Schluss, „Siehe, ich komme bald" (Offb 22,7.12.20) ist Ausdruck der Sehnsucht und Hoffnung, und die Schlussbitte „Amen, komm, Herr Jesus" ist damit auch eine Bitte um Erfüllung der in der gesamten Offb wachgerufenen und als gültig vorausgesetzten alttestamentlichen Verheißungen.

---

[55] HIEKE/NICKLAS, Worte (s. Anm. 2), 57 (Hervorhebung im Original).

[56] Mit den Worten von VANHOYE, L'utilisation (s. Anm. 1), 462: „En vérité, chaque page d'Apocalypse témoigne d'une intelligence pénétrante des prophéties anciennes et d'une parfaite familiarité avec leurs modes d'expression".

[57] Mit DEIANA, Utilizzazione (s. Anm. 1), 126, ist betonend festzuhalten, dass das Heranziehen des Alten Testaments als „Resonanzraum" und Bildquelle durch die Offenbarung des Johannes natürlich nichts von der Originalität des neuen Werks wegnimmt.

Rewritten Prophets

The Use of Older Scripture in Revelation

Adela Yarbro Collins

1. Preliminary Remarks

The first thing I would like to emphasize is that the author of the book of Revelation drew upon a variety of traditions and practices known to him in his diverse cultural milieu. Although the scriptures of Israel play a major role in the book, he also drew upon post-biblical Jewish, Greek, and Roman traditions.[1]

The second point to note is that John drew upon a wide variety of books from the Jewish scriptures (or their re-oralized traditions). For example, he uses "the tree of life" from the depiction of Paradise in Genesis in describing the new Jerusalem.[2] He adapts the ten plagues from the book of Exodus in presenting seven eschatological plagues.[3] In this paper, however, I will focus on a selection of allusions to the prophets. Among them I include Daniel because of its importance in Revelation.

2. John and the Prophets

The first verse of the book of Revelation already echoes Daniel. John's noun "revelation" may have been inspired by Daniel's statement that there is a God in heaven who "reveals mysteries."[4] John's phrase "what must happen soon"

---

[1] A. YARBRO COLLINS, Portraits of Rulers in the Book of Revelation, in: R. Deines/J. Herzer/K.-W. Niebuhr (eds.), Neues Testament und hellenistisch-jüdische Alltagskultur. Wechselseitige Wahrnehmungen III. Internationales Symposium zum Corpus Judaeo-Hellenisticum Novi Testamenti, WUNT 274, Tübingen 275–99; eadem, The Combat Myth in the Book of Revelation, Harvard Dissertations in Religion 9, Missoula 1976 (reprinted Eugene, OR: Wipf and Stock, 2001). See also the relevant articles in this volume.

[2] Cf. Rev 22:2 with Gen 2:9; 3:22–24.

[3] Cf. Rev 9:20; 15:1–16:21 with Exod 7:14–12:32.

[4] The participle ἀποκαλυπτῶν with the object μυστήρια occurs in both the Old Greek and Theodotion of Dan 2:28 and 29.

affirms the speedy fulfillment of Daniel's "what must happen at the end of days."[5] Finally, Daniel declares, "the great God has made known to the king the things that will be in the last days."[6] John uses the same verb with Christ as the subject, "and he made (it) known through his angel to his servant John."[7]

John again alludes to Daniel in the prophetic saying that follows the epistolary prescript, "Look, he is coming with the clouds."[8] John uses the present tense for a future event in order to express a vivid, realistic confidence in the speedy fulfillment of the oracle.[9] His use of the preposition "with" agrees with Theodotion.[10] The most striking thing about this allusion is its lack of an explicit subject of the verb. That lack is filled later in the first chapter.

In the text of Revelation, this initial allusion to Dan 7:13 is combined with an evocation of Zechariah 12, "and every eye will see him, including those who pierced him, and all the tribes of the earth will mourn over him." (Zech 12:10–14). In Revelation, the subject of the "seeing" is broadened from the house of David and the inhabitants of Jerusalem to "every eye." Similarly, the subject of the mourning has been expanded to "all the tribes of the earth." In Zechariah, the inhabitants of Jerusalem mourn in a spirit of compassion and supplication. John's interpretation lacks any reference to compassion. A spirit of supplication may be implied. Those who do not adhere to the God of Israel and to Christ will mourn when they see his exaltation. They probably mourn because they perceive that he is about to condemn and punish them.[11]

The first section of the body of Revelation consists of an epiphany of Christ (cf. Rev 1:9–3:22). John sees "seven golden lamp-stands," and in their midst "one like a son of man" (1:12–13). It is noteworthy that the author of Revelation does not use the quasi-titular phrase found in all four Gospels,

---

[5] The phrase ἃ δεῖ γενέσθαι ἐπ' ἐσχάτων τῶν ἡμερῶν occurs in both the OG and Theodotion of 2:28 and in 2:29 of the OG. The phrases τί γενέσθαι μετὰ ταῦτα and ἃ δεῖ γενέσθαι alone occur in 2:29 of Theodotion. The latter alone occurs in addition to the longer phrase in the OG of 2:29.

[6] The OG of Dan 2:45 reads, ὁ θεὸς ἐσήμανε τῷ βασιλεῖ τὰ ἐσόμενα ἐπ' ἐσχάτων τῶν ἡμερῶν.

[7] The subject is probably Christ but could be God. Rev 22:16 supports the inference that Christ is the subject here. "Servant" is literally "slave": καὶ ἐσήμανεν ἀποστείλας διὰ τοῦ ἀγγέλου αὐτοῦ τῷ δούλῳ αὐτοῦ Ἰωάννῃ.

[8] For a detailed discussion of the relation of Rev 1:7a to Dan 7:13, see A. YARBRO COLLINS, The 'Son of Man' Tradition and the Book of Revelation, in: J. H. Charlesworth (ed.), The Messiah: Developments in Earliest Judaism and Christianity, Minneapolis 1992, 536–68, esp. 536–42.

[9] Ibid., 541; D. E. AUNE, Revelation 1–5, WBC 52A, Dallas, TX 1997, 50, note 7a.

[10] Theodotion reads μετά, whereas the OG has ἐπί. YARBRO COLLINS, Son of Man Tradition, 541; AUNE, Revelation 1–5, 50, note 7b.

[11] For a discussion of the relation of Rev 1:7 to Zech 12:10–14, Matt 24:30, and John 19:37, see YARBRO COLLINS, Son of Man Tradition, 543–47.

"the Son of Man."[12] Rather, he translates the Aramaic of Daniel with an equivalent phrase in Greek.[13] That the allusion here as an evocation of Dan 7:13 is supported by the attribution of characteristics of the Ancient of Days to this figure in the next verse, indicating a link with another part of Daniel 7.[14]

It is striking that the risen Christ in the first chapter of Revelation is portrayed as similar to both the Ancient of Days and the one like a son of man. The interpretation of the figure who appears to John in Revelation 1 is a challenging and delicate task because it involves the interpretation of images. The similarity between the one like a son of man and the Ancient of Days may be interpreted in a wide variety of ways. One way involves harmonizing this passage with the later Christian creeds. Another way, which I favor, is to interpret this fusion of images in light of comparable texts from the milieu in which John wrote.

The work known as the Similitudes or Parables of Enoch alludes to Daniel's Ancient of Days but transforms the name to the Head of Days.[15] This figure is apparently identical to the Lord of the Spirits mentioned in the same context (1 Enoch 46:3). The two epithets are typically used in the Similitudes to designate the God of Israel.[16] The Head of Days is clearly distinguished from "another, whose face was like the appearance of a man," who is also called "that son of man" (1 Enoch 46:1–2).[17] Here we have a second allusion, this time to Daniel's "one like a son of man." This second figure is similar to the angels: "his face was full of graciousness like one of the holy angels" (1 Enoch 46:1).[18] Yet he has a higher status than they insofar as he is the one the

---

[12] A. YARBRO COLLINS, The Origin of the Designation of Jesus as Son of Man, HTR 80 (1987), 391–407; eadem, The Influence of Daniel on the New Testament, in: J. J. Collins, Daniel, Hermeneia, Minneapolis 1993, 90–112, esp. 96–102.

[13] The phrase is ὅμοιον υἱὸν ἀνθρώπου (Rev 1:13). The OG and Theodotion have ὡς υἱὸς ἀνθρώπου.

[14] In Rev 1:14, the hair of the head of the one like a son of man is white, like white wool, like snow (ἡ δὲ κεφαλὴ αὐτοῦ τρίχες λευκαὶ ὡς ἔριον λευκὸν ὡς χιών). This verse alludes to Dan 7:9 and transfers the "white as snow" from the raiment of the Ancient of Days to his hair. In the relevant part of 7:9, the OG reads καὶ παλαιὸς ἡμερῶν ἐκάθητο ἔχων περιβολὴν ὡσεὶ χιόνα, καὶ τὸ τρίχωμα τῆς κεφαλῆς αὐτοῦ ὡσεὶ ἔριον λευκὸν καθαρόν. The first four words of Theodotion are the same but that version continues with καὶ τὸ ἔνδυμα αὐτοῦ ὡσεὶ χιὼν λευκόν, καὶ ἡ θρὶξ τῆς κεφαλῆς αὐτοῦ ὡσεὶ ἔριον καθαρόν.

[15] 1 Enoch 46:1; G. W. E. NICKELSBURG/J. C. VANDERKAM, 1 Enoch: A New Translation based on the Hermeneia Commentary, Minneapolis, 2004, 59 and note c.

[16] G. W. E. NICKELSBURG, 1 Enoch 1: A Commentary on the Book of 1 Enoch, Chapters 1–36; 81–108 (Hermeneia; Minneapolis, MN: Fortress, 2001), 43.

[17] NICKELSBURG/VANDERKAM, 1 Enoch, 59.

[18] NICKELSBURG/VANDERKAM, 1 Enoch, 59.

Lord of Spirits has chosen to execute judgment on sinners, presumably as God's delegate or agent (1 Enoch 46:3–8).[19]

In the *Apocalypse of Abraham*, an angel by the name of Iaoel guides Abraham on his heavenly journey.[20] In this work, Iaoel is both the name of this angel and a name of God.[21] Abraham hears the voice of God saying, "Go, Iaoel of the same name, through the mediation of my ineffable name, consecrate this man for me and strengthen him against his trembling."[22] Abraham, then remarks, "The angel he sent to me in the likeness of a man came."[23] A little later, Abraham describes the angel as follows, "The appearance of his body was like sapphire, and the aspect of his face was like chrysolite, and the hair of his head like snow. And a [headdress] (was) on his head, its look that of a rainbow, and the clothing of his garments (was) purple; and a golden [scepter] (was) in his right hand."[24] The sapphire and rainbow evoke the one seated on the chariotthrone in Ezekiel (Ezek 1:26–38). The scepter suggests governing power. The name of this angel, as well as his appearance, leads to the conclusion that he is the highest angel, God's deputy, appointed to exercise God's power and authority in his place.[25]

The figure of Iaoel is a very interesting analogy to the risen Christ in the first chapter of Revelation. Both figures have features characteristic of the Ancient of Days yet they are not identical with the God of Israel. The Similitudes of Enoch does not apply attributes of the Ancient of Days to the humanlike figure of Daniel 7. It explicitly states, however, that the Son of Man will exercise judgment, an activity that is typically ascribed to God in the Hebrew Bible. In Revelation also the execution of judgment is an activity ascribed to the figure in human form identified with the risen Christ.[26] These roughly contemporary texts suggest that the fusing of images in the descrip-

---

[19] NICKELSBURG/VANDERKAM, 1 Enoch, 60.

[20] *Apocalypse of Abraham* 10:1–17; 15:1–29:21; R. RUBINKIEWICZ, "Apocalypse of Abraham," in: J. H. Charlesworth (ed.), The Old Testament Pseudepigrapha (2 vols.), Garden City, NY 1983–85, 681–705, especially 693–94, 696–704. See also A. PENNINGTON, The Apocalypse of Abraham, in: H.F.D. Sparks (ed.), The Apocryphal Old Testament, Oxford 1984, 363–91, especially 376–77, 379–90; Steven L. MCKENZIE, Jaoel, in: D. N. Freedman (ed.), Anchor Bible Dictionary (6 vols.), New York 1992, 3.641. Rubinkiewicz (683) and McKenzie date the work to the late first or early second century CE; Pennington to some point between 70 and 350 CE (366–67).

[21] *Apocalypse of Abraham* 10:3, 8; 17:13.

[22] *Apocalypse of Abraham* 10:3; RUBINKIEWICZ, 693.

[23] Ibid.

[24] Ibid., 11:2–3; 694 and notes b and c to chapter 11.

[25] Cf. MCKENZIE, Jaoel, 641, citing G.H. BOX, The Apocalypse of Abraham, New York 1918) xxv–xxvi. See also L.W. HURTADO, One God, One Lord: Early Christian Devotion and Ancient Jewish Monotheism, Philadelphia 1988, 79–80, who transliterates the angel's name as Yahoel.

[26] See especially Rev 19:11–16.

tion of the one like a son of man in Revelation expresses the idea that Christ is God's deputy, the one to whom God delegates activities such as judging sinners.

As is well known, John depicts the singularity of the Roman Empire by rewriting Daniel's vision of four beasts coming up out of the sea (Dan 7:2–8). Instead of depicting four beasts representing four kingdoms, John combines their features to describe one horrific beast that represents an empire greater and more fearsome than any of Daniel's four. John also refers to this empire with the code name "Babylon," thus invoking prophetic texts concerning the earlier imperial city. This code name was selected because agents of the Roman emperor destroyed Jerusalem in John's time, just as agents of the ruler of Babylon did at an earlier time.[27]

The first use of the code name occurs in chapter 14, where John sees three angels flying in midheaven, each making a proclamation in turn. The second angel declares, "Fallen, fallen is Babylon the great, who has caused all the nations to drink of the wine of her passionate whoring" (Rev 14:8).[28] John's phrase "Fallen, fallen is Babylon the great" echoes the Hebrew of Isa 21:9 in its repetition of the verb.[29] The claim that the new Babylon had caused all the nations to drink wine associated with fornication may have been inspired by Jeremiah's remark, "Babylon was a golden cup in the Lord's hand, making all the earth drunken; the nations drank of her wine, and so the nations went mad," since the following verse announces, "Suddenly Babylon has fallen and is shattered."[30]

The fall of the new Babylon is predicted in more detail in the account of the seventh bowl: "And the great city split into three parts, and the cities of the nations fell. And Babylon the great was remembered in the presence of God, and she was given the cup of the wine of the wrathful anger of God" (Rev 16:19).[31] This oracle picks up the angel's announcement in chapter 14 and prepares for the detailed treatment of the judgment of Babylon in the following chapters.

---

[27] A. YARBRO COLLINS, Crisis and Catharsis: The Power of the Apocalypse, Philadelpia, PA 1984, 57–58.

[28] Translations from the Greek NT and LXX are mine; those from the Hebrew are from the NRSV.

[29] John has ἔπεσεν, ἔπεσεν Βαβυλών. Isa 21:9 MT reads נפלה נפלה בבל. The Greek reads, πέπτωκεν Βαβυλών. The original historical setting of Isa 21:1–10 is difficult to determine; see J. BLENKINSOPP, Isaiah 1–39, AB 19, New York 2000, 326–27.

[30] Jer 51:7–8 MT; LXX Jer 28:7–8. In verse 7, the Greek reads ἐσαλεύθησαν rather than a verb signifying madness. In verse 8 the Greek has ἔπεσεν like Revelation instead of the verb πέπτωκεν found in Isa 21:9 LXX.

[31] The breaking of the city into three parts may be understood as a result of the great earthquake mentioned in the previous verse; so D. E. AUNE, Revelation 6–16, Word Biblical Commentary 52B, Nashville, TN 1998, 862, 900.

At the beginning of chapter 17, one of the seven angels who had the seven bowls comes to John and offers to show him "the judgment of the great whore who is seated by many waters."[32] This phrase echoes Jer 51:14, "You who live by mighty waters, rich in treasures, your end has come."[33] Since Jeremiah's oracle is spoken against "the inhabitants of Babylon," this allusion identifies the woman of Revelation as the new Babylon.[34] This inference is confirmed by 17:5, which declares, "And upon her forehead, a name (is) written, a mystery, Babylon the great, the mother of whores and of the abominations of the earth."

In the Hebrew Bible and the Septuagint, the term "whore" (and the related verb) is most often used of Israel, Samaria, Judah, and Jerusalem.[35] On two occasions it is used of foreign cities: Nineveh in the book of Nahum and Tyre in Isaiah 23. In both Nahum and Isaiah 23, the literary context suggests a variety of reasons for the use of language about whoring. At the beginning of the relevant oracle against Nineveh in Nahum, bloodshed, deceit, and plunder are mentioned (Nahum 3:1). The immediate context has a different nuance:

> Because of the countless fornications of the whore, beautiful and pleasing, mistress of sorcery, who sells nations through her fornication and peoples through her sorcery, I am against you, says the Lord of hosts, and will lift up your skirts over your face; and I will let the nations look on your nakedness and kingdoms on your shame. I will throw filth at you and treat you with contempt, and make you a spectacle. Then all who see you will shrink from you and say, "Nineveh is devastated; who will bemoan her?" Where shall I seek comforters for you? (Nahum 3:4–7)[36]

The language here is open to a number of interpretations. The previous references to bloodshed and plunder link the oracle to the violent military conquests of the Assyrians.[37] In this light, the beauty and pleasing allure of the personified city may express the attraction exercised by power and dominance. In the immediate context of the whoring imagery, however, the language of "selling nations" suggests that it has to do with trade or some other kind of commercial interaction.

---

[32] Rev 17:1, τὸ κρίμα τῆς πόρνης τῆς μεγάλης τῆς μεγάλης τῆς καθημένης ἐπὶ ὑδάτων πολλῶν.

[33] Jer 51:13 MT. The LXX (Jer 28:13) reads, κατασκηνοῦντας ἐφ' ὕδασι πολλοῖς καὶ ἐπὶ πλήθει θησαυρῶν αὐτῆς· ἥκει τὸ πέρας σου ἀληθῶς εἰς τὰ σπλάγχα σου.

[34] Jer 51:12 MT; 28:12 LXX (οἱ κατοικοῦντες Βαβυλῶνα).

[35] Hos 4:10–19 (Israel); Isa 1:21 (Jerusalem); Isa 57:3 (the postexilic community in Judah); Jer 3:3 (Israel and Judah); Ezek 16:30, 31, 35 (Jerusalem); Ezek 23:43, 44 (Samaria and Jerusalem).

[36] I have revised the NRSV translation of the Hebrew in light of some features of the Greek version.

[37] On the date of Nahum, see K. J. CATHCART, Nahum, Book of, Anchor Bible Dictionary, 4.998–1000, especially 998–9.

Isa 23:1–14 is "an ironic injunction to others to lament."[38] This passage may have been a model for Revelation 18, which is also an ironic lament.[39] The poem of Isa 23:1–14, however, does not use imagery of whoring. Such imagery occurs in the later addition in verses 15–18.[40] These verses envision an improvement in the condition of Tyre, seventy years after the destruction described in the preceding poem:

At the end of seventy years, it will happen to Tyre as in the song about the whore: Take a harp, go about the city, you forgotten whore! Make sweet melody, sing many songs, that you may be remembered. At the end of seventy years, the Lord will visit Tyre, and she will return to her trade, and will whore with all the kingdoms of the world on the face of the earth. Her merchandise and her wages will be dedicated to the Lord; her profits will not be stored or hoarded, but her merchandise will supply abundant food and fine clothing for those who live in the presence of the Lord.[41]

It is somewhat paradoxical that the trade and merchandise of Tyre is associated with whoring yet will be dedicated to the Lord and used by the people of the Lord. A reason for the use of imagery of whoring may be found in the preceding poem:

Who has planned this against Tyre, the bestower of crowns, whose merchants were princes, whose traders were the honored of the earth? The Lord of hosts has planned it—to defile the pride of all glory, to shame all the honored of the earth (Isa 23:8–9).

From this point of view, it is not trade and merchandise themselves that are problematic. Rather, it is the pride of the people of the city that is offensive. This interpretation explains the reversal by which it is the people of the Lord who will enjoy the profits of Tyre's trade.

The additional verses, however, speak about Tyre returning to her trade and whoring with all the kingdoms of the world on the face of the earth. Such language implies that there is something wanton or immoral about trade. This implication may be due to the assumption that dishonesty and exploitation are inevitably involved in intercity or international trade. Another possibility is that the whoring metaphor expresses a conservative social perspective that

---

[38] BLENKINSOPP, Isaiah 1–39, 344.

[39] The two texts also share references to merchants, trade upon the sea, and princes, rulers, or kings; merchants: Isa 23:8; Rev 18:3, 11 (ἔμποροι in LXX and Revelation); trade upon the sea: Isa 23:2–3; Rev 18:17, 19; rulers: Isa 23:8 (MT: whose merchants were princes; LXX: whose merchants were glorious rulers of the earth), kings of the earth: Rev 18:3, 9.

[40] The poem of Isa 23:1–14 is difficult to date. It may come from the neo-Assyrian period, the Babylonian period, or even the Hellenistic period; Blenkinsopp, Isaiah 1–39, 344–5. The addition in vv. 15–18 is relatively later, so could come from the Babylonian, Achaemenid, or Hellenistic period (345).

[41] Isa 23:15b–18; trans. NRSV. Blenkinsopp (Isaiah 1–39, 341–2) translates "to puncture all pride and splendor," following 1QIsaᵃ. See also Ezek 28:16–18, part of a lament over Tyre, which attributes its downfall to violence, pride, and injustice in trade.

values wealth resulting from land more highly than wealth deriving from commerce.[42] Finally, economic changes may be viewed in moral terms.[43]

The significance of the "whore" metaphor in Revelation 17 may be found in verse 2: "the kings of the earth went whoring [with her] and the inhabitants of the earth became drunk with the wine of her whoring." This imagery could signify the great attractiveness of Rome's power and wealth. The language of whoring and drunkenness implies that all who dwell on the earth, including kings, took leave of their senses and acted irrationally in seeking to fulfill their desires, desires that the woman was able to satisfy.

In the portrayal of the great whore's downfall in chapter 18, one of the reasons for the judgment against her is that "all the nations have collapsed because of the wine of her passionate whoring" (18:3).[44] Another reason is that "all the nations have been deceived by" her sorcery (18:23). The reference to "Babylon's" sorcery may be an allusion to Isa 47:9.[45] The context in Isaiah suggests that the sorceries and enchantments of personified Babylon were insufficient to guarantee her safety and security. The statement in Revelation 18:23, however, picks up and forms an inclusio with the remark about all the nations falling down drunk because of the wine of her passionate whoring in 18:3. This intratextual relationship suggests that her "sorcery" in

---

[42] CF. R. M. ROYALTY, Jr., The Streets of Heaven: The Ideology of Wealth in the Apocalypse of John, Macon, GA 1998, 102–11, 209–10.

[43] M. L. CHANEY has argued that in the eighth century B.C.E. the kings of Israel and Judah (Jeroboam II and Uzziah), reorganized their economies to facilitate participation in international trade. The creation of more efficient, large farms destroyed the old system of subsistence farming by the peasants and made their lives less stable and secure; "Bitter Bounty: The Dynamics of Political Economy Critiqued by the Eighth-Century Prophets," in N. K. Gottwald/R. A. Horsley (eds.), The Bible and Liberation: Political and Social Hermeneutics, rev. ed., Maryknoll, NY 1993 250–63; idem, Micah–Models Matter: Political Economy and Micah 6:9–15, in: P. F. Esler (ed.), Ancient Israel: The Old Testament in Its Social Context, London 2005, 145–60, especially 146–149. For an analysis of similar changes in the economy of Judea in the first century C.E., see M. GOODMAN, The Ruling Class of Judea: The Origins of the Jewish Revolt against Rome A.D. 66–70, Cambridge 1987, 51–75. See also K. HOPKINS, Taxes and Trade in the Roman Empire (200 B.C. – A.D. 400), JRS 70 (1980), 101–25. He describes the hardship imposed on simple cultivators by the Roman imposition of money taxes and their expenditure outside the region where they were levied (101). For a defense of the market economies of ancient Israel and Judah and criticism of the prophets' economic and social views, see M. SILVER, Prophets and Markets: The Political Economy of Ancient Israel, Social Dimensions of Economics, Boston et al. 1983, 247–51. I am grateful to Peter Machinist for calling the studies of Chaney and Silver to my attention.

[44] The variant πεπτωκα(σι)ν is to be preferred over πεπωκαν, contra Nestle-Aland[27] and with D. E. AUNE, Revelation 17–22, WBC 52C, Nashville, TN 1998, 966, note 3c. In 18:3 and 14:8, θύμος means "intense passion" (contra the NRSV and with AUNE, ibid.), whereas in 14:10 it means "fury, intense anger." In the former two passages, the word refers to the desire experienced and awakened by the whore; in the latter it refers to the wrath of God.

[45] AUNE, Revelation 17–22, 1010.

18:23 alludes to a specific kind of magic, love spells of attraction[46] or spells for binding a lover.[47] In this case the term "sorcery" (φαρμακεία) has a metaphorical sense, like the woman's whoredom.

Although there are other interesting allusions to prophetic passages, I shall conclude with a discussion of the fate of the whore as portrayed in chapter 17. The last verse of the chapter identifies her explicitly with "the great city that rules over the kings of the earth" (Rev 17:18). The brief description of her destruction in 17:16 has been controversial. Marla Selvidge and Tina Pippin have approached it with feminist critiques, speaking of rape, misogyny, and sexual murder.[48] Barbara Rossing has argued against them that the emphasis here is not on a woman's body but on the destruction of a city and the collateral ecological damage.[49]

The hermeneutical key to the account of Rome's destruction is given in the following verse: "For God put it into [the] hearts [of the ten kings] to do his purpose and to carry out a single purpose and to give their kingly power to the beast until the words of God are accomplished" (Rev 17:17). In light of this statement, the preceding description of the devastation of Rome appears to be a concise fusion of several prophetic passages, interpreted as predictions of events of the last days. Thus, the original application of the imagery need not control the eschatological prophetic interpretation. The idea that the kings and the beast "will hate the whore" may allude to Ezek 23:28–29:

For thus says the Lord God: I will deliver you into the hands of those whom you hate, into the hands of those from whom you turned in disgust; and they shall deal with you in hatred, and take away all the fruit of your labor, and leave you naked and bare.[50]

This speech is addressed to Oholibah (representing Jerusalem), who whored after various lovers. The idea that Rome will be made "bare," "desolate," or

---

[46] See, e.g., PGM IV.94–153; English translation in H. D. BETZ (ed.), The Greek Magical Papyri in Translation, 2nd ed., Chicago/London 1992, 39–40. This spell may be used with either a woman or a man as object.

[47] See, e.g., PGM IV.296–466; English translation in BETZ, Greek Magical Papyri, 44–47 (a woman is the object); for love spells of attraction in which a man is the object, see A. AUDOLLENT (ed.), Defixionum Tabellae, Paris 1904; (repr. Frankfurt am Main 1967) nos. 270–1 (pp. 370–7).

[48] M. J. SELVIDGE, Powerful and Powerless Women in the Apocalypse, Neot 26 (1992), 157–67; Selvidge speaks of "rape, fire, and cannibalism (164); T. Pippin, Death and Desire: The Rhetoric of Gender in the Apocalypse of John, Literary Currents in Biblical Interpretation, Louisville, Ky. 1992, 58, 60–4, 83.

[49] B. R. ROSSING, The Choice between Two Cities: Whore, Bride, and Empire in the Apocalypse, HTS 48; Harrisburg, PA 1999, 87–97.

[50] Trans. NRSV. The Greek version of Ezek 28:29 contains the word γυμνή but not ἠρημωμένη. The word γυμνή is also used in the threatened punishment of the whore in Ezek 16:39.

"laid waste" may come from an oracle against Tyre that begins with Ezek 26:19:

For thus says the Lord God: When I make you a city laid waste, like cities that are not inhabited, when I bring the deep over you, and the great waters cover you, then I will thrust you down into the Pit, ... so that you will not be inhabited or have a place in the land of the living.[51]

The whore of Hosea is threatened as follows:

I will strip her naked and expose her as in the day she was born, and make her like a wilderness, and turn her into a parched land, and kill her with thirst.[52]

The prophecy that they will devour her flesh may have been inspired by the indictment of the wicked rulers of Israel in Micah 3:3:

you who hate the good and love the evil, who tear the skin off my people, and the flesh off their bones; who eat the flesh of my people, flay their skin off them, break their bones in pieces, and chop them up like meat in a kettle, like flesh in a caldron.[53]

Destruction of cities by fire was of course common practice, and John may have witnessed or heard about the burning of Jerusalem by Titus and his troops. He may thus have taken this feature from experience. Or he may have taken Jer 34:22 as a prophecy against Rome, "I am going to command, says the Lord, and will bring them back to this city, and they will fight against it, and take it, and burn it with fire" (Jer 34:22 NRSV).

John's language is actually less violent and less potentially misogynistic than the language of his prophetic models. In the traumatic aftermath of the destruction of Jerusalem and the temple, the conversion of passages originally applied to Israel and Judah to the perpetrator of this recent violence, Rome, is understandable. The transformation of such rhetorical and imaginative passages into actual violence is another matter.

---

[51] Trans. NRSV. The LXX has the words ἠρημωμένη and ἄβυσσος.

[52] Hos 2:3 NRSV; 2:5 in the MT and LXX. According to the Greek, she will be γυμνή and ἔρημος.

[53] Mic 3:2–3 NRSV. The LXX has the phrase κατέφαγον τὰς σάρκα τοῦ λαοῦ μου, which corresponds to the phrase τὰς σάρκας αὐτῆς φάγονται in Rev 17:16. See also Ps 26:2 LXX, where the phrase τοῦ φαγεῖν τὰς σάρκας μου occurs.

From Sodom and Balaam to the Revelation of John

Transtextual Adventures of Biblical Sins

Edmondo F. Lupieri

1

The goal of the present contribution is not to reconstruct the whole history of
the exegesis of the biblical passages regarding Balaam and Sodom in the
various Jewish, Christian and culturally derived contexts,[1] but to try to understand in which ways followers of Jesus, at the end of the first century, may
have understood the two figures so that their mention in the Book of Revelation may be framed in its more logical context.

If we start with Balaam, we can see that the narrative of Num 22–24 had
already been largely expanded prior to the Apocalypse. The relative ambigui-
ty of his figure in the oldest layers of the tradition allowed two opposite
interpretations. According to one, and a positive for him, he was a prophet
who spoke the truth in the name of the true God, Yahweh, even if he was not
a Jew; according to the other he was a deceiver, a man who knew the real
God and the destiny of Israel, but decided to help the lost cause of the enemies of Israel and their fake gods. This second, negative reconstruction of
Balaam is overwhelmingly the most common among the Jewish traditions as
well as among the early followers of Jesus and in the Christian texts.

Indeed, the Gospel of Matthew apparently still makes some use of his
prophecy regarding the "star rising from Jacob" (Num 24:17), but avoids any
direct quotation and even mention of his name.[2] The possibility that Matthew

---

[1] Since the beginning of the new millennium, several good new books have been
dedicated both to Balaam and to Sodom. I found particularly useful: E. NOORT/E.
TIGCHELAAR (EDS.), Sodom's Sin: Genesis 18–19 and its Interpretations, Themes in
Biblical Narrative 7, Leiden 2004; M. CARDEN, Sodomy: A History of a Christian Biblical
Myth, Bible World; London 2004; G. H. VAN KOOTEN/J. VAN RUITEN (eds.), The Prestige
of the Pagan Prophet Balaam in Judaism, Early Christianity and Islam, Themes in Biblical
Narratives 11, Leiden 2008.

[2] See the careful position by T. NICKLAS, Balaam and the Star of the Magi, in: G. H.
van Kooten/J. van Ruiten (eds.), The Prestige of the Pagan Prophet Balaam in Judaism,
Early Christianity and Islam, Themes in Biblical Narratives 11, Leiden 2008, 233–246

also made use of Balaam's prophecy to construct his narrative of the Magi following a rising star is probably the exact reason why we do find some positive Christian and patristic evaluations of Balaam; but this was not the case for Revelation.

2

The most usual interpretation of Balaam is the one that makes him responsible for the Jewish sinful veneration of the Baal of Peor (Num 25:3).[3] In the narrative of the Book of Numbers, the idolatrous sin of the Jews at Peor, caused by the seductive arts of the local women, immediately follows the description of the failed attempt by Balaam to curse the Jews under the suggestion of king Balak (Num 25 after Num 22–24). As happens quite often in biblical exegesis, two conterminous events in the biblical narrative are connected in its interpretation. Balaam soon becomes the one who suggests to Balak to trick the Jews (and particularly the Jews as warriors) to have sex with the beautiful pagan girls of Moab and Midian, in a way that they may be at the same time guilty of idolatry and unfit for battle. Or, at least, this seems to be the most probable scenario to already be supposed as the background for Num 31:16.[4]

Whatever the more or less improbable historical background for the narrative, the sexual implication of the sin at Peor was quite clear already in the wording of Num 25:1 (*zenut / porneia / fornicatio*). Pseudo-Philo, *L.A.B.* 18:13, may be the text that offers the most explicit explanation:

And then Balaam said to him [Balak]: 'Come and let us plan what you should do to them [the Jewish army]. Pick out the beautiful women who are among us and in Midian, and station them naked and adorned with gold and precious stones before them. And when they

---

(esp. the conclusion, p. 246). I also see no need for an echo of Num 24:17 behind Acts 7:37, since Deut 18:15.18 suffices (without any star).

[3] From the Septuagintal and/or Vulgate rendering of the name (Beelphegor), derives Belfagor, the personal name of the arch-devil in Machiavelli's successful novella about the devil who took a wife (and ended up, among other works, in Thackeray's prose, in the homonymous opera by Respighi and recently, although completely transformed, in a French TV serial and later horror film [Belphégor, ou Le phantôme du Louvre]). No doubt the sexual dimension of the sin at Peor was a strong reason for Machiavelli to choose such a successful name.

[4] On this development in the biblical material see E. NOORT, Balaam the Villain: The History of Reception of the Balaam Narrative in the Pentateuch and the Former Prophets, in: van Kooten and van Ruiten (eds.), The Prestige of the Pagan Prophet Balaam in Judaism, Early Christianity and Islam, Themes in Biblical Narratives 11, Leiden 2008, 3–23.

see them and lie with them, they will sin against their Lord and fall into your hands; for otherwise you cannot fight against them.[5]

Apart from the recurring and quite usual mental fixation in biblical and extra-biblical traditions regarding the sexual sin of male Jews with women belonging to other populations,[6] we must observe that the idolatrous implication of the sin of the Jews, although explicitly present in Num 25, is not explicit in *L.A.B.* Apparently, for Pseudo-Philo the main goal of Balaam is to have the Jewish soldiers, who are encamped in the plains of Moab, contaminated according to the Law of Moses (Deut 23:10ff), so that they can be easily defeated.

Nevertheless, the pseudo-philonic details are essential for the text of Rev 2:14, where the suggestion by Balaam becomes a form of "teaching" (*didachē*), since he "taught Balak to throw a *scandalon*[7] in front of the eyes (*enōpion*) of the sons of Israel." The provoking nakedness of the beautiful women from Moab and Midian is the "scandal" seen by the Jewish men. Philo (*Mos.* 1,295–299) and Josephus (*Ant.* iv,126–130) prove that this reading of the biblical narrative could be quite common at the time of John.[8] Both Philo and Josephus, though, even if they stress the seductive power and the tricks used by the non-Jewish girls to lead astray the poor innocent soldiers, do not construct a scene in which the girls are exposed naked to the "sight" of the Jews.[9]

According to John, the double result of the teaching of Balaam to Balak is leading the sons of Israel both to "eat the [animals] sacrificed to the idols

---

[5] D. J. HARRINGTON, Pseudo-Philo, in: J. H. Charlesworth (ed.), The Old Testament Pseudepigrapha II, Peabody, Mass. 1983, 297–377 (326).

[6] A typical element of the Ezra-Nehemiah reform, it is perceivable in many biblical passages, from the criticism of Solomon and his many pagan wives (1 Kgs 11:1–13), to the narrative of the doom of Samson (Judg 16:4–31), but also constitutes the mental background for the Enochic idea that male angels can and do sin with beautiful female humans (*1 En.* 6–10). A superior and pure male reality gets contaminated by feminine impurity. The Gnostic renditions of this mythologeme can illustrate its permanence and success in different religious contexts (e.g. *Ap. John* 29:14–30:10; Epiphanius, *Adv. Haer.* 39.3.1), but their analysis goes far beyond the goals of this contribution.

[7] The Greek term *skandalon* literally has little to do with the "stumbling block" of most contemporary translations. It is a technical term, indicating something (object, sentence, behavior, idea) contrary to the correct interpretation of the Law, something that should cause a "scandalized" reaction in any observant Jew, given its contaminating and perverting potential.

[8] J. W. VAN HENTEN, Balaam in Revelation 2:14, in: G. H. van Kooten/J. van Ruiten (eds.), The Prestige of the Pagan Prophet Balaam in Judaism, Early Christianity and Islam, Themes in Biblical Narratives 11, Leiden 2008, 247–263, esp. 251ff.

[9] For both Philo and Josephus the main sin of the male Jews is the adoption of pagan idolatry in order to have or to keep the women; if I understand correctly *L.A.B.*, though, for Pseudo-Philo just having sex with them renders the Jews impure and unfit for battle.

(*eidōlothyta*) and commit *porneia*." These are already two aspects of the sin in Num 25 and are usually stressed in the exegetical tradition; in the septet of the letters, though, they seem to refer to the sinful behavior of the adversaries of the seer in some of the churches, addressees of the letters. We will come back to the details in Revelation, but I would like to immediately stress that this representative use of the terminology for religious adversaries is also present in the other two explicit occurrences of Balaam's name in the NT: Jude 11 and 2 Pet 2:15f.[10] This means that, towards the end of the first century, among the followers of Jesus, the figure of Balaam could be used in polemical contexts to represent the behavior of the (or some) author's adversaries. Furthermore, we can see that those adversaries were understood as belonging to the same religious reality as the authors, although quite obviously siding with the wrong party. This appears to be also the case in Revelation.

As it has been largely noticed by the critics,[11] the figure of Balaam in Rev 2:14, considered to be the inspiring model for the adversaries in Pergamum, is explicitly connected to the Nicolaitans in that city (2:15) and implicitly to the other Nicolaitans, those in Ephesus (2:6), and to the followers of Jezebel in Thyatira (2:20f.). While the three different names chosen by John may refer to three historically different groups, the analogies among them are very strong. The works (*erga*) and the teaching (*didachē*) of the Nicolaitans are not explicitly described, but we may infer from 2:15 that they are similar to the "teaching" of Balaam and to the acts that derive from it in 2:14: eating *eidōlothyta* and perpetrating *porneia*, which is the old idolatrous sin of Peor.

The figure of Jezebel is more complex. First of all she is a "woman,"[12] a fact which makes her more similar to the foreign seductive women than to Balaam himself. This is reinforced by her name, that of the Sidonian princess and spouse of king Ahab of Israel, who ended up worshiping Baal because of

---

[10] Both Jude and 2 Peter stress that Balaam acted out of greed for the "pay" (offered by Balak). As a negative model in Jude, Balaam's "error / deception" (*planē*) is paralleled to Kore's "protest / rebellion" (*antilogia*) and to Cain's "way / road" (*hodos*), which is followed by Jude's adversaries. In 2 Peter Balaam stands alone and the author dedicates more space to him, since to him alone belongs the "way" followed by the opponents. While the *planē* in Jude may somehow connect Balaam's error to the deception of the erring stars, the planets, whose misadventures are well known to Jude (see vv. 13ff. and our discussion below of vv. 6f.), I wonder if the "way" of 2 Pet 2:15, besides deriving from the metaphorical "Cain's way" in Jude, might also be a result of the scene we have seen in *L.A.B.*, where the exposure of the pagan girls seems to be imagined in an open space, possibly along a road where the Jewish soldiers were expected to come by.

[11] See reference to VAN HENTEN, Balaam (n. 8).

[12] Rev 2:20. The variant reading "your woman" is very old and entered the *koinē* version of the Greek manuscripts. If accepted, it would mean that John considers the "angel of the church in Thyatira," to whom he is addressing the letter, guilty of the same sin of the sinning Enochic angels, who took and kept women even if this was against their nature and the will of God.

her (1 Kgs 16:29–33). The greed of the ancient Jezebel, her idolatry, her support of the pseudo-prophets of Baal, her enmity against Elijah, the true prophet of the only God,[13] and even her grim end,[14] must have been well known among the early followers of Jesus and may have been used also to construct Herodias' literary figure in the Synoptics. John seems to further embroider her image: the Jezebel in Thyatira is a self-styled prophetess (implying that she is not), who "teaches" and "deceives" (verb *planaō*) the servants / slaves of the Lord (apparently some among the followers of Jesus) to perpetrate *porneia* and to "eat *eidōlothyta*." Therefore John's Jezebel assembles in herself the negative qualities of both the foreign women (the OT Jezebel as well as the beautiful girls from Moab and Midian) and of Balaam, whose "teaching" was a "deception."[15] She is also responsible for works (*erga*) which seem to be the same as "prostitution" (*porneia*). Finally, we learn that her teaching probably involves "knowing the depths (of Satan)."[16]

At this point of our analysis we can summarize a first set of data and confidently say that the figure of Balaam in Revelation, thanks to its connection with the OT picture of Balaam and with that of Jezebel (both the OT one and the one in Revelation), represents a group of adversaries of the seer, whose teaching should be considered pseudo-prophetic, is connected with idolatry and involves activities described as eating *eidōlothyta* and committing *porneia*. Those adversaries appear to originate from among the believers in the God of Israel and possibly also from the followers of their Lord, Jesus Christ.

3

The meaning of Sodom in the Book of Revelation should help us proceed further in our analysis. The name appears in Rev 11:8 where, together with "Egypt," it describes the "spiritual" reality of "the city, the great one... where also their Lord was crucified."

---

[13] 1 Kgs 17–22; notice that Elijah was miraculously saved by another Sidonian woman, the widow of Zarephath.

[14] In 2 Kgs 9:30–37; notice that at 2 Kgs 9:22 she is considered a "mother" (of the king), responsible for "prostitutions" (*porneiai*) and "poisons" or "magic filters" (*pharmakoi*). This particular verse makes her the ideal model for the Jezebel of Revelation.

[15] Apparently John distinguishes two kinds of followers of Jezebel: the ones who commit "adultery" (*moicheuō*) with her, and her "children" (she is, then, a mother). Also the punishment for them is different: for the first ones there will be "a great tribulation", while the second ones will meet "death."

[16] The phrase is usually connected to the teaching of the Pauline tradition (Rom 11:33; 1 Cor 2:10), later developed by some Gnostics ([ps.] Hippolytus, *Ref* V, 6 [P. WENDLAND (ed.), Refutatio omnium haeresium (GCS III; Leipzig 1916) 78,3]), but it seems to be at home also in Qumran (*1QM* X 17) and in other apocalyptic texts (*2 Bar.* 14:8).

Scores of passages, from canonical and non-canonical Jewish writings, can be brought to support the idea that Sodom (alone or with Gomorrah), its fate and its sin, could be used around the end of the first century to identify Jerusalem (or at times another Jewish reality), its destiny, and its sinful conduct.[17] Whatever the nature of the sin, a reflection on the destiny of Sodom and its connection with Judaism appears to be quite present also among the early followers of Jesus. For Paul, who in Rom 9:29 quotes Isaiah 1:9 (LXX), only the mercy of God has allowed a remnant of Israel to survive up to that point and not to end up like Sodom and Gomorrah. He thinks Isaiah's words are a prophecy of what is happening at his time, with the Gentiles adhering to the message of the followers of Jesus, while the other Jews are mostly unable to recognize God's providence and accept the salvation announced by Paul and his companions.

That very prophetic context of Isaiah is quoted in the Ascension (Mrtyrdom) of Isaiah 3:10 (apparently a Jewish section of the text which has been reworked in the extant early Christian narrative). There, the devilish adversary of Isaiah, Belkira, accuses Isaiah in front of the evil king Manasseh of having considered himself superior to Moses (because he said he had seen God with no negative consequences) and of having "called Jerusalem Sodom, and the princes of Judah and Jerusalem... the people of Gomorrah."[18]

Throughout the Synoptics, Sodom becomes the model of a Jewish city that refuses to accept the message and Sodom's destiny is menaced upon it in a prophecy attributed to Jesus: this is the case in Luke 10:12 (any city where the 72 disciples will enter) and Matt 10:15, according to which any "city" of the land of Israel[19] whose inhabitants would refuse the mission of the twelve disciples will have to face, "in the day of judgment," a more gruesome destiny than that of "the land of Sodom and Gomorrah." Matt 11:23f. applies similar menaces to Capernaum, while Luke 17:28ff. remembers the flight of Lot from Sodom in a generic context of disregard for the imminent end.[20]

---

[17] E. LUPIERI, A Commentary on the Apocalypse of John (trans. M.P. Johnson and A. Kamesar), Grand Rapids, Mich. 2006 [orig. 1999], 179–180. Particularly, that the end of Sodom and Gomorrah is destined to Jerusalem (and Samaria) as a punishment for their sins is a common statement also in canonical prophetical texts (especially Jeremiah and Ezekiel: Jer 23:14; 49:18; 50:40; Ezek 16:46–56).

[18] E. NORELLI, Ascensio Isaiae: Commentarius, Corpus Christianorum. Series Apocryphorum vol. 8, Turnhout 1995, 160.

[19] Gentiles and Samaritans are to be excluded in that early phase of the diffusion of the message, according to Matt 10:5.

[20] The various Synoptic contexts seem to be connected with some first wave of a (frustrating) missionary activity among Palestinian Jews; it is possible to suppose that there were words of Jesus regarding Sodom (and Gomorrah) that may have been applied to the historical reality of that mission.

We can therefore state that it was conceivable also among the early followers of Jesus to reflect on the destiny of Sodom and to connect that destiny to a Jewish reality of their time, with some awareness that the other Jews could react negatively to that way of thinking, although for at least some followers of Jesus those other Jews were not considered a religious reality separated from their own.

Generations later, *Sib. Or.* vi,21–25 seems to comment on both Matt 10 and Rev 11 in a fully anti-Jewish identification of Israel with Sodom:

> For you alone, land of Sodom, evil afflictions are in store. For with your hostile mind you did not perceive your God when he came before mortal eyes, but you crowned him with a crown from the thornbush, and you mixed terrible gall for insult and drink.[21]

The immediate context of Rev 11, though, does not seem to directly focus on the final destiny of the historical Jerusalem (although it is probably looming in the background), but on the nature of its sin (apparently the crucifixion of the Lord). The nature of the sin of Sodom, therefore, must have been the main reason for the identification in this passage. And since no explanation is explicitly offered by John, we may assume that he must have considered it quite obvious and traditional.[22]

The first text to take into consideration is the *Book of Jubilees*. In its narrative regarding Sodom and Gomorrah, *Jub.* 13:18 not only repeats Gen 13:13 by saying that the inhabitants of Sodom were terrible sinners, but in its very concise rendition of the destruction brought by God, *Jub.* 16:5–6 says:

> And in this month[23] the LORD executed his judgment on Sodom and Gomorrah and Zeboim and all the region of the Jordan, and He burned them with fire and brimstone, and destroyed them until this day, even as [lo] I have declared unto thee all their works, that

---

[21] J. J. COLLINS, Sibylline Oracles, in: The Old Testament Pseudepigrapha (vol. 1; ed. J. H. Charlesworth; Peabody, Mass. 1983), 317–472 (407). At the age of the composition of *Sib. Or.* vi (3rd Cent. CE?), it was normal among the Christians to think that the Jews, not the Romans, were responsible for Jesus' crucifixion and for all the details of his passion. I want to stress that in none of these passages is there any trace of the idea that the sin of the Sodomites is sexual in nature (and even less homosexual); in Luke 17:28, where we find a series of activities that were an obstacle for the Sodomites to understand the coming of their end, we read that people kept "eating, drinking, buying, selling, planting and building"; not even "marrying and getting married" is mentioned, while it is in the parallel description of the human behavior at the time of the Flood in Luke 17:27 (cp. Matt 24:38).

[22] Again, it is not important for this contribution to elucidate the nature of the Sodomites' sin in the narrative of Genesis, but to understand how it was considered at the end of the first century, possibly among the followers of Jesus.

[23] The text is retelling the whole salvation history indicating the events in their succession of jubilees from creation. This is the fourth month of the fifth year of the third [even if the text says mistakenly "fourth"] week of years in this jubilee, corresponding to the year 1979 *ab Or. Mundi* (see R. H. CHARLES, The Apocrypha and Pseudepigrapha of the Old Testament in English [vol. 2], Oxford 1913, 34–37).

they are wicked and sinners exceedingly, and that they defile themselves and commit fornication in their flesh and work uncleanness on the earth. And in like manner God will execute judgment on the places where they have done according to the uncleanness of the Sodomites, like unto the judgment of Sodom.[24]

This text is important for two reasons. First of all, the sin of the Sodomites is interpreted as a sexual misbehavior, since the *porneia* and impurity we have already seen in Balaam's narrative does not seem to be connected with idolatry here. Secondly, there is a prophecy, which curses the destiny of Sodom upon the places where people will commit the same sins as the Sodomites. The validity of the menace is reaffirmed in the following verses (*Jub.* 16:7ff.). Here the incestuous relationship of Lot with his two daughters, somehow justified in Gen 19:30–38, where the old drunk father did not even understand what was going on, is the worst sin since the time of Adam and will cause the "uprooting" of the impure "seed," facing the "judgment of Sodom." This destiny of destruction is "commanded... and engraved... in the heavenly tablets," so that its execution is certain.[25] More than cities, individuals are guilty, and no idolatry appears on the scene.

With Philo's moralistic and detailed description of the cruel destiny of Sodom and its land (*Abr.* 133–141), we find the first clear passage from a sin generically understood as sexual to an explicit understanding of it as a homosexual behavior, caused by excessive richness and consequent relaxation of customs. But God, moved by pity of and love for mankind, decided to eradicate it completely from the face of the earth, killing all the Sodomites, scorching the land, and sending an inextinguishable fire which penetrated deep under its surface, in a way that was still visible in Philo's days.

This position was and remained a minority one in the Late Antiquity.[26] As in the case of Balaam, Jude[27] will help us understand what seems to be a way

---

[24] For reasons of style and literality of translation, I prefer the old rendition by Charles (p. 37); but see O. S. WINTERMUTE, Jubilees, in: J. H. Charlesworth (ed.), The Old Testament Pseudepigrapha II, Peabody, Mass. 1983, 35–142 (88), and J. VAN RUITEN, Lot Versus Abraham. The Interpretation of Genesis 18:1–19:38 in Jubilees 16:1–9, in: E. Noort/E. Tigchelaar (eds.), Sodom's Sin: Genesis 18–19 and its Interpretations, Leiden 2004, 29–46 (36).

[25] The whole adventure of Lot is summarized in these three verses, with the omission of all the details present in Genesis: it looks like the author was just interested in the sexually sinful behavior of his negative heroes. Curiously enough, since the Moabites are the descendents of one of the two sons of the daughters of Lot, Balak, Balaam and the Moabite seductresses of the Jews are the cursed seed of our passage in Jubilees, which therefore creates a sort of first transtextual bridge between the two sinful traditions we are analyzing.

[26] As CARDEN underlines, this interpretation will become the leading one in the late Middle Ages, when the pederastic dimension of the homosexual sin of the Sodomites will be stressed (see as an example the explicit sentence in Ms. P of the version "J" of 2 *En.* at 10:4), in certain cases also to criticize a behavior of the clergy that we would now call pedophilic – as in the Book of Gomorrah that (Saint) Peter Damian, the unflinching

to interpret the nature of the sin of Sodom among some followers of Jesus around the end of the first century. It is worth reporting here a non-biased literal translation of Jude 5–7:

I want to remind you, even if [you] know already everything,[28] that [the] Lord, having saved once the people from the land of Egypt, the second time[29] destroyed the non-believing ones,[30] as well as he has kept – in darkness, in eternal chains for the judgment of the great day – those angels who did not keep their own primacy,[31] but abandoned their specific dwelling, in the same way as Sodom and Gomorrah and the cities around them lay as an example, having undergone a judgment of eternal fire, since they prostituted themselves (*ekporneuō*) in a way similar to theirs [of the angels] and [therefore] went after a different flesh.[32]

This text is highly interesting for a series of reasons. Jude offers three examples of biblical sins, followed by punishment as retribution, to the reflections of his flock: the negative models from past history are the sin of Israel in Exodus/Numbers, the sin of the angels in *1 Enoch*, the sin of Sodom in Genesis. All three sins seem to have something in common (apparently, betrayal of God's trust) and the last two happen in a "similar (*homoion*) way." Both the angels and Sodom (and the other cities) committed *porneia* by "going after a different flesh." The sinful angels had wanted to have sex with the daughters of humans and the sinful inhabitants of Sodom would have wanted to have sex with angels; both categories, angels and humans, had desired flesh differ-

---

reformer of monastic and ecclesiastic life, dedicated to (Saint) Leo IX, about five years after Benedict IX abdicated in 1045. Ironically, while I am writing these notes, Pope Benedict XVI just abdicated and his successor, the newly elected Pope Francis, will have to face the reality of pedophilic priests. It is to be hoped for that an eleventh century text like the one by Peter Damian would convince the ecclesiastical authority that the grim reality of the present is not the result of a recent relaxation of a traditional moral rigidity, a negative result of the waves of freedom brought to the Catholic world by the Second Vatican Council, but has ancient roots in the history of the Church.

[27] Given the fact that the text is so short, the context is practically the same. As we will soon see, 2 Peter introduces changes here that probably modify the interpretation of the nature of Sodom's sin.

[28] This should not be understood as ironic: what the author is going to repeat is common knowledge among his followers.

[29] Or "afterwards" (in this case the reference would be generic, to all the times in which God punishes Israel in the desert and in Canaan).

[30] Possibly the rebellion of Korah (Num 16)?

[31] I interpret *archē* as their superior nature, their "primacy" in comparison with humans and other creatures.

[32] See also J. A. LOADER, A Tale of Two Cities: Sodom and Gomorrah in the Old Testament, Early Jewish and Early Christian Traditions, Contributions to Biblical Exegesis and Theology, Kampen 1990, 122–124.

ent from their own.[33] That sinning angels had bodies and flesh is quite normal in *1 Enoch*,[34] but why should humans want to have sex with them? Because this is the sinful answer to the sinful desire of the fallen angels: humans answer to the desire of the angels by behaving in a "similar way." If we then think that the fallen angels (and the spirits of their offspring) are the spirits of this world and the gods of the heathens, the sympathetic human answer to their wish is nothing else than idolatry. But, given the fact that Israel, mostly considered female in prophetic biblical contexts, is the spouse of her God, when she commits the sin of idolatry, she is immediately guilty of *porneia* (any illicit sexual relationship) and particularly of adultery (*moicheia*).[35]

At this point of our reasoning, we can state that the sexual language used by Jude to depict the despicable behavior of Sodom (and the other cities), as a model for the sinful behavior of Israel, eventually depicts the much worse sin of idolatry. The whole discussion, finally, is oriented against his adversaries who, according to Jude, are introducing some new and different teaching among the followers of Jesus.[36]

---

[33] It is ironic that this passage is usually exploited in the criticism of homosexuality, while the text does not talk of the same (*homē*) flesh, and not even of a similar (*homoia*) one, but of a different (*hetera*) one. Indeed, it is difficult to imagine a sin more "heterosexual" than this one.

[34] And it appears, even quite graphically, in different traditional strata of the narrative: see *1 Enoch* 6–7 (Book of the Watchers); 69:5 (Book of the Similitudes); 86:4 (Book of the Dream Visions). That there is a "spiritual flesh," different from the "flesh of the world," is clearly stated in the Coptic *Apoc. of Elijah* 5:22. Also Paul is convinced that there are different kinds of "flesh" (1 Cor 15:39), but he seems to think that "flesh" is a characteristic of the "earthly" (*epigeios*) life, while the difference of the "animal" (*psychikos*) from the "celestial" (*epouranios*) and/or "spiritual" (*pneumatikos*) dimensions is a difference of "bodies," which can be distinguished on the basis of their "glory" (1 Cor 15:40f.44). Since Paul does believe that "flesh and blood cannot inherit the kingdom of God" (v. 50), he would have probably not spoken of "flesh" for angels, but we can suppose that sinning angels, having abandoned their celestial glory, did transform their bodies assuming some kind of earthly flesh. Over time, this transformability remained a quality of the Principle of Evil, able even to present itself as male or female, to seduce both women and men (see, as an example, the Mandaic *Right Ginza* 12:6; Engl. transl. in: E. LUPIERI, The Mandaeans: The Last Gnostics, Grand Rapids 2002, 180), while Paul's words became the field for vigorous theological discussions (e.g. Origen, *Princ.* 2.3.7).

[35] See the biblical passages quoted in n. 17.

[36] This different teaching includes "reviling" and "scorning" angelic entities (Jude 8), while the holy angels of God, like Michael, refrain from doing it (Jude 9). The whole context is apparently reworked by 2 Peter, the author of which downplays the Enochic and non-Mosaic dimension of Jude's reflections. He too, writing against the "false teachers" of his time, who are similar to the "false prophets" of the past, mentions a series of divine punishments and some salvific intervention by God: he remembers the fact that God "did not spare" the sinning angels (2:4), nor the "ancient world" (*archaios* means "the ancient one," but also "the one that was in principle"), but saved Noah (2:5), and then "condemned

The exemplarity of the sin of Sodom for the behavior of some among the people of Israel, based upon a presumed prophecy of Enoch and expressed with sexual imagery, appears in at least three passages of the *Testaments of the XII Patriarchs*, all of them reworked by Christian editors. While a precise analysis of the texts is beyond the immediate scope of this contribution, it is nevertheless useful to note the success of the idea, its constant connection with a Jewish reality contemporary to the authors and editors, and the special relationship with some Enochic tradition nowadays apparently unknown to us.[37] Needless to say, the sexual images in the various contexts do not refer to

---

the cities of Sodom and Gomorrah" (other cities are not mentioned) making them an example for the destiny of future sinners (2:6), but saved Lot, who was "righteous" (and 2 Peter spends some time in explaining why Lot was suffering because of the unrighteousness of the inhabitants of his town; 2:7f.). He too, then, accuses the adversaries of "reviling" angelic entities, while, in his opinion, the angels do not do the same. Even further, the holy angels of God not only do not revile the fallen angels (who, differently from Jude 9, are not mentioned here), but do not even condemn the sinful human adversaries of the author (2:9b–11). Therefore the sin of Sodom is still remembered, although without any description, but – thanks also to the insertion of the memory of the flood and of Noah between the sin of the angels and that of Sodom – this last one is no more directly connected to the sin of the fallen angels. Finally, regarding the human capability of "reviling angels," there were probably discussions about at least two different possibilities: the one of negative human figures sinfully attacking or improperly judging angelic entities (apparently both evil and good; as examples: Dan 8:10; *1 En.* 46:7; our passages) and also the one of positive human figures participating (with the Son of Man or other eschatological figures) in the final judgment, where also angels were expected to be condemned (as an example: 1 Cor 6:3). Similar to the first position is the attitude of the Antichrist in the Coptic *Apoc. of Elijah* 4:10, while an example of a text that explicitly describes "shaming" and "reviling" an angel as a positive act, is that of *Apoc. Abr.* 13–14, where first Iaoel, the angel who bears "the same Name (as God)," and then Abraham do so with Azazel (a chief of the fallen angels according to *1 En.*). Could the text of Jude be considered a supporting element for the early existence of the tradition testified to by *Apoc. Abr.*?

[37] "And now, my children, I know from the writing of Enoch that in the end you will act impiously against the Lord... For your father, Israel, is pure with respect to all impieties of the chief priests, who laid their hands on the Savior of the world, as heaven is pure above the earth... You plunder the Lord's offerings... you steel choice parts, contemptuously eating them with whores (*pornai*). You teach the Lord's commands out of greed for gain; married women you profane; you have intercourse with whores and adulteress (*pornai kai moicha-lides*). You take the daughters of the nations for your wives, and your sexual commixture will become like Sodom and Gomorrah. You will be inflated with pride... You will deride the sacred things. Therefore the sanctuary... shall become desolate through your uncleanness, and you will be captives in all the nations" (*T. Levi* 14:1–15:1). "Sun, moon, and stars do not alter their order; thus you should not alter the Law of God by the disorder of your actions. The nations, because they wandered astray and forsook the Lord, have changed their order, and have devoted themselves to stones and woods... But you, my children, shall not be like that... [you should] discern the Lord who made all things, so that

homosexuality, but to committing idolatry (*T. Naph.*) or to getting gentile
and/or loose women as wives (*T. Levi*; *T. Benj.*), a "sin" that can be traditionally connected again with idolatry, as we have seen.

                                    4

If the sin of Sodom in Jude and some other texts is basically idolatry, expressed in traditionally prophetic sexual imagery, and if it is the model as
well for the sin of contemporary adversaries, possibly from a Jewish background, can this help us understand the passage of Revelation we began with
and possibly some of the images of the last book of the NT?

The presence of Enochic tradition in the Book of Revelation should be
quite solidly perceivable, especially in its angelology.[38] Since in all the texts
we have discussed, the sin of Sodom as idolatry in sexual terms seems to be
tied to an Enochic background, can we suppose the same for Revelation? And
can the nature of the adversaries be the same, or at least comparable?

A first hint that a similar way of thinking is present in Revelation can be
derived from the way John describes the 144 chiliads[39] of men, the army of
the Lamb: they are "virgin," "immaculate," and "have not contaminated

---

you do not become like Sodom, which changed the order of her nature. Likewise the
Watchers changed the order of their nature; and the Lord pronounced a curse on them at
the Flood... I say these things... because I have read in the writing of Enoch that you also
will stray from the Lord, proceeding in accord with every lawless habit of the nations and
committing every wickedness of Sodom. And the Lord will impose captivity upon you and
you shall serve your enemies" (*T. Naph.* 3:2–4:2). "From the words of Enoch the
Righteous I tell you that you will commit *porneia* like the *porneia* of Sodom and will
perish, with few exceptions. You shall resume your actions with loose women, and the
kingdom of the Lord will not be among you... But in your allotted place will be the temple
of God, and the last temple will exceed the first in glory... until the Most High shall send
forth his salvation through the visitation of an only-begotten prophet. And he shall enter
the first temple, and there the Lord will be abused and will be lifted up on a wood. And the
temple curtain shall be torn... And he shall ascend from Hades..." (*T. Benj.* 9:1ff.). Taken
from H. C. KEE, Testaments of the Twelve Patriarchs, in: J.H. Charlesworth (ed.), The Old
Testament Pseudepigrapha I, Peabody, Mass. 1983, 775–828, checked using R.H.
CHARLES, The Greek Versions of the Testaments of the Twelve Patriarchs, Oxford 1908,
55–58; 149ff.; 226f. and modified accordingly.

[38] Given the angelic nature of "stars," the falling or fallen stars of Revelation should represent falling or fallen angels. Discussions and bibliography in my "Esegesi e simbologie
apocalittiche," ASE 7/2 (1990), 379–396; cp. E. LUPIERI, Apocalisse di Giovanni e tradizione enochica, in: R. Penna (ed.), Apocalittica e origini cristiane: atti del V Convegno di
studi neotestamentari, Seiano, 15–18, settembre 1993 (Ricerche Storico Bibliche 1995/2;
Bologna 1995), 137–150, and LUPIERI, Commentary (n. 17), passim.

[39] The term chiliad is a military technical definition of a contingent of thousand men.

themselves with women" (7:4–8; 14:4f.). The opposite counterpart of the fallen angels, these "men" not only do what the angels should have done, but also show a behavior contrary to that of the Sodomites. The correct human answer to the sin of the angels and to human idolatry is exactly their "virginity."[40] They are not the totality of the saints, though, but they are its Jewish part (the totality being, probably, the "great throng, which no one could count it, from all nations and tribes and peoples and languages:" 7:9). They are not the totality of Israel, either, but its "first fruits," 12 chiliads from each tribe. As the Sodomites are mostly the types for sinning Jews in the texts we have seen, the 144 chiliads seem to be their countertype in Revelation, the model of the saints from Israel.

What is then Sodom for John? Like "Egypt,"[41] it represents the degeneration of Jerusalem. And this is also "the great city." In most passages of the Book, this great city is called Babylon, and is presented as a prostitute (*pornē*), actually the "great one." If the Beast in the desert represents Satan and its idolatrous and heathen incarnation in the political and military power on earth, particularly the Roman empire at the time of John,[42] it should not be a surprise if the sinful and degenerated Jerusalem (or the woman – Israel)[43] takes over the names and the attributes of the negative feminine realities of Sodom, Egypt,[44] Babylon,[45] all guilty of idolatry. And, given what we have

---

[40] In a spiritual world in which human saints are expected to take the place of the fallen angels (*Apoc. Abr.* 13–14), they become a substitution for the angelic army which should accompany the Lord "wherever he goes" (in heaven and on earth).

[41] See E. LUPIERI, A Beast and a Woman in the Desert, or The Sin of Israel: A Typological Reflection, (to be published in: E. Mason/A. Lucas/E. Lupieri (eds.), The Reception of Golden Calf Traditions in Early Judaism, Christianity, and Islam, Themes in Biblical Narrative, Leiden 2015 [expected]).

[42] The description of the Beast from the Sea contains the main details of the four beasts / kingdoms of Dan 7; it should therefore be the epitome of all of them.

[43] It is worth mentioning that the traditional biblical way of representing Jerusalem as a woman was still well alive at the time of John, as shown by *4 Ezra* 9:38–10:59. The image will be soon Christianized with "the Church" being "she" or not connected with the new and eschatological Jerusalem.

[44] Egypt is feminine in Hebrew and Greek.

[45] In recent and contemporary Italian scholarship on Revelation, the minority position which identifies Babylon with a Jewish reality is growing. After the works of E. CORSINI (Apocalisse prima e dopo, Torino 1980; The Apocalypse: The Perennial Revelation of Jesus Christ, Wilmington, Del. 1983; and Apocalisse di Gesù Cristo secondo Giovanni, Torino 2002), and my own commentary (L'Apocalisse di Giovanni, Milano 1999 and Commentary [n. 17]), I would recommend L. ARCARI, "Una donna avvolta nel sole..." (Apoc 12,1). Le raffigurazioni femminili nell'Apocalisse di Giovanni alla luce della letteratura apocalittica giudaica, Padova 2008, fully dedicated to the study of the figure of the Woman in Revelation.

discussed, the fact that she is a "prostitute" comes as a confirmation of the use of sexual images for her sin of idolatry.[46]

There are two further narrative details, though, regarding the prostitute Babylon, that I would like to stress at this point. To the surprise of some critics, the dress of the prostitute in Revelation not only contains white *byssus*, which means a color connected in Revelation with figures belonging to the party of God,[47] but also elements like gold, purple and scarlet, characteristically and traditionally present in the garb of the high priests.[48] As slippery as the symbology of colors can be, if the prostitute is the degeneration of Jerusalem, their presence becomes logical and understandable. The priestly and cultic dimension of the prostitute, riding the Beast, can be inferred also by another phenomenon. The second Beast, who is in charge of the cult for the first one (and therefore has a priestly function),[49] disappears from the scene when the prostitute is present and reappears at the end, when there is no prostitute on the scene. In that case it is called the Pseudo-prophet. The thesis I accept is that the prostitute plays the same role in the narrative as the second Beast, the Pseudo-prophet.[50]

---

[46] The homosexual interpretation of the sin of Sodom is so strong that it resurfaces in the analysis of Babylon's prostitution even in a now classic work of psychoanalytical biblical interpretation: H. RAGUSE, Psychoanalyse und biblische Interpretation. Eine Auseinandersetzung mit Eugen Drewermanns Auslegung der Johannes-Apokalypse, Stuttgart 1993. At p. 198 we can read: "Sexualität ist 'Befleckung'. Wie sich der Erzähler diese 'Befleckung' vorstellt, zeigt er im Kapitel 17 in der Gestalt der Hure Babylon. Es ist eine sadistische Perversion: Mord, Sodomie, Trunkenheit und Hurerei sind Andeutungen einer Szene, wie sie der Marquis de Sade nur viel ausführlicher darstellt... Sexualität ist in diesem Bild, wie Grunberger sagt, fäkalisiert. Ihr steht Reinheit gegenüber, die von allem Schmutzigen (Analen) frei ist." Raguse refers here to the work of B. GRUNBERGER, Narziß und Anubis (2 vols.), München 1988, from which, among other passages, he quotes and summarizes the following: "'Das Modell der Hölle ist der Verdauungstrakt mit seiner Hitze (Verbrennung), seinem Schwefelgeruch und seinen Gasen, und die Individuen, die im Feuer brennen und Qualen erleiden, sind lauter Objekte, die die Projektion der menschlichen Aggressivität erdulden'. GRUNBERGER verbindet dann die Hölle mit der 'Endlösung', in der die Juden homogenisiert, fäkalisiert und atomisiert wurden und zitiert den Satz des Lagerkommandanten RUDOLF HOESS, der Auschwitz als 'anus mundi' bezeichnet" (RAGUSE, cit., 190; cp. GRUNBERGER, cit., II, 220f.).

[47] Including the eschatological Jerusalem at 19:8, where the "byssus" of her dress is explained as meaning "the justifications of the saints." For the relative surprise of critics, see R. BAUCKHAM, The Climax of Prophecy: Studies on the Book of Revelation, Edinburgh 1993, 369.

[48] For the dress of the prostitute see e. g. Rev 17:4; 18:16.

[49] LUPIERI, Commentary (n. 17), 209. This is accepted by most commentators; CORSINI, Apocalypse, 252–254, stresses its Jewish dimension: the second Beast, or Pseudo-prophet, is the idolatric degeneration of Israel, and this is why it is a pseudo-Prophet.

[50] See LUPIERI, Commentary (n. 17), 209–210, 248–253.

The priestly-prophetic function of the prostitute would then be described as a degeneration, and a whole series of sentences, quite difficult to be applied to Rome when seen against a biblical background, would become understandable: "The kings of the earth fornicated (verb *porneuō*) [with her] and those who inhabit the earth became drunk with the wine of her prostitution (*porneia*)" (Rev 17:2); "With a golden cup in her hand, full of abominations (*bdelygmata*)[51] – the impurities (*akatharta*) of her prostitution (*porneia*)" (Rev 17:4); "All the nations have drunk of the wine of the wrath of her prostitution (*porneia*), and the kings of the earth fornicated (verb *porneuō*) with her" (Rev 18:3).[52]

The imagery corresponds to the one we have found with Sodom, but it seems to stress here an aspect that appears to be typical of Revelation. The Woman-Prostitute-Sodom-Babylon-Great City is guilty in front of God because, instead of using the promise and knowledge of salvation received by God,[53] accepted an idolatrous relationship with those whom she was supposed to save, even trying to sell for money the instrument of salvation she had received freely from God.[54]

While Rev 18:4–5 seems to connect the destruction of Titus with the punishment of Sodom and Egypt,[55] and discourages a direct connection with Rome, the possible link with pseudo-prophecy opens a different interesting interpretive possibility. If pseudo-prophecy, as seen with Balaam and Jezebel,

---

[51] The "cup" (*potērion*) is still "golden," as the sacred vases in the Temple are, but its content is now "abomination," a technical term for the presence of idolatry inside the Temple since Dan 9:27 (cp 11:31; 12:11 and Mark 13:14; Matt 24:15).

[52] For a fuller discussion of these and other similar passages, please see LUPIERI, Commentary (n. 17), 248–268, 280–301.

[53] I believe that the woman of Chapter 12 is the same woman, before the sin in the desert, from which she emerges after her prostitution, riding the Beast.

[54] This would explain the mourning of merchants and sailors in Rev 18:11–20. The idea, critical of non-Christian Judaism, is present not only in Revelation, but becomes tendentially pan-Christian; see my "Businessmen and Merchants Will Not Enter the Places of My Father – Early Christianity and Market Mentality," in: J. von Hagen/M. Welcher (eds.), Money as God? Monetization of the Market and the Impact on Religion, Politics, Law, and Ethics, Cambridge 2014, 379–413.

[55] "Go out, O my people, from her, so as not to have a share in her sins and not to receive of her plagues (like those of Egypt) because her sins have piled up to heaven (cp. Sodom in Gen 18:20), and God has remembered her iniquities." For the idea in early Christian writings see Mark 13:14ff. and Matt 24:15ff. (for the abandonment of Judaea), and Luke 21:20ff. (for a precise reference to Jerusalem). For a pre–70 CE use of the idea (the separation seems to be from other people of the community, on the ground of a spiritualized interpretation of temple purity) see 2 Cor 6:16f. For the "plagues" of Egypt as punishment for Israel promised by God, see already Deut 28:27, 60 (for the destiny of Sodom and Gomorrah as punishment for Israel: Deut 29:21–23; cp. 28:28f.); for a contemporary view interpreting the destruction of 70 CE as the punishment of Jerusalem analogous to that of Sodom, see Josephus, B.J. V (13,6), 566.

defines the positions of adversaries who seem to be *intra muros* among the members of the followers of Jesus, could also Sodom, and therefore the "great city" refer as well to an internal polemical issue?[56] This is not impossible, given the fact that the author considers himself and his followers to be the real Jews as opposed to the ones who "say they are Jews and are not" (2:9; 3:9). Since John says that they are still a "synagogue," even if in the hands of Satan (2:9), I suppose he defines in this way those believers in the God of Israel who had not accepted the message of Jesus (the ones whom we would simply call "Jews" today) and therefore were no longer the real Jews. Since he considers, though, himself and the followers of Jesus – or at least the ones in his party – to be the (only?) true Jews, we must admit that there is no substantial partition of the two ways.[57] If this is true, then, we can accept that images destined to define the non-believing (other) Jews can be used also for those among the believers who are not in the same party John represents. In the letters, indeed, the direct adversaries, apparently active in John's flock, are depicted in a way which is structurally parallel to the one presenting the "Jews" as the ones who say they are such, but are not: John's adversaries "call themselves apostles and are not" (2:2) and Jezebel "calls herself a prophet," but her teaching originates from Satan (2:20, 24), the same Satan to whom the synagogue in Smyrna belongs (2:9).

This allows us to bring back into the discussion also Balaam, whose traditional pseudo-prophecy we supposed as the main reason behind his use as the image of John's adversaries. This would mean that there is a sort of continui-

---

[56] A new commentary by D. TRIPALDI (Apocalisse di Giovanni [Roma 2012]) supports this idea very strongly and quite convincingly. The author, actually, thinks that the front of the adversaries is theologically united under Satan (if I interpret his thinking correctly) and therefore the figure of Sodom / the Whore / Babylon can represent not only Jerusalem and the Jewish reality of those who do not believe in Jesus, but also the internal *hairesis* of the pseudo-prophets, the adversaries of John among the followers of Jesus, as well as the external adversaries, mainly Rome and its power. While I do not feel I can follow Tripaldi in seeing Rome adumbrated by the Whore (since Rome should already be concealed in the Beast upon which she rides), I think the rest of his hypothesis should be taken very seriously by scholarship.

[57] To use a famous and successful image (see J. D. G. DUNN, Parting of the Ways: Between Christianity and Judaism and their Significance for the Character of Christianity, London 2006 (orig. 1991), but see also J. LIEU, 'The Parting of the Ways': Theological Construct or Historical Reality?, JSNT 56 (1994), 101–119; A. H. BECKER/A. Y. REED, (eds.), The Ways that Never Parted: Jews and Christians in Late Antiquity and the Early Middle Ages, Minneapolis, Minn. 2007; and E. LUPIERI, What Parting of Which Ways? The Gospel of Matthew as a Study Case, in: S. C. Mimouni and B. Pouderon (eds.), La croisée des chemins revisitée: quand l'Église et la Synagogue se sont-elles distinguées?, Paris 2010 107–124. For the commixture of the two realities in the mind of John, I would recall the dual nature, "Jewish" (or at least "patriarchal") and "Christian" (or at least "apostolic") of the eschatological Jerusalem at Rev 21:12, 14.

ty from pre-Christian pseudo-prophetic Judaism to pseudo-prophetic move-
ments in the world of John. Are these competing prophets to be found among
the believers, followers of Jesus, or among the other Jews, or in both?

I would suggest that the main problems for John come from those who
"call themselves apostles and are not," those whom, at least in the *ekklēsia* of
Ephesus, the people in John's party "have put to the test... and found them to
be false" (2:2). As often suggested by the commentators, we should have here
a discussion probably involving post-Pauline groups, whose (ecstatic) prophetism was considered unsubstantiated by John. Certainly, the discussion on
apostolic authority must have been lively at the time of John. This authority
was probably founded on some form of contact with the resurrected Lord (so
does John for his own authority, from the very beginning of the book) and the
discussion with Pauline groups must have been quite lively, given also the
troubling fact that Paul had never seen Jesus during his life and this must
have played a role in the debates.

I think we can and should read the ending of the canonical gospels as a
sign of the discussions among the early followers of Jesus about who had
"seen," "talked to," "touched," "eaten with," the resurrected Lord. The giving
of the Spirit was probably connected with those post-resurrection contacts as
was the construction of the authority in the group(s). Apparently, while in
Acts 1:21f the person to be chosen as substitute for Judas had to have been a
witness not only of the resurrection of the Lord, but of the whole human adventure of Jesus "beginning from the baptism of John," in a more radical
Pauline tradition we can read: "From now on we recognize no one according
to the flesh; even if we once knew Christ according to the flesh, yet now we
do not know [him so] anymore" (2 Cor 5:16).[58] Ecstatic phenomena leading
to a direct contact with the Lord must have established the new leadership of
apostles, brothers, disciples, and newcomers in the group (1 Cor 15:5–8).[59]

John's polemical statements against Balaam and Sodom, therefore, may
very well be relatively early symptoms of the century long (and actually never fully placated) controversies on the *distinctio spirituum*. Our ecstatic
experiences are the real ones; the ones of our adversaries are "pseudo-
prophecies." In harmony and continuity with ancient biblical prophetic utter-
ances criticizing Israel and Jerusalem in their idolatrous prostitution, the new

---

[58] In a challenging article, Clare ROTHSCHILD reads the whole Gospel of Mark as an
attempt (of Pauline tradition) to downplay the importance of being an eyewitness of Jesus
according to the flesh in order to acquire authority in the church: "'Have I not seen Jesus
our Lord (*ouchi Iēsoun ton kurion hēmōn heoraka*)?' (1 Cor 9:1c): Failure of the Markan
Eyewitnesses as Pauline Propaganda," ASE 31/1 [2014], 29–51. (I thank the author for her
kindness in letting me peruse her manuscript).

[59] For the scenario to be imagined as a background, see A. DESTRO/M. PESCE,
"Continuity or Discontinuity Between Jesus and Groups of His Followers? Practices of
Contact with the Supernatural," ASE 24/1 (2007), 37–58.

prophets among the followers of Jesus applied the same terminology to their adversaries, both those belonging to other groups of followers of Jesus and to the larger Jewish world. At this point I think it possible that the reality behind the figure of the Whore in the Book of Revelation is so complex to include among the "Jews" also those followers of Jesus whose spiritual prostitution is chastised by John from the beginning of his writing.

Balaam, Sodom, prostitution, and pseudo-prophecy are all literary images used to describe the reality of adversaries struggling to construct their early Christian identities with the constitution of a hierarchy based upon some sort of spiritual authority, obtained thanks to forms of ecstatic prophetism. The transmigration of wording and images through scriptural (canonical and non-canonical) texts is an essential cultural element of this construction.

Pech und Schwefel

Das Motivfeld Sodom und der Tag YHWHs in der Offenbarung

Michael Sommer

1. Der Stand der Forschung und die Fragestellung

1.1 Gen 18,19–19,29 in der Offenbarung

Ein erster Blick in die großen Kommentare von G. K. Beale und D. E. Aune offenbart, dass literarische Bezüge zwischen der Johannesapokalypse und der Sodomerzählung des Buches Genesis (Gen 18,19–19,29) bereits weitgehend erkannt worden sind.[1] Johannes hat die Rösser des apokalyptischen Heeres der sechsten Siegelvision mit entsprechenden Attributen (πῦρ, καπνός und θεῖον) versehen, die an die Zerstörung von Sodom zumindest erinnern (Gen 19,24.28).[2] In Offb 11,8 fällt sogar explizit der Name Σόδομα und auch hinter Offb 18,8.9.18 können Anspielungen auf die Sodomperikope vermutet werden.[3] In beiden Texten ist schließlich von vernichtendem Feuer (Gen 19,24; Offb 18,8), von Rauchwolken (Gen 19,28; Offb 18,9.18) und von literarischen Figuren, die auf die Rauchsäulen einer brennenden Stadt blicken (Gen 19,28; Offb 18,9.18), die Rede. Obwohl in der Kommentarliteratur diese motivischen Berührungen zwischen der Offenbarung und dem Buch Genesis deutlich angezeigt werden, hat bis jetzt nur B. J. Lietaert Peerbolte diesem Thema eine eigenständige Abhandlung gewidmet. Seine Untersuchung konzentriert sich aber ausschließlich auf Offb 11,8.[4] Die Funktion der

---

[1] Vgl. z.B. D. E AUNE, Revelation 6–16, World Biblical Commentary 52a–c, Dallas 1997–1998 (3 Bände), 540.620. Ferner G. K. BEALE, The Book of Revelation. A Commentary on the Greek Text, Grand Rapids 1999, 511.

[2] Ähnliche Motivkombinationen (πῦρ, καπνός, θεῖον) erscheinen schließlich auch in Texten, die bewusst gesetzte Anklänge an Gen 18,19–19,29 enthalten (siehe unten).

[3] Vgl. auch den Beitrag von E. Lupieri im vorliegenden Band.

[4] Vgl. dazu B. J. LIETAERT PEERBOLTE, Sodom, Egypt and the two Witnesses of Revelation 11:18, in: E. Noort/E. Tigchelaar (Hg.), Sodom's Sin. Genesis 18–19 and its Interpretations, Themes in Biblical Narrative 7, Leiden/Bosten 2004, 63–82 (80–82). B. J. LIETAERT PEERBOLTE hat sehr überzeugend nachgewiesen, dass der Ausdruck πνευματικῶς Σόδομα καὶ Αἴγυπτος eine Umschreibung für das von Rom besetzte

Anspielungen auf Gen 18,19–19,29 in Offb 9 und Offb 18 (und in Offb 14;
19–20) wurde bisher noch nicht eigenständig analysiert. Die vorliegende
Arbeit möchte diese Lücke zumindest im Ansatz schließen. Zugleich soll ein
Beitrag zur Erforschung der Tag YHWHs-Tradition in der Offenbarung geleistet werden. Denn bereits ein kurzer Blick auf die mannigfaltige
Wirkungsgeschichte der Erzählung von Sodom und Gomorrha offenbart, dass
dieses Motivfeld ein fester Bestandteil der Tag YHWHs-Tradition gewesen
ist. Auch in der Johannesoffenbarung finden sich noch deutliche Spuren davon.

1.2 Der Tag YHWHs in der Offenbarung

Auch die Erforschung des Tags YHWHs in der Offenbarung ist als Desiderat
zu bezeichnen. Zwar haben sowohl D. E. Lanier als auch N. Wendebourg die
Genese der Tag YHWHs-Vorstellung sowie die Funktion dieser Tradition in
den Texten des Neuen Testaments untersucht, aber hinreichend beantworten
konnten sie diese Fragestellung zumindest die Offenbarung betreffend nicht.[5]
Beide widmeten ihr aufgrund der großen Textmenge, die sie aufarbeiten und
auswerten mussten, nur wenige Seiten. Sie betrachteten letztendlich nur Offb
6,12–17 und ihre Analysen schlossen dementsprechend je nur mit einem sehr
knappen Zwischenfazit. Sie urteilen einhellig, dass Johannes in Offb 6,12–17
den Ausbruch des Tags YHWHs beschrieben hat und dementsprechend diese
Textpassage viele Stilelemente der prophetischen Tag YHWHs-Tradition
beinhaltet (z.B. Jes 2,6ff.; 13,10.13; 34,4; Joel 2,10.11, 3,4; 4,15; Am 2,6;
5,18.19.20; 8,8.9 Zeph 1,15.18; 2,1 Klgl 2,1.21; Mal 3,2.5.20).[6] N. Wendebourg spricht sogar explizit davon, dass hier ein Bedarf für weitere
Nachforschungen besteht.

„Die enge thematische Beziehung der Apokalypse zur Erwartung eines Gottestages sowie
die enge Anknüpfung an die diesbezügliche Tradition hinsichtlich Sprache und Motivik
könnten den Versuch nahelegen, diese Schrift insgesamt auf ihre Bezüge zum Vorstel-
lungskreis vom ,Tag des Herrn' hin zu untersuchen."[7]

Jerusalem ist, das in den Augen des Sehers voll von „gentile sins" (PEERBOLTE, Sodom, 80
[s. Anm. 4]) ist.
    [5] Vgl. dazu D. E. LANIER, The Day of the Lord in the New Testament. A historical and
exegetical analysis of its background and usage, Southwestern Baptist Theological
Seminary 1988. Auch N. WENDEBOURG, Der Tag des Herrn. Ein Beitrag zur
Gerichtserwartung im Neuen Testament auf ihrem alttestamentlichen und frühjüdischen
Hintergrund, WMANT 96, Neukirchen-Vluyn 2003.
    [6] WENDEBOURG, Tag (s. Anm. 5), 339. Ferner S. MATHEWS, The Power to Endure and
Be Transformed. Sun and Moon Imagery in Joel and Revelation 6, in: L. Boadt/M. S.
Smith (Hg.), Imagery and Imagination in Biblical Literature. Essays in Honor of Aloysius
Fitzgerald, F. S. C., CBQ.MS 32, Washington, D.C. 2001, 35–49 (43f.).
    [7] WENDEBOURG, Tag (s. Anm. 5), 339.

N. Wendebourgs Untersuchung gibt also den Anstoß zu einer differenzierten Aufarbeitung des bisherigen Forschungsstandes. Es existiert zwar keine direkte Untersuchung zum Tag YHWHs in der Offenbarung, allerdings lassen sich in der breiten Forschungslandschaft doch einige versteckte Ansätze finden. Dabei spielen die Kommentare aber nur eine untergeordnete Rolle.[8] Erste wirkliche Anfänge einer Auseinandersetzung mit dieser Thematik begegnen vor allem da, wo man sie zunächst nicht vermutet. Es sind vor allem Untersuchungen zu der zeitlichen Abfolge der apokalyptischen Visionszyklen, die erste brauchbare Hinweise für die Erforschung des Tag YHWHs in der Offenbarung liefern. Sowohl C. H. Giblin als auch M. Jauhiainen haben in ihren Untersuchungen zu den Siebenerreihen je in einem Nebensatz erwähnt, dass der Tag YHWHs in den Posaunen- und Schalenvisionen jenseits von Offb 6,12–17 eine große Rolle spielt.[9] Diesem Zwischeneinwurf lassen sich auch noch die Beobachtungen von J. R. Strazicich und S. Bergler zuordnen.[10] Beide haben die Relation zwischen dem Joelbuch und diversen Texten untersucht und festgestellt, Johannes habe in Offb 9 intensiv auf Joel 1–2 zurückgegriffen. Der Frage, ob ein Zusammenhang zwischen der Rezeption von Joel in Offb 9 und dem Gebrauch von Tag YHWHs-Motiven besteht, sind beide allerdings nicht weiter nachgegangen. Diese kurz skizzierten Forschungsansätze können durch zahlreiche Einzelbeobachtungen erweitert und ergänzt werden, die sich sehr leicht schematisieren lassen. Zahlreiche Stichwort- und Motivverknüpfungen zwischen Offb 6,12–17 und den Posaunen- und Schalenvisionen lassen vermuten, die Tag YHWHs-Szene (Offb 6,12–17) sei der Beginn eines großen makrostrukturellen Textabschnitts (Offb

---

[8] Die Kommentarliteratur geht mit N. Wendebourg und D. E. Lanier konform. Hier wird nur unterlegt, dass Johannes in Offb 6,12–17 Tag YHWHs-Motive rezipiert hat. Vgl. dazu AUNE, Revelation 6–16 (s. Anm. 1), 416ff.; BEALE, Commentary (s. Anm. 1), 396; A. SATAKE, Die Offenbarung des Johannes, KEK 16, Göttingen 2008, 225; U. B. MÜLLER, Die Offenbarung des Johannes, ÖTK 19/GTB 510, Gütersloh 1984, 173; J. ROLOFF, Die Offenbarung des Johannes, ZBK NT 18, Zürich ²1987, 85; Ferner D. SÄNGER, „Amen, komm, Herr Jesus!" (Apk 22,20). Anmerkungen zur Christologie der Johannes-Apokalypse, in: F. W. Horn/M. Wolter (Hg.), Studien zur Johannesoffenbarung und ihrer Auslegung. Festschrift für Otto Böcher zum 70. Geburtstag, Neukirchen-Vluyn 2005, 71–92 (86).

[9] Vgl. dazu M. JAUHIAINEN, Recapitulation and Chronological Progression in John's Apocalypse. Towards a New Perspective, NTS 49 (2003), 543–559 (557). Ferner C. H. GIBLIN, Recapitulation and the Literary Coherence of John's Apocalypse, CBQ 56 (1994), 81–95 (86f.).

[10] Vgl. dazu S. BERGLER, Joel als Schriftinterpret, Beiträge zur Erforschung des Alten Testaments und des antiken Judentums 16, Frankfurt a.M. 1988, 288–294; Ferner J. STRAZICICH, Joel's Use of Scripture and the Scripture's Use of Joel. Appropriation and Resignification in Second Temple Judaism and Early Christianity, BIS 82, Leiden/Boston 2007, 349–359.

6,12–16,21), in dem der Tag YHWHs detailreicher als in Offb 6,12–17 entfaltet werden soll (siehe unten).

An diesem Punkt stellt sich eine gravierende Frage, die gleichzeitig zum Thema dieser Untersuchung hinführt. Wenn nun die Tag YHWHs-Szene in Offb 6,12–17 der Anfangspunkt einer in sich geschlossenen Texteinheit ist, der Johannes anhand von Rückbezügen auf den Tag des Herrn literarische Kohärenz verleihen wollte, können sicherlich auch einzelne Motive dieser Textpassage vor dem Hintergrund des Tags YHWHs gelesen werden. Es wäre zumindest unlogisch, wenn Johannes zur szenischen Darstellung dieses Ereignisses ein detailliertes Strukturnetzwerk konstruiert hat, ohne dieses mit Bildern zu füllen, die von seinen Lesern mit dem Tag YHWHs assoziiert werden können. S. Bergler und J. R. Strazicich haben ja mit ihrem Nachweis, dass in Offb 9 die Tag YHWHs-Rede aus dem Joelbuch aufgegriffen wurde, zumindest implizit ein erstes Indiz dafür gefunden.[11] Auch die Anspielungen auf Gen 18,16–19,21 in der Offenbarung lassen sich auf diese Weise erklären.[12]

2. Offb 6,12–16,21 als Einheit – das Gericht über Babylon und die Endschlacht als Teil des Tag YHWHs

2.1 Der makrostrukturelle Zusammenhang von Offb 6,12–16,21

2.1.1 γίνομαι

Die wohl augenfälligste sprachliche Besonderheit des Abschnitts Offb 6,12–16,21 ist der Gebrauch von γίνομαι in der dritten Person Sg. Aorist. Ab Offb 6,12 sind nahezu alle Leitmotive durch die grammatikalische Figur καὶ ἐγένετο + *Leitmotiv* in den Text eingebunden worden. Nach Offb 16,21 erscheint diese Konstruktion jedoch nicht mehr (Offb 6,12 (3x); 8,1.5.7.8.11.; 11,13(2x).15(2x).19; 12,7.10; 16,2.3.4.10.18(4x).19).[13] Ab der Tag YHWHs-

---

[11] BERGLER, Joel (s. Anm. 10), 289–293; STRAZICICH, Scripture (s. Anm. 10), 357–358. Ferner K. WENGST, »Wie lange noch?« Schreien nach Recht und Gerechtigkeit – eine Deutung der Apokalypse des Johannes, Stuttgart 2010, 182. Die Beobachtungen der genannten Autoren können noch durch eine Untersuchung der aus Joel stammenden Motive in Offb 14 ergänzt werden. Vgl. dazu anfänglich STRAZICICH, Scripture (s. Anm. 10), 358ff. Ferner WENGST, Wie lange (s. Anm. 11), 182.

[12] In Ansätzen gilt dies auch für Offb 14, wo eine intensive Beziehung zum Joelbuch nachgewiesen worden ist. Vgl. dazu K. HUBER, Einer gleich einem Menschensohn. Die Christusvisionen in Offb 1,9–20 und Offb 14,14–20 und die Christologie der Johannesoffenbarung, Neutestamentliche Abhandlungen 51, Münster 2007, 261–266.

[13] Ähnlich AUNE, Revelation 6–16 (s. Anm. 1), 868. Offb 18,2 ist die einzige Ausnahme.

Szene beginnt Johannes also damit, sprachliche Bilder auf eine andere Art und Weise zu entfalten, als er es vorher getan hat. γίνομαι fungiert gerade aber dadurch als ein Leitwort, mit dem nahezu alle inszenierten Bilder an Offb 6,12–16,21 rückgebunden werden. Sicherlich mag es auf den ersten Blick weit hergeholt erscheinen, den Gebrauch von γίνομαι als eine sprachliche Besonderheit zu werten. Schließlich erscheint das Wort in der LXX unzählige Male und hat dort häufig die Funktion, Leitmotive einzuführen. Trotzdem sticht bei einem fokussierten Blick auf den gesamten Text eine statistische Häufung der Konstruktion καί ἐγένετο + *Leitmotiv* in Offb 6,12–16,21 hervor, die den Abschnitt vom Rest des Buches unterscheidet. Ein Leser, der vom Tag des Herrn (Offb 6,12–17) ausgehend dieser Spur durch Offb 6,12–16,21 hindurch folgt, stößt unmittelbar auf die siebte Schalenvision (Offb 16,17–21). Der Seher hat Offb 16,17–21 sogar noch durch den Gebrauch der Flexion γέγονεν als impliziten Höhepunkt dieser Leselinie gestaltet.[14]

2.1.2 Der Gebrauch von ἄνθροπος

Ἄνθροπος hat in Offb 6,12–16,21 eine andere Bedeutung als außerhalb dieses Textabschnittes. Zunächst ist es, rein äußerlich betrachtet, auffällig, dass in Offb 6,12–16,21 im Vergleich zu Offb 1,1–6,11 und 17,1–22,21 ἄνθροπος sehr häufig erscheint. Von den insgesamt 25 Belegen (Offb 1,13; 4,7; 8,11; 9,4.5.6.7.10.15.18.20.; 11,13; 13,13.18; 14,4.14; 16,2.8.9.18.21 (2x); 18,13; 21,3.17) stammen insgesamt 20 aus Offb 6,12–16,21 (Offb 8,11; 9,4.5.6.7.10.15.18.20.; 11,13; 13,13.18; 14,4.14; 16,2.8.9.18.21 (2x)). Diese semantische Differenz zwischen Offb 6,12–16,21 und dem Rest des Buches

---

[14] Zu γέγονεν vgl. JAUHIAINEN, Recapitulation (s. Anm. 9), 555. Ferner MÜLLER, Offenbarung des Johannes (s. Anm. 8), 278; SATAKE, Offenbarung (s. Anm. 8), 339. Auch J. P. RUIZ, Ezekiel in the Apocalypse. The Transformation of Prophetic Language in Revelation 16,17–19,10, EHS 23/376, Frankfurt a.M. 1989, 258. Johannes hat das Lexem auch noch ein zweites Mal gebraucht (Offb 21,6), um dort die Niederkunft des himmlischen Jerusalems zu beschreiben. Dadurch hat er beide Abschnitte in ein Spannungsverhältnis gesetzt. Vgl. dazu T.J. BAUER, Das tausendjährige Messiasreich der Johannesoffenbarung. Eine literarkritische Studie zu Offb 19,11–21,8, BZNW 148, Berlin/New York 2007, 107f.; Ferner C. H. GIBLIN, The Millenium (Rev 20,4–6) as Heaven, NTS 45 (1999), 553–579 (567–569). Offb 16,17–21 kann durch den grammatikalischen Wechsel von γίνομαι im Aorist in den Perfekt von den mit καί ἐγένετο konstruierten Bildern abgegrenzt werden, bleibt aber dennoch aufgrund der semantischen Verwandtschaft auf diese bezogen. Diese Sicht ergänzt die klassische Interpretation der siebten Schalenvision, in der der Untergang Babylons als ein Höhepunkt der drei Siebenerzyklen angesehen wird. Vgl. dazu J. FREY, Was erwartet die Johannesapokalypse? Zur Eschatologie des letzten Buchs der Bibel, in: J. Frey/J. A. Kelhoffer/F. Tóth (Hg.), Die Johannesapokalypse. Kontexte – Konzepte – Rezeption, WUNT 287, Tübingen 2012, 473–552 (528).

setzt sich auf der Inhaltsebene fort. ἄνθρωπος bezeichnet in Offb 6,12–16,21 (fast) ausschließlich eine Gruppe von Personen, die zumeist bestraft, gequält oder getötet werden.

8,11	Menschen sterben
9,4	Menschen werden gequält
9,5	Menschen sollen getötet werden
9,6	Menschen suchen den Tod
9,10	Menschen werden gequält
9,15	Menschen werden gequält
9,18	Menschen werden getötet
9,20	Menschen werden getötet
11,13	Menschen werden getötet
13,13	Menschen werden verführt
14,4	Menschen als Gruppe
16,2	Geschwür an den Menschen
16,8	Menschen werden versengt
16,9	Menschen werden versengt
16,18	Menschheitsgeschichte
16,19 (2x)	Menschen werden bestraft

Außerhalb dieser Passage hat Johannes dieses Wort fast nur noch dazu herangezogen, um seinem Leser körperliche Aspekte seiner Visionen anhand von Analogien mit der Gattung *Mensch* zu verdeutlichen (1,13; 4,7; 18,13; 21,7).

2.1.3 Der literarische Rahmen (Offb 6,12–17//Offb 16,17–21)

Ein literarischer Rahmen unterstützt die Kohärenz des Abschnitt Offb 6,12–16,21. Johannes hat die siebte Schalenvision analog zur sechsten Siegelvision gestaltet.[15] Dadurch, dass sich das erste und das letzte Glied der Passage Offb 6,12–16,21 semantisch überlappen, wird der Textbereich umgürtet. Die Rahmenverse haben zudem noch eine hermeneutische Funktion. Der Leser wird

---

[15] Vgl. dazu BEALE, Commentary (s. Anm. 1), 844; H. GIESEN, Die Offenbarung des Johannes übersetzt und erklärt, RNT, Regensburg 1997, 365; ROLOFF, Offenbarung (s. Anm. 8), 165; SATAKE, Offenbarung (s. Anm. 8), 341; Ferner S. BØE, Gog and Magog. Ezekiel 38–39 as Pre-Text for Revelation 19,17–21 and 20, 7–10, WUNT 2/135, Tübingen 2001, 267f.

bei der Lektüre von Offb 16,17–21 automatisch zur Tag YHWHs-Szene zurückgeführt, wodurch er das ab Offb 6,12 Gelesene vor dem Hintergrund des
großen Gottestages deuten muss. Die Rückbindung von Offb 16,17–21 an
Offb 6,12–17 ergänzt somit implizit die Leseleitlinie, die Johannes ab Offb
6,12 durch einen variierenden Gebrauch von γίνομαι geschaffen hat.

Offb 6,12–14 ⌈ καὶ σεισμὸς μέγας ἐγένετο καὶ ὁ ἥλιος ἐγένετο μέλας [...]
καὶ ἡ σελήνη ὅλη ἐγένετο ὡς αἷμα [...]
καὶ **πᾶν ὄρος καὶ νῆσος** ἐκ <u>τῶν τόπων αὐτῶν ἐκινήθησαν</u>

Offb 16,17–21 [...] καὶ ἐξῆλθεν φωνὴ μεγάλη [...]λέγουσα· γέγονεν [...]
καὶ **πᾶσα νῆσος** <u>ἔφυγεν</u> **καὶ ὄρη** <u>οὐχ εὑρέθησαν</u> [...]

2.1.4 Die Begleiterscheinungen des Tag YHWHs in Offb 6,12–17 und die Posaunen- und Schalenvisionen

Neben der besonderen grammatikalischen Charakteristik des Abschnitts Offb
6,12–16,21 zeigt sich auch in seiner Bilderwelt, inwiefern die Posaunen- und
Schalenvisionen als eine Art Appendix der Tag YHWHs-Szene zu verstehen
sind. Viele der Bilder, die in Offb 6,12–17 den Tag YHWHs zieren, erscheinen in den Posaunen- und Schalenvisionen ein weiteres Mal. Dort sind sie
allerdings intensiver und ausführlicher entfaltet worden.[16]

In Offb 6,12b erfährt der Leser von einem großen Erdbeben (σεισμός + μέγας). Die Kombination des Nomens σεισμός mit dem Adjektiv μέγας erscheint erneut in Offb 16,18.[17]

In Offb 6,13a hat Johannes vom Himmel fallende Sterne beschrieben und dabei die Sub-
stantive ἀστήρ und οὐρανός sowie das Verb πίπτω gebraucht.[18] Diese sprachliche
Konstellation hat ein Äquivalent in der fünften Posaunenvision (Offb 9,1–12). Johannes
sieht dort zu Beginn der Vision einen Stern, der vom Himmel fällt.[19] Die Wortwahl in Offb

---

[16] Vgl. dazu FREY, Eschatologie (s. Anm. 14), 509.

[17] Zum Motiv des großen Erdbebens vgl. R. BAUCKHAM, The Eschatological
Earthquake, in: The Climax of Prophecy. Studies on the Book of Revelation, Edinburgh
1993, 199–209.

[18] Johannes greift hier wahrscheinlich auf die Tag YHWHs-Vorstellung aus Jes 34
zurück. Zur Beziehung dieser beiden Texte vgl. J. FEKKES, Isaiah and Prophetic Traditions
in the Book of Revelation. Visionary Antecedents and their Development, JSNT.SS 93,
Sheffield 1994, 159ff.

[19] Dieses Bild wird oft vor dem Hintergrund von 1 Hen 86,1–3; 88,1 interpretiert. Vgl.
dazu D. PEZZOLI-OLGIATI, Täuschung und Klarheit. Zur Wechselwirkung zwischen Vision
und Geschichte in der Johannesoffenbarung, FRLANT 175, Göttingen 1997, 105f. Auch
AUNE, Revelation 6–16 (s. Anm. 1), 525; GIESEN, Offenbarung (s. Anm. 15), 217. Ferner
L. T. STUCKENBRUCK/M. D. MATHEWS, The Apocalypse of John, 1 Enoch, and the

9,1 ist mit der in Offb 6,13a identisch, wodurch die fünfte Posaune als ein detaillierter Anhang zur Tag YHWHs-Szene erscheint.[20]

Im Generellen scheinen jene Begleiterscheinungen des großen Tages, die in Offb 6,12–17 am Himmel auftreten, in den Posaunen- und Schalenvisionen gedoppelt zu werden.[21] In der vierten Posaunenvision (Offb 8,12–13) ist von den Himmelskörpern ἥλιος, σελήνη und ἀστήρ zu lesen, die geschlagen werden. Von einer Veränderung dieser Gestirne hat Johannes aber bereits in Offb 6,12–17 (bes. Offb 6,12–14) berichtet.[22] Die Wortwahl ist auch hier in beiden Textstellen identisch.

Nahe bei dem Bild der sich verändernden Gestirne liegt in Offb 6,12–14 das Motiv *Finsternis*,[23] wobei selbiges gleich mehrmals in den Posaunen- und Schalenvisionen aufgegriffen wird (Offb 9,1; 8,12; 16,10).

Wohl aber die stärkste Berührung zwischen der Bilderwelt der Tag YHWHs-Szene und den beiden letzten Visionszyklen beheimatet sicherlich die sechste Siegelvision (Offb 16,12–16). Denn nur dort (Offb 16,14) und in Offb 6,12–17 werden die beschriebenen Kulissen explizit und direkt dem Tag YHWHs zugeordnet.

Offb 6,17   ὅτι ἦλθεν **ἡ ἡμέρα ἡ μεγάλη** τῆς ὀργῆς αὐτῶν [...]
Offb 16,14   [...] συναγαγεῖν αὐτοὺς εἰς τὸν πόλεμον **τῆς ἡμέρας τῆς**
                                                      μεγάλης <u>τοῦ</u>
                                                      <u>θεοῦ</u>

2.2 Das Gericht über Babylon, die Endschlacht und das Gericht als Teil des Tag des Herrn

Die Leseleitlinie, die aus der Tag YHWHs-Szene entspringt und zur siebten Siegelvision führt, verdeutlicht, dass in Offb 6,12–16,21 der Gottestag in Bildern dargestellt werden soll. Damit ist allerdings noch nicht alles zu diesem Thema gesagt. Dem Tag YHWHs werden in der Offenbarung nämlich noch drei weitere inhaltliche Komplexe zugeordnet, die wiederum selbst mit dieser Tradition verwandt sind – das Gericht über Babylon (Offb 17–18), die Endschlacht (Offb 19,11–21) und die forensische Gerichtsszene, die dem tausendjährigen Reich folgt (Offb 20,11–15). Sehr oft wurde bereits vermutet, diese Abschnitte seien Anhänge der Visionszyklen (bes. der siebten

---

Question of Influence, in: J. Frey/J. A. Kelhoffer/F. Tóth (Hg.), Die Johannesapokalypse. Kontexte – Konzepte – Rezeption, WUNT 287, Tübingen 2012, 191–234 (211).

[20] Etwas anders PEZZOLI-OLGIATI, Täuschung (s. Anm. 19), 106.

[21] FREY, Eschatologie (s. Anm. 14), 509 schließt daraus auf die Unmöglichkeit, die Offenbarung als eine chronologisch verlaufende Erzählung zu lesen.

[22] Vgl. dazu AUNE, Revelation 6–16 (s. Anm. 1), 523; FREY, Eschatologie (s. Anm. 14), 509.

[23] Zum Bild der schwarzen Sonne vgl. WENDEBOURG, Tag (s. Anm. 5), 341.

Schalenvision).[24] Dieser Verdacht lässt sich weiterführen, denn Offb 17–18; 19 und 20 berühren auch noch Offb 6,12–17. Zudem zeigt ein Blick auf die Tag des Herrn-Tradition des ersten und zweiten Jahrhunderts, inwiefern diese Passagen allesamt vor dem Hintergrund dieses Vorstellungskreises gedeutet werden müssen. Bemerkenswert ist, dass in der Johannesoffenbarung nun genau in diesen Textabschnitten Anspielungen auf Gen 18,19–19,29 begegnen (siehe unten).

2.2.1 Die Endschlacht und der Tag des Herrn

Verbindungen zwischen der in Offb 19 berichteten eschatologischen Schlacht und Offb 6,12–17 sind mehr als deutlich. Bereits in der sechsten Schalenvision (Offb 16,12–16) wird die Formulierung ἡ ἡμέρα ἡ μεγάλη aus Offb 6,17 aufgegriffen und mit der Idee einer Endschlacht verkettet.[25] Offb 16,14 erzählt schließlich davon, wie die widergöttlichen Mächte für die Schlacht (πόλεμος)[26] am großen Tag Gottes ein Heer zusammenstellen (συνάγω). Die gleichen Wörter erscheinen auch in Offb 19,19, wo der große Kampf *en detail* dargestellt wird.[27] Zudem ähnelt die Aufzählung jener, die dort umgekommen sind und von den Vögeln gefressen werden (Offb 19,18), den Charakteren, die vor Gottes Erscheinen an seinem Zornestag fliehen (Offb 6,15).[28]

Offb 6,15	Καὶ **οἱ βασιλεῖς** τῆς γῆς καὶ οἱ μεγιστᾶνες καὶ <u>οἱ χιλίαρχοι</u> καὶ οἱ πλούσιοι καὶ <u>οἱ ἰσχυροὶ</u> καὶ <u>πᾶς δοῦλος</u> καὶ <u>ἐλεύθερος</u> ἔκρυψαν ἑαυτοὺς εἰς τὰ σπήλαια καὶ εἰς τὰς πέτρας τῶν ὀρέων
Offb 19,18	[...] φάγητε σάρκας **βασιλέων** καὶ σάρκας <u>χιλιάρχων</u> καὶ σάρκας <u>ἰσχυρῶν</u> [...] καὶ σάρκας πάντων <u>ἐλευθέρων</u> τε καὶ <u>δούλων</u> [...]

Von daher ist es möglich, die Endschlacht in der Offenbarung als einen Teil des Tag YHWHs zu sehen. Dies ist nicht ungewöhnlich, da eine ähnliche

---

[24] Zur Verbindung zwischen Offb 16,12–16 und Offb 19,11–21 vgl. BAUER, Messiasreich (s. Anm. 14), 110.

[25] Vgl. dazu SATAKE, Offenbarung (s. Anm. 8), 337.

[26] Zum Wortfeld Krieg vgl. W. KLASSEN, Vengeance in the Apocalypse of John, CBQ 28 (1966), 300–311 (305–309). Ferner G. BORNKAMM, Die Komposition der apokalyptischen Visionen in der Offenbarung Johannis, ZNW 36 (1937), 132–149 (146f.); BØE, Gog (s. Anm. 15), 293.

[27] Vgl. dazu BAUER, Messiasreich (s. Anm. 14), 109.

[28] Vgl. dazu BØE, Gog (s. Anm. 15), 288.

Verbindung beider Vorstellungen bereits in der Schriftprophetie anzutreffen ist (z.B. Amos 1,4; Sach 14,3; Joel 2,1.20).[29]

2.2.2 Das Gericht über Babylon und der Tag des Herrn

Auch die Berührungen zwischen dem Gericht über Babylon (Offb 17–18) und Offb 6,12–17 sind nicht weniger deutlich. Bereits mehrfach wurde der Verdacht ausgesprochen, Offb 17–18 sei ein Nachtrag zur siebten Schalenvision (Offb 16,17–21).[30] Die siebte Schale kann wiederum nur im Verbund mit der Tag des Herrn-Szene (Offb 6,12–17) gelesen werden (siehe oben). Schließlich ist ja γέγονεν, womit in Offb 16,17 der Abschluss von Gottes Gerichtshandlung an Babylon ausgedrückt wird, auch der Höhepunkt jener aus Offb 6,12–17 entspringenden Leseleitlinie, deren wichtigstes Leitwort γίνομαι ist (siehe oben). Zudem bilden die Tag YHWHs-Szene und die siebte Siegelvision eine Klammer um den Abschnitt Offb 6,12–16,21. Schon allein aus diesem Grunde ist es offensichtlich, dass das Gericht über Babylon in der Offenbarung dem großen Gottestag zugeordnet ist. Auch dieser Konnex ist in der Schriftprophetie beheimatet. Nach Jes 13 findet der Untergang Babylons am Tag YHWHs statt[31] und Jer 50–51 (HT) „datiert" den Untergang dieser Stadt auf einen יום רעה.[32]

2.2.3 Die forensische Gerichtsszene und der Tag des Herrn

Johannes hat die Gerichtsszene in Offb 20,11–15 so gestaltet, dass der Leser sie mit der Bilderwelt von Offb 6,12–17 assoziieren kann. Er berichtet in Offb 20,11 von einer Fluchtreaktion des Himmels und der Erde angesichts der Theophanie.[33] Dabei hat er sprachliche Signale benutzt, die Offb 20,11–15 mit in den literarischen Rahmen einbinden, der Offb 6,12–16,21 umschließt und zugleich die siebte Schalenvision an Offb 6,12–17 zurückbindet.

Offb 20,11	[...]καὶ τὸν **καθήμενον** ἐπ' αὐτόν, <u>οὗ ἀπὸ τοῦ προσώπου</u>
	<u>ἔφυγεν</u> ἡ γῆ καὶ ὁ οὐρανὸς καὶ τόπος <u>οὐχ εὑρέθη</u> αὐτοῖς
Offb 16,20	καὶ <u>πᾶσα</u> **νῆσος** <u>ἔφυγεν</u> <u>καὶ</u> ὄρη <u>οὐχ εὑρέθησαν</u>

---

[29] In der außerbiblischen Literatur tritt dieser Motivkomplex außer in 1 QM und in *Sib.Or.* III deutlich zurück. Vgl. dazu WENDEBOURG, Tag (s. Anm. 5), 136

[30] Vgl. z.B. BAUER, Messiasreich (s. Anm. 14), 107.

[31] Vgl. dazu WENDEBOURG, Tag (s. Anm. 5), 34.

[32] Vgl. dazu WENDEBOURG, Tag (s. Anm. 5), 45.

[33] Dieses sprachliche Phänomen wurde meistens im Zuge der Rekapitulationstheorie interpretiert. Man ging davon aus, dass in der Offenbarung das Ende des Kosmos auf drei verschiedene Weisen berichtet wird. Vgl. dazu A. VÖGTLE, Das Neue Testament und die Zukunft des Kosmos, KBANT, Düsseldorf 1970, 109. Ferner auch BEALE, Commentary (s. Anm. 1), 396.398; SATAKE, Offenbarung (s. Anm. 8), 223.

Offb 6,14	[...]καὶ <u>πᾶν ὄρος</u> καὶ <u>νῆσος</u> ἐκ τῶν τόπων αὐτῶν
ἐκινήθησαν	
Offb 6,16	[...]καὶ κρύψατε ἡμᾶς <u>ἀπὸ προσώπου</u> **τοῦ καθημένου ἐπὶ τοῦ θρόνου** [...]

Der Zusammenhang zwischen dem Tag des Herrn und einer Gerichtserwartung ist ebenfalls nicht ungewöhnlich. In der postprophetischen Literatur und den Schriften des Neuen Testaments sind Derivate der prophetischen Tag YHWHs-Tradition bezeugt, in denen diese Vorstellung untrennbar mit dem Endgericht verbunden ist (z.B. 1 Hen 1,7–8; Mt 10,15; 11,22.24; 12,36; 2 Petr 2,9; 3,7; 1 Joh 4,17; Jud 1,6).[34]

2.3 Zwischenfazit und Ausblick – Das Motivfeld Sodom und der Tag YHWHs

Die Tag YHWHs-Szene in Offb 6,12–17 ist der Ausgangspunkt mehrerer sprachlicher Linien, die den Abschnitt Offb 6,12–16,21 durchziehen. Dadurch werden die Ereignisse der Posaunen- und Schalenvisionen an Offb 6,12–17 zurückgebunden und erscheinen somit als Aspekte des großen Ereignisses. Darüber hinaus hat Johannes auch noch die Endschlachtszene, das Gericht über Babylon und die forensische Gerichtsszene in Offb 20,11–15 mit Offb 6,12–17 verknüpft. Folgt der Leser den sprachlichen Signalen dieser Leseleitlinien, erhält er den Eindruck, dass Gott am großen Tag sowohl Babylon zerstört als auch die widergöttlichen Mächte in der Endschlacht besiegt und die Menschheit nach ihren Werken richtet. Eine solche Skizzierung des Tags YHWHs ist zutiefst in der Tradition dieses Vorstellungshorizontes verankert. In der prophetischen Literatur wird der Tag des Herrn als Kriegsgeschehen geschildert. Auch eine Kombination von der Ankündigung des Gottestages und einer für Babylon bestimmte Gerichtsankündigung findet sich in den Schriften Israels. Zudem bezeugt die postprophetische Literatur und das Neue Testament den Zusammenhang zwischen dem Gottestag und dem Endgericht.

Johannes will also ab Offb 6,12 den Tag des Herrn im Detail illustrieren. Dies erlaubt wiederum einen weiteren Gedanken. Wenn Offb 6,12–16,21 eine szenische Darstellung des Tags des Herrn sein soll, müssen auch einzelne Motive dieser Textpassagen der Tag YHWHs-Tradition entstammen. Letztendlich wäre es seltsam, wenn Johannes anhand eines ausgeklügelten Strukturnetzwerkes einzelne Szenen mit Offb 6,12–17 vernetzt hätte, ohne dabei innerhalb dieser Matrix Motive aus Tag YHWHs-Texten zu rezipieren. Am Motivfeld *Sodom* lässt sich diese Vermutung jedenfalls sehr gut belegen.

---

[34] Vgl. dazu WENDEBOURG, Tag (s. Anm. 5), 90.

3. Das Motivfeld Sodom in den Schriften Israels und im Neuen Testament

Das Motivfeld *Sodom* hatte eine sehr breite Wirkungsgeschichte.[35] Die Sodomerzählung ist immer dann ein beliebtes Motivfeld gewesen, wenn sich
Texte gegen verschiedenartige Angriffe auf die religiöse Identität ihrer Adressaten wehren mussten. Die literarische Konstellation dieses Textes konnte
nahezu bruchlos und zeitenübergreifend auf verschiedenste Situationen politi-
scher und religiöser Unterdrückung übertragen werden. In Gen 18,16–19,29
ist schließlich von der Repression eines Gerechten (Gen 19,4–9), von einer
Übermachtstellung lasterhafter Agitatoren (Gen 18,23–32; 19,5.9) sowie
ebenso von Gottes Strafhandlung an den Unterdrückern (Gen 19,24–25.28–
29) und von der Errettung des Gerechten (Gen 18,25; 19,12–13.15) zu lesen.
Diese Rahmenhandlungen des Textes sind natürlich wie geschaffen für eine
Rezeption, deren Sinn es ist, einer unterdrückten (oder einer sich als unter-
drückte Minderheit sehenden) Leserschaft die Vernichtung ihrer Bedränger
zu verheißen.[36]

Bilder aus Gen 18,19–19,29 spielen auch in der Tag YHWHs-Tradition eine sehr große Rolle.[37] Ein Großteil von Anspielungen auf diesen Text ist in
der prophetischen Literatur und den Schriften des Neuen Testaments jedenfalls in Kontexten anzutreffen, in denen vom großen Gottestag die Rede ist.

3.1 Der Name Sodom und die Leitmotive aus Gen 18,19–19,29

Bei der Analyse der Wirkungsgeschichte der Sodomerzählung können zwei
unterschiedliche Stränge unterschieden werden. Einerseits wurde auf Gen
18,19–19,29 angespielt, indem explizit der Name Sodom aufgegriffen worden
ist. Andererseits hatten ebenso einige charakteristische Leitmotive aus der
Sodomerzählung eine deutlich belegbare Nachgeschichte.

---

[35] Auschnitte dieser Wirkungsgeschichte sind in E. NOORT/E. TIGCHELAAR (Hg.),
Sodom's Sin. Genesis 18–19 and its Interpretations, Themes In Biblical Narrative 7,
Leiden/Bosten 2004 erfasst.

[36] Auch an der Wende vom ersten zum zweiten Jahrhundert n. Chr. erfüllten
Anspielungen auf Gen 18,16–19,29 häufig diesen Zweck (z.B. Mt; 2 Petr, Jud).

[37] Eine Auflistung aller direkter Anspielungen auf die Sodomerzählung innerhalb der
Schriften Israels bietet E. NOORT, For the Sake of Righteousness. Abraham's Negotiations
with YHWH as a Prologue to the Sodom Narrative: Gen 18:16–33, in: E. Noort/E.
Tigchelaar (Hg.), Sodom's Sin. Genesis 18–19 and its Interpretations, Themes in Biblical
Narrative 7, Leiden/Boston 2004, 3–16 (3, bes. Anm. 2).

3.1.1 Der Name Sodom in den Schriften Israels und im Neuen Testament

Außerhalb des Buches Genesis erscheint der Name סדם im HT noch achtzehn weitere Male (Dtn 29,22; 32:32; Jes 1,9.10; 3,9; 13,19; Jer 23,14 (HT); 49,18 (HT); 50,4 (HT); Klg 4,6; Ez 16.46.48.49.53.55.56; Am 4,11; Zeph 2,9) in insgesamt zwölf verschiedenen Texten. Σόδομα ist in der LXX zudem noch in den Oden (Od 2,32) belegt. Nach einer Durchsicht aller Textstellen kann die Funktion des Name סדם / Σόδομα in zwei Kategorien eingeteilt werden.[38] Einerseits ist Sodom ein Synonym für Sünde, Schlechtigkeit und sexuelles Fehlverhalten.[39] Die in Gen 18,16–19,29 beschriebene Unzüchtigkeit seiner Bewohner soll allein durch die blanke Erwähnung der Stadt in neuen Kontexten anklingen. סדם / Σόδομα erscheint dementsprechend häufig dort, wo die Schuldhaftigkeit eines Personenkreises durch einen Vergleich mit Gen 18,16–19,29 ausgedrückt werden soll (Dtn 32,32; Ode 2,32; Jer 3,9; Jer 23,14 (HT); Klgl 4,6 (ferner Ez 16, 46.48.49.53.55.56)). Zudem ist Sodom eine Metapher für Gottes Geschichtsmächtigkeit. In vielen Texten, die von zerstörerischen Strafhandlungen Gottes erzählen, wird daher סדם / Σόδομα erwähnt (Dtn 29,22; Amos 4,11; Zeph 2,9; Jes 1,9.10; Jes 13,19; Jer 49,18 (HT) [30,12 (LXX)]; 50,40 (HT) [27,40 (LXX)]). Viele dieser Texte stammen aus der Tag YHWHs-Tradition, oder sind (mehr oder weniger entfernt) mit ihr verwandt (Amos 4,11; Zeph 2,9; Jes 13,19; Jer 50,40 (HT) [27,40 (LXX)], Jer 30,12). Zudem verknüpfen einige dieser Texte den Tag YHWHs mit dem Untergang Babylons, der wiederum in ein Sprachspiel gekleidet ist, das dem Leser Gen 18,19–19,29 vor Augen führt.

In Jes 13 ist diese Verbindung offensichtlich. Dort sind die universelle Rede von einem Tag YHWHs und eine lokale an Babylon gerichtete Untergangsprophezeiung miteinander verzahnt. Die Tag YHWHs-Ansage in Jes 13,1–8 ist zunächst an Babylon gerichtet. Erst ab Jes 13,9 begegnen dem Leser universelle Begleiterscheinungen des großen Gottestages, wobei diese erweiterte Darstellungsweise in Jes 13,19 erneut in eine lokal eingegrenzte Gerichtsansage umschlägt.[40] Der Leser erfährt nun, dass das Geschick Baby-

---

[38] Ezechiel 16, wo der Name insgesamt sechs Mal vorkommt, müsste gesondert behandelt werden, weil sich dieser Text von den anderen Belegstellen unterscheidet. Da Ez 16 für diese Untersuchung keine Rolle spielt, wird die Passage nicht weiter analysiert. Eine ausführlichere Untersuchung dieses Textes bietet J. H. NEWMAN, Lot in Sodom. The Postmortem of a City and the Afterlife of a Biblical Text, in: C. A. Evans/J. A. Sanders (Hg.), The Function of Scripture in Early Jewish and Christian Tradition, JSNT.S 154, Sheffield 1998, 34–44 (35–37).

[39] Vgl. dazu NEWMAN, Sodom (s. Anm. 38), 35.

[40] Zum Beziehung zwischen Jes 13,19 und 1QIs[a] vgl. E. TIGCHELAAR, Sodom and Gomorrha in the Dead Sea Scrolls, in: E. Noort/E. Tigchelaar (Hg.), Sodom's Sin. Genesis 18–19 and its Interpretations, Themes in Biblical Narrative 7, Leiden/Boston 2004, 47–62 (48).

lons am Tag YHWHs mit dem von Sodom und Gomorrha zu vergleichen ist.[41]

Jes 13,19 (HT) והיתה בבל צבי ממלכות תפארת גאון כשדים
כמהפכת אלהים את־סדם ואת־עמרה

Aber auch Jeremia verknüpft den Untergang Babylons mit Motiven aus der Sodomerzählung und mit Elementen, die aus der Tag YHWHs-Tradition stammen. Sicherlich ist das große Babylongericht in Jer 50–51 (HT) [27–28 (LXX)] kein klassischer Tag YHWHs-Text, insofern in diesem Textabschnitt der Ausdruck יום יהוה nicht explizit angeführt ist.[42] Dennoch greift der Text zur Schilderung der Vernichtung von Babylon sehr stark auf die Nordfeind- und die Zionstradition zurück (Jer 50,2–10 (HT) [27,2–10 (LXX)]), die beide untrennbar mit dem Tag YHWHs verbunden sind. Zudem ist in Jer 51,2 (HT) von einem יום רעה, einem Unheilstag, zu lesen, an dem der Untergang Baby- lons „zeitlich" verortet wird. Bei einer etwas weiter gefassten Definition des Tags YHWHs, wie sie z.B. von H. Spieckermann[43] und N. Wendebourg[44] vertreten wird, kann man die Jeremiapassage dem näheren Umkreis der Tag YHWHs-Tradition sicherlich zuordnen. Jedenfalls wird in diesem Text, der von einem Tag des Unheils spricht, die Zerstörung Babylons anhand eines Vergleichs mit Gen 18,19–19,29 dargestellt. Auf der sprachlichen Ebene ist die Parallelisierung von Gottes Gerichtshandeln an Babylon und an Sodom in Jer 50,40 (HT) mit der in Jes 13,19 (HT) sogar noch absolut identisch.

Jer 50,40 (HT) כמהפכת אלהים את־סדם ואת־עמרה ואת־שכניה
נאם־יהוה לא־ישב שם איש ולא־יגור בה בן־אדם

Man kann also durchaus von einem Motivdreieck sprechen, das in beiden Texten erscheint. Der Untergang Babylons wird am Tag YHWHs (bzw. am großen Unheilstag) erwartet und mit dem Motivfeld Sodom näher skizziert.

Im Neuen Testament spitzt sich die Tendenz, den Tag YHWHs mit Moti- ven aus Gen 18,19–19,29 zu beschreiben, sogar noch weiter zu. Hier sind die Stellen, in denen Σόδομα in einem Zusammenhang mit dem großen Tag Got- tes steht, eindeutig in der Überzahl. In den drei mätthischen Belegen dient

---

[41] Vgl. dazu J. A. LOADER, The Tale of Two Cities. Sodom and Gomorrha in the Old Testament, Early Jewish Writings and Early Christian Traditions, CBET 1, Kampen 1990, 60.

[42] Zur Problematik einer genauen Definition des Tag YHWHs vgl. M. BECK, Der Tag YHWHs im Dodekapropheton. Studien im Spannungsfeld von Traditions- und Redaktionsgeschichte, BZAW 356, Berlin/New York 2005, 44. Ferner Y. HOFFMANN, The Day of the Lord as a Concept and a Term in the Prophetic Literature, ZAW 93 (1981), 37–50.

[43] Vgl. dazu H. SPIECKERMANN, Dies Irae. Der alttestamentliche Befund und seine Vorgeschichte, VT 39 (1989), 194–208 (195ff.).

[44] Vgl. dazu die Diskussion bei WENDEBOURG, Tag (s. Anm. 5), 28–30.

Σόδομα dazu, Gottes Strafe am Tag des Gerichts auszudrücken (Mt 10,15; 11,23.24).[45] Selbige Funktion hat der Name auch in der lukanischen Parallele zu Mt 10,15 (Lk 10,12). Auch in den Tag des Gerichts-Passagen des Zweiten Petrusbriefs und des Judasbriefs wird Σόδομα erwähnt. Die dadurch initiierte Anspielung auf Gen 18,16–19,29 soll dort jeweils den Modus des Gerichts des großen Gottestags verdeutlichen (2 Petr 2,6; Jud 7).[46]

2 Petr 2,6	καὶ <u>πόλεις Σοδόμων καὶ Γομόρρας τεφρώσας καταστροφῇ</u> κατέκρινεν ὑπόδειγμα μελλόντων ἀσεβεῖν τεθεικὼς
Jud 7	<u>ὡς Σόδομα καὶ Γόμορρα καὶ αἱ περὶ αὐτὰς πόλεις</u> τὸν ὅμοιον τρόπον τούτοις ἐκπορνεύσασαι καὶ ἀπελθοῦσαι ὀπίσω σαρκὸς ἑτέρας, πρόκεινται δεῖγμα πυρὸς αἰωνίου δίκην ὑπέχουσαι.

Man kann also bereits in den Schriften Israels und in den Texten des Neuen Testaments erkennen, dass das Motivfeld Sodom fest mit der Tradition des großen Gottestag verbunden ist.

3.1.2 Die Motive des Untergangs der Stadt

Nicht nur der Name Sodom hat eine facettenreiche Rezeptionsgeschichte durchlaufen. Es existieren daneben viele Texte, die mit einzelnen Motiven aus Gen 18,19–19,29 spielen. In der Sodomerzählung liest man von *Feuer* (אש/πῦρ) und *Schwefel* (גפרית/θεῖον), die auf die Erde regnen (מטר/βρέχω), und von *Rauchsäulen* (קיטור/φλόξ + ἀτμίς). Damit *wendet* (הפך/καταστρέφω) Gott das Geschick Sodoms. Viele Texte spielen nun durch den Gebrauch genau dieser Bilder auf die Vernichtung von Sodom an. Dabei sind es häufig spezi-

---

[45] Vgl. dazu NEWMAN, Sodom (s. Anm 38), 43. Ferner P. FIEDLER, Das Matthäusevangelium, ThKNT 1, Stuttgart 2006, 242f.

[46] Zum Tag des Gerichts in 2 Petr vgl. J. FREY, Disparagement as Argument. The Polemical Use of Moral Language in Second Peter, in: J. G. van der Watt/R. Zimmermann (Hg.), Moral Language in the New Testament. The Interrelatedness of Language and Ethics in Early Christian Writings. Kontexte und Normen neutestamentlicher Ethik/Contexts and Norms of New Testament Ethics, WUNT 2/296, Bd. 2, Tübingen 2010, 275–310 (287). Zur Funktion des Tag des Gerichts und zur Funktion von Typologie im Judasbrief vgl. FREY, Disparagement (s. Anm. 46), 287. Ferner, C. BLUMENTHAL, Prophetie und Gericht. Der Judasbrief als Zeugnis urchristlicher Prophetie, BBB 156, Bonn 2008, 201. Zu den Berührungspunkten zwischen 2 Petr 2,6 und Jud 7 vgl. T. J. KRAUS, Sprache, Stil und historischer Ort des zweiten Petrusbriefes, WUNT 2/136, Tübingen 2001, 370. Eine genauere Analyse von Beispielreihen aus der Geschichte Israels, wie sie sowohl in 2 Petr als auch in Jud anzutreffen sind, bietet R. HEILIGENTHAL, Zwischen Henoch und Paulus. Studien zum theologiegeschichtlichen Ort des Judasbriefes, TANZ 6, Tübingen 1992, 37.

fische Motivkombinationen, die *neuen* Texten den Charakter der Sodomerzählung verleihen.

Θεῖον erscheint beispielsweise in der LXX neben Gen 19,24 noch insgesamt sieben weitere
Male (Dtn 29,22; 3 Makk 2,5; Ps 10,6 (LXX); Job 18,15; Jes 30,33; 34,9; Ez 38,22).[47]
Dabei wurde dieses Lexem (sowohl im HT als auch in der LXX) fast immer mit weiteren
Signalen kombiniert, um Bezüge zu Gen 19,24 zu vertiefen.[48] In 3 Makk 2,5 und in Dtn
29,22 ist dies offensichtlich, insofern in beiden Stellen der Name Sodom direkt genannt
wird.[49] Aber auch in den Psalmen lässt die Kombination von נפרית/θεῖον und אש/πῦρ Anklänge an Gen 19,24 vermuten.

Auch in vielen Tag YHWHs-Texten begegnen Motivcluster, deren Verbindung so einzigartig ist, dass sie den Leser Gen 18,19–19,29 vor Augen
führen.

Der erste Text aus der Tag YHWHs-Tradition, dessen tragende Motive den
Leitmotiven der Sodomerzählung ähneln, ist Jes 34. Dort spitzt sich die uni-
versale Ausrichtung des Tags YHWHs auf eine lokale Gerichtshandlung an
Edom zu. Edoms Untergang am Tag der Rache (Jes 34,8) trägt letztendlich
Züge der Sodomerzählung, da beide Texte ein gemeinsames Sprachspiel
besitzen. Sowohl in Jes 34 als auch in Gen 19 erscheint נפרית/θεῖον und das
Wortfeld Feuer (אש/πῦρ (Gen 19,24) // בער/καίω (Jes 34,9)).[50] Zudem erinnert
Jes 34,10 an Gen 19,28. In beiden Texten ist zu lesen, dass Qualm und Rauch
über den zerstörten Städten zum Himmel aufsteigt.

In Ez 38,18–23 ist ein ähnliches Phänomen zu beobachten. In diesem Text,
der von einem יום בוא גוג (Ez 38,18) erzählt,[51] an dem Gog zunächst ins Land
einfällt und schließlich von Gott vernichtet wird (Ez 38,22), treffen nun diverse Intertexte aufeinander, die allesamt von Gottes geschichtsmächtigen
Strafhandlungen erzählen.[52] Natürlich ist auch Gen 18,19–19,29 darunter

---

[47] An jeder einzelnen Stelle (außer natürlich 3 Makk) wird mit θεῖον die Wurzel נפרית
übersetzt, das außerhalb von Gen 19,24 (HT) nur an den besagten Stellen vorkommt.

[48] Job 18,15 und Jes 30,33 sind hier Ausnahmen.

[49] Zur Anspielung auf die Sodomerzählung in Dtn 29 vgl. LOADER, Cities (s. Anm. 41),
56.

[50] Vgl. dazu H. WILDBERGER, Jesaja 28–39, BKAT X/3, Neukirchen-Vluyn 1982, 1345.

[51] Sicherlich ist dieser Text kein Tag YHWHs-Text im engeren Sinne, da hier die
Kombination יום + יהוה nicht erscheint. Allerdings finden sich in diesem Text Elemente, die
tief in der Tag YHWHs-Tradition verwurzelt sind. Zudem spricht der Text ausführlich von
einem großen יום בוא גוג. Dies erlaubt es wiederum Ez 38,18–23 als einen Text aufzufassen,
der mit der Tag YHWHs-Tradition verwandt ist.

[52] G. A. COOKE, A Critical and Exegetical Commentary on the Book of Ezekiel, The
International Critical Commentary, Edinburgh ²1951, Ezekiel, 415. Eine ausführliche
Analyse dieser Textpassage bietet B. BIEBERGER, Endgültiges Heil innerhalb von
Geschichte und Gegenwart. Zukunftskonzeptionen in Ez 38–39, Joel 1–4 und Sach 12–14,
BBB 161, Göttingen 2010, 62–65.

vertreten. Ähnlich wie in Gen 19,24 lässt Gott in Ez 38,22 ebenfalls Feuer (אש/πῦρ) und Schwefel (גפרית/θεῖον) vom Himmel regnen (מטר/βρέχω), um Gog dadurch zu vernichten.[53] Hier ist es ausschließlich die Kombination von πῦρ, θεῖον und βρέχω, die die Sodomerzählung anklingen lässt.

Ein Blick auf das Neue Testament verschärft diesen Befund sogar nochmals. πῦρ, θεῖον und βρέχω erscheinen dort außerhalb der Offenbarung nur noch in Lk 17,29, d.h. in einem Text, der auf die Wiederkunft des Menschensohnes am Tag des Gerichts blickt (Lk 17,20–37). Dass dort mit dieser Motivkombination auf Gen 18,19–19,29 verwiesen werden soll, ist offensichtlich. Schließlich nennt der Text neben πῦρ, θεῖον und βρέχω auch noch explizit Λώτ und Σόδομα.[54]

3.2 Zwischenfazit

Das Motivfeld Sodom hat einen festen Platz in der Tag YHWHs-Tradition. Texte, die den Gottestag in Sprache fassen, machen dies häufig anhand von Anspielungen auf Gen 18,19–19,29 deutlich, Entweder gebrauchen diese Texte explizit den Namen Sodom oder sie suchen, die Züge der Sodomerzählung durch Motivcluster nachzuahmen, die charakteristisch für Gen 18,19–19,29 sind. Diachron betrachtet spitzt sich die Tendenz, den Tag des Herrn mit derartigen Bildern zu umschreiben, definitiv zu. Im Neuen Testament haben Reminiszenzen an die Sodomerzählung (fast) ausschließlich die Funktion, das Gericht am großen Gottestag zu illustrieren. Sowohl bei Matthäus und Lukas als auch im Zweiten Petrusbrief und im Judasbrief ist Gen 18,19–19,29 im Kontext des Tags des Gerichts beheimatet. Es lässt sich also zeigen, dass bereits an der Wende vom ersten zum zweiten Jahrhundert das Motivfeld Sodom nicht mehr vom endzeitlichen Gottestag getrennt werden kann. Diese Feststellung erlaubt aber auch die spannende Frage, ob in der Johannesoffenbarung Motive aus der Sodomerzählung ebenso vor dem Hintergrund des Tags des Herrn gelesen werden können.

---

[53] Zu guter Letzt soll noch auf Joel 3,3 verwiesen werden. Ausleger haben die dort erwähnten Begleiterscheinungen des Tags YHWHs (Feuer und Rauchdampf) ebenso als Anspielungen auf Gen 18,19–19,29 interpretiert. Vgl. z.B. BERGLER, Joel (s. Anm. 10), 272.

[54] Gen 18,19–19,29 im Kontext von Lk 17, funktioniert genauso wie in 2 Petr, Jud und Mt. Anspielungen auf die Zerstörung von Sodom sollen dem Leser das Ausmaß des künftigen Tag des Gerichts verdeutlichen.

4. Das Motivfeld *Sodom* in der Offenbarung

4.1 Motive aus der Sodomerzählung in Offb 9

Offb 9 enthält das erste Motivcluster, das den Leser an Gen 18,19–19,29 erinnert. Dieser Text ist zugleich eine Schnittstelle zwischen der Offenbarung und der Tag YHWHs-Tradition. Johannes hat Offb 9 als eine Doppelszene gestaltet. Die fünfte (Offb 9,1–12) und die sechste Posaunenvision (Offb 9,12–21) sind durch das gemeinsame Motiv des endzeitlichen Heeres, das aus unterschiedlichen Perspektiven beschrieben wird, miteinander verbunden.

Johannes schildert in der fünften Posaunenvision zunächst das Aussehen der Heuschrecken, das Züge eines Heeres trägt. Die Heuschrecken gleichen Schlachtrössern (Offb 9,7), ihre Brüste sehen Panzern gleich und das Rauschen ihrer Flügelschläge ähnelt dem Lärm dröhnender Streitwägen und vieler Pferde, die zur Schlacht stürzen (Offb 9,9). Diese Skizzierung setzt Johannes in der sechsten Posaunenvision fort, wobei er aber die Darstellungsperspektive drastisch verschoben hat. Anstatt das Aussehen der Heuschrecken weiter zu entfalten, beginnt er ab Offb 9,16 damit, das endzeitliche Heer zu beschreiben, dessen äußere Gestalt der der Heuschrecken nahezu gleicht. Das Heer in Offb 9,12–21 besteht natürlich aus Rössern und Reitern. Der Leser weiß natürlich aus Offb 9,1–11, dass das Aussehen der Heuschrecken dem der Rösser ähnlich sieht (Offb 9,7). Die Pferde und die Reiter des Heeres tragen zudem analog zu den Heuschrecken Panzer (Offb 9,9.17). Sowohl die Heuschrecken als auch die Rösser haben Schwänze, mit denen sie den Menschen Schaden zufügen können (Offb 9,10.19). Die Heuschrecken haben ein Löwengebiss (Offb 9,8) und die Köpfe der Pferde gleichen Löwenköpfen (Offb 9,17).[55]

Beide Szenen gehören also zusammen und können aber genauso wenig von der Tag YHWHs-Tradition getrennt werden. Denn zum einen ist ein endzeitliches Heer, das den Charakterzug eines Heuschreckenschwarmes trägt,[56] ein festes Motivelement von ihr (Joel 1–2; Am 7,1–2 (LXX); ferner Jer 51,27(HT) [28,27(LXX)]). S. Bergler hat bereits in den 80er Jahren gezeigt, dass Johannes in Offb 9 sehr intensiv die Heuschreckendarstellung aus Joel rezipiert hat.[57] Zum anderen ist die Doppelszene in Offb 9 intratextuell mit den beiden Tag des Herrn-Szenen (Offb 6,12–17; Offb 16,14) verbunden. Oben wurde bereits gezeigt, dass der Anfang der fünften Posaunenvision (Offb 9,1–2) Motive aus Offb 6,12–17 nahezu wörtlich aufgreift. Viel deutlicher ist aber die Verbindungslinie zwischen Offb 9 und Offb 16,14. Schließlich wird der Tag des Herrn in Offb 16,14 als Kriegsgeschehen

---

[55] Zur genauen Gliederung der Beschreibung der Reiter in der sechsten Posaunenvision vgl. SATAKE, Offenbarung (s. Anm. 8), 249.

[56] Vgl. hierzu WENGST, Wie lange (s. Anm. 11), 184. Einen breiteren Überblick über das Motiv Heuschrecken bietet J. SIMKINS, Yahweh's Activity in History and Nature in the Book of Joel, Ancient Near Eastern Texts and Studies 10, Lampeter 1991, 101–115.

[57] Vgl. dazu BERGLER, Joel (s. Anm. 10), 289–292.

(πόλεμος + ἡμέρα τῆς μεγάλης τοῦ θεοῦ τοῦ παντο-κράτορος) geschildert.[58] Johannes stellte nun das Heuschreckenheer in Offb 9 mit einem Sprachspiel dar, an das er Offb 16,14 anknüpfen lässt. Die Rösser, denen die Heuschrecken gleichen, sind für die Schlacht (πόλεμος) gerüstet (Offb 9,7), und auch die Wägen, deren Lärm mit den Flügelschlägen von Heuschrecken verglichen wird, sind an der Schlacht (πόλεμος beteiligt (Offb 9,9). Es zeigt sich also deutlich, dass die Kriegstopik in Offb 9 der Tag YHWHs-Tradition entstammt.

Dies ist insofern bemerkenswert, da in der sechsten Posaunenvision in die Darstellung des Heeres Motive aus Gen 18,19–19,21 eingewoben worden sind.[59] Aus den Mäulern der Rösser kommen Feuer (πῦρ), Rauch (καπνός) und Schwefel (θεῖον) (Offb 9,17). Diese Motive werden in Offb 9,18 nochmals erwähnt und als Plagen bezeichnet, durch die ein Drittel der Menschheit umkommt.

Offb 9,17–18   [...] καὶ ἐκ τῶν στομάτων αὐτῶν ἐκπορεύεται <u>πῦρ καὶ καπνὸς</u> <u>καὶ θεῖον</u>. ἀπὸ τῶν τριῶν πληγῶν τούτων ἀπεκτάνθησαν τὸ τρίτον τῶν ἀνθρώπων, <u>ἐκ τοῦ πυρὸς καὶ τοῦ καπνοῦ καὶ τοῦ</u> <u>θείου</u> τοῦ ἐκπορευομένου ἐκ τῶν στομάτων αὐτῶν

Die Kombination der Motive πῦρ + θεῖον erscheint nur in Gen 19,24; Ps 10,6 (LXX); Jes 30,33; Ez 38,22 und Lk 17,29.[60] In den meisten dieser Texte soll durch diese Motivverkettung die Sodomerzählung eingespielt werden (siehe oben). In Offb 9,17–18 ist der Bezug auf Gen 18,19–19,29 sogar noch stärker ausgeprägt, da die Kombination von πῦρ und θεῖον mit dem Bild von Rauch deutlichere Charakterzüge von Gen 18,19–19,27 trägt. Abraham sieht nämlich über der vom Feuer- und Schwefelregen zerstörten Stadt Rauchschwaden aufsteigen (Gen 19,28).[61]

---

[58] Vgl. dazu C. H. GIBLIN, The Millenium (Rev 20:4–6) as heaven, NTS 45 (1999), 553–570 (568). Ferner SÄNGER, Christologie (s. Anm. 8), 87.

[59] Vgl. dazu BEALE, Commentary (s. Anm. 1), 511. Ferner ROLOFF, Offenbarung (s. Anm. 8), 105.

[60] Ähnlich GIESEN, Offenbarung (s. Anm. 15), 225.

[61] Es soll darauf hingewiesen werden, dass in diesem Punkt kein wörtlicher Berührungspunkt zwischen der Offenbarung und dem Buch Genesis besteht. In Gen 19,28 (LXX) wird der aufsteigende Qualm mit dem Ausdruck φλὸξ [...] ὡσεὶ ἀτμὶς καμίνου beschrieben. In Offb 9,17 steht hingegen nur καπνός. Dieses Wort wird allerdings in Jes 34,10 gebraucht, um auf Gen 18,19–19,29 anzuspielen. Von daher ist es wahrscheinlich, dass Johannes in Offb 9,17 kontextuell auf die Sodomerzählung verweisen wollte.

4.2 Motive aus der Sodomerzählung in Offb 14

Die zweite Szene, in der der Leser auf das Motivfeld *Sodom* stößt, ist Offb 14. Auch hier offenbart ein *close reading*, dass diese Textpassage vor dem Hintergrund des Tags des Herrn gelesen werden soll.

Zunächst spricht Offb 14,7 von der Stunde des Gerichts (ἡ ὥρα τῆς κρίσεως). Die neutestamentlichen Texte zeigen, dass an der Wende vom ersten zum zweiten Jahrhundert die Tag des Herrn-Vorstellung bereits tief mit der Erwartung eines universalen Endgerichts verbunden war. In der Johannesoffenbarung äußert sich dieser Zusammenhang auf der sprachlichen Ebene durch eine Verbindungslinie zwischen der detaillierteren Darstellung dieses Gerichts in Offb 20,11–15 und der Tag des Herrn-Szene in Offb 6,12–17 (siehe oben).

Weiterhin thematisiert Offb 14 das Kommen des Menschensohnes zum Gericht (Offb 14,14–20), wobei Johannes in diesem Textabschnitt intensiv auf die Tag YHWHs-Rede des vierten Kapitels des Joelbuches zurückgegriffen hat.[62] Die Parusie Christi ist ja der neutestamentlichen Tag des Herrn-Erwartung zufolge ausschlaggebend für dieses Ereignis.[63]

Ferner springt Offb 14 in der „Chronologie" der apokalyptischen Visionszyklen voran und nimmt den Inhalt der siebten Schalenvision vorweg.[64] Der zweite Engel der Vision verkündet den Fall von Babylon, wobei der Wortlaut seiner Rede nahezu wörtlich mit Offb 16,19 übereinstimmt.[65]

Offb 14,8   […] **ἔπεσεν ἔπεσεν** <u>Βαβυλὼν ἡ μεγάλη</u> ἣ ἐκ <u>τοῦ οἴνου τοῦ θυμοῦ</u> τῆς πορνείας αὐτῆς πεπότικεν πάντα τὰ ἔθνη.

Offb 16,19   καὶ ἐγένετο ἡ πόλις ἡ μεγάλη εἰς τρία μέρη καὶ αἱ πόλεις τῶν ἐθνῶν **ἔπεσαν**. καὶ <u>Βαβυλὼν ἡ μεγάλη</u> ἐμνήσθη ἐνώπιον τοῦ θεοῦ δοῦναι αὐτῇ τὸ ποτήριον <u>τοῦ οἴνου τοῦ θυμοῦ</u> τῆς ὀργῆς αὐτοῦ.

Der Untergang von Babylon ist aber nach Johannes Teil des großen Tages des Herrn. Schließlich führen auch in Offb 16,17–21 sprachliche Signale den Leser zurück zur Tag des Herrn-Szene in Offb 6,12–17 (siehe oben). Zudem ist der Untergang Babylons ein fester Teil vieler Tag YHWHs-Texte der Schriften Israels (siehe oben).

Diese Indizien machen es mehr als evident, Offb 14 vor dem Hintergrund des Tags des Herrn zu interpretieren. Dies ist natürlich äußerst interessant, da Bilder aus Gen 18,19–19,21 in dieser Szene rezipiert worden sind, um die

---

[62] Vgl. dazu HUBER, Menschensohn (s. Anm. 12), 262.
[63] Vgl. dazu WENDEBOURG, Tag (s. Anm. 5), 369.
[64] Ähnlich HUBER, Menschensohn (s. Anm. 12), 260f.
[65] Vgl. dazu AUNE, Revelation 6–16 (s. Anm. 1), 830; Ferner GIESEN, Offenbarung (s. Anm. 15), 329.

Strafen, die die Abtrünnigen im großen Gericht zu erwarten haben, zu verdeutlichen. Natürlich werden nur jene bestraft, die sich dem Herrschafts-
anspruch des Imperium Romanum, das in der erzählten Welt der Apokalypse
durch das Bild des Tieres verkörpert wird, beugen.[66] Sie werden mit Feuer
(πῦρ) und Schwefel (θεῖον) vor den Augen der Heiligen und des Lammes
gequält (Offb 14,10). πῦρ und θεῖον erinnern natürlich an das motivische
Grundgerüst der Sodomerzählung.[67] Der Bezug zwischen Offb 14,10 und dem
Buch Genesis wird im darauf folgenden Vers sogar noch verstärkt. Dort fügt
Johannes an, dass der Rauch der Peinigung in alle Ewigkeit aufsteigt
(ἀναβαίνω). Somit ergibt sich das für Gen 19,24.28 typische Motivdreieck,
das aus Feuer (πῦρ), Schwefel (θεῖον) und aufsteigenden (ἀναβαίνω) Rauchsäulen besteht. Welche Funktion hat diese Motivkombination, außer den
Leser an die Zerstörung Sodoms zu erinnern? Eine solche Reminiszenz an die
Sodomerzählung in einer Textpassage, die vom Gericht im Rahmen des großen Tags des Herrn spricht, ist typisch für den Gebrauch von Sodommotiven
im Neuen Testament. Schließlich wurden sowohl in Mt 10,15; 11,23.24; Lk
10,12; 17,29 als auch in 2 Petr 2,6 und in Jud 7 die Tag des Gerichts-Reden
mit dem Motivfeld *Sodom* unterlegt.

4.3 Motive aus der Sodomerzählung in Offb 18

Das große Strafgericht über Babylon in Jer 50–51 (HT) [27–28 (LXX)] ist
wohl einer der wichtigsten Intertexte, die Johannes im 18. Kapitel seiner
Schrift verarbeitet hat. Sehr viele wörtliche Entsprechungen und motivische
Parallelen verbinden beide Textpassagen.[68]

Offb 18,2	Rückblick auf den Untergang Babylons	Jer 50,2
Offb 18,3	Zornesbecher	Jer 51,7
Offb 18,4b	Auszugsforderung aufgrund der Zerstörungsankündigung	Jer 50,8–9
Offb 18,4c.8	Babylon erleidet πληγή	Jer50,13
		[27,13 (LXX)]

---

[66] Zur Beziehung zwischen dem römischen Kaiser und der literarischen Figur des Tieres
vgl. J. DOCHHORN, Schriftgelehrte Prophetie. Der eschatologische Teufelsfall in Apc Joh
12 und seine Bedeutung für das Verständnis der Johannesoffenbarung, WUNT 268,
Tübingen 2010, 110–121. Ferner J. FREY, The Relevance of the Roman Imperial Cult for
the Book of Revelation. Exegetical and Hermeneutical Reflections on the Relation between
the Seven Letters and the Visionary Main Part of the Book, in: J. Fotopoulos (Hg.), The
New Testament and Early Christian Literature in Graeco-Roman Contexts. Studies in
Honor of David E. Aune, Nov.T.S 122, Leiden/Boston 2006, 231–255 (238).

[67] Vgl. dazu AUNE, Revelation 6–16 (s. Anm. 1), 835; ROLOFF, Offenbarung (s. Anm.
8), 153.

[68] Neben Jer 50–51 ist Ez 26–28 wohl der wichtigste Intertext, auf den in Offb 18
angespielt wird. Vgl. dazu SATAKE, Offenbarung (s. Anm. 8), 356.

Offb 18,5	Sünden/Gericht reicht bis zum Himmel	Jer 51,9
Offb 18,9.18	Sodomtypologie	Jer 50,40
Offb 18,20	Der Himmel jubelt über den Untergang Babylons	Jer 51,48
Offb 18,24	Babylon hat Angehörige Israels/Propheten und Heilige erschlagen	Jer 51,49

Jer 50–51 (HT) [27–28 (LXX)] ist dazu noch ein Text, der mit der Tag des Herrn-Tradition verwandt ist.[69] Er enthält sehr viele Elemente, die fest zu diesem Traditionsfeld gehören (siehe oben). Er spricht sogar von einem רעה יום, womit in diesem Text der Tag des Untergangs von Babylon einen Namen erhält. Diese Verbindung zwischen der Vernichtung von Babylon und dem Tag YHWHs kommt auch in Jes 13 und in der Johannesoffenbarung vor (siehe oben). Alle drei Texte rekurrieren zudem auf Gen 18,19–19,29. Mit Anspielungen auf die Sodomerzählung wird dort jeweils das Untergangsszenario sprachlich ausgemalt. Johannes schreibt jedenfalls zweimal, dass Babylon brennt und der Rauch der Stadt gen Himmel steigt (καπνός + πύρωσις (Offb 18,9.18)).[70] In beiden Versen spielt das Motiv des Sehens (βλέπω) ein Rolle. Eventuell sollte dadurch der Rückbezug auf Gen 19,28 verstärkt werden, da Abraham den Rauch über dem brennenden Sodom beim Herabblicken (שקף /ἐπιβλέπω) bemerkt.

4.4 Die Sodomerzählung und der feurige Pfuhl

Zum Schluss soll noch ein Blick auf Offb 19,20; 20,10.14.15; 21,8 geworfen werden. All diese Stellen berichten von einem brennenden Pfuhl aus Feuer und Schwefel (λίμνη + πῦρ + καίω + θεῖον), in dem die widergöttlichen Mächte und ihre Anhänger sowie der Tod selbst geworfen werden.[71] In Offb 19 sind es zunächst nur das Tier und der Lügenprophet, die in der Endschlacht von den göttlichen Streitmächten bezwungen und dort hinein geschleudert werden. Ihnen folgen in Offb 20 der Satan und der Tod,[72] sowie alle Anhänger der widergöttlichen Mächte im Zuge des Gottesgerichts.[73]

---

[69] Vgl. dazu WENDEBOURG, Tag (s. Anm. 5), 45.

[70] Ähnlich BEALE, Commentary (s. Anm. 1), 905.

[71] Johannes bezeichnet diese Qual explizit als *zweiter* Tod, wodurch er zugleich eine qualitative Aussage über die treuen Anhänger Gottes trifft, denen ja die *erste* Auferstehung verheißen wird. Ähnlich GIESEN, Offenbarung (s. Anm. 15), 436.

[72] Vgl. dazu SATAKE, Offenbarung (s. Anm. 8), 395; ROLOFF, Offenbarung (s. Anm. 8), 194.

[73] Jene, die nicht im Buch des Lebens verzeichnet sind, werden in Offb 20,15 in den Feuerpfuhl geworfen. Aus Offb 13,8 geht aber hervor, dass es sich bei diesen um die Anhänger des Tieres handelt. Das Buch des Lebens ist also – fernab von einer Prädestinationsvorstellung – lediglich eine Chiffre, um treue Christen von Abtrünnigen zu unterscheiden.

Sicher mögen sich hinter dem Bild einer Feuerstrafe Reminiszenzen an eine Vielzahl von eschatologischen Traditionen verbergen. Jenseitige Straforte werden schließlich in vielen Texten mit dem Motiv *Feuer* assoziiert (z.B. 1 Hen 10,13; Dan 7,11).[74] Dennoch existiert kein Text, der diesem in Offb 19,20; 20,10.14.15; 21,8 beschriebenen Ort richtig deutlich ähnelt. Von daher ist es ratsam, den feurigen Pfuhl im Kontext der Offenbarung selbst zu deuten. Betrachtet man seine äußerst markanten äußerlichen Attribute als intratextuelle Signale, entsteht eine Leseleitlinie. Der Leser wird von der Endschlachtszene in Offb 19 zurück zu Offb 9 und von der universalen Gerichtsszene in Offb 20 zurück zur Gerichtsszene in Offb 14 geführt. In all diesen Texten erscheint bekanntlich die Motivkombination πῦρ + θεῖον.[75] In Offb 9 quält das eschatologische Heer, das für die große Schlacht am Tag des Herrn gerüstet ist, die Menschen mit Feuer und Schwefel, und in Offb 14 hat Johannes seine Gerichtsvorstellungen mit selbigen Motiven unterlegt. Man kann davon ausgehen, dass diese Passagen die gleichen Ereignisse verschiedenartig darstellen. Das Gericht aus Offb 14 wird in Offb 20 weiter entfaltet und die Kriegstopik in Offb 9 erscheint in Offb 19 erneut. All diese Szenen stehen zudem in Kontakt mit der Tag des Herrn-Szene in Offb 6,12–17 (siehe oben) und sie weisen über die Grenzen der Offenbarung hinaus einen deutlichen Bezug zur Tag des Herrn-Tradition auf (siehe oben). Da das Motivfeld Sodom eine große Rolle in diesem Traditionsfeld spielt und in Offb 9 und 14 nachweislich auf Gen 18,19–19,29 angespielt wurde, ist es nicht unwahrscheinlich, auch im brennenden Pfuhl aus πῦρ und θεῖον eine Kombination aus Motiven dieser Erzählung zu sehen. πῦρ und θεῖον sind schließlich Schlagworte von Gen 18,19–19,29.

5. Fazit

Der Seher will den Tag des Herrn bildlich darstellen. Diesen Anschein erwecken zumindest die intensiven sprachlichen Linien, die sich von der Tag des Herrn-Szene (Offb 6,12–17) ausgehend durch die gesamte Johannesoffenbarung ziehen. Johannes hat dadurch viele Textpassagen aneinandergekoppelt und mit dem Tag des Herrn verknüpft. Die Endschlacht, das universelle Gericht und der Untergang Babylons erscheinen dadurch als Teil dieses Ereignisses. Dem entspricht, dass der Seher in vielen dieser Textpassagen Intertexte rezipiert hat, die aus der Tag YHWHs-Tradition stammen. Nachgewiesen wurde dies mehrfach für die Tag YHWHs-Szenen (Offb 6,12–17;

---

[74] Vgl. dazu WENDEBOURG, Tag (s. Anm. 5), 135f. Ferner BEALE, Commentary (s. Anm. 1), 969f.; SATAKE, Offenbarung (s. Anm. 8), 318.

[75] Vgl. dazu SATAKE, Offenbarung (s. Anm. 8), 249. Ferner AUNE, Revelation, 6–16 (s. Anm. 1), 834; GIESEN, Offenbarung (s. Anm. 15), 225.

16,4) selbst und für Offb 9, ferner aber auch für Offb 14, wo gleich mehrmals die Tag YHWHs-Rede des Joelbuches erklingt. Die vorliegende Untersuchung kam zu dem Ergebnis, dass auch Anspielungen auf Gen 18,19–19,29 in der Offenbarung in diese Kategorie eingeordnet werden können. Zum einen hat Johannes nur in Passagen, die mit der Tag des Herrn-Szene in Verbindung stehen, auf die Sodomerzählung angespielt. Zum andern ist Gen 18,19–19,29, wie die Betrachtung der Wirkungsgeschichte dieser Passage zeigte, selbst tief in der Tag YHWHs-Tradition verwurzelt. Darüber hinaus kann man hinsichtlich der Funktion von Anspielungen auf die Sodomerzählung durchaus von einem Korrelat zwischen der Offenbarung und dem breiten Traditionsfeld des Tages.

Vision and Tradition. The Son of Man in Rev 1:7.12–20

Authoritative Past in the Reconfiguration of Visionary Experiences according to the Revelation to John

Luca Arcari

1. Introduction

In this article, I will analyze the first vision of the Son of Man in Revelation (1:7.12–20), in light of the literary context in which the character is inserted, the subtexts used by the seer of Patmos for the construction of the image, and its meaning in light of the earlier and/or coeval Jewish[1] and Proto-Christian witnesses. I will thus try to clarify the authoritative value related to an image that, although coming from an experience of contact with the other-world, is recalled or, in cultural terms, rendered in cohesion with a *traditio* which is itself considered authoritative and, therefore, capable of conferring authority to the experience that the seer claims to have lived and of which he gives the account.

In Rev 1:13–6, a detailed description of the Son of Man opens the scene of the seer's fall to the ground and the related reassurance from the being itself (1:17–8). The scene introduces the letters to the seven churches, as explicitly reported by the figure in 1:19–20. In this sense, 1:13–6 is a literary unit directly related to the ones coming after it, and non-coincidentally it performs the function of a veritable prologue to the messages contained in the ensuing letters. Moreover, the inner unity of this section is confirmed by its connections to 1:4–8, a liturgical dialogue that follows the title-prologue of the book (1:1–3), and to 1:9–12, the presentation of the encounter with Christ following such a dialogue. In this context, the appearance of the Son of Man, prepared by v. 9, reaches its climax at v. 13.

---

[1] On such a terminology, recently see. C. SHANTZ, Opening the Black Box: New Prospects for Analyzing Religious Experience, in: Eadem/R. A. Werline (ed.), Experientia. Vol. 2: Linking Text and Experience, EJIL 35, Atlanta 2012, 1–16. See also the bibliography quoted in L. ARCARI, Visioni del figlio dell'uomo nel Libro delle Parabole e nell'Apocalisse, ANT 19, Brescia 2012, 11–20.

The quite accurate connection among the micro-sections that compose the encounter with Christ stems from the fact that at v. 11 the seer hears a voice speaking, so that v. 12 represents an element preparing the vision of the character who has already spoken and will speak again from vv. 17b on.

Rev 1:4–20 Ἰωάννης ταῖς ἑπτὰ ἐκκλησίαις ταῖς ἐν τῇ Ἀσίᾳ· χάρις ὑμῖν καὶ εἰρήνη ἀπὸ ὁ ὢν καὶ ὁ ἦν καὶ ὁ ἐρχόμενος καὶ ἀπὸ τῶν ἑπτὰ πνευμάτων ἃ ἐνώπιον τοῦ θρόνου αὐτοῦκαὶ ἀπὸ Ἰησοῦ Χριστοῦ, ὁ μάρτυς, ὁ πιστός, ὁ πρωτότοκος τῶν νεκρῶν καὶ ὁ ἄρχων τῶν βασιλέων τῆς γῆς.   Τῷ ἀγαπῶντι ἡμᾶς καὶ λύσαντι ἡμᾶς ἐκ τῶν ἁμαρτιῶν ἡμῶν ἐν τῷ αἵματι αὐτοῦ, καὶ ἐποίησεν ἡμᾶς βασιλείαν, ἱερεῖς τῷ θεῷ καὶ πατρὶ αὐτοῦ, αὐτῷ ἡ δόξα καὶ τὸ κράτος εἰς τοὺς αἰῶνας [τῶν αἰώνων]· ἀμήν. Ἰδοὺ ἔρχεται μετὰ τῶν νεφελῶν, καὶ ὄψεται αὐτὸν πᾶς ὀφθαλμὸς καὶ οἵτινες αὐτὸν ἐξεκέντησαν, καὶ κόψονται ἐπ’ αὐτὸν πᾶσαι αἱ φυλαὶ τῆς γῆς.ναί, ἀμήν.Ἐγώ εἰμι τὸ ἄλφα καὶ τὸ ὦ, λέγει κύριος ὁ θεός, ὁ ὢν καὶ ὁ ἦν καὶ ὁ ἐρχόμενος, ὁ παντοκράτωρ.Ἐγώ Ἰωάννης, ὁ ἀδελφὸς ὑμῶν καὶ συγκοινωνὸς ἐν τῇ θλίψει καὶ βασιλείᾳ καὶ ὑπομονῇ ἐν Ἰησοῦ, ἐγενόμην ἐν τῇ νήσῳ τῇ καλουμένῃ Πάτμῳ διὰ τὸν λόγον τοῦ θεοῦ καὶ τὴν μαρτυρίαν Ἰησοῦ ἐγενόμην ἐν πνεύματι ἐν τῇ κυριακῇ ἡμέρᾳ καὶ ἤκουσα ὀπίσω μου φωνὴν μεγάλην ὡς σάλπιγγος λεγούσης· ὃ βλέπεις γράψον εἰς βιβλίον καὶ πέμψον ταῖς ἑπτὰ ἐκκλησίαις, εἰς Ἔφεσον καὶ εἰς Σμύρναν καὶ εἰς Πέργαμον καὶ εἰς Θυάτειρα καὶ εἰς Σάρδεις καὶ εἰς Φιλαδέλφειαν καὶ εἰς Λαοδίκειαν. Καὶ ἐπέστρεψα βλέπειν τὴν φωνὴν ἥτις ἐλάλει μετ’ ἐμοῦ, καὶ ἐπιστρέψας εἶδον ἑπτὰ λυχνίας χρυσᾶς καὶ ἐν μέσῳ τῶν λυχνιῶν ὅμοιον υἱὸν ἀνθρώπου ἐνδεδυμένον ποδήρη καὶ περιεζωσμένον πρὸς τοῖς μαστοῖς ζώνην χρυσᾶν. ἡ δὲ κεφαλὴ αὐτοῦ καὶ αἱ τρίχες λευκαὶ ὡς ἔριον λευκὸν ὡς χιὼν καὶ οἱ ὀφθαλμοὶ αὐτοῦ ὡς φλὸξ πυρὸς καὶ οἱ πόδες αὐτοῦ ὅμοιοι χαλκολιβάνῳ ὡς ἐν καμίνῳ πεπυρωμένης καὶ ἡ φωνὴ αὐτοῦ ὡς φωνὴ ὑδάτων πολλῶν, καὶ ἔχων ἐν τῇ δεξιᾷ χειρὶ αὐτοῦ ἀστέρας ἑπτὰ καὶ ἐκ τοῦ στόματος αὐτοῦ ῥομφαία δίστομος ὀξεῖα ἐκπορευομένη καὶ ἡ ὄψις αὐτοῦ ὡς ὁ ἥλιος φαίνει ἐν τῇ δυνάμει αὐτοῦ. Καὶ ὅτε εἶδον αὐτόν, ἔπεσα πρὸς τοὺς πόδας αὐτοῦ ὡς νεκρός, καὶ ἔθηκεν τὴν δεξιὰν αὐτοῦ ἐπ’ ἐμὲ λέγων·μὴ φοβοῦ· ἐγώ εἰμι ὁ πρῶτος καὶ ὁ ἔσχατος καὶ ὁ ζῶν, καὶ ἐγενόμην νεκρὸς καὶ ἰδοὺ ζῶν εἰμι εἰς τοὺς αἰῶνας τῶν αἰώνων καὶ ἔχω τὰς κλεῖς τοῦ θανάτου καὶ τοῦ ᾅδου. γράψον οὖν ἃ εἶδες καὶ ἃ εἰσὶν καὶ ἃ μέλλει γενέσθαι μετὰ ταῦτα.τὸ μυστήριον τῶν ἑπτὰ ἀστέρων οὓς εἶδες ἐπὶ τῆς δεξιᾶς μου καὶ τὰς ἑπτὰ λυχνίας τὰς χρυσᾶς· οἱ ἑπτὰ ἀστέρες ἄγγελοι τῶν ἑπτὰ ἐκκλησιῶν εἰσιν καὶ αἱ λυχνίαι αἱ ἑπτὰ ἑπτὰ ἐκκλησίαι εἰσίν.

[1:4] John to the seven churches that are in Asia: Grace to you and peace from him who is and who was and who is to come, and from the seven spirits who are before his throne, [5] and from Jesus Christ, the faithful witness, the firstborn of the dead, and the ruler of the kings of the earth. To him who loves us and freed[*] us from our sins by his blood, [6] and made us to be a kingdom, priests serving his God and Father, to him be glory and dominion for ever and ever. Amen. [7] Look! He is coming with the clouds; every eye will see him, even those who pierced him; and on his account all the tribes of the earth will wail. So it is to be. Amen. [8] 'I am the alpha and the Omega', says the Lord God, who is and who was and who is to come, the Almighty.[9] I, John, your brother who shares with you in Jesus the persecution and the kingdom and the patient endurance, was on the island called Patmos because of the word of God and the testimony of Jesus. [10] I was in the spirit[*] on the Lord's day, and I heard behind me a loud voice like a trumpet [11] saying, 'Write in a book what you see and send it to the seven churches, to Ephesus, to Smyrna, to Pergamum, to Thyatira, to Sardis, to Philadelphia, and to Laodicea.' [12] Then I turned to see whose voice it was that spoke to me, and on turning I saw seven golden lampstands, [13] and in the midst of the lampstands I saw one like the Son of Man, clothed with a long robe and with a golden sash across his chest. [14] His head and his hair were white as white wool, white as snow; his eyes were like a flame of fire, [15] his feet were like burnished bronze, refined as in a furnace, and his voice was like the sound of many waters. [16] In his right hand he held seven stars, and from his mouth came a sharp, two-edged sword, and his face was like the sun shining with full force. [17] When I saw him, I fell at his feet as though dead. But he placed his right hand on me, saying, 'Do not be afraid; I am the first and the last, [18] and the living one. I was dead, and see, I am alive for ever and ever; and I have the keys of Death and of Hades. [19] Now write what you have seen, what is, and what is to take place after this. [20] As for the mystery of the seven stars that you saw in my right hand, and the seven golden lampstands: the seven stars are the angels of the seven churches, and the seven lampstands are the seven churches (NRSV).

The heptad of the letters that opens Revelation seems to be quite anomalous due to the fact that, unlike the others, it does not seem to offer a concatenate narration.[2] This ostensible anomaly can be explained within the context of the literary structure of the text as presented from chapter 1 on. In 1:4, the seer mentions the seven churches, Ἰωάννης ταῖς ἑπτὰ ἐκκλησίαις ταῖς ἐν τῇ Ἀσίᾳ, and the motif[3] is resumed in 1:11, after the doxology of 1:4b–8,[4] and again in 1:20, after the apparition of the image of the Son of Man. It is interesting to notice how, from v. 20 on, the theme of *ekklesia* is closely related to that of the *angelos*. The heptad of the letters consists in the account of a speech reported by the seer, not elaborated by him. The presence of the imperative tense γράψον at the beginning of each letter (to the point of becoming the literary scheme of the heptad), witnesses to the seer's will to confer to the heptad the semblance of a speech that he himself received from God and for which he is merely a *medium*. His will to clarify that the actual author of the message is the glorified Jesus is also evident. Through the hepdat's prologue, the seer introduces the figure who is identified as the author of the messages and this presentation is constructed as an ascending climax description, according to a pattern often followed by the seer. The author of the messages is first announced by a reference to the Scriptures (v. 7), then by his own voice (v. 10). He is therefore very accurately described (vv. 13–6), and only at the end of the description, gives the order to write (v. 19). After that the subject of the letters he dictates follows.

---

[2] U. Vanni, LA STRUTTURA LETTERARIA DELL'APOCALISSE, BRESCIA 1980, 120.

[3] As for this terminology, see Vanni, La struttura (n. 2), 121, n. 5.

[4] About doxologies, see VANNI, La struttura, 149–167; about liturgical connections of the doxologies, see G. Delling, Zum gottesdienstlichen Stil der Johannesapokalypse, NT 3 (1959), 107–137; S. LÄUCHLI, Eine Gottesdienststruktur in der Johannesoffenbarung, ThZ 16 (1960), 359–378. About doxology, more generally, see E. WERNER, The Doxology in Synagogue and Church, in: J. J. Petuchowski (ed.), Contributions to the Scientific Study of Jewish Liturgy, New York 1970, 318–370.

The implicit oral character of the letter increases the authoritative impact of the message.[5] Just as a result of its origin in a series of veiled associations, the heptad's connection to the apparition of Jesus as the son of man influences the audience's perception of the declared message. The heptad of the letters, being the one that most explicitly refers to specific groups, and precisely because it privileges the closest communicative form to a face-to-face interaction, acquires a particular significance by attributing the speech to the glorified Jesus, a significance deriving from the actual oral diffusion of the message, among various communities by way of public declamation.[6]

The seer's use of "tradition"[7] is implicitly invested with authoritative value, since the rereading that he offers of his own experience, being recalled according to the authoritative tradition, claims to be the most veritable and authentic interpretation of the tradition itself.

2. Analysis of the subtexts contributing to the creation of an authoritative discourse

By adopting the so-called "intertextual method," the concern of a whole series of studies[8] is that of verifying the reference to materials related to what we call the "Bible" in the text of Revelation. Apart from the problems con-

---

[5] Recently, D. TRIPALDI, Per una definizione del genere letterario dell'Apocalisse di Giovanni: appunti sul testo, ASE 25 (2008), 75–116, proposed that the literary genre of Revelation could be seen as a legacy of the ancient epistolary one, which is more similar to the vis-à-vis discourse. This necessarily implies a double kind of fruition of the text, the written one for what concern the community and the oral one for the rest of the audience. The proposal reprises M. KARRER, Die Johannesoffenbarung als Brief. Studien zu ihrem literarischen, historischen und theologischen Ort, FRLANT 140, Göttingen 1986. I believe that Hongisto's idea, Experiencing the Apocalypse at the Limits of Alterity, BIS 102, Leiden 2010, 61–5, according to which the seer of Patmos' text is an hybrid text is more appropriate in this case. As for a detailed *status quaestionis* about the problem of literary genre of the Book of Revelation, see D. TRIPALDI, Il genere letterario dell'Apocalisse di Giovanni: introduzione allo stato della ricerca (1986–2003), Adamantius 14 (2008), 352–77.

[6] See D. TRIPALDI, Gesù di Nazareth nell'Apocalisse di Giovanni. Spirito, profezia, memoria, ANT 5, Brescia, 2010, 95–101.

[7] In this article, I consider the concepts of "tradition" and "past" as strictly connected: on such a question, see P. Sloterdijk, Du mußt dein Leben ändern. Über Anthropotechnik, Frankfurt a.M. 2009.

[8] See bibliography in G. BIGUZZI, L'Antico Testamento nell'ordito dell'Apocalisse, RStB 19/II (2007), 191–214. As for a more general bibliography, see S. MOYISE, The Old Testament in the New. An Introduction, London/New York 2001, 117–127. As for an approach in which the rereading of tradition and the *mise en discourse* of a visionary experience are correlated, see L.I. HONGISTO, Experiencing (n. 5), 123–132.

nected to each reference and to the different 'intertexts' identified (a field that is still to be fully explored), researchers seem to have come to the following conclusions:

> The seer, rather than explicitly quoting an earlier text, prefers to include the references by rewriting them in light of the general pattern of his vision's account (sometimes quotes are allusive, sometimes they constitute an actual allusion).

> The seer often "corrupts" and "gathers together" different references. This tendency to *conflation* is quite evident judging from the rich symbolism employed by the author, where a single element is often composed by very association of different structured subtexts.

> Despite some exceptions and peculiarities (though there is no common agreement among scholars on this subject), it seems that the seer (whose bilingual competence is fully demonstrated) considers the Palestine linguistic context as the main instrument to retrieve and reuse the materials belonging to "his" tradition. Perhaps we are witnessing a re-use and a re-proposal of materials coming from a Semitic language and in turn translated into Greek.[9]

Among these points, the last one is certainly the most problematic. While, with regard to the first one, scholars such as I. Paulien, I. Paul and S. Moyise have reached some common agreement[10] (despite their different research perspectives) and, as for the second, it is quite evident that many of the symbols that appear in the text come from the *contamination* between different subtexts,[11] when it comes to the third point, scholars do not believe that, in his exegetic and visionary reconstructions, the seer uses a single and linguistically unvarying "biblical text," but rather that each case needs to be individually examined, also in the light of the high number of documented biblical texts dating to the time when John wrote his Revelation.[12]

---

[9] But see also the contribution of Th. PAULSEN in this volume.

[10] See the recapitulatory article by I. PAUL, The Use of the Old Testament in Revelation 12, in: S. Moyise (ed.), The Old Testament in the New Testament. Essays in Honour of J. L. North, JSNT.S. 189, Sheffield 2000, 256–276.

[11] J. P. RUIZ commented on how the Daniel reprise is not totally autonomous but it is "supported" by some references to Ezekiel: J. P. RUIZ, Ezekiel in the Apocalypse. The Transformation of Prophetic Language in Revelation 16,17–19,10, Frankfurt/Bern/New York 1989, 97–128. To define the modalities of reprise and association of various materials used by the seer of Patmos, J. VAN RUITEN used the noun "mosaic": see J. VAN RUITEN, The Intertextual Relationship between Isaiah 6:17–20 and Revelation 21:1–5b, EstB 51 (1993), 473–510. and IDEM, Der alttestamentliche Hintergrund von Apokalypse 6:12–17, EstB 53 (1995), 239–260.

[12] For instance, A. GANGEMI, B. MARCONCINI and G. DEIANA have independently noticed for what concerns Isaiah and Jeremiah that they depend on a Hebrew text close to the M(asoretic)T(ext): respectively, see A. GANGEMI, L'utilizzazione del Deutero-Isaia nell'Apocalisse di Giovanni, EunDoc 27 (1974), 109–144. 311–39; B. MARCONCINI, L'utilizzazione del TM nelle citazioni isaiane dell'Apocalisse, RivBibl 24/II (1976), 113–

I have hinted at the literary coherence that characterizes the construction of the prologue to the heptad of the letters. This unity becomes explicit in what we can call the method of the "segmented description,"[13] thanks to which, through an almost *ascending* process, a specific image eventually emerges by evoking scattered and often hardly noticeable elements within a vision. This strategy mirrors the seer's extra-ordinary experience, (re)constructed, or rather *remembered* and *re-proposed* so as to perfectly conform to the tradition that he considers authoritative. The case of Rev 1:13–6 is emblematic: despite the "central" symbol appears definitely only in 1:13–6, it is already announced in 1:7–8. Following the doxology of 1:5b–6, a quotation coming from above is heard, resembling a voice announcing an imminent coming. The connection to 1:13–6 is evident from the reference to the same subtext that, once again, refers to the other "supporting" subtexts:

> 1:7 Ἰδοὺ ἔρχεται μετὰ τῶν νεφελῶν ... // 1:13 καὶ ἐν μέσῳ τῶν λυχνιῶν ὅμοιον υἱὸν ἀνθρώπου ...

> 1:7 Look! He is coming with the clouds // 1:13 and in the midst of the lampstands one like the Son of Man ...

Both moments have in common a Danielic reference. The figure, which will be revealed only in 1:13–6, is announced by an off-scene voice that underlines some of its distinctive features. Any analysis of the main reference texts connected to the image in 1:13–6 cannot ignore what had already been stated in 1:7–8.

> 1:7 Ἰδοὺ ἔρχεται μετὰ τῶν νεφελῶν, καὶ ὄψεται αὐτὸν πᾶς ὀφθαλμὸς καὶ οἵτινες αὐτὸν ἐξεκέντησαν, καὶ κόψονται ἐπ' αὐτὸν πᾶσαι αἱ φυλαὶ τῆς γῆς. ναί, ἀμήν. 8 Ἐγώ εἰμι τὸ Ἄλφα καὶ τὸ Ὦ, λέγει κύριος ὁ θεός, ὁ ὢν καὶ ὁ ἦν καὶ ὁ ἐρχόμενος, ὁ παντοκράτωρ.

136, and G. DEIANA, L'utilizzazione del libro di Geremia in alcuni brani dell'Apocalisse, Lateranum 48 (1982), 125–137. – A. FEUILLET'S study instead, remarked a major closeness to the LXX for what concerns the Songs of the Songs reprises (see A. FEUILLET, Le Cantique des Cantiques en l'Apocalypse, RSR 49 [1961], 321–53). G. K. BEALE , instead, believes that the seer of Patmos knows a text quite close to the LXX and uses it for the allusions to Dan 4:37 e 4:17a, in Rev 17:12–4 and 18:10.17–9 and to Dan 7:6 in Rev 13:5a: G.K. BEALE, A Reconsideration of the Text of Daniel in the Apocalypse, Bibl 67 (1986), 539–543. R. H. CHARLES also holds that in Revelation there is a re-use of various traditional materials that come from different linguistic contexts, R. H. CHARLES, A Critical and Exegetical Commentary on the Revelation of St. John, ICC, Edinburgh 1920, I, LXVI–LXXXII. Let us also consider that A. VANHOYE draws attention on how freely the seer refers to the prophet's text (see A. VANHOYE, L'utilisation du livre d'Ezéchiel dans l'Apocalypse, Bibl 43 [1962], 436–476) – despite a dependance from a Hebrew text is evident also in Ezekiel (for instance, see S. BØE, Gog and Magog, WUNT 2/135, Tübingen 2001).

[13] See HONGISTO, Experiencing (n. 5), 81–88.

1:7 Look! He is coming with the clouds; every eye will see him, even those who pierced him; and on his account all the tribes of the earth will wail. So it is to be. Amen. 8 'I am the alpha and the Omega', says the Lord God, who is and who was and who is to come, the Almighty.

As for 1:7, the reference to Dan 7:13 and Zech 12:10b–2a is evident. The peculiar Aramaic form of Dan 7:13 used in Qumran is not known. With regard to Zech 12:10b–2a, we have 4QXII[14] (= 4Q80) fragment, which, however, is mutilated in the passage of interest here.[15] As for the text of Daniel, which is recalled and readapted by the seer in this section, by comparing it to the known versions it is possible to notice the emergence of a tendency toward paraphrase and allusion. The different known versions of Dan 7:13, in fact, have no perfectly corresponding elements in Revelation.

Dan 7:13 MT

הֲוֵה אָתֵה אֲנָשׁ כְּבַר שְׁמַיָּא עִם־עֲנָנֵי וַאֲרוּ

and lo, with the clouds of the heavens as a son of man was *one* coming,

LXX

καὶ ἰδοὺ ἐπὶ τῶν νεφελῶν τοῦ οὐρανοῦ

ὡς υἱὸς ἀνθρώπου ἤρχετο

and, lo, *one* coming on the clouds of heaven as the Son of man,

Theod.

καὶ ἰδοὺ μετὰ τῶν νεφελῶν τοῦ οὐρανοῦ

ὡς υἱὸς ἀνθρώπου ἐρχόμενος ἦν

and, lo, *one* coming with the clouds of heaven as the Son of man,

MS 967[16]

καὶ ιδου επι των νεφε

---

[14] Discoveries in the Judean Desert 16, 257–65, pl. XLVII.

[15] Discoveries in the Judean Desert 16, 264.

[16] The papyrus 967 is dated to 2nd to 3rd century CE; see F. G. KENYON, The Chester Beatty Biblical Papyri. Descriptions and Texts of Twelve Manuscripts on Papyrus of the Greek Bible. Fasc. VII: Ezekiel, Daniel, Esther, London 1937–1938, I, S. 25–49 (Texts); II, foll. 76–83 (Plates). As for the dating of the papyrus, see ibid., II, VIII–X. See also A. GEISSEN, Der Septuaginta-Text des Buches Daniel Kap. 5–12, zusammen mit Susanna, Bel et Draco, sowie Esther Kap. 1,1a–2,15 nach dem Kölner Teil des Papyrus 967, PTA 5, Bonn 1968, 108.

λων του ουρανου ηρχε

το ως υιος ανθρωπου

and, lo, *one* coming on the clouds of heaven as the Son of man,

Only the initial part of Dan 7:13 is taken up in Rev 1:7, and there is no explicit reference to the actual protagonist of the Danielic vision. The text the seer refers to is perhaps the Aramaic one and/or Theod., as can be inferred from the use of the word μετά, directly connected to the meaning of עִם[17] a particle that is documented both in MT and in Theod., whereas LXX has ἐπί. Despite this, the allusion to Daniel is not an explicit quotation but a veiled reference.

The seer's "visionary" intervention on tradition is also evident in the other allusion that is associated to the Danielic reference that is Zech 12:10b–5a.[18] Even though in this case the textual reference seems to be more explicit, here as well it is not possible to consider it as a proper "quote," but only as an allusion or an echo, a coherent use of the "visionary" rereading of the tradition.[19]

Zech 12:10.12 MT

‏וְשָׁפַכְתִּי עַל־בֵּית דָּוִיד וְעַל׀ יוֹשֵׁב יְרוּשָׁלַם רוּחַ חֵן ‏ [12:10]

‏וְתַחֲנוּנִים וְהִבִּיטוּ אֵלַי אֵת אֲשֶׁר־דָּקָרוּ וְסָפְדוּ עָלָיו כְּמִסְפֵּד ‏

‏עַל־הַיָּחִיד וְהָמֵר עָלָיו כְּהָמֵר עַל־הַבְּכוֹר: ‏

‏וְסָפְדָה הָאָרֶץ מִשְׁפָּחוֹת מִשְׁפָּחוֹת לְבָד מִשְׁפַּחַת ‏ [12:12]

‏בֵּית־דָּוִיד לְבָד וּנְשֵׁיהֶם לְבָד מִשְׁפַּחַת בֵּית־נָתָן לְבָד וּנְשֵׁיהֶם לְבָד: ‏

---

[17] See P. GRELOT, Les versions grecques de Daniel, Bibl 47 (1966), 381–402 and T. J. MEADOWCROFT, Aramaic Daniel and Greek Daniel. A Literary Comparison, JSOT.S. 198, Sheffield 1995. To Grelot, Dan 7:13 clearly shows the problem of the relations between Daniel LXX, MT and Theod. MT and Theod. present "on" (עד); Theod. and LXX, Peshitta, Hippolytus and Q present instead "with" (la). In *dial.* 31, Justin follows Theod. In the New Testament, Theod. is present in Mark 14:62 and Rev 1:7, LXX in Mark 24:30 and Rev 14:14 (but see also 1:7c). GRELOT'S conclusion is the following one: in the most ancient Church, two different forms of Daniel were available, the Alexandrine and the Palestinian one. These were used as well in Revelation, as it is understandable from the allusions to the LXX (Alexandrine version) and those to Theod. (Palestinian version). As for a more general picture of the testimonies, also see GEISSEN'S critical apparatus, Der Septuaginta-Text (n. 14), 108. As for a critique of the classical opposition between the "Alexandrine" and the "Palestinian" recension, see J. LUST, Septuagint and Canon, in: J.-M. Auwers / Henk J. De Jonge (ed.), The Biblical Canons, BEThL 163, Leuven 2003, 39–56, 40–48.

[18] See M. JAUHIAINEN, The Use of Zechariah in Revelation, WUNT 2/199, Tübingen 2005, 102–106.

[19] On the inaccuracy of the concept of "quotation" in Revelation, see BEALE, A Reconsideration, 543 and JAUHIAINEN, The Use (n. 16), 29–36.

12:10 And I have poured on the house of David, And on the inhabitant of Jerusalem, A spirit of grace and supplications, And they have looked unto Me whom they pierced, And they have mourned over it, Like a mourning over the only one, And they have been in bitterness for it, Like a bitterness over the first-born.

12:12 And mourned hath the land - every family apart, The family of the house of David apart, And their women apart; The family of the house of Nathan apart, And their women apart.

LXX

12:10 καὶ ἐκχεῶ ἐπὶ τὸν οἶκον Δαυιδ καὶ ἐπὶ τοὺς κατοικοῦντας Ιερουσαλημ πνεῦμα χάριτος καὶ οἰκτιρμοῦ, καὶ ἐπιβλέψονται πρός με ἀνθ' ὧν κατωρχήσαντο καὶ κόψονται ἐπ' αὐτὸν κοπετὸν ὡς ἐπ' ἀγαπητὸν καὶ ὀδυνηθήσονται ὀδύνην ὡς ἐπὶ πρωτοτόκῳ.

12:12 καὶ κόψεται ἡ γῆ κατὰ φυλὰς φυλάς, φυλὴ καθ' ἑαυτὴν καὶ αἱ γυναῖκες αὐτῶν καθ' ἑαυτάς, φυλὴ οἴκου Δαυιδ καθ' ἑαυτὴν καὶ αἱ γυναῖκες αὐτῶν καθ' ἑαυτάς, φυλὴ οἴκου Ναθαν καθ' ἑαυτὴν καὶ αἱ γυναῖκες αὐτῶν καθ' ἑαυτάς.

12:10 And I will pour upon the house of David, and upon the inhabitants of Jerusalem, the spirit of grace and compassion: and they shall look upon me, because they have mocked me, and they shall make lamentation for him, as for a beloved friend, and they shall grieve intensely, as for a firstborn son.

12:12 And the land shall lament in separate families, the family of the house of David by itself, and their wives by themselves; the family of the house of Nathan by itself, and their wives by themselves.

The seer of Patmos' allusion to the prophetic text is particularly clear in the words καὶ ὄψεται and κόψονται ἐπ' αὐτὸν [...] αἱ φυλαὶ τῆς γῆς (in Zech 12:10–2 MT there is וְהִבִּיטוּ and וְסָפְדָה הָאָרֶץ מִשְׁפָּחוֹת מִשְׁפָּחוֹת which in the LXX is rendered as καὶ ἐπιβλέψονται and καὶ κόψεται ἡ γῆ κατὰ φυλὰς φυλάς). When referring to the same book of Zechariah, Matthew 24–30 and John 19:37 use the form ὄψονται to express the verb "to see," whereas LXX use ἐπιβλέψονται.

Matthew 24:30 καὶ τότε φανήσεται τὸ σημεῖον τοῦ υἱοῦ τοῦ ἀνθρώπου ἐν οὐρανῷ, καὶ τότε κόψονται πᾶσαι αἱ φυλαὶ τῆς γῆς καὶ ὄψονται τὸν υἱὸν τοῦ ἀνθρώπου ἐρχόμενον ἐπὶ τῶν νεφελῶν τοῦ οὐρανοῦ μετὰ δυνάμεως καὶ δόξης πολλῆς

Matthew 24:30 Then the sign of the Son of Man will appear in heaven, and then all the tribes of the earth will mourn, and they will see "the Son of Man coming on the clouds of heaven" with power and great glory.

John 19:37 καὶ πάλιν ἑτέρα γραφὴ λέγει, Ὄψονται εἰς ὃν ἐξεκέντησαν.

John 19:37 And again another passage of scripture says, 'They will look on the one whom they have pierced.'

Based on the correspondences between Matthew, John and Revelation, Lindars has identified in the three texts a quite similar liturgical formula,[20] which circulated in several proto-Christian communities:

Καὶ ὄψονται εἰς ὃν ἐξεκέντησαν

καὶ κόψονται ἐπ᾽αὐτὸν πᾶσαι αἱ φυλαὶ τῆς γῆς

They will look on the one whom they have pierced,

and all the tribes of the earth will mourn for him.

The presence of the verb ὄψονται instead of the verb used in the LXX can be explained in relation to the term κόψονται as a sort of wordplay.[21] Nevertheless, what it is more interesting to notice here is that the seer of Patmos seems to take up and re-introduce the reference in an authoritative discourse and, more precisely, in his account of a real experience of contact with the hereafter. The seer intends to work "his own" tradition so as to successfully serve his message's aim, that is, to pronounce a speech directly dictated by Jesus. The latter, in the seer's perspective, can reshape the former tradition according to his own will and for his own ends.

The allusion to Zechariah is noticeably different from the other texts from tradition. The Hebrew Zechariah text (MT) says (12:10):

... אֵלַי אֵת אֲשֶׁר־דָּקָרוּ ...

... unto me whom they pierced ...

in the LXX there is

πρός με ἀνθ᾽ ὧν κατωρχήσαντο

upon me, because they have mocked *me*,

whereas in Rev 1:7 the text runs:

---

[20] As TRIPALDI observes, Gesù (n. 5), 117–8, the basic structure of the seer's speech is tripartite: the son of man's coming with the clouds attracts the people's gaze and pushes them to fight for grief or to cry. A quite similar scansion can be found in Matthew 24:30, *Did.* 16:8, *Ap. Pet.* 6, Justin *dial.* 14:8 and (Ps.) Epiphanius *test.* 100:1. Many coincidences restrict the confrontation to Revelation and Matthew: on the one hand, the verb phrase πᾶσαι αἱ φυλαὶ τῆς γῆς and the use of the verb "to see" rather than "to stare at" the coming, on the other hand the plural genitive τῶν νεφελῶν definitely isolate the two expressions from the MT, the Greek translations and the Zech 12:10 quote in John 19:37 as well as from the two synoptic parallels to Matthew (Mark 13:26 and Luke 21:27), collocating them in the *Didache* and Revelation traditions.

[21] See B. LINDARS, New Testament Apologetic. The Doctrinal Significance of the Old Testament Quotations, London 1961, 124; N. PERRIN, Rediscovering the Teaching of Jesus, New York 1967, 182.

καὶ ὄψεται αὐτὸν πᾶς ὀφθαλμὸς καὶ οἵτινες αὐτὸν ἐξεκέντησαν

and will see him, even those who pierced him

It must be noted that in this portion of text, MT is problematic. אלי is very often emended in אליו.[22] Though the reading of אליו is supported by more than 15 manuscripts,[23] and the suffix of 3rd person masculin singular follows also in Zech 12:10b (וְהָמֵר עָלָיו), it has nonetheless been noticed that the variant "to him" is a *lectio facilior*, given that the one who speaks is YHWH, hence the presence of the form אליו. It is not accidental that LXX, have πρός με ἀνθ' ὧν. Conversely, Revelation uses the form αὐτὸν, underscoring a Christological rereading of the subtext with reference to the son of man who will come, better identified further in the narration.

The presence in Revelation of the verb ἐξεκέντησαν refers to the Hebrew rqd of MT, which Zechariah LXX reads as dqr (hence the form κατωρχήσαντο), though this interpretation is dependent on the fact that the text translated by LXX coincides more or less with the latter MT.[24] By comparing Revelation and Zechariah traded texts, Jellicoe maintains that the allusions in the proto-Christian text reveal the existence of a "proto-Theodotionic" recension.[25] This conclusion, though inviting caution, is as well acceptable. Any form of the traded Zechariah text is perfectly comparable to the text by the seer of Patmos. The presence of the verb translating the Hebrew root contained in MT and not the form found in LXX, could suggest the existence of a Hebrew text, very close to the Masoretic systematization, serving as a starting point for the rereading enacted by the seer of Patmos. The "substitution" of the first-person with a third one seems instead to be a distinguishing feature of John's rereading of the tradition.

The expression πᾶς ὀφθαλμὸς cannot be found in Zechariah, but can be explained in relation to the following πᾶσαι αἱ φυλαὶ τῆς γῆς that instead matches the prophetic subtext. Zechariah mentions the tribes (see 12:12 ἡ γῆ κατὰ φυλὰς φυλάς, φυλὴ καθ' ἑαυτὴν καὶ αἱ γυναῖκες αὐτῶν καθ' ἑαυτάς ...) and the reference can be found again, "universalized," in the text of the seer of Patmos, as well as in *Did.* 16:8, where the vision of the Lord coming on

---

[22] On this question, see W. R. BYNUM, The Fourth Gospel and the Scriptures: Illuminating the Form and Meaning of Scriptural Citation in John 19:37, NT.S 144, Leiden 2012, 82–85.

[23] See J. ZIEGLER, Duodecim Prophetae, VTG 13, Göttingen 1984. a.l. The tradition that presents the reading "to him" could have been influenced by the reading spread in ancient Christianity. Not accidentally, in Justin *dial.* 14:8 εἰς ὅν can be read. In *dial.* 64:7, we find ὃν ὁρᾶν μέλλουσι καὶ κόπτεσθαι οἱ ἐκκεντήσαντες αὐτόν (for the Greek text Justin Martyr, Dialogue avec Tryphon. Édition critique, traduction, commentaire, ELTA 47, Fribourg 2003, I, 220.358).

[24] See D. E. AUNE, Revelation 1–5, WBC 52A, Waco, TX 1997, 56.

[25] See S. JELLICOE, The Septuagint and Modern Study, Winona Lake 1989, 87.

the clouds of heaven is announced, projected against a cosmic background.[26]
D. E. Aune suggests, as the equivalent of the universalizing proto-Christian
tendency, a Pseudo-Epiphanius passage in which Daniel and Zechariah are
equally mingled.[27] In *Didache*, not only is the association between the two
places recalled by the seer of Patmos present but the very context of the association is similar, so that both texts focus on a universalistic and/or cosmic
meaning attributed to the apparition of the Lord in an eschatological context.
This strategy, as related to the account of a non-ordinary experience (as *Did.*
16 also is), seems to be useful in order to highlight the visionaries' "credibil-
ity" and authoritativeness in the eyes of their audience. Moreover, in *dial.*
31–32, Justin combines the two prophetic texts when alluding to the future
glory of the son of man. By making Tryphon proclaim the "classic" Jewish
conception of the Messiah, which is referred to the vision of the son of man
in Dan 7:13, he – with reference to the doctrine of the two *parousiai* – is able
to validate both Jesus' (though humble and suffering) messianism (hence the
reference to Isa 53:2–3 in *dial.* 32:1–2), and the idea of his glorious coming
in the latter times. Hippolytus also explains the doctrine of the two *parousiai*
with the same biblical references (Dan 7:13–4 and Isa 53:2–3) in *antichr.*
44:1, and this theory is also known to Irenaeus, though his source seems to be
Justin.[28] The eschatological projection concerning the piercing, based on
Zechariah, seems to be widespread during the 2nd and 3rd centuries. Justin
also presents it in *1 ap.* 52, and it is also mentioned in Irenaeus and repeatedly in Tertullian.

As for Daniel, too, Rev 1:7 presents some variations that cannot be explained in the light of the tradited Danielic texts. They have to be considered
as interventions of the seer, and justified by the face-to-face dialogue with the
glorified Jesus. Not only does Rev 1:7 avoid mentioning explicitly the figure
of the son of (the) man but, by establishing a connection between Daniel and
Zechariah, the seer interprets Daniel in a Christological light, though he
avoids following the LXX which, as has been noticed, seem to consider the
image as a veritable object of worship – ἐπί indicates the element, in this case
the clouds, on which the character stands at the time of his coming: Dan 7:13
καὶ ἰδοὺ ἐπὶ τῶν νεφελῶν τοῦ οὐρανοῦ ὡς υἱὸς ἀνθρώπου ἤρχετο. In MT and
Theod. the son of man is not a divine figure, but is associated to the Ancient

---

[26] About Zechariah reprise in *Didache* see J. A. DRAPER, Resurrection and Zechariah
14.5 in the Didache Apocalypse, JECS 5 (1997), 155–79 and M. DEL VERME, Didache and
Judaism. Jewish Roots of an Ancient Jewish-Christian Work, London/New York 2004,
250, n. 63.

[27] See AUNE, Revelation 1–5 (n. 24), 55. Also, see TRIPALDI, Gesù (n. 6), 115–118.

[28] See N. BROX, Zum literarischen Verhältnis zwischen Justin und Irenäus, ZNW 58
(1967), 121–8, 124–7. Fort he Greek text of *antichr.* 44:1, see E. Norelli, Ippolito.
l'Antichristo, BiblPatr 10, Firenze 1987, 114–117.

of Days, a symbol clearly connected to YHWH.[29] Conversely, in LXX, the rendering of ~[with the form ἐπί, represents the character as "coming *on* the clouds of heaven," with reference to subtexts like Isa 19:1 and Ps 104, in which, in a Theophanic context, עם[30] is also rendered by the Greek ἐπί. Furthermore, the cloud has to be read as an element that carries the deity.[31] It is necessary to assume that when associating the son of man to the clouds, LXX translation (whether or not intentionally) inevitably transposes the symbol to a different frame of reading than MT (provided that the Semitic text considered by the translators perfectly matches the latter MT) and Theod. In this case, the reference for Revelation is not LXX. This fact is remarkable since in other parts of the text the seer knows and makes use of the Greek version of Daniel (for instance, Rev 12:12.14–8, 10:17–9). By associating Daniel and Zechariah, the seer of Patmos sees the one who is similar to the son of man (alluding to him in 1:7–8 in a veiled way) as a reference to the glorified Jesus (as already occurred in other proto-Christian contexts), but does not want to give rise to misunderstandings: the son of man, at least at the moment of his first apparition, is not a theophanic figure; for this reason he does not come "on the clouds of heaven" but "with the clouds of heaven". This version does not associate the clouds with the idea of a means of transportation, but implies, above all, a temporal contiguity.[32]

By associating the Danielic symbol and the Zechariah subtext, in Rev 1:7–8 the seer also refers to Jesus's death. In this sense, Lindars' thesis according to which this association is to be identified as an ancient Palestinian tradition is quite plausible.[33] The one who is similar to the son of man, though being closely connected to the Ancient of Days, is quite different from him and the distance is even more evident in 1:13–6. Certainly the description of the symbol is here more explicit. The passage is rich in references to various subtexts.

1:13

ὅμοιον υἱὸν ἀνθρώπου → Dan 7:13 + 10:16

ἐνδεδυμένον → Ezek 9:2b.11 + Dan 10:5a (LXX = Theod)

---

[29] See references and bibliography in MEADOWCROFT, Aramaic Daniel (n. 17), 200–1.

[30] See ibid., 230.

[31] See M. DELCOR, Studi sull'apocalittica, StBi 77, Brescia 1987, 148ff. and 151ff.

[32] See DELCOR, Studi (n. 31), 148ff. and 151ff.

[33] On the Palestinian exegetic association between Daniel and Zechariah, see K. STENDAHL, The School of St. Matthew and its Use of the Old Testament, ASNU 20, Uppsala/Lund/Copenhagen 1954, 214: Stendahl maintains that the Revelation reprises the "Matthew school's" typical exegesis. But this thesis seems to be contradicted by the *Didache*, where the association comes from specific prophetic circles that operated during the 1st and 2nd cent.

περιεζωσμένον πρὸς τοῖς μαστοῖς ζώνην χρυσᾶν→ Dan 10:5a

1:14

ἡ δὲ κεφαλὴ αὐτοῦ καὶ αἱ τρίχες λευκαὶ ὡς ἔριον λευκόν, ὡς χιών → Dan 7:9a–b

φλὸξ πυρός → Dan 7:9b

1:15

ἡ φωνὴ αὐτοῦ ὡς φωνὴ ὑδάτων πολλῶν → Ezek 1:24a; 43:2a

1:16

ἐκ τοῦ στόματος αὐτοῦ ῥομφαία δίστομος ὀξεῖα ἐκπορευομένη → Isa 49:2a

ὡς ὁ ἥλιος φαίνει ἐν τῇ δυνάμει αὐτοῦ → Judges 5:31a

The image emerges from the combination of traditional materials from different sources. The construction of the figure works as a kind of mosaic in which the tiles taken from the Scriptures are put together so as to gradually produce its emergence, in a progression that increasingly defines its contour. This literary strategy intends to reproduce a dynamic of the vision as experienced by the seer, in which the beings that populate the other-world gradually reveal themselves and, not accidentally, the same strategy is used in other visionary texts in which the protagonists of the visions slowly emerge out of the association (even minimal) of references deriving from that tradition considered original by each author. On the contrary, the actual textual forms used by John are much more controversial to identify, because of the high level of rewriting (and reinterpretation) through which they are proposed.

As for the reference to Dan 7:13 in Rev 1:13, it is interesting to notice how LXX and Theod. present ὡς to render the metaphorical association connected to the symbol. The particle introduces the character that is thus perceived above all in its associative-metaphorical dimension (that is, what the seer perceives is "like" a son of man).[34]

MT presents *b* (כבר אנש אתה נזה), whose meaning is quite broad: instrumental, of place, temporal. In Dan 7:13, however, it is quite clear how it is used for comparative-metaphorical ends, or at most meaning "consistent with." The differences between LXX,[35] Theod. and MT make it possible to understand that in this case the seer of Patmos moves from a non-Greek text, exactly because he renders *b* with ὅμοιον, which is different from its usual rendering in LXX. Even more interestingly, the particle ὡς can be found in Theod. which is quite similar to the current MT. The form ὅμοιον even more explicitly connects the symbol to a dimension of vision, and it is not acci-

---

[34] On the metaphor as a means of cultural clarification of the vision, see HONGISTO, Experiencing (n. 5), 108–119.

[35] Justin almost always presents ὡς: see 1 *apol.* 51:9, *dial.* 31:1–3, 32:1, 76:1, 79:2, 100:3, 126:1.

dental that in 1 John 3:2 the adjective is used to mark the similarity to Christ in an eschatological context.

With regard to the notations from Ezekiel and Daniel and especially the clothing of the symbol, the seer uses the same verb that is found in LXX (ἐνδεδυμένος and ἐνδεδυκώς). The mention of the symbol as "clothed" seems to bring together Ezek 9:2, reporting the apparition of a man (in LXX there is the term ἀνήρ) among six human beings, and Dan 10:5a. As for Dan 10:5a, the seer's text is different both from LXX (καὶ ἰδοὺ ἄνθρωπος εἷς ἐνδεδυμένος βύσσινα καὶ τὴν ὀσφὺν περιεζωσμένος βυσσίνῳ) and Theod. (καὶ ἰδοὺ ἀνὴρ εἷς ἐνδεδυμένος βαδδιν, καὶ ἡ ὀσφὺς αὐτοῦ περιεζωσμένη ἐν χρυσίῳ Ωφαζ). Dan 10:1–21 describes Daniel's nocturnal vision on the bank of the river Tigris of a sumptuously dressed man (LXX: ἄνθρωπως; Theod: ἀνήρ; MT: אִישׁ־אֶחָד). The use by the seer of Patmos of ζώνην χρυσᾶν, unlike what happens in LXX and Theod (in which no belt is mentioned, but there is reference to "a belt of fine gold from Uphaz"; LXX, moreover, have "linen"), underlines the high level of rereading in relation to the two subtexts, because of the association with other traditional elements. The term ζώνη, in particular, often translates the Hebrew אבנט, as one can clearly deduce from Exod 28: 4.39–40; 36: 36 and Lev 8:7–13; 16:4 LXX. The seer associates the notation on the priest's garments to both the Ezekiel and Daniel, mostly drawing on Exodus and Leviticus, as can be inferred from the use of ποδήρης that is often used to render חשן (Exod. 25:7 and 35:9 LXX), מעיל (Exod 28:4 and 29:5 LXX), אפוד (Exod 28:31), בד (Exod 9:2.3–11 LXX) or מחלצות (Zech 3:4 LXX) in LXX. C. Wolff's hypothesis,[36] according to which powerful influences from the traditional description of the high priest are recognizable in the seer's vision, can be accepted.[37]

The sentence ἡ δὲ κεφαλὴ αὐτοῦ καὶ αἱ τρίχες λευκαὶ ὡς ἔριον λευκόν, ὡς χιών in Rev 1:14 is a free adaptation of Dan 7:9b. In LXX, we find ἔχων περιβολὴν ὡσεὶ χιόνα, καὶ τὸ τρίχωμα τῆς κεφαλῆς αὐτοῦ ὡσεὶ ἔριον λευκὸν καθαρόν, whereas in Theod. there is καὶ τὸ ἔνδυμα αὐτοῦ ὡσεὶ χιὼν λευκόν, καὶ ἡ θρὶξ τῆς κεφαλῆς αὐτοῦ ὡσεὶ ἔριον καθαρόν. The Danielic association of the Ancient of Days with the whiteness of the snow can also be found in other Jewish contexts, for instance *Apoc. Abr.* 11:2, while the reference to

---

[36] See C. WOLFF, Die Gemeinde des Christus in der Apokalypse des Johannes, NTS 27 (1980–1981), 186–97.

[37] AUNE has properly noticed that the most common term to indicate the priest's garments is the Hebrew כתנת, mostly rendered in LXX with χιτών (see Exod 28:4–39.40, 29:5–8, 35:19, 39:27, 40:14, Lev 6:3): see Revelation 1–5 (n. 24), 93. AUNE also noticed how ποδήρης is present in Wis 18:24, Sir 27:8, 45:81, *Ep.Ar.* 96 and Josephus *Ant.* 3:153. *Test.Lev.* 8:2–10, that contains a list of vestments for the Levi consecration, uses ἡ στολὴ τῆς ἱερατείας, while Philo (*Mos.* 2:109–10) uses ὑποδύλης, differently from ἐπωμίς. In *Mos.* 2:118–21 Philo also uses ποδήρης. Moreover, the expression ἐνδεδυμένον ποδήρη, can also be found in Ezek 9:2 LXX.

wool is found in *1 En.* 46:1, 71:10 and 106:5–6 (a characteristic of angels). However, despite these similarities, the creation of the seer of Patmos is built on the already enunciated premises. Although in this case it is quite difficult to establish whether John follows either a Greek or a Semitic text (the literary reprise of such terms as χιών λεύκον ἔριον, together with the quite different rendering of terms in relation to the current MT – τρίχες instead of τρίχωμα and θρίξ, or ὡς instead of ὡσεί make it very complex if not impossible to solve the question), the visionary construction associates elements that in the Danielic subtext refer to two different backgrounds as for the description of the symbol (the snow-white garment and the wool-white hair), and this only to clarify a single feature of the character (head and [thus] hair as white as white wool, as snow).

The same observations can be applied to the references in Rev 1:15.16. The notations φλὸξ πυρός and ὡς φωνὴ ὑδάτων πολλῶν refer to two subtexts: the first one as an adaptation of the description of the throne on which the Ancient of Days sits in Dan 7:9 (the expression is an exact replica of the one in LXX and Theod), the second one as an echo of the metaphor of the living creatures' voice in Ezek 1:24 LXX (ὡς φωνὴν ὕδατος), even though it once again refers the reader back to Ezek 63:2a, where the voice of the glory of God is compared to the sound of rushing waters (LXX: καὶ φωνὴ τῆς παρεμβολῆς ὡς φωνὴ διπλασιαζόντων πολλῶν). Furthermore, the reference to the power of the voice is not an independent symbolic feature, but is strictly connected to v. 16, where the seer spots a "two-edged sword," coming out of his (the son of man's) mouth (Rev 1:16).[38]

Rev 1:16 presents two traditional references, one to Isaiah and one to Judges. The reference to these two subtexts is instructive for a further validation of what has been said until now. The son of man's description proceeds with further details as for his mouth, what comes out of it, and the brightness of his face, and in this outlining of the character, the reference to Isa 49:2 is even more evident.

The use of the word ῥομφαία can contribute to further validate the visionary method of referencing used by the seer[39]. According to Hesychius (*s.v.*), ῥομφαία stands for a Thracian sword, and the lexicographer relates it to ξίφος and ἀκόντιον μακρόν.[40] The word is frequently used in LXX, where it often translates חֶרֶב[41] hence the seven occurrences in NT, six of which can be found

---

[38] On ἐκπορευομένη, see U. VANNI, L'Apocalisse. Ermeneutica, esegesi, teologia, Bologna 1991, 57 and 134, in which he is given a continuative value ("it is going out").

[39] On the sword theme see A. M. SERRA, La 'spada': simbolo della Parola di Dio, nell'Antico Testamento biblico-giudaico e nel Nuovo Testamento, Marianum 63 (2001), 17–89.

[40] See O. FIEBIGER, s.v. ῥομφαία, RE Ia (1914), 1072–3.

[41] See W. MICHAELIS, s.v. ῥομφαία, ThDNT 6 (1965), 986–988.

in Revelation. Whenever the seer wants to suggest the idea of a big, powerful, judging, non-human sword he uses this term. This use almost certainly relates back to Gen 3:24, the cherubim sword in front of the garden of Eden, to 1 Sam 17:45.47–51, 21:10, and 22:10, the sword of Goliath, and to all those contexts in which the term is connected to beings that inhabit the other-world (see 1 Par 21 LXX, where ῥομφαία is the sword of pestilence wielded by YHWH or by an angel.) We have to also notice that the Greek translations of the prophetical texts prefer ῥομφαία to μάχαιρα in a ratio of 31 to 1.[42] In Rev 6:8, the term refers to the sword of the fourth knight (different from that of the knight in 6:4, defined as μάχαιρα), that of the extermination (sometimes what in Theod. is translated as ῥομφαία or μάχαιρα in LXX is translated as φόνος: see Exod 5:3 LXX and Theod.).[43] In the other cases in which ῥομφαία is found, it is associated to Jesus and, more specifically, to the words he says (Rev 2:12 [letter to the Pergamum *ecclesia*], Τάδε λέγει ὁ ἔχων τὴν ῥομφαίαν τὴν δίστομον τὴν ὀξεῖαν, or 2:16: ἔρχομαί σοι ταχύ, καὶ πολεμήσω μετ' αὐτῶν ἐν τῇ ῥομφαίᾳ τοῦ στόματός μου).

In the case of Rev 1:16, the Isaiah subtext to which the seer alludes presents the form חרב, which is rendered as μάχαιρα in LXX. In Revelation, the sword is associated to the notations δίστομος and ὀξεῖα, which are in LXX but never occur together. Isa 11:4, in which the word becomes a means of punishment or annihilation, and Ps 56:5, 58:8, 63:4 (LXX), in which the tongue is designated with μάχαιρα or ῥομφαία, have certainly contributed to the recodification of the image contemplated by the seer. The reference to Isa 49:2 ("he maketh my mouth as a sharp sword"), perhaps "translated" by the seer of Patmos directly from Hebrew, is further amplified through the possible translation of חרב as ῥομφαία, which immediately recalls other traditional contexts.

That this is what the seer of Patmos wanted and maybe even carefully stressed can also be inferred by the representation of the son of (the) man as the one who watches over the *ecclesia* and is even able to fight, καὶ πολεμήσω μετ' αὐτῶν ἐν τῇ ῥομφαίᾳ τοῦ στόματός μου, and from the representation of the logos as an eschatological judge in 19:15 ἐκ τοῦ στόματος αὐτοῦ ἐκπορεύεται ῥομφαία ὀξεῖα, ἵνα ἐν αὐτῇ πατάξῃ τὰ ἔθνη, καὶ αὐτὸς ποιμανεῖ αὐτοὺς ἐν ῥάβδῳ σιδηρᾷ. The symbolic depiction is (intentionally) elaborated differently from other models from the tradition. It is especially through this strategy of re-presentation that the seer's *mise en discourse*

---

[42] See J. D. HERRMANN, Die LXX zu Ezechiel das Werk dreier Übersetzer, in: Ders./F. Baumgärtel (Hg.), Beiträge zur Entstehungsgeschichte der Septuaginta, Berlin/Stuttgart/Leipzig 1923, 1–19.9.15.

[43] See MICHAELIS, s.v. ῥομφαία, 997f. (n. 41), and E. F. LUPIERI, A Commentary on the Apocalypse of John, Grand Rapids 2006, 144–5.

proves to be an account deriving from an experience of contact with the other-world.

Moreover, the association of judgment to sword-fighting is to be connected
– as Lupieri has properly noticed – to an idea that is widely documented in
early Judaism (for instance see 1QH–4QH 14:29–30).[44] According to the
seer, the judgment is executed through a sword coming out of the mouth, a
sword that is basically "the word." Just as in the prophetic subtexts YHWH's
word has a cutting power (see Ezek 43:2 and Isa 49:2), thus John intends to
present the son of man's word as something sharp, but, at the same time,
powerful.[45] The letters sent by the symbol to the seven *ekklesiai* are thus
explained: just because the one who is like the son of man is provided with a
word capable of cutting, that is, of weighing and balancing, he is the only one
entitled to rebuke and/or praise the community members. The seer is here
merely vehicle of a message that, functioning as a means to evaluate the actions of those who believe in Jesus, is reconfigured as the anticipation of the
eschatological judgment.

As for the reference to Judges 5:31 ("And those loving Him *are* As the going out of the sun in its might!"), Revelation does not seem to depend on a
text close to the later MT, thus showing similarities with B version of LXX.[46]
In Rev 1:16, ὡς ὁ ἥλιος φαίνει ἐν τῇ δυνάμει αὐτοῦ, tac means δύναμις and
this is the reason why John describes the son of man using a metaphor that in
the Biblical text refers to those who love YHWH. As E.F. Lupieri notices, it
is not completely clear to which term ("face or "sun") the verb refers, but it is
quite evident that John needs this comparison because he was not able to find
a more suitable one to describe what he had seen (Christ as a "bright star" of
the New Jerusalem: see Rev 21:11–23; 22:16).[47]

Although coming from Judges, the expression for "bright" is connected to
a specific significance of "light." In a Qumran fragment, David is defined as
"bright as the sun,"[48] in 2 *Bar.* 17:4, 18:1–2, 59:2, the Law is the light and
lamp to the faithful and in 4 *Ezra* 7:39–44 the Judgment is the light that will
last for seven years. If the implicit extraordinary character of the
light/brightness is quite obvious and can be already seen in Isa 60 where

---

[44] See LUPIERI, Commentary (n. 43), 304–5. On the tongue/sword pair in Qumran,
although in a negative key, also see 1QH 13:13 and 15 (DJD 40, 167).

[45] About the connection between the word sharp as a sword and "a loud voice like a
trumpet... like the sound of rushing waters" (Rev 1:10–5), see E. M. BORING, The Voice of
Jesus in the Apocalypse of John, NT 34 (1992), 334–59, 355.

[46] The Codex Alexandrinus LXX presents καὶ οἱ ἀγαπῶντες αὐτὸν ὡς ἔξοδος ἡλίου ἐν
δυναστείαις αὐτοῦ. The Codex Vaticanus has instead καὶ οἱ ἀγαπῶντες αὐτὸν ὡς ἔξοδος
ἡλίου ἐν δυνάμει αὐτοῦ: see A. E. BROOKE/N. MCLEAN, Joshua, Judges, Ruth, OTG 4,
Cambridge 1917.

[47] See LUPIERI, A Commentary (n. 43), 109–10.

[48] 11QPs[a] (11Q5) XXVII = DJD 4, 48.

Jerusalem is identified with the light, it is also to be said that the light refers to eschatological events, especially in association with the members of a specific assembly in a highly symbolic and/or transfigured dimension. 4QpIsa (4Q164)[49] comments on Isa 54:11–2, in which the brightness of Jerusalem is produced by its precious stone-made foundations, and interprets the stones as the members of the eschatological community (in a hermeneutic context in which the eschatological era is strictly connected to the city of Jerusalem).[50]

3. The Significance of the Image in Rev 1:7–8.13–6

The character announced in Rev 1:7–8 and described in 1:13–6 is the one who orders to write the seven letters, whose content, thus, clearly originates from him. This is evident not only from 1:19 (γράψον οὖν ἃ εἶδες καὶ ἃ εἰσὶν καὶ ἃ μέλλει γενέσθαι μετὰ ταῦτα), but also from the notation in 1:16 (καὶ ἔχων ἐν τῇ δεξιᾷ χειρὶ αὐτοῦ ἀστέρας ἑπτά), in which the presence of the "seven stars" refers to the motif of the angels of the seven churches, which is in turn related to 1:20, where angels and stars are closely interconnected.[51] The son of (the) man is the one who holds the seven stars, hence the one who presides over the angels of the seven churches. The reference to texts which, in turn, refer to other subtexts, as well as their collection and combination, contribute to establish and increase the ethos of the seer of Patmos in the eyes of his audience.

The first problem concerns the figure of the Ancient of Days, which, in this introductory section to Revelation, is only suggested by some details echoing Daniel, but is never explicitly mentioned. More specifically, some features that in Daniel are used to describe the Ancient of the Days – the hair as white as wool, v. 14, or the throne on which the character sits – are explicitly attributed by the seer to the figure that in Daniel MT and Theod. is associated, but not fully identified, with Ancient of Days, the one who is like the son of man. This fact has raised a debate among scholars, especially as for the alleged association of the two figures in the tradition following Daniel.

However, scholars believe that the peculiar way in which the symbol of the son of man in Revelation is constructed is just a *conflation* between the two

---

[49] DJD 5, 27f.

[50] As it is deducible from the fragments of the so-called "New Jerusalem" (2Q24 [2QNJ], 4Q554 [4QNJ^a], 4Q555 [4QNJ^b], 5Q15 [5QNJ], 11Q18 [11QNJ ar] = DJD 3, 84–9.184–93; DJD 23, 305–55): more generally, see F. GARCÍA MARTÍNEZ, Qumran and Apocalyptic. Studies on the Aramaic Texts from Qumran, STDJ 9, Leiden 1992, 191ff., and the new edition by L. DiTOMMASO, The Dead Sea New Jerusalem Text. Contents and Contexts, TSAJ 110, Tübingen 2005, 22–76.

[51] For references, see LUPIERI, A Commentary (n. 43), 113f.

figures in Daniel that has been transmitted to our author through a text like
the one preserved in MS 967 of LXX.[52] Scholars especially disagree on
whether the second ὡς in the text is to be considered a scribal mistake or is to
be attributed to a Messianic and Christian interpretation of the passage. Having addressed the question in a very attentive way, A. Yarbro Collins believes
(and I agree with her), that MS 967 variant can be considered to a scribal
error (ὡς instead of ἕως), and it is not proof of any specific rereading of the
symbol as a being identifiable with the Ancient of Days.[53] Despite A. Rahlfs
reading the v. with ὡς rather than with ἕως, A. Montgomery[54] and J. Ziegler[55]
also explain the variant of this manuscript as a scribal error. Tertullian and
Cyprian, in fact, identify ἤρχετο ὡς υἱὸς ἀνθρώπου καὶ ἕως παλαιὸς ἡμερῶν
παρῆν[56] as a LXX text. Furthermore, while in Dan 2:43 MS 967 reads καὶ
ἕως, another quite similar manuscript, MS 88, has the form καὶ ὡς and in Dan
4:30 (LXX: v. 33), MS 967 has ὡς, whereas MS 88 has ἕως, thus demonstrat-
ing the frequency of the mistake.[57]

The evaluation of MS 967's variant inevitably affects the interpretation of
Revelation. Considering the manuscript's variant as other than a scribal mistake would automatically imply – according to some scholars – the
association by the seer of Patmos of the two figures and their conflation into a
single one, an implication based on a direct reading of the version of Daniel,
widely circulating in ancient Christianity (the so-called Old Greek text).[58]

---

[52] See GEISSEN, Der Septuaginta-Text (n. 16), 39–40: ἤρχετο ὡς υἱὸς ἀνθρώπου καὶ ὡς
παλαιὸς ἡμερῶν παρῆν. Other references in AUNE, Revelation 1–5 (n. 24), 90–93.

[53] See A. YARBRO COLLINS, The 'Son of Man' Tradition and the Book of Revelation,
in: James H. Charlesworth (ed.), The Messiah. Developments in Earliest Judaism and
Christianity, Minneapolis 1992, 536–568, 553–558.

[54] See A. MONTGOMERY, A Critical and Exegetical Commentary on the Book of Daniel, Edinburgh 1972, 304.

[55] J. ZIEGLER, Susanna, Daniel, Bel et Draco, VTG 16.2, Göttingen 1999, a.l.

[56] See GEISSEN, Der Septuaginta-Text (n. 16), 39f. and 108.

[57] See ibid., 15.17.88.90. See S. P. JEANSONNE, The Old Greek Translation of Daniel 7–
12, CBQ.MS 19, Washington D.C., 1988, 96–99. On the topic, also see J. LUST, Daniel
7,13 and the Septuagint, EThL 54 (1978), 62–69, who, preceded by F.F. BRUCE, The
Oldest Greek Version of Daniel, in: H. A. Brongers (ed.), Instruction and Interpretation.
Studies in Hebrew Language, Palestinian Archaeology and Biblical Exegesis, OS 20,
Leiden, 22–40, believes that the variation is voluntary. LUST starts his considerations from
the consideration of a Dan 7 Old Greek's Hebrew *Vorlage*, while BRUCE holds that the
variant is stems from a Christian scribe's intervention. Both the positions are not supported
by decisive philological evidence. MONTGOMERY'S explanation, according to which the
mistake is "accidental" (ἕως-ὡς) hence παλαιοῦ correction in παλαιός, is, in my opinion,
the most valid.

[58] This thesis is also defended by C. ROWLAND, R. BAUCKHAM, L. T. STUCKENBRUCK
and D. E. AUNE. Respectively, see C. ROWLAND, The Open Heaven. A Study of Apocalyptic in Judaism and Early Christianity, New York 1982, 100–103; R. BAUCKHAM, The
Worship of Jesus in Apocalyptic Christianity, NTS 27 (1981), 322–341; L. T.

According to these scholars, the combination of the two images is to be connected to the controversies, reported in rabbinic literature, about the "two
powers in heaven."[59] In this sense, the symbol of Revelation would be in a
dialectic opposition to some Jewish and ancient Christian orientations that
interpret the Danielic figures as two distinct powers. Conversely, to John the
son of man would be an angelic figure who subsumes two different functions.

This reading not only relates the image back to Dan 10, rather than to Dan
7, but makes it substantially similar to the traditions attested in 1QM 17:7–8,
in which the manifestation of God's kingdom happens in conjunction with the
consecration of an angel as a leader who supports the people against its enemies.[60]

This thesis presents elements that call for an attentive evaluation. The connection with angelologic speculation, already occurring in Judaism and
ancient Christianity, seems quite likely. The rereading of Ezek 1:26 and 8:2,
is by no coincidence the basis of texts like *Apoc. Abr.* 11, or of the description of those that Gieschen calls "angelomorphic humans,"[61] mostly deriving
from specific re-readings of Daniel (*1 En.* 106:2–6 and *2 En.* 71:17–21 are, in
this sense, emblematic. See also *1 En.* 106:5 where Noah is not defined as a
man but "as son of the angels of heaven").[62] Less convincing is, in my opinion, the association between the figure attested in Rev 1:13–6 and the
controversies about the "two powers in heaven," especially for methodological reasons.

The reconstruction of the controversies on the theme of the "two powers of
Heaven" was carried out by Segal on the basis of rabbinic literature. If it is
right to recognize a polemical attitude against some "Gnostic" milieus, espe-

---

STUCKENBRUCK, Angel Veneration and Christology: A Study in Early Judaism and the
Apocalypse of John, WUNT 2/70, Tübingen 1995, 213–218; AUNE, Revelation 1–5 (n.
22), 90–93.

[59] See A. F. SEGAL, Two Powers in Heaven: Early Rabbinic Reports about Christianity
and Gnosticism, SJLA 25, Leiden 1977, 35–47.

[60] On the topic, also see C. A. GIESCHEN, Angelomorphic Christology: Antecedents and
Early Evidence, AGAJU 42, Leiden 1998, 245–269. About this categorization and its
limits see K. P. SULLIVAN, Wrestling with Angels. A Study of the Relationship between
Angels and Humans in Ancient Jewish Literature and the New Testament, AGAJU 55,
Leiden/Boston 2004, 231–235. With a similar line of argument, although with different
conclusions, also see P. R. CARRELL, Jesus and the Angels: Angelology and the Christology of the Apocalypse of John, SNTSMS 95, Cambridge 1997. CARRELL deduces from Rev
1:1, 19:10, 22:3.4.9.12f., that «the exalted Jesus is bound with God in a unity» (ibid., 128)
and sends the angel he reveals.

[61] See GIESCHEN, Angelomorphic (n. 60), 152–183.

[62] It is the case of Abel's figure in *Test.Abr.* 12:4 e 13:2, as GIESCHEN pointed out, ibid,
155 or Noah's one in 1 En. 106:2–6. In this last reference, Noah has "white like snow"
hair, just line the Danielic God. Yaoel, in *Ap.Abr.* 11:2, is also presented with the same
feature.

cially where the target of the attacks are the *mimin*, the dating of the rabbinic passages, in which references to this kind of "heresy" can be detected, cannot be traced back to the period in which the Revelation was written. According to Segal, one of the passages crucial to the analysis of the rabbinic reaction to the heresy of the two powers is *Mekhilta by R. Simon b. Yohai (Bashalah* 15), with remarkable parallels in *Mekhilta by R. Ishmael Bahodesh (Shirta* 4) and *PR Piska* 21 100b (later), commenting Exod 15:3.[63] YHWH is mentioned twice, in two different representations, both based on the enthronement of Dan 7:9. The thrones in v. 9 are interpreted as "two thrones," in connection to the following apparition of "one like son of man," but, while the rabbinic exegesis interprets the son of man and the Ancient of Days as two manifestations of YHWH, according to Segal, the reading of MS 967 (which witnesses to an Old Greek version) would have its origin in the rabbi's polemic attitude against the idea of the existence of two powers in Heaven with respect to the exegesis of Daniel, this debate being datable to the beginning of the 2nd century CE.

As for the question of the two powers in heaven, I believe that the rabbinic diatribe, at least as *currently* appears in the texts that transmit it, expresses an internal uniformation of the groups behind the different texts, with regard to those groups and/or orientations that, at the time, started to be perceived as heretical form an external perspective claiming its "orthodoxy". The emergence of this tendency already in the II century is controversial.[64]

The association son of man / angelic figure is not unproblematic, especially if it acquires a totalizing value. Assumed that the implicit conventionality in definitions like angel, messiah and hypostasis is meant to defend the alleged absolute monotheism of Judaism and ancient Christianity, rather than to clarify the roles of these superhuman beings in the contexts in which they appear, according to the text, the being is the one to whom the seven letters are owed and from whom their content proceeds.[65]

---

[63] See SEGAL, Two Powers (n. 59), 33–47. For a new interpretation of such a rabbinic polemic, see A. Schremer, Midrash, Theology, and History: Two Powers in Heaven Revisited, JSJ 39 (2007), 1–25.

[64] To better contextualize his thesis according to which a rabbinic orthodoxy opposes "dualistic" tendencies, Segal reports Philo and Justin's testimonies (especially, see *dial.* 62:2). These two authors should witness the existence of a question about the two powers in heaven during 1st and 2nd cent. CE. The 'dualistic' (or pluralistic?) polemics are attested in several backgrounds and periods of ancient history, hence it is not possible to bring it all back to the literary polemic of the "two powers in heaven" in some rabbinic works. For a recent rediscovery of Segal's thesis, see D. BOYARIN, Two Powers in Heaven; Or, the Making of a Heresy, in: H. Najman/J. H. Newman (ed.), The Idea of Biblical Interpretation: Essays in Honor of James L. Kugel, JSJ.S. 83, Leiden 2004, 331–370.

[65] On the questions about the means by which early believers shaped by Jewish tradition with its concern for the uniqueness of God may have accommodated devotion to Jesus as

The traits that liken the representation to YHWH are also to be taken into consideration. If it is quite sure that, in this early phase, the symbol exerts a function of control with regard to the communities' *present* (Jesus as high-priest of the seven churches: see the passages devoted to the highest priesthood taken from Exod 28:4, Ezek 9:2, Zech 3:4, and Dan 10:5), nevertheless similarities with the *eschaton* emerge as well (see the notations concerning the future in Rev 2:5–7.16–7.22–3.26–8; 3:5.9–13.20–2), confirmed just by the traits of the description already examined (for instance, the double-edged sword).

As for the association between the son of man and the Ancient of Days, although present, it is not, in my opinion, as explicit as some commentators believe it to be. While elaborating his image, the seer uses "tiles" coming from different backgrounds. Yet, it should not be overlooked that the reinterpretation stemming from his visionary experience involves all references he makes, so as to confer strength and authority to his own account. It follows that the seer's re-reading of the tradition must be considered in the light of the overall meaning that he proposes again after his non-ordinary contact experience. Though particularly relevant in the framework of Revelation, the figure described in 1:13–16 cannot be assimilated to a *stricto sensu* "deification" of Jesus himself. Since the Ancient of Days seems to be completely absent from the description of the seer of Patmos, it seems to me that it would be more correct to say that there is an "assumption of functions," typical of the Danielic Ancient of Days, rather than a complete identification, and this on the basis of some differences in terms of symbolic economy.

The definition of the character as a super-human agent, a kind of symbolic transfiguration of Jesus as he appeared in the seer's visionary experience, is crucial.[66] This characterization in terms of "as-similar to," therefore, referring to the visionary tradition also witnessed by Daniel and the *Book of Parables*

---

in some way bearing divine significance, see L. HURTADO, Monotheism, Principal Angels, and the Background of Christology, in: J. J. Collins/T. H. Lim (ed.), The Oxford Handbook of the Dead Sea Scrolls, Oxford 2010, 546–64.

[66] According to Hurtado, visionary experiences comprised a major factor in the religious innovations represented in earliest Christianity. These are experiences that strike the recipient with the force of new revelation. typically introducing new beliefs or a significant reconfiguring of previous beliefs. For a recent analysis of the specifics of the experiences that helped to generate innovations in earliest Christian circles, with special attention to the eruption of the remarkable Jesus-devotion that distinguished them, see L. W. Hurtado, Revelatory Experiences and Religious Innovations in Earliest Christianity, ExpT 125 (2014), 469–482. On the "visionary exegesis" (or "visionary exegetical interventions" on tradition) among the first believers in Christ, see ARCARI, Visioni (n.1), 11–20.229–71.

of Enoch,[67] makes use of the resemblance to the human being in order to better clarify the sense of what the seer has contemplated, so as to express in human terms what, per se, cannot be expressed. This nevertheless does not deny that such metaphoric essence alludes to a specific function, a function that is closely related to this being, similar to a son of man, and that of "an agent of salvation in a definitive sense."

The content of the seven letters reveals how this professing figure is not only an agent of mediation but the subject that, at the same time, exposes and is able to evaluate and judge the behavior of his audience and of the members of his community, in the present as well as in the future. The seer, the bearer of the message, rewrites the vision *hiding himself* behind Christ's heavenly authority, or rather clarifying that his role in the communities, the role that he claims for himself in those contexts, derives from a direct vision of the real ruler and leader of the different groups. Heavenly Jesus himself was the one who revealed to him what to say and how to say it.

---

[67] For a comprehensive assessment of this text, recently see G. W. NICKLESBURG (with J. C. VANDERKAM), 1 Enoch, vol. 2: A Commentary on the Book of 1 Enoch, Chapters 37–82, Minneapolis 2011 and D. L. Bock/J. H. Charlesworth (ed.), Parables of Enoch: A Paradigm Shift, London u.a. 2013.

Der Geist und das Gedächtnis

Die Johannesoffenbarung als prophetische Erinnerung an Jesusworte

Daniele Tripaldi

Die Relevanz der einzigen zum Kanon gehörenden urchristlichen ‚Apokalypse' für die Rekonstruktion der Jesusüberlieferung in der zweiten Hälfte des ersten Jahrhunderts n.Chr. wurde trotz des textlichen Befunds bisher meist verkannt oder einfach ignoriert[1]. Immerhin weiß der Seher Johannes selbst von Prozessen mündlicher Tradierung zu berichten, wenn er schreibt: μνημόνευε οὖν πῶς εἴληφας καὶ τήρει (Apk 3,3). Das πῶς ist nicht mit „wie", „auf welcher Weise" oder Ähnlichem zu übersetzen, sondern hat hier die Bedeutung „was" und leitet einen indirekten interrogativen Nebensatz als Objekt von μνημόνευε ein.[2] Es geht dann direkt um etwas, an das der Engel der Gemeinde aufgefordert wird, sich zu erinnern.

Der Vergleich mit Apk 2,25f. und 3,8ff. erhellt und bestätigt zugleich diese Deutung, vielleicht darauf hinweisend, was für einen historischen extra-

---

[1] Einige Ausnahmen: M. É. BOISMARD, Rapprochements littéraires entre l'évangile de Luc et l'Apocalypse, in: J. Schmid/A. Vögtle (Hg.), Synoptische Studien (FS Wikenhauser), München 1953, 53–63; L. A. VOS, The Synoptic Traditions in the Apocalypse, Kampen 1965; R. BAUCKHAM, Synoptic Parousia Parables and the Apocalypse, NTS 23 (1977), 162–176; J. ROLOFF, „Siehe, ich stehe vor der Tür und klopfe an". Beobachtungen zur Überlieferungsgeschichte von Offb 3,20, in: H. Frankenmölle/K. Kertelge (Hg.), Vom Urchristentum zu Jesus (FS J. Gnilka), Freiburg 1989, 452–466; U. VANNI, L'Apocalisse e il vangelo di Luca, in: D. Marconi/G. O'Collins (Hg.), Luca-Atti. Studi in onore di P. E. Rasco, Assisi 1991, 15–37; A. YARBRO COLLINS, "The Son of Man" Tradition and the Book of Revelation, in: J. H. Charlesworth (Hg.), The Messiah. Developments in Earliest Judaism and Christianity, Minneapolis 1992, 536–568; G. SEGALLA, La memoria simbolica del Gesù terreno nel libro dell'Apocalisse, LASBF 50 (2000), 115–141; D. TRIPALDI, Gesù di Nazareth nell'Apocalisse di Giovanni. Estasi, profezia, memoria, Brescia 2010, 95–176; P. T. PENLEY, The Common Tradition Behind Synoptic Sayings of Judgement and John's Apocalypse. An Oral Interpretive Tradition of Old Testament Prophetic Material, London/New York 2010.

[2] Vgl. Mk 4,30; 5,16; 12,26; Lk 8,18 und Mk 4,24; Lk 10,10; P.Oxy 939, 12f.23f.. Vgl. H. LJUNGVIK, Zum Gebrauch einiger Adverbien im Neuen Testament, Eranos 62 (1964), 26–39, bes. 31–33.

textuellen Bezug das πῶς in 3,3 haben mag, den λόγος bzw. die ἔργα Jesu, und zwar als mündlich überliefertes Gut vorgestellt: geradezu als *termini technici* geltend, bezeichnen εἴληφας und ἤκουσας die eine Phase des Hörens bzw. Empfangens (vgl. Joh 17,8; 1 Kor 11,23 und 15,1.3; Gal 1,9.12; Phil 4,9; 1 Thess 2,13 und 4,1), die zwei koordinierten Imperativen, μνημόνευε und τήρει, dagegen, die der Erinnerung und Aufbewahrung des Gehörten bzw. Empfangenen (vgl. Joh 15,20 und 16,4; Apg 20,35; Papias nach Eus. h.e. 3,39,15; Pol. Phil. 2,3; 2 Clem 17,3; EpJac [NHC I,2] II 8–21, und Mt 28,20; Mk 7,9 *v.l.*; Joh 8,51.55; 14,23; 17,7f.; Jos. *Vita* 361b; 3 Kor 3,4f.).[3] Wie ich anderen Orts gezeigt habe, stehen die beiden Ausdrücke λόγος bzw. ἔργα μου im Munde des von Gott und Christus gesandten Engels (Apk 1,1) für die Chiffre der prophetischen Verkündigung Jesu und seiner an die Gemeinden zu tradierenden bzw. schon tradierten Botschaft, die sie am Anfang gehört und empfangen haben, der sie wohl ihren Ursprung verdanken und die sie jetzt in ihrer Umgebung bewahren und verwirklichen sollen.[4] Etwas Ähnliches hat möglicherweise Paulus selbst als παραγγελίαι διὰ τοῦ κυρίου Ἰησοῦ zuerst persönlich in Thessaloniki weitergegeben und dann in seinem ersten Brief an die Thessalonicher kurz wiederholt (1 Thess 4,2; vgl. auch 4,5–9.15 und 5,1f.)[5].

Alles in allem geht aus diesen Überlegungen als vorläufiger Schluss und Arbeitshypothese hervor, dass der Engel bzw. der Seher und seine Adressaten Kenntnis von mündlich überliefertem, als Jesusworte umlaufendem Gut gehabt und geteilt haben. Die Johannesoffenbarung setzt diese Kenntnis von Jesus voraus; diesen Jesus müssen wir jetzt aus dem Text selbst herausarbeiten – allerdings ist dies nur mit einigen wichtigen Einschränkungen möglich.[6]

---

[3] Zu dem Gebrauch des Verbs μνημονεύω in Einleitungsformeln von Jesusworten und dessen literarischen Belegen vgl. H. KOESTER, Synoptische Überlieferung bei den apostolischen Vätern, Berlin 1957, 5f., und ders., Ancient Christian Gospels. Their History and Their Development, London/Philadelphia 1990, 32f.66.189.

[4] TRIPALDI, Gesù di Nazareth (s. Anm. 1), 179–184.

[5] S. dazu L. WALT, Paolo e le parole di Gesù. Frammenti di un insegnamento orale, Brescia 2013, 75–85, bes. 86f.

[6] Die Auslassung von fünf von VOS, The Synoptic Traditions (s. Anm 1), 218f., als Jesusworte angegebener Stellen (Apk 6,4; 11,6; 13,10; 17,4; 18,4), habe ich in TRIPALDI, Gesù di Nazareth (s. Anm. 1), 111 Anm. 60, begründet. Nun verzichte ich darauf, auf die schon untersuchten, mit guten Gründen annehmbaren Anspielungen an die auch als ‚synoptische Apokalypse' belegten Jesusüberlieferungen nochmal einzugehen: s. dazu D. TRIPALDI, "Apocalisse sinottica" e Apocalisse di Giovanni: verso un confronto, in: M. Pesce/M. Rescio (Hg.), La trasmissione delle parole di Gesù nei primi tre secoli, Brescia 2011, 143–169.

1. Die erste Seligpreisung (Apk 1,3)[7]

Drei frühchristliche Schriften überliefern einen Makarismus, dessen Wortlaut mit dem der Seligpreisung am Anfang der Johannesoffenbarung übereinstimmt. Zwei dieser Texte legen ihn direkt in den Mund Jesu.

Die folgende Übersicht soll die auftretenden lexikalischen und syntaktischen Übereinstimmungen aufzeigen.

Apk 1,3	Lk 11,28	EvThom 79	Herm sim 5,3,9
μακάριος ὁ ἀναγινώσκων καὶ οἱ ἀκούοντες τοὺς λόγους τῆς προφητείας καὶ τηροῦντες τὰ αὐτῇ γεγραμμένα	μενοῦν μακάριοι οἱ ἀκούοντες τὸν λόγον τοῦ θεοῦ καὶ φυλάσσοντες	Selig sind diejenigen, die das Wort des Vaters gehört und wahrlich bewahrt haben	ὅσοι ἐὰν ἀκούσαντες αὐτὰ τηρήσωσι μακάριοι ἔσονται

In Apk, Lk und EvThom bleibt der formelle und syntaktische Kern des Spruchs besonders stabil: dem Adjektiv μακάριος /*neiat-* folgen die beiden pluralen substantivierten Partizipien von ἀκούω /*sōtᵉm* und τηρέω bzw. φυλάσσω /(*h*)*are e-*, den Akkusativ von λόγος im Singular bzw. Plural regierend. Der Hirt des Hermas geht dagegen seinen eigenen Weg, mit einem dem Hauptsatz (μακάριοι ἔσονται) vorangestellten, das Partizip ἀκούσαντες und den Konjunktiv τηρήσωσι einleitenden unbestimmten Relativsatz als Subjekt; als Objekt steht das Neutrum αὐτά, das die Vorschriften des Engels insgesamt zusammenfasst (vgl. vis. 5,1.5–7). Aus dem Vergleich ergibt sich, dass unsere Autoren aus gemeinsamen Stoff schöpfen; und das führt mich zu der Annahme, dass Apk und der Hirt des Hermas auf einen als Jesuswort verbreiteten, als solches auch von Lk und EvThom tradierten Makarismus anspielen. Dies gilt umso mehr, als andere enge Parallelen außerhalb der Jesusüberlieferung fehlen und das Paar ἀκούω-τηρέω bzw. φυλάσσω viel seltener in ähnlichen Formulierungen erscheint als die gewöhnlichen ἀκούω und ποιέω (vgl. Joh 12,47 mit Mt 7,24; Lk 6,47 und 8,21; Röm 2,13; Jak 1,22–25).

Da Johannes das Wort Gottes mit seinen eigenen Visionen und deren prophetischen Verschriftlichung, d.h. der Johannesoffenbarung selbst, gleichsetzt (vgl. Apk 1,2 und 22,6f.10.18–20), gilt jetzt die in den neuen literarischen und historischen Kontext eingearbeitete Seligpreisung nicht nur den Hörern, sondern auch dem Leser, der den versammelten Gemeinden den Text vorle-

---

[7] Vgl. dazu VOS, The Synoptic Traditions (s. Anm 1), 54–60, und VANNI, L'Apocalisse (s. Anm. 1), 18–20.

sen wird. Den damit zur Sprache kommenden zweigliedrigen Prozess des Vorlesens bzw. Hörens und Bewahrens macht die sofort folgende Begründung des Makarismus zu einem auf der Schwelle der einbrechenden Erneuerung aller Dinge stattfindenden und damit eschatologisch entscheidenden Geschehen.

2. Die Nähe der Zeit (Apk 1,3; 22,10)[8]

In der urchristlichen Literatur kommt die Naherwartung mehrfach zum Ausdruck; variiert werden dabei meist die Realien, deren Nähe behauptet wird: die Zeit der Früchte (Mt 21,34), der Herr (Phil 4,5 und 1 Clem 21,3), der Sommer bzw. die Herrschaft Gottes (Lk 21,30f.; vgl. Mk 13,28f. und Mt 24,32f.), die Ankunft des Herrn (Jak 5,8), das Ende aller Dinge (1 Pet 4,7). Umso mehr fällt dann die fast genaue Entsprechung von Apk 1,3 (vgl. auch 22,10) mit Lk 21,8 auf:

Apk	Lk
ὁ γὰρ καιρὸς ἐγγύς	ὁ καιρὸς ἤγγικεν

Dafür bieten auch die alttestamentlichen Stellen, die zwar urchristliche Formel beeinflusst haben (vgl. z.B. Ez 7,4.12 LXX e Dan 7,22 mit Röm 13,11f. und Barn 21,3, auf der einen Seite, und Mk 1,15 e Mt 12,29 // Lk 11,20, auf der anderen), keine echte Parallele.[9]

Lk legt den Satz den falschen Propheten in den Mund, die im Namen Jesu kommen und sich selbst als seine Gesandten vorstellen, seine Worte nachahmen und seine Botschaft der nahen Herrschaft Gottes verkündigen werden (vgl. Mk 1,14f. // Mt 4,17 und Mt 10,7 // Lk 10,9; Lk 10,11 sowie 21,30; Just.

---

[8] Dazu VOS, The Synoptic Traditions (s. Anm 1), 178–181.

[9] D. E. AUNE, Revelation 1–5, Dallas 1997, 21, hebt die formal enge Beziehung zwischen Apk 1,3 und Lk 21,8 hervor, plädiert aber für die Hypothese einer gemeinsamen Abhängigkeit unserer Stellen von Dan 7,22, wo das Aramäische *zmn' mṭ'* von Theodotion mit ὁ καιρὸς .ἔφθασεν von der Septuaginta mit ὁ καιρὸς .ἐδόθη übersetzt wird. Dagegen muss man bemerken, dass die Septuaginta fünf der insgesamt acht Belege von *mṭ'* in der hebräischen Bibel ganz frei wiedergibt, nur zwei davon (Dan 4,8.19) mit ἐγγίζω, während Theodotion ganz konsequent allein das genauere φθάνω gebraucht (vgl. M. CASEY, Aramaic Sources of Mark's Gospel, Cambridge/New York/Melbourne 1998, 27). Die Relevanz der targumischen Stelle für die vorgeschlagene Gleichstellung *ngʿ-mṭ'*- ἐγγίζω hat schon M. BLACK, An Aramaic Approach to the Gospels and Acts, Oxford 1954, 260–262, beschränkt. Die beiden Entsprechungen *mṭ'*- ἐγγίζω, und ἐγγίζω - φθάνω sind dann nicht so einfach, bzw. so direkt zu postulieren. S. auch J. D. G. DUNN, Jesus Remembered, Grand Rapids 2003, 407–408, mit weiterer Literatur.

dial. 51,2).[10] Zwei Spuren dieser Botschaft hat wahrscheinlich auch der Seher Johannes bewahrt: Apk 11,15.17f. (die Königsherrschaft Gottes über die Welt und die damit gleichzusetzende Zeit der Wiederherstellung der Gerechtigkeit sind gekommen);[11] Apk 14,6f. (das ewige Evangelium ist nichts anderes als die zur Zeit des bevorstehenden Gerichts immer noch gültige Aufforderung zur Gottesfurcht und -verherrlichung, d.h. zur μετάνοια vor dem kommenden Zorn, wie schon in den sieben Sendschreiben oft thematisiert).[12] Ähnliches – die Erfüllung des καιρός und die Nähe (ἤγγικεν) der Königsherrschaft Gottes; die eschatologisch dringende Notwendigkeit der Umkehr (μετανοεῖτε) und des Vertrauens auf das εὐαγγέλιον – fasst der markinische Abriss des von Jesus verkündigten „Evangeliums Gottes" zusammen (Mk 1,14f.; vgl. Mt 4,17, ohne jeglichen Bezug auf das Evangelium).[13] Diese kurze Vorstellung der Botschaft Jesu gilt als redaktionelle Komposition des Markus und folgt der Form nach alten Entwürfen der Missionspredigt (s. Mk 6,12; 1 Thess 1,9f.; Apg 14,15–17 und 17,24–31; Hebr 6,1f. und 11,6);[14] zugleich aber erweist sie sich als Zusammenfügung von verschiedenen, in der Spruchüberlieferung verstreuten Fragmenten und Motiven, die eine zentrale Rolle in der Verkündigung Jesu gespielt haben.[15]

Die hervorgehobenen Übereinstimmungen zwischen Apk 14,6f. und Mk 1,14f. machen dann den Schluss plausibel, dass Johannes Kenntnis solcher

---

[10] S. dazu J. P. MEIER, A Marginal Jew. Rethinking the Historical Jesus II: Mentor, Message and Miracles, New York/London/Toronto/Sydney/Auckland 1994, 431–434; G. THEISSEN/A. MERZ, Il Gesù storico. Un manuale, Brescia 1999, 329.464; E. NORELLI, Considerazioni di metodo sull'uso delle fonti per la ricostruzione della figura storica di Gesù, in: E. Prinzivalli (Hg.), L'enigma Gesù. Fonti e metodi della ricerca storica, Roma 2008, 19–67, bes. 39. Zur Sprache der Königsherrschaft Gottes in der urchristlichen Literatur und ihrem jesuanischen Kolorit, s. auch DUNN, Jesus Remembered (s. Anm. 9), 383–387, der folgende Beispiele erwähnt: die Königsherrschaft „ist nah gekommen", „wird kommen", „ist hereingebrochen", muss „gesucht werden", wird „ergriffen", „erleidet Gewalt" (387).

[11] Aus dem Vergleich mit der Parallelstelle Apk 19,6f. geht hervor, dass in Apk 11,15, das ἐγένετο die Bedeutung von ἦλθεν hat, wie oft der Fall im Griechischen der römischer Zeit ist (s. Apk 1,9; Act 13,5; 2 Tim 1,17; Jos. Ant X 269; Plut. Ages 18,1 und Pomp. 42, 5).

[12] Vgl. Apk 16,9 mit 2,5.16.22f. und 3,3.19f. Die Aufforderung zur metavnoia stellt ein fest in der Jesusüberlieferung verwurzeltes Motiv dar: DUNN, Jesus Remembered (s. Anm. 9), 498–500.

[13] Vgl. K. BERGER, Theologiegeschichte des Urchristentums. Theologie des Neuen Testaments, Tübingen/Basel 1995, 613.625.

[14] Zur Diskussion und weiterer Literatur, s. MEIER, A Marginal Jew II (s. Anm. 9), 430–431. Vgl. auch BERGER, Theologiegeschichte (s. Anm. 13), 387–388.389–390.613–614.

[15] S. dazu THEISSEN/MERZ, Il Gesù storico (s. Anm. 9), 319.464, und DUNN, Jesus Remembered (s. Anm. 9), 384–385.407–408.437–439.

Entwürfe gehabt haben muss, aus der er wahrscheinlich auch den Bezug auf den Logos geschöpft haben mag.

3. Der Ruf zum Hören

Die sieben Sendschreiben diktiert der dem Johannes erschienene Engel direkt im Namen Jesu als dessen persönlicher Bote (vgl. Apk 1,10–20 mit 1,1). Kein Wunder, dass man in seiner mimetischen Sprache fast wörtliche Anspielungen auf Jesusworte findet. Davon ist die sogenannte Weckformel vielleicht der am weitesten belegte *logos* (s. auch EvMar [BG 1] VII 8–9.VIII 10–11 und die Simon Magus zugeschriebene Offenbarungsschrift nach Ps.-Hipp, Ref VI 16 1).

Apk 2,7; 13,9	EvThom 8,4	Mt 11,15	Lk 8,8	Mk 4,9.23
2,7: ὁ ἔχων οὖς ἀκουσάτω[16] 13,9: εἴ τις εχει οὖς ἀκουσάτω	Wer Ohren hat zu hören, der möge hören[17]	ὁ ἔχων ὦτα ἀκουέτω[18]	ὁ ἔχων ὦτα ἀκούειν ἀκουέτω[19]	4,9 : ὃς ἔχει ὦτα ἀκούειν ἀκουέτω 4,23: εἴ τις ἔχει ὦτα ἀκούειν ακουέτω[20]

Die Formel ist in der kanonischen und nicht-kanonischen Parabelüberlieferung verankert und dient dem Zweck, den hermeneutischen Prozess in Zusammenhang mit den enigmatischen Erzählungen Jesu in Gang zu setzen.[21] Das Objekt des Hörens – und des Interpretierens – kann man in der Apk als die Visionen selbst, d.h. das ekstatische Erlebnis des Johannes, und die daraus gewachsene Offenbarung Jesu näher bestimmen („was der Geist den Gemeinden sagt": Apk 1,1–3.9; 14,13; 22,16f.).

---

[16] Vgl. auch 2,11.17.29; 3,6.13.22.

[17] Vgl. auch 21,10; 24,2; 63,3; 65,8; 96,3.

[18] Vgl. auch 13,9.43.

[19] Vgl. 14,35 und 12,21 *v.l.* mit POxy 1031,6ff.

[20] Vgl. 7,16 *v.l.*

[21] S. dazu M. DIBELIUS, „Wer Ohren hat zu hören, der höre", ThStKr 83 (1910), 461–471, bes. 468–471; J. HORST, Art. οἶς ktl, ThWNT V (1954), 551–557; F. HAHN, Die Sendschreiben der Johannesapokalypse. Ein Beitrag zur Bestimmung prophetischer Redeformen, in: G. Jeremias/H. W. Kuhn/H. Stegemann (Hg.), Tradition und Glaube. Das frühe Christentum in seiner Umwelt (FS K. G. Kuhn), Göttingen 1971, 357–394, bes. 377–379; V. FUSCO, Parola e Regno. La sezione delle parabole (Mc 4,1–34) nella prospettiva marciana, Brescia 1980, 155–159; J. D. CROSSAN, In Fragments. The Aphorisms of Jesus, San Francisco 1983, 68–73; A. M. ENROTH, The Hearing Formula in the Book of Revelation, NTS 36 (1990), 598–608, bes. 600f.

4. Die Krone des Lebens (Apk 2,10)[22]

Die Bilder des Wettkampfes und der dem Sieger zugehörenden Krone sind in der jüdisch-hellenistischen Literatur weit verbreitet als Metapher für die Herausforderungen menschlicher Existenz und der „geistlichen" Errungenschaft eines jeden (vgl. Weish 4,2; Test Benj 4,1; Philo, Agr 109–120; Spec Leg 2,108; Migr 133–136; 4 Makk 6,10.33 und 7,1–4; 17,10–18; 1 Kor 9, 24f.; Hebr 12,1–4; 2 Clem 7,1). Die unten zitierte Stelle aus dem Jakobusbrief führt aber zu der Annahme, dass ein darauf basierter Spruch auch als Jesusüberlieferung tradiert wurde. Denn die Formel »ἐπηγγείλατο τοῖς ἀγαπῶσιν αὐτόν« wiederholt dessen Autor in 2,5 am Schluss der Anspielung auf die erste Seligpreisung der Bergpredigt (vgl. Mt 5,3 mit Lk 6,20 und EvThom 54) und kennzeichnet damit das vorher Gesagte als Überarbeitung jesuanischen Gutes:[23]

Apk 2,10	Jak 1,12	EvThom 58
γίνου	μακάριος ἀνὴρ	Selig der Mensch, der sich
πιστὸς ἄχρι θανάτου,	ὃς ὑπομένει πειρασμόν ὅτι	abgeplagt
	δόκιμος γενόμενος	
καὶ δώσω σοι	λήμψεται	
τὸν στέφανον	τὸν στέφανον τῆς ζωῆς	und das Leben gefunden hat
τῆς ζωῆς	ὃν ἐπηγγείλατο τοῖς	
	ἀγαπῶσιν αὐτόν	

Diese Annahme wird von der Tatsache bestätigt, dass Apk, EvThom und das syrische *Liber Graduum* (3,3; 5. Jahrhundert n.Chr.) entsprechende Aussagen überliefern, die eine im Munde des Engels Jesu, die anderen zwar direkt im Munde des Nazareners, doch in stark redaktionell bearbeiteter Form.[24] Insbesondere teilt Apk 2,10 mit Jak 1,12 nicht nur den Ausdruck ὁ στέφανος τῆς ζωῆς, sondern auch die thematische Kette Versuchung-Standhaftigkeit/ Ausharren-Belohnung mit der Krone als Preis für den Sieg. Alle Themen kommen im ganzen Sendschreiben an die Gemeinde in Smyrna zur Sprache (Apk 2,7–11): das Leiden (πάσχω) wird als Versuchung des Teufels

---

[22] Vgl. dazu VOS, The Synoptic Traditions (s. Anm. 1), 192f.

[23] Vgl. R. BAUCKHAM, The Wisdom of James and the Wisdom of Jesus, und J. J. KLOPPENBORG, The Reception of the Jesus Tradition in James, beide in: J. Schlosser (Hg.), The Catholic Epistles and the Tradition, Leuven 2004, 75–92, bes. 80–81, sowie 93–141, bes. 135–141.

[24] Zur formgeschichtlichen Analyse der älteren thomasinischen Stelle, s. TRIPALDI, Gesù di Nazareth (s. Anm. 1), 121 Anm. 99. Höchstwahrscheinlich hat auch 2 Tim 4,7–8 eine Variante unseres Spruches in einer Apk 2,10 sehr ähnlichen Form gekannt und dann weiterelaboriert (ebd.).

(πειρασθῆτε) vorhergesagt, die eine Zeit des Drangsals (θλῖψις) zur Folge hat. Dem πιστός-Sein bis zum Tod, hier mit der ὑπομονή gleichzusetzen (vgl. Apk 13,10 und 14,2), verdankt man die Gabe der „Krone des Lebens".

5. Über die Stunde, den Dieb und das Wachen[25]

Die auf das bevorstehende Ende angewandte jesuanische Diebesmetaphorik hat das urchristliche Schrifttum tief durchdrungen und beeinflusst (vgl. auch 1 Thess 5,2; 2 Petr 3,10; EvThom 21,5–7.103). Den ältesten Belegen entsprechend, spielt die Johannesoffenbarung darauf in unmittelbarem literarischen wie auch logischen Zusammenhang mit der Parabel des zurückkommenden Hausherrn und der zum Wachen aufgeforderten Diener an (vgl. 1 Thess 5,6–10; Mt 24,41.44; Lk 12,35–38.40; Did 16,1, EvThom 21,6).[26]

Apk 3,2f.	Did 16,1	Mt 24,42f.	Lk 12,39f.
γίνου γρηγορῶν…	γρηγορεῖτε…	γρηγορεῖτε…	τοῦτο δὲ γινώσκετε
ἐὰν οὖν μη			ὅτι εἰ ᾔδει ὁ
γρηγορήσῃς, ἥξω ὡς			οἰκοδεσπότης
κλέπτης,			ποίᾳ ὥρᾳ
καὶ οὐ μὴ γνῷς	οὐ γὰρ οἴδατε	ὅτι οὐκ οἴδατε ποίᾳ	ὁ κλέπτης
ποίαν ὥραν ἥξω ἐπὶ	τὴν ὥραν, ἐν ᾗ ὁ	ἡμέρᾳ	ἔρεται,
σέ	κύριος ἡμῶν ἔρχεται	ὁ κύριος ὑμῶν	οὐκ ἂν
		ἔρχεται. ἐκεῖνο δὲ	ἀφῆκεν
		γινώσκετε ὅτι	διορυχθῆναι
		εἰ ᾔδει ὁ	τὸν οἶκον αὐτοῦ
		οἰκοδεσπότης	
		ποίᾳ φυλακῇ	
		ὁ κλέπτης ἔρχεται,	
		ἐγρηγόρησεν	
		ἂν καὶ οὐκ ἂν εἴασεν	
		διορυχθῆναι τὴν	
		οἰκίαν αὐτοῦ	

Der Struktur nach läuft Apk 3,2f. parallel zu Did 16,1 und Mt 24,41, mit denen sie auch die Verwendung von γρηγορέω teilt. Gegen Mt belegen Apk, Did und Lk das Substantiv ὥρα, das in Apk und Did gegen Lk im Ak-

---

[25] Dazu VOS, The Synoptic Traditions (s. Anm 1), 75–85; BAUCKHAM, Synoptic Parousia Parables (s. Anm. 1), 165–169.174–176; CROSSAN, In Fragments (s. Anm. 21), 57–66; YARBRO COLLINS, "The Son of Man" Tradition (s. Anm. 1), 559.

[26] S. VOS, The Synoptic Traditions (s. Anm 1), 83–85, BAUCKHAM, Synoptic Parousia Parables (s. Anm. 1), 165–167.170; M. PESCE, Le parole dimenticate di Gesù, Milano 2005, 542f.

kusativ erscheint, zugleich aber in Apk und Lk gegen Did mit dem Interrogativadjektiv ποῖος als Einleitung einer indirekten Frage koordiniert wird. Dieser Befund lass sich am besten damit erklären, dass Johannes keine der beiden Synoptikern vor Augen hatte, sondern deren Vorlage („Q") kannte, zumal die Übereinstimmungen mit Mt und mit der Didache sich decken und deshalb keine eindeutige Abhängigkeit der Apk von Mt unbedingt voraussetzen.[27]

Darüber hinaus findet die dritte Erinnerung an dieses Jesuswort in der Johannesoffenbarung, nämlich der Makarismus Apk 16,15, seine Entsprechung in Lk 12,37[28]:

Apk	Lk
ἰδοὺ ἔρχομαι ὡς κλέπτης. μακάριος ὁ γρηγορῶν καὶ τηρῶν τὰ ἱμάτια αὐτοῦ	μακάριοι οἱ δοῦλοι ἐκεῖνοι, οὓς ἐλθὼν ὁ κύριος εὑρήσει γρηγοροῦντας

Der Übergang zur ersten Person im Munde des Engels Jesu hat an beiden Stellen die erzählende Form der vorliegenden Parabel kollabieren lassen, die einzelne Bilder isoliert und sie gleichzeitig mit ihrer Deutung, den redaktionellen Bearbeitungen des Johannes und der paränetischen Anwendung des Gutes im neuen Kontext verschmolzen.[29]

6. Das Bekennen des Namens (Apk 3,5)

In Apk 3,5 hat die Forschung schon längst die auffallendste und unumstrittenste Anspielung auf die Jesusüberlieferung in der Johannesoffenbarung erkannt.[30] In der Tat lässt der textliche Befund keinen Zweifel zu.

Der Gebrauch des substantivierten Partizips ὁ νικῶν anstatt eines sich auf das traditionelle ὁμολογέω stützenden Nebensatz muss dem Seher selbst zugeschrieben werden, und zwar mit dem Zweck, das Jesuswort in die Form

---

[27] Mit BAUCKHAM, Synoptic Parousia Parables (s. Anm. 1), 166.170, und PESCE, Parole dimenticate (s. Anm. 26).

[28] Einen gut vergleichbaren Spruch tradiert auch EvThom 103. Dazu CROSSAN, In Fragments (s. Anm. 21), 64–66.

[29] BAUCKHAM, Synoptic Parousia Parables (s. Anm. 1), 167–169.175, nennt den ganzen Prozess „paraenetic deparabolization".

[30] VOS, The Synoptic Traditions (s. Anm 1), 85–94; K. P. DONFRIED, The Setting of Second Clement in Early Christianity, Leiden 1974, 60f.; VANNI, L'Apocalisse (s. Anm. 1), 20–22; YARBRO COLLINS, "The Son of Man" Tradition (s. Anm. 1), 559–562; S.E. YOUNG, Jesus Tradition in the Apostolic Fathers. Their Explicit Appeals to the Words of Jesus in Light of Orality Studies, Tübingen 2011, 242–244.

und Struktur der Verheißungen an den Sieger hineinzuarbeiten und kohärent zu integrieren.[31]

Apk 3,5	2 Clem 3,2	Mt	Lk
ὁ νικῶν...	τὸν ὁμολογήσαντα με ἐνώπιον τῶν ἀνθρώπων,	πᾶς οὖν ὅστις ὁμολογήσει ἐν ἐμοὶ ἔμπροσθεν τῶν ἀνθρώπων,	πᾶς ὃς ἂν ὁμολογήσῃ ἐν ἐμοὶ ἔμπροσθεν τῶν ἀνθρώπων, καὶ ὁ υἱὸς τοῦ ἀνθρώπου
ὁμολογήσω τὸ ὄνομα αὐτοῦ ἐνώπιον τοῦ πατρός μου καὶ ἐνώπιον τῶν ἀγγέλων αὐτοῦ	ὁμολογήσω αὐτὸν ἐνώπιον τοῦ πατρός μου	ὁμολογήσω κἀγὼ ἐν αὐτῷ ἔμπροσθεν τοῦ πατρός μου τοῦ ἐν [τοῖς] οὐρανοῖς·	ὁμολογήσει ἐν αὐτῷ ἔμπροσθεν τῶν ἀγγέλων τοῦ θεοῦ·

Mögen die Präpositionen ἔμπροσθεν (Mt // Lk) und ἐνώπιον (Apk // 2 Clem) als verschiedene Übersetzungsmöglichkeiten eines aramäischen ‚Originals' gelten[32], spiegelt wahrscheinlich die Wahl des Genitivs τοῦ πατρός μου (Mt // 2 Clem) bzw. τῶν ἀγγέλων τοῦ θεοῦ (Lk) zwei Überlieferungsstränge wider, die anscheinend ins johanneische ἐνώπιον τοῦ πατρός μου καὶ ἐνώπιον τῶν ἀγγέλων αὐτοῦ zusammengeflossen sind. Man kann freilich spekulieren, ob Apk eine ältere Phase der Überlieferung darstellt,[33] oder auf eine jüngere redaktionelle, im Lichte des Mt vorgenommene Bearbeitung von Q (= Lk) baut.[34] Die Übereinstimmung zwischen Apk und 2 Clem gegen Mt und Lk (ὁμολογέω mit Akkusativ statt mit ἐν und Dativ) stützt dennoch die Annahme, der Text sei hier von den beiden Synoptikern unabhängig.[35]

---

[31] Allerdings darf man mit VOS, The Synoptic Traditions (s. Anm 1), 87–89, festhalten, dass sich die semantische Felder von νικάω und ὁμολογέω wesentlich überschneiden.

[32] VOS, The Synoptic Traditions (s. Anm 1), 90f. und VANNI, L'Apocalisse (s. Anm. 1), 21.

[33] VOS, The Synoptic Traditions (s. Anm 1), 91f.

[34] VANNI, L'Apocalisse (s. Anm. 1), 21f. Ein dritter Vorschlag in TRIPALDI, Gesù di Nazareth (s. Anm. 1), 126f.

[35] Vgl. DONFRIED, The Setting (s. Anm. 30), 61, und YOUNG, Jesus Tradition (s. Anm. 30), 243f. YARBRO COLLINS, "The Son of Man" Tradition (s. Anm. 1), 560, verneint auch die Möglichkeit einer Abhängigkeit Apk von Q.

7. Die Wiederkunft des Herrn (Apk 3,20)[36]

Die auffallende Kombination von κρούω, ἀνοίγω und εἰσέρχομαι gilt als wichtigstes Argument für die Identifizierung der vom Jesu Engel in Apk 3,20 gesprochenen Verheißung als Jesuswort.

Apk 3,20	Lk 12,36f.	AscJes 4,16
ἰδοὺ ἕστηκα ἐπὶ τὴν θύραν καὶ κρούω· ἐάν τις ἀκούσῃ τῆς φωνῆς μου καὶ ἀνοίξῃ τὴν θύραν, εἰσελεύσομαι πρὸς αὐτὸν καὶ δειπνήσω μετ' αὐτοῦ καὶ αὐτὸς μετ' ἐμοῦ.	καὶ ὑμεῖς ὅμοιοι ἀνθρώποις προσδεχομένοις τὸν κύριον ἑαυτῶν πότε ἀναλύσῃ ἐκ τῶν γάμων, ἵνα ἐλθόντος καὶ κρούσαντος εὐθέως ἀνοίξωσιν αὐτῷ. μακάριοι οἱ δοῦλοι ἐκεῖνοι, οὓς ἐλθὼν ὁ κύριος εὑρήσει γρηγοροῦντας· ἀμὴν λέγω ὑμῖν ὅτι περιζώσεται καὶ ἀνακλινεῖ αὐτοὺς καὶ παρελθὼν διακονήσει αὐτοῖς	Nach 1332 Tagen wird der Herr kommen... und er wird die trösten, die gefunden werden im Fleisch mit den Heiligen, in den Kleiden der Heiligen, und der Herr wird denjenigen dienen, die in dieser Welt wach geblieben sind

Das johanneische gemeinsame Essen scheint sich faktisch einerseits mit den lukanischen „zum Tisch legen lassen" und „dienen" (vgl. Lk 13,29; 17,7f.; 22,27.30), andererseits mit dem „dienen" in der AscJes zu decken:[37] der Johannesapokalyptiker „deve avere conosciuto qualcosa di simile".[38] Da höchstwahrscheinlich die jeweiligen Entsprechungen zwischen Apk und Lk, Lk und AscJes, Apk und AscJes auf eine vor-lukanische Überlieferungsphase zurückgehen[39], gewinnt man den Eindruck, es handele hier um ein „blocco di tradizione che [...] ha già dietro di sé una storia di applicazione ecclesiologica ed escatologica".[40] Johannes hat diesen „Block" als in erster Person vom Engel formuliertes Jesuswort in der impliziten Situation seiner Adressaten aktualisiert und dabei mit der Wahl des Verbums δειπνέω zugleich auf die

---

[36] VOS, The Synoptic Traditions (s. Anm 1), 94–100; BAUCKHAM, Synoptic Parousia Parables (s. Anm. 1), 170–174; DERS., Synoptic Parousia Parables Again, NTS 29 (1983), 129–134, bes. 130–132; ROLOFF, „Siehe, ich stehe vor der Tür und klopfe an" (s. Anm. 1); E. NORELLI, L'Ascensione di Isaia. Studi su un apocrifo al crocevia dei cristianesimi, Bologna 1994, 213–219.

[37] VOS, The Synoptic Traditions (s. Anm 1), 97, und ROLOFF, „Siehe, ich stehe vor der Tür und klopfe an" (s. Anm. 1), 460f. und 463.

[38] NORELLI, L'Ascensione di Isaia (s. Anm. 36), 215f. Anm.478.

[39] S. BAUCKHAM, Synoptic Parousia Parables (s. Anm. 1), 174, und ROLOFF,„Siehe, ich stehe vor der Tür und klopfe an" (s. Anm. 1), 456–463. In die Diskussion müssen jetzt die Erwägungen NORELLIs, L'Ascensione di Isaia (s. Anm. 36), 214–218, mit einbezogen werden, die Rücksicht auf AscJes 4,16 nehmen.

[40] NORELLI, L'Ascensione di Isaia (s. Anm. 36), 218.

Verwirklichung der Verheißung bei der Vision von der „Hochzeit des Lammes" hingedeutet (vgl. Apk 19,9.17 und 21,1–3).

8. Die Thronbesteigung des Siegers (Apk 3,21)[41]

Trotz der wenigen wörtlichen Entsprechungen zwischen den anzuführenden schriftlichen Belegen kann man wohl davon ausgehen, dass nicht nur in Q, sondern auch in anderen Strängen der Jesusüberlieferung (s. z.B. 2 Tim 2,11f.) ein Spruch tradiert wurde, der dem aushaltenden und sich dabei als treu erweisenden Jesusanhänger verhieß, sich bei der Wiederkunft seines Herrn auf einen Thron setzen zu dürfen, um zusammen mit ihm die Königsherrschaft auszuüben.[42]

Ein Vergleich der folgenden Texte zeigt m.E. sehr deutlich, wie sich formal und inhaltlich Struktur und Ductus der Aussage im Kern widerspiegeln.

Apk 3,21	Lk 22,28–30	Mt 19,28
ὁ νικῶν	ὑμεῖς δέ ἐστε οἱ διαμεμενηκότες μετ' ἐμοῦ ἐν τοῖς πειρασμοῖς μου·	ὑμεῖς οἱ ἀκολουθήσαντές μοι ἐν τῇ παλιγγενεσίᾳ,
δώσω αὐτῷ καθίσαι μετ' ἐμοῦ ἐν τῷ θρόνῳ μου, ὡς κἀγὼ ἐνίκησα καὶ ἐκάθισα μετὰ τοῦ πατρός μου ἐν τῷ θρόνῳ αὐτοῦ.	κἀγὼ διατίθεμαι ὑμῖν καθὼς διέθετό μοι ὁ πατήρ μου βασιλείαν,	ὅταν καθίσῃ ὁ υἱὸς τοῦ ἀνθρώπου ἐπὶ θρόνου δόξης αὐτοῦ,
	ἵνα ἔσθητε καὶ πίνητε ἐπὶ τῆς τραπέζης μου ἐν τῇ βασιλείᾳ μου, καὶ καθήσεσθε ἐπὶ θρόνων τὰς δώδεκα φυλὰς κρίνοντες τοῦ Ἰσραήλ.	καθήσεσθε καὶ ὑμεῖς ἐπὶ δώδεκα θρόνους κρίνοντες τὰς δώδεκα φυλὰς τοῦ Ἰσραήλ.

Fest verankert in der jüdischen Vorstellungswelt (1 Hen 108,12; 4Q521 2 2,7 und vielleicht 4Q491 2 1,8–18; TestHiob 33,1–9), entwickelt sich die Idee

---

[41] S. dazu VOS, The Synoptic Traditions (s. Anm. 1), 100–104, und M. KARRER, Die Johannesoffenbarung als Brief. Studien zu ihrem literarischen, historischen und theologischen Ort, Göttingen 1986, 213–217.

[42] Mit VOS, The Synoptic Traditions (s. Anm. 1), 101ff., und KARRER, Johannesoffenbarung als Brief (s. Anm.41), 21f. Genauso wie in 1 Tim 1,15, scheint die in 2 Tim 2,11f. vorkommende Formel „πιστὸς ὁ λόγος" die Verwendung traditionellen Stoffes einzuleiten. Darunter darf man zu Recht auch die redaktionelle Miteinbeziehung kurzer Fragmente bzw. Zusammenfassungen jesuanischen, mündlich überlieferten Gutes zu verstehen (s. 1 Tim 5,18).

einer Inthronisation der Gerechten wahrscheinlich aus der Exegese von Dan 7,9.13f.22.27. Die in Apk 3,21 bewahrte Form des auf solche Erwartung bauenden Spruchs bietet dennoch klare und charakteristische Berührungspunkte mit dem Jesuswort in seiner lukanischen Form: Jesus selbst gewährt seinen Jüngern die Königsherrschaft und die Thronbesteigung (Apk: „δώσω" / Lk 22,29: „διατίθεμαι"), wie sie ihm von seinem Vater gewährt worden sind (Apk: „ὡς κἀγὼ ἐνίκησα καὶ ἐκάθισα μετὰ τοῦ πατρός μου ἐν τῷ θρόνῳ αὐτοῦ" / Lk 22,29: „καθὼς διέθετό μοι ὁ πατήρ μου"); solche Erhöhung zum königlichen Status hängt untrennbar mit dem Anspruch auf die Teilnahme am eschatologischen Mahl zusammen (vgl. Apk 3,20 und Lk 22,30).[43] In der Johannesoffenbarung fehlt aber jegliche Bezugnahme auf Israel, auf die Zwölfzahl bzw. auf die Vollmacht der Jünger über die zwölf Stämme. Da mit dem Thron Jesu und seines Vaters wohl „der Thron Gottes und des Lammes" (vgl. Apk 4,2f.6; 5,6; 22,3ff.) gemeint ist, erklärt sich diese Auslassung als Teil des von Johannes ausgedachten Plan einer stufenweisen Offenbarung, die Verheißung in 3,21 mit seinen Visionen der himmlischen Welt und des neuen Jerusalems in Einklang zu bringen und die Hörer bzw. die Leser zum hermeneutischen Prozess der Entdeckung und Deutung dieser Übereinstimmung aufzufordern.[44]

9. Über Selbsthass (Apk 12,11)[45]

Der für Johannes ungewöhnliche Gebrauch von „ψυχή" im Sinne von „eigenes Leben, Selbst" und der Beleg von ἀγαπάω mit anderem Subjekt als Gott bzw. Christus (s. Apk 1,5; 3,9; 20,9) führen Apk 12,11 in die Nähe eines von allen vier kanonischen Evangelien tradierten Jesuswortes.[46]

---

[43] So schon W. BOUSSET, Die Offenbarung Johannis, Göttingen [6]1906, 233.

[44] E. LUPIERI, L'Apocalisse di Giovanni, Milano 1999, 136f. (Zitat 137).

[45] S. dazu J. D. CROSSAN, In Fragments. The Aphorisms of Jesus, San Francisco 1983, 86–94, und M. THEOBALD, Herrenworte im Johannesevangelium, Freiburg i. Br. 2002, 121–125.

[46] CROSSAN, In Fragments (s. Anm. 45), 92, und THEOBALD, Herrenworte (s. Anm. 45), 113f. und 124.

Apk 12,11	Joh 12,25	Mt 10,39	Mk 8,35	Lk 9,24
καὶ οὐκ ἠγάπησαν τὴν ψυχὴν αὐτῶν ἄχρι θανάτου	καὶ ὁ μισῶν τὴν ψυχὴν αὐτοῦ ἐν τῷ κόσμῳ τούτῳ εἰς ζωὴν αἰώνιον φυλάξει αὐτήν	καὶ ὁ ἀπολέσας τὴν ψυχὴν αὐτοῦ ἕνεκεν ἐμοῦ εὑρήσει αὐτήν	ὃς δ' ἂν ἀπολέσει τὴν ψυχὴν αὐτοῦ ἕνεκεν ἐμοῦ καὶ τοῦ εὐαγγελίου σώσει αὐτήν	ὃς δ' ἂν ἀπολέσῃ τὴν ψυχὴν αὐτοῦ ἕνεκεν ἐμοῦ οὗτος σώσει αὐτήν

Vorausgesetzt, dass das „οὐκ ἠγάπησαν" in Apk 12,11 unmittelbar an den in Joh 12,25 auftretende Gegensatz „lieben" / „hassen" erinnert, jedoch keine direkte Abhängigkeit des einen Textes vom anderen zu begründen vermag,[47] scheint in der Apk ein Überlieferungsstrang vorzuliegen, der allein die positive, die das zum Heil führende Handeln thematisierende Hälfte des Spruches bewahrt hat (vgl. auch die späteren, aber nicht unbedingt von Apk abhängigen Belege in ActThom 130 und PsMan 159,15f.). Diese wiederum entwickelt Johannes im Sinne eines für ihn typischen Sieger-Spruchs weiter (vgl. Apk 12,11 und 2,10f.).

10. Die Nachfolge Jesu (Apk 14,4)[48]

Belege von ἀκολουθέω mit einem sich auf Jesus beziehenden Dativ im Sinne von „Jesus als Meister folgen, seine Lehre bewahren und sein Geschick nachahmen" lassen sich in der Jesusüberlieferung sowohl in direkter Rede im Munde Jesu als auch vielfach auf narrativer Ebene finden (vgl. z.B. Joh 12,26; Mt 8,19 und 19,28; Lk 9,57, und später EvMar 8,15–21 sowie LibGrad 3,5; 25,4; 30,26). Umso auffälliger wird dann der Gebrauch von ἀκολουθέω mit dem Dativ „τῷ ἀρνίῳ" in Apk 14,4, der in der Johannesoffenbarung dem von „ἀκολουθέω μετά" gegenüber (Apk 6,8 und 14,8f.13) ganz vereinzelt bleibt, und deshalb auf die Verwendung traditionellen Stoffes hindeutet.

Apk 14,4	Joh 13,36
οὗτοι οἱ ἀκολουθοῦντες τῷ ἀρνίῳ ὅπου ἂν ὑπάγῃ	ὅπου ὑπάγω οὐ δύνασαί μοι νῦν ἀκολουθῆσαι, ἀκολουθήσεις δὲ ὕστερον

Die Sprache ergibt sich als durchaus johanneisch (ἀκολουθέω ὅπου; ὑπάγω)[49]. Eine genauere Entsprechung im Gebrauch von ἀκολουθέω mit

---

[47] CROSSAN, In Fragments (s. Anm. 45), 93f. Vgl. THEOBALD, Herrenworte (s. Anm. 45), 125.

[48] VOS, The Synoptic Traditions (s. Anm. 1), 136–144, und D. E. AUNE, Revelation 6–16, Nashville 1998, 812f.

[49] AUNE, Revelation 6–16 (s. Anm. 48), 813.

ὅπου ἄν / ἐάν und dem Konjunktiv eines Bewegungsverbs findet man aber nur zwischen Apk 14,4 und Mt 8,19 // Lk 9,57: obwohl keiner dieser beiden synoptischen Belege im Munde Jesu vorkommt, spiegeln beide die Radikalität von Jesu Aufforderung zur Nachfolge wider (vgl. ActPTh 25,4). Der Schluss legt sich nahe, dass die Johannesoffenbarung umlaufende Formulierungen in Zügen wiedergibt und umschreibt, die das weit verbreitete Verständnis der Angehörigkeit zur Jesusbewegung als unbedingte Nachfolge des Meisters zwar in verschiedenen Formen, jedoch im Kern einheitlich zur Sprache bringen (vgl. Mk 8,34 parr.).[50]

11. Der Mühlstein und das Meer (Apk 18,21)[51]

Literarisch baut Johannes die Vision des starken Engels auf der prophetischen Vorlage Jer 51,63f. MT (= 28,63f. LXX) auf. Abgesehen vom Engel selbst fehlen in der alttestamentlichen Vorlage jedoch die Wortfolgen „λίθος ὡς μύλινος“, und „βάλλω εἰς τὴν θάλασσαν“, die bei formalen Unterschieden in einem Drohwort Jesu vorkommen, das sich an diejenigen richtet, welche Jesusjünger dazu bringen, an der Botschaft Jesu Anstoß zu nehmen.[52]

---

[50] AUNE, Revelation 6.16 (s. Anm. 48). Vgl. VOS, The Synoptic Traditions (s. Anm. 1), 143f.

[51] S. dazu KOESTER, Synoptische Überlieferung (s. Anm. 3), 16–19; VOS, The Synoptic Traditions (s. Anm. 1), 157ff.; D.A. HAGNER, The Use of the Old and New Testaments in Clement of Rome, Leiden 1973, 152–164, und DERS., The Sayings of Jesus in the Apostolic Fathers and Justin Martyr, in: D. Wenham (Hg.), The Jesus Tradition Outside the Gospels (Gospel Perspectives 5), Sheffield 1985, 233–268, bes. 237f.; YOUNG, Jesus Tradition (s. Anm. 30), 176–200.

[52] VOS, The Synoptic Traditions (s. Anm. 1), 158. Vgl. die spätere Belege ActPet 6; Klemens von Alexandrien, Strom. 3,18,107,2; Tertullian, Marc. 4,35,1; Origenes, HNum 25,1; Adamantius, Fid. 1,814e, die ich hier nicht ausführlich behandeln kann. Dazu TRIPALDI, Gesù di Nazareth (s. Anm. 1), 158 Anm. 216.

Apk 18,21	Lk 17,2	Mk 9,42	Mt 18,6	1 Clem 46,8
καὶ ἦρεν εἷς ἄγγελος ἰσχυρὸς λίθον ὡς μύλινον μέγαν καὶ ἔβαλεν εἰς τὴν θάλασσαν	λυσιτελεῖ αὐτῷ εἰ λίθος μυλικὸς περίκειται περὶ τὸν τράχηλον αὐτοῦ καὶ ἔρριπται εἰς τὴν θάλασσαν ἢ ἵνα σκανδαλίσῃ τῶν μικρῶν τούτων ἕνα.	καλόν ἐστιν αὐτῷ μᾶλλον εἰ περίκειται μύλος ὀνικὸς περὶ τὸν τράχηλον αὐτοῦ καὶ βέβληται εἰς τὴν θάλασσαν.	συμφέρει αὐτῷ ἵνα κρεμασθῇ μύλος ὀνικὸς περὶ τὸν τράχηλον αὐτοῦ καὶ καταποντισθῇ ἐν τῷ πελάγει τῆς θαλάσσης.	κρεῖττον ἦν αὐτῷ περιτεθῆναι μύλον καὶ καταποντισθῆναι εις τὴν θάλασσαν, ἢ ἕνα τῶν ἐκλεκτῶν μου διαστρέψαι

Obwohl Apk und Mk den Gebrauch von „βάλλω εἰς τὴν θάλασσαν" teilen, ergibt sich aus dem Vorkommen von „λίθον ὡς μύλινον" (Lk 17,2) und der Eingliederung der Vision als Ganzes in eine Folge von Wehe-Rufen (vgl. Apk 18,10.16.19 mit Lk 17,1; Mt 18,7; 1 Clem 46,8) – und zwar der über Babylon, das das Blut der echten Jesusanhänger vergossen und getrunken hat (Apk 17,4 und 18,24) –, dass Apk 18,21 der Q-Form des Spruches nahesteht,[53] der genaue Wortlaut jedoch möglicherweise mündlicher Überlieferung entstammt (vgl. 1 Clem 46,8).[54]

12. Das Blut der Gerechten (Apk 18,24)[55]

Der *topos* des gewaltsamen Todes der Propheten ist in der jüdischen und urchristlichen Literatur weit verbreitet.[56] Trotzdem legen formale Beobachtungen den Schluss nahe, der Seher habe das genannte Motiv im Lichte uns aus Q und Paulus (1 Thess 2,14f.)[57] bekannten jesuanischen Stoffes neu gelesen und interpretiert.

---

[53] KOESTER, Synoptische Überlieferung (s. Anm. 3), 19.

[54] HAGNER, The Use (s. Anm. 51), 157ff.; DERS., The Sayings of Jesus (s. Anm. 51), 237–238f.; PESCE, Parole dimenticate (s. Anm. 26), 640 Anm. 1; YOUNG, Jesus Tradition (s. Anm. 30), bes. 182 und 187–195.

[55] VOS, The Synoptic Traditions (s. Anm. 1), 162f., und VANNI, L'Apocalisse (s. Anm. 1), 30f.

[56] S. dazu O. H. STECK, Israel und das gewaltsame Geschick der Propheten. Untersuchungen zur Überlieferung des deuteronomistischen Geschichtsbildes im Alten Testament, Spätjudentum und Urchristentum, Neukirchen-Vluyn 1967, 60–184.

[57] Vgl. bes. Mt 23,32.37 mit 1 Thess 2,16.

Apk 18,24	Mt 23,34f.	Lk 11,49f.
καὶ ἐν αὐτῇ αἷμα προφητῶν καὶ ἁγίων εὑρέθη καὶ πάντων τῶν ἐσφαγμένων ἐπὶ τῆς γῆς	διὰ τοῦτο ἰδοὺ ἐγὼ ἀποστέλλω πρὸς ὑμᾶς προφήτας καὶ σοφοὺς καὶ γραμματεῖς· ἐξ αὐτῶν ἀποκτενεῖτε καὶ σταυρώσετε καὶ ἐξ αὐτῶν μαστιγώσετε ἐν ταῖς συναγωγαῖς ὑμῶν καὶ διώξετε ἀπὸ πόλεως εἰς πόλιν· ὅπως ἔλθῃ ἐφ' ὑμᾶς πᾶν αἷμα δίκαιον ἐκχυννόμενον ἐπὶ τῆς γῆς	διὰ τοῦτο καὶ ἡ σοφία τοῦ θεοῦ εἶπεν· ἀποστελῶ εἰς αὐτοὺς προφήτας καὶ ἀποστόλους, καὶ ἐξ αὐτῶν ἀποκτενοῦσιν καὶ διώξουσιν, ἵνα ἐκζητηθῇ τὸ αἷμα πάντων τῶν προφητῶν τὸ ἐκκεχυμένον ἀπὸ καταβολῆς κόσμου ἀπὸ τῆς γενεᾶς ταύτης,

Das Schlüsselwort „αἷμα" und die durch Formen von πᾶς zum Ausdruck kommende, inklusive Akzentuierung der Aussage verbinden alle drei Belege; den von „αἷμα" regierten Genitiv „τῶν προφητῶν" teilen nur Apk und Lk; das generalisierende Syntagma „ἐπὶ τῆς γῆς" kommt dagegen nur in Apk und bei Mt vor.[58]

Das Partizip „ἐσφαγμένοι" und die Erwähnung der „ἅγιοι" sind wohl dem Johannes zuzuschreiben: damit fasst der Seher in seiner eigenen Sprache genau dieselben zwei Gruppen zusammen, d.h. Jesusanhänger („Propheten" – „Heiligen"), und alle auf der Erde getöteten bzw. „geschlachteten" Gerechten bzw. Propheten, die auch die synoptischen Parallelen und Paulus voraussetzen.[59] Dabei wird der Spruch jedes Mal auf Grund der unterschiedlichen Gemeindevorstellungen und der Dringlichkeit der Minderheits- und Unterdrückungserfahrung (Apk 2,9 und 3,9) in neuen literarischen und historischen Kontexten aktualisiert.

13. Die Hochzeit des Lammes (Apk 19,6–9)[60]

Ganz selten tauchen im jüdischen Schrifttum das Bild des Messias als Israels Bräutigam und das damit in Beziehung stehende Motiv seiner eschatologi-

---

[58] VOS, The Synoptic Traditions (s. Anm. 1), 163. S. auch G. G. KUHN, art. Babulwvn, ThWNT 1 (1933), 513f., 513, und LUPIERI, L'Apocalisse (s. Anm. 44), 239 und 294.

[59] Zur Beurteilung der zum traditionellen Bild Jerusalems gehörenden Züge Babylons und dessen Deutung als visionärer Verkörperung zugleich der assimilierenden Macht Roms und der als assimiliert entlarvten Städte bzw. religiösen Gruppen im römischen Osten, Jerusalem und die jüdischen Gemeinden eingeschlossen, s. D. TRIPALDI Apocalisse di Giovanni, Roma 2012, 195–209.

[60] VOS, The Synoptic Traditions (s. Anm. 1), 163–174, und VANNI, L'Apocalisse (s. Anm. 1), 31–34.

schen Hochzeit auf.[61] Diese einfache Feststellung sollte schon an sich dazu auffordern, Apk 19,6f.9 vor dem Hintergrund der drei uns bekannten Redaktionen des jesuanischen Gleichnisses vom Gastmahl (Mt 22,1–14 // Lk 14,15–24 [aus Q?] und EvThom 64) zu lesen, zumal gerade in Apk 19,6f. das Aufrichten der Königsherrschaft Gottes und das Kommen der Hochzeit des Lammes parallelisiert werden.[62]

Apk 19,6f.9	Mt 22,2f.	Lk 14,15f.24
ἁλληλουϊά, ὅτι ἐβασίλευσεν κύριος ὁ θεὸς [ἡμῶν] ὁ παντοκράτωρ. χαίρωμεν καὶ ἀγαλλιῶμεν καὶ δώσωμεν τὴν δόξαν αὐτῷ, ὅτι ἦλθεν ὁ γάμος τοῦ ἀρνίου ... Καὶ λέγει μοι· γράψον· μακάριοι οἱ εἰς τὸ δεῖπνον τοῦ γάμου τοῦ ἀρνίου κεκλημένοι	ὡμοιώθη ἡ βασιλεία τῶν οὐρανῶν ἀνθρώπῳ βασιλεῖ, ὅστις ἐποίησεν γάμους τῷ υἱῷ αὐτοῦ. καὶ ἀπέστειλεν τοὺς δούλους αὐτοῦ καλέσαι τοὺς κεκλημένους εἰς τοὺς γάμους	ἀκούσας δέ τις τῶν συνανακειμένων ταῦτα εἶπεν αὐτῷ· μακάριος ὅστις φάγεται ἄρτον ἐν τῇ βασιλείᾳ τοῦ θεοῦ. Ὁ δὲ εἶπεν αὐτῷ· ἄνθρωπός τις ἐποίει δεῖπνον μέγα, καὶ ἐκάλεσεν πολλοὺς ... λέγω γὰρ ὑμῖν ὅτι οὐδεὶς τῶν ἀνδρῶν ἐκείνων τῶν κεκλημένων γεύσεταί μου τοῦ δείπνου

Das substantivierte Partizip „οἱ κεκλημένοι" kommt in allen drei Abschnitten vor, in Apk und Mt mit „εἰς τὸ δεῖπνον τοῦ γάμου" bzw. „εἰς τοὺς γάμους" näher bestimmt, in Lk wahrscheinlich εἰς τὸ δεῖπνον (s. 14,16 und 24) voraussetzend.

Gegen Mt teilen Apk, Lk und EvThom 64,1.10f. den Gebrauch von δεῖπνον, das aber nur in Apk und Lk einen auf Jesus bezogenen Genitiv re-

---

[61] VOS, The Synoptic Traditions (s. Anm. 1), 165f. und AUNE, Revelation 6–16 (s. Anm. 48), 1030.

[62] Zum Gleichnis selbst, s. M. PESCE, Ricostruzione dell'archetipo letterario comune a Mt 22, 1–10 e Lc 14, 15–24, in: La parabola degli invitati al banchetto. Dagli evangelisti a Gesù, Brescia 1978, 167–236; J. D. CROSSAN, Four Other Gospels. Shadows on the Contours of Canon, San Francisco 1985, 39–52; I. H. JONES, The Matthean Parables. A Literal and Historical Commentary, Leiden/New York/Köln 1995, 400f. R. AGUIRRE MONASTERIO, Tradiciones propias de Mateo y la primera generación, in: S. Guijarro (Hg.), Los comienzos del Cristianismo. IV Simposio Internacional del Grupo Europeo de Investigación Interdisciplinar sobre los Orígenes del Cristianismo (G.E.R.I.C.O.), Salamanca 2006, 117–129, bes. 122–124, plädiert für die These, Mt schöpfe hier aus mündlicher, von Q (= Lk) unabhängiger Überlieferung. Zur Parallele im EvThom vgl. P.F. BEATRICE, Il significato di Ev.Thom. 64 per la critica letteraria della parabola del banchetto (Mt 22,1–14 / Lc 14,15–24), in: La parabola, 237–277. Die spätere Fassung des Gleichnisses in PsClem, Hom 8,22,3–23,1 folgt weitgehend Mt, belegt aber zum Teil Züge einer «tradizione evangelica giudeo-cristiana che si è sviluppata su una traiettoria divergente» (BEATRICE, a.a.O., 245f. und 270–274, Zitat 272f.).

giert. Charakteristisch für diese zwei Schriften bleibt die Form der Seligpreisung, die in Lk das Gleichnis einleitet und in Apk im Munde des Engels den
Jubelruf der großen Menge im Himmel abschließt und somit wie ein positiver
Kontrapunkt zu dem an die geladenen Gäste gerichteten, in Lk und EvThom
64,12 das Gleichnis abschließenden Drohwort Jesu wirkt.[63]

Trotzdem erscheinen die Entsprechungen zwischen Apk und Mt 22,1–14
zahlreicher und relevanter:[64] das Gastmahl wird als Hochzeitsmahl des königlichen Sohnes dargestellt (Apk 19,7: „γάμος" // Mt: γάμος bzw. γάμοι; s. auch
PsClem, Hom 8,22,1.3f.); die Gäste müssen zum Mahl reine Kleider anziehen
(vgl. Apk 19,14 mit Mt 22,11f. und PsClem, Hom 8,22,4); die Hochzeit wird
nach der Zerstörung und dem Brand der Stadt gefeiert, die das Blut der
Knechte Gottes vergossen hat (vgl. Apk 17,16; 18,9.18.24; 19,1ff. mit Mt
22,6f. und PsClem, Hom 8,22,3.23,3). Zieht man jedoch die oben erwähnten
Unterschiede zwischen diesen beiden Fassungen des Gleichnisses und die
gleichzeitige weite Verbreitung matthäischen Sonderguts in vielen alten, z.T.
von Mt unabhängig geltenden Schriften (Jak, Did, EvThom, AscJes, Ignatius
Briefe) in Betracht, so wird es m.E. problematisch, Apk als von Mt abhängig
zu erklären:[65] setzen beide Schriften eventuell einen gemeinsamen Bestand
mündlich tradierten, d.h. nicht unbedingt auf Q bauenden und schon heilsge-
schichtlich gedeuteten Stoffes voraus?

Indem er die narrative Struktur des Gleichnisses zerteilt, gibt Johannes es
als visionäres Ereignis *in fieri* geschaut wieder:[66] die Gäste werden mit der
Braut identifiziert (Apk 19,7f.).[67] Von einem Ritterkampf geöffnet, dehnt sich
die Feier bis zur Herabkunft des himmlischen Jerusalems aus (Apk
21,2.9f.).[68]

---

[63] VOS, The Synoptic Traditions (s. Anm. 1), 172, und VANNI, L'Apocalisse (s. Anm.
1), 33.

[64] VOS, The Synoptic Traditions (s. Anm. 1), 172ff.; CROSSAN, Four Other Gospels (s.
Anm. 62), 46–51; LUPIERI, L'Apocalisse (s. Anm. 44), 298.

[65] Aufgrund dieser Tatsache fällt auch das Urteil schwer, ob und inwiefern die Rede von
matthäischem bzw. vormatthäischem Sondergut an sich berechtigt und der Beschreibung
solcher komplexer Überlieferungsprozesse angemessen ist. Dazu JONES, The Matthean
Parables (s. Anm. 62), 402–410, und AGUIRRE MONASTERIO, Tradiciones propias de
Mateo (s. Anm. 62), 118–129.

[66] VANNI, L'Apocalisse (s. Anm. 1), 33.

[67] K. E. MILLER, The Nuptial Eschatology of Revelation 19–22, CBQ 60 (1998), 301–
318, bes. 304f. und 315f.

[68] MILLER, Nuptial Eschatology (s. Anm. 67), 309–316.

14. Das Kommen des Herrn und der Lohn (Apk 22,12)[69]

Apk 22,12 ist der einzige Beleg sowohl des Verb ἀποδίδωμι, als auch eines singularischen Gebrauchs des Substantivs τὸ ἔργον (vgl. sonst Apk 2,23; 18,6; 20,12f.) in der Johannesoffenbarung: allem Anschein nach hat der Seher ein traditionelles Logion in den letzten Monolog des Engels Jesu eingearbeitet.[70]

Apk 22,12	Mt 16,27	1 Clem 34,3	ApkPetr 1	2 Clem 11,6
ἰδοὺ ἔρχομαι ταχύ,	μέλλει γὰρ ὁ υἱὸς τοῦ ἀνθρώπου ἔρχεσθαι ἐν τῇ δόξῃ τοῦ πατρὸς αὐτοῦ μετὰ τῶν ἀγγέλων αὐτοῦ,	ἰδοὺ ὁ κύριος,	ich werde in meiner Herrlichkeit kommen, samt allen meinen heiligen Engeln …	πιστὸς γάρ ἐστιν ὁ ἐπαγγειλάμενος
καὶ ὁ μισθός μου μετ' ἐμοῦ		Καὶ ὁ μισθὸς αὐτοῦ πρὸ προσώπου αὐτοῦ,		τὰς ἀντιμισθίας
ἀποδοῦναι ἑκάστῳ ὡς τὸ ἔργον ἐστὶν αὐτοῦ	καὶ τότε ἀποδώσει ἑκάστῳ κατὰ τὴν πρᾶξιν αὐτοῦ	ἀποδοῦναι ἑκάστῳ κατὰ τὸ ἔργον αὐτοῦ	und werde einem jeden geben seinem Werk entsprechend	ἀποδιδόναι ἑκάστῳ τῶν ἔργων αὐτοῦ

Aus dem Vergleich von Apk 22,12 mit 1 Clem 34,3 kam D. A. Hagner zum Schluss, den zwei Texten liege eine gemeinsame Kombination von Jes 40,10 und 62,11; Prov 24,12; Ps 61,13 LXX zugrunde, deren Quelle entweder in der hebräischen Bibel selbst oder in einer verlorenen ‚apokalyptischen' Schrift zu suchen sei.[71]

In der Tat belegt 1 Clem 34,3 thematische und strukturelle Entsprechungen mit Mt 16,27 und ApkPetr 1, den zu Apk 22,12 formgeschichtlich nächsten Parallelen:[72] einerseits taucht die Abfolge Parusie – Gericht nach dem Werk

---

[69] VOS, The Synoptic Traditions (s. Anm. 1), 174–178.

[70] VOS, The Synoptic Traditions (s. Anm. 1), 176, und AUNE, Revelation 6–16 (s. Anm. 48), 1218.

[71] HAGNER, The Use (s. Anm. 51), 61f. und 270f.

[72] Die Frage der Abhängigkeit der ApkPetr von Mt ist umstritten. Dazu D. D. BUCHHOLZ, Your Eyes will be Opened. A Study of the Greek (Ethiopic) Apocalypse of Peter,

bzw. den Werken in Texten auf, in denen Jesus von sich selbst oder vom Menschensohn bzw. Sohn Gottes redet, und zwar mit fast identischen Wörtern (ἰδού / ἔρχομαι; ἀποδίδωμι; Singular von ἔργον bzw. πρᾶξις)[73]; andererseits ist das von „προλέγει" anstatt vom „λέγει ἡ γραφή" wie in 1 Clem 34,6 eingeleitete Zitat (vgl. aber I Clem 34,8)[74] im Rahmen einer paränetischen, auf eschatologischen Verheißungen bauenden Sektion überliefert, die in 34,8 von einem „detto in cui Gesù prometteva ai suoi beni futuri nel mondo che verrà" zusammengefasst werden.[75]

Solche Beweisgänge, die Gottes- und Jesusworte als unbestimmte Herrenworte nacheinander reihen, kennt auch 2 Clem mindestens dreimal (11,6–7; 12,1–6; 13,2–4.14,5)[76]: in 11,7 führt die Erwähnung der mit dem Kommen der Königsherrschaft Gottes verbundenen Verheißungen („ἐπαγγελίαι") zur Anspielung auf denselben in 1 Clem 34,8 zitierten Jesusspruch; die Wahl des Substantivs erinnert an das im vorherigen Vers verwendete „ὁ ἐπαγγειλάμενος", wodurch die hier begegnende Gerichtsaussage in die ἐπαγγελίαι Jesu mit eingeschlossen ist.

Alles in allem darf man vielleicht annehmen, unser Spruch sei zunächst als Herrenwort unter dem Namen und der Autorität Jesu umgelaufen und dann schriftlich tradiert worden:[77] das scheint jedenfalls der Hintergrund seines Vorkommen in Mt, Apk und (eventuell von Mt abhängig) in ApkPetr gewesen zu sein.

15. Der Geist und die beiden Zeugnisse (Apk 22,16)

Apk und Joh teilen die Konstruktion von μαρτυρέω mit Akkusativ im Sinne von „als Augenzeuge die himmlische Dinge offenbaren und für das Geoffen-

---

Atlanta 1988, 267–276 & 406, und R. BAUCKHAM, Art. Apocalypse of Peter: An Account of Research, ANRW II 25/6 (1988), 4712–4750, bes. 4723f.

[73] Vgl. VOS, The Synoptic Traditions (s. Anm. 1), 176, und AUNE, Revelation 6–16 (s. Anm. 48), 1218.

[74] PESCE, Le parole dimenticate (s. Anm. 26), 639. Da 1 Clem dazu neigt, Gott und Jesus unter dem Titel „Herr" gleichzusetzten, bleibt unsicher, von wem hier die Rede ist: HAGNER, The Use (s. Anm. 51), 26–33 und 272–277.

[75] PESCE, Le parole dimenticate (s. Anm. 26), 529. Parallelen ebd., 511f.; 573; 639; 671; 679; 683.

[76] DONFRIED, The Setting (s. Anm. 30), 49; 150; 152; 165–168; D. LÜHRMANN, Fragmente apokryph gewordener Evangelien in griechischer und lateinischer Sprache, Marburg, 2000, 132–137; PESCE, Le parole dimenticate (s. Anm. 26), 645.

[77] Vgl. LibAnt 26,13,1; Kor 2,9; OrPaul A 25–29, und Mt 13,16f. // Lk 10,23f.; EvThom. 17; ActPetr 39; MartPetr 10.

barte gewährleisten" (vgl. Apk 1,1–3 und Joh 1,32ff.; 3,11.32; 5,33; 18,37)[78]. In Joh 3,11 und 18,37 wie auch in Apk 22,16.18.20 sind die Sprechenden Jesus bzw. dessen Engel in seinem Namen, und beide bezeichnen ihren eigenen Auftrag als Zeugnis ablegen: kann man diesbezüglich einen engeren Zusammenhang zwischen den zwei Schriften skizzieren?

Apk 22,16	Joh 15,26	Lk 24,48f.
ἐγὼ Ἰησοῦς ἔπεμψα τὸν ἄγγελόν μου	Ὅταν ἔλθῃ ὁ παράκλητος ὃν ἐγὼ πέμψω ὑμῖν παρὰ τοῦ πατρός, τὸ πνεῦμα τῆς ἀληθείας ὃ παρὰ τοῦ πατρὸς ἐκπορεύεται, ἐκεῖνος μαρτυρήσει περὶ ἐμοῦ·	καὶ [ἰδοὺ] ἐγὼ ἀποστέλλω τὴν ἐπαγγελίαν τοῦ πατρός μου ἐφ᾽ ὑμᾶς
μαρτυρῆσαι ὑμῖν ταῦτα ἐπὶ ταῖς ἐκκλησίαις.		

Kurz zur gemeinsamen Vorstellung des Zeugnisses Jesu im Geist: in Johannesevangelium geht der Geist aus dem Vater hervor (ἐκπορεύομαι), wird vom Vater in Namen Jesu bzw. von Jesus selbst im Auftrag seines Vaters gesandt werden und soll bezeugen, was er hören wird; dabei sagt er die zukünftigen Ereignisse (τὰ ἐρχόμενα) vorher und erhält von Jesus die Botschaft, die jener vom Vater empfangen hat (s. Joh 14,16f.26; 15,26; 16,7–15); in der Apk haben Gott und Jesus ihren Engel gesandt, um zu zeigen bzw. zu bezeugen, was bald geschehen soll; dieser hat von Jesus die Offenbarung bekommen, die Gott jenem gegeben hat (s. Apk 1,1 und 22,6.16). Solche offenbarende Tätigkeit Jesu wird mit dem „Geist der Prophetie" gleichgesetzt, der durch den Engel spricht (2,7.11.17.29; 3,6.13.22; 14,13). Oder umgekehrt: der von Gott und Jesus gesandte Engel wird implizit und explizit mit einem der sieben vor dem Thron Gottes stehenden Engel identifiziert (vgl. 1,12–16; 8,2; 15,1–8; 17,1; 21,9), d.h. mit einem der sieben Geister (πνεῦμα), die aus dem Thron Gottes hervorkommen (4,5: ἐκπορεύομαι), auf die Erde gesandt worden sind (5,6) und in den brieflichen Grüßen am Anfang der Schrift erwähnt werden (1,4f.)[79]: der Engel Jesu ist dann auch Engel des Geistes, bzw. Johan-

---

[78] S. dazu N. BROX, Zeuge und Märtyrer. Untersuchungen zur frühchristlichen Zeugnis-Terminologie, München 1961, 70–76 e 92–105, und J. BEUTLER, Martyria. Traditionsgeschichtliche Untersuchungen zum Zeugnisthema bei Johannes, Frankfurt am Main 1975, 75–144; 182f.; 188–191; 284ff.; 307–313; 318–338.

[79] C. A. GIESCHEN, Angelomorphic Christology. Antecedents and Early Evidence, Leiden/Boston/Köln 1998, 260–269, ist mit den Erwägungen von E. NORELLI, La resurrezione di Gesù nell'Ascensione di Isaia, CrSt 1/2 (1980), 315–366, bes. 346–364, und ders., Sulla pneumatologia dell'Ascensione di Isaia, in: M. Pesce (Hg.), Isaia, il Diletto e la Chiesa. Visione ed esegesi profetica cristiano-primitiva nell'Ascensione di Isaia, Brescia 1983, 211–276, bes. 215–220; 259–266; 271–274, zu ergänzen. S. auch LUPIERI, L'Apocalisse (s. Anm. 44), 141; 159; 236; 353ff.

nes stellt sich den Geist sowohl individuell als auch kollektiv in Engelsgestalt vor.[80]

Zwischen Apk 22,16 und Joh 15,26f. zeigen sich auch genauere formale Entsprechungen: die erste Person Singular von πέμπω, in der Apk im Aorist, im Joh im Futur, die dem Geist unter dem Stichwort μαρτυρέω zugeschriebene Zeugenfunktion; der direkte Hinweis auf die Adressaten mit einem Pronomen in zweiter Person Plural. Da beide Schriften, wie oben bemerkt, dazu neigen, Engel und Geist gleichzusetzen, scheinen sich selbst die verschiedenen Identitäten der beiden Gesandten (Engel Jesu nach Apk, Geist der Wahrheit nach Joh) faktisch zu decken. Eine ähnliche Überlieferung war auch Lk bekannt (24,48f.), wo sie allerdings mit Hilfe von ἀποστέλλω statt πέμπω ausgedrückt wird, zudem mit dem sich auf die angesprochenen Jesusjünger beziehenden „euch" und schließlich der „Verheißung meines Vaters" als Objekt, die später in Apg 1,8 und 2,33 als Gabe des „Heiligen Geistes" näher bestimmt wird.[81]

Aus unserer Analyse ergibt sich ein so stabiler sprachlicher Nukleus, dass die Hypothese nahe liegt, es gehe hier um einen weit verbreiteten, leicht variierenden Jesusspruch, in dem der Lehrer seinen Jüngern die Sendung des Geistes versprochen habe. Dessen traditionsgeschichtlichen Rahmen bilden synoptische Überlieferungen, in denen es um die Verheißung des Geistes bzw. des Beistandes als Zeuge auf der Seite der Jünger Jesu geht (vgl. Mk 13,9ff. // Lk 21,15, mit Apg 6,10; Mt 10,18ff. // Lk 12,11). Im Vergleich dazu gewinnt der Beleg in Apk sein eigenes Profil:[82] die im Aorist in den Mund des Engels gelegte Aussage Jesu beschreibt das prophetische Erlebnis des Johannes als einen sich nach dem genannten Muster vollziehenden Fall; die gleiche Aussage ist vom Johannesevangelium in das Leben Jesu projiziert,

---

[80] Zur Möglichkeit, dass die Personifikation des Geistes als Paraklet in Joh eine Darstellung des Pneuma als Engel impliziert, s. GIESCHEN, a.a.O., 286–293.

[81] Bemerkenswert ist zudem, dass sowohl in Joh 15,26f., als auch in Lk 24,48f. und Apk (s. 6,9 und 17,6), das Zeugnis des Geistes mit der Rolle der Jesusanhänger selber als Zeugen eng verbunden ist.

[82] S. dazu, C. H. DODD, Historical Tradition in the Fourth Gospel, Cambridge 1963, 407–413; R. E. BROWN, The Gospel According to John II, New York/London 1971, 694 und 699f.; R. SCHNACKENBURG, Das Johannesevangelium III, Freiburg/Basel/Wien [6]1992, 163–169. Für die Unabhängigkeit des Joh von Lk und den Synoptikern insgesamt plädieren R. SCHNACKENBURG, Das Johannesevangelium I, Freiburg/Basel/Wien, [2]1967, 16–32; P. BORGEN, Early Christianity and Hellenistic Judaism, Edinburgh 1998, 121–157 und 185–204; M. THEOBALD, Herrenworte im Johannesevangelium, Freiburg i. Br. 2002, 56; 68–86; 113–118; 139–149; 156–162; 174–199. Zum allgemeinen Problem, s. auch M. LABAHN/M. LANG, Johannes und die Synoptiker. Positionen und Impulse seit 1990, in: J. Frey/U. Schnelle (Hg.), Kontexte des Johannesevangeliums. Das vierte Evangelium in religions- und traditionsgeschichtlicher Perspektive, Tübingen 2004, 443–515, und S. SCHREIBER, Kannte Johannes die Synoptiker? Zur aktuellen Diskussion, VF 51/1 (2006), 7–24.

wo sie ein von Jesus selbst bevollmächtigtes, sich auf den Ursprung der Bewegung stützendes Modell zukünftiger Prophetie bietet.

16. Das Wasser des Lebens (Apk 22,17)[83]

Auch wenn man bei beiden Texten eine gemeinsame Anlehnung an Jes 55,1 voraussetzt, lässt sich doch über eine darüber hinaus gehende Beziehung zwischen Apk 22,17 und Joh 7,37f. diskutieren.

Apk 22,17	Joh 7,37f.
καὶ ὁ διψῶν ἐρχέσθω, ὁ θέλων λαβέτω ὕδωρ ζωῆς δωρεάν	ἐάν τις διψᾷ ἐρχέσθω πρός με καὶ πινέτω ὁ πιστεύων εἰς ἐμέ[84]

Identisch ist die zweigliedrige Struktur der konditional formulierten Aussage,[85] identisch auch die Phraseologie des ersten Gliedes (Subjekt im Singular; Imperativ von ἔρχομαι in dritter Person Singular), im Gegensatz einerseits zu dem „οἱ διψῶντες" und dem πορεύομαι in der Septuaginta, andererseits zu den Imperativen in zweiter Person Plural im hebräischen Jesaja-Text und dessen Parallelen in der Weisheitsliteratur (Prov 9,5; Sir 24,19ff. und 51,23; OdSal 30,2)[86]. Auch TJes bietet keinen sicheren Anhaltspunkt, sondern belegt den Übergang von dritter Person Singular Subjekt und Kohortativen zu zweiter Person Plural Subjekt und Imperativen.

---

[83] J. W. TAEGER, Johannesapokalypse und johanneischer Kreis. Versuch einer traditionsgeschichtlichen Ortsbestimmung am Paradigma der Lebenswasser-Thematik, Berlin/New York 1989, 67–85; J. FREY, Erwägungen zum Verhältnis der Johannesapokalypse zu den übrigen Schriften des Corpus Johanneum, in: M. HENGEL, Die johanneische Frage. Ein Lösungsversuch, Tübingen 1993, 326–428, bes. 395–398 (siehe nun auch den Beitrag von Frey im vorliegenden Band); THEOBALD, Herrenworte (s. Anm. 82), 458–475; D. TRIPALDI, The Living Water of Wisdom (Rev. 22,17): Another Johannine Jesus' Saying in the Revelation of John? (unveröffentlichter, beim SBL International Meeting in Rom, 30. Juni – 4. Juli 2009, gehaltener Vortrag); S. WITETSCHEK, Quellen lebendigen Wassers. Zur Frage nach einem »johanneischen« Motiv in EvThom 13, ZHW 103/2 (2012), 254–271, bes. 266f.

[84] Ich folge der ‚westlichen' Interpunktion, mit R. BULTMANN, Das Evangelium des Johannes, Göttingen 1953[13], 228 und Anm. 3; R. E. BROWN, The Gospel According to John I, New York/London 1966, 320f. und Anm. 6; R. SCHNACKENBURG, Das Johannesevangelium II, Freiburg/Basel/Wien 1971, 210f. und Anm. 3. Vgl. G. BIENAIME, L'annonce des fleuves d'eau vive en Jean 7,37–39, RTL 21 (1990), 281–310 und 417–454, bes. 282–307.

[85] TAEGER, Johannesapokalypse (s. Anm. 84), 68; FREY, Erwägungen (s. Anm. 84), 396; THEOBALD, Herrenworte (s. Anm. 82), 459–460.

[86] THEOBALD, Herrenworte (s. Anm. 82), 470f.

Bei genauerem Hinsehen entsprechen sich die jeweiligen zweite Glieder unseres Spruches: in beiden Sätzen bildet ein substantiviertes Partizip das Subjekt; das Vorkommen von λαμβάνω in Apk 22,17 setzt eindeutig das göttliche δίδωμι in Apk 21,6 voraus, und das so gewonnene Verbenpaar deckt sich faktisch mit dem Akt des Trinkens, dem Sprachgebrauch des vierten Evangeliums entsprechend (vgl. Joh 4,10f. und 7,39);[87] „Wasser des Lebens" und „lebendiges Wasser" sind Synonyme (s. Joh 6,48.51; vgl. 7,38 mit Apk 22,1).[88] Noch bedeutsamer werden diese Beobachtungen, falls, wie ich denke, das Wort tatsächlich in den Mund des im Namen Jesu redenden Engels zu legen ist.[89]

Wenn man EvThom 28, 90 und 108, Mt 11,28, PistSoph 2,95,3 und Dial Sav 141,3–6 in Betracht zieht, fällt sogleich auf, dass mit dem Abstieg und der Selbstoffenbarung der personifizierten Weisheit verbundene Motive und Formeln oft unabhängig voneinander in verschiedenen Strängen der Jesusüberlieferung begegnen.[90] Die Apk scheint nicht den Text des Joh gekannt zu haben: das Adverb „δωρεάν" spielt wahrscheinlich auf das „ἄνευ ἀγυρίου καὶ τιμῆς" von Jes 55,1 LXX an; im zweiten Glied verwendet der Johannesapokalyptiker θέλω statt πιστεύω, dessen Auftauchen an die Verwendung von *verba volendi* in vergleichbaren Passagen der jüdischen weisheitlichen Überlieferung erinnert (vgl. Philo, Virt 79; Justin, Dial 114,4; TJes 55,1; MekhEx 19,2c). Mit Taeger darf man vielleicht fragen, ob bei Justin, Apk und Joh eine gemeinsame Gemeindeüberlieferung vorliegt.[91] Wie auch immer: eine unmittelbare Abhängigkeit zwischen Apk 22,17 und Joh 7,37f. ist kaum anzunehmen.[92]

---

[87] THEOBALD, Herrenworte (s. Anm. 82), 460 und 465.

[88] TAEGER, Johannesapokalypse (s. Anm. 84), 67f.

[89] TRIPALDI, Apocalisse (s. Anm. 59), 227–229. Ähnlich LUPIERI, L'Apocalisse (s. Anm. 44), 358, und B. KOWALSKI, Prophetie und die Offenbarung des Johannes? Offb 22,6–21 als Testfall, in: J. Verheyden/K. Zamfir/T. Nicklas (Hg.), Prophets and Prophecy in Early Jewish and Christian Literature, Tübingen 2010, 255–293, bes. 280–283.

[90] S. dazu A. D. DECONICK, The Yoke Saying in the Gospel of Thomas 90, VigChr 44 (1990), 280–294, und THEOBALD, Herrenworte (s. Anm. 82), 470f.; 528; 530ff.; 548–553; WITETSCHEK, Quellen (s. Anm. 84), 270f; I. DUNDERBERG, Johannine Traditions and Apocryphal Gospels, in: J. Schröter (Hg.), The Apocryphal Gospels within the Context of Early Christian Theology, Leuven – Paris – Walpole, MA 2013, 67–93, bes. 70.82.97.

[91] TAEGER, Johannesapokalypse (s. Anm. 84), 84 Anm. 86. S. auch THEOBALD, Herrenworte (s. Anm. 82), 80–86. In Bezug auf die Belege bei Justin (vgl. auch Dial. 69,6) hat schon TAEGER, a.a.O., 85, behauptet, sie zeigten, „wie das Motiv vom lebendigen (bzw. Lebens-)Wasser mit Rückgriff auf atl. Weissagungen zur Sprache gebracht werden konnte, ein Vorgang, der indirekt (da sie das Alte Testament nie zitiert) auch die Apk bezeugt und der sich in dem dem Traditionsstück angehörenden Schriftzitat Joh 7,38 andeutet".

[92] BERGER, Theologiegeschichte (s. Anm. 13), 616.

Im Rahmen des polyphonischen, die Johannesoffenbarung abschließenden Monologs des Engels Jesu ausgesprochen, muss unser Logos Jesus selbst zugeschrieben werden, wie bereits bemerkt: seine Stimme erneuert die erstmals in Apk 21,6 begegnende Verheißung und öffnet zugleich die Vision des Flusses von lebendigem Wasser in 22,1 auf die Gegenwart der sieben Gemeinden hin, die bei der Verlesung des Textes der verschrifteten Offenbarung Jesu begegnen.[93]

17. Jesus auf Patmos

Es zeigt sich: Johannes dürfte höchstwahrscheinlich sowohl zu Strängen der Jesusüberlieferung, die Q, Mt, Lk oder Joh bekannt waren, als auch zu Traditionen, die in später als nicht-kanonisch bzw. apokryph eingestuften Schriften belegt sind, Zugang gehabt haben.[94] Das Urteil von S. Witetschek verallgemeinernd, darf man festhalten, dass das Verhältnis zwischen der Johannesapokalypse und solchen Überlieferungen „nicht eindimensional" als unmittelbare „Abhängigkeit in die eine oder die andere Richtung zu bestimmen" ist; vielmehr stützen sich die in Betracht genommen, Parallelen bietenden Schriften „auf gemeinsame Traditione[n]" und bleibt es geraten, zwischen den „Werken und ihren Autoren bzw. Trägergruppen eine mehrschichtige Interaktion über einen längeren Zeitraum anzunehmen", und zwar – so würde ich betonen –vor während bzw. nach der Produktion schriftlicher Texte.[95]

Die Jesusworte werden als Ereignisse in den Visionen geschildert und damit als Zeichen und Auswirkungen der bald hereinbrechenden Königsherrschaft Gottes (Apk 22,6) direkt in die Gegenwart der Hörer projiziert. Dadurch ergibt sich eine zweifache Kontinuität, und zwar zwischen der dem Johannes bekannten Verkündigung Jesu und der als ἡ μαρτυρία Ἰεσοῦ bezeichneten (1,2f.), mit der τὸ πνεῦμα τῆς προφητείας gleichgesetzten (19,9f.) Offenbarung des Engels einerseits und zwischen diesen beiden und dem neu-

---

[93] Vgl. Apk 22,16.18f., mit den Anmerkungen von LUPIERI, L'Apocalisse (s. Anm. 44), 358, und TRIPALDI, The Living Water (s. Anm. 84). Ähnlich TAEGER, Johannesapokalypse (s. Anm. 84), 49f., und A. M. LUPO, La sete, l'acqua, lo Spirito. Studio esegetico e teologico sulla connessione dei termini negli scritti giovannei, Roma 2003, 350–355 und 359f.

[94] Vgl. VOS, The Synoptic Traditions (s. Anm. 1), 193 und 218–220; BERGER, Theologiegeschichte (s. Anm. 13), 607–614; SEGALLA, La memoria simbolica (s. Anm. 1), 121–129.

[95] S. WITETSCHEK, Ein weit geöffnetes Zeitfenster? Überlegungen zur Datierung der Johannesapokalypse, in: J. Frey/J. A. Kelhoffer/F. Tóth (Hg.), Die Johannesapokalypse. Kontexte – Konzepte – Rezeption, Tübingen 2012, 117–148 (Zitate 138f.). Vgl. dazu VOS, The Synoptic Traditions (s. Anm. 1), 218 und 220–223, und THEOBALD, Herrenworte (s. Anm. 82), 125 und 466–470.

em kulturellen, sozialen und politischen Kontext, in dem die sieben Gemeinden beheimatet waren (22,16), andererseits.[96] Die öffentliche Verlesung dieses ‚apokalyptischen' Briefes schreibt Leser und Hörer in die so konzipierte Textwelt hinein und entfaltet deren veränderndes Potential (1,3 und 22,18f.): die im Munde Jesu tradierten Worte, die jetzt die neue Offenbarung ‚erklären' will und deren Zuverlässigkeit als Weissagungen zu bestätigen sucht, werden zu Bildern und Geschehnissen der Vision *und* der Wirklichkeit; ihren tieferen Sinn in Bezug auf das Leben der Adressaten ver- und entschlüsselnd wollen sie zu einem klareren Verständnis von deren Gegenwart führen, indem diese als Vorspiel des bevorstehenden Endes (neu) interpretiert und deren „ethische Textur" (neu) geknüpft wird.[97]

Kurz: in der Weltanschauung des Johannes verkörpern sowohl die prophetischen Schriften als auch die Jesusüberlieferung die auf die letzten Tage hin zu deutende Enthüllung vom Geheimnis Gottes (vgl. 10,6f.; 17,7; 19,10; 22,6, mit 1QpHab 7,3ff.): durch diese symbolische, auf den Geist bezogene und selektive Wirkung des Gedächtnisses hindurch wird die Wirklichkeit – Vergangenheit, Gegenwart, Zukunft – der Jesusbewegung in der römischen Provinz Asia herausgefiltert, verarbeitet und in eine einheitliche Sinn- und Handlungsperspektive eingeschrieben.[98]

---

[96] TRIPALDI, Gesù di Nazareth (s. Anm. 1), 17–25 und 96–101.

[97] Zu solchen Prozessen in der Apk und dem urchristlichen Schrifttum, s. H. ULLAND, Die Vision als Radikalisierung der Wirklichkeit in der Apokalypse des Johannes. Das Verhältnis der sieben Sendschreiben zu Apokalypse 12–13, Tübingen/Basel 1997, 324–336; D. PEZZOLI-OLGIATI, Täuschung und Klarheit. Zur Wechselwirkung zwischen Vision und Geschichte in der Johannesoffenbarung, Göttingen 1997, 247–251; W. SCHWEIKER, The End of Time and the Moral Texture of Reality in Early Christian Ethics, in: J. Pastor/M. Mor (Hg.), The Beginnings of Christianity. A Collection of Articles, Jerusalem 2005, 101–124 (102); 104–108; 116–119; L. Hongisto, Experiencing the Apocalypse at the Limits of Alterity, Leiden/Boston 2010, 66–77; 112–128; 138–154. Vgl. auch P. LAMPE, Die Wirklichkeit als Bild. Das Neue Testament als ein Grunddokument abendländischer Kultur im Lichte konstruktivistischer Epistemologie und Wissenssoziologie, Neukirchen-Vluyn 2006, 105–110, der betreffs den Jesusanhängern auffallende Korrelation zwischen den Visionen des Auferstandenen bzw. Erhöhten und dem sich in Wort und Wirken Jesu ankündigenden Hereinbrechen der Königsherrschaft Gottes schreibt, ihren Erfahrungen entsprechend scheine Gott „zu halten, was Jesus versprochen hatte" (110).

[98] Dazu L. L. THOMPSON, The Book of Revelation: Apocalypse and Empire, New York/Oxford 1990, 46–91; G. GLONNER, Zur Bildersprache des Johannes von Patmos. Untersuchung der Johannesapokalypse anhand einer um Elemente der Bilderinterpretation erweiterten historisch-kritischen Methode, Münster 1999, 52–64 und 259–268; TRIPALDI, Gesù di Nazareth (s. Anm. 1), 91ff. und 213–220. Zum ‚metaphorischen' und transformativen Potential der Anspielungen im Lichte der jüngsten Sprachtheorien, s. S. HYLEN, Allusion and Meaning in John 6, Berlin/New York 2005, 59–71.

The Intertextual Nexus of Revelation and Graeco-Roman Literature

Jan Willem van Henten

1. Introduction

The topic assigned to me is so broad that one can easily devote a series of books to it, especially if one would follow the approach connected with the so-called *Corpus Hellenisticum* research, by analyzing relevant correspondences between the New Testament or one of its writings and one Greek or Roman author, or vice versa.[1] Obviously I have to be selective in this contribution and I will do so by concentrating on methodological aspects of the intertextual connections between Revelation and Graeco-Roman literature. I will discuss in particular some of the avenues one could explore for tracing and studying this intertextual nexus. The methodological avenues that seem relevant to me are: 1) the generic approach, 2) the *Corpus Hellenisticum* research, and 3) the contextualization of New Testament writings (the German key word is *Zeitgeschichte*). At the end of my contribution I intend to look into a famous case of the history of scholarship in connection with Revelation's historical context and its relationship to Graeco-Roman traditions, the so-called *Nero redivivus* myth. By reconsidering this case I aim at implementing at least briefly part of my methodological points by indicating what the connection could be between Revelation and this myth.

Before discussing the three approaches mentioned, I would like to briefly reflect upon the key word "intertextual". The intertextual approach derives from literary studies and builds on the work of M. M. Bakhtin, Julia Kristeva and others. It became *en vogue* in biblical studies since about the eighties of the previous century, although some biblical scholars still keep away from it.[2] Soulen and Soulen refrain in their *Handbook of Biblical Criticism* from giving a definition of intertextuality, because they observe that biblical scholars use the term rather freely, by applying it to "a wide variety of intertextual

---

[1] See the volumes of the series Studia ad Corpus Hellenisticum Novi Testamenti published by Brill. The most recent volume is: P. W. VAN DER HORST, Aelius Aristides and the New Testament, Leiden 1980.

[2] For example, J. W. ROGERSON/J. M. LIEU (eds.), The Oxford Handbook of Biblical Studies, Oxford 2006, decided not to include an article on intertextuality in their volume.

connections", including more traditional approaches like form and genre criticism and Traditionsgeschichte.[3] A Dutch compendium on the Bible from a literary perspective defines intertextuality as the "fundamental intertwinement of two or more texts", highlighting a different aspect, namely that texts do not exist in isolation, and therefore always interconnect with other texts.[4] Many biblical scholars integrate an intertextual approach in their work these days, in various ways. A crucial point of difference is that some scholars assume interdependency between the texts studied – by focusing upon quotations or allusions –, but other scholars consider such interdependencies exactly what intertextuality is *not* about. The latter group of scholars focus upon studying the connections between two or more texts, by analyzing the interconnections from both sides as a dynamic process, by, for example, reading one text from the perspective of the other from the beginning to the end and vice versa.[5] Of course, I sketch both of these positions here very briefly and simplistically as extremes of a spectre, and can only refer here to much more nuanced and elaborate discussions about this concept in biblical studies.[6]

No matter which intertextual approach one prefers, two key questions have to be answered during any intertextual research project:

1) What are the intertextual relationships to be studied, and as a consequence, which texts are being analyzed?
2) How will these relationships be researched?[7]

I will address the first question in the next two sections of my contribution. In response to the second question I would like to emphasize the need for scholars to be as clear as possible about the specific intertextual theories they are implementing and the claims they intend to base on them.[8] For example, if

---

[3] R. N. SOULEN/R. K. SOULEN, Handbook of Biblical Criticism (3rd ed.), Louisville/London, 2001, 87.

[4] J. FOKKELMAN/W. J. C. WEREN (eds.), De bijbel literair: opbouw en gedachtegang van de bijbelse geschriften en hun onderlinge relaties, Zoetermeer/Kapellen 2003, 762. See already J. KRISTEVA, Revolution in Poetic Language, New York 1984, 59f.

[5] Cf. SOULEN/SOULEN, Handbook (n. 3), 87f.

[6] See, for example, S. ALKIER, Intertextualität – Annäherungen an ein texttheoretisches Paradigma, in: D. Sänger (ed.), Heiligkeit und Herrschaft: Intertextuelle Studien zu Heiligkeitsvorstellungen und zu Psalm 110, Biblisch-theologische Studien 55, Neukirchen-Vluyn 2003, 1–26; G. ALLEN, Intertextuality: The New Critical Idiom II, London: 2011.

[7] With S. ALKIER, Intertextuality and the Semiotics of Biblical Texts, in: R. B. Hays et al. (eds.), Reading the Bible Intertextually, Waco, Texas 2009, 3–21 (3).

[8] See also ALKIER, Intertextuality (n. 7), 8–11, who differentiates between three perspectives of intertextuality: a production-orientated perspective, a reception-orientated perspective, and an experimental perspective. The third perspective does not lead to claims about interdependency between the texts read together.

one prefers to focus on interdependent intertextual connections, one should describe what kind of forms these interconnections concern (e.g. quotation, allusion, paraphrase, common tradition) and also point out on which criteria the argument for interdependency is based.[9] This point can be illustrated by focusing for a moment on the issue of allusion. In the case of allusion just one word or theme can establish a connection between two texts, but how do we know that one text is alluding to the other? Scholars arguing for an allusion should make the criteria for their argument explicit. One criterion – if one assumes that an allusion was intended by the author – could be a textual signal: readers should come across some sort of signal that points to the text alluded to.[10] This may be a motif, a key word or a short phrase that alludes to a previous text. The fact that such words are often interwoven with the context of the passage including the allusion complicates the argument that it concerns an allusion.[11] In such cases one could argue, for example, that the probability that one or more words allude to another text increases, if the contexts of text and pre-text alluded to are analogous.[12] In short, the implication of this line of reasoning is that scholars working with an intertextual approach that argues for interdependency between texts should be clear about

---

[9] See, e.g., D. DIMANT, The Use and Interpretation of Mikra in the Apocrypha and Pseudepigrapha, in: M. J. Mulder/H. Sysling (eds.), Mikra: Text, Translation, Reading and Interpretation of the Hebrew Bible in Ancient Judaism and Early Christianity, CRINT II/1, Assen/Maastricht/Philadelphia 1988, 379–419; D. A. KOCH, Die Schrift als Zeuge des Evangeliums. Untersuchungen zur Verwendung und zum Verständnis der Schrift bei Paulus, BHT 69, Tübingen 1986, 11–24. J. PAULIEN, Elusive Allusions: The Problematic Use of the Old Testament in Revelation, in: BR 33 (1988), 37–53; R. B. HAYS, Echoes of Scripture in the Letters of Paul, New Haven 1989, 29–32, who differentiates between allusions (obvious intertextual references intended by the author) and echoes ("metaphors of, and for, alluding", not depending on conscious intention); he mentions seven criteria for detecting echoes in a text: availability, volume, recurrence, thematic coherence, historical plausibility and satisfaction.

[10] Z. BEN-PORAT, The Poetics of Literary Allusion, in: PTL: A Journal for Descriptive Poetics and Theory of Literature 1 (1976), 105–128; J. HELBIG, Intertextualität und Markierung: Untersuchungen zur Systematik und Funktion der Signalisierung von Intertextualität, Beiträge zur neueren Literaturgeschichte/III Series 141, Heidelberg 1996. DIMANT, Use and Interpretation, 410, defines allusion as "a device for the simultaneous activation of two texts, using a special signal referring to the independent external text. These signals may consist of isolated terms, patterns and motifs taken from the independent text alluded to."

[11] KOCH, Schrift als Zeuge (n. 9), 17.

[12] The associations evoked by the allusion can only occur when the reader is familiar with the pre-text alluded to, or to put it differently, that the allusion belongs to his or her "encyclopedia" (cultural framework). Biblical and post-biblical writings were written by professionals, who could create all kinds of intertextual connections, which sometimes could only be recognized by insiders who were familiar with the exegetical practices of the authors, M. FISHBANE, Biblical Interpretation in Ancient Israel, Oxford 1985.

their criteria that lead them to conclusions about intertextual connections, which may be based on a sliding scale of probability.[13]

If one refrains from interdependent relationships, one should still be explicit about what kind of interconnections one intends to explore, what scholarly claims one would like to make on the basis of this research, and, finally, what aims the research should serve. A good example of such transparent methodology is the *Neuer Wettstein*, the huge corpus of Graeco-Roman textual materials relevant for New Testament studies collected by the contributors to the *Corpus Hellenisticum* project.[14] One of the volumes published in this series includes an introduction by Gerald Seelig, which explains the aims of the corpus as well as its methodological approach.[15] Going beyond the eighteenth century original Wettstein, the *Neuer Wettstein* includes Hellenistic-Jewish passages. It focuses not only on literary parallels to New Testament vocabulary, but also on content and important concepts as well as non-New Testament passages that illuminate the receptive horizon of ancient hearers or readers.[16] In connection to the analysis of the parallel textual material Seelig refers to a comparative approach that would first analyze the correspondences as well as the differences between the New Testament and the Graeco-Roman parallel passages and subsequently tries to explain them with the help of either a genealogical or an analogical model.[17] This implies that the *Neuer Wettstein* leaves the analysis of the intertextual connections of New Testament and Graeco-Roman passages as well as the interpretation of the particular kind of these connections to the individual researcher.

Following Mieke Bal and others who analyse movies and other visual sources as texts I would like to add to the approach of the *Neuer Wettstein* that visual artefacts can be included in intertextual readings. Sometimes artefacts seem to form the closest parallel to a passage in Revelation.[18] Alice

---

[13] J. FEKKES, Isaiah and Prophetic Traditions in the Book of Revelation, JSNTSup 93, Sheffield 1994, applies this insight in his study of the intertextual connections between Isaiah and Revelation.

[14] G. STRECKER/U. SCHNELLE (Hg.), Neuer Wettstein: Texte zum Neuen Testament aus Griechentum und Hellenismus (several vols), Berlin 1996.

[15] G. SEELIG, Einführung, in: Neuer Wettstein: Texte zum Neuen Testament aus Griechentum und Hellenismus; Texte zur Briefliteratur und zur Johannesapokalypse (vol. 2.1), Berlin, 1996, ix–xxiii.

[16] SEELIG, Einführung (n. 15), xv.

[17] SEELIG, Einführung (n. 15), xviii–xxi, referring to A. DEISSMANN, Licht vom Osten. Das Neue Testament und die neuentdeckten Texte der hellenistisch-römischen Welt, Tübingen 1923, 226. Seelig adds that a genealogical explanation requires that one is able to argue that the historical transmission of a textual tradition from one author to the other is plausible (p. xxi).

[18] The closest parallel to Revelation 12:15 about the red dragon pursuing the woman clothed with the sun and pouring water after her to my knowledge is the scene depicted on the Nile Mosaic found in the Community Building at Sepphoris. This mosaic aptly reflects

Bach has formulated the methodological point of the intertextual relevance of visual materials concisely: "a visual image is in itself a reading, or retelling, not merely an illustration of a reading, but a new text in itself."[19]

Most scholars would agree that intertextual readings should go beyond a so-called one-directional analysis focusing upon the production of a text, which would first study a pre-text and then analyse how this pre-text contributes to the message of a second text. My personal preference would call for a dialogical approach, as argued for by several theorists about intertextuality as well as scholars working in the field of Bible and visual culture.[20] This implies that one tries to explore the interconnections between the texts (or texts and visual materials) in two directions. In the case of Revelation, this would imply that we would explore how Graeco-Roman texts may add to our interpretation of Revelation, but also how the reading of Revelation can contribute to fresh interpretations of Graeco-Roman writings. To phrase it differently with a focus on Mieke Bal's concept of preposterous history: we should not only ask ourselves what the Graeco-Roman texts can do for our reading of Revelation, but also what the intertextual re-interpretation of Revelation does for the reading of Graeco-Roman texts.[21]

---

the action expressed in the verse: a monster that pours water from its mouth like a river and sweeps a female away with the flood. So far, the historical connections between the pictorial tradition of the mosaic and the author of Revelation are unclear. The Neuer Wettstein 2.2, 1552–1556, refers in this connection to passages about the Greek giant Typhon, who became associated with the Egyptian anti-God Seth: Strabo 16.2.7 (Typhon creating the Orontes); Plutarch, Mor. 363d–e (Osiris associated with the Nile, Isis with the earth, Seth-Typhon with the sea); also Anth. Gr. 9.128 (about Python).

[19] A. BACH, Calling the Shots: Directing Salomé's Dance of Death, in: A. Bach (eds.), Biblical Glamour and Hollywood Glitz, Semeia, 74, Atlanta 1994, 113; M. G. BAL, Reading 'Rembrandt': Beyond the Word-Image Opposition, Cambridge 1991. Cf. S. ALKIER/J. ZANGENBERG, Zeichen aus Text und Stein: Ein semiotisches Konzept zur Verhältnisbestimmung von Archäologie und Exegese, in: S. Alkier/J. Zangenberg (eds.); Zeichen aus Text und Stein: Studien auf dem Weg zu einer Archäologie des Neuen Testaments, TANZ 42, Tübingen 2003, 21–62.

[20] See, e.g., R. JEWETT, Saint Paul at the Movies: The Apostle's Dialogue with American Culture, Louisville 1993; L. J. KREITZER, The Old Testament in Fiction and Film: On Reversing the Hermeneutical Flow, Sheffield 1994; G. AICHELE/R. G. WALSH, (eds.), Screening Scripture: Intertextual Connections Between Scripture and Film, Harrisburg, Pens. 2002.

[21] M. G. BAL, Quoting Caravaggio: Contemporary Art, Preposterous History, Chicago/London 1999. Preposterous history implies: "the reversal of what came chronologically first ('pre') as an aftereffect behind ('post') its later recycling" (p. 7).

2. Genre

An important question is on which Graeco-Roman texts we should focus in order to develop an intertextual reading of Revelation and these texts that enriches our interpretation of the book. As indicated already above, the intertextual connections between Revelation and Graeco-Roman texts are, in principle, endless. If we construct a random match, by combining, for example, a tractate by Galen and a chapter from Revelation and trace the intertextual connections, the results may turn out to be rather dull or even meaningless. Intertextuality should come up with interesting and stimulating readings, which add something substantial to the interpretation of the texts. This requires that we look for a good match, by focusing on issues of form that are shared somehow by both bodies of texts that go beyond haphazard correspondences of vocabulary or motifs. One obvious way of finding common ground that may enable us to discover promising intertextual readings is genre.[22]

John's writing had originally no title and the first line of his work may have functioned, at least for some time, as its title. This line points to the book as an *apocalypse*, i.e., it signifies a revelation to a seer (1:1). This beginning can easily be read as a generic marker, which seems to match the content of the main part of the book (1:10–22:5) because that appears to exist of visions by a seer. It should be immediately acknowledged, however, that there are other markers that indicate that Revelation shares important characteristics with two other genres of ancient Jewish and Christian literature, namely letters (Rev 1:4–5; 2:1–3:22; 22:16, 21) and prophecies (22:6–10, 18; cf. 1:3; 10:11).[23] Although the implication of these frequently discussed observations is that Revelation represents a mixed genre, most scholars nevertheless consider the book an *apocalypse*, which implies that they con-

---

[22] ALKIER, Intertextuality (n. 7), 15, calls this line of approach typological intertextuality, i.e., a search for formal characteristics that can lead to the classification of text types and genres. He builds here on S. HOLTHUIS, Intertextualität: Aspekte einer rezeptionsorientierten Konzeption, Stauffenburg Colloquium 28, Tübingen 1993.

[23] Revelation's introduction and conclusion imply that John saw himself as a prophet. He preaches the word of God like the prophets of ancient Israel had done before (1:2, 9; 6:9; 19:13; 20:4; cf. Zech 1:1). The concluding section also indicates that Revelation is a prophetical book (22:6, 7, 10, 18–19) and admonishes the readers and hearers to remain faithful to the content of the book and the words of Jesus Christ (22:7, cf. 1:3; 2:25; 3:8, 10), F. D. MAZZAFERRI, The Genre of the Book of Revelation from a Source-critical Perspective, BZNW 54, Berlin 1989. About Revelation as a letter, see M. KARRER, Die Johannesoffenbarung als Brief: Studien zu ihrem literarischen, historischen und theologischen Ort, FRLANT 140, Göttingen 1986. For a survey of the genre discussion, see D. E. AUNE, Revelation, World Biblical Commentary 52A–C, Dallas, Texas/Nashville 1997–1998, 1.lxxii–xc.

sider the characteristics of this genre to be most prominent. I take this conclusion as point of departure for the remaining part of this section, in which I intend to compare Revelation to Graeco-Roman apocalypses and see where this brings us for our intertextual textual quest. I acknowledge that explorations of Graeco-Roman prophecies and epistolary literature may be as relevant, but once again I should emphasize that I have to restrict myself; my discussion of the apocalyptic genre may be exemplary for a similar search focusing upon another genre.

The genre of apocalyptic literature, to which the Book of Revelation gave its name, has been discussed at length.[24] An important step towards scholarly consensus was reached in 1979 by a group of scholars who contributed to a volume of *Semeia*.[25] They came up with a definition of the genre that is based on form as well as content, and they also elaborated a paradigm of apocalypses that can easily be used for comparative research. The definition runs as follows:

"A genre of revelatory literature with a narrative framework, in which a revelation is mediated by an otherworldly being to a human recipient, disclosing a transcendent reality which is both temporal, insofar as it envisages eschatological salvation, and spatial insofar as it involves another, supernatural world."[26]

The definition implies that the literary form of an apocalypse is basically a narrative report in the first person by an expert (a prophet, a seer, a sage) about a revelation from the supernatural world (e.g., a journey to this world). Many times a superhuman figure assists the expert during the transmission of the revelation or explains it to him. A continuation of the scholarly discussions within this group led to the addition of a third element to the definition, which focuses upon the social function of apocalypses:

"(A genre of revelatory literature ...) intended to interpret present, earthly circumstances in light of the supernatural world and of the future, and to influence both the understanding and the behaviour of the audience by means of divine authority."[27]

Several scholars have criticized the *Semeia* definition with reason.[28] What is useful in the approach of the *Semeia* group, however, is that one can establish

---

[24] The same is true for possible genres on which apocalypses build, whether prophecy or wisdom literature.

[25] J. J. COLLINS (ed.), Apocalypse. The Morphology of a Genre, Semeia 14, Missoula 1979. See also several essays in D. HELLHOLM, ed., Apocalypticism in the Mediterranean World and the Near East, Tübingen 1983.

[26] J. J. COLLINS, Introduction, in: Id., Apocalypse, 1–19 (9).

[27] A. YARBRO COLLINS, Introduction, in: A. Yarbro Collins (ed.), Early Christian Apocalypticism: Genre and Social Setting, Semeia 36, Decatur, Georg. 1986, 1–9 (7). The main protagonists of this expanded definition were David Hellholm and David Aune, see D. E. AUNE, The Apocalypse of John and the Problem of Genre, in: Yarbro Collins (ed.), Early Christian Apocalypticism, 65–96.

a textual corpus on the basis of this definition and make comparisons about form, content and function on the basis of a master paradigm, focusing upon the literary framework as well as the content of the revelation.[29] As a cumulative list of shared elements such a paradigm can be applied heuristically to related writings, Jewish and Christian or Graeco-Roman, which allows one to analyze what the correspondences and differences between the paradigm and specific texts are. It is obvious that eschatology, whether cosmic or personal, or both, is considered to be a very important element within apocalypses.[30] Oracles are excluded because they are based on direct revelation, which is not part of the paradigm. Testaments are also excluded, because they lack a superhuman revealer.[31] Nevertheless, on the basis of the paradigm one can still analyze what these texts have in common with apocalypses.

Which Graeco-Roman writings show generic correspondences with apocalypses? Harry Attridge wrote a survey of Greek and Latin apocalypses for *Semeia* 14, and "Greek and Latin" means here non-Jewish and non-Christian apocalyptic texts written, and in some cases, transmitted in Greek or Latin. The plural "apocalypses" sounds promising, but clearly not all of the ca. 30 writings discussed by Attridge can be called an apocalypse. As a matter of

---

[28] The contributions to Semeia 14 shed insufficient light on the "medium" of the message, the human recipient who transmits the revelation, AUNE, Apocalypse of John. The characteristic called "historical review" (in type Ia) is not clearly defined, Daniel 7–12 is included but Revelation not, see A. YARBRO COLLINS, The Early Christian Apocalypses, in: COLLINS, Apocalypse, 61–103 (63). E. J. C. TIGCHELAAR, More on Apocalyptic and Apocalypses, in: JSJ 18 (1987), 137–44, argues that genres are dynamic and change continuously, which implies that it is important to take genres related to apocalypses like testaments and oracles into account as well. See above for the addition of a social function to the definition. Different approaches: J. CARMIGNAC, Qu'est ce l'apocalyptique? Son emploi à Qumran, in: RevQ 10 (1979), 3–33 (the only common element is that apocalypses concern divine secrets); P. SACCHI, Jewish Apocalyptic and Its History, JSPSup 20, Sheffield 1996 (focus on writings that belong to the Enochic tradition, a definition should be based on the oldest text belonging to this group, i.e. The Book of Watchers in 1 Enoch); C. ROWLAND, The Open Heaven: A Study of Apocalyptic in Judaism and Early Christianity, London 1982, who works with a very broad definition: apocalyptic texts share "the belief that God's will can be discerned by means of a mode of revelation which unfolds directly the hidden things of God" (14). Further discussion in: J. J. COLLINS (ed.), The Encyclopedia of Apocalypticism (vol. 1), New York 1998; C. NEWSOM, Spying Out the Land: A Report from Genealogy, in: R. Boer (ed.), Bakhtin and Genre Theory in Biblical Studies (SBLSemSt 63), Atlanta, Georg. 2007, 19–31; A. YARBRO COLLINS, Apocalypse Now: The State of Apocalyptic Studies Near the End of the First Decade of the Twenty First Century, HTR 104 (2011), 447–457.

[29] COLLINS, Introduction (n. 27), 5–8.

[30] COLLINS, Introduction (n. 27), 9; COLLINS, The Jewish Apocalypses, in Collins, Apocalypse, 21–59 (25). YARBRO COLLINS, Introduction (n. 27), 1–2; AUNE, Apocalypse of John (n. 27), 88–9. Differently: Carmignac and Rowland, see footnote 28.

[31] COLLINS, Introduction (n. 27), 10.

fact, Attridge argues that the *Poimandres*, belonging to the *Corpus Hermeti-cum*, stands out within the Graeco-Roman documents, since this writing belongs to a specific type of apocalypse because it presents the teaching of personal eschatology in a visionary form.[32] Attridge further considers a group of texts (all part of larger works) relevant because they describe otherworldy journeys and a personal kind of eschatology. He calls these texts "related revelatory texts". Focusing upon the content he divides these texts in three sub groups: 1) philosophical revelations like Plato's Myth of Er (*Rep.* 614b–621b)[33] and the Dream of Scipio (Cicero, *De re pub.* 6); 2) descents to the underworld, like Odysseus' journey in Homer's *Odyssey* XI (1–600), and 3) "Related Journey Texts which are not Apocalypses (Exotic Voyages)".[34] Finally Attridge discusses a remaining category of related texts that includes oracles like the Demotic Chronicle and the Potter's Oracle, both from Egypt.[35] He briefly introduces all the texts and indicates for most of them which elements of the *Semeia* paradigm are matched.[36]

What does this bring us? Of course, the proof of the pudding should be in the eating, and we could endeavour an intertextual reading of Revelation with all these Graeco-Roman texts as co-texts. Since Attridge points out that only one text, the *Poimandres*, dated before the end of the 3rd century C.E.,[37] actu-ally matches the definition and the paradigm of apocalyptic writings, this text should be our prime case. The text describes how Hermes Trismegistus, the founder of the hermetic community, reaches a contemplative state of mind and receives a vision revealed by Poimandres, a giant angel. Hermes is trans-ported during this vision (1–4). Poimandres exposes a cosmogony to him, which includes the figure of a divine Father (= Mind) and the birth of an androgynous primal man, who falls in love with Nature (4–18). A second

---

[32] Type Ic according to the typology of Semeia 14, COLLINS, Introduction (n. 27), 14. H. W. ATTRIDGE, Greek and Latin Apocalypses, in: Collins, Apocalypse, 159–86 (159; 61).

[33] M. KATSIMIDIS, The Myth of Er and the Platonic Argumentation, Skepsis 15 (2004), 479–89.

[34] ATTRIDGE, Greek and Latin Apocalypses (n. 32), 160–68; differently Collins, Introduction, 11–17, who seems to consider most of these texts apocalypses.

[35] ATTRIDGE, Greek and Latin Apocalypses (n. 32), 168–75.

[36] AUNE, Apocalypse of John (27), argues that Graeco-Roman texts about revelatory magic (magical divination) are also relevant as co-texts of Revelation (82). Ancient ritual prescriptions, transmitted by, for example, magical papyri, describe the techniques, possibilities and benefits of revelatory experience (82–3). Still another Graeco-Roman genre, the oracular dialogue, often starting with a question about the identity of the revealing deity followed by an "I am ..." response (Corpus Hermeticum 1.2; Lucian, Icar. 13; cf. Rev 1:8, 17–20), is considered relevant as well by AUNE (75–6; 84, with references).

[37] B. LAYTON, The Gnostic Scriptures: a New Translation with Annotations and Intro-ductions, The Anchor Bible Reference Library, New York 1995, 450.

section focuses on how humankind can attain the Light and Life, and on how humans' souls can ascend to the divine world after death. Hermes proclaims this knowledge to other humans and founds the hermetic community, after which he wins immortality (19–30). A hymn and a thanksgiving conclude the text.[38] This brief summary implies already that the *Poimandres* and Revelation are rather different texts, not only in form. The *Poimandres* focuses upon knowledge about Nature and God (1–3, 19, 21, 22, 24–27, 32) as well as on personal salvation; Revelation concentrates on events, i.e., on what John sees and has seen in his visions: "Now write what you have seen, what is, and what is to take place after this." (1:19; cf. 1:9). This implies that temporal transcendence is much more important in Revelation than in the *Poimandres*. Another issue in which Revelation differs from the *Poimandres* is its focus upon cosmic and collective eschatology. Nevertheless, much more detailed and careful intertextual readings of both texts in their entirety may result in important findings.[39]

A few other preliminary observations are in order here. It should be noted that the great majority of Graeco-Roman revelatory texts are constituent parts of larger writings. It has been argued that it does not matter whether an intertextual correspondence concerns an independent text or a constituent of a larger writing, because in both cases the text should be recognized on its own terms.[40] However, if a text is part of a philosophical *discours* or a poetic composition, for example, it may well be that its function is inherent to the larger context, i.e. a philosophical debate or the effect of a literary work.[41] Several Graeco-Roman passages describe an otherworldly journey, like the Myth of Er or the *Somnium Scipionis*. Is such a journey similar to John the Prophet's journey to heaven? Can we actually consider John's vision of heaven introduced in Rev 4:1 to be an otherworldly journey? The *Semeia* contributors argue it is not, they classify Revelation as an apocalypse with cosmic and/or political eschatology.[42] Adela Yarbro Collins contends: "The primary mode of revelation, nevertheless, is the vision supplemented by auditions and John is not led from region to region in the beyond as is typical in

---

[38] J. PESTE, The Poimandres Group in Corpus Hermeticum: Myth, Mysticism and Gnosis in Late Antiquity (Skrifter 26), Göteborg 2002, 43–44.

[39] Important correspondences in the vocabulary of both writings include Corpus Hermeticum 1.32 [Corp. herm. 1 = Poimandres] and Rev 1:1; 11:10 (authority/power given to a redeemer figure [in Corp. herm. to Hermes Trismegisthus], παρέδωκας αὐτῷ τὴν πᾶσαν ἐξουσίαν); Corp. herm. 1.20 and Rev 1:20 (τοῦτο ἐστι τὸ κεκρυμμένον μυστήριον μέχρι τῆσδε τῆς ἡμέρας); 1.30–31 and Rev 8:1 (silence [sigh/] as the essence of God; silence in order to proclaim the magnificence of God), see AUNE, Revelation, 1.12, 107, 318; 2.508, 700.

[40] AUNE, The Apocalypse of John (n. 27), 80.

[41] With COLLINS, Introduction (n. 27), 13.

[42] COLLINS, Introduction (n. 27), 14.

works of the journey type."[43] This would imply that the generic form and the focus of Revelation is different from the *Poimandres* and most of the Graeco-Roman passages on otherworldly journeys, because the emphasis in these texts is on personal fate and not on cosmic or political mayhem.[44] At the same time, if we focus more strongly on the content characterized by cosmic or political chaos we should note that another group of Graeco-Roman texts, oracles, shares important features with Revelation. Although Attridge argues that these texts are considered different from apocalypses because of their oracular form (see above), their content shares important themes with Revelation, including *ex eventu* prophecy, and persecution followed by political transformation and restoration under a good ruler. To this group belong *The Demotic Chronicle*, *The Lamb to Bocchoris* and the *Potter's Oracle*.[45] I will return later to one of these texts, the *Potter's Oracle*.

3. Corpus Hellenisticum

A second avenue for reading Revelation and Graeco-Roman passages intertextually is the *Corpus Hellenisticum* research (see already the introduction, above). As is well-known, the harvest of this research on Revelation so far has been published in volume 2.2 of the *Neuer Wettstein*.[46] The introductory essay by G. Seelig explains the reasons why Graeco-Roman passages have been selected in this *Wettstein* redux. It concerns:

1) fixed expressions (epiphets, common pairs or sequences of words)
2) parallels with similar content
3) explanations of *realia* referred to
4) explanation of important words or concepts

---

[43] YARBO COLLINS, The Early Christian Apocalypses, 71. Cf. D. HELLHOLM, The Problem of Apocalyptic Genre and the Apocalypse of John, in: Yarbro Collins, Early Christian Apocalypticism, 13–64 (28).

[44] Cf. COLLINS, Introduction (n. 27), 15, 17.

[45] ATTRIDGE, Greek and Latin Apocalypses (n. 32), 168–70. One could also think of the Hystaspes Oracle (Persian origin, main source Lactantius, *Divine Institutions* 7.1–21) and the Sibylline Oracles.

[46] G. STRECKER et al., Neuer Wettstein: Texte zum Neuen Testament aus Griechentum und Hellenismus (vol. 2.2), Berlin 1996. For a survey of this project, see K.-W. NIEBUHR, Das Corpus Hellenisticum: Anmerkungen zur Geschichte eines Problems, in: W. Kraus/K.-W. Niebuhr/L. Döring (eds.), Frühjudentum und Neues Testament im Horizont Biblischer Theologie. Mit einem Anhang zum Corpus Judaeo-Hellenisticum Novi Testamenti, WUNT 162, Tübingen 2003, 361–82.

5) "texts that illuminate the receptive horizon of the ancient hearers and readers of specific New Testament passages."[47]

From an intertextual perspective it is immediately apparent that the focus of the new *Wettstein* is different from a generic approach. The new work follows the lead of the old *Wettstein* from 1751–1752 by concentrating on individual passages, sometimes just a few words,[48] although the editors intend to include longer sections as well.[49] The methodology advocated by the editors concerns first the analysis of correspondences and differences between the two passages linked together, and then the explanation of correspondences and differences, following two models, analogy or genealogy.[50] Genealogy explains similarities through direct or indirect influence from one area to another and understands the phenomena found to be similar as equal parts belonging to a trajectory.[51] The interdependency between two or more similar passages should be argued for on the basis of plausible socio-historical connections between the setting of the texts involved and the communities that can be associated with them.[52] This methodological approach makes sense, but the problem is that it restricted more or less to a programmatic statement. The implementation of this methodology remains implicit in the presentation of the Graeco-Roman parallel passages themselves in the new *Wettstein*. The scope of the parallels offered is very broad, they range from Homer to Nonnus Panopolitanus (5th century), but it still concerns a selection intended to be an addition to the material collected in the old *Wettstein*. Sometimes there are many parallel passages given for one New Testament passage (e.g. thirteen to Rev 1:14), but sometimes there is no parallel passage at all. For example, there are no parallel passages for Revelation 4:1, which is so important for the generic perspective. The new *Wettstein* briefly introduces parallel passages, and then offers a German translation of the passage. Details of the passage are sometimes briefly explained in the footnotes. It is im-

---

[47] "Texte, die den Rezeptionshorizont des antiken Hörers/Lesers im Hinblick auf bestimmte Aussagen des Neuen Testaments beleuchten", SEELIG, Einführung (n. 15), xi–xv.

[48] J. J. WETTSTEIN, He Kaine Diatheke. Novum Testamentum Graece editionis receptae cum lectionibus variantibus codicum MSS., editionum aliarum, versionum et partum nec non commentario pleniore ex scriptoribus veteribus Hebraeis, Graecis et Latinis historiam et vim verborum illustrante (2 vols.), Amsterdam 1751–1752.

[49] SEELIG, Einführung (n. 15), xvi.

[50] See also above.

[51] SEELIG, Einführung (n. 15), xxi: "... der ... Begriff der 'Genealogie', indem er die Ähnlichkeit durch unmittelbare oder mittelbare Einwirkung des einen auf den anderen Bereich erklärt und die als ähnlich befundenen Phänomene als Glieder einer Entwicklungsreihe versteht." Cf. NIEBUHR, Das Corpus Hellenisticum, 374.

[52] SEELIG, Einführung (n. 15), xxi, refers to the work of Hans-Joseph Klauck in this connection.

portant to note that there is no commentary on the parallel passages. What kind of parallel it is and whether it concerns a case of analogy or genealogy remains open to the user.[53] This implies that the intertextual reading of New Testament texts and the Graeco-Roman parallel passages included still has to be undertaken by researchers. The new *Wettstein* is actually a huge database, a collection of independent co-texts of the New Testament waiting to be analyzed by its users.

A few samples of my own reading of the section on Revelation in the new *Wettstein* my explain the point I am trying to make. The first lemma for Revelation 1:4 concerns a phrase that appears to be a title of God ὁ ὢν καὶ ὁ ἦν καὶ ὁ ἐρχόμεννος, 1:4). The lemma offers five parallel passages, about gods who appear to be universal (they are everything, eternal etcetera; three passages concern Zeus, one Isis and one an anonymous god).[54] In the case of close parallels of the vocabulary to the text of Revelation the new *Wettstein* includes quotations in Greek or Latin from parallel passages (in this case, e.g., Ζεὺς ἦν, Ζεὺς ἐστίν, Ζεὺς ἔσσεται, ὦ μεγάλε Ζεῦ, Pausanias 10.12.10). Unfortunately, the larger context of such quoted passages is usually not taken into consideration.[55] The socio-cultural background of the parallel passages themselves is not explained. Notes about Graeco-Roman images of deities remain absent and observations of the development towards universality and omnipotence that some of the ancient gods seem to go through (for example, Isis in Isis aretologies) are missing as well. Thus, the new *Wettstein* enables its readers to note parallel words and motifs easily, but they have to find out the meaning of those parallels themselves.

Another example concerns the phrase ὁ θρόνος τοῦ Σατανᾶ in Revelation 2:13.[56] The new *Wettstein* gives only one parallel passage for Rev 2:14 (Pau-

---

[53] I found one case in which a parallel is characterized as a "Kontrastparallele", Neuer Wettstein, 2.2, 1496.

[54] Neuer Wettstein, 2.2, 1455–1457. The relevant passages are: Orphica Fragment 21 a (ed. Kern), Theocritus, *Idyllae* 17.1–8, Pausanias 10.12.10, Plutarch, *Mor.* 354C (*De Iside et Osiride*) and Pseudo-Apuleius, *Ascl.* 14. For the development of Isis into a universal goddess, see, e.g., Apuleius, *Met.* 11.2, 4, and the Isis aretology from Cyme, see H. ENGELMANN, Die Inschriften von Kyme (Inschriften griechischer Städte aus Kleinasien 5), Bonn 1976, no. 41 pp. 97–108. Further discussion and references in J. BERGMAN, Ich bin Isis: Studien zum memphitischen Hintergrund der griechischen Isisaretalogien (Acta Universitatis Upsaliensis Historia Religionum 3; Uppsala 1968) and H. S. VERSNEL, Inconsistencies in Greek and Roman Religion. Ter unus: Isis, Dionysos, Hermes. Three Studies in Henotheism (vol. 1) (Studies in Greek and Roman Religion 6), Leiden 1990, 39–95; 190.

[55] Plutarch's work *De Iside et Osiride* is mentioned frequently in this volume of the Neuer Wettstein, and an introduction to it would have been helpful.

[56] "Satan's throne" could refer to the seat of the Roman proconsul, to Pergamum as a centre of the imperial cult, to the Great Altar of Zeus in this city or to still another institution, further discussion in H.-J. KLAUCK, Das Sendschreiben nach Pergamon und der

sanias 2.27.2), which concerns the description of Asceplius' statue in his temple at Epidaurus. Pausanias indicates that the statue presented Asceplius sitting on a throne (κάθηται δὲ ἐπὶ θρόνου) and holding a cane in one hand. He had his other hand on the head of a snake (ὑπὲρ κεφαλῆς ἔχει τοῦ δράκοντος).[57] This parallel seems close from a verbal perspective, also because John the seer associates the dragon of Revelation 12 with Satan (12:9). A precise reading of the parallel passage, however, shows that the correspondence is superficial and that the meaning of both passages is actually very different. The snake in Pausanias is a holy animal symbolizing healing, while Satan in Revelation represents the forces of evil.[58] The editors of the new *Wettstein* explain that this parallel was selected because older commentaries often connected Revelation 2:13 with the Asclepius sanctuary in Pergamum.[59] They also point out that there was an imperial cult at Pergamum (i.e., a cult for the emperor and for Roma) since 29 BCE, but they do not offer relevant passages about this cult.[60]

A third example concerns the figure of the seer Balaam mentioned in Revelation 2:14.[61] As noted already above, the editors of the new *Wettstein* include Hellenistic-Jewish parallel passages. In the introduction of their methodological principles Seelig even argues that Hellenistic-Judaism should be considered the main social-cultural medium of transmission of Graeco-Roman traditions, since this was the milieu from which most New Testament authors originated. Recently, several scholars have rejected this principle, as is apparent from the debate about the origins of the earliest traditions about the beneficial death of Jesus in Paul.[62] Nevertheless, it is fortunate that the

---

Kaiserkult in der Johannesoffenbarung, Bib 73 (1992), 153–82; AUNE, Revelation, 1 (n. 23). 182–185.

[57] The same representation is found on coins from Epidaurus, H. E. SIGERIST, A History of Medicine II: Early Greek, Hindu and Persian Medicine, New York 1961, 44–83 (62).

[58] Pliny, *Nat. hist.* 19.4.71–72; *Scholia in Aristophanem, Ad Plutum,* 733, E. J. EDELSTEIN and L. EDELSTEIN, Asclepius: a Collection and Interpretation of the Testimonies (2 vols.), Publication of the Institute of the History of Medicine Second Series 2, Baltimore 1945, 1.365–66; 2.227–228; SIGERIST, History of Medicine (n. 57), 54 and 71; G. D. HART, Asclepius. the God of Medicine, London 2000, 42–51.

[59] For a description of this sanctuary, see W. RADT, Pergamon. Geschichte und Bauten, Funde und Erforschung einer antiken Metropole (Cologne 1988), 220–242.

[60] Neuer Wettstein, 2.2 1486 n. 3.

[61] Neuer Wettstein, 2.2 1486φ.

[62] E.g. H. S. VERSNEL, Making Sense of Jesus' Death. The Pagan Contribution, in: J. Frey/J. Schröter (ed.), Deutungen des Todes Jesu im Neuen Testament, WUNT 181, Tübingen 2005, 213–94; C. BREYTENBACH, Grace, Reconciliation, Concord. The Death of Christ in Graeco-Roman Metaphors, NovTSup 135, Leiden 2010; C. ESCHNER, Gestorben und hingegeben "für" die Sünder. Die griechische Konzeption des Unheil abwendenden Sterbens und deren paulinische Aufnahme für die Deutung des Todes Jesu Christi, WMANT 122, Neukirchen-Vluyn 2010.

new *Wettstein* includes many Jewish passages, especially from Philo and Josephus. For Rev 2:14 three passages are listed, including a section from Josephus' *Jewish Antiquities* (4.129–130).[63] As usual the connection between the parallel passages and Revelation is not explained, which is regrettable in this case, because one needs to take the broader context of the Josephus passage into account for understanding its relevance for the interpretation of Revelation. The Balaam passage in Josephus reflects that there was a tradition of interpretation that combined two sections from the Biblical Book of Numbers, which were originally independent from each other, one about Balaam's prophecy (Num 22–24) and one about the Midianite or Moabite women seducing Israelite young men (Num 25). Josephus combines both passages and reads them from the perspective of the flashback in Num 31:16: "These women here, on Balaam's advice, made the Israelites act treacherously against the Lord in the affair of Peor ..." (Josephus, *Ant.* 4.126–130). This tradition that makes Balaam responsible for the seduction of the Israelites and their idolatry helps to explain how Balaam could turn into a very negative figure in Jewish traditions. This negative interpretation also underlies the reference to Balaam in Revelation 2:14. The full relevance of the Josephus text only becomes obvious if one takes the larger context into consideration, i.e., not apart from the passage about Balaam himself (*Ant.* 4.126–130) also Josephus' elaboration of the seduction by the women (*Ant.* 4.131–164).[64]

4. Contemporaneity and contextualization

A third avenue for intertextual readings is that of contextualization or contemporaneity (the German key word is *Zeitgeschichte*). This approach focuses either on the production of the text, in particular on the possible milieu of the author, or on the reception of the text within the circles of its primary readers. This implies that the Book of Revelation is studied from the perspective of other texts or artifacts that exemplify the socio-historical and cultural context(s) of the author or the plausible audience of the work at a specific location. The second type of this approach focusing on the audience takes as a starting point a research question like: How was the Book of Revelation

---

[63] The other passages given for Rev 2:14 are Philo, *Det. Pot.* 71–2 about Balaam the sophist, and Philo, *Vit. Mos.* 1.286; Neuer Wettstein, 2.2 1487.

[64] W. C. VAN UNNIK, Josephus' Account of the Story of Israel's Sin with Alien Women in the Country of Midian (Num.25:1ff.), in: M. S. H. G. Heerma van Voss (ed.), Travels in the World of the Old Testament (Studies Presented to Professor M. A. Beek), Assen 1974, 241–61; L. H. FELDMAN, Josephus' Portrait of Balaam, SPhilo 5 (1993), 48–83 (67; 80–81); J.W. VAN HENTEN, "Balaam in Revelation 2:14", in: G. H. van Kooten/J. van Ruiten (eds.), The Prestige of the Pagan Prophet Balaam in Judaism, Early Christianity and Islam, Themes in Biblical Narrative 11, Leiden 2008, 247–63.

read or how may it have been read by Jesus followers in the first quarter of
the second century C.E. in the cities mentioned in the seven letters in Revelation 2–3?[65] The two terms "contextualization" and "contemporaneity" overlap
because of the focus on the socio-cultural milieu of Revelation, but they imply different claims about the interconnection of Revelation and its socio-
cultural context. I will first focus on the so-called contemporaneous (*zeitgeschichtliche*) approach, which pre-supposes that the key to the interpretation of
Revelation is found in the recovering of the setting and the experiences of its
author and his group. This implies that any text that may deal with the history
of the author is relevant for the interpretation of Revelation. This approach
has been advocated since the seventeenth century, but it was especially prominent in Germany in the previous century and often closely related to the
work of the so-called *Religionsgeschichtliche Schule*.[66] Three topics have
been discussed time and again in this connection: the imperial cult, the myths
of Python and Seth-Typhon (as source of inspiration for of Revelation 12)
and the *Nero redivivus* myth (discussed in connection with Rev 13:1, 3, 18
and 17:8–12).[67] Two of these issues also figure prominently in the new
Wettstein.[68] Scholars who apply this contemporaneous method usually try to
argue that the author of Revelation incorporated one or more sources pertain-
ing to these topics that were part of his context, which implies
interdependency between Revelation and such sources.[69]

Many scholars working along the lines of a contemporaneous approach
have connected Revelation's references to suffering and the forced veneration
of the image of the second beast in Rev 13 (13:15) with passages about the

---

[65] I am building here on S. VAN TILBORG, Reading John in Ephesus, NovTSup 83, Leiden 1996, 3.

[66] O. BÖCHER, Die Johannesapokalypse, EdF 41, Darmstadt 1988; R. FELDMEIER, Early
Christianity in its Hellenistic Context. A Critical Survey of 20th Century Research, in: J.
W. van Henten/J. Verheyden (eds.), Early Christian Ethics in Interaction with Jewish and
Greco-Roman Contexts, Studies in Theology and Religion 17, Leiden 2012, 17–29.

[67] A. G. SOETING, Auditieve aspecten van het boek Openbaring van Johannes, Amsterdam 2001, 85–90, also connects Apollyon in Rev 9:11 and the cithara players in 18:22 with
Nero.

[68] Neuer Wettstein, 2.2 1543–56; 1593–99.

[69] An intriguing scholar in this respect is Ernst LOHMEYER, who wrote two monographs
in which he argued that the Kyrios title for Jesus functioned as a critical alternative to the
cult of the emperor, in which power and religion were combined in an unacceptable way,
see E. LOHMEYER, Christuskult und Kaiserkult, Tübingen 1919, 3–4; Kyrios Jesus. Eine
Untersuchung zu Phil 2, 5–11, Sitzungsberichte der Heidelberger Akademie der Wissenschaften. Philosophisch-historische Klasse 1927/1928 4, Heidelberg. At the same time
Lohmeyer almost totally rejects a contemporaneous interpretation of Revelation in his
commentary on that book, because he characterizes Revelation as the personal confession
of a great poet, prophet and martyr, LOHMEYER, Die Offenbarung des Johannes, HNT 4.4,
Tübingen 1926, 200, 202.

imperial cult or a persecution by one of the emperors. They assume that John's references reflected the experiences of himself or his group.[70] It should be noted, however, that Revelation's vocabulary describing the victims of suffering as well as the figures who are responsible for the oppression is often unspecific and symbolical.[71] John the prophet does not report about arrests or trials of Jesus followers whose suffering or death he mentions. Earlier scholarship often took it for granted that a rigorous persecution of Christians by the Roman authorities, especially the emperors Nero or Domitian, formed the background of Revelation's passages about suffering. Recently, several scholars have argued, mainly on the basis of non-Christian evidence, that there were no organized persecutions of Christians by Roman emperors in the period in which Revelation originated.[72] The famous correspondence between Pliny and the Emperor Trajan does not refer to a persecution. These letters imply that only Christians who had been reported and were not willing to reconsider their refusal to show their loyalty to the emperor had to be prosecuted. The basic policy, confirmed by Trajan, was that Christians were not to be searched out.[73] It was Decius who organized in 249 CE the first systematic persecution of Christians, by ordering that all inhabitants had to sacrifice to the gods of the empire.[74] This does not necessarily imply that Revelation's references to suffering are untrustworthy, it is absolutely possible that some of Revelation's passages hint at a forced participation of Jesus followers in local activities of the ruler cult. My point is that Revelation's information about suffering is not specific enough for retracing it in a probable way to the evidence about a ruler cult.[75]

---

[70] E.g. KLAUCK, Sendschreiben (n. 56); A.M. SCHWEMER, Prophet, Zeuge und Märtyrer. Zur Entstehung des Märtyrerbegriffs im frühesten Christentum, ZTK 96 (1999), 320–50 (336; 338 n. 92; 342).

[71] J. FREY, Die Bildersprache der Johannesapokalypse, ZTK 98 (2001), 165–181. Cf. the passages with θλίψις (Rev 1:9; 2:9–10; 7:13–14) or αἷμα (16:6; 17:6; 18:24; 19:2).

[72] See especially L.L. THOMPSON, The Book of Revelation. Apocalypse and Empire, New York/Oxford 1990, 95–115; 172–174. Also AUNE, Revelation, 1.lxvi–ix, and for relevant passages P. GUYOT and R. KLEIN, Das frühe Christentum bis zum Ende der Verfolgungen: eine Dokumentation (Texte zur Forschung 60; Darmstadt 1993–1994), 1.24–37.

[73] Pliny, *Letters* 10.96–97, referred to in the Neuer Wettstein in connection with Rev 13:15 (2.2 1564–65).

[74] Eusebius, *Hist. eccl.* 6.41. W. H. C. FREND, Martyrdom and Persecution in the Early Church. A Study of a Conflict from the Maccabees to Donatus, Oxford 1965, 406–10; O. HEKSTER, Rome and Its Empire, AD 193–284, Edinburgh 2008, 69–81.

[75] Several scholars presuppose a connection with the ruler cult, see, for example, KLAUCK, Sendschreiben (n. 56); SCHWEMER, Prophet (n. 70), 336; 338 n. 92; 342.

Moreover, social studies imply that it is important to distinguish a real crisis from a perceived crisis.[76] This means that even if one can argue convincingly that there has been no systematic political or economic oppression of Jesus followers in Roman Asia Minor ca. 100 C.E., the author of Revelation and his primary readers may still have perceived their situation as a crisis.[77] As a matter of fact, John's radical dualistic framework can easily have contributed to the perception of a crisis, which resulted in a depiction of past and present as a deadly combat against brutal enemies outside their own community and the utterly corrupted way of life of these enemies. The Book of Revelation highlights a deep antagonism between the life of the faithful followers of Christ and the hostile world of their enemies represented by the dragon/Satan and the two beasts of chapters 12–13 as well as the whore of Babylon (chapters 17–18). In short, although it seems plausible that the imperial cult and its consequences played an important role in the context of John's group, this cannot be proven along the lines of the contemporaneous (*zeitgeschichtliche*) approach. A reading of Revelation from the perspective of the sources about the imperial cult and its organization may, therefore, not be very fruitful.[78]

The second and more recent contextual approach mentioned above does not claim interdependency between Revelation and Graeco-Roman passages. It focuses upon the book's possible reception by primary readers in a specific area.[79] Of course, I can only give here one or two examples of the kind of reading this approach may entail. A key theme of Revelation' ideology is the authority conflict between the earthly and the heavenly powers, as several of the book's visions highlight. More promising than an intertextual reading

---

[76] A. YARBRO COLLINS, Crisis and Catharsis. the Power of the Apocalypse, Philadelphia 1984), 32; THOMPSON, Book of Revelation, 27–28; P. B. DUFF, Who Rides the Beast? Prophetic Rivalry and the Rhetoric of Crisis in the Churches of the Apocalypse, Oxford 2001. Cf. E. SCHÜSSLER FIORENZA, The Book of Revelation: Justice and Judgment (Philadelphia 1985), 207; M. G. REDDISH, "Martyr Christology in the Apocalypse," JSNT 33 (1988), 85–95 (86).

[77] See about economic aspects KLAUCK, Sendschreiben (n. 56); R. M. ROYALTY, The Streets of Heaven: the Ideology of Wealth in the Apocalypse of John (Macon, Georgia 1998); B. ROSSING, The Choice between Two Cities: Whore, Bride, and Empire in the Apocalypse (Harrisburg, Penns. 1999).

[78] Cf. S. J. FRIESEN, Imperial Cults and the Apocalypse of John: Reading Revolution in the Ruins, Oxford 2001.

[79] For an elaborate sample of this kind of contextualization, see VAN TILBORG, Reading John, who uses the term "interference" in this connection, which he defines as: "… the exchange which spontaneously originates between reader and text when a typical similarity or dissimilarity is seen. In our case, these similarities and/or dissimilarities deal with city-interferences: all texts about the history, culture, architecture, and social environment of first century Ephesus which positively or negatively 'interfere' with the reading process of John's Gospel." (p. 3f.). Cf. S. VAN TILBORG/P. CHATELION COUNET, Jesus' Appearances and Disappearances in Luke 24, Biblical Interpretation Series 45, Leiden 2000, 200–264.

focusing upon documents related to the ruler cult, therefore, seems to be a reading of Revelation's passages about the main antagonists of God and the believers from the perspective of Graeco-Roman texts about the sources of power being present in John's setting. This implies that we try to contextualize Revelation in the actual configurations of power in Asia Minor and look for relevant texts about these power configurations and the ideologies that may have legitimated them. This concerns, of course, the Roman emperor, but also the provincial Roman government, the city authorities, professional organizations, and probably also religious associations. The ideology that defends the power and authority of Roman rule would be an obvious topic for further study. It is plausible that John's primary readers in their urban setting in the Roman province of Asia were familiar with texts or artifacts that highlighted the emperor's role as guaranteeing peace and order by focusing upon his most important deeds. Imperial propaganda must have been part of the day-to-day experience of most inhabitants of this province, if only through the public buildings that expressed this ideology.[80] The documents incorporated in books 14 and 16 of Josephus' *Antiquities* about the local violation of privileges of Jewish communities in Asia Minor and the local Jewish appeals to the emperor or a high Roman official, however, indicate that other authorities than the emperor are relevant as well.[81]

The Roman ideology of power was also intertwined with the mythological realm, because well-known myths were historicized and applied to actual conflicts and power games. This also holds true for myths that have been previously discussed as the mythological background of the famous vision about the celestial woman pursued by the dragon (Revelation 12).[82] Scholars have argued that elements of the myth about the pregnant Leto pursued by Python or the myth about Isis pursued by Seth-Typhon have been incorporated in the vision in Revelation 12 and help to understand important details of the biblical text.[83] Although such interconnections seem plausible, interde-

---

[80] See the surveys of FRIESEN, Imperial Cults, 23–131; M. NAYLOR, The Roman Imperial Cult and Revelation, Currents in Biblical Research 8 (2010), 207–239. Also S. J. FRIESEN, Twice Neokoros. Ephesus, Asia and the Cult of the Flavian Imperial Family, Religions in the Graeco-Roman World 116, Leiden 1993.

[81] M. PUCCI BEN-ZEEV, Jewish Rights in the Roman World: the Greek and Roman Documents Quoted by Josephus Flavius, TSAJ 74, Tübingen 1998.

[82] For a detailed discussion, see J. W. VAN HENTEN, Dragon Myth and Imperial Ideology in Revelation 12f., in: D. L. Barr (ed.), The Reality of Apocalypse: Rhetoric and Politics in the Book of Revelation, Atlanta, Georg. 2006, 181–203.

[83] See, for example, A. VÖGTLE, Mythos und Botschaft in Apokalypse 12, in: G. Jeremias et al (Hgg.), Tradition und Glaube. Das Frühe Christentum in seiner Umwelt, Festschrift K. G. Kuhn, Göttingen 1971, 395–415; A. YARBRO COLLINS, The Combat Myth in the Book of Revelation, HDR 9, Missoula, Mont. 1976; R. BERGMEIER, Altes und Neues zur 'Sonnenfrau am Himmel' (Apk 12), ZNW 73 (1982), 97–109; P. BUSCH, Der

pendency between Revelation and these myths remains difficult to prove, also because there are at the same time close connections with passages that became part of the Jewish Bible.[84]

If we aim at contextualizing the myths about Leto, Python and Apollo as well as Isis, Seth-Typhon and Horus by asking ourselves how they may have been received – without arguing for interdependency with Revelation – two points should be noticed:

1) Both myths about female deities pursued by a chaos monster presented as a snake or a dragon were well-known in Asia Minor, as is apparent from textual evidence as well as artefacts such as temple walls and coins.[85]

2) Both myths were, in different ways, incorporated in political propaganda concerning rulers, either in order to highlight the ruler as the slayer of the dragon figure or to stereotype his opponents negatively because of their association with the chaos monster.

An early example of the second kind of application of these myths is the Graeco-Egyptian *Potter's Oracle*, a text that shows generic affinity with Revelation, although it does not seem to fit the *Semeia* paradigm because oracles result from direct revelation.[86] The *Potter's Oracle* is a strongly anti-Greek document, which probably reflects the situation in Ptolemaic Egypt of

---

gefallene Drache. Mythenexegese am Beispiel von Apokalypse 12, TANZ 19, Tübingen 1996; AUNE, Revelation (n. 23), 667–674; S. SCHREIBER, Die Sternenfrau und ihre Kinder (Offb 12). Zur Wiederentdeckung einer Mythos, NTS 53 (2007), 236–257.

[84] H. GOLLINGER, Das "Große Zeichen" von Apokalypse 12, SBM 11, Würzburg/Stuttgart 1971; B. J. LIETAERT PEERBOLTE, The Antecedents of Antichrist: A Traditio-Historical Study of the Earliest Christian Views on Eschatological Opponents, JSJSup 49, Leiden, 1996, 115–69.

[85] Coins depicting Leto fleeing from Python while her children Artemis and Apollo shoot their arrows at Python from the time of Hadrian were minted at Ephesus and Magnesia on the Meander. Apollo Pythios was worshiped at Ephesus and Pergamum, see YARBRO COLLINS, Combat Myth, 248–50; also H. D. SAFFREY, Relire l'Apocalypse à Patmos, RB 82 (1975), 385–417 (413). Isis was often represented as a Madonna, a woman holding her child Horus-Harpocrates on her knees or in her arms, and this picture also appears on coins from Asia Minor, V. TRAN TAM TINH/Y. LABRECQUE, Isis Lactans. Corpus des monuments gréco-romains d'Isis allaitant Harpocrate, EPRO 37, Leiden 1973; YARBRO COLLINS, Combat Myth, 261; for attestations from Asia Minor see also F. DUNAND, Le Culte d'Isis dans le Bassin Oriental de la Méditerranée (3 vols.), EPRO 26 Leiden 1973, 3.79 and 88–89.

[86] The figure of the potter is a manifestation of the Egyptian creator god Chnum, as noted by ATTRIDGE, Greek and Latin Apocalypses, 169.

ca. 130–116 BCE.[87] A frame-story situates the oracle in a fictitious historical setting. In this story a potter burns pottery by order of Hermes-Thoth on the island of Helios-Re, and the potter has to answer for this conduct to pharaoh Amenhotep.[88] The potter's revelation is usually interpreted as a narration of historical events projected in the future (*futurische Geschichtserzählung*) that depicts Egypt's history as a time of increasing disruption of the natural and social order. The persecution of the Egyptians by a foreign tyranny was doomed to perish, whereupon an indigenous king would ascend the throne again, who would rule for 55 years. For our discussion it is important to note that the Oracle refers to the enemy as the "belt bearers" and the "Typhonians". The destruction of the pottery is a symbolic act that predicts the destruction of the city of the enemies: "just as my furnace was being emptied, so the town of the belt bearers will be evacuated" (P3 43f.[89]). This passage is usually taken as a reference to Alexandria and its Greek inhabitants.[90] The repeated reference to the Typhonians in the *Potter's Oracle* indicates that autochthonous Egyptians associated their opponents, i.e., the Ptolemaic rulers and the Greeks in Egypt, with Seth-Typhon, thereby characterising them as creators of chaos.

A more abstract example of a political application of the combat myth of Isis, Horus and Seth-Typhon concerns Dio Chrysostom's first Speech on Kingship, where Hermes shows the youth Heracles the right and the wrong type of rule, by taking the boy on a walk to a huge mountain, which appears to consist of two summits (1.58–84).[91] Hermes leads Heracles along a secret

---

[87] For several versions of this text, see P. Oxy. 2332 in E. LOBEL/C. H. ROBERTS, The Oxyrhynchus Papyri 22, London 1954, 89–99; L. KOENEN, Die Prophezeiungen des Töpfers, ZPE 2 (1968), 178–209; KOENEN, Bemerkungen zum Text des Töpferorakels und zu dem Akaziensymbol, ZPE 13 (1974), 313–319. See also KOENEN, The Prophecies of a Potter. A Prophecy of World Renewal becomes an Apocalypse, in: D. H. Samuel (ed.), Proceedings of the Twelfth International Congress of Papyrology, American Studies in Papyrology 7, Toronto 1970, 249–254. F. DUNAND, l'Oracle du potier et la formation de l'apocalyptique en Égypte, Études de l'histoire des religions 3 (1977), 41–67. KOENEN, A Supplementary Note on the Date of the Oracle of the Potter, ZPE 54 (1984), 9–13.

[88] The pharaoh's name is Amenhotep, but it is not clear which one of the four pharaohs of the eighteenth dynasty (± 1550–1300) this name refers to.

[89] Καὶ ἡ τῶν ζωνοφόρων πολὶς ἐρημοθήσεται ὃν τρόπον ἡ ἐμὴν κάμινος, cf. P2 32f. and P3 55f.

[90] KOENEN, Die Prophezeiungen (n. 87), 180 and 187. "Belt bearers" may refer to the Greek upper class of Alexandria, DUNAND, l'Oracle (n. 87), 44. Further discussion in D. FRANKFURTER, Lest Egypt's City Be Deserted: Religion and Ideology in the Egyptian Response to the Jewish Revolt (116–117 C.E.), JJS 43 (1992), 203–220; G. BOHAK, CPJ III, 520: The Egyptian Reaction to Onias' Temple, JSJ 26 (1995), 32–41.

[91] The legend is said to be modelled on a story by the sophist Prodicus about Heracles meeting two women (Vice and Virtue), see Xenophon, *Mem.* 2.1.21–34; Cicero, *De off.* 1.118. P. DESIDERI, Dione di Prusa. Un intellettuale greco nell'impero romano (Biblioteca

path to the two peaks, one of which stands high above the clouds while the other is dark and misty. On the throne of each peak sits a woman. One is called Kingship (Βασιλεία, 1.73) and the other Tyranny (Τυραννίς, 1.78). The first woman is further described as a child of Zeus (like Heracles himself, 1.59). She is associated with the personified characteristics of virtuous kingship: Justice, Order, Peace, Law and Friendship (1.74–75; 82). The other woman is ugly, greedy, hated by everybody (cf. 1.78–82) and connected with Cruelty (Ὠμότης), Insolence (Ὕβρις),[92] Lawlessness (Ἀνομία), Rebellion (Στάσις) and Flattery (Κολακεία, 1.82). Right at the beginning of the description of the two peaks their names are given: "One of them bore the name Royal Peak and was sacred to Zeus the King; the other, Tyrannical Peak, was named after Typhon".[93] Heracles, of course, prefers the first woman, so that Zeus entrusts him with the rule over all humankind (1.83–84).

Emperors made political use of both combat myths. Nero loved to associate himself with Apollo who slew Python. He even founded a special corps of 5000 soldiers, who accompanied him on his participation in contests and shows. These *Augustiani* applauded Nero's performances and their acclamations associate Nero with Apollo: "Glorious Caesar! Apollo! Augustus! Unmatched, like Pythios!" (Cassius Dio 62.20.5). So Nero was associated with Apollo Pythios, the slayer of Python. After Nero's glorious return from his tour in Greece early in 68 CE he was welcomed with similar exclamations: "Hail, Olympian Victor! Hail, Pythian Victor! Augustus! Augustus! Hail to Nero, our Hercules! Hail to Nero, our Apollo! The only victor of the Grand Tour, the only one from the beginning of time! Augustus! Augustus! O Divine Voice! Blessed are they that hear you!"[94] Examples of imperial ideology that associates the emperor with Horus, the victor over Seth-Typhon, concerns, among other things, an obelisk on which Domitian bears the Horus

---

di cultura contemporanea 135; Messina/Florence 1978), 245 with footnote 6; C. P. JONES, The Roman World of Dio Chrysostom, Loeb Classical Monographs, Cambridge MA/London 1978, 116.

[92] Cf. 1.76 where Dio refers to "authority (or power) with folly" (ἐξουσία μετὰ ἀνοίας) as the worst result of this woman' activities.

[93] 1.67: ἐκαλεῖτο δὲ αυτῶν ἡ μὲν Βασίλειος ἄκρα, ἱερὰ Διὸς βασιλέως, ἡ δὲ ἑτέρα τυραννική, Τυφῶνος ἐπώνυμος. G. MUSSIES, Dio Chrysostom and the New Testament: Parallels Collected, SCHNT 2, Leiden 1972, 250, points to the correspondence between this woman, who has many sceptres, many tiaras and many diadems on her head, and the diadems on the head of the dragon and the first beast in Revelation (12:3; 13:1; cf. 19:12).

[94] Dio 63.20.5. D. CUSS, Imperial Cult and Honorary Terms in the New Testament, Paradosis 23, Fribourg 1974, 79f. These exclamations are, of course, also inspired by the Pythian Games won by Nero and Apollo as patron god of the arts. Nero put Apollo at the top of the pantheon, Suetonius, Nero 25.2; 53. He issued a coin with his own image on the observe and Apollo on the reverse, M. GRANT, Roman History from Coins: Some Uses of the Imperial Coinage to the Historian, Cambridge 1968, 32.

title,[95] and coins from the reigns of Hadrian (probably dating from 134–136 CE) and of Caracalla (dated 215 CE), which build on the imagery of Horus triumphing over Seth-Typhon. On these coins both emperors are depicted in military dress, standing with one foot on a crocodile, matching a traditional representation of the royal god Horus, often portrayed with his feet on a crocodile or hippopotamus, or killing a crocodile. The crocodile or the hippopotamus represents Horus' enemy Seth-Typhon.[96]

If we read Revelation together with passages about the political-ideological application of one of these myths as co-texts, there appears to be a common theme. The combat myths as well as Revelation highlight that the role of the dragon figure, the personification of the powers of evil, is temporary. The dragon will be defeated and his rule will be taken over by someone who brings peace and order. From this perspective the myths actually confirm the message of John's vision. This may even have caused a *déja-vu* for John's readers when they came across representations of the myths in texts, on temple walls or coins. The important point, however, is that John's vision, read together with these representations, implies that the claim of those who advanced the emperor's ideology was turned upside down: the emperor would not be associated with the slayer of Python or Seth-Typhon, Apollo, Zeus/Jupiter or the Egyptian royal god Horus, but with the agent of chaos. Thus, the reading of Revelation from the perspective of the historicized combat myths implies that the ideology of the emperor was not only refuted but also put upside down. The result is that Revelation's message implies that the actual power and authority did not belong to the emperor and his representatives but to God and Jesus Christ.

5. *Nero redivivus* as a test case

As we have seen already, scholars applying a contemporaneous approach try to link passages of Revelation to a specific socio-historical or cultural background. Finding such a connection often forms a clue for the context in which a passage from Revelation was produced, and as a consequence sometimes also for the date of the entire book. Many scholars have connected details in

---

[95] The obelisk now stands on the Piazza Navona in Rome.

[96] A. C. LEVI, Hadrian as King of Egypt, The Numismatic Chronicle 6. ser. 8 (1948), 30–38; W. BARTA, Horus von Edfu, Lexikon der Ägyptologie 3.34–35. B. ALTENMÜLLER, Horus, Herr der Harpunierstätte, Lexikon der Ägyptologie 3.36–37. Animals especially linked to Seth were the ass, crocodile, hippopotamus, fish and pig, see T. HOPFNER, Der Tierkult der alten Ägypter nach den griechisch-römischen Berichten und den wichtigeren Denkmälern, Denkschriften der (kaiserlichen) Akademie der Wissenschaften in Wien 57/2 (1913), Register s.v. 'Settiere', p. 198.

Revelation 13 and 17 (13:1, 3, 18 and 17:8–12) with traditions about Nero's punishment of the Christians for the fire in Rome and/or a return of Nero from the east after 68 CE or even other Nero traditions. As a consequence, many of these scholars call for an early date of Revelation on the basis of the correspondences with Nero traditions.[97] The new *Wettstein* offers ten passages about Nero as parallels to Revelation 13:1 and 17:8, most of which are *Nero redivivus* passages. The editors indicate that one of these passages, *Sibylline Oracles* 5.28–34, would reflect the history of Rome in its chronological order until the successors of Hadrian. They add that this passage characterizes Nero's rule as a tyranny: "U.a. erfährt auch die Tyrannenherrschaft des Kaisers Nero (54–58 n.Chr.) eine eindrucksvolle Charakterisierung."[98] Readers of the new *Wettstein* find this passage in connection with Revelation 17 and can, therefore, easily apply this quote to Revelation's eight kings of the seven hills referred to and conclude in particular that the eighth king, the "beast that was and is not" (17:11) is Nero. The quoted passage implies that the characterization of Nero in the *Sibylline Oracles* is reliable. This intertextual connection established by the new *Wettstein* triggers several questions, which I would like to discuss in this section:

---

[97] E.g. AUNE, Revelation (n. 23), 737–740; SOETING, Auditieve aspecten (n. 67); T.B. SLATER, Dating the Apocalypse to John, Bib 84 (2003), 252–258; G. ROJAS-FLORES, The Book of Revelation and the First Years of Nero's Reign, Bib 85 (2004), 375–392; G. H. VAN KOOTEN, The Year of the Four Emperors and the Revelation of John: The 'pro-Neronian' Emperors Otho and Vitellius, and the Images and Colossus of Nero in Rome, JSNT 30 (2007), 205–248 (Criticism: D. MAY at http://ntstudies.wordpress.com /2008/01/24/dating-of-revelation-numismatic-evidence/ consulted March 29, 2013; D. DeSILVA, Seeing Things John's Way: The Rhetoric of the Book of Revelation, Louisville, Kent., 2009, 34–37; D.F. TAYLOR, The Monetary Crisis in Revelation 13:17 and the Provenance of Revelation, CBQ 71 (2009), 580–596.

[98] Neuer Wettstein, 2.2 1546. Cf. YARBRO COLLINS, Combat Myth, 183: "The interest in the death of Nero and thus in his return as a return from the dead seems to be peculiar to the book of Revelation. This distinctive expression of the Nero legend was evidently formulated by the author of the book in its present form in order to characterize Nero, the agent of Satan, as the mirror image in an antithetical sense of Christ, the agent of God". The Neuer Wettstein lists the following Nero passages (2.2 1558; 1593–1599): Dio Chrysostom 21.9–10 (death of Nero because of the treatment of his eunuch "but most people believe he still lives"). Tacitus, *Hist.* 2.8.1–2 (setting 69 CE; return of Nero); 1.78.2 (Otho greeted as Nero); Suetonius, Nero 47.1–2 (flight of Nero); Suetonius 57.1–2 (death of Nero; after 20 years a young person pretended he was Nero); *Sib. Or.* 4.114–24, 137–48 (return of Nero triggers war before end of times); 5.361–85 (final big war and eschatological peace); *Sib. Or.* 5.28–34; 5.137–161 (prophecies of doom for various countries and cities); 5.214–227 (likewise).

1) How do we identify a passage as a reference to a specific emperor, what criteria should be applied for making such an identification?

2) And if we have such a reference, how should we deal with it? Can we treat it as an accurate reference to an actual historical emperor? If so, should we also consider alternative interpretations and assess the plausibility or probability of each interpretation?

3) Should we not take the genre and the literary context of the texts in question into account?

The first and the third questions are raised because of the considerable difference between the Revelation passages mentioned and *Sibylline Oracles* 5.28–34 (as well as most of the other parallel passages mentioned in connection with Nero in the new *Wettstein*). The passages in Revelation 13 and 17 are unspecific, and the imagery seems to have a symbolical function. As far as I can see there are no data that explicitly refer to Nero. *Sibylline Oracles* 5.28–34 is rather different, and it does refer to Nero, but in a coded way:

One who has fifty as an initial will be commander,
a terrible snake, breathing out grievous war, who one day
will lay hands on his own family and slay them, and throw everything into confusion,
by acting as athlete, charioteer, murderer, and by daring endless evil things.
He will cut the mountain between the two seas and defile it with stinking blood.
But even being invisible he will be destructive. Then he will return
declaring himself equal to God. But He (God) will prove that he is not.[99]

The passage dates from the late second century C.E. at the earliest,[100] but several details render it probable that it refers to Nero. The immediate context points to Nero: the passage is located in between references to Nero's predecessor Claudius and Vespasian's three competitors (5.25–7, 35). The reference to the initial letter N supports the assumption that Nero is meant here (cf. 12.78). The content of the passage is very specific, it offers a short character sketch and lists the most important deeds of this ruler, clearly in an extremely negative light. Nero is by far the best match. In that case Nero's return would be mentioned in 5.33–34, like in some of the Graeco-Roman

---

[99] Translation by J. J. COLLINS, Sibylline Oracles, in: J. H. Charlesworth (ed.), The Old Testament Pseudepigrapha (2 vols.), London 1983, 1.317–472, slightly adapted. *Sib. Or.* 12.78–86 offers a close parallel to 5.28–34.

[100] The section to which it belongs seems to refer to the emperor Marcus Aurelius as the latest emperor (161–80 CE).

passages that tell us that Nero lived on in the east after 68 CE and would return to Rome, or that a pretender would do so.[101] Nero's return does not seem to be terribly important in the passage, which focuses foremost on Nero's destructive deeds. Should we interpret this passage as a historical reference to the actual emperor Nero, who has indeed done several of the deeds mentioned?

It is important to note that there are eleven Nero passages in the *Sibylline Oracles* (3.63–74; 4.119–24, 137–9; 5.28–34, 93–110, 137–61, 214–27, 361–80; 8.68–72, 139–59; 12.78–94), with different contexts and different contents. Some of them are connected with oracles of doom directed at various peoples and cities. Rome falls victim more than once. Among other things, these oracles predict a great war in the west (4.137–9), the destruction of the Corinth region (5.214–27), Rome's retaliation (5.367–9), and a transfer of Rome's richness to Asia (8.68–72). Most passages reflect an ideological conflict between east and west.[102] The returning Nero takes revenge on Rome on behalf of the east.[103] An observation that one can make if one reads all these passage together is that the supposed Nero-traditions are not only recycled with variations, but that they also include traditions about earlier rulers that are re-applied in a new context.[104] One example concerns the allusions to Xerxes who "cut through" the isthmus" (4.78; 8.155 and 11.180), which probably concerns a reminiscence of Xerxes' famous construction of a canal through the dangerous Peninsula of Athos.[105] This would imply that the so-

---

[101] Passages that include the pagan "myth" are Tacitus, *Hist.* 1.2; 2.8; Suetonius, *Nero* 47–57; Dio Cassius 63.9; 66.19.3; Dio Chrysostom 21.10. See J. Lawrence, Nero Redivivus, Fides et Historia 11 (1978), 54–66. More references in J. J. COLLINS, The Sibylline Oracles of Egyptian Judaism, SBLDS 13, Missoula, Mont. 1974, 80f. with footnotes 47–55; L. KREITZER, Hadrian and the Nero Redivivus Myth, ZNW 79 (1988), 92–115 (96 with footnote 20); R. BAUCKHAM, The Climax of Prophecy: Studies on the Book of Revelation, Edinburgh 1993, 413f.; LIETAERT PEERBOLTE, Antecedents (n. 84), 147; H. J. KLAUCK, Do They Never Come Back? 'Nero redivivus' and the Apocalypse of John, CBQ 63 (2001), 383–98 (383–386).

[102] This conflict did not only play an important role in anti-Roman literature from the East like the Hystaspes Oracle, but was also present in Roman propaganda, see R. GÜNTHER, Der politisch-ideologische Kampf in der römischen Religion in den letzten zwei Jahrhunderten vor unserem Zeitalter, Klio 42 (1964), 209–297; I. BECKER, Augustus und Dionysus – ein Feindverhältnis, Zeitschrift für ägyptische Sprache und Altertumskunde 103 (1976), 88–101.

[103] Cf. COLLINS, Sibylline Oracles (n. 99), 83.

[104] Further discussion in J.W. VAN HENTEN, Nero Redivivus Demolished: the Coherence of the Nero Traditions in the Sibylline Oracles, JSP 21 (2000), 3–17. Cf. COLLINS, Sibylline Oracles, 80–87; L. Kreitzer, Hadrian (n. 101); G. C. JENKS, The Origins and Early Development of the Antichrist Myth, BZNW 59, Berlin-New York 1991, 257–267.

[105] Described in detail by Herodotus in book 7 of his Histories (7.22–24, 37, 122).

called *Nero redivivus* references in the *Sibylline Oracles* are actually part of a cluster of stereotypes of rulers, which was flexible and multi-applicable in various contexts. This means that the presence of such a stereotype in a passage may have functioned as a negative characterization of an actual ruler, but also that the passage can hardly be interpreted as a historical reference, and as a consequence as a clue to the date of the text. One can even wonder whether it is appropriate to speak of *Nero redivivus* in connection with the *Sibylline Oracles*, since the oracles do mention Nero's return, but there is at the same time only one not very specific passage about Nero's death (5.367).[106] These observations concerning Nero in the *Sibylline Oracles* are also relevant for the interpretation of Revelation, because the passages that scholars usually connect with Nero are far less specific than those in the *Oracles*. A contemporaneous interpretation that presupposes that *Nero redivivus* traditions have been incorporated in Revelation and that the book refers to the actual Emperor Nero or to a Nero pretender, are, therefore, problematic. This does not mean that a combined reading of Revelation and Nero passages is a waste of time, but one should refrain from claiming interdependency. My observations concerning co-reading Revelation with Nero passages result in another perspective: once again a power conflict is highlighted and the passages concern the stereotypes of wicked rulers in line with their role in the divine scenario instead of historical rulers.

6. Conclusion

In this contribution I have discussed several possible avenues for reading Revelation in the light of Graeco-Roman intertexts. Each avenue opens up a different perspective. A generic perspective calls for intertextual readings of two or more texts in their entirety. If there is an affinity between the texts, the results of this approach may be more substantial than readings of individual parallels and do more justice to the specifics of the writings involved as well as the differences between them. Analyzing what the differences are and why this may be so may be as rewarding as a search for correspondences. For the *Corpus Hellenisticum* approach the focus is on individual passages, mostly just a few words and usually short Graeco-Roman parallel passages. The outcome is often an atomistic view of Revelation's text as well as its parallel passages. For a careful interpretation of the parallels it is often important to take the larger context of these passages into consideration and to explore their own socio-cultural contexts. What kind of parallel we are dealing with

---

[106] KREITZER, Hadrian (101), plainly uses the phrase "Nero redivivus myth". COLLINS, Sibylline Oracles (n. 99), 80 footnote 47, rightly emphasizes that the term redivivus is inappropriate with respect to several (early) sources.

and whether it concerns a case of analogy or a genealogical connection still has to be determined in most cases.

Assessing the relevance of parallels for the interpretation of Revelation is also important for the final approach discussed, contemporaneity or contextualization, which both focus on Revelation's socio-historical and cultural milieu, but with different aims. The problem with the contemporaneous approach is that the interconnection of passages is often difficult to prove, because Revelation's language is almost always symbolical and not very specific. This kind of approach also raises principle methodological questions: If the reading of Revelation results in the creation of a symbolic universe that functions as a framework for interpreting the present, as many scholars agree it would, can we still take it for granted that the book alludes to actual historical events that happened in the time of the author or its primary readers? And if Revelation indeed includes allusions to actual events or persons, how can we identify passages that include such a reference to, for example, a specific emperor? And if we have identified such a reference, how should we deal with it? Can we treat it as an accurate reference to an actual historical emperor, or should we rather interpret it along the lines of the genre and the symbolic language of Revelation as an image that is open to more than one interpretation, which allows the reader to associate it with several persons or even a corporate body? These questions underlie the last part of my contribution, which concerns political applications of the combat myths about Python and Seth-Typhon as well as passages about Nero in the *Sibylline Oracles* as intertexts of Revelation. I argue that reading John's vision together with these historicized combat myths implies that the ideology of the emperor, who is often associated with the "dragon slayer" in these myths, is put upside down. Co-reading Revelation with the Nero passages in the *Sibylline Oracles* would also highlight the power conflict that is elaborated in the text, by putting emphasis on the destructive and corrupted power of wicked rulers. The traditions about Nero developed into a negative stereotype that exemplifies evil rule and brutal violence. For Revelation's early readers in Asia Minor such a stereotype may have resonated in the passages about the main antagonists of God and Jesus Christ.

Riding White Horses

An Intertextual Study of Rev 6:1–2 in the Light of its Reception History

Ian Boxall

One of the abiding exegetical questions for commentators on Revelation concerns the relationship between the two horsemen who ride white horses. The first of these (Rev 6:1–2) belongs to the group of four horsemen whose appearance on the visionary screen is inaugurated by the Lamb's opening of the first four seals. The second is the Divine Warrior whose appearance in heaven (Rev 19:11–16) heralds the definitive victory over the forces of chaos. Although there is a near consensus in critical scholarship over the christological identity of the second rider in Rev 19, scholars remain divided over how to interpret the first of the four horsemen and the white horse he rides (Rev 6:1–2). In the words of André Feuillet, this rider presents 'une des plus grandes énigmes de ce livre'.[1] For many, he too is a symbol for the victorious Christ, an interpretation supported not only by the colour of the horse – white being associated elsewhere in the Apocalypse with heaven and the victory of those connected to heaven (e.g. Rev 1:14; 2:17; 3:4–5, 18; 4:4; 6:11; 7:9; 14:14; 19:11, 14; 20:11) – but also by the cry of the first living creature: 'Come!' (ἔρχου: see Rev 22:17, 20).[2] Thus, the connection between the two riders on white horses, here and at Rev 19:11–16, is often heightened.[3]

Nonetheless, a significant minority of scholars holds to a more negative view: that this rider, despite the fact that he rides a white horse, is a malevolent figure. He is a parody of Christ, or even explicitly the Antichrist. This interpretation shares with the christological identification a recognition of the

---

[1] A. FEUILLET, Le premier cavalier de l'Apocalypse, ZNW 57 (1966), 229–259 (quotation is from 229).

[2] E.g. E. F. LUPIERI, A Commentary on the Apocalypse of John, Italian Texts and Studies on Religion and Society, Grand Rapids/Michigan/Cambridge 2006, 142.

[3] E.g. M. BACHMANN, Noch ein Blick auf den ersten apokalyptischen Reiter (von Apk 6.1–2), NTS 44 (1998), 257–278; though see J. C. POIRIER, The First Rider: A Response to Michael Bachmann, NTS 45 (1999), 257–262, who disputes the fact that a functionally positive identification of the first rider necessitates closely relating him to the rider of Rev 19.

strong echoes of the synoptic 'Little Apocalypse' (Matt 24:1–44; Mark 13:1–37; Luke 21:5–38), particularly the Lucan version.[4] However, it notes that the first sign of the 'birthpangs' in the synoptic tradition is the appearance of many declaring 'I am he' (Mark 13:6; Luke 21:8) or 'I am the Messiah' (Matt 24:5). It also emphasizes the significant differences in the descriptions of the two figures: e.g. their weapons (a 'bow' at 6:2; a 'sharp sword' at 19:15), or the contrast between the single 'crown' or 'wreath' of this rider and the 'many diadems' of the later rider (19:12).[5] Thus Mitchell Reddish can maintain that '[t]o interpret the rider of the white horse in 6:2 as Christ or the spread of the gospel does violence to the context in which the imagery appears.'[6]

Some commentators who adopt the Antichrist interpretation are more specific in identifying first-century referents in the horseman, such as Rome's eastern enemies the Parthians, known for their archer-cavalry, or the emperor Nero, closely associated with the bow-carrying Apollo.[7] These are, in essence, variations on the negative portrayal of the four horsemen in earlier commentators. A striking example of the latter is Michael Servatus, a Spanish theologian who was burned at the stake in Geneva in 1553. For Servetus, the first horseman symbolized the Pope, the rider on the red horse the cardinals, and those on the black and grey or pale horses the Dominicans and Franciscans respectively.[8]

These two approaches are both reflected in, and complicated by, the iconographical tradition. Medieval illuminators (as in the ninth-century Trier Apocalypse) separate out the first rider from the remaining three, and he alone receives a victory wreath similar to those held by the twenty-four elders.[9] Memling's St John altarpiece also distinguishes the first rider from the other three (they are riding in opposite directions), although it remains am-

---

[4] For the view that Rev 6 is closely related to the Synoptic Apocalypse, or at least the tradition underlying it, see especially R. H. CHARLES, A Critical and Exegetical Commentary on the Revelation of St. John, ICC, 2 vols, Edinburgh 1920, 1: 158.

[5] E.g. M. RISSI, The Rider on the White Horse, Interpretation 18 (1964), 407–418; I. BOXALL, The Revelation of St John, BNTC, Peabody, 2006, 106–109.

[6] M. G. REDDISH, Revelation, Smyth and Helwys Bible Commentary, Macon, Georgia 2001, 126.

[7] E.g. A. KERKESLAGER, Apollo, Greco-Roman Prophecy, and the Rider on the White Horse in Rev 6.2, JBL 112 (1993), 116–121; L. KREITZER, Striking New Images, JSNTS 134, Sheffield, 1996, 208.

[8] A. W. WAINWRIGHT, Mysterious Apocalypse, Nashville, 1993, 60. A more preterist or contemporary-historical interpretation is that of FIRMIN ABAUZIT (1679–1767): the four horsemen symbolize Felix, Festus, Albinus and Florus, first-century Roman governors of Judaea: WAINWRIGHT, Mysterious Apocalypse, 126.

[9] Although all four wear nimbuses.

biguous whether Memling intended by this a christological identification.[10] In contrast, the Koberger Bible and Albrecht Dürer's influential woodcuts portray the four horsemen riding out together, bringing death, famine and destruction in their wake, establishing a visual tradition which would become increasingly influential in Western culture.[11]

Some modern scholars attempt a mediating position, acknowledging the close association of this horseman with the three which follow – bringing destruction in their wake, as in Dürer's famous depiction – but maintaining his heavenly origin and divine commission. Feuillet, for example, concludes: 'le premier cavalier est destiné à présenter le jugement eschatologique décrit dans les versets qui suivent sous son aspect théologique de victoire divine.'[12]

The interest of this essay is rather more specific, although it may have a bearing on the exegetical interests of more recent commentators: to explore several early receptions of these two visions, especially the first more contested vision of the four horsemen, in order to uncover the intertexts earlier interpreters invoked in order to illuminate their meaning. Intertextual reading of Scripture, as Steve Moyise reminds us, 'is not a new phenomenon but has always been practiced by the Christian church.'[13] What other texts do these readers of the Apocalypse draw upon from their 'intertextual universe'[14] in their reading of the two riders on white horses, what weight is being accorded to these intertexts, and what possibilities do such intertextual relationships offer? I have selected three pre-critical interpreters of the Book of Revelation for this purpose, spanning several centuries, and representing both Greek and Latin exegetical traditions: Victorinus of Pettau from the third century, and Caesarius of Arles and Andreas of Caesarea from the sixth (or, in the case of the Greek Andreas, possibly the early seventh).

---

[10] On Memling, see N. F. H. O'HEAR, Contrasting Images of the Book of Revelation in Late Medieval and Early Modern Art, Oxford/New York 2011, 87–104.

[11] C. ROWLAND, Imagining the Apocalypse, NTS 51 (2005), 303–327; O'HEAR, Contrasting Images, 135–197.

[12] FEUILLET, Le premier cavalier de l'Apocalypse (n. 1), 258.

[13] S. MOYISE, Models for Intertextual Interpretation of Revelation, in: R. B. Hays/S. Alkier (ed.), Revelation and the Politics of Apocalyptic Imagination, Waco, Texas 2012, 31–45 (reference is to p. 31).

[14] For the concept of 'intertextual universe', see S. ALKIER, The Book of Re(ve)lation: How to Read Intertextually, in: J. Verheyden/T. Nicklas/A. Merkt (eds.), Ancient Christian Interpretations of "Violent Texts" in the Apocalypse, NTOA 92, Göttingen 2011, 287–303 (reference is to 300).

1. Victorinus of Pettau

Victorinus of Pettau or Petovium in Upper Pannonia (modern Ptuj in Slovenia) is the author of the earliest surviving Apocalypse commentary, composed in Latin in the third century, in the aftermath of a persecution of Christians under Valerian (257–258).[15] Indeed, he would himself die a martyr's death in a later persecution. Victorinus combines an eschatological, chiliastic reading of Revelation with a more allegorical tendency, the latter perhaps influenced by Origen.[16] Victorinus was a hugely influential exegete, given that his commentary circulated widely in the West in the later recension of Jerome (who removed overtly chiliastic interpretations, corrected Victorinus's Latin, and added some comments of his own and some drawn from Tyconius). Indeed, traces of Victorinus's interpretation will be found in Caesarius of Arles, discussed later in this essay.

Victorinus represents an early (third century) witness to a trajectory of interpretation which would continue into modern scholarship. He presupposes an intertextual relationship between John's vision of the four horsemen and the Synoptic Apocalypse (Mark 13 and parallels), resulting in an eschatological interpretation of this vision. Hence, the second, third and fourth horses symbolise the 'famines, wars and pestilences that the Lord foretold in the Gospel [*<bella>, famem et pestilentiam in euangelio Dominus ostendens praedicata*].'[17] Victorinus explicitly quotes from the Synoptic Apocalypse in his comments on the black and red horses respectively, as well as his initial comment on the white horse.[18]

But such an intertextual reading does not lead, as in some modern commentators, to an interpretation of the first horseman (Rev 6:2) as the Antichrist, or some other malevolent, destructive force. This is particularly striking, given that elsewhere Victorinus can identify the Antichrist as the Emperor Nero (see his comments on Rev 13), whose associations with the bow-carrying Parthians might naturally have suggested a Neronian interpreta-

---

[15] Latin text in Victorinus of Pettau, *Victorini Episcopi Petavionensis Opera* (J. HAUSSLEITER (ed.), CSEL 49; Vienna, 1916); also Victorin de Poetovio, *Sur l'Apocalypse suivi du Fragment chronologique et de la Construction du Monde* (M. Dulaey (ed.), Sources Chrétiennes 423; Paris 1997). English translation in W. C. WEINRICH (ed.), *Ancient Christian Texts: Latin Commentaries on Revelation. Victorinus of Petovium, Apringius of Beja, Caesarius of Arles and Bede the Venerable* (Downers Grove 2011, 1–22.

[16] WEINRICH, *Latin Commentaries on Revelation* (n. 15), xxii.

[17] WEINRICH, *Latin Commentaries on Revelation* (n. 15), 10; Victorin de Poetovio, *Sur l'Apocalypse*, 78.

[18] DULAEY identifies quotations from Matt 24:7, 14 and Luke 21:10–11: Victorin de Poetovio, *Sur l'Apocalypse*, 80.

tion for this rider.[19] Rather he is the Holy Spirit whom the Lord sent forth following his ascension, whilst the white horse he rides is 'the word of preaching that was sent into the world by the Holy Spirit [*uerbum praedicationis cum Spiritu Sancto in orbem missum*]'.[20] The arrows from the rider's bow signify the Holy Spirit's word, operative through the preachers, which penetrate the human heart and conquer *incredulitatem*.

This identification of the rider as the Holy Spirit is a surprising one, particularly given that Irenaeus had already offered a christological interpretation, understanding this rider's coming forth 'to conquer' as a reference to Christ's birth, of which Jacob, holding onto his brother's heel (Gen 25:26), was a type (Irenaeus, *Adv. Haer.* 4.21.3). It means that Victorinus holds back from a straightforward identification of this rider with the rider on a white horse in Rev 19. The latter is 'our Lord coming with his celestial army to establish his kingdom [*Dominum nostrum cum exercitu caelesti aduenientem ad regnandum*]'.[21]

Moreover, Victorinus's positive interpretation does not result – as in the Trier Apocalypse and some modern commentators – in a separation of the first rider from the others. As Martine Dulaey notes, for Victorinus 'il n'y a pas antimonie entre le premier cavalier et les trois autres'. The reason she gives for this essential unity is precisely the synoptic intertext: 'les quatre images sont lues à la lumière de l'apocalypse synoptique'.[22] In Victorinus's reading of Jesus' apocalyptic sermon, all four horsemen symbolize an essential aspect of the triumph of the gospel, which is felt in its dual aspect of judgment and mercy.[23] There is an inner logic to Victorinus's interpretation (perhaps derived from Luke-Acts): Christ the Lamb is now in heaven following his resurrection and ascension, from where he orchestrates the remaining eschatological events.

There would appear, however, to be a further early Christian intertext for Victorinus: the Fourth Gospel. On one level this is unsurprising, in the light of the almost universal acceptance of common Johannine authorship by early patristic authors.[24] It is reflected in Victorinus in at least two ways. First, the

---

[19] Victorin de Poetovio, Sur l'Apocalypse, 106–109.

[20] WEINRICH, Latin Commentaries on Revelation (n. 15), 10; Victorin de Poetovio, Sur L'Apocalypse, 78, 80.

[21] WEINRICH, Latin Commentaries on Revelation (n. 15), 19; Victorin de Poetovio, Sur L'Apocalypse, 112.

[22] M. DULAEY, Victorin de Poetovio: Premier exégète latin. Tome I, Collection des Études Augustiniennes, Série Antiquité 139; Paris 1993, 179.

[23] J. KOVACS/C. ROWLAND, Revelation: The Apocalypse of Jesus Christ, Blackwell Bible Commentaries, Malden/Oxford/Carlton, 2004, 79.

[24] Dionysius of Alexandria being the obvious exception: Eusebius, *h.e.* 7.25.7. Regarding the relation of Revelation and the Fourth Gospel see also J. FREY'S article in this volume.

claim that the ascended Christ 'sent [*emisit*]' the Holy Spirit, and that the word was 'sent' [*missum*] with the Holy Spirit into the world, recalls the Paraclete passages of the Johannine Farewell Discourses, where Christ is the subject of the verb 'send' at John 15:26 and 16:7.

A second Johannine echo is to be found in Victorinus's Latin text of Rev 6:1, which reads the words of the first living creature as *Veni ... et vide*, paralleling Sinaiticus and various Greek miniscules (ἔρχου καὶ ἴδε). The majority reading 'Come!' (ἔρχου) – addressed almost certainly to the rider who now emerges onto the scene – is often used in support of the christological identification of the first horseman. The Spirit and the Bride will cry the same prayer for the coming of the Lord at Rev 22:17 (cf. Rev 22:20). The variant attested by Victorinus is generally explained by textual critics as a consequence of scribal error (a misreading of καὶ εἶδον at the beginning of verse 2), or alternatively as a theological correction to loosen the link between the destruction wreaked by these horsemen and the divine will.[25] Whatever the historical circumstances surrounding the emergence of this reading, in Victorinus it offers an intra-Johannine reference which recalls Christ's *venite et videte* to two of John's disciples, and Philip's *veni et vide* to Nathanael (John 1:39, 46), as these characters move from being inquisitive bystanders to disciples. Victorinus interprets the first living creature's words as addressed to those invited to believe (*veni*), and to those who do not yet see (*vide,* cf. Jn 20:29).[26]

Victorinus's key intertexts for reading Revelation 6 appear to be New Testament texts (although his broader hermeneutical method presupposes the essential unity of Old and New Testaments, with the Lamb's unsealing of the scroll symbolizing the opening up of the Old Testament Scriptures). He works with the Synoptic Apocalypse and the Fourth Gospel, with an interpretative framework provided by Acts. More specifically, he reads the vision in the light of the gospel words of Jesus, reflecting Revelation's self-identification as a 'revelation of Jesus Christ' (Rev 1:1). The effect is an interpretation which, whilst eschewing a christological identification of the first rider, constraints the destructive power of the horsemen under the umbrella of the victory of the gospel. For Victorinus's Christian contemporaries, emerging from a period of persecution, this would have been a compelling message indeed.

---

[25] E.g. B. M. METZGER, A Textual Commentary on the Greek New Testament, London/New York 1971, 739; BOXALL, The Revelation of St John, 105f.

[26] DULAEY detects here the baptismal motif of the *apertio oculorum*: Victorin de Poetovio, Sur l'Apocalypse, 178.

2. Caesarius of Arles

Victorinus's reading of the four horsemen could be defined as 'eschatological', to the extent that the eschaton has begun with the ascension of Christ and the preaching of the good news. But, as Lumsden has argued, Victorinus may also be credited with laying the foundations for an ecclesial interpretation of the Apocalypse (reflected more explicitly in his redactor Jerome, and especially in the influential Donatist Tyconius): proposing 'an ever-present role for the church in the course of history'.[27] This ecclesial focus, which manifested itself in interpretations of the seven seals, became widespread in the changed circumstances of the post-Constantinian age, which brought state persecution of Christians to an end.[28]

A striking example of the coming together of Victorinus and Tyconius may be found in the *Expositio de Apocalypsi sancti Iohannis* of Caesarius of Arles.[29] Caesarius's *Expositio* is a collection of homilies, or preparatory notes for sermons (written between 510 and 537), which circulated widely under Augustine's name, and was also misattributed to Gennadius of Marseilles. It was written against the backdrop of the collapse of the Western Roman Empire, and the resurgence of paganism.[30] Caesarius explicitly mentions the Arians as the primary heretics currently threatening the Church, which must be a reference either to the Ostrogoths or the Visigoths. He interprets the Apocalypse as a vision of Christ and his Church: it contains what 'had begun immediately after the passion of our Lord and Saviour and therefore was to be fulfilled to the day of judgement'.[31] Here we see the influence of Tyconius, whose interest in the Church's ongoing battle with the Devil was especially conducive to Caesarius's context (see especially Tyconius's Rule 2, *De Domini corpore bipertito*, and Rule 7, *De diabolo et eius corporis*).[32]

---

[27] D. W. LUMSDEN, And Then the End Will Come: Early Latin Christian Interpretations of the Opening of the Seven Seals, Medieval History and Culture, New York/London 2001, 23.

[28] F. X. GUMERLOCK, The Seven Seals of the Apocalypse: Medieval Texts in Translation, TEAMS Commentary Series, Kalamazoo 2009, 12–13.

[29] G. MORIN (ed.), Sancti Caesarii Arelatensis Opera Omnia: Volumen II, Maretioli 1942; also PL 35:2417–2452. See also R. GRYSON, Les commentaires patristiques latin de l'Apocalypse, RTL 28/3 (1997), 317–322. English translation in WEINRICH, Latin Commentaries on Revelation, 63–109.

[30] WEINRICH, Latin Commentaries on Revelation (n. 15), xxxi–xxxii.

[31] Caesarius, Expositio, Homily 1: WEINRICH (ed.), Latin Commentaries on Revelation, 63.

[32] F. C. BURKITT (ed.), The Book of Rules of Tyconius, TS 3.1, Cambridge 1894; English translation in P. BRIGHT, The Book of Rules of Tyconius: Its Purpose and Inner Logic (Christianity and Judaism in Antiquity 2) Notre Dame, Ind. 1988.

Caesarius, following Irenaeus rather than Victorinus, interprets the rider on the white horse christologically, although Victorinus's influence is still present in the secondary identification of the rider as 'also the Holy Spirit' [*non solum Christum sed etiam Spiritum sanctum*], and the arrows from the rider's bow as preachers of the word. But, under the influence of Tyconius, whose first rule *De Domino et corpore eius* maintained a close link between the Head and his Body, an ecclesial interpretation is also sustained: 'The white horse is the church, and its rider is Christ [*Equus ecclesia est, sessor Christus*].'[33]

Most striking, however, is Caesarius's key Old Testament intertext. Modern scholars generally acknowledge the importance of the prophet Zechariah as inspiration for John's four horsemen. Two visions from Zechariah in particular are singled out as significant for Revelation: that of a sole rider on a red horse, accompanied by red, sorrel and white horses (Zech 1:7–17), and a later vision of four chariots, drawn by red, black, white and grey horses (Zech 6:1–8). The horses/chariots are identified as agents of God, the four winds or 'spirits' of heaven, patrolling the earth and ultimately acting against nations which oppress Judah (Zech 1:11 implies that the man riding the red horse is an angel of the Lord). Caesarius also acknowledges the link between John's four horsemen and Zechariah in order to illuminate John's vision. However, he turns explicitly to a very different passage from Zechariah (Zech 10:3b–5), linked to Rev 6:2 by the catchword *arcus*:

This horse of the Lord with the bow made ready for war was promised beforehand by Zechariah. "The Lord God will visit his flock, the house of Israel, and he will arrange him as a goodly horse in war, and from him he will look, and from him he will arrange the battle order, and from him came the bow in anger, and from him will come out every oppressor [*VISITABIT DOMINUS DEUS GREGEM SUUM, DOMUM ISRAHEL, ET DISPONET EUM SICUT EQUUM SPECIOSUM IN BELLO; ET EX EO INSPICIET, ET EX EO DISPONET, ET EX EO ARCUS IN IRA, ET EX EO EXIET OMNIS INSEQUENS*]." And so we interpret the white horse to be the prophets and the apostles.[34]

Whereas the visions of the horses/chariots might have strengthened an interpretation of Revelation's four horsemen in terms of eschatological judgement, this alternative Zechariah passage supports Caesarius's ecclesial focus. The subject of this oracle is the Lord's care for his own flock, neglected by the shepherds/leaders, and his transformation of his people, and especially the prophets and apostles, into a war horse on which the Divine Warrior sits in his battle against the enemy. Caesarius's Latin text of Zechari-

---

[33] Caesarius, Homily 5, on Rev. 6:1–2: WEINRICH, Latin Commentaries on Revelation (n. 15), 72; MORIN, Sancti Caesarii Arelatensis Opera Omnia (n. 29), 224.

[34] WEINRICH, Latin Commentaries on Revelation (n. 15), 72; MORIN, Sancti Caesarii Arelatensis Opera Omnia (n. 29), 224.

ah differs from the Vulgate (and the MT) in a number of respects. These include the future *visitabit* rather than the present tense, and an identification of the Lord's flock not as 'the house of Judah' but more broadly as the *domum Israhel*. The future tense allows that Zechariah is looking forward to another flock, the Church, and the broader 'house of Israel' (incorporating both the northern tribes and Judah) also supports a focus on the whole People of God. The Church, especially in her apostolic and prophetic preaching, rides out to victory with Christ against those enemies which threaten her well-being. The words of her preaching are arrows which strike the hearts of unbelieving people. Christ and the Church will reappear after the battle, in Rev 19, where the blood on the Divine Warrior's clothing represents the many sufferings [*passionum ... variata*] of his Church.[35]

In contrast to Victorinus, for whom the four horsemen belong together despite the positive identification of the first rider as the Holy Spirit, Caesarius sees a sharp disjunction between the ecclesial Christ-bearing white horse and the three others which follow. The red horse signifies 'an evil and wicked people', ridden by the devil, which 'comes out against the victorious and conquering church'. The remaining two symbolize different aspects of this 'evil people', as well as (following Victorinus) the wars, famines and pestilences foretold by Christ in the Gospel. In reality, 'these three horses are one, who came out after the white horse and against it [*Isti tres equi unum sunt, qui exierunt post album et contra album*]'.[36] Hence the figure of Death on the pale horse is another manifestation of the devil's onslaught on Christ's flock. The impact of Tyconius's rules on Caesarius's reading is unmistakable.

A very similar ecclesial interpretation will be found in the eighth-century *Expositio Apocalypseos* of the Venerable Bede (673–735).[37] Bede, like Caesarius though in a rather different context, also combines Victorine and Tyconian exegesis in his interpretation of Revelation: 'The Lord presides over the church, which is made whiter than snow by grace and bears the weapons of spiritual doctrine against the ungodly [*Ecclesiae quae super niuem gratia dealbata est, dominus praesidet et spiritalis doctrinae contra impios arma ferens*]'.[38] The 'whiter than snow' is a particular characteristic

---

[35] WEINRICH, Latin Commentaries on Revelation (n. 15), 100; MORIN (ed.), Sancti Caesarii Arelatensis Opera Omnia (n. 15), 264.

[36] WEINRICH, Latin Commentaries on Revelation (n. 15), 72f.

[37] Latin text in Bede, Venerabilis Bedae Anglosaxonis Presbyteri Opera Omnia. Tomus Quartus (PL 93: 129–206); also R. GRYSON (ed.), Bedae Presbyteri Expositio Apocalypseos (CCSL 121A) Turnhout 2001. English translation in WEINRICH, Latin Commentaries on Revelation, 110–195.

[38] WEINRICH, Latin Commentaries on Revelation (n. 15), 129; GRYSON, Bedae Presbyteri Expositio Apocalypseos, 295.

for Bede of the primitive church, whilst subsequent seals symbolise successive stages in Christian history.[39]

3. Andreas of Caesarea

By way of comparison with the Latin Caesarius, an important witness to the Greek exegetical tradition is the Apocalypse commentary of his near-contemporary Andreas, archbishop of Caesarea in Cappadocia.[40] Given the lack of homilies by John Chrysostom on the Apocalypse, Andreas of Caesarea's work became standard in the Byzantine East, also influencing Armenian Christianity through the translation and edition by Nerses of Lambron (1153–1198).[41] Andreas was not the first Greek exegete to compose a commentary on Revelation: that by Oecumenius seems to predate Andreas's commentary and was almost certainly used by him (although without explicit indebtedness).[42] The dating of Andreas's book varies between the second half of the sixth and the early seventh century. E. Constantinou makes a good case for a later date c. 611.[43]

Surprisingly, given the grim historical circumstances within which he wrote, Andreas eschews a reading of Revelation which would present his own day as the crucial eschatological times. Not only had the Empire been struck since the reign of Justinian by the bubonic plagues, which would ultimately claim the lives of one third of its population, bringing famine in its wake. A series of major earthquakes further devastated many of the Empire's cities, including Antioch (588) and Constantinople (554 and 611), while civil war erupted following the murder of the Emperor Maurice by Phocas, and the latter's seizing of the imperial throne. Further cataclysm occurred as the re-

---

[39] See R. E. LERNER, The Medieval Return to the Thousand-Year Sabbath, in: R. K. Emmerson/B. McGinn (eds.), The Apocalypse in the Middle Ages, Ithaca/London, 1992, 51–71 (reference is to 54–55).

[40] Greek text in Andreas of Caesarea, Commentarius in Apocalypsin (PG 106: 207–458); English translation in Andreas of Caesarea, Commentary on the Apocalypse, ed. E.S. Constantinou, The Fathers of the Church 123, Washington DC 2011.

[41] Nerses of Lambron, Commentary on the Revelation of Saint John, Hebrew University Armenian Studies 9, ed. R. W. Thomson, Leuven/Paris/Dudley MA, 2007. Regarding the Armenian Reception History of Revelation see also A. MANUKYAN'S article in the present volume.

[42] On the dating of Oecumenius's commentary, see e.g. M. DE GROOTE, Die Quaestio Oecumeniana, Sacris Erudiri 36 (1996), 67–105; J. C. LAMOREAUX, The Provenance of Ecumenius' Commentary on the Apocalypse, in: VigChr 52 (1998), 88–108.

[43] Andreas of Caesarea, Commentary on the Apocalypse, 15–16; for a very early date, see A. YARBRO COLLINS, The Combat Myth in the Book of Revelation, Missoula, Mont. 1976, 169.

sult of foreign invasion on several fronts.[44] The crossing of the Euphrates by the Persians, and their advance almost to Constantinople itself, would have been particularly conducive to apocalyptic speculation (e.g. Rev 16:12). Yet for Andreas, far from being signs of the End, these turbulent contemporary events are merely short-lived. They fall short of the catastrophes prophesied from the opening of the sixth seal (Rev 6:12–17) onwards.[45]

In commenting on the first of the seven seals, Andreas betrays knowledge of Oecumenius's more allegorical interpretation (probably including him among the 'some' whose interpretations he describes). For Oecumenius, the seven seals symbolize the various works of Christ performed for the salvation of the human race, in restoring what was lost through Adam's transgression and overcoming 'our spiritual enemies'. Oecumenius writes: 'The successive removal of the seals, then, symbolizes the resumption little by little of the openness and in timacy towards God that the Only-begotten by his incarnation made possible for us, making amends for our faults by his own acts of reparation.'[46] Thus, there is a positive interpretation of the first rider, although he is not Christ himself but the herald of that good news put into effect by Christ's birth as a human. The white horse he rides symbolizes the gospel, 'as the benefit due to be conferred on human beings'. Oecumenius's gloss on v. 2b is 'he went out so that *the conqueror* might conqueror [ἐξῆλθε δέ ... ἵνα ὁ νικῶν νικήσῃ], distinguishing between the rider who emerges, and Christ the conqueror whose servant he is and whose victory crown he bears.[47] The remaining seals are interpreted allegorically as the Lord's temptation, his teaching and miracles, the 'blows' of Christ's passion, his appearance before Pilate, his death on the cross – accompanied by an earthquake and signs in the sun and moon (Rev 6:12; cf. Matt 27:45, 51) – and finally the second coming.[48]

---

[44] Andreas of Caesarea, Commentary on the Apocalypse, 11–14; E. S. CONSTANTINOU, Violence, Free Will and the Love of God in the Apocalypse Commentary of Andrew of Caesarea, in: J. Verheyden/T. Nicklas/A. Merkt (eds.), Ancient Christian Interpretations of "Violent Texts" in the Apocalypse, NTOA 92, Göttingen 2011, 199–215.

[45] This is clear from his commentary on the message to the angel of the church in Smyrna (Rev 2:10): 'He says, "Do not fear the tribulation from the enemies of God through afflications and trials, for <it will only last> ten days and not <be> long-lived"': Andreas of Caesarea, Commentary on the Apocalypse, 67. See CONSTANTINOU, Violence, Free Will and the Love of God, 202; contrast e.g. M. SIMONETTI, Biblical Interpretation in the Early Church, Edinburgh 1994, 112.

[46] Greek text in H. C. HOSKIER, The Complete Commentary of Oecumenius on the Apocalypse, Now Printed for the First Time from Manuscripts at Messina, Rome, Salonika and Athos, Ann Arbor 1928, 84; English translation in Oecumenius, Commentary on the Apocalypse (ed. J. N. Suggit; Fathers of the Church; Washington D.C. 2006, 66.

[47] Oecumenius, Commentary on the Apocalypse, 67.

[48] Oecumenius, Commentary on the Apocalypse, 66–76, 81–82. Interestingly, although probably independently, a similar type of christological interpretation of the seven seals

Oecumenius's allegorical interpretation might have provided Andreas with a helpful alternative to the eschatological interpretation of the seven seals he has rejected. Yet he shuns this too, partly on the grounds that the plagues of Revelation should be understood literally, partly because the Apocalypse refers to the present and future of the prophet-visionary John (see Rev 1:19). Thus the first seal cannot refer to Christ's incarnation. As he writes in his commentary on Rev 6:2, citing Methodios of Olympos (*Symp.* 8.7): 'For long ago, before the Apocalypse, the mystery of the Incarnation of the Logos had been fulfilled. John is speaking with authority concerning the present and future things.'

Instead, the four horsemen, including the first, must refer to events or figures subsequent to Christ's incarnation. The key for Andreas is the fact that each of the four horsemen is brought forth by the cry of one of the four living creatures. The first living creature, the lion, symbolizes for Andreas 'the princely spirit of the apostles against the demons', providing the justification for interpreting the first horseman as a symbol of the apostolic preaching:

Thus we explained the loosening of the first seal as meaning the generation of the apostles [τὴν τῶν ἀποστόλων ... γενεάν], those who bend the gospel message [εὐαγγελικὸν κήρυγμα] like a bow against the demons, leading them to be fatally wounded by the saving arrows of Christ, having grasped a crown; through the truth <as a weapon> against them <the demons> they conquered the leader of deception in the hope of a second victory, confessing the name of the Master to the point of a violent death.[49]

The double 'he went out conquering and to conquer' is interpreted by Andreas as two separate victories: first, 'the return of the nations' and then 'the voluntary departure from the body by means of tortures' (presumably the martyrdom of the apostles). The remaining horses then symbolize such aspects of Christian history as the period of the martyrs and teachers, for Andreas a 'second succession of the apostles', and the falling away of some from the faith of Christ. This is combined with a moral or tropological dimension: the seals remind Andreas's readers of the shortness of this mortal life in comparison to the promise of eternity.

It is difficult to see what biblical texts Andreas might be drawing upon here from his 'intertextual universe', besides the two quotations from the psalms (Ps. 48[47]:4 and Ps. 45[44]:16) which allow him to identify the leonine first living creature with the 'princely spirit of the apostles against the

---

may be found among Latin medieval exegetes (e.g. incarnation, birth, passion, burial/descent into hell, resurrection, ascension, second coming): GUMERLOCK, The Seven Seals of the Apocalypse, 5–11.

[49] Andrew of Caesarea, Commentary on the Apocalypse, 90–91; Greek text from J. SCHMID, Studien zur Geschichte des Griechischen Apokalypse-Textes. 1. Teil: Der Apokalypse-Kommentar des Andreas von Kaisareia. Text (Münchener Theologische Studien), Munich 1955, 60f.

demons'.[50] Perhaps we should be looking instead for an 'intratextual' relationship, with Rev 1:1–2 providing the key to the interpretation of the book as a whole, and particularly the identity of the first rider. The Apocalypse is an unveiling of what must take place 'after these things', i.e. after the Incarnation. The rider, as the band of apostles, succeeds Christ and acts on his behalf, followed by various sub-apostolic generations. The precise identity of the various horsemen, and what they symbolize, is further illuminated by John's vision of the four heavenly creatures who draw them forth (Rev 4:6–8), and the characteristics they exhibit.

4. Conclusion

This brief exploration of three ancient commentators on the Apocalypse has revealed both convergence with and divergence from recent critical scholarship on the vision of the four horsemen, and the relationship between the rider on the white horse and the similar figure which appears at Rev 19:11. Although commentators as early as Victorinus read the vision of the four horsemen in the light of the Synoptic Apocalypse, there is no evidence in the commentators discussed for that strand of modern critical scholarship which identifies the first rider on the white horse as the Antichrist. We have discovered instead a tradition of interpreting the first rider of Rev 6:2 positively, although this is accompanied by a surprising diversity in the detail: the rider as the Holy Spirit (Victorinus), or Christ seated on the Church (Caesarius and Bede, thus inviting an identification of this rider with the Divine Warrior of Rev 19:11), or the herald of Christ's gospel (Oecumenius), or the generation of the apostles (Andreas). Nor is there consistency over whether such a positive identification requires a separation of the first rider from the other three (clearly yes for Caesarius; no for Victorinus and Andreas).

Equally diverse is the range of intertexts which seem to have influenced these specific interpretations. Victorinus takes a broadly canonical approach, with particular focus upon the New Testament sayings of Jesus, understandable given the Lamb's crucial role in inaugurating the appearance of the four horsemen. This is set within an interpretative framework reminiscent of the Acts of the Apostles, whereby Christ the Lamb as ascended Lord orchestrates the remaining eschatological events through his opening of the heavenly scroll. If it is indeed the case that Victorinus's textual reading *Veni ... et vide* has taken him to the Fourth Gospel, then this would have opened up other

---

[50] 'Behold, the kings of the earth have been gathered together' (Ps 48[47]:4); 'You will appoint them as rulers upon all the earth' (Ps 45[44]:16): Andreas of Caesarea, Commentary on the Apocalypse, 90.

possibilities in terms of identifying the one 'sent' by the Lamb at the opening of the first seal.

Caesarius of Arles presents an interesting variant on the identification by critical commentators of Zech 1:7–17 and 6:1–8 as key intertexts for Revelation's four horsemen. Although these intertextual allusions may well have provided the springboard for Caesarius's reading, he has apparently scoured the wider text of Zechariah for further interpretative keys. This leads to his preference for another intertext from Zechariah, whose reference to a 'war horse' suggests an ecclesial understanding of Revelation's white horse. Such an interpretation is particularly compelling for Caesarius's context of civic turmoil and need for re-evangelisation following the collapse of the Western Roman Empire.

The key intertexts for Andreas of Caesarea in his interpretation of the four horsemen are more difficult to identify. Andreas certainly had a variety of hermeutical possibilities open to him, including a contemporary-eschatological interpretation which his own turbulent circumstances might have suggested, and a more allegorical reading offered by his predecessor Oecumenius. Yet his preference for a moral or tropological interpretation, combined with something like a church-historical reading of the seals as symbolizing different phases of church history, seems to have been determined in no small part by his 'intratextual' reading of the book. The clear statement that John is recording 'the things which are and the things which must happen after these' (Rev 1:19, i.e. John's present and future), together with the close relationship between the identity of the four living creatures and the four horsemen they call forth, constrains and circumscribes Andreas's interpretation. In their different ways, all these ancient commentators exemplify the dynamic interplay between text, intertext and context in the quest for the meaning of John's elusive visionary book.

Die himmlische Liturgie der Apokalypse (Kap. 4–5) in ihrem Kontext und die Interaktion mit der östlichen irdischen Liturgie

Sotirios Despotis

1. Einleitung

Die Apk bleibt für den Osten bis heute ein versiegeltes Buch. Obwohl am Anfang des Buches der Vorleser und die Zuhörer der Offenbarung im Rahmen der göttlichen Liturgie seliggepriesen werden (1,3; 22,7)[1], wird die Apk – wie das Hohelied – bis heute während des Gottesdienstes der orthodoxen Kirche nicht vorgelesen. Obwohl dieses Buch die Göttlichkeit des Lammes nicht nur durch Prädikate (Titel), sondern auch durch andere literarische Mittel (vgl. paradoxe Solözismen[2] 6,17; 11,15) proklamiert, wurde dieses Buch von keinem der großen Kirchenväter-Exegeten (z.B. Johannes Chrysostomos) kommentiert, aber auch selten als Quelle der Argumentation bei den christologischen Streitigkeiten und der Gestaltung des nizänischen Dogmas benutzt. Obwohl es das einzige Buch ist, das seine Autorität selber beansprucht (22,18–19)[3] und sehr wahrscheinlich der beliebteste neutestamentliche Text im 2. Jh. war, ist es erst sehr spät, nach dem 4. Jh. n. Chr. in den Kanon des Neuen Testaments eingegliedert worden.[4]

---

[1] Vgl. Is 56,1–2ᵃ, Lk 11, 28.

[2] F. BEISSER, Trinitätsaussagen in der Offenbarung des Johannes in: F. W. Horn/M. Wolter (Hg.), Studien zur Johannesoffenbarung und ihrer Auslegung, FS O. Böcher, Neukirchen-Vluyn 2005, 120–138.

[3] Hierzu auch T. NICKLAS, ‚The Words of the Prophecy of this Book'. Playing with Scriptural Authority in the Book of Revelation, in: M. Popovic (Hg.), Authoritative Scriptures in Ancient Judaism, JSJ.S 141, Leiden – Boston 2010, 309–326.

[4] Diese Zurückhaltung liegt einerseits an der chiliastischen Interpretation des 20. Kapitels, die aber nicht nur Papias von Hierapolis, sondern auch Justin, Tertullian, Hippolyt und Irenäus inspiriert hatte, und andererseits an der Polemik gegen den enthusiastischen Montanismus. Vgl. A. HEINZE, Johannesapokalypse und johanneische Schriften. Forschungs- und traditionsgeschichtliche Untersuchungen, BWNT 142, Stuttgart 1998. Sie ist zusätzlich darauf zurückzuführen dass, als das römische Reich christlich wurde, die scharfe prophetisch-antirömische Kritik der Apk mit ihrer archetypischen symbolischen Sprache utopisch klang; die Ideologie ersetzte die Eschatologie. Vgl. G. PODSKALSKY, Byzantinische Reichseschatologie. Die Periodisierung der Weltgeschichte

Die drei bekanntesten Kommentare dieses Buches im Osten wurden erst im 6.–10. Jh. verfasst,[5] als politische Instabilisationsfaktoren, aber auch die explosive Ausweitung einer neuen monotheistischen Religion, des Islams, die Reichsideologie von Byzanz in Zweifel stellten.[6] Zu dieser Zeit zeigte sich eine Dekadenz der biblischen Exegese,[7] und eine Blüte der hesychastischen Theologie und der Allegorese.[8] Während des osmanischen Jochs bietet die Apk den unterworfenen Orthodoxen zwar wieder Paraklese/Trost, aber sie wird durch die Brille der Missionare, der Protestanten und Jesuiten, gelesen. Sie ist nicht mehr Offenbarung „Jesu Christi" (gen. obj. aber auch subj.),

---

in den vier Großreichen (Daniel 2 und 7) und dem tausendjährigen Friedensreiche (Apok. 20). Eine motivgeschichtliche Untersuchung, München 1972, 70f.

[5] ΟΙΚΟΥΜΕΝΙΟΥ (Ende 6. Jh), Ερμηνεία της Αποκαλύψεως, Edition: M. DE GROOTE (Hg.), Oecumenii commentarius in Apocalypsin, TEG 8, Leuven 1999 (zur Bewertung Hoskiers 1–8); Index: M. DE GROOTE (Hg.), Index. Oecunienianus – Wortindex zum Apokalypsekommentar des Oecumenius, Alpha – Omega; Reihe A, Lexika. Indizes, Konkordanzen zur klassischen Philologie 223, Hildesheim 2001. ΑΝΔΡΕΑ ΚΑΙΣΑΡΕΙΑΣ (614 n.Chr.), Ερμηνεία εις την Αποκάλυψιν Ιωάννου του Θεολόγου, J. SCHMID, Studien zur Geschichte des Griechischen Apokalypse-Textes, I Der Apokalypse-Kommentar des Andreas von Caesarea. 1 Text (1955), 2 Einleitung (1956), MThS.E I 1–2, München 1955–1956 (zitiert Studien 11/I 2). ΑΡΕΘΑ ΚΑΙΣΑΡΕΙΑΣ (914 n.Chr.): Συλλογή εξηγήσεων εκ διαφόρων ανδρών εις την Αποκάλυψιν, PG 106, 486–786.

[6] PODSKALSKY, Byzantinische Reichseschatologie (s. Anm. 3), 83f.: „Mit den drei großen Apokalypsekommentaren des Oikumenios, Andreas und Arethas von Kaisareia treten wir in eine neue Phase der byzantinischen. Kirchengeschichte ein: die von den frühchristlichen Exegeten errechnete Weltdauer von 6000 Jahren ist mit dem Jahr 508 überschritten. Hatten schon vor diesem Zeitpunkt die meisten Kirchenväter in Anwendung der allegorisierenden Schultradition vor einer buchstabentreuen Interpretation der einschlägigen Schriftstellen gewarnt, so wurde die grundsätzlich spiritualistische Auslegung der Apokalypse von nun an zu einer Notwendigkeit, sollte die exegetische Arbeit sich nicht um ihre innere Glaubwürdigkeit bringen. – Zwei weitere Faktoren von säkularer Bedeutung, die nicht ohne Folgen bleiben konnten für die Deutung von Geschichtsprophetien, waren die inzwischen erfolgte Gründung Neu-Roms und die Eroberung Alt-Roms durch die Barbaren".

[7] Siehe oben 70f.: „Jedoch läßt sich seit dem Ausgang des 5. Jahrhunderts deutlich ein schwerpunktverlagerndes Gefälle vom hohen Niveau exegetischer Facharbeit zur polemischen und pseudepigraphischen Kompilation feststellen. Schuld daran tragen vermutlich die spätestens seit Justinian sichtbar werdende Standardisierung der frühpatristischen Theologie auf allen Gebieten sowie der wachsende Zwang zur Abwehr innerer und äußerer „Dissenters", der sich auch von den gleichzeitigen, schöpferischen Leistungen westlicher Theologen nur sporadisch in systematische Bahnen lenken ließ. Die Väter waren so heilig geworden, dass ihnen der beste Dienst erwiesen schien, wenn man ihre Gedanken pseudepigraphisch in schwächeren und schlecht adaptierten Neuauflagen wiederholte; bot ihr Name doch zugleich die beste Gewähr, eventuelle eigene Korrekturen dem unkundigen Leser annehmbar zu machen. Die Fiktion einer ungebrochenen Einheitlichkeit suchte den unleugbaren Verfall zu verdecken".

[8] Andreas (4.10.4,8b) nennt Ps-Dionysius Areopagita groß.

sondern Zeugnis des Antichristen, der entweder mit Papst oder Mohammed identifiziert wird. Solche Auslegungen findet man in der Periode zwischen 1453 und 1820 (und besonders 1600–1640 und 1779–1817)[9] in zwanzig Kommentare der Apk (!).[10] Man verstand die Apk wie Orakelsprüche (Χρησμοί) als Voraussage der Zukunft. Im 16. Jh. werden auch die ersten aus der Apk inspirierten Ikonen gemalt.[11] Seit den letzten zwanziger Jahren des 20. Jh. schließlich setzte in Griechenland wieder das wissenschaftliche Interesse an der Apk ein.[12]

Im Folgenden werde ich versuchen zu beweisen, dass der Seher Johannes die liturgische Erfahrung seiner Zuhörer nutzte, um allmählich einen *proleptischen* Exodus aus ihrem irdischen „Mikrokosmos", aber auch aus einer falschen kultischen Auffassung zu verwirklichen. Diese Auffassung aber war (und bleibt bis heute) im Osten so beherrschend,[13] dass sie schließlich ein Faktor der Marginalisierung der Apk im Osten wurde.[14] Dafür werde ich auf den Kap. 4–5, die eine geschlossene Einheit[15] bilden und die himmlische

---

[9] M. D. TSIKRITSIS, Αποκάλυψις Ιωάννου. Κείμενα και Ερμηνείες (1^{ος}–19^{ος} αι.). Ανάλυση Περιεχομένου (PhD diss.), Iraklio 2006, 134f.

[10] A. ARGIRIOU, Les Exégèses grecques de l'Apocalypse a l'époque Turque (1453–1821), Thessalonique 1982.

[11] Dionisiou Ieromonachou ek Fourna (1670–1745), Ερμηνεία των Ζωγράφων, Επανέκδοση, Αθήνησι 1853, 161. A. KATSIOTI, Ο εικονογραφικός κύκλος της Αποκάλυψης στο ναό της Κοίμησης της Θεοτόκου στο Ασκληπειό της Ρόδου (1676–7), Μνήμη Μανόλη Χατζηδάκη, Ακαδημία Αθηνών, 3 Μαρτίου 2009, Athen 2011.

[12] Im Rahmen eines Wiedererwachens des Interesses an der Apokalyptik durch SAVAS AGOURIDES [Η Αποκάλυψη του Ιωάννη (Εισαγωγικά- Ερμηνεία- Παραρτήματα επί ειδικών θεμάτων), Thessaloniki 1994], wurden fünf Dissertationen publiziert. E. AMOIRIDOU, Ιστορία της Ερμηνείας του Αριθμού του Θηρίου χξς, Thessaloniki 1998. K. BELEZOU, Η Ερμηνεία τοῦ Οἰκουμενίου τοῦ Σχολαστικοῦ στήν Ἀποκάλυψη τοῦ Ἰωάννου. Ἱστορική καί μεθοδολογική προσέγγιση. Athen 1999 [siehe auch desselben: Ἡ Σημειολογία τοῦ Γάμου στήν Ἀποκάλυψη τοῦ Ἰωάννου. (Πρόσωπα καί συμβολισμοί). Athen 2007] I. SKIADARESSIS, Λειτουργικές Σκηνές καί Ὕμνοι στην Αποκάλυψη του Ιωάννη, BB 14, Thessaloniki 1999 (siehe auch desselben Η Αποκάλυψη του Ιωάννη. Ερμηνευτικά και θεολογικά Μελετήματα Α, BB 35, Thessaloniki 2005). S. DESPOTIS, Η Επουράνιος Λατρεία στα κεφ. 4–5 της Αποκαλύψεως του Ιωάννη, Wiesbaden 2000. M.D. TSIKRITSIS, Αποκάλυψις Ιωάννου. Κείμενα και Ερμηνείες (s. Anm. 8).

[13] P. VASSILIADIS, Apocalypse and Liturgy. St. Vladimir's Theological Quarterly 41 (1997), 95–112.

[14] K. NIKOLAKOPOULOS, Die Apokalypse des Johannes und die orthodoxe Liturgie. Anknüpfungspunkte zwischen Apokalypse und orthodoxem Kultus in: J. Frey/J. A. Kelhoffer/F. Tóth (eds.), Die Johannesapokalypse. Kontexte – Konzepte – Rezeption, WUNT 287, Tübingen 2012, 775–791.

[15] Das geschieht, obwohl das Kap. 4 einen starken jüdischen Charakter hat und das Kap. 5 mehr christlich gefärbt ist.

Liturgie auf einzigartige Weise beschreiben, fokussieren, und die als Post-
und Präludium[16] bezeichneten größeren Einheiten betrachten.[17]

2. Kapitel 4–5

Die Kapitel 4–5 spielen eine zentrale Rolle in der kunstvollen Struktur des
Buches, indem sie nach der Siebenreihe der Briefe, die die gegenwärtige
Situation der sieben Gemeinden behandelt, das eschatologische Drama einlei-
ten. Für Roloff bildet die Thronsaalvision „das den gesamten zweiten
Hauptteil beherrschende Zentrum".[18] Sie beschreibt die himmlische Liturgie,
die im ganzen Buch in einer einzigartigen Interaktion bzw. *Antiphonie* mit
den eschatologischen Akten auf der Erde steht. Im Kern dieser Einheit werden der feierliche Einzug des Lamms im himmlischen Palast/Tempel und der
Empfang der mit den sieben Siegeln versiegelten Buchrolle wie auch der
Macht, des Reichtums und der Würde (Apk 5,12) dargestellt. Das Öffnen
dieser Buchrolle signalisiert die Aktualisierung alttestamentlicher als auch
neutestamentlicher Prophezeiungen.[19] Durch die hymnischen Stücke (Doxologien, Akklamationen-ἄξιος), die diesen großen Einzug umrahmen, werden
die Theologie und die Kosmologie (in Kap. 4), die Christologie und die Eschatologie (Kap. 5) der Apk zusammengefasst. Es werden auch Chöre von
Wesen (*dramatis personae*) vorgestellt, die eine aktive Rolle beim neuen
Exodus der Kirche spielen werden.

Diese Einheit, die mit der kosmischen Symphonie und dem *Amen* der Lebewesen abgeschlossen wird, wird mit dem Heraufsteigen des in 1,17
niedergefallenen Sehers eingeleitet. Dieser *Über*gang, der eigentlich keine

---

[16] F. Tóth, Von der Vision zur Redaktion. Untersuchungen zur Komposition,
Redaktion und Intention der Johannesapokalypse, in: J. Frey (et al.) Die Johannesapokalypse, Kontexte – Konzepte – Wirkungen (s. Anm. 14), 319–411.

[17] Über die Forschungsgeschichte siehe Ch.W. Fishburne, Liturgical Patterns and
Structure in the Johannine Apocalypse against the Background of Jewish and Early Christian Worship. (PhD diss.) (http://www.ntgateway.com/book-of-revelation/books-and-
dissertations) University of Edinburgh 1976. G. Schimanowski, Die Himmlische Liturgie
in der Apokalypse des Johannes, WUNT 2/154, Tübingen 2002, 4–29. F. Tóth, Erträge (s.
Anm. 14), 19–20.

[18] J. Roloff, Die Offenbarung des Johannes, ZBK.NT 18, Zürich 1984, 24. Bis heute
befindet sich der Kern des orthodoxen Tempels nicht im Altar sondern im Zentrum, wo der
thronende Ο ΩΝ Pantokrator Jesus Christus in der Kuppel dominiert. Die Szene der
himmlischen Liturgie bildet auch den Kern des ältesten Kreises in Rhodos. Siehe
Katsioti, Ο εικονογραφικός κύκλος (s. Anm. 10), passim. Im Kloster Docheiariou (Berg
Athos), wo dieses Kreis in der Trapeza (im Essraum!) sich befindet, gipfelt sich es nicht in
dem Neuen Jerusalem, sondern im Krieg zwischen dem Logos und seiner Armee einerseits
und den Tieren andererseits, die als osmanische Soldaten abgebildet werden.

[19] Vgl. Hippolyt, *Comm. In Dan.* 4,34,1.

Himmels*reise* bildet,[20] wie auch die Christophanie in Kap.1 werden im eucharistischen Klima des *Herrentags* (1,10; Κυριακή: ntl. hapax legomenon; vgl. *Did.* 14,1; Ignatius, *Magn.* 9,1) verwirklicht, indem der Seher der Einladung der *posaunenartigen* Stimme gehorcht: „Komm herauf, und ich werde dir zeigen, was dann geschehen muss" (4,1). Das ἀναβαίνειν, das im Alten Testament mit der Anbetung Gottes verbunden ist,[21] geschieht durch *den Geist*. Im Gegensatz zu entsprechenden Visionen der jüdischen apokalyptischen Literatur wird dieses Heraufsteigen ohne Anwendung psychosomatischer Techniken (vgl. Kol 2,21) und ohne das Durchqueren von sieben oder zehn Himmeln (vgl. auch 1 Enoch 14, 2 Kor 12 oder *AscIsa*), verwirklicht. Johannes befindet sich unmittelbar im *originalen* Debir/Palast, der als Zentrum den im Prosatext unbenannten, aber *bezeichneten*, ja erzählerisch gezeichneten, auf dem Thron Sitzenden[22] hat; der Text bietet eine Art von *Ikonen-* wie auch *Hymnentheologie*.

Gott, der nur in der Apk mit dem Glanz wie auch den anderen bei uns heute unbekannten Eigenschaften[23] zweier Edelsteine des hohepriesterlichen Ephods beschrieben wird (vgl. Plato, *Phaidro* 110.d),[24] ist der absolute, einzig Heilige, aber auch der (durch die Person Jesu Christi ständig) Kommende (Apk 4,8). Er existiert und wirkt nicht distanziert von der Geschichte und der Welt. Vor Ihm ist „etwas wie ein Meer", das aber im Gegensatz zu seinem irdischen Entsprechenden (Dan 7,3; Apk 13,1), „gläsern einem Kristall" gleich ist (Apk 4,6; vgl. 22,1). Dies reflektiert das Gewölbe, den Him-

---

[20] Siehe SCHIMANOWSKI, Die Himmlische Liturgie (s. Anm. 17), 67f.

[21] J. SCHNEIDER, ἀναβαίνω, ThWNT 1 (1933), 516.

[22] Vgl. EUGÉNIA SCARVELIS CONSTANTINOU, Andrew of Caesarea and the Apocalypse In the Ancient Church of the East. Part 1: Studies on the Apocalypse Commentary of Andrew of Caesarea. Part 2: Translation of the Apocalypse Commentary of Andrew of Caesarea. Ph.D. dissertation, Université Laval, Quebec, Canada 2008, 56. Anm 242: "The throne set: what is it but the throne of judgment and of the King?" (Vie. 4.2, ANF 7:347). One would naturally expect the throne to symbolize rule or judgment, but Andrew consistently understands it to represent repose". Vielleicht ist Andreas beeinflusst von der Bedeutung des Deckels der Lade (Ex 25,10ff.), des Hilasterion (siehe Philo *Vit Mos* II 95–6; *Fug* 100–1).

[23] Vgl. Andreas, 4.10.4,2–3: τῆς μὲν ἰάσπιδος σημαινούσης, ὡς χλοερᾶς, τὸ ἀειθαλὲς ὁμοῦ καὶ φερέσβιον καὶ τροφῆς χορηγὸν τῆς θείας φύσεως, διὰ τὸ πᾶν σπέρμα χλοηφορεῖν, πρὸς τούτῳ δὲ καὶ τὸ φοβερὸν τοῖς ὑπεναντίοις–φασὶ γὰρ τὴν ἴασπιν φοβερὰν εἶναι θηρίοις καὶ φάσμασι–, μετὰ τοῦτο δὲ καὶ τῶν ἐπιδεχομένων τὴν ψυχικὴν ἴασιν τὸ θεραπευτικόν. λέγει γὰρ ὁ μέγας Ἐπιφάνιος τοῦτον τὸν λίθον ἰατρεύειν οἰδήματά τε καὶ τὰς ἀπὸ σιδήρου πληγὰς ἐπιχριόμενον· ἡ δὲ ἶρις σμαραγδίζουσα τὸ ποικίλον καὶ ἀνθοῦν ἐν ἀρεταῖς τῶν ἀγγελικῶν ἐμφαίνει τάξεων. Siehe Epiphanius, Περὶ τῶν Δώδεκα Λίθων (PG 43, 297D).

[24] Vgl. Apk 21,18–19 *neues Jerusalem*; Ez 28,18 *Urmensch*. Die Edelsteine, aber auch andere Merkmale des himmlischen Tempels verweisen auch auf das Goldene Haus des Nero (Sueton *Nero* 31). D. E. AUNE, 'The Influence of Roman Imperial Court Ceremonial on the Apocalypse of John', BR (1983), 5–26.

melsozean (Gen 1,6; Ez 1,22)[25] und das Eherne Meer des Tempels (1 Kön 7,23).[26] Es signalisiert auch die Klarheit, mit der Er die irdischen Ereignisse durchschaut und regelt. Über dem Thron dominiert nicht der goldene Nimbus der ezechielischen Vision (Ez 1,4) und der östlichen Ikonographie, sondern das Symbol des Friedens, der Regenbogen,[27] in dem aber im Gegensatz zu Ez 1,26 die grüne Farbe der Barmherzigkeit vorherrscht („wie ein Smaragd aussah"; Apk 4,3). Während in Daniel „ein Strom von Feuer vom Thron ihm ausging" (Dan 7,10; vgl. 1 Henoch 15,19.22), trifft man in der Apk „sieben lodernde Fackeln; das sind die sieben Geister Gottes"[28] (Apk 4,5; vgl. Ex 17,21 *Menorah*), die eng mit den Gemeinden (Apk 1,4), aber auch mit dem Lamm (Apk 3,1; 5,6) in Beziehung stehen.[29] Die vier Wesen-ζῷα (Chajjiot) um den Thron kombinieren Merkmale der Cherubim des Ez (1,18; 10,12; vgl. auch die beiden Tiere in Apk 13) mit denen der Serafim aus Jes 6, denn sie singen das im Tempel und in der Synagoge bekannte Trishagion. Ausschließlich in der Apk erscheint im Palast/Debir Gottes der Chor der 24 inthronisierten Ältesten. Er akklamiert in Du-Stil Gott, aber auch das *Arnion* als würdig-ἄξιος.

Für die meisten Exegeten stellt sich die Frage, ob Seher Johannes in der zu untersuchenden Einheit, die die alttestamentlichen Thronvisionen (1 Kön 22,19–22; Jes 6; Ez 1–3; Dan 7; vgl. auch 1 Henoch 14–17)[30] reflektiert, vom Ritus der „irdischen" christlichen Liturgie beeinflusst wurde.[31] Wie auch

---

[25] Vgl. 15, 2: Καὶ εἶδον ὡς θάλασσαν ὑαλίνην μεμιγμένην πυρὶ καὶ τοὺς νικῶντας ἐκ τοῦ θηρίου.

[26] K. SEUNG IL, The 'Molten Sea', or Is It?, Bib. 89 (2008), 101–103.

[27] Nach M. KARRER, Der Text der Johannesapokalypse, in: J. Frey (et al.), Die Johannesapokalypse, Kontexte – Konzepte – Wirkungen (s. Anm. 14), 43–78 (50): „die Handschriftanlage spricht für ἱερεῖς (s. neben א und A bes. die wertvolle Minuskel 2329)". Diese Priester (im Gegensatz zu den Ältesten) spielen aber keine Rolle im Text der Apk, die so alle Gläubige so nennt (Apk 1,6; 5,10).

[28] Siehe F. HAHN, Das Geistverständnis in der Johannesoffenbarung in: F. W. Horn/M. Wolter (Hg.) Studien zur Johannesoffenbarung (s. Anm. 2), 3–9.

[29] Die sieben goldenen Leuchter (Apk 1,12), die die Gemeinden symbolisieren, unter denen Christus waltet, bilden nicht eine Menorah (die nach Philo *Rer Div Her* 221–2, τῆς κατ᾽ οὐρανὸν τῶν ἑπτὰ πλανήτων χορείας μίμημά ἐστιν), sondern sie sind selbstständige Träger des Hl. Geistes.

[30] Gemeinsamer Nenner aller dieser Perikopen ist das Motiv der Bevollmächtigung eines Auserwählten eine für die Geschichte entscheidende Aufgabe durchzuführen. Siehe K. BERGER, Formgeschichte des Neuen Testaments, Heidelberg 1984, 299.

[31] Für den Einfluss plädieren SCHIMANOWSKI, Die Himmlische Liturgie (s. Anm. 17), 280 und F. TÓTH, Der himmlische Kult. Wirklichkeitskonstruktion und Sinnbildung in der Johannesoffenbarung, ABG 22, Leipzig 2006, 35: „Dass die himmlischen Hymnen in der Offb kein Spiegelbild des urchristlichen Gottesdienstes, vielmehr literarische Schöpfung, sind, hat Joerns sicherlich richtig gesehen. Zu behaupten, die Offb weise nun aber überhaupt keine Gottesdienststruktur auf, hieße das Kind mit dem Bade ausschütten".

immer: Das Merkmal aber des Verfassers der Apk ist seine einzigartige Kreativität,[32] mit der er bekannte *vorgegebene* Traditionen bearbeitet, um seine Botschaft[33] in die „Sprache" seiner Zuhörer zu übertragen. In der vorangehenden Siebenerreihe der Briefe benutzt er nicht nur alttestamentliche Motive,[34] sondern auch Bilder von lokalen Institutionen, um besonders seine Paränese zu begründen.[35] Er zögert aber auch nicht, pagane Motive (z.B. das Motiv des *mythischen Krieges*[36]) zu verwenden, um seine Botschaft für die aus unterschiedlichen Nationen stammenden Hörer/Leser klar darzustellen.[37]

Die Tatsache, dass der Seher kreativ Traditionen nutzt, führt uns zum Schluss, dass er wahrscheinlich auch die liturgische Tradition der kleinasiatischen Gemeinden in seinem konzentrisch strukturierten[38] *Drama* berücksichtigt.[39] Ein zweites Argument stützt diese These: Zwei der Hauptziele des Verfassers waren: (a) seine Zuhörer von der Anbetung des *divi filius* Caesar, die von den lokalen kleinasiatischen Erzpriestern prachtvoll organisiert wur

---

[32] Es ist höchst wahrscheinlich, dass Johannes nicht den in der Urgemeinde üblichen Begriff 'Lamm' ('Anmos' Is 53,7; Joh 1,29.36), sondern den Begriff 'arnion' ('Lamm') im Gegensatz zum Begriff 'therion' (Tier) benutzt. Die Beschreibung des Lammes, die Unterscheidung zwischen den Fackeln (den Gemeinden) und dem Licht (dem Hl. Geist) aber auch die 24 Throne der Ältesten sind Neuerungen der Apk im Vergleich zu Ihren 'Quellen'.

[33] Das wird in Apk 14,7 als Evangelium proklamiert: „Fürchtet Gott, und erweist ihm die Ehre! Denn die Stunde seines Gerichts ist gekommen. Betet ihn an, der den Himmel und die Erde, das Meer und die Wasserquellen geschaffen hat".

[34] D. D. MATTHIJS, The Promises to the Conquerors in the Book of Revelation, Bib. 87 (2006), 516–522.

[35] W. M. RAMSAY, The Letters to the Seven Churches of Asia and Their Place in the Plan of the Apocalypse, London 1904, und C. J. HEMER, The Letters to the Seven Churches of Asia in their local Setting, JSNT.Supp 11, Sheffield 1986.

[36] A. YARBRO COLLINS, The Combat Myth in the Book of Revelation, HDR 9, Missoula 1976. Zur Bedeutung paganer Parallelen zum Verständnis der Johannesapokalypse vgl. auch den Beitrag von J. W. VAN HENTEN im vorliegenden Band.

[37] Der Verfasser benutzt auch die vorangehende neutestamentliche Tradition kreativ und mit gewaltiger sprachschöpferischer Kraft (E. LOHMEYER, Offenbarung RGG IV [1960], 441). Der Einzug des Lammes in den Tempel und der Empfang des Buches hat gemeinsame Elemente mit dem ersten öffentlichen Auftreten Jesu in der Synagoge seiner Heimat, dem Empfang/der Vollendung des Propheten Jes 61 und dem Anfang eines Gnadenjahres des Herrn (Lk 4,16–21). In beiden Perikopen werden die enge Beziehung zwischen Jesu und dem Geist, und der Freikauf der Gefangenen betont. Siehe DESPOTIS, Επουράνιος Λατρεία (s. Anm. 12), 29. Andere Gemeinsamkeiten zwischen Lk und Apk siehe Stefan WITETSCHEK, Ein weit geöffnetes Zeitfenster? Überlegungen zur Datierung der Johannesapokalypse in: J. Frey (et al.) Die Johannesapokalypse, Kontexte – Konzepte – Wirkungen (s. Anm. 14), 117–149, 136–137.

[38] TÓTH, Der himmlische Kult (s. Anm. 29), 163.

[39] P. PRIGENT, Commentary on the Apocalypse of St. John. Translated from the French edition by Wendy Pradels. Study edition. Re-binding. Tübingen 2004, 234.

de, abzuwenden und (b) zugleich die universale eschatologische Wirkung der
Liturgie der marginalisierten Kirche in der Weltgeschichte zu demonstrieren.
Dasselbe drückt auch Ignatius aus, wenn er die Epheser, die auch Rezipienten
der Apk waren, auffordert:

Σπουδάζετε οὖν πυκνότερον συνέρχεσθαι εἰς εὐχαριστίαν Θεοῦ καὶ εἰς δόξαν· ὅταν γὰρ
πυκνῶς ἐπὶ τὸ αὐτὸ γίνεσθε καθαιροῦνται αἱ δυνάμεις τοῦ Σατανᾶ καὶ λύεται ὁ ὄλεθρος
αὐτοῦ ἐν τῇ ὁμονοίᾳ ὑμῶν τῆς πίστεως· οὐδέν ἐστιν ἄμεινον εἰρήνης ἐν ᾗ πᾶς πόλεμος
καταργεῖται ἐπουρανίων καὶ ἐπιγείων (Ignatius, *Eph.* 13,1–2).

In der Apk setzt das (b) das (a) voraus, d.h. die Teilnahme an der wirkungsvollen Liturgie und der Vollendung des Alls bedarf der Abwendung von der
Anbetung des Kaisers und der synkretistischen Vermischung mit der Umwelt.
Unter diesen Umständen wäre es unsinnig, wenn Johannes das Ritual der
christlichen Liturgie, das wohl zu Beginn des 2. Jahrhunderts geordnet worden war (Plinius, *ep.* 10,96), völlig ignoriert hätte. Der ganze Text wird von
Szenen einer *irdischen* Liturgie eingerahmt. Es ist nicht auszuschließen, dass
nach der Lesung/Audition der Apk die *Eucharistie/Mahlfeier* folgte, während
derer die dramatische Katharsis der Apk bis heute *im Geist* aktualisiert wird
und die Einladung *Amen. Komm, Herr Jesus!* (Apk 22,20) erfolgt.

3. Die Einheit der Kap. 1–5

Meistens werden die Kap. 4–5 in Beziehung zu den folgenden Kapiteln betrachtet. Sie sind aber auch mit den vorangehenden Kapiteln 1–3 sehr eng
verwoben.[40] Besonders in Bezug auf den Brief an die Gemeinde von Laodize-
a, der den Epilog der ersten *präparatorischen* Siebenreihe bildet, zeigen sich
die folgenden Gemeinsamkeiten:

1. Jesus bezeichnet sich selbst als ὁ ἀμήν, ὁ μάρτυς ὁ πιστὸς καὶ ἀληθινός,
ἡ ἀρχὴ τῆς κτίσεως τοῦ Θεοῦ[41] (Apk 3,14; vgl. 1,5). Im himmlischen Tempel,
von dem aus mit V. 4,9 die Neue Schöpfung des Weltalls ihren Ausgang
nimmt, spielen die folgenden Elemente eine herausragende Rolle: 1) der Chor
der vier Lebewesen (Apk 4,6), die mit ihren Merkmalen die ganze Schöpfung
vertreten und mit dem zweiten[42] Lied (Doxologie 4,9) in Kap. 4 das eschato-

---

[40] Siehe G. K. BEALE, The Book of Revelation. A Commentary on the Greek Text,
Michigan Cambridge 1999, 311–312 und SCHIMANOWSKI, Himmlische Liturgie (s. Anm.
17), 39–41.

[41] Siehe C. K. ROTHSCHILD, Principle, Power, and Purgation in the Letter to the Church
in Laodicea (Rev 3:14–22), in: J. Frey (et al.) Die Johannesapokalypse, Kontexte –
Konzepte – Wirkungen (s. Anm. 3), 259–297 (276), Anm. 77.

[42] In Apk 4,9 wird noch ein zweites Lied indirekt aufgezeichnet: δόξαν καὶ τιμὴν καὶ
εὐχαριστίαν/τῷ καθημένῳ ἐπὶ τῷ θρόνῳ/τῷ ζῶντι εἰς τοὺς αἰῶνας τῶν αἰώνων. Das

logische Drama einleiten, 2) die erste Akklamation-ἄξιος der 24 Ältesten, die die Erschaffung/*Ktisis* von Allem durch *ihren* Gott proklamiert (Apk 4,11), und 3) der Chor des Kosmos selbst, der mit seiner Symphonie/Doxologie die ganze Liturgie zusammen mit den vier Lebewesen und den 24 Ältesten feierlich abschließt. 4) Das wegen seines Zeugnisses geschlachtete Lamm leitet durch den Empfang der Buchrolle die Neue Schöpfung des Weltalls ein.

2. Das letzte Versprechen Jesu nicht an die Sieger von Laodizea, sondern aller sieben Gemeinden: Ὁ νικῶν δώσω αὐτῷ καθίσαι μετ᾽ ἐμοῦ ἐν τῷ θρόνῳ μου, ὡς κἀγὼ ἐνίκησα καὶ ἐκάθισα μετὰ τοῦ πατρός μου ἐν τῷ θρόνῳ αὐτοῦ (Apk 3,21)[43] wird mit der Anwesenheit der 24 Ältesten im himmlischen Palast erfüllt. Dieser Chor, der möglicherweise aus Vertretern der alttestamentlichen und neutestamentlichen Kirche besteht (Apk 21,19–20; vgl. Mt 19,28), die sich auch in enger Koinonia mit den Gläubigen auf der Erde befinden (Apk 5,5.8; 7,13), wird als erstes vorgestellt (Apk 4,4). Die Ältesten haben im Gegensatz zu den Engeln den Vorteil, Throne zu besitzen (1 Henoch 45,3; 4Q521 ii) und Ihn im Du-Stil als ihren Gott zu loben (Apk 4,11). Gott wird in Kap. 4 als Sitzender auf dem Thron beschrieben und besungen (Apk 4,9), denn sein Thron bildet den Kern des himmlischen Tempels, aber auch des Neuen Jerusalems (Apk 22,1) und die Quelle der eschatologischen stufenartigen Katharsis. Der Einzug des Lamms in Kap. 5 setzt seinen Sieg voraus und bedeutet seine Installation auf dem Thron Gottes (vgl. τὸ ἀρνίον τὸ ἀνὰ μέσον τοῦ θρόνου; Apk 7,17).

3. Die weißen, nach Andreas von Caesarea *hochzeitlichen* Gewänder und das Gold der Kränze (Apk 4,4; vgl. 2,10; 3,11), die Christus jedem Mitglied der Kirche zu kaufen rät (Apk 3,18), sind schon Merkmale der Ältesten. Im Gegensatz zu den Mitgliedern der Gemeinde von Laodizea verhalten sie sich (die Ältesten), obwohl sie über große Ehre verfügen, nicht arrogant, sondern demütig, und preisen Gott.

4. Im Himmel gibt es nicht die Lauheit der Mitglieder der phrygischen Gemeinde,[44] sondern die Intensität der Liebe, aber auch des Zorns Gottes. Diese wird mit den verschiedenen Farben bzw. Ausstrahlungen des auf dem Thron Sitzenden, aber auch mit dem Kontrast der Phänomene vor diesem dargestellt. „Mit dem Feuer und dem Meer in der eisigen Farbe von Kristall sind zwei extreme Erscheinungsformen der Elemente im Thronsaal vertreten: Feuer und Eis, Hitze und Kälte drücken die Urgewalt der mit dem Thron

---

entspricht dem Trishagion: ἅγιος ἅγιος ἅγιος/κύριος ὁ θεὸς ὁ παντοκράτωρ/ὁ ἦν καὶ ὁ ὢν καὶ ὁ ἐρχόμενος.

[43] E. LOHMEYER, Die Offenbarung des Johannes, HNT 16a, Tübingen 1926, 37: „Dieser Spruch verheißt die letzte und höchste Würde; er schließt so wirkungsvoll den Kranz der 7 Überwindungssprüche wie der 7 Sendschreiben". Über diese Sprüche siehe auch M. D. DULK, The Promises to the Conquerors in the Book of Revelation. Bib. 87.4 (2006) 516–522.

[44] ROTHSCHILD, Principle, Power, and Purgation (s. Anm. 41), 259–297.

verbundenen Majestät Gottes aus".[45] Der Seher selbst *weint sehr, weil niemand für würdig befunden wurde, das Buch zu öffnen und es zu lesen* (5,4).[46] Der Empfang des Buches provoziert einen crescendoartigen Jubel der himmlischen und weltlichen Chöre.

Diese intratextuelle Verknüpfung der Kapitel 4–5 besonders mit dem letzten Brief an die Gemeinde in Laodizea offenbart, dass der Bräutigam Christus, der an die Tür jeder menschlichen Existenz *hic et nunc* klopft (Apk 3,20; vgl. Cant 5,2)[47] und die Tür des Himmels für Johannes öffnet, tatsächlich ὁ ἀμήν, ὁ μάρτυς ὁ πιστὸς καὶ ἀληθινός ist[48]. Seine Versprechen den Gläubigen gegenüber bilden keine Utopie, sondern sind schon eine Tatsache für die Siegenden, die wie Johannes einen Exodus aus Babylon unternehmen, um Gott echte Anbetung zu leisten. Schon in Kap. 1 erklärt der Verfasser von Apk, dass er ἐν τῇ νήσῳ τῇ καλουμένῃ Πάτμῳ διὰ τὸν λόγον τοῦ Θεοῦ καὶ τὴν μαρτυρίαν Ἰησοῦ (Apk 1,9) sich dort eher freiwillig befindet.[49] Er ist συγκοινωνὸς der *Brüder*, die ἐν τῇ θλίψει καὶ βασιλείᾳ καὶ ὑπομονῇ ἐν Ἰησοῦ sich stehen. Dieser Exodus führt ihn zu einem Aufstieg.

Die himmlische Liturgie läuft auch parallel zu der einleitenden Perikope Apk 1,4–20 ab (*Inklusio*). Besonders in Apk 1,4–8 spiegelt sich die irdische Liturgie wider.[50] Das Danklied der Gemeinde in Apk 1,5b–6[51] entspricht der

---

[45] H. G. GRADL, Eine Auslegung der Thronsaalvision (Offb 4,1–11), BiKi 67 (2012) 85–89 (88).

[46] SCHIMANOWSKI, Himmlische Liturgie, 182 (s. Anm. 17): „durch seine Tränen, Zeichen der außerordentlichen Ergriffenheit, wird der bisher passive Seher nun zum ersten Mal direkt in das himmlische Geschehen einbezogen".

[47] Obwohl in Apk 4,1 der Seher die Einladung in den Himmel aufzusteigen hört, steht Christus im Epilog der ersten Siebenreihe vor der Tür und klopft an: Wer meine Stimme hört und die Tür öffnet, bei dem werde ich eintreten, und wir werden Mahl halten, ich mit ihm und er mit mir (3,20; vgl. Cant 5,2). Jesus Christus bewegt sich in der Mitte seiner sieben Gemeinden und sucht die persönliche Beziehung zu jeder einzelnen Person, die sich frei für dieses Zusammentreffen entscheidet. Obwohl die Tür des Himmels offen steht, muss die Tür vom jeden Gläubigen selbst geöffnet (Synergie) werden. Die eschatologische Unmittelbarkeit der Beziehung Jesus mit den Mitgliedern der Kirche, die das Mahl mit Christus impliziert, vervollständigt sich im himmlischen Tempel.

[48] Im Gegensatz dazu verschwindet der Bräutigam des Cant. 5.

[49] F. W. HORN, Johannes auf Patmos, in: F. W. Horn/M. Wolter (Hg.), Studien zur Johannesoffenbarung und ihrer Auslegung, 139–158.

[50] LOHMEYER, Die Offenbarung (s. Anm. 43), 10. P. LÄUCHLI, Eine Gottesdienststruktur in der Johannesoffenbarung, ThZ 16 (1960), 359–378; P. VON DER OSTEN-SACKEN, Christologie, Taufe, Homologie. Ein Beitrag zu Apc Joh. 1,5, ZNW 58 (1967), 255–266. U. VANNI, Liturgical Dialogue as a Literary Form in the Book of Revelation, NTS 37 (1991), 348–372.

[51] Τῷ ἀγαπῶντι ἡμᾶς καὶ λύσαντι ἡμᾶς ἐκ τῶν ἁμαρτιῶν ἡμῶν ἐν τῷ αἵματι αὐτοῦ, [6] καὶ ἐποίησεν ἡμᾶς βασιλείαν, ἱερεῖς τῷ θεῷ καὶ πατρὶ αὐτοῦ, αὐτῷ ἡ δόξα καὶ τὸ κράτος εἰς τοὺς αἰῶνας [τῶν αἰώνων]· ἀμήν.

antiphonischen Proklamation Apk 5,9–10, die die Übernahme und das Öffnen des Buches durch das geschlachteten Lamm feiert:

καὶ ἄδουσιν ᾠδὴν καινὴν λέγοντες·

24 Älteste[52]: ἄξιος εἶ λαβεῖν τὸ βιβλίον καὶ ἀνοῖξαι τὰς σφραγῖδας αὐτοῦ,

ὅτι ἐσφάγης καὶ ἠγόρασας τῷ Θεῷ ἡμᾶς[53] ἐν τῷ αἵματί σου

ἐκ πάσης φυλῆς καὶ γλώσσης καὶ λαοῦ καὶ ἔθνους

4 Lebewesen: καὶ ἐποίησας αὐτοὺς τῷ Θεῷ ἡμῶν βασιλείαν καὶ ἱερεῖς,

καὶ βασιλεύ(σ)ουσιν ἐπὶ τῆς γῆς.

(Apk 5,9–10)

Die Antiphonie in Kap. 1 gipfelt im ναί, ἀμήν (Apk 1,7) der Zuhörer und der Selbstoffenbarung Gottes, die eine Inklusio mit Apk 1,4 bildet: Ἐγώ εἰμι τὸ ἄλφα καὶ τὸ ὦ, λέγει κύριος ὁ θεός, ὁ ὢν καὶ ὁ ἦν καὶ ὁ ἐρχόμενος, ὁ παντοκράτωρ (Apk 1,8; vgl. 4,8; 22,13). Diese ist die erste Offenbarung Gottes in der Apk und sie ist eine Konsequenz des liturgischen Dialoges zwischen dem Vorleser-Vorsteher und den Zuhörenden. In Apk 1,4–8 kann man eigentlich eine „Kleinbildaufnahme" der christlichen Liturgie erkennen.[54] Dann, im eucharistischen Klima des Herrntages, wie Johannes emphatisch in 1,10 notiert, offenbart sich *der mit den Wolken Kommende* (Apk 1,7) als der ständig *Anwesende*. Durch seine surrealen Charakteristika wird der Seher jedoch auch zutiefst erschreckt, denn er ist nicht nur der liebende Durchbohrte (Apk 1,5.7 // Sach 12,9–13), sondern auch sich der mitten unter den Leuchtern bewegende, richtende und rettende Hochbetagte (Apk 1,14 // Dan 7,9),[55] König und Hoherpriester (*Pontifex maximus*), der sieben Briefe als Edikte an seine sieben Gemeinden[56] sendet.

Umgekehrt zu Kapitel 1 *hört* Joh in Kapitel 5 ἰδοὺ ἐνίκησεν ὁ λέων ὁ ἐκ τῆς φυλῆς Ἰούδα, ἡ ῥίζα Δαυίδ, ἀνοῖξαι τὸ βιβλίον καὶ τὰς ἑπτὰ σφραγῖδας αὐτοῦ (Apk 5,5). Er aber sieht ἀρνίον ἑστηκὸς ὡς ἐσφαγμένον ἔχων κέρατα ἑπτὰ καὶ ὀφθαλμοὺς ἑπτά (Apk 5,6). Die Erscheinung des Buches in Kapitel 5 ist auch eine Konsequenz der Doxologie und der Proklamation Gottes als des Schöpfers des Weltalls. Die Antiphonie in Kapitel 5, die den geschlachte-

---

[52] Es muss unterstrichen warden, dass die 24 Ältesten singen, wobei sie φιάλας χρυσᾶς γεμούσας θυμιαμάτων, αἵ εἰσιν αἱ προσευχαὶ τῶν ἁγίων (Apk 5,8) halten.

[53] Vielleicht ist in Apk 5, 9 τῷ Θεῷ *ἡμᾶς* (ℵ fam 1006[1006 1841] fam 1611[1611 2329] Oecumenius[2053] 2351 Andreas Byzantine) die ursprüngliche, weil schwierigste Variante.

[54] LOHMEYER, Die Offenbarung (s. Anm. 48), 10.

[55] B. E. REYNOLDS, The 'One Like a Son of Man' according to the Old Greek of Daniel 7,13–14, Bib. 89 (2008), 70–80.

[56] D. E. AUNE, The Form and Function of the Proclamations to the Seven Churches (Revelation 2–3), NTS 36/2 (1990), 182–204.

ten Kommenden-Erhöhten als ἄξιόν λαβεῖν τὴν δύναμιν καὶ πλοῦτον καὶ σοφίαν καὶ ἰσχὺν (Apk 5,12) proklamiert, schließt mit dem Amen der Lebewesen und dem zweiten Niederfallen der 24 Ältesten.

Es ist nicht auszuschließen, dass Johannes in Kapitel 1–5 dem Ritus der kleinasiatischen Liturgie (Doxologie, Lesung aus den Schriften, Prophetie, Ermahnung, Trishagion, Eucharistie/Akklamation, Erfahrung des Schlachtens und der Auferstehung/ Inthronisation Jesu[57]) folgt. Durch den Bezug zur Liturgie erreicht er die folgenden Ziele:

1. Liturgie bildet das beste Setting für die Realisierung des eschatologischen Szenario, denn der Anfang einer Erzählung hat die Aufgabe, die LeserInnen bzw. HörerInnen in die erzählte Welt hineinzuführen und sie mit dieser vertraut zu machen.[58] Kult[59] offenbart nicht nur die Kultur und das Ethos einer Gemeinschaft, sondern schafft auch eine neue Wirklichkeit.[60] Besonders die christliche Liturgie bildete für die Urgemeinde die Ikone und gleichzeitig die Metalepsis einer alternativen Realität, eine proleptische *Erfahrung* des Königreiches Gottes. Bis heute gipfelt diese Liturgie in der Qeduscha und der Anaphora, der Anamnese/Aktualisierung, nicht nur des Opfers und der Erhöhung, sondern auch der zweiten Parusie Jesu Christi.[61] Nach Maximus dem Bekenner[62] symbolisiert (ὑποσημαίνει) die Lesung der

---

[57] Vgl. Justin, *I Apol.* LXVII. S. WITETSCHEK, Zeitfenster (s. Anm. 37), 117–147.

[58] U. EISEN, Die Poetik der Apostelgeschichte. Eine narratologische Studie, Göttingen 2006, 142.

[59] Über die Aspekte des Kultes siehe TÓTH, Der himmlische Kult (Anm. 31), 2f., der in seinem Werk für einen starken Einfluss des Jom Kippur auf Apk argumentiert. Diese enge Beziehung des Joh mit dem jüdischen Kult wird auch von der Tradition unterstützt: Ἰωάννης, ὁ ἐπὶ τὸ στῆθος τοῦ κυρίου ἀναπεσών, ὃς ἐγενήθη ἱερεὺς τὸ πέταλον πεφορεκὼς καὶ μάρτυς καὶ διδάσκαλος (Eusebius, *h.e.* 3.313.7–9).

[60] M. DOUGLAS, Purity and Danger. An Analysis of the Concepts of Pollution and Taboo, London 1966, 62. Nach A. DESTRO/M. PESCE, sind religiöse Texte weder einfache Literatur, noch bloße Kommunikationsmittel, sondern Teile und Mittel einer *Performance* (Anthropological Reading of Early Christian Texts, from the Engl. transl. of the enlarged edition of their book *Antropologia delle origini cristiane*, Editori Laterza, Bari-Roma, pp.1ff). Zit. nach P. Vasileiadis, Εσχατολογία, Εκκλησία και Κοινωνία in: Ιερά Μητρόπολις Δημητριάδος-/Ακαδημία Θεολογικών Σπουδών (ed.) *Εκκλησία και Εσχατολογία*, Αθήνα 2003, 47–63 (57). VASILEIADIS, der hier G. FLOROVSKY, (The Elements of Liturgy, C. Patelos (ed.). The Orthodox Church in the Ecumenical Movement, Geneva, 1978, 172–182 (172), zitiert, betont, dass in der Urgemeinde die Anbetung (lex orandi) und die eschatologische Vision der Kirche der dogmatischen Lehre (lex credendi) und der kirchlichen Organisation vorangehen.

[61] Vgl.: Μεμνημένοι τοίνυν τῆς σωτηρίου ταύτης ἐντολῆς, καὶ πάντων τῶν ὑπὲρ ἡμῶν γεγενημένων, τοῦ σταυροῦ, τοῦ τάφου, τῆς τριημέρου ἀναστάσεως, τῆς εἰς οὐρανοὺς ἀναβάσεως, τῆς ἐκ δεξιῶν καθέδρας, τῆς δευτέρας καὶ ἐνδόξου πάλιν παρουσίας. A. KALLIS, Die Göttliche Liturgie des heiligen Johannes Chrysostomos, Münster 2004, 130.

[62] *Mystagogia* PG 91.692D.

Schriften schon am Ende des ersten Teils der Liturgie (der sogenannten Liturgie des Logos) τὴν τοῦ κόσμου τούτου συντέλειαν.

2. Die Liturgie funktioniert als *Communio* schaffende Institution und als *Metapher*/Link par excellence, der nicht nur die Zeit komprimiert, sondern der die irdische mit der himmlischen Welt verbindet. Johannes führt sie (trotz der Existenz der sieben einzelnen Gemeinden, die aber durch den einen Geist erleuchtet werden) als *eine* Gemeinschaft allmählich zum einen *proleptischen* Exodus-Hinaufsteigen aus dem „Mikrokosmos" Babylons, indem er die liturgische Erfahrung seiner Zuhörer nutzt. Auf diese Weise werden seine Zuhörer also in den Himmel erhöht, um die Geschichte des Kosmos *sub specie aeternitatis* zu schauen. In Apk 14,1.3 während der Eskalation der dramatischen eschatologischen Kollision zwischen der heiligen Dreieinigkeit einerseits und der teuflischen Trias andererseits notiert Johannes: Καὶ εἶδον, καὶ ἰδοὺ τὸ ἀρνίον ἑστὸς ἐπὶ τὸ ὄρος Σιὼν καὶ μετ' αὐτοῦ ἑκατὸν τεσσεράκοντα τέσσαρες χιλιάδες ἔχουσαι τὸ ὄνομα αὐτοῦ καὶ τὸ ὄνομα τοῦ πατρὸς αὐτοῦ γεγραμμένον ἐπὶ τῶν μετώπων αὐτῶν. [...] ³καὶ ᾄδουσιν [ὡς] ᾠδὴν καινὴν ἐνώπιον τοῦ θρόνου καὶ ἐνώπιον τῶν τεσσάρων ζῴων καὶ τῶν πρεσβυτέρων (14,3).[63] Der Seher wählt Zion und nicht Sinai als Ort der eschatologischen Zusammenkunft der Christustreuen denn der hl. Berg funktioniert möglicherweise als Metonymie für die Liturgie der irdischen Kirche, wo das neue Lied gehört und gelernt wird.[64]

3. Gleichzeitig hebt Johannes durch diese *Metapher* der Liturgie am Anfang (Kap. 1–5) seines Werkes die Identitätsmerkmale (identitymarkers) seiner Adressaten hervor. Diese sollen sich des exklusiven Ethos der Ecclesia sich erinnern, um das Pathos der Metanoia[65] zu entwickeln und mit Johannes in Kapitel 6–22 den Exodus zu erleben. Schon im Proömium der Apk, aber auch im Weckformel jedes Sendschreibens wird deutlich, dass *durch den Ich-Bericht des Johannes* nicht *alle Leser mit dem Seher mitgenommen werden und an Gottesgeheimnissen teilhaben können*,[66] sondern nur die Zuhörenden und Umkehrenden (vgl. Apk 1,3; 2,11 usw.). Nach K. Berger wurde der liturgische Ritus von Entsprechendem in der Synagoge (Benediktion, Ankommen der Sofia/Logos Gottes in der Qahal, Sch^{e}ma Jisrael, Lesung aus der Tora, Kaddish, Doxologien), aber auch von der pagenen Volksversamm-

---

[63] T. HOLTZ, Sprache als Metapher. Erwägungen zur Sprache der Johannesapokalypse, in: F. W. Horn/M. Wolter, Studien zur Johannesoffenbarung (Anm. 2), 10–18.

[64] Im Kern der Apk werden die echten Christen als οἱ ἐν οὐρανοῖς σκηνοῦντες (12,12) bezeichnet im Gegensatz zu den κατοικοῦντες ἐπὶ τῆς γῆς, οὗ οὐ γέγραπται τὸ ὄνομα αὐτοῦ ἐν τῷ βιβλίῳ τῆς ζωῆς (13,8).

[65] Über die Umkehr in der Apk siehe R.J. SURRIDGE, The Art of Apocalyptic Persuasion: The Rhetorical Dynamics and History of Influence of the Letter to Laodicea (Rev 3:14–22). PhD diss. King's College, 2000. http://www.ntgateway.com/book-of-revelation/books-and-dissertations/, 81148, abgerufen am 14.07.2013.

[66] SCHIMANOWSKI, Himmlische Liturgie (s. Anm. 17), 75.

lung/*Ecclesia* (Erscheinung des Kaisers bzw. des *Epistates*, Verlesung kaiserlicher Edikte, Akklamationen für die Götter bzw. den Kaiser, Anbetung, Weihrauch vor den Statuen von Kaiser bzw. Göttin Roma) beeinflusst.[67] Diese Anlehnung gibt dem Seher die Möglichkeit, *das besondere Ethos* der christlichen Gemeinde schon am Anfang (Kapitel 1–5) seines Textes zu betonen. Im Gegensatz zur Synagoge τῶν λεγόντων Ἰουδαίους εἶναι ἑαυτοὺς καὶ οὐκ εἰσὶν ἀλλὰ συναγωγὴ τοῦ σατανᾶ (Apk 2,9; 3,9) ist der Messias schon als Kyrios in der Mitte seiner Gemeinden anwesend und zugleich als geschlachtetes und erhöhtes Lamm, das die ganze Geschichte zu einem Telos (Vervollständigung) lenkt, im Tempel. Im Gegensatz zur heidnischen *Ecclesia* wird in der christlichen Liturgie der *wahre heilige* Gott, der echte Herr des Kosmos und der Geschichte angebetet und zugehört. Dieses Ereignis hat Auswirkungen auf die gesamte Erde. Die Nikolaiten,[68] die die *Unzucht* (das Gegenteil von ζῆλος 3,20) gegenüber dem Bräutigam Jesu und die synkretische Einmischung mit der Umwelt unterstützen, werden von der *Erfahrung* der Apk. ausgeschlossen. Dieser Ausschluss wird klar am Ende der Apk: ἔξω οἱ κύνες καὶ οἱ φάρμακοι καὶ οἱ πόρνοι καὶ οἱ φονεῖς καὶ οἱ εἰδωλολάτραι καὶ πᾶς φιλῶν καὶ ποιῶν ψεῦδος (Apk 22,15).

Um die Funktion des Motivs der Liturgie in den einleitenden Kapiteln der Apk, aber auch dem Werk als Ganzes zu verstehen, kann man auch die enge Beziehung zwischen dem philosophischen *Protreptikos Logos* und den griechischen Mysterien betrachten. Schon in Platons *Symposion* liegt dem protreptischen Charakter des Dialoges und dem gestuften philosophische Lernprozess (ἔλεγχος-παράδοσις-ἐποπτεία) die Mysterienliturgie (-initiation) als Tiefenstruktur zugrunde (κάθαρσις-μύησις-ἐποπτεία).[69] Apk könnte auch als ein dramatischer *Protreptikos* auf Exodus[70] charakterisiert werden. Die Traditio und das Öffnen des versiegelten Buches einerseits und die Epoptie der eschatologischen Geschichte in den Kapiteln 6–22, die im Schauen des Neuen Jerusalems gipfelt, andererseits, widerlegen die falschen Ansichten der

---

[67] K. BERGER, Volksversammlung und Gemeinde Gottes, ZThK 73 (1976), 167–207.

[68] Über die Nikolaiten siehe G. GUTTENBERGER, Johannes von Thyateira, in: F. W. Horn/M. Wolter (Hg.), Studien zur Johannesoffenbarung (s. Anm. 2), 160–188 (170), bes. Anm. 53.

[69] T. LECHNER, Rhetorik und Ritual. Platonische Mysterienanalogien im Protreptikos des Clemens von Alexandrien, in: F. R. Prostmeier (Hg.), Frühchristentum und Kultur, Freiburg – Basel – Wien 2007, 183–221. Der *Protreptikos* des Clemens beginnt wie die Apk mit der Türmetapher (Christus als Offenbarungsmittler) und dem neuen Lied. Es beschließt auch seine διὰ λόγων Psychagogik mit der Alternative: Gericht oder Gnade.

[70] Im Kern der Apk wird das ewige Evangelium eines Engels *hoch am Himmel* gehört φοβήθητε τὸν θεὸν καὶ δότε αὐτῷ δόξαν, ὅτι ἦλθεν ἡ ὥρα τῆς κρίσεως αὐτοῦ, καὶ προσκυνήσατε τῷ ποιήσαντι τὸν οὐρανὸν καὶ τὴν γῆν καὶ θάλασσαν καὶ πηγὰς ὑδάτων. (14,7; vgl. 18,4: ἐξέλθατε ὁ λαός μου ἐξ αὐτῆς ἵνα μὴ συγκοινωνήσητε ταῖς ἁμαρτίαις αὐτῆς, καὶ ἐκ τῶν πληγῶν αὐτῆς ἵνα μὴ λάβητε).

Nikolaiten und warnen (ἀποτροπή) vor den drei Antiidealen des *homo helle-nisticus* (Apk 3,17: die Armut, die Blindheit und Nacktheit) im letzten Brief. Christus selbst stellt sich im Sendschreiben an die Laodizener als Arzt und *Paidagogos* vor (Apk 3,18–19).

Für die oben genannten Ziele (Katharsis-Pathos der Zuhörer) hallt zusätzlich bei der großen Einheit 1–5 auch *das Motiv des Bundesschlusses* (berit) von Ex 19–24 nach. Die Epiphanie Christi in Apk 1,12–20 entspricht der Theophanie von Jahwe in Ex 19,20: φωνὴ τῆς σάλπιγγος ἤχει μέγα καὶ ἐπτοήθη πᾶς ὁ λαὸς ὁ ἐν τῇ παρεμβολῇ. In beiden wird das Volk Gottes als *Königreich* (Imperium) und *Priester* bezeichnet (Apk 1,5; Ex 19,6 Theodotion; Symmachus). Die sieben *Briefe* Jesu an die kleinasiatischen Kirchen-Gemeinden, die sich besonders gegen die Nikolaiten wenden, die die Heiligkeit und die Jungfräulichkeit der Gemeinde *beflecken* (vgl. 2 Kor 11,2), entsprechen den Geboten Gottes für sein Volk in Ex 20–23. Der Empfang des versiegelten Buches durch das Lamm entspricht dem Empfang der Gesetzes-tafeln auf dem Sinai (Apk 4–5// Ex 24). Das letzte Ereignis wurde auf dem hl. Berg durch das Ritual des Blutes und das Mahl Gottes nach dem Aufsteigen von Moses, Aaron, Nadab, Abihu und 70 (72) Mitgliedern der γερουσία Ἰσραὴλ (Ex 24,9) besiegelt: καὶ εἶδον τὸν τόπον οὗ εἱστήκει ἐκεῖ ὁ Θεὸς τοῦ Ἰσραὴλ καὶ τὰ ὑπὸ τοὺς πόδας αὐτοῦ ὡσεὶ ἔργον πλίνθου σαπφείρου καὶ ὥσπερ εἶδος στερεώματος τοῦ οὐρανοῦ τῇ καθαριότητι (Ex 24,10; vgl. Apk. 4,6: καὶ ἐνώπιον τοῦ θρόνου ὡς θάλασσα ὑαλίνη ὁμοία κρυστάλλῳ). Es folgt die Einladung: „Komm herauf zu mir auf den Berg, und bleib hier! Ich will dir die Steintafeln übergeben, die Weisung und die Gebote, die ich aufge-schrieben habe. Du sollst das Volk darin unterweisen" (Ex 24,12). Im Ex 25f. werden die Ordnungen für den Bau und die Liturgie des Tempels, die für die Harmonie und die Erneuerung der Welt entscheidend sind, festgelegt. Der Inhalt der Steintafeln hat auch entscheidende Auswirkungen für die Vervoll-ständigung des Exodus und den Einzug ins Land der Verheißung, denn Ex 19–24 muss im Kontext der ganzen Tora gelesen werden. Nach der Jesajaap-okalypse (24–27) wurden alle diese Elemente für die Eschata, im Zusammenhang mit dem Sieg über den Tod, den Leviatan und den Mächtigen der Erde erwartet.

In der Apk vollendet sich der Bund Christi mit seiner Kirche durch die Koinonia der 24 Ältesten mit Gott und das Schlachten des Lamms, das auch der neue Moses/Hirte ist, denn er (und nicht der Seher) ist würdig, das versiegelte Buch zu bekommen. Das sieht Johannes nach seinem Aufstieg in den Himmel. Der Regenbogen (Apk 4,2/Gen 9,11–12), die Menge und die Multi-nationalität der Glieder der Kirche (Apk 5,9/Gen 17,20), die Ankunft der Wurzel Davids (Apk 5,6–7/2 Sam 7,13.16/ Ps 132 [131LXX],11), der große Einzug des Hohepriester-Lammes ins himmlische Allerheiligste, der an das Ritual des Versöhnungstages und der Erneuerung der Berith und der ganzen

Welt erinnert (Lev 16), vollenden den Bundesschluss mit Noah, Abraham, Moses und David.

Indem Johannes das Motiv des Bundesschlusses benutzt, betont er seinen Zuhörern und besonders den Nikolaiten bzw. Bileamiten gegenüber die folgenden für die kirchliche Identität wichtigen Elemente: Der *heilige* Gott hat durch den geschlachteten Jesus, das österliche Lamm, alle vorherigen Bunde durch eine neue Berit vollendet. Diese Berit erfordert die Treue der Erwählten und impliziert die Erneuerung und Vollendung des Weltalls, von denen die Kapitel Apk 4–22 zeugen. Diese Antwort ihrerseits impliziert den Exodus und ein exklusives Ethos,[71] das Johannes ὁ ἀδελφὸς ὑμῶν καὶ συγκοινωνὸς ἐν τῇ θλίψει καὶ βασιλείᾳ καὶ ὑπομονῇ ἐν Ἰησοῦ (Apk 1,9), der in den Himmel aufsteigt, proklamiert.

Durch das Motiv des Bundesschlusses wird nicht nur das Pathos der Zuhörer erregt, aber gleichzeitig das persönliche Ethos des Johannes hervorgehoben. Das Letzte ist sehr wichtig für die Zuverlässigkeit seines Zeugnisses. Denn obwohl Johannes im Gegensatz zu Moses nach seinem Aufstieg kein *Buch* erhält, verleihen ihm seine *Buch*erlebnisse in Kap.1; 4–5; 10 und seine ἐν πνεύματι *Über*gänge in Kap. 4; 17,1; 21[72] trotzdem eine hervorragende Autorität. Deswegen weist auch die Textsicherungsformel, die sein Buch, und vielleicht das ganze Neue Testament[73] abschließt (22,18–19), auf das Deuteronomium (4,1; 13,1; 19,19), den Schluss der Tora, hin.[74] Im Epilog der Apk wird also die Stimme Gottes selbst gehört, die die Berit vollendet: ὁ νικῶν κληρονομήσει ταῦτα καὶ ἔσομαι αὐτῷ Θεὸς καὶ αὐτὸς ἔσται μοι υἱός (Apk 21,7).

Das Paradoxon in der Apk. ist das folgende: Obwohl die christliche Liturgie in Kap. 1–5 eine entscheidende Rolle spielt, sind im Gegensatz zum Johannesevangelium (Kap. 6), in der Apk „das Essen vom Baum des Lebens, der im Paradies Gottes steht" (Apk 2,7) und „das Geben von dem verborgenen Manna" (Apk 2,17), nicht gegenwärtige, sondern eschatologische Gaben *par excellence*. Auch das Mahl beim letzten Versprechen an die Gemeinde von Laodizea kann nicht eucharistisch sein, da es individualistischen Charak-

---

[71] M. WOLTER, Christliches Ethos nach der Offenbarung des Johannes, in: F. W. Horn/M. Wolter (Hg.), Studien zur Johannesoffenbarung (s. Anm. 2), 189–209.

[72] F. TÓTH, Von der Vision zur Redaktion. Untersuchungen zur Komposition, Redaktion und Intention der Johannesapokalypse, in: J. Frey (et al.), Die Johannesapokalypse, Kontexte – Konzepte – Wirkungen (s. Anm. 14), 319–411 (357).

[73] T. HIEKE/T. NICKLAS, „Die Worte der Prophetie dieses Buches". Offenbarung 22.6–21 als Schlussstein der christlichen Bibel Alten und Neuen Testaments gelesen, BThS 62, Neukirchen-Vluyn 2003, 109.

[74] Vgl. M. TILLY, Textsicherung und Prophetie. Beobachtungen zur Septuaginta-Rezeption in Apk 22, 18, in: F. W. Horn/M. Wolter Studien zur Johannesoffenbarung (s. Anm. 2), 232–246.

ter hat.[75] Jedes getauftes Mitglied der Kirche soll persönlich, indem es von Christus weiße Kleider kauft und sein Seh- und Hörvermögen heilt, Eifersucht und Umkehr (*metanoia*) zeigen und dem Arzt und Paidagogos-Bräutigam die Tür öffnen. Nur dann wird er/sie das Zusammensein Jesu mit den Seinen, das das Wesen der eucharistischen Communio) bildet, aber auch die Teilnahme an der himmlischen Liturgie erleben.

Das oben Genannte wird auch durch den folgenden antithetischen Parallelismus bekräftigt: Paulus, der auch seinen Text mit einem ἀνάθεμα μαράνα θά (1 Kor 16,22) abschließt, bekämpft im 1 Kor den Verzehr von Götzenopferfleisch. Gleichzeitig hebt er die reale Koinonia am Leib Jesu *während* des Mahles hervor (1 Kor 8–10). Johannes, der das Essen von Götzenopferfleisch bekämpft (Apk 2,14; vgl. Apg 15,20), identifiziert die gegenwärtigen Gaben nicht mit der himmlischen Speise. Die vollendete Liturgie findet im Himmel und während der *Eschata* statt. Nicht alle Getauften sind automatisch Teilnehmer dieser Begebenheiten, nicht die, die wie die Mitglieder der Gemeinde von Laodizea glauben, reich und wohlhabend zu sein (Apk 3,17), sondern die, die bis zum Tod als Sieger da stehen und Gott und dem Arnion treu bleiben: Μακάριοι οἱ πλύνοντες τὰς στολὰς αὐτῶν, ἵνα ἔσται ἡ ἐξουσία αὐτῶν ἐπὶ τὸ ξύλον τῆς ζωῆς καὶ τοῖς πυλῶσιν εἰσέλθωσιν εἰς τὴν πόλιν (Apk 22,14; vgl. 14,1–3). Diese tragen schon die weißen Gewänder im Himmel und werden auf der Erde regieren (Apk 20,4). Auch der Text von Apk 4–22 und der Inhalt des versiegelten Buches (das Alte und Neue Testament komprimiert) wird von denen gehört, geschaut und verstanden, die die Katharsis der ersten fünf Kapitel erleben und Mitgenossen des Johannes in der Bedrängnis, dem Königtum und dem Ausharren in Jesus werden.

Damit ist die himmlische Liturgie nicht einfach eine Dublette der irdischen Liturgie.[76] Ich glaube, dass Johannes auf diese Weise gegen eine sakramentalistische Interpretation besonders der Taufe und des Abendmahls seitens seiner Gegner polemisiert. Diese Folgerung wird auch bestätigt, wenn die Kapitel 4–5 auch mit den folgenden Kapiteln in Verbindung gesetzt werden.

4. Die Einheit der Kap. 4,1–8,5

Die Kap. 4–5 sind auch mit den beiden folgenden Kapiteln eng verwoben. Die Übernahme des Buches durch das Lamm impliziert die Eröffnung der Siegel, die eine Reihe von kosmischen Phänomenen in Gang bringen. Die vier Lebewesen, die die himmlische Liturgie mit dem *Sanctus* einleiten, spie-

---

[75] U. B. MÜLLER, Die Offenbarung des Johannes, ÖTK 19, Gütersloh. Würzburg 1984. 138. J. W. TAEGER, Johannesapokalypse und johanneischer Kreis, Berlin 1989, 51.

[76] Vgl. das entsprechende himmlisch-irdisch-gemeinsame Erwählungsereignis in der Sabbatopfer-Liturgie von Qumran (4Q400–407+11Q5–6).

len bei der ersten Siebenreihe eine entscheidende Rolle. Nach der Aufforderung der vier Vertreter des Weltalls „Komm", die an den entsprechenden Ruf der irdischen Gemeinde am Ende der Apk erinnert (Apk 22,17 vgl. *Maranatha*), erscheinen die vier Pferde mit den vier verschiedenen Farben. Im Gegensatz zu Sach 6,1 (vgl. Sach 1,8–17) stehen diese aber nicht in Verbindung mit den vier Winden des Himmels (vgl. Apk 7,1), sondern mit vier eschatologischen Aktionen (Sieg/Krieg-Bürgerkrieg-Pest-Tod).

Die Verbindung der Kap. 4–5 mit der ersten Siebenreihe der Siegel hat Ezechiel als Vorbild. Nach der majestätischen Offenbarung der Herrlichkeit Gottes, die diesmal im Exilsort stattfindet, und dem symbolischen Verzehr des Buches seitens des Propheten folgt in Kap. 4–7 die Beschreibung symbolischer Aktionen des Verfassers, die die zukünftigen Strafen des sündigen Israels proklamieren: τὸ τέταρτόν σου ἐν θανάτῳ ἀναλωθήσεται καὶ τὸ τέταρτόν σου ἐν λιμῷ συντελεσθήσεται ἐν μέσῳ σου καὶ τὸ τέταρτόν σου εἰς πάντα ἄνεμον σκορπιῶ αὐτούς καὶ τὸ τέταρτόν σου ἐν ῥομφαίᾳ πεσοῦνται κύκλῳ σου καὶ μάχαιραν ἐκκενώσω ὀπίσω αὐτῶν (Ez 5,12; 14,2).

Charles hat bemerkt, dass die Siebenreihe der Siegel auch neutestamentliche eschatologische Prophezeiungen vollendet, die Jesus auf dem Ölberg gegenüber dem Tempel einige Tage vor seiner Passion vorausgesagt hatte. Diese *synoptische Apokalypse* (Mk 13) folgt aber dem feierlichen Einzug Jesu in Jerusalem und dem Tempel unter den Akklamationen der pilgernden Schar. Bei diesem Ereignis, das dem Auftreten des Lamms im himmlischen Tempel entspricht, wurde die Rettung der ganzen bewohnten Welt proklamiert (Mk 11,17; vgl. Jes 56,7), die in Apk 5,9c verwirklicht wird. Besonders mit der Öffnung des sechsten Siegels und den daraus folgenden Konsequenzen (negative für die ohne Gott lebende Menschheit [Apk 6,12–17], aber positive für die Knechte Gottes [Apk 7,1–8]) bekommt der Zuhörer den Eindruck, dass sich das Ende der Welt und die Erscheinung Gottes nähern. Genauso wie die eschatologischen Ereignisse in der *synoptischen Apokalypse* in die Parusie Jesu münden, so wird nach den apokalyptischen Phänomenen des sechsten Siegels und der Frage der Menschen (Apk 6,17) die Ankunft Christi erwartet. In Kapitel 8 werden diese Erwartungen der Parusie und die Agonie durch die *Stille,* „die etwa eine halbe Stunde lang"[77] im Himmel herrscht, als das Lamm das siebte Siegel öffnet (Apk 8,1), gesteigert. Es handelt sich dabei um eine *dramatic pause,* die auf Stimmen und Lieder folgt und der gleich danach *Donner, Blitzen und Beben* (Apk 8,5) folgen.

In Kap. 6,1–8,5 wird vielleicht der Glaube der kleinasiatischen Kirchen widergespiegelt, die nach bestimmten Ereignissen (parthische Invasion des Jahres 62, Bürgerkriege nach dem Tod Neros 68–69, Zerstörung Jerusalems

---

[77] Siehe I. KARAVIDOPOULOS, «ἐγένετο σιγὴ ὡς ἡμιώριον». Ερμηνευτική προσέγγιση του στ. Αποκ. 8,1 in: 1900 ετηρίς της Αποκαλύψεως του Ιωάννου, Πρακτικά Διεθνούς Διεπιστημονικού Συμποσίου (Πάτμος, 17.–26.09.1995), Athen 1999, 629–644.

und des Tempels 70 n.Chr.), die in den vier ersten Siegeln nachhallen, die baldige Ankunft Jesu in den 70er und 80er Jahren erwarteten.[78] Nach der Apk, obwohl ὁ καιρὸς[79] ἐγγύς ἐστιν (Apk 1,3; 22,10), kommt das Ende der jetzigen Welt, die Erscheinung des ganz neuen Jerusalems und die Hochzeit nach den zwei zusätzlichen Siebenreihen von den Posaunen und Schalen. Gott versucht mit allen Mitteln die Metanoia der ganzen Welt und sogar der Könige hervorzurufen, indem sie sich von den Götzen abwenden.

Mit den Kapiteln 4–5 wird besonders der zweite Abschnitt des Kap. 7 (Vers 9–12) verbunden, wie auch die Szene in 8,1–5. Die Parallele basiert auf den folgenden Punkten: a) Der Engelhymnus in 7,12 ist parallel zum entsprechenden Lied in 5,12. b) In beiden Einheiten (Apk 5,5; 7,14–17) erläutert einer der Ältesten die Identität der Figuren, die besonders wichtig für den Ablauf des eschatologischen Dramas sind. Beide Erklärungen sind von entscheidender Bedeutung für das Verstehen der Christologie und Anthropologie des ganzen Buches der Apk. c) In beiden Fällen gibt es Hinweise auf ein *Räucherwerk*, das die wirksamen Gebete der Heiligen der Kirche symbolisiert (Apk 5,8; 8,3).

Beide Szenen könnten also in Kontinuität dargestellt werden. Mit ihrer Trennung erreicht jedoch der Verfasser die folgende Ziele: a) die Erhebung der Bedeutung des Chores der großen Schar. Dieser Chor, der im antithetischen Parallelismus zu den auf der Erde versiegelten 144.000 *Juden* in Kap. 7 dargestellt wird, entwickelt sich im Lauf des Dramas zum Hauptchor der Apk. Der Höhepunkt wird in der Einheit 19,1–8 erreicht, wo, obwohl die vier Lebewesen und die 24 Ältesten ein einfaches „Ja –Amen" aussprechen, die Schar zwei in Umfang und Bedeutung große Lieder singt. b) Das Unterstreichen der entscheidenden Rolle *des Altars* und der Gebete *der Heiligen zu Gott* (Apk 8,5) als Antreiber der Vollendung des Kosmos und der ganzen Geschichte.

Bornkamm[80] bemerkt zu Recht, dass die Einheit 4,1–8,5 die Zusammenfassung der Apk bildet. Die Ereignisse des Abschnitts 4,1–8,5 werden in den Kap. 21–22 im weltlichen Maßstab wiederholt. Der himmlische Thron und die Doxologie des auf dem Thron sitzenden Gottes und besonders des Lammes sind das einzig Ewige der jetzigen Welt.

Hinter der Einheit der Kapitel 4,1–8,5 steht nicht der Ritus der irdischen Liturgie, sondern die großen herbstlichen Feste des Versöhnungstages und des Laubhüttenfestes, die auch in enger Verbindung mit der Erneuerung des

---

[78] L. SCHENKE, Die Urgemeinde, Stuttgart 1990, 82–84.

[79] Über die Bedeutung von „Kairos" siehe J. DE VRIES, Kairos, Christus und der Einbruch in die Gegenwart, BiKi 67 (2012), 96–100.

[80] G. BORNKAMM, Die Komposition der apokalyptischen Visionen in der Offenbarung Johannis in: Studien zu Antike und Urchristentum. Gesammelte Aufsätze II, Beitr. Ev.Theol.28, München 1963, 204–222 (220).

Bundes mit Gott stehen. Diese Feste, die für die Zuhörer der *Vergangenheit* angehörten, da die christliche *Ecclesia* (im Gegensatz zum Pesach und Pfingsten) sie nicht feierte, lebten aus einer starken eschatologischen Symbolik. Der Einzug des Lammes in den himmlischen Tempel mit den Malzeichen des Kreuzes und der Herrlichkeit, und die weltweite versöhnende und rettende Bedeutung seines Blutes (Apk 5,9b; Lev 22), entsprechen dem Eingang des Hohepriesters ins Allerheiligste des irdischen Tempels *einmal im Jahr* (am Tag der Versöhnung) *und das nicht ohne Blut* (Ex 30,10; Lev 16,2; Heb 9,7). Während dieses Festes erinnert der Ton des Widderhorns an das Akejdat Itzchak auf dem Berg des Tempels Moria. Dieses Opfer wurde durch die wunderbare Erscheinung eines Hörner tragenden Widders (Rosch Ha'schana 32b) abgewendet. Im himmlischen Tempel erscheint weder ein Widder noch ein Löwe (wie man in Apk 5,5 *hört*), sondern ein Lamm, das sieben Hörner und sieben Augen hat. Seine Opferung wurde nicht abgewendet, sondern verwirklichte sich, so dass die ganze Welt gerettet wird. In jüdischer Vorstellung werden am großen Versöhnungstag die Bücher, die den Gang des neuen Jahres enthalten, von Gott *versiegelt* (Rosch Ha'schana 16b). In der himmlischen Liturgie der Apokalypse sieht die christliche Kirche durch den Seher Johannes, dass das versiegelte Buch *geöffnet* wird. Der jüdische Gottesdienst an diesem Tag wurde vom Gefühl der Umkehr beherrscht. Deswegen fehlten die Doxologien und die Hymnen (Rosch Ha'schana 32b). Die himmlische Liturgie der Apokalypse wird beschrieben als ein kosmisches Ereignis voller Freude und Danksagung, da die Versöhnung zwischen Himmel und Erde schon Wirklichkeit ist und zwar nicht durch das Blut des Sündopferbocks, sondern durch die Opferung und Auferstehung des Hörner tragenden Arnion. Dieses und nicht der Kaiser besitzt die Bücher der Geschichte und der Welt. Auch die Idee, dass Gott während des Neujahresfestes seine Knechte versiegelt, wird in 7,1–8 gespiegelt, während in 7,9–17 der Einfluss des Laubhüttenfestes eindeutig wird.[81] Im himmlischen Tempel sieht Johannes eine große Schar, die niemand zählen kann, die das Fest des Laubhüttenfestes feiern. Diese Leute sind nicht durch ihre *guten* Werke, sondern zuallererst durch das Blut des Lamms, das die Kleider der aus der Trübsal Kommenden weiß macht, gerettet (vgl. aber Apk 14,13). Dies Lamm, das paradoxerweise auch ein Hirt ist, sitzt mitten auf dem Thron (Apk 7,17), leitet die Leute zu den Quellen des lebendigen Wassers (vgl. Ps 23,2) und wird von der Schar verehrt.[82]

---

[81] J. DRAPER, The Heavenly Feast of Tabernacles, Rev.7:1–17, JSNT 19 (1983), 133–147. H. ULFGANG, Feast and Future: Revelation 7:9–17 and the Feast of Tabernacles, ConB.NT 22, Stockholm 1986, passim.

[82] Die Symbolik der Neujahrsfeste begegnet auch im Johannesevangelium (Kap.7–10), als der Konflikt zwischen Jesus und den Juden seinen Höhepunkt erreicht, um die Offenbarung des Logos als Quelle des Wassers des Lebens und Lichtes zu unterstreichen.

Auch die Versiegelung der 144.000 aus Israel im ersten Abschnitt des Kap. 7 wird nicht mit der Taufe identifiziert. Sie schützt die vor den letzten Drangsalen (Apk 9,4; siehe Ez 9), die, wie Kapitel 14 erklärt, als treue Soldaten und Priester dem Lamm folgen, wohin es geht, und dabei die zwei Grundinstinkte menschlichen Wesens um Christi willen (Apk 14,4) überwinden.[83] Nur *sie* können auch das neue Lied und die himmlische Liturgie auf dem Berg Zion hören (Apk 14,3).

Sehr beeindruckend ist auch der antithetische Parallelismus zwischen den Einheiten 4,1–8,5 und 9,1–21. In der ersten öffnet sich der Himmel, und der Kosmos *mit Gott* wird geoffenbart. In der zweiten öffnet sich der Abyssus und die satanische Welt *ohne Gott* wird ausgemalt. In der ersten Szene steigt Johannes auf, indem er der posaunenartigen himmlischen Einladung gehorcht. Im Himmel dominiert ὁ Ζῶν εἰς τοὺς αἰῶνας, indem er von den vier Lebewesen umrahmt wird, die in Kapitel 6 Reiter mit vier verschiedenen Farben auf die Erde rufen. Die Heiligkeit und Seligkeit des Thronenden wird durch mit dem von Edelsteinen und des Regenbogens verglichen.

In Apk 8,4–5 bemerkt Joh.: καὶ ἀνέβη ὁ καπνὸς τῶν θυμιαμάτων ταῖς προσευχαῖς τῶν ἁγίων ἐκ χειρὸς τοῦ ἀγγέλου ἐνώπιον τοῦ θεοῦ. καὶ εἴληφεν ὁ ἄγγελος τὸν λιβανωτὸν καὶ ἐγέμισεν αὐτὸν ἐκ τοῦ πυρὸς τοῦ θυσιαστηρίου καὶ ἔβαλεν εἰς τὴν γῆν, καὶ ἐγένοντο βρονταὶ καὶ φωναὶ καὶ ἀστραπαὶ καὶ σεισμός. In 9,1 wird die fünfte Posaune gehört und es folgt der Fall eines Sternes (vgl. Gen 6, 2; Jes. 14): „ihm wurde der Schlüssel zu dem Schacht gegeben, der in den Abgrund führt" (Apk 9,1). Zwei Mal wird im selben Vers 2 der aus dem Schacht kommende Rauch unterstrichen, der Skotos und eine Teratogenese von vielgestaltigen Kränzen tragenden Wesen provoziert. In diesem Chaos dominiert Abbadon-Apollyon der auf Apollo, den Gott des Lichts, und den Kaiser hinweist: καὶ ἐν ταῖς ἡμέραις ἐκείναις ζητήσουσιν οἱ ἄνθρωποι τὸν θάνατον καὶ οὐ μὴ εὑρήσουσιν αὐτόν, καὶ ἐπιθυμήσουσιν ἀποθανεῖν καὶ φεύγει ὁ θάνατος ἀπ᾽ αὐτῶν (Apk 9,6). Es folgt mit der sechsten Posaune die Parusie von Reitern: καὶ ὁ ἀριθμὸς τῶν στρατευμάτων τοῦ ἱππικοῦ δισμυριάδες μυριάδων, ἤκουσα τὸν ἀριθμὸν αὐτῶν. Καὶ οὕτως εἶδον τοὺς ἵππους ἐν τῇ ὁράσει καὶ τοὺς καθημένους ἐπ᾽ αὐτῶν, ἔχοντας θώρακας πυρίνους καὶ ὑακινθίνους καὶ θειώδεις, καὶ αἱ κεφαλαὶ τῶν ἵππων ὡς κεφαλαὶ λεόντων, καὶ ἐκ τῶν στομάτων αὐτῶν ἐκπορεύεται πῦρ καὶ καπνὸς καὶ θεῖον (Apk 9,16–17).

---

[83] R. ZIMMERMANN, Die Virginitätsmetapher von Apk 14,4–5 im Horizont von Befleckung, Loskauf und Erstlingsfrucht. NovT 45.1 (2003), 45–70. "Nuptial Imagery in the Revelation of John: A Contribution to the Old Testament Background of Rev", Bib. 83.2 (2003), 153–183.

5. Fazit

Wenn man die Kap. 4–5 in ihrem Kontext untersucht, gelangt man zum Ergebnis, dass der Seher Johannes Riten zu seiner Zeit aktueller christlicher Liturgien wie auch der jüdischen Neujahrsfeste in Zusammenhang mit dem Motiv des Bundesschlusses bringt. Besonders in Kap. 1–5 nutzt er die liturgische Erfahrung seiner Zuhörer als Metapher, um sie allmählich zu einem *proleptischen* Exodus-Aufstieg von ihrem irdischen „Mikrokosmos" zu führen.

Das was ihn von Paulus, dem vierten Evangelisten, aber auch Ignatius unterscheidet, ist das Faktum, dass die eucharistischen Elemente nur oben im himmlischen Tempel und in den Eschata in vollendeter Weise genossen werden können; und zwar nicht von allen, sondern nur von denen, die siegen, weil sie bis zum Tod Zeugnis für Christus abgelegt haben. Vielleicht kämpft Johannes gegen eine sakramentalistische Auffassung der großen christlichen Mysterien. Diese Auffassung ist bis heute im Osten dominierend, denn auch für die Orthodoxen des 21. Jahrhunderts wird der erste wichtige Teil der göttlichen Liturgie, der stark von den biblischen Texten geprägt ist und in der Lesung des Evangeliums nach dem feierlichen Halleluja gipfelt, statt *Liturgie des Logos Liturgie der Katechumenen* genannt. Auch der zweite Teil wird nur als Anamnese des Letzten Mahles betrachtet. Die eschatologische Dimension der Eucharistie und ihre Motivation für die Christen, wach zu sein, um ihr Zeugnis in der multikulturellen Welt abzulegen, begann offenbar schon ab dem 1. Jh. zu verblassen. Die drei einzigen Kommentatoren der Apk im Osten beziehen die Kap. 4–5 nicht auf die irdische Liturgie.

Vielleicht ist das Faktum, dass die Apk im Gegensatz zu Paulus und dem Johannesevangelium nicht die gegenwärtige vollendete Teilnahme am Leib Christi vertritt, auch ein Faktor dafür, dass dieses Buch nicht im Kanon und den Lesungen der östlichen Liturgie akzeptiert wurde. So können wir das folgende Paradoxon erklären: Sowohl gegen das Johannesevangelium als auch gegen die Apokalypse wurde von Gaius und den Alogern polemisiert, denn sie wurden von Häretikern (Gnostiker-Montanisten) *missbraucht*. Die erste Schrift wird aber im Osten als der *geistige Text* par excellence betrachtet und die östliche Kirche nennt sich auch die *Kirche von Johannes,* während die zweite bis jetzt am Rande der liturgischen Erfahrung bleibt.

Stellenregister

Altes Testament

Gen		86,9	40
2,9	281	104	355
3,24	359		
18,19–19,29	320, 330, 333, 334,	**Jes**	
	337, 341	1,9	306
19,24	335, 339	3,10	306
19,28	339	6	275
19,30–38	308, 332	6,3	282
		6,4	232
Ex		11,1–10	278, 279, 287
3,14	22	11,4	359
12	286	13	331, 340
15	285	13,19	332
19–24	451	19,1	355
20,4	237	22,22	38
28,4	365	23	261
		23,1–14	297
Lev		23,8–9	297
17,11	287	23,15–18	244
19,2	282	34	334
		34,4	174
Num		43,19	37
22–24	301, 302, 409	47,9	298
24,7	301	53,2–3	354
25	302, 303, 409	54,11–12	361
25,1	302	55,1	391
31,6	302	60–66	289
		60	360
Dtn		60,11	35
4,2	283		
5,8	237	**Jer**	
10,7	287	11,19	286
12,32	283	15,2	63
32	285	25,15	261
		28,7	265
Ri		34,22	300
5,31	360	50–51	328, 339, 340
		50,2–10	332
1 Kön		51,7	261
16,29–33	305	51,14	296
		51,63	381
Ps			
2,9	37	**Ez**	
21,6–10	40	1–3	196

Neues Testament

Jüdische Schriften

Christliche Texte

Römisch-hellenistische Antike

Personen- und Sachregister

Wissenschaftliche Untersuchungen zum Neuen Testament

Alphabetische Übersicht der ersten und zweiten Reihe

Barclay, John M.G.: Pauline Churches and Diaspora Jews. 2011. *Bd. 275.*

Barnard, Jody A.: The Mysticism of Hebrews. 2012. *Bd. II/331.*

Barreto, Eric D.: Ethnic Negotiations. 2010. *Bd. II/294.*

Barrier, Jeremy W. : The Acts of Paul and Thecla. 2009. *Bd. II/270.*

Barton, Stephen C.: siehe *Stuckenbruck, Loren T.*

Bash, Anthony: Ambassadors for Christ. 1997. *Bd. II/92.*

Bauckham, Richard: The Jewish World around the New Testament. Collected Essays Volume I. 2008. *Bd. 233.*

Bauer, Thomas Johann: Paulus und die kaiserzeitliche Epistolographie. 2011. *Bd. 276.*

Bauernfeind, Otto: Kommentar und Studien zur Apostelgeschichte. 1980. *Bd. 22.*

Baum, Armin Daniel: Pseudepigraphie und literarische Fälschung im frühen Christentum. 2001. *Bd. II/138.*

Bauspieß, Martin, Christof Landmesser und *David Lincicum* (Hrsg.): Ferdinand Christian Baur und die Geschichte des frühen Christentums. 2014. *Bd. 333.*

Bayer, Hans Friedrich: Jesus' Predictions of Vindication and Resurrection. 1986. *Bd. II/20.*

Becker, Eve-Marie: Das Markus-Evangelium im Rahmen antiker Historiographie. 2006. *Bd. 194.*

Becker, Eve-Marie und *Peter Pilhofer* (Hrsg.): Biographie und Persönlichkeit des Paulus. 2005. *Bd. 187.*

– and *Anders Runesson* (Hrsg.): Mark and Matthew I. 2011. *Bd. 271.*

– Mark and Matthew II. 2013. *Bd. 304.*

Becker, Michael: Wunder und Wundertäter im frührabbinischen Judentum. 2002. *Bd. II/144.*

Becker, Michael und *Markus Öhler* (Hrsg.): Apokalyptik als Herausforderung neutestamentlicher Theologie. 2006. *Bd. II/214.*

Bell, Richard H.: Deliver Us from Evil. 2007. *Bd. 216.*

– The Irrevocable Call of God. 2005. *Bd. 184.*

– No One Seeks for God. 1998. *Bd. 106.*

– Provoked to Jealousy. 1994. *Bd. II/63.*

Bennema, Cornelis: The Power of Saving Wisdom. 2002. *Bd. II/148.*

Bergman, Jan: siehe *Kieffer, René.*

Bergmeier, Roland: Das Gesetz im Römerbrief und andere Studien zum Neuen Testament. 2000. *Bd. 121.*

Bernett, Monika: Der Kaiserkult in Judäa unter den Herodiern und Römern. 2007. *Bd. 203.*

Bertho, Benjamin: siehe *Clivaz, Claire.*

Betz, Hans Dieter: Studies in Paul's Letter to the Philippians. 2015. *Bd. 343.*

Betz, Otto: Jesus, der Messias Israels. 1987. *Bd. 42.*

– Jesus, der Herr der Kirche. 1990. *Bd. 52.*

Beyerle, Stefan: siehe *Assel, Heinrich.*

Beyschlag, Karlmann: Simon Magus und die christliche Gnosis. 1974. *Bd. 16.*

Bieringer, Reimund: siehe *Koester, Craig.*

Bird, Michael F. und *Jason Maston* (Hrsg.): Earliest Christian History. 2012. *Bd. II/320.*

Bittner, Wolfgang J.: Jesu Zeichen im Johannesevangelium. 1987. *Bd. II/26.*

Bjerkelund, Carl J.: Tauta Egeneto. 1987. *Bd. 40.*

Blackburn, Barry Lee: Theios Aner and the Markan Miracle Traditions. 1991. *Bd. II/40.*

Blackwell, Ben C.: Christosis. 2011. *Bd. II/314.*

Blanton IV, Thomas R.: Constructing a New Covenant. 2007. *Bd. II/233.*

– *Robert M. Calhoun* and *Clare K. Rothschild* (Hg.): The History of Religions School Today. 2014. *Bd. 340.*

Bock, Darrell L.: Blasphemy and Exaltation in Judaism and the Final Examination of Jesus. 1998. *Bd. II/106.*

Bockmuehl, Markus: The Remembered Peter. 2010. *Vol. 262.*

– Revelation and Mystery in Ancient Judaism and Pauline Christianity. 1990. *Bd. II/36.*

– siehe *Stanton, Graham.*

Bøe, Sverre: Cross-Bearing in Luke. 2010. *Bd. II/278.*

– Gog and Magog. 2001. *Bd. II/135.*

Böhlig, Alexander: Gnosis und Synkretismus. Teil 1 1989. *Bd. 47* – Teil 2 1989. *Bd. 48.*

Böhm, Martina: Samarien und die Samaritai bei Lukas. 1999. *Bd. II/111.*

Börstinghaus, Jens: Sturmfahrt und Schiffbruch. 2010. *Bd. II/274.*

Böttrich, Christfried: Weltweisheit – Menschheitsethik – Urkult. 1992. *Bd. II/50.*

– / *Herzer, Jens* (Hrsg.): Josephus und das Neue Testament. 2007. *Bd. 209.*

– siehe *Assel, Heinrich.*

Bolyki, János: Jesu Tischgemeinschaften. 1997. *Bd. II/96.*

Bons, Eberhard, Ralph Brucker und Jan Joosten (Hrsg.): The Reception of Septuagint Words in Jewish-Hellenistic and Christian Literature. 2014. Bd. II/367.

Bosman, Philip: Conscience in Philo and Paul. 2003. Bd. II/166.

Bovon, François: The Emergence of Christianity. 2013. Bd. 319.
– New Testament and Christian Apocrypha. 2009. Bd. 237.
– Studies in Early Christianity. 2003. Bd. 161.

Brändl, Martin: Der Agon bei Paulus. 2006. Bd. II/222.

Braun, Heike: Geschichte des Gottesvolkes und christliche Identität. 2010. Bd. II/279.

Breytenbach, Cilliers: siehe Frey, Jörg.

Brink, Laurie: Soldiers in Luke-Acts. 2014. Bd. II/362.

Broadhead, Edwin K.: Jewish Ways of Following Jesus Redrawing the Religious Map of Antiquity. 2010. Bd. 266.

Brocke, Christoph vom: Thessaloniki – Stadt des Kassander und Gemeinde des Paulus. 2001. Bd. II/125.

Brown, Paul J.: Bodily Resurrection and Ethics in 1 Cor 15. 2014. Bd. II/360.

Brucker, Ralph: siehe Bons, Eberhard.

Brunson, Andrew: Psalm 118 in the Gospel of John. 2003. Bd. II/158.

Büchli, Jörg: Der Poimandres – ein paganisiertes Evangelium. 1987. Bd. II/27.

Bühner, Jan A.: Der Gesandte und sein Weg im 4. Evangelium. 1977. Bd. II/2.

Burchard, Christoph: Untersuchungen zu Joseph und Aseneth. 1965. Bd. 8.
– Studien zur Theologie, Sprache und Umwelt des Neuen Testaments. Hrsg. von D. Sänger. 1998. Bd. 107.

Burnett, Richard: Karl Barth's Theological Exegesis. 2001. Bd. II/145.

Byron, John: Slavery Metaphors in Early Judaism and Pauline Christianity. 2003. Bd. II/162.

Byrskog, Samuel: Story as History – History as Story. 2000. Bd. 123.
– und Tobias Hägerland (Hrsg.): The Mission of Jesus. 2015. Bd. II/391.
– , Tom Holmén und Matti Kankaanniemi (Hrsg.): The Identity of Jesus: Nordic Voices. 2014. Bd. II/373.

Calaway, Jared C.: The Sabbath and the Sanctuary. 2013. Bd. II/349.

Calhoun, Robert M.: Paul's Definitions of the Gospel in Romans 1. 2011. Bd. II/316.
– siehe Blanton IV, Thomas R.

Calpino, Teresa: Women, Work and Leadership in Acts. 2014. Bd. II/361.

Campbell, Contantine R.: siehe Thate, Michael J.

Canavan, Rosemary: Clothing the Body of Christ at Colossae. 2012. Bd. II/334.

Cancik, Hubert (Hrsg.): Markus-Philologie. 1984. Bd. 33.

Capes, David B.: Old Testament Yaweh Texts in Paul's Christology. 1992. Bd. II/47.

Caragounis, Chrys C.: The Development of Greek and the New Testament. 2004. Bd. 167.
– New Testament Language and Exegesis. 2014. Bd. 323.
– The Son of Man. 1986. Bd. 38.
– siehe Fridrichsen, Anton.

Carleton Paget, James: The Epistle of Barnabas. 1994. Bd. II/64.
– Jews, Christians and Jewish Christians in Antiquity. 2010. Bd. 251.

Carlson, Stephen C.: The Text of Galatians and Its History. 2015. Bd. II/385.

Carlston, Charles E. und Craig A. Evans: From Synagogue to Ecclesia. 2014. Bd. 334.

Carson, D.A., Peter T. O'Brien und Mark Seifrid (Hrsg.): Justification and Variegated Nomism.
Bd. 1: The Complexities of Second Temple Judaism. 2001. Bd. II/140.
Bd. 2: The Paradoxes of Paul. 2004. Bd. II/181.

Caulley, Thomas Scott und Hermann Lichtenberger (Hrsg.): Die Septuaginta und das frühe Christentum – The Septuagint and Christian Origins. 2011. Bd. 277.
– siehe Lichtenberger, Hermann.

Chae, Young Sam: Jesus as the Eschatological Davidic Shepherd. 2006. Bd. II/216.

Chapman, David W.: Ancient Jewish and Christian Perceptions of Crucifixion. 2008. Bd. II/244.
– und Eckhard J. Schnabel: The Trial and Crucifixion of Jesus. 2015. Bd. 344.

Chester, Andrew: Future Hope and Present Reality. Vol. I: Eschatology and Transformation in the Hebrew Bible. 2012. Bd. 293.
– Messiah and Exaltation. 2007. Bd. 207.

Chibici-Revneanu, Nicole: Die Herrlichkeit des Verherrlichten. 2007. Bd. II/231.

Ciampa, Roy E.: The Presence and Function of Scripture in Galatians 1 and 2. 1998. Bd. II/102.

Clark, Bruce T.: Completing Christ's Afflictions. 2015. Bd. II/383.

Classen, Carl Joachim: Rhetorical Criticism of the New Testament. 2000. Bd. 128.

Ego, Beate, Armin Lange und *Peter Pilhofer* (Hrsg.): Gemeinde ohne Tempel – Community without Temple. 1999. *Bd. 118.*

– und *Helmut Merkel* (Hrsg.): Religiöses Lernen in der biblischen, frühjüdischen und frühchristlichen Überlieferung. 2005. *Bd. 180.*

Ehrlich, Carl S., Anders Runesson und *Eileen Schuller* (Hrsg.): Purity, Holiness, and Identity in Judaism and Christianity. 2013. *Bd. 305.*

Eisele, Wilfried: Welcher Thomas? 2010. *Bd. 259.*

Eisen, Ute E., Christine Gerber and *Angela Standhartinger* (Hrsg.): Doing Gender – Doing Religion. 2013. *Bd. 302.*

– siehe *Paulsen, Henning.*

Elledge, C.D.: Life after Death in Early Judaism. 2006. *Bd. II/208.*

Ellis, E. Earle: Prophecy and Hermeneutic in Early Christianity. 1978. *Bd. 18.*

– The Old Testament in Early Christianity. 1991. *Bd. 54.*

Elmer, Ian J.: Paul, Jerusalem and the Judaisers. 2009. *Bd. II/258.*

Endo, Masanobu: Creation and Christology. 2002. *Bd. 149.*

Ennulat, Andreas: Die 'Minor Agreements'. 1994. *Bd. II/62.*

Ensor, Peter W.: Jesus and His 'Works'. 1996. *Bd. II/85.*

Eskola, Timo: Messiah and the Throne. 2001. *Bd. II/142.*

– Theodicy and Predestination in Pauline Soteriology. 1998. *Bd. II/100.*

Evans, Craig A.: siehe *Carlston, Charles E.*

Farelly, Nicolas: The Disciples in the Fourth Gospel. 2010. *Bd. II/290.*

Fatehi, Mehrdad: The Spirit's Relation to the Risen Lord in Paul. 2000. *Bd. II/128.*

Feldmeier, Reinhard: Die Krisis des Gottessohnes. 1987. *Bd. II/21.*

– Die Christen als Fremde. 1992. *Bd. 64.*

– Der Höchste. 2014. *Bd. 330.*

– und *Ulrich Heckel* (Hrsg.): Die Heiden. 1994. *Bd. 70.*

Felsch, Dorit: Die Feste im Johannesevangelium. 2011. *Bd. II/308.*

Finnern, Sönke: Narratologie und biblische Exegese. 2010. *Bd. II/285.*

Fletcher-Louis, Crispin H.T.: Luke-Acts: Angels, Christology and Soteriology. 1997. *Bd. II/94.*

Förster, Niclas: Jesus und die Steuerfrage. 2012. *Bd. 294.*

– Marcus Magus. 1999. *Bd. 114.*

Forbes, Christopher Brian: Prophecy and Inspired Speech in Early Christianity and its Hellenistic Environment. 1995. *Bd. II/75.*

Fornberg, Tord: siehe *Fridrichsen, Anton.*

Fossum, Jarl E.: The Name of God and the Angel of the Lord. 1985. *Bd. 36.*

Foster, Paul: Community, Law and Mission in Matthew's Gospel. 2004. *Bd. II/177.*

Foster, Robert: The Significance of Exemplars for Interpretation of the Letter of James. 2014. *Bd. II/376.*

Fotopoulos, John: Food Offered to Idols in Roman Corinth. 2003. *Bd. II/151.*

Frank, Nicole: Der Kolosserbrief im Kontext des paulinischen Erbes. 2009. *Bd. II/271.*

Frenschkowski, Marco: Offenbarung und Epiphanie. Bd. 1 1995. *Bd. II/79* – Bd. 2 1997. *Bd. II/80.*

Frey, Jörg: Eugen Drewermann und die biblische Exegese. 1995. *Bd. II/71.*

– Die Herrlichkeit des Gekreuzigten. Studien zu den Johanneischen Schriften I. 2013. *Bd. 307.*

– Die johanneische Eschatologie. Bd. I. 1997. *Bd. 96.* – Bd. II. 1998. *Bd. 110.*

– Bd. III. 2000. *Bd. 117.*

Frey, Jörg: siehe *Avemarie, Friedrich.*

– *Carsten Claußen* und *Nadine Kessler* (Hrsg.): Qumran und die Archäologie. 2011. *Bd. 278.*

– und *Cilliers Breytenbach* (Hrsg.): Aufgabe und Durchführung einer Theologie des Neuen Testaments. 2007. *Bd. 205.*

– *Jens Herzer, Martina Janßen* und *Clare K. Rothschild* (Hrsg.): Pseudepigraphie und Verfasserfiktion in frühchristlichen Briefen. 2009. *Bd. 246.*

– *James A. Kelhoffer* und *Franz Tóth* (Hrsg.): Die Johannesapokalypse. 2012. *Bd. 287.*

– *Stefan Krauter* und *Hermann Lichtenberger* (Hrsg.): Heil und Geschichte. 2009. *Bd. 248.*

– und *Enno Edzard Popkes* (Hrsg.): Jesus, Paulus und die Texte von Qumran. 2015. *Bd. II/390.*

– und *Udo Schnelle* (Hrsg.): Kontexte des Johannesevangeliums. 2004. *Bd. 175.*

– und *Jens Schröter* (Hrsg.): Deutungen des Todes Jesu im Neuen Testament. 2005. *Bd. 181.*

– Jesus in apokryphen Evangelienüberlieferungen. 2010. *Bd. 254.*

– *Jan G. van der Watt,* und *Ruben Zimmermann* (Hrsg.): Imagery in the Gospel of John. 2006. *Bd. 200.*

Freyne, Sean: Galilee and Gospel. 2000. *Bd. 125.*

Heilig, Christoph: Hidden Criticism? 2015. *Bd. II/392.*

Heiligenthal, Roman: Werke als Zeichen. 1983. *Bd. II/9.*

Heininger, Bernhard: Die Inkulturation des Christentums. 2010. *Bd. 255.*

Heliso, Desta: Pistis and the Righteous One. 2007. *Bd. II/235.*

Hellholm, D.: siehe *Hartman, Lars.*

Hemer, Colin J.: The Book of Acts in the Setting of Hellenistic History. 1989. *Bd. 49.*

Henderson, Timothy P.: The Gospel of Peter and Early Christian Apologetics. 2011. *Bd. II/301.*

Hengel, Martin: Jesus und die Evangelien. Kleine Schriften V. 2007. *Bd. 211.*

– Die johanneische Frage. 1993. *Bd. 67.*

– Judaica et Hellenistica. Kleine Schriften I. 1996. *Bd. 90.*

– Judaica, Hellenistica et Christiana. Kleine Schriften II. 1999. *Bd. 109.*

– Judentum und Hellenismus. 1969, ³1988. *Bd. 10.*

– Paulus und Jakobus. Kleine Schriften III. 2002. *Bd. 141.*

– Studien zur Christologie. Kleine Schriften IV. 2006. *Bd. 201.*

– Studien zum Urchristentum. Kleine Schriften VI. 2008. *Bd. 234.*

– Theologische, historische und biographische Skizzen. Kleine Schriften VII. 2010. *Bd. 253.*

– und *Anna Maria Schwemer:* Paulus zwischen Damaskus und Antiochien. 1998. *Bd. 108.*

– Der messianische Anspruch Jesu und die Anfänge der Christologie. 2001. *Bd. 138.*

– Die vier Evangelien und das eine Evangelium von Jesus Christus. 2008. *Bd. 224.*

– Die Zeloten. ³2011. *Bd. 283.*

Hengel, Martin und *Ulrich Heckel* (Hrsg.): Paulus und das antike Judentum. 1991. *Bd. 58.*

– und *Hermut Löhr* (Hrsg.): Schriftauslegung im antiken Judentum und im Urchristentum. 1994. *Bd. 73.*

– und *Anna Maria Schwemer* (Hrsg.): Königsherrschaft Gottes und himmlischer Kult. 1991. *Bd. 55.*

– Die Septuaginta. 1994. *Bd. 72.*

– *Siegfried Mittmann* und *Anna Maria Schwemer* (Hrsg.): La Cité de Dieu / Die Stadt Gottes. 2000. *Bd. 129.*

Henning, Meghan: Educating Early Christians through the Rhetoric of Hell. 2014. *Bd. II/382.*

Hentschel, Anni: Diakonia im Neuen Testament. 2007. *Bd. 226.*

Hernández Jr., Juan: Scribal Habits and Theological Influence in the Apocalypse. 2006. *Bd. II/218.*

Herrenbrück, Fritz: Jesus und die Zöllner. 1990. *Bd. II/41.*

Herzer, Jens: Paulus oder Petrus? 1998. *Bd. 103.*

– siehe *Böttrich, Christfried.*

– siehe *Deines, Roland.*

– siehe *Frey, Jörg.*

– (Hrsg.): Papyrologie und Exegese. 2012. *Bd. II/341.*

Hieke, Thomas: siehe *Alkier, Stefan.*

Hill, Charles E.: From the Lost Teaching of Polycarp. 2005. *Bd. 186.*

Hoegen-Rohls, Christina: Der nachösterliche Johannes. 1996. *Bd. II/84.*

Hoffmann, Matthias Reinhard: The Destroyer and the Lamb. 2005. *Bd. II/203.*

Hofius, Otfried: Katapausis. 1970. *Bd. 11.*

– Der Vorhang vor dem Thron Gottes. 1972. *Bd. 14.*

– Der Christushymnus Philipper 2,6–11. 1976, ²1991. *Bd. 17.*

– Paulusstudien. 1989, ²1994. *Bd. 51.*

– Neutestamentliche Studien. 2000. *Bd. 132.*

– Paulusstudien II. 2002. *Bd. 143.*

– Exegetische Studien. 2008. *Bd. 223.*

– und *Hans-Christian Kammler:* Johannesstudien. 1996. *Bd. 88.*

Holloway, Paul A.: Coping with Prejudice. 2009. *Bd. 244.*

– siehe *Ahearne-Kroll, Stephen P.*

Holmberg, Bengt (Hrsg.): Exploring Early Christian Identity. 2008. *Bd. 226.*

– und *Mikael Winninge* (Hrsg.): Identity Formation in the New Testament. 2008. *Bd. 227.*

Holmén, Tom (Hrsg.): Jesus in Continuum. 2012. *Bd. 289.*

– siehe *Byrskog, Samuel.*

Holtz, Traugott: Geschichte und Theologie des Urchristentums. 1991. *Bd. 57.*

Hommel, Hildebrecht: Sebasmata. Bd. 1 1983. *Bd. 31.* Bd. 2 1984. *Bd. 32.*

Horbury, William: Herodian Judaism and New Testament Study. 2006. *Bd. 193.*

Horn, Friedrich Wilhelm und *Ruben Zimmermann* (Hrsg): Jenseits von Indikativ und Imperativ. Bd. 1. 2009. *Bd. 238.*

– *Ulrich Volp* and *Ruben Zimmermann* (Hrsg.): Ethische Normen des frühen Christentums. Kontexte und Normen neutestamentlicher Ethik / Context and Norms of New Testament Ethics, Bd. IV. 2013. *Bd. 313.*

Horst, Pieter W. van der: Jews and Christians in Their Graeco-Roman Context. 2006. *Bd. 196.*

Hultgård, Anders und *Stig Norin* (Hrsg): Le Jour de Dieu / Der Tag Gottes. 2009. *Bd. 245.*

Hume, Douglas A.: The Early Christian Community. 2011. *Bd. II/298.*

Hunt, Steven A., D. Francois Tomie und *Ruben Zimmermann* (Hrsg.): Character Studies in the Fourth Gospel. 2013. *Bd. 314.*

Hvalvik, Reidar: The Struggle for Scripture and Covenant. 1996. *Bd. II/82.*

– und *Karl Olav Sandnes* (Ed.): Early Christian Prayer and Identity Formation. 2014. *Bd. 336.*

Inselmann, Anke: Die Freude im Lukasevangelium. 2012. *Bd. II/322.*

Irons, Charles Lee: The Righteousness of God. 2015. *Bd. II/386.*

Jackson, Ryan: New Creation in Paul's Letters. 2010. *Bd. II/272.*

Hvalvik, Reidar: The Struggle for Scripture and Covenant. 1996. *Bd. II/82.*

Janowski, Bernd und *Enno Edzard Popkes* (Hrsg.): Das Geheimnis der Gegenwart Gottes. 2014. *Bd. 318.*

Janßen Martina: siehe *Frey, Jörg.*

Jauhiainen, Marko: The Use of Zechariah in Revelation. 2005. *Bd. II/199.*

Jensen, Morten H.: Herod Antipas in Galilee. 2006. ²2010. *Bd. II/215.*

Johns, Loren L.: The Lamb Christology of the Apocalypse of John. 2003. *Bd. II/167.*

Joosten, Jan: siehe *Bons, Eberhard.*

Joseph, Simon J.: Jesus, Q, and the Dead Sea Scrolls. 2012. *Bd. II/333.*

Jossa, Giorgio: Jews or Christians? 2006. *Bd. 202.*

Joubert, Stephan: Paul as Benefactor. 2000. *Bd. II/124.*

Judge, E. A.: The First Christians in the Roman World. 2008. *Bd. 229.*

– Jerusalem and Athens. 2010. *Bd. 265.*

Jungbauer, Harry: „Ehre Vater und Mutter". 2002. *Bd. II/146.*

Kähler, Christoph: Jesu Gleichnisse als Poesie und Therapie. 1995. *Bd. 78.*

Kamlah, Ehrhard: Die Form der katalogischen Paränese im Neuen Testament. 1964. *Bd. 7.*

Kammler, Hans-Christian: Christologie und Eschatologie. 2000. *Bd. 126.*

– Kreuz und Weisheit. 2003. *Bd. 159.*

– siehe *Hofius, Otfried.*

Kankaanniemi, Matti: siehe *Byrskog, Samuel.*

Karakolis, Christos, Karl-Wilhelm Niebuhr und *Sviatoslav Rogalsky* (Hrsg.): Gospel Images of Jesus Christ in Church Tradition and in Biblical Scholarship. Fifth International East-West Symposium of New Testament Scholars, Minsk, September 2 to 9, 2010. 2012. *Bd. 288.*

– siehe *Alexeev, Anatoly A.*

Karrer, Martin und *Wolfgang Kraus* (Hrsg.): Die Septuaginta – Texte, Kontexte, Lebenswelten. 2008. *Bd. 219.*

– siehe *Kraus, Wolfgang.*

Kazen, Thomas: Scripture, Interpretation, or Authority? 2013. *Bd. 320.*

Kelhoffer, James A.: Conceptions of "Gospel" and Legitimacy in Early Christianity. 2014. *Bd. 324.*

– The Diet of John the Baptist. 2005. *Bd. 176.*

– Miracle and Mission. 2000. *Bd. II/112.*

– Persecution, Persuasion and Power. 2010. *Bd. 270.*

– siehe *Ahearne-Kroll, Stephen P.*

– siehe *Frey, Jörg.*

Kelley, Nicole: Knowledge and Religious Authority in the Pseudo-Clementines. 2006. *Bd. II/213.*

Kennedy, Joel: The Recapitulation of Israel. 2008. *Bd. II/257.*

Kensky, Meira Z.: Trying Man, Trying God. 2010. *Bd. II/289.*

Kessler, Nadine: siehe *Frey, Jörg.*

Kieffer, René und *Jan Bergman* (Hrsg.): La Main de Dieu / Die Hand Gottes. 1997. *Bd. 94.*

Kierspel, Lars: The Jews and the World in the Fourth Gospel. 2006. *Bd. 220.*

Kim, Seyoon: The Origin of Paul's Gospel. 1981, ²1984. *Bd. II/4.*

– Paul and the New Perspective. 2002. *Bd. 140.*

– "The 'Son of Man'" as the Son of God. 1983. *Bd. 30.*

Klauck, Hans-Josef: Religion und Gesellschaft im frühen Christentum. 2003. *Bd. 152.*

Klein, Hans, Vasile Mihoc und *Karl-Wilhelm Niebuhr* (Hrsg.): Das Gebet im Neuen Testament. Vierte, europäische orthodoxwestliche Exegetenkonferenz in Sambata de Sus, 4. – 8. August 2007. 2009. *Bd. 249.*

– siehe *Dunn, James D.G.*

Kleinknecht, Karl Th.: Der leidende Gerechtfertigte. 1984, ²1988. *Bd. II/13.*

Klinghardt, Matthias: Gesetz und Volk Gottes. 1988. *Bd. II/32.*

– Synoptic Problems. 2014. *Vol. 329.*

Kloppenborg, John S.: The Tenants in the Vineyard. 2006, student edition 2010. *Bd. 195.*

Koch, Michael: Drachenkampf und Sonnenfrau. 2004. *Bd. II/184.*

Koch, Stefan: Rechtliche Regelung von Konflikten im frühen Christentum. 2004. *Bd. II/174.*

Köhler, Wolf-Dietrich: Rezeption des Matthäusevangeliums in der Zeit vor Irenäus. 1987. *Bd. II/24.*

Köhn, Andreas: Der Neutestamentler Ernst Lohmeyer. 2004. *Bd. II/180.*

Koester, Craig und *Reimund Bieringer* (Hrsg.): The Resurrection of Jesus in the Gospel of John. 2008. *Bd. 222.*

Kok, Jacobus (Kobus), Tobias Nicklas, Dieter T. Roth und *Christopher M. Hays* (Hrsg.): Sensitivity towards Outsiders. 2014. *Bd. II/364.*

Kollmann, Bernd und *Ruben Zimmermann* (Hrsg.): Hermeneutik der frühchristlichen Wundererzählungen. 2014. *Bd. 339.*

Konradt, Matthias: Israel, Kirche und die Völker im Matthäusevangelium. 2007. *Bd. 215.*

– und *Esther Schläpfer* (Hrsg.): Anthropologie und Ethik im Frühjudentum und im Neuen Testament. 2013. *Bd. 322.*

Kooten, George H. van: Cosmic Christology in Paul and the Pauline School. 2003. *Bd. II/171.*

– Paul's Anthropology in Context. 2008. *Bd. 232.*

Korn, Manfred: Die Geschichte Jesu in veränderter Zeit. 1993. *Bd. II/51.*

Koskenniemi, Erkki: Apollonios von Tyana in der neutestamentlichen Exegese. 1994. *Bd. II/61.*

– The Old Testament Miracle-Workers in Early Judaism. 2005. *Bd. II/206.*

Kraus, Thomas J.: Sprache, Stil und historischer Ort des zweiten Petrusbriefes. 2001. *Bd. II/136.*

Kraus, Wolfgang: Das Volk Gottes. 1996. *Bd. 85.*

– siehe *Karrer, Martin.*

– siehe *Walter, Nikolaus.*

– und *Martin Karrer* (Hrsg.): Die Septuaginta – Texte, Theologien, Einflüsse. 2010. *Bd. 252.*

– und *Siegfried Kreuzer* (Hrsg.): Die Septuaginta – Text, Wirkung, Rezeption. 2014. *Bd. 325.*

– und *Karl-Wilhelm Niebuhr* (Hrsg.): Frühjudentum und Neues Testament im Horizont Biblischer Theologie. 2003. *Bd. 162.*

Krauter, Stefan: Studien zu Röm 13,1–7. 2009. *Bd. 243.*

– siehe *Frey, Jörg.*

Kreplin, Matthias: Das Selbstverständnis Jesu. 2001. *Bd. II/141.*

Kreuzer, Siegfried, Martin Meiser und *Marcus Sigismund* (Hrsg.): Die Septuaginta – Entstehung, Sprache, Geschichte. 2012. *Bd. 286.*

– siehe *Kraus, Wolfgang.*

Kuhn, Karl G.: Achtzehngebet und Vaterunser und der Reim. 1950. *Bd. 1.*

Kvalbein, Hans: siehe *Ådna, Jostein.*

Kwon, Yon-Gyong: Eschatology in Galatians. 2004. *Bd. II/183.*

Laansma, Jon: I Will Give You Rest. 1997. *Bd. II/98.*

Labahn, Michael: Offenbarung in Zeichen und Wort. 2000. *Bd. II/117.*

– siehe *Roth, Dieter T.*

Lambers-Petry, Doris: siehe *Tomson, Peter J.*

Lange, Armin: siehe *Ego, Beate.*

Lampe, Peter: Die stadtrömischen Christen in den ersten beiden Jahrhunderten. 1987, ²1989. *Bd. II/18.*

Landmesser, Christof: Wahrheit als Grundbegriff neutestamentlicher Wissenschaft. 1999. *Bd. 113.*

– Jüngerberufung und Zuwendung zu Gott. 2000. *Bd. 133.*

– siehe *Bauspieß, Martin.*

– siehe *Eckstein, Hans-Joachim.*

Lau, Andrew: Manifest in Flesh. 1996. *Bd. II/86.*

Lawrence, Louise: An Ethnography of the Gospel of Matthew. 2003. *Bd. II/165.*

Lee, Aquila H.I.: From Messiah to Preexistent Son. 2005. *Bd. II/192.*

Lee, DooHee: Luke-Acts and 'Tragic History'. 2013. *Bd. II/346.*

Lee, Pilchan: The New Jerusalem in the Book of Relevation. 2000. *Bd. II/129.*

Lee, Sang M.: The Cosmic Drama of Salvation. 2010. *Bd. II/276.*

Lee, Simon S.: Jesus' Transfiguration and the Believers' Transformation. 2009. *Bd. II/265.*

Leonhard, Clemens and *Hermut Löhr* (Ed.): Literature or Liturgy? 2014. *Bd. II/363.*

Lichtenberger, Hermann: Das Ich Adams und das Ich der Menschheit. 2004. *Bd. 164.*

– siehe *Avemarie, Friedrich.*

– siehe *Caulley, Thomas Scott.*

– siehe *Eckstein, Hans-Joachim.*

– siehe *Frey, Jörg.*

Lierman, John: The New Testament Moses. 2004. *Bd. II/173.*

– (Hrsg.): Challenging Perspectives on the Gospel of John. 2006. *Bd. II/219.*

Lieu, Samuel N.C.: Manichaeism in the Later Roman Empire and Medieval China. ²1992. *Bd. 63.*

Lincicum, David: Paul and the Early Jewish Encounter with Deuteronomy. 2010. *Bd. II/284.*

– siehe *Bauspieß, Martin.*

– siehe *Stanton, Graham.*

Lindemann, Andreas: Die Evangelien und die Apostelgeschichte. 2009. *Bd. 241.*

– Glauben, Handeln, Verstehen. Studien zur Auslegung des Neuen Testaments. 2011. *Bd. II/282.*

Lindgård, Fredrik: Paul's Line of Thought in 2 Corinthians 4:16-5:10. 2004. *Bd. II/189.*

Liu, Yulin: Temple Purity in 1-2 Corinthians. 2013. *Bd. II/343.*

Livesey, Nina E.: Circumcision as a Malleable Symbol. 2010. *Bd. II/295.*

Loader, William R.G.: Jesus' Attitude Towards the Law. 1997. *Bd. II/97.*

Löhr, Gebhard: Verherrlichung Gottes durch Philosophie. 1997. *Bd. 97.*

Löhr, Hermut: Studien zum frühchristlichen und frühjüdischen Gebet. 2003. *Bd. 160.*

– siehe *Hengel, Martin.*

– siehe *Leonhard, Clemens.*

Löhr, Winrich Alfried: Basilides und seine Schule. 1995. *Bd. 83.*

Lorenzen, Stefanie: Das paulinische Eikon-Konzept. 2008. *Bd. II/250.*

Lugioyo, Brian: siehe *Reynolds, Benjamin E.*

Luomanen, Petri: Entering the Kingdom of Heaven. 1998. *Bd. II/101.*

Luz, Ulrich: siehe *Alexeev, Anatoly A.*

– siehe *Dunn, James D.G.*

Lykke, Anne und *Friedrich T. Schipper* (Hrsg.): Kult und Macht. 2011. *Bd. II/319.*

Lyu, Eun-Geol: Sünde und Rechtfertigung bei Paulus. 2012. *Bd. II/318.*

Mackay, Ian D.: John's Relationship with Mark. 2004. *Bd. II/182.*

Mackie, Scott D.: Eschatology and Exhortation in the Epistle to the Hebrews. 2006. *Bd. II/223.*

Magda, Ksenija: Paul's Territoriality and Mission Strategy. 2009. *Bd. II/266.*

Maier, Gerhard: Mensch und freier Wille. 1971. *Bd. 12.*

– Die Johannesoffenbarung und die Kirche. 1981. *Bd. 25.*

Marguerat, Daniel: Paul in Acts and Paul in His Letters. 2013. *Bd. 310.*

Markley, John R.: Peter – Apocalyptic Seer. 2013. *Bd. II/348.*

Markschies, Christoph: Valentinus Gnosticus? 1992. *Bd. 65.*

Marshall, Jonathan: Jesus, Patrons, and Benefactors. 2009. *Bd. II/259.*

Marshall, Peter: Enmity in Corinth: Social Conventions in Paul's Relations with the Corinthians. 1987. *Bd. II/23.*

Martin, Dale B.: siehe *Zangenberg, Jürgen.*

Maston, Jason: Divine and Human Agency in Second Temple Judaism and Paul. 2010. *Bd. II/297.*

– siehe *Bird, Michael F.*

Mayer, Annemarie: Sprache der Einheit im Epheserbrief und in der Ökumene. 2002. *Bd. II/150.*

Mayordomo, Moisés: Argumentiert Paulus logisch? 2005. *Bd. 188.*

McDonough, Sean M.: YHWH at Patmos: Rev. 1:4 in its Hellenistic and Early Jewish Setting. 1999. *Bd. II/107.*

McDowell, Markus: Prayers of Jewish Women. 2006. *Bd. II/211.*

McGlynn, Moyna: Divine Judgement and Divine Benevolence in the Book of Wisdom. 2001. *Bd. II/139.*

McNamara, Martin: Targum and New Testament. 2011. *Bd. 279.*

Meade, David G.: Pseudonymity and Canon. 1986. *Bd. 39.*

Meadors, Edward P.: Jesus the Messianic Herald of Salvation. 1995. *Bd. II/72.*

Meiser, Martin: siehe *Kreuzer, Siegfried.*

Meißner, Stefan: Die Heimholung des Ketzers. 1996. *Bd. II/87.*

Mell, Ulrich: Die „anderen" Winzer. 1994. *Bd. 77.*

– siehe *Sänger, Dieter.*

Mengel, Berthold: Studien zum Philipperbrief. 1982. *Bd. II/8.*

Merkel, Helmut: Die Widersprüche zwischen den Evangelien. 1971. *Bd. 13.*

– siehe *Ego, Beate.*

Merklein, Helmut: Studien zu Jesus und Paulus. Bd. 1 1987. *Bd. 43.* – Bd. 2 1998. *Bd. 105.*

Merkt, Andreas: siehe *Nicklas, Tobias*

Metzdorf, Christina: Die Tempelaktion Jesu. 2003. *Bd. II/168.*

Metzler, Karin: Der griechische Begriff des Verzeihens. 1991. *Bd. II/44.*

Metzner, Rainer: Die Rezeption des Matthäusevangeliums im 1. Petrusbrief. 1995. *Bd. II/74.*

– Das Verständnis der Sünde im Johannesevangelium. 2000. *Bd. 122.*

Michalak, Aleksander: Angels as Warriors in Late Second Temple Jewish Literature. 2012. *Bd. II/330.*

Parsenios, George L.: Rhetoric and Drama in the Johannine Lawsuit Motif. 2010. *Bd. 258.*

Pate, C. Marvin: The Reverse of the Curse. 2000. *Bd. II/114.*

Paulsen, Henning: Studien zur Literatur und Geschichte des frühen Christentums. Hrsg. von Ute E. Eisen. 1997. *Bd. 99.*

Pearce, Sarah J.K.: The Land of the Body. 2007. *Bd. 208.*

Peres, Imre: Griechische Grabinschriften und neutestamentliche Eschatologie. 2003. *Bd. 157.*

Perry, Peter S.: The Rhetoric of Digressions. 2009. *Bd. II/268.*

Philip, Finny: The Origins of Pauline Pneumatology. 2005. *Bd. II/194.*

Philonenko, Marc (Hrsg.): Le Trône de Dieu. 1993. *Bd. 69.*

Pierce, Chad T.: Spirits and the Proclamation of Christ. 2011. *Bd. II/305.*

Pilhofer, Peter: Presbyteron Kreitton. 1990. *Bd. II/39.*

– Philippi. Bd. 1 1995. *Bd. 87.* – Bd. 2 ²2009. *Bd. 119.*

– Die frühen Christen und ihre Welt. 2002. *Bd. 145.*

– siehe *Becker, Eve-Marie.*

– siehe *Ego, Beate.*

Pitre, Brant: Jesus, the Tribulation, and the End of the Exile. 2005. *Bd. II/204.*

Plümacher, Eckhard: Geschichte und Geschichten. 2004. *Bd. 170.*

Pöhlmann, Wolfgang: Der Verlorene Sohn und das Haus. 1993. *Bd. 68.*

Poirier, John C.: The Tongues of Angels. 2010. *Bd. II/287.*

Pokorný, Petr und *Josef B. Souček:* Bibelauslegung als Theologie. 1997. *Bd. 100.*

Pokorný, Petr und *Jan Roskovec* (Hrsg.): Philosophical Hermeneutics and Biblical Exegesis. 2002. *Bd. 153.*

Popkes, Enno Edzard: Das Menschenbild des Thomasevangeliums. 2007. *Bd. 206.*

– Die Theologie der Liebe Gottes in den johanneischen Schriften. 2005. *Bd. II/197.*

– und *Gregor Wurst* (Hrsg.): Judasevangelium und Codex Tchacos. 2012. *Bd. 297.*

– siehe *Frey, Jörg.*

– siehe *Janowski, Bernd.*

Porter, Stanley E.: The Paul of Acts. 1999. *Bd. 115.*

Prieur, Alexander: Die Verkündigung der Gottesherrschaft. 1996. *Bd. II/89.*

Probst, Hermann: Paulus und der Brief. 1991. *Bd. II/45.*

Puig i Tàrrech, Armand: Jesus: An Uncommon Journey. 2010. *Vol. II/288.*

Rabens, Volker: The Holy Spirit and Ethics in Paul. ²2013. *Bd. II/283.*

Räisänen, Heikki: Paul and the Law. 1983, ²1987. *Bd. 29.*

Rehfeld, Emmanuel L.: Relationale Ontologie bei Paulus. 2012. *Bd. II/326.*

Rehkopf, Friedrich: Die lukanische Sonderquelle. 1959. *Bd. 5.*

Rein, Matthias: Die Heilung des Blindgeborenen (Joh 9). 1995. *Bd. II/73.*

Reinmuth, Eckart: Pseudo-Philo und Lukas. 1994. *Bd. 74.*

Reiser, Marius: Bibelkritik und Auslegung der Heiligen Schrift. 2007. *Bd. 217.*

– Syntax und Stil des Markusevangeliums. 1984. *Bd. II/11.*

Reynolds, Benjamin E.: The Apocalyptic Son of Man in the Gospel of John. 2008. *Bd. II/249.*

– *Brian Lugioyo* und *Kevin J. Vanhoozer* (Hrsg.): Reconsidering the Relationship between Biblical and Systematic Theology in the New Testament. 2014. *Bd. II/369.*

Rhodes, James N.: The Epistle of Barnabas and the Deuteronomic Tradition. 2004. *Bd. II/188.*

Richards, E. Randolph: The Secretary in the Letters of Paul. 1991. *Bd. II/42.*

Richardson, Christopher A.: Pioneer and Perfecter of Faith. 2012. *Bd. II/338.*

Riesner, Rainer: Jesus als Lehrer. 1981, ³1988. *Bd. II/7.*

– Die Frühzeit des Apostels Paulus. 1994. *Bd. 71.*

Rissi, Mathias: Die Theologie des Hebräerbriefs. 1987. *Bd. 41.*

Röcker, Fritz W.: Belial und Katechon. 2009. *Bd. II/262.*

Röhser, Günter: Metaphorik und Personifikation der Sünde. 1987. *Bd. II/25.*

Rogalsky, Sviatoslav: siehe *Karakolis, Christos.*

Rollens, Sarah E.: Framing Social Criticism in the Jesus Movement. 2014. *Bd. II/374.*

Root, Bradley W.: First Century Galilee. 2014. *Bd. II/378.*

Rose, Christian: Theologie als Erzählung im Markusevangelium. 2007. *Bd. II/236.*

– Die Wolke der Zeugen. 1994. *Bd. II/60.*

Roskovec, Jan: siehe *Pokorný, Petr.*

Roth, Dieter T., Zimmermann, Ruben und *Labahn, Michael (Hrsg.):* Metaphor, Narrative, and Parables in Q. 2013. *Bd. 315.*

– siehe *Kok, Jacobus (Kobus).*

Rothschild, Clare K.: Baptist Traditions and Q. 2005. *Bd. 190.*
– Hebrews as Pseudepigraphon. 2009. *Bd. 235.*
– Luke Acts and the Rhetoric of History. 2004. *Bd. II/175.*
– Paul in Athens. 2014. *Bd. 341.*
– siehe *Frey, Jörg.*
– and *Jens Schröter* (Hrsg.): The Rise and Expansion of Christianity in the First Three Centuries of the Common Era. 2013. *Bd. 301.*
– und *Trevor W. Thompson* (Hrsg.): Christian Body, Christian Self. 2011. *Bd. 284.*
– siehe *Blanton IV, Thomas R.*
Rudolph, David J.: A Jew to the Jews. 2011. *Bd. II/304.*
Rüegger, Hans-Ulrich: Verstehen, was Markus erzählt. 2002. *Bd. II/155.*
Rüger, Hans Peter: Die Weisheitsschrift aus der Kairoer Geniza. 1991. *Bd. 53.*
Ruf, Martin G.: Die heiligen Propheten, eure Apostel und ich. 2011. *Bd. II/300.*
Runesson, Anders: siehe *Becker, Eve-Marie.*
– siehe *Ehrlich, Carl S.*
Sänger, Dieter: Antikes Judentum und die Mysterien. 1980. *Bd. II/5.*
– Die Verkündigung des Gekreuzigten und Israel. 1994. *Bd. 75.*
– siehe *Burchard, Christoph.*
– und *Ulrich Mell* (Hrsg.): Paulus und Johannes. 2006. *Bd. 198.*
Salier, Willis Hedley: The Rhetorical Impact of the Se-meia in the Gospel of John. 2004. *Bd. II/186.*
Salzmann, Jörg Christian: Lehren und Ermahnen. 1994. *Bd. II/59.*
Samuelsson, Gunnar: Crucifixion in Antiquity. ²2013. *Bd. II/310.*
Sandelin, Karl-Gustav: Attraction and Danger of Alien Religion. 2012. *Bd. 290.*
Sandnes, Karl Olav: Paul – One of the Prophets? 1991. *Bd. II/43.*
– siehe *Hvalvik, Reidar.*
Sato, Migaku: Q und Prophetie. 1988. *Bd. II/29.*
Schäfer, Ruth: Paulus bis zum Apostelkonzil. 2004. *Bd. II/179.*
Schaper, Joachim: Eschatology in the Greek Psalter. 1995. *Bd. II/76.*
Schedtler, Justin Jeffcoat: A Heavenly Chorus. 2014. *Bd. II/381.*
Schimanowski, Gottfried: Die himmlische Liturgie in der Apokalypse des Johannes. 2002. *Bd. II/154.*
– Weisheit und Messias. 1985. *Bd. II/17.*
Schipper, Friedrich T.: siehe *Lykke, Anne.*
Schläpfer, Esther: siehe *Konradt, Matthias.*

Schlichting, Günter: Ein jüdisches Leben Jesu. 1982. *Bd. 24.*
Schließer, Benjamin: Abraham's Faith in Romans 4. 2007. *Bd. II/224.*
Schnabel, Eckhard J.: Law and Wisdom from Ben Sira to Paul. 1985. *Bd. II/16.*
– siehe *Chapman, David W.*
Schnelle, Udo: siehe *Frey, Jörg.*
Schröter, Jens: Von Jesus zum Neuen Testament. 2007. *Bd. 204.*
– siehe *Frey, Jörg.*
– siehe *Rothschild, Clare K.*
Schuller, Eileen: siehe *Ehrlich, Carl S.*
Schultheiß, Tanja: Das Petrusbild im Johannesevangelium. 2012. *Bd. II/329.*
Schutter, William L.: Hermeneutic and Composition in I Peter. 1989. *Bd. II/30.*
Schwartz, Daniel R.: Reading the First Century. 2013. *Bd. 300.*
– Studies in the Jewish Background of Christianity. 1992. *Bd. 60.*
Schwemer, Anna Maria: siehe *Hengel, Martin.*
Schwindt, Rainer: Das Weltbild des Epheserbriefes. 2002. *Bd. 148.*
Scott, Ian W.: Implicit Epistemology in the Letters of Paul. 2005. *Bd. II/205.*
Scott, James M.: Adoption as Sons of God. 1992. *Bd. II/48.*
– Paul and the Nations. 1995. *Bd. 84.*
Shi, Wenhua: Paul's Message of the Cross as Body Language. 2008. *Bd. II/254.*
Shum, Shiu-Lun: Paul's Use of Isaiah in Romans. 2002. *Bd. II/156.*
Siegert, Folker: Drei hellenistisch-jüdische Predigten. Teil I 1980. *Bd. 20* – Teil II 1992. *Bd. 61.*
– Nag-Hammadi-Register. 1982. *Bd. 26.*
– Argumentation bei Paulus. 1985. *Bd. 34.*
– Philon von Alexandrien. 1988. *Bd. 46.*
Siggelkow-Berner, Birke: Die jüdischen Feste im Bellum Judaicum des Flavius Josephus. 2011. *Bd. II/306.*
Sigismund, Marcus: siehe *Kreuzer, Siegfried.*
Simon, Marcel: Le christianisme antique et son contexte religieux I/II. 1981. *Bd. 23.*
Smit, Peter-Ben: Fellowship and Food in the Kingdom. 2008. *Bd. II/234.*
Smith, Claire S.: Pauline Communities as 'Scholastic Communities'.2012. *Bd. II/335.*
Smith, Julien: Christ the Ideal King. 2011. *Bd. II/313.*
Snodgrass, Klyne: The Parable of the Wicked Tenants. 1983. *Bd. 27.*
Snyder, Glenn E.: Acts of Paul. 2013. *Bd. II/352.*

Snyder, Julia A.: Language and Identity in Ancient Narratives. 2014. *Bd. II/370.*
Söding, Thomas: Das Wort vom Kreuz. 1997. *Bd. 93.*
– siehe *Thüsing, Wilhelm.*
Sommer, Michael: Der Tag der Plagen. 2015. *Bd. II/387.*
Sommer, Urs: Die Passionsgeschichte des Markusevangeliums. 1993. *Bd. II/58.*
Sorensen, Eric: Possession and Exorcism in the New Testament and Early Christianity. 2002. *Bd. II/157.*
Souček, Josef B.: siehe *Pokorný, Petr.*
Southall, David J.: Rediscovering Righteousness in Romans. 2008. *Bd. 240.*
Spangenberg, Volker: Herrlichkeit des Neuen Bundes. 1993. *Bd. II/55.*
Spanje, T.E. van: Inconsistency in Paul? 1999. *Bd. II/110.*
Speyer, Wolfgang: Frühes Christentum im antiken Strahlungsfeld. Bd. I: 1989. *Bd. 50.*
– Bd. II: 1999. *Bd. 116.*
– Bd. III: 2007. *Bd. 213.*
Spittler, Janet E.: Animals in the Apocryphal Acts of the Apostles. 2008. *Bd. II/247.*
– siehe *Nicklas, Tobias.*
Sprinkle, Preston: Law and Life. 2008. *Bd. II/241.*
Stadelmann, Helge: Ben Sira als Schriftgelehrter. 1980. *Bd. II/6.*
Standhartinger, Angela: siehe *Avemarie, Friedrich.*
– siehe *Eisen, Ute E.*
Stanton, Graham: Studies in Matthew and Early Christianity. Edited by Markus Bockmuehl and David Lincicum. 2013. *Bd. 309.*
Stein, Hans Joachim: Frühchristliche Mahlfeiern. 2008. *Bd. II/255.*
Stenschke, Christoph W.: Luke's Portrait of Gentiles Prior to Their Coming to Faith. *Bd. II/108.*
Stephens, Mark B.: Annihilation or Renewal? 2011. *Bd. II/307.*
Sterck-Degueldre, Jean-Pierre: Eine Frau namens Lydia. 2004. *Bd. II/176.*
Stettler, Christian: Der Kolosserhymnus. 2000. *Bd. II/131.*
– Das letzte Gericht. 2011. *Bd. II/299.*
Stettler, Hanna: Die Christologie der Pastoralbriefe. 1998. *Bd. II/105.*
– Heiligung bei Paulus. 2014. *Bd. II/368.*
Stökl Ben Ezra, Daniel: The Impact of Yom Kippur on Early Christianity. 2003. *Bd. 163.*
Strobel, August: Die Stunde der Wahrheit. 1980. *Bd. 21.*

Stroumsa, Guy G.: Barbarian Philosophy. 1999. *Bd. 112.*
Stuckenbruck, Loren T.: Angel Veneration and Christology. 1995. *Bd. II/70.*
– The Myth of Rebellious Angels. 2014. *Bd. 335.*
– *Stephen C. Barton* und *Benjamin G. Wold* (Hrsg.): Memory in the Bible and Antiquity. 2007. *Vol. 212.*
Stuhlmacher, Peter (Hrsg.): Das Evangelium und die Evangelien. 1983. *Bd. 28.*
– Biblische Theologie und Evangelium. 2002. *Bd. 146.*
Sung, Chong-Hyon: Vergebung der Sünden. 1993. *Bd. II/57.*
Svendsen, Stefan N.: Allegory Transformed. 2009. *Bd. II/269.*
Swafford Works, Carla: The Church in the Wilderness. 2014. *Bd. II/379.*
Tajra, Harry W.: The Trial of St. Paul. 1989. *Bd. II/35.*
– The Martyrdom of St.Paul. 1994. *Bd. II/67.*
Tellbe, Mikael: Christ-Believers in Ephesus. 2009. *Bd. 242.*
Thate, Michael J.: Remembrance of Things Past? 2013. *Bd. II/351.*
– *Kevin J. Vanhoozer* and *Constantine R. Campbell* (Hg.): 'In Christ' in Paul. 2014. *Bd. II/384.*
Ed. by Michael J. Thate, Kevin J. Vanhoozer, and Constantine R. Campbell
Theißen, Gerd: Studien zur Soziologie des Urchristentums. 1979, ³1989. *Bd. 19.*
Theobald, Michael: Studien zum Corpus Iohanneum. 2010. *Bd. 267.*
– Studien zum Römerbrief. 2001. *Bd. 136.*
– siehe *Mußner, Franz.*
Thompson, Trevor W.: siehe *Rothschild, Clare K.*
Thornton, Claus-Jürgen: Der Zeuge des Zeugen. 1991. *Bd. 56.*
Thüsing, Wilhelm: Studien zur neutestamentlichen Theologie. Hrsg. von Thomas Söding. 1995. *Bd. 82.*
Thurén, Lauri: Derhethorizing Paul. 2000. *Bd. 124.*
Thyen, Hartwig: Studien zum Corpus Iohanneum. 2007. *Bd. 214.*
Tibbs, Clint: Religious Experience of the Pneuma. 2007. *Bd. II/230.*
Tilling, Chris: Paul's Divine Christology. 2012. *Bd. II/323.*
Toit, David S. du: Theios Anthropos. 1997. *Bd. II/91.*
Tolmie, D. Francois: Persuading the Galatians. 2005. *Bd. II/190.*
– siehe *Hunt, Steven A.*

Tomson, Peter J. und *Doris Lambers-Petry* (Hrsg.): The Image of the Judaeo-Christians in Ancient Jewish and Christian Literature. 2003. *Bd. 158.*

Toney, Carl N.: Paul's Inclusive Ethic. 2008. *Bd. II/252.*

Tóth, Franz: siehe *Frey, Jörg.*

Trebilco, Paul: The Early Christians in Ephesus from Paul to Ignatius. 2004. *Bd. 166.*

Treloar, Geoffrey R.: Lightfoot the Historian. 1998. *Bd. II/103.*

Troftgruben, Troy M.: A Conclusion Unhindered. 2010. Bd. II/280.

Tso, Marcus K.M.: Ethics in the Qumran Community. 2010. *Bd. II/292.*

Tsuji, Manabu: Glaube zwischen Vollkommenheit und Verweltlichung. 1997. *Bd. II/93.*

Tuckett, Christopher: From the Sayings to the Gospels. 2014. *Bd. 328.*

Tuval, Michael: From Jerusalem Priest to Roman Jew. 2013. *Bd. II/357.*

Twelftree, Graham H.: Jesus the Exorcist. 1993. *Bd. II/54.*

Uytanlet, Samson: Luke-Acts and Jewish Historiography. 2014. *Bd. II/366.*

Ulrichs, Karl Friedrich: Christusglaube. 2007. *Bd. II/227.*

Urban, Christina: Das Menschenbild nach dem Johannesevangelium. 2001. *Bd. II/137.*

Vahrenhorst, Martin: Kultische Sprache in den Paulusbriefen. 2008. *Bd. 230.*

Vanhoozer Kevin J.: siehe *Reynolds, Benjamin E.*

– siehe *Thate, Michael J.*

Vegge, Ivar: 2 Corinthians – a Letter about Reconciliation. 2008. *Bd. II/239.*

Verheyden, Joseph, Korinna Zamfir und *Tobias Nicklas* (Hrsg.): Prophets and Prophecy in Jewish and Early Christian Literature. 2010. *Bd. II/286.*

– siehe *Grundeken, Mark.*

– siehe *Nicklas, Tobias.*

Visotzky, Burton L.: Fathers of the World. 1995. *Bd. 80.*

Vollenweider, Samuel: Horizonte neutestamentlicher Christologie. 2002. *Bd. 144.*

Volp, Ulrich: see *Horn, Friedrich Wilhelm.*

Vos, Johan S.: Die Kunst der Argumentation bei Paulus. 2002. *Bd. 149.*

Vuong, Lily C.: Gender and Purity in the Protevangelium of James. 2013. *Bd. II/358.*

Waaler, Erik: The *Shema* and The First Commandment in First Corinthians. 2008. *Bd. II/253.*

Wagener, Ulrike: Die Ordnung des „Hauses Gottes". 1994. *Bd. II/65.*

Wagner, J. Ross: siehe *Wilk, Florian.*

Wahlen, Clinton: Jesus and the Impurity of Spirits in the Synoptic Gospels. 2004. *Bd. II/185.*

Walker, Donald D.: Paul's Offer of Leniency (2 Cor 10:1). 2002. *Bd. II/152.*

Walser, Georg A.: Old Testament Quotations in Hebrews. 2013. *Bd. II/356.*

Walter, Nikolaus: Praeparatio Evangelica. Hrsg. von Wolfgang Kraus und Florian Wilk. 1997. *Bd. 98.*

Wander, Bernd: Gottesfürchtige und Sympathisanten. 1998. *Bd. 104.*

Wardle, Timothy: The Jerusalem Temple and Early Christian Identity. 2010. *Bd. II/291.*

Wasserman, Emma: The Death of the Soul in Romans 7. 2008. *Bd. 256.*

Waters, Guy: The End of Deuteronomy in the Epistles of Paul. 2006. *Bd. 221.*

Watt, Jan G. van der (Hrsg.): Eschatology of the New Testament and Some Related Documents. 2011. *Bd. II/315.*

– und *Ruben Zimmermann* (Hrsg.): Rethinking the Ethics of John. 2012. *Bd. 291.*

– siehe *Frey, Jörg.*

– siehe *Zimmermann, Ruben.*

Watts, Peter: siehe *Deines, Roland.*

Watts, Rikki: Isaiah's New Exodus and Mark. 1997. *Bd. II/88.*

Wedderburn, Alexander J.M.: Baptism and Resurrection. 1987. *Bd. 44.*

– The Death of Jesus. 2013. *Bd. 299.*

– Jesus and the Historians. 2010. *Bd. 269.*

Wegner, Uwe: Der Hauptmann von Kafarnaum. 1985. *Bd. II/14.*

Weidemann, Hans-Ulrich: Taufe und Mahlgemeinschaft. 2014. *Bd. 338.*

Weiß, Hans-Friedrich: Frühes Christentum und Gnosis. 2008. *Bd. 225.*

Weissenrieder, Annette: Images of Illness in the Gospel of Luke. 2003. *Bd. II/164.*

– und *David L. Balch* (Hrsg.): Contested Spaces. 2012. *Bd. 285.*

– und *Robert B. Coote* (Hrsg.): The Interface of Orality and Writing. 2010. *Bd. 260.*

– *Friederike Wendt* und *Petra von Gemünden* (Hrsg.): Picturing the New Testament. 2005. *Bd. II/193.*

Welck, Christian: Erzählte ‚Zeichen'. 1994. *Bd. II/69.*

Wendt, Friederike: siehe *Weissenrieder, Annette.*

Weyer-Menkhoff, Karl: Die Ethik des Johannesevangeliums im sprachlichen Feld des Handelns. 2014. *Bd. II/359.*

Wiarda, Timothy: Peter in the Gospels. 2000. *Bd. II/127.*

Wifstrand, Albert: Epochs and Styles. 2005. *Bd. 179.*

Wilk, Florian und *J. Ross Wagner* (Ed.): Between Gospel and Election. 2010. *Bd. 257.*
– siehe *Walter, Nikolaus.*

Williams, Catrin H.: I am He. 2000. *Bd. II/113.*

Williams, Margaret H.: Jews in a Graeco-Roman Environment. 2013. *Bd. 312.*

Williams, Travis B.: Good Works in 1 Peter. 2014. *Bd. 337.*

Winninge, Mikael: siehe *Holmberg, Bengt.*

Wilson, Todd A.: The Curse of the Law and the Crisis in Galatia. 2007. *Bd. II/225.*

Wilson, Walter T.: Love without Pretense. 1991. *Bd. II/46.*

Winn, Adam: The Purpose of Mark's Gospel. 2008. *Bd. II/245.*

Wischmeyer, Oda: Von Ben Sira zu Paulus. 2004. *Bd. 173.*

Wisdom, Jeffrey: Blessing for the Nations and the Curse of the Law. 2001. *Bd. II/133.*

Witmer, Stephen E.: Divine Instruction in Early Christianity. 2008. *Bd. II/246.*

Witulski, Thomas: Apk 11 und der Bar Kokhba-Aufstand. 2012. *Bd. II/337.*

Wold, Benjamin G.: Women, Men, and Angels. 2005. *Bd. II/2001.*
– siehe *Stuckenbruck, Loren T.*

Wolter, Michael: Theologie und Ethos im frühen Christentum. 2009. *Bd. 236.*

Worthington, Jonathan: Creation in Paul and Philo. 2011. *Bd. II/317.*

Wright, Archie T.: The Origin of Evil Spirits. 2005, ²2013. *Bd. II/198.*

Wucherpfennig, Ansgar: Heracleon Philologus. 2002. *Bd. 142.*

Wurst, Gregor: siehe *Popkes, Enno Edzard.*

Wypadlo, Adrian: Die Verklärung Jesu nach dem Markusevangelium. 2013. *Bd. 308.*

Yates, John W.: The Spirit and Creation in Paul. 2008. *Vol. II/251.*

Yeung, Maureen: Faith in Jesus and Paul. 2002. *Bd. II/147.*

Young, Stephen E.: Jesus Tradition in the Apostolic Fathers. 2011. *Bd. II/311.*

Zamfir, Corinna: siehe *Verheyden, Joseph*

Zangenberg, Jürgen, Harold W. Attridge und *Dale B. Martin* (Hrsg.): Religion, Ethnicity and Identity in Ancient Galilee. 2007. *Bd. 210.*

Zelyck, Lorne R.: John among the Other Gospels. 2013. *Bd. II/347.*

Zimmermann, Alfred E.: Die urchristlichen Lehrer. 1984, ²1988. *Bd. II/12.*

Zimmermann, Johannes: Messianische Texte aus Qumran. 1998. *Bd. II/104.*

Zimmermann, Ruben: Christologie der Bilder im Johannesevangelium. 2004. *Bd. 171.*
– Geschlechtermetaphorik und Gottesverhältnis. 2001. *Bd. II/122.*
– (Hrsg.): Hermeneutik der Gleichnisse Jesu. 2008. *Bd. 231.*
– und *Jan G. van der Watt* (Hrsg.): Moral Language in the New Testament. Vol. II. 2010. *Bd. II/296.*
– siehe *Frey, Jörg.*
– siehe *Horn, Friedrich Wilhelm.*
– siehe *Hunt, Steven A.*
– siehe *Kollmann, Bernd.*
– siehe *Roth, Dieter T.*
– siehe *Watt, Jan G. van der.*

Zugmann, Michael: „Hellenisten" in der Apostelgeschichte. 2009. *Bd. II/264.*

Zumstein, Jean: siehe *Dettwiler, Andreas*

Zwiep, Arie W.: Christ, the Spirit and the Community of God. 2010. *Bd. II/293.*
– Judas and the Choice of Matthias. 2004. *Bd. II/187.*

Ein Gesamtverzeichnis dieser Reihe erhalten Sie gerne vom Verlag
Mohr Siebeck – Postfach 2040 – D–72010 Tübingen
Neueste Informationen im Internet unter www.mohr.de